大 学 问

始 于 问 而 终 于 明

守望学术的视界

明清江南的
环境变动与社会控制

冯贤亮 著

广西师范大学出版社
·桂林·

明清江南的环境变动与社会控制
MINGQING JIANGNAN DE HUANJING BIANDONG YU SHEHUI KONGZHI

图书在版编目（CIP）数据

明清江南的环境变动与社会控制 / 冯贤亮著.
桂林：广西师范大学出版社, 2025. 4. -- ISBN 978-7-5598-8027-7

Ⅰ．K295

中国国家版本馆 CIP 数据核字第 20252L8S60 号

广西师范大学出版社出版发行

（广西桂林市五里店路 9 号　邮政编码：541004）
　网址：http://www.bbtpress.com
出版人：黄轩庄
全国新华书店经销
广西民族印刷包装集团有限公司印刷
（南宁市高新区高新三路 1 号　邮政编码：530007）
开本：880 mm ×1 240 mm　1/32
印张：23.125　　　　字数：520 千
2025 年 4 月第 1 版　　2025 年 4 月第 1 次印刷
定价：128.00 元

如发现印装质量问题，影响阅读，请与出版社发行部门联系调换。

序

本书所论的江南地区,自唐代后期以来,在中国人心目中已成为备受关注的地区,其地位不亚于汉唐盛世的关中。就政治形势而言,顾祖禹《读史方舆纪要·江南方舆纪要序》说:"以东南之形势,而能与天下相权衡者,江南而已。"就经济而言,自唐宋以来一直是全国的财赋重地。明人李乐《见闻杂记》:"天下财赋仰东南,东南财赋多出吴郡。"丘濬《大学衍义补》:"韩愈谓赋出天下,而江南居十九。以今观之,浙东西又居江南十九,而苏、松、常、嘉、湖五府又居两浙十九也。"顾祖禹《读史方舆纪要·江南方舆纪要序》又云:"扬州富庶,常甲天下,自唐朝及五季,称为'扬一益二',今鱼盐谷粟布帛丝絮之饶,商贾百工技艺之众,及陂塘堤堰耕屯种植之宜,于古未有改也。"就文化而言,南宋以后,"衣冠人物,萃于东南"。据何炳棣研究,明清两代五个半世纪中,浙江、江苏两省所产之进士,居全国首二,清一代一甲进士共336人,江苏一省占113人,苏州一府占42人,令人惊叹!明清时期江南地区在经济文化诸方面居于全国的领先地位,已为不争之事实。

众所周知,影响一个地区的兴盛和衰落,不外乎自然和人为两大因素。自然因素主要指各种自然灾害以及由此引起的环境恶化;人为因素主要指战争、社会动乱以及不合理的土地利用引起对自然环境和社会经济的破坏。江南地区虽然自然条件与其他地区相比相对优越,在社会动荡方面也是较中原地区相对要轻,但其与全国其他地区一样,一千多年来同样经历了战争、灾害和改朝换代以及大大小小的社会动乱,人地矛盾、阶级矛盾也是十分尖锐的。例如,这里也曾发生过重大的灾害(太湖流域水灾、海灾)和严重的社会动荡(如明清鼎革、民众反抗、倭乱、太平天国战争)。但事过之后,总能有自身恢复的能力,最终在经济文化方面保持平衡的发展,并在全国占据领先的地位。时至今日,仍然是全国最发达最繁荣的地区之一。江南地区的这种繁荣大致上维持有一千年了。这不禁令人产生疑问,究竟什么机制,能使江南地区有此持续发展的潜力?

由于江南地区在历史上的重要地位,近代以来对明清江南地区的研究,已成为经济史、社会史、文化史学科中的热门。综观近几十年来对于江南地区的研究成果,其量之丰,其质之高,非其他地区所能企及。大量成果主要集中在社会经济方面,如江南农业、水利、手工业、商品经济、市镇、近代化、城市化,以及江南社会的影响力量——士绅阶层的研究,等等,为我们呈现了明清时期江南社会各层次的方方面面。但是江南地区为什么能够长期保持持续发展繁荣?明清以来不少明智之士指出,江南地区赋税最重,为什么这未使其成为阶级矛盾最尖锐的地区?这是以往学者未能揭示的问题,也正是本书所要解决的课题。

本书是在吸收了前人研究成果的基础上，从比较新的角度对江南地区社会的长期稳定的内在因素所进行的全面考察，主要从行政管理、地方防护、水利调控、灾害应变机制、宗教和民间信仰意识形态等方面，分析中央、地方政府和民间三大层面，对自然和社会两种环境变化的应对能力，即所谓社会控制，使社会保持长期稳定的秩序和发展势态。

明清江南社会是一个复杂的综合体。首先是自然条件复杂，山地丘陵镶嵌，河湖水网交错，溇港塘浦密布，海陆沙洲相汇；其次产业丰富多样，粮、棉、丝、渔、茶、瓷、纸、竹、木等百业林立，支撑着江南的经济；最后是阶级阶层复杂，官吏、地主、雇农、贫农自不必说，此外，商人地主、士绅、行商坐贾、手工业者、农业兼手工业者、各种出卖劳力的雇工、游民等等，我国封建社会晚期所有的阶级和阶层，可以说在江南地区应有尽有。他们都有自身阶层的利益需要维护。在这样一个复杂的综合体内，维持长期平稳的发展，必然需要社会各种力量的共同配合。

本书首先从政区的设置角度，探索中央政府对江南地区控制的思路。中央政府对地方控制的重要手段就是地方分层管理制度，也就是政区的调整。例如明清两代江南地区府州县设置繁多，基本上形成了今天的格局，反映了江南地区赋税繁重、人口众多、地方事务烦冗，中央政府必须强化对江南地区控制，体现了中央政府对稳定地方局势的积极措施。作者又通过对江南地区县级以下乡—都—区—图—圩的地方管理系统的实施和复杂变化的细致研究，表明了在江南地区人多地狭的特定地域，土地的重要性远过于人口，因此有效地保证江南地区田亩和赋税的稳定成为政府控制的重要举措。但是这种中央政府对地方统治的强化,必然出现中央政府与地方势力的矛盾。例如嘉兴分出秀水、嘉善二县,出现了县以下乡、都、图、圩嵌错的局面,引起地方上赋税不均的混乱,出现了政府会勘与民间争田问题,暴露了当时地方士绅与中央政府的尖锐矛盾,最后政府采用法制手段控制了社会的动乱。当然这种控制只是暂时的,封建社会中央与地方的矛盾难以根本解决。

江南地区的自然灾害并不少于其他地区,但是江南地区的灾前防灾和灾后补救工作比较成功,地方政府和民间尤其是代表地方精英的士绅阶层的力量和宗族制度起了十分重要的作用,政府和地方密切配合。这当然是因为江南地区对中央政府的重要性,同时也是反映江南地方绅士阶层希望地方安宁以免过分侵犯他们的利益。与此同时,明清时期太湖水利也由宋代以来单治下游三江转化为上下游区域的综合治理,主要表现在太湖水系中溇港的疏浚和管理过程中,地方士绅阶层起了十分重要的作用。

明清时期对江南地区社会影响最大的动乱,一是倭寇,以明嘉靖年间为最甚。倭寇对东南地区城市居民的骚扰,促使江南地区各级城市大规模修建起城墙,形成以苏州为中心的城市防护体系,对保证江南经济的发展起了重要的作用。在这种城市防护体系的建立过程中,表现了中央、地方和民间三方面力量的联合,而其中民间的社会力量起了重要的作用。二是盗匪问题,当然盗匪在中国历史上任何时候都有发生,但在江南地区有其特定的意义。江南地区土地兼并严重,财富集中,贫富悬殊,农业以外的各种产业众多而又不稳定,自然灾害的频发,都是盗匪产生的根源,再则江南水乡河湖港汊密布的地理条件,为盗匪出没活动提供了便利。

盗匪的骚扰对富民阶层无疑是很大的威胁,由此影响到中央政府对江南地区赋税的征收。于是有保甲、乡兵、巡检、水栅等措施以防盗匪。其中中央、地方和民间势力三者如何各自发挥作用,以求暂时稳定,这在封建社会说来是一个永恒的问题。

明清江南地区商品经济比较发达,已众所周知。在江南社会中兼营部分行业并占有地产的城乡地主是社会力量的中坚。由这批力量组织建立起来的各种行业在稳定江南社会中起了举足轻重的作用。清政府施行许多保护行业的法规以维护其正当利益,如果行业有不正当行为,政府也会出面加以禁止。同时行业也需要政府的支持,当然行业与政府间在某些方面会有矛盾,但总的来说是相互依存。地方政府对行业的保障体现了地方行业在发展地方经济、稳定社会方面起的重要作用。本书研究证明,保护行业经营,从某种意义上说也是为维护地方政府的经济利益,为此,禁止任何侵扰行业生产的行为是政府全力支持的。

对江南地区长期盛行的民间信仰,政府也是尽量控制在国家允许的规范之中。民间信仰是广大人民在不能主动掌握自己命运情况下的一种精神寄托,这种信仰的无序发展也可能成为社会动荡的源头。明清政府对地方淫祠的控制和对正统信仰秩序的营造,无疑对江南社会的稳定起了重要的作用。

从以上种种的研究,本书向我们揭示了明清时期江南地区长期稳定的内在机制是如何运转的,表明了稳定社会诸要素中,中央、地方和民间的力量三者联手配合起了重要的作用,而民间社会力量(包括士绅、家族、民间自治力量等)在其中具有其他地区无法比拟的地位。明清时期江南地区之所以能够长期处于稳定发展的状态,正是因为这些力量在社会政治、经济出现不稳定情况时,在妥善处理各阶层利益前提下,相互协调、平衡,不使矛盾激化,保证了社会继续正常运行。正如本书最后结论中所说:"可以将一个区域从变动到稳定的期间定为一个周期,除政治、经济方面的变动外,水利失控、灾害发生、战争波及、民众抗争等方面问题的产生,可以为政府组织(或是以士绅为主导)的再次重新调整和聚合社会各阶层力量提供机会。所以新的协调之后,会出现又一个平静繁荣期,这时的控制也最有效,整个社会经济仍能得以持续发展。"近年来历史学界对历史时期区域社会的综合研究十分感兴趣,我想本书的出版,将有助于推进这方面研究。

唐宋以来,江南为人们向往的地方。"江南好,风景旧曾谙。日出江花红胜火,春来江水绿如蓝,能不忆江南?"今天,我们环顾960多万平方公里范围内,何处有似江南? 当然,社会制度不同了,经济体制不同了,明清时期社会的各种弊端没有了,但是保护好江南地区,进一步发挥其在全国经济文化发展中的作用,当同此理。研究历史,多少有些借鉴的作用。

本书是作者冯贤亮的博士论文。他近几年来一直在进行对江南地区社会变动的研究,其用力极深,成果也是很显著的。希望同行们对本书的不足之处有认真的批评,我想这是作者最希望的。是为序。

邹逸麟
2001年11月14日于复旦12宿舍

目　录

绪　论　江南的概念、环境与社会控制研究的界定　1

　　一　研究的地域及其概念　1

　　二　研究的前提和缘起　12

　　三　研究的主旨和内容　15

　　四　研究的方法与未来发展　23

第一章　江南的生态环境及其内发展　26

　　一　江南的地形　26

　　二　太湖水系构成　27

　　三　传统灌溉社会　30

　　四　人口增长与土地集中　36

　　五　南宋以来的社会经济发展　42

第二章　江南行政区划的变迁　65

　　一　明代以前的政区沿革　65

二　明清府县级政区的发展　67

　　三　县级以下中心地的发展与繁荣　75

　　四　社会发展和政区变迁　85

第三章　明清时期江南的基层系统　87

　　一　基层系统研究内容的确定　87

　　二　明代江南地方的层级系统　92

　　三　清代的变迁　114

　　四　国家与地方社会关系的调整　131

第四章　明代江南的疆界错壤问题及其影响

　　　　——以嘉兴府嘉兴、秀水、嘉善三县的争田事件为中心　142

　　一　问题的缘起　142

　　二　嘉兴分县及其后果　144

　　三　万历九年前后的社会环境和争端的开始　152

　　四　政府会勘与民间抗争　167

　　五　会勘中有关刑判的社会意义　188

　　六　社会矛盾及其政府控制　200

第五章　明末江南的大灾荒与社会应变

　　　　——以湖州、嘉兴二府为例　209

　　一　明末江南灾害的研究背景　209

　　二　大灾及其趋势分析　213

　　三　大灾阶段的地方民生　222

　　四　地方社会应变对策　235

五　灾荒产生与社会调控　283

第六章　明清江南的水利防护与社会调控
　　　　——以湖州府的溇港管理为中心　296
　　一　江南水利研究的简单回顾　296
　　二　明清江南治水的阶段与重点　300
　　三　湖州府的溇港管理　319
　　四　社会对于溇港管理的诸种调控　342
　　五　水利及其社会防护的关键　350

第七章　晚明江南城市重建及其防护体系的构成
　　　　——十六世纪倭乱在江南的影响　358
　　一　倭乱与城防问题　359
　　二　明代倭患及其历史地理背景　360
　　三　嘉靖以前江南地区城市群的一般形态　367
　　四　嘉靖年间城市重建与防护群的兴起　379
　　五　江南城防和社会　400

第八章　明末清初江南的地方防护与社会
　　　　——以嘉善县等地的盗匪之乱为中心　407
　　一　江南的盗匪问题　407
　　二　嘉善诸地的盗匪之乱　411
　　三　地方防御和基层治理　422
　　四　社会控制的薄弱地带　440

第九章　明清时期江南的行业生活与互济行为　445
　　一　江南行业研究的选择　445

二　苏州府地区的行业社会保障　447

　　三　行业生活与互济　463

　　四　江南其他地区行业生活的分析　471

　　五　行业生活与政府调控　485

第十章　明清江南地区的意识形态及其政府控制

　　　　——围绕佛教寺庙与民间相关习俗信仰　492

　　一　相关研究的总结　492

　　二　江南的正统寺庙　495

　　三　江南的民间信仰　519

　　四　江南的葬俗　537

　　五　民间思想意识的国家控制　549

第十一章　结论：区域社会的环境变动及其控制模式　560

　　一　江南地区的环境变动与社会控制关系　560

　　二　明清时期江南环境的变动　562

　　三　社会控制形态的若干分析　589

　　四　江南地区的社会控制与发展模式　616

附录一　史料与史学：明清江南研究的几个面向　625

附录二　从寺庙到乡约局：明清江南的思想教化　653

附录三　"国家元气"：明清时期的富户阶层论述与地方社会　681

修订版后记　709

图目录

图 1.1　江南地区古地理之变迁　28

图 1.2　农田灌溉工具——戽斗　35

图 1.3　采桑工具——桑网　52

图 1.4　传统棉纺工具：木棉线架、木棉拔车、足踏三绽纺车　54

图 1.5　明代繁荣的夜市　56

图 1.6　士绅家庭堂会演剧场景　61

图 2.1　明清江南市镇数量变动示意　84

图 3.1　江南圩（围）田样式　94

图 3.2　万历九年丈量鱼鳞清册一页样式　97

图 3.3　清代嘉定县的基层分划　123

图 3.4　明清两代江南各府主要基层体系对比　137

图 4.1　《明实录》记载的嘉兴府分县情况　146

图 4.2　万历年间嘉善知县章士雅的《正疆界议》　165

图 4.3　明代嘉兴府争田申文　170

图 4.4　明崇祯间嘉兴府争田文移　187

图 4.5　明代县衙刑判场景　192

图 4.6　传统刑判之一——夹棍拷问　194

图 4.7　明代的刑具　196

图 4.8　官衙施刑　198

图 4.9　明代的牢狱　199

图 5.1　崇祯年间上海、苏州、杭州地区水旱分布趋势　220

图 5.2　崇祯年间湖州地区水旱灾害趋势　220

图 5.3　崇祯年间桐乡地区水旱发生波动示意　221

图 5.4　江南常用灌溉工具——翻车　241

图 5.5　江南常用灌溉工具——桔槔　242

图 5.6　乡村鼓薅　244

图 5.7　崇祯十四年嘉善县平粜（籴）票册样式　260

图 5.8　仓储备荒　288

图 6.1　江南独特的水塘农作　308

图 6.2　清代的吴淞江及其支流　314

图 6.3　清代太湖周边溇港分布　315

图 6.4　清代湖州府方域形势　321

图 6.5　常州府荆溪县沿太湖溇港分布　323

图 6.6　湖州府乌程县溇港分布　324

图 6.7　湖州府长兴县溇港分布　325

图 6.8　大水栅　328

图 6.9　胡溇　331

图 7.1　明代倭乱发生年际波动　361

图 7.2 江南沿海所用战船　*366*

图 7.3 明代的城防设施　*375*

图 8.1 用于乡约宣讲的"圣谕格叶"　*426*

图 8.2 江南巡检兵船之一——"叭喇唬船"　*432*

图 9.1 榨油作业　*452*

图 9.2 奉宪示勒碑永禁　*454*

图 9.3 砑布　*456*

图 9.4 染坊　*458*

图 9.5 永禁勒石　*462*

图 9.6 雍正十二年十二月长洲、元和两县同人公立《奉各宪永禁机匠叫歇碑记》　*487*

图 9.7 乾隆三十七年《吴阊钱江会馆碑记》　*491*

图 10.1 城隍神像　*513*

图 10.2 城隍、土地诸神祇像　*521*

图 10.3 民间元宵节庆活动场景　*526*

图 10.4 清代的关帝祠庙　*528*

图 10.5 民间神庙演戏　*532*

图 10.6 江南乡村演剧场景　*533*

图 10.7 民间娱神赛会　*536*

图 10.8 民间演剧酿乱　*552*

图 10.9 政府对民间会社组织的取缔　*553*

图 10.10 清代道士驱蝗　*555*

图 11.1 明代的乡约仪式　*597*

图 11.2 民社活动　*615*

表目录

表1.1 明清两代杭、嘉、湖三府田赋数及征米数比较 45

表1.2 明清两代苏、松、常、镇、太四府一州田赋数及征麦米数比较 46

表2.1 明清江南府州县政区之变化 74

表2.2 明清江南千户以上市镇统计 76

表2.3 苏州府明清市镇变迁统计 80

表2.4 松江府明清市镇变迁统计 81

表2.5 常州府明清市镇变迁统计 82

表2.6 嘉兴府明清市镇变迁统计 83

表2.7 湖州府明清市镇变迁统计 83

表3.1 雍正十二年嘉善县区、图、圩及田亩统计 129

表4.1 明代嘉善县区划变迁 148

表5.1 元至清太湖地区水旱灾次 214

表5.2 崇祯年间南北水旱灾害等级差异 216

表5.3　嘉兴农村每亩插秧簇数古今对照　*238*

表5.4　苏州地区代表性义庄统计　*280*

表7.1　明代各朝倭乱分布　*361*

表7.2　嘉靖以前江南府级城市规模比较　*372*

表7.3　嘉靖时期江南五府中位城市城防情况比较　*389*

表10.1　明清江南禅、讲、教寺变化　*509*

表11.1　清代后期"松鳞义庄"的规模变化　*608*

表11.2　清代常熟、昭文地区的义庄规模与分布　*609*

绪论　江南的概念、环境与社会控制研究的界定

就地域上讲,江南无疑是近世以来中国社会经济最为繁荣的地区。关于江南地区的研究,现有的成果相当丰富,整体研究水平很高,内容涉及面又广。要在现有的条件下作出一个全面整理和评价,并形成本书的框架,其难度是不言而喻的。但已有的丰富学术成果,已为本书奠定了一个较高的研究起点。本书中所选取的课题,如基层控制、田粮争夺、城市重建、盗匪防范、寺庙信仰、灾害应对等等,都是以往研究中涉及较少或尚处薄弱的内容。

一　研究的地域及其概念

在历史上,"江南"一直是个不断变化、富有伸缩性的地域概念,而且在今天,有关"江南"的所有研究论著中,它也从未有统一

的定义和标准。

1. "江南"含义的变迁

作为一个典型的历史地理概念,"江南"的含义在古代文献中是变化多样的。它常是一个与"江北""中原"等区域概念相并立的词语,且含糊不清。从历史上看,江南既是一个自然地理区域,也是一个社会政治区域,而且值得注意的是,最早的相关认识或研究,是出于一种中原中心观来看待与讨论江南,而随着历史的变迁,江南的地位在抬升,开始出现江南的自我意识与核心叙事。最终,江南在中国的地域社会中具有了超越其他地方的核心性。江南地区在生活形态、生产方式、文化追求等方面,对中国其他地区的影响也在加强。清人靳辅指出,在汉唐以前,江南的苏州、松江、常州、镇江、杭州、嘉兴、湖州等府不过是一片水乡泽国,但自五代钱镠割据、宋室南渡之后,民聚而地辟,遂为财赋之薮。① 到民国时期,像南京、上海、苏州、无锡、镇江等城市都属"江南"的范围,是长江下游的一个核心地域,与北方的黄河流域、华南的珠江流域相对。所以"江南"就成了"一个多重性格的流域",即从经济上看,"江南是一个都市线";从人文的观点上看,"江南是物质文明最高度的区域";从政治上看,"江南是现在政治机构的中枢"。②

在"二十四史"中,最早出现"江南"的记载是《史记·五帝本

---

① [清]靳辅:《生财裕饷第一疏》,载[清]贺长龄、魏源等编:《清经世文编》卷二十六《户政一·理财上》,中华书局1992年影印本。
② 刘翔:《江南社会的解剖与再造》,《新运月刊》1936年第34期。

纪》:"舜……年六十一代尧践帝位。践帝位三十九年,南巡狩,崩于苍梧之野。葬于江南九嶷,是为零陵。"这里所言"江南"的意义,实在是太浮泛了。

到秦汉时期,"江南"的含义略显明确,主要是指今长江中游以南的地区,即今湖北南部和湖南全部。《史记·秦本纪》中说:"秦昭襄王三十年(前277),蜀守若伐楚,取巫郡,及江南为黔中郡。"黔中郡在今天湖南西部。于此可见当时"江南"的范围之大。但据《史记·五帝本纪》,可知其南界一直达到南岭一线。由于江南涵指了今湖南、湖北之地,所以王莽时曾改夷道县(今湖北宜都市)为江南县。在汉代人的概念中,江南已经十分宽广,包括了豫章郡、丹阳郡及会稽郡北部,相当于今天的江西、安徽及江苏南部地区。以会稽郡北部为"江南"的概念由此产生。当然,在两汉时期,洞庭湖南北地区应是江南的主体,而这一地区又属荆州的范围,所以东汉人常以荆州的大部分地区,包括北距长江较远的襄阳,概指"江南"。《后汉书·刘表传》载"江南宗贼大盛……唯江夏贼张庄、陈坐拥兵据襄阳城,表使越与庞季往譬之,及降。江南悉平"中的"江南",说的就是这一地区。至隋代,"江南"也被用作《禹贡》中"扬州"的同义词,但实际上"江南"还有江汉以南、江淮以北的意思。① 因此,《史记·货殖列传》中关于"江南豫章、长沙"与"江南卑湿、丈夫早夭"的描述,在清代人看来,都属湖广、江西地区;而《项羽本纪》云"江东虽小……纵江东父老怜而王我"中的"江东",

---

① 周振鹤:《释江南》,《中华文史论丛》第49辑,上海古籍出版社1992年版。

事实上就是清人心目中的"江南"。①

较为明确的江南概念,应当是从唐代开始的。贞观元年(627)分天下为十道,江南道的范围完全处于长江以南,自湖南西部以东直至海滨,是秦汉以来最为名副其实的江南地区。显然,这个江南道的范围实在太过广泛,在开元二十一年(733),朝廷即将江南道细分为江南东、西两道和黔中道三部分。唐代对于"江南"一语的用法,常常超出长江以南的范围。韩愈所谓"赋出于天下,江南居十九"的"江南"②,其实是指江淮以南、南岭以北的整个东南地区。江南东道(简称江东道),包括了浙江、福建二省以及江苏、安徽二省的南部地区。唐代中期,又将江南东道细分为浙西、浙东、宣歙、福建四个观察使辖区。其中的浙西地区完全吻合了以后人们对于江南的印象,包括苏州(含明清时的松江、嘉兴二府地区)、湖州、常州的全部及润州、杭州的一部分。所以明清时江南的核心地区,在唐代仍是用"江东"来表示的。当然,那时江南最确切的含义是指长江以南地区。该地区的繁盛富庶,在唐代就已出现了。北宋政府为了财政的管理方便,设置了转运使"路"。至道三年(997),全国就被分为十五路。唐代的江南东道在此时派分为两浙路、福建路、江南东路。③ 这里的江南东路,已与本书所述的江南地区基本无涉;两浙路则包括了以后江南的核心地域,相当于今天镇江以东

---

① [清]钱大昕:《十驾斋养新录》卷十一《江南》,上海书店 1983 年据商务印书馆 1937 年版复印本,第 245 页。
② [唐]韩愈:《韩昌黎文集校注》卷四《送陆歙州诗序》,马其昶校注,上海古籍出版社 1986 年版,第 231 页。
③ 周振鹤:《释江南》,《中华文史论丛》第 49 辑,上海古籍出版社 1992 年版。

的江苏南部及浙江全境。

从元代的官修正史地理志开始,"江南"一词还有被用于行政区划的。如清代所谓"江南",主要指的是今天江苏、安徽两省地区。

但经济意义上的"江南",越来越明确地转指传统的浙西、吴或三吴地区。明代已经将太湖周边的苏、松、常、嘉、湖五府列为"江南"经常性的表述对象,因为这些地区的经济发展已在全国获得了独一无二的地位,且备受国家倚重。嘉靖年间的嘉兴府海盐县人郑晓,即以这些地区来论述江南的。① 在归有光(1507—1571)看来,江南就是南直隶的苏、松、常与浙西的杭、嘉、湖六府地区。② 后来还有人建议,在最为富庶的苏南、浙西地区设立专门的行政区,包括苏州、松江、常州、镇江、杭州、嘉兴、湖州、严州,并置督抚专治,驻扎镇江,称作"江南腹心",北依长江、南靠钱塘,东到大海,西凭万山,以镇江为首,苏州为腹,杭州为尾,湖州带山、松江负海为左右翼,常州、嘉兴为喉、腕、肠、胃诸经络,严州地连杭州,高踞山地,抗蔽钱塘,以之为足。③ 明清笔记小说中的江南,一般就是指这些地区。有的甚至表示,杭、嘉、湖、苏、松、常、镇七府就是所谓的

---

① [明]郑晓:《今言》卷三,中华书局1984年版,第139页。
② [明]归有光:《震川先生集》卷八《遗王都御史书(代)》,周本淳校点,上海古籍出版社1981年版,第165页。
③ [明]卢泾才:《上史大司马东南权议四策》,载[明]冯梦龙编:《甲申纪事》卷十一,上海古籍出版社1993年影印本。明末清初人顾炎武在其著《天下郡国利病书》(上海涵芬楼1936年影印昆山图书馆藏稿本)原编第十一册"浙江上备录"中所述的相同内容,系直录卢氏原文。

"江南"。①

当然,明清时代的人对"江南"一词的运用还是相当随便的。在他们的意识中,只要与这些地方有关联的,就可指为"江南",不大会注意有什么界域或范围。

2. 中国本土学者论著中的"江南"

就是在今天,学术界对于江南的界定,也常有歧异。

从傅衣凌等学界前辈研究江南伊始,一大批关于江南的论著,从经济、文化、政治、社会、环境甚至地质构造等各个方面展开了详细的讨论。傅衣凌的《明清时代商人及商业资本》②《明清农村社会经济》③《明代江南市民经济试探》④和《明清社会经济变迁论》⑤,尽管所论多涉江南地区,但尚未对江南作出一个明确的界定。

较早对江南的含义提出讨论的是王家范,在他早期关于江南市镇结构及其历史价值的研究中,认为至迟在明代,苏、松、常、杭、嘉、湖、镇地区就已是一个有着内在经济联系和共同点的区域整体,官方文书和私人著述中往往将五府乃至七府并称,因此,最早的江南经济区(严格地说是长江三角洲经济区)事实上已经初步形

---

① [清]东鲁古狂生:《醉醒石》第八回《假虎威古玩流殃、奋鹰击书生仗义》,上海古籍出版社1992年版,第68页。
② 傅衣凌:《明清时代商人及商业资本》,人民出版社1956年版。
③ 傅衣凌:《明清农村社会经济》,生活·读书·新知三联书店1961年版。
④ 傅衣凌:《明代江南市民经济试探》,上海人民出版社1957年版。
⑤ 傅衣凌:《明清社会经济变迁论》,人民出版社1989年版。

成,而且这个经济区当时是以苏、杭为中心城市(苏州是中心的中心),构成了都会、府县城、乡镇、村市等多级层次的市场网络。① 刘石吉在其江南市镇研究中表示,江南是指长江以南属于江苏省的江宁、镇江、常州、苏州、松江和太仓直隶州,以及浙江的杭州、嘉兴、湖州三府地区。② 洪焕椿与罗仑主编的《长江三角洲地区社会经济史研究》一书,也对江南下了一个定义:江南主要是指长江三角洲地区,在明清时期即为苏、松、常、镇、杭、嘉、湖七府,是以太湖流域为中心的三角地区。③ 陈忠平在讨论明清江南市镇时,将江南的地域范围界定为长江以南的苏州(含清代析出的太仓直隶州)、松江、常州、杭州、嘉兴、湖州各府所属52个州、县、厅,而各行政单位的区划及其名称一般以清中期为准。④ 樊树志的《明清江南市镇探微》,所论仅涉苏、松、杭、嘉、湖五府,但统计市镇分布的附表,则广及应天、苏州、松江、常州、镇江、杭州、嘉兴、湖州、宁波、绍兴、金华、太平、宁国、池州、徽州诸地,涵盖了今天江、浙、沪、皖四地。⑤ 徐新吾等对江南土布史的研究,基本上以松江府为中心,旁及常州、苏州、嘉兴、杭州、宁波各府的部分地区,长江以北的南通因手工业比较发达,且在土布供销方面与江南地区有着密不可分的联系,所以也被纳入江南的范围。⑥ 这个江南的范围显然也很

---

① 王家范:《明清江南市镇结构及历史价值初探》,《华东师范大学学报》1984年第1期。
② 刘石吉:《明清时代江南市镇研究》,中国社会科学出版社1987年版,第1页。
③ 洪焕椿、罗仑主编:《长江三角洲地区社会经济史研究》,南京大学出版社1989年版,第286页。
④ 陈忠平:《论明清江南农村生产的多样化发展》,《中国农史》1989年第3期。
⑤ 樊树志:《明清江南市镇探微》,复旦大学出版社1990年版。
⑥ 徐新吾主编:《江南土布史》,上海社会科学院出版社1992年版。

大。范金民对江南丝绸、商业史的研究中,地域范围出现了收缩,但很明确,即北界长江,南临杭州湾,东濒大海,太湖镶嵌其中,基本上就是一个长江三角洲,包括今天的南京、镇江、常州、无锡、苏州、上海、嘉兴、湖州和杭州,面积达4万多平方公里。① 钱杭与承载所著的《十七世纪江南社会生活》,对江南的划定则更广,包括了明代南直隶的14府4州、浙江布政使司的11府和江西布政使司的13府,清代是江苏、浙江、江西三省。② 陈学文的《明清时期杭嘉湖市镇史研究》③和《明清时期太湖流域的商品经济与市场网络》④,明确表示讨论的是"狭义的江南地区"或"太湖流域",范围当以苏、松、常、杭、嘉、湖六府为最合理。

此外,包伟民主编的《江南市镇及其近代命运(1840—1949)》⑤、蒋兆成的《明清杭嘉湖社会经济史研究》⑥、李伯重的《江南的早期工业化(1550—1850)》⑦,等等,涉及的江南都未超出上述地区。

3. 国外学者对"江南"的理解

在外国学者(主要是日本学者)中,对江南的定义普遍倾向于

---

① 范金民、金文:《江南丝绸史研究》,农业出版社1993年版;范金民:《明清江南商业的发展》,南京大学出版社1998年版。
② 钱杭、承载:《十七世纪江南社会生活》,浙江人民出版社1996年版,第1页。
③ 陈学文:《明清时期杭嘉湖市镇史研究》,群言出版社1993年版。
④ 陈学文:《明清时期太湖流域的商品经济与市场网络》,浙江人民出版社2000年版。
⑤ 包伟民主编:《江南市镇及其近代命运(1840—1949)》,知识出版社1998年版。
⑥ 蒋兆成:《明清杭嘉湖社会经济史研究》,杭州大学出版社1998年版。
⑦ 李伯重:《江南的早期工业化(1550—1850)》,社会科学文献出版社2000年版。

"江南三角洲"一词。从今天的行政区划看,它涉及的范围主要以苏州、上海、常州、嘉兴和湖州地区为主。

黄宗智关于长江三角洲的研究,除将长江北岸的通州地区纳入这一区域外,没有再作突破。① 斯波义信讨论的江南范围却相当广泛,包括了宋代长江下游的袁州、徽州、杭州、绍兴、湖州、明州等许多地区。② 森正夫早期关于荒政与地主佃户关系的研究中,论述的地域范围主要限于江南的东部地区,即苏州、松江、太仓与嘉兴。③ 在他后来的研究中,范围有所扩展,以苏州、松江、常州、嘉兴、湖州五府作为江南的主体④;在江南市镇的研究方面,也未出这五府范围,不过冠之以"江南三角洲"之名。⑤ 滨岛敦俊关于明代江南农村社会的研究中,对江南的定义十分明确。他认为,所谓"江南",是指南直隶的苏州、松江、常州三府与浙江的嘉兴、湖州二府,也就是太湖周边五府的领域。⑥ 其后,北田英人完全将江南称作"江南三角洲",范围与滨岛敦俊的定义相仿。⑦ 海津正伦的观点与此接近,也具有浓厚的地理学味道,在地域范围上有所扩大,

---

① (美)黄宗智:《长江三角洲小农家庭与乡村发展》,中华书局1992年版。
② (日)斯波义信:《宋代江南经济史研究》,方健、何忠礼译,江苏人民出版社2001年版。
③ (日)森正夫:《十六—十八世纪にぉける荒政と地主佃户关系》,《東洋史研究》1969年第27卷第4號,第69—111頁。
④ (日)森正夫:《明代江南土地制度の研究》,同朋舍1988年版。
⑤ (日)森正夫编:《江南デルタ市鎮研究——歷史学と地理学からの接近》,名古屋大学出版会1992年版。
⑥ (日)濱島敦俊:《明代江南農村社会の研究》,東京大学出版会1982年版。
⑦ (日)北田英人:《八——三世紀江南の潮と水利・農業》,《東洋史研究》1989年第47卷第4號;《宋元明清期中国江南三角州の農業の進化と農村手工業の発展に関する研究"研究成果報告書》,1988年。

增加了镇江府。① 近来川胜守关于江南的研究,较为引人注目。他的新著《明清江南市镇社会史研究》,所述"江南"包括了苏州、松江、嘉兴、湖州、杭州、镇江六府,在范围上稍有拓展。②

从总体上看,日本学者对于江南的认识,基本上集中于明清时期的苏、松、常、嘉、湖、太五府一州之地。在他们看来,这是江南的核心,或者说,是真正意义上的江南。

4. "江南"概念的厘定

中外学者对于江南的探讨,时段大多集中于明清时期,这不但体现了中外学者个人的学术兴趣,更体现了明清江南地区本身所具有的重要意义,是讨论各类学术问题的检验场。在他们的论著中,江南的地域概念是不统一的,涉及江南地区时,或语焉不详,或论述各异,自然也不会有概念意义上的共识。

为此,李伯重对"江南"概念曾作过一个比较系统的界定。他指出,对江南的地域范围作界定,在标准上不但要具有地理上的完整性,而且在人们的心目中应是一个特定的概念。据此,江南的合理范围应当包括今天的苏南浙北,即明清时期的苏州、松江、常州、镇江、江宁、杭州、嘉兴、湖州八府及后来由苏州府划出的太仓直隶州;这八府一州之地,不但在内部生态条件上具有统一性,同属于

---

① (日)海津正倫:《中国江南デルタの地形形成》,《名古屋大学文学部研究論集》107號·史学36,1990年。
② (日)川勝守:《明清江南市鎮社会史研究——空間と社会形成の歴史学》,汲古書院1999年版。

绪论　江南的概念、环境与社会控制研究的界定

太湖水系,在经济方面的相互联系也十分紧密,而且其外围有天然屏障与邻近地区形成了明显的分隔。① 这与刘石吉在《明清时代江南市镇研究》一书中的界定②,是基本一致的。但在另外一篇文章《"选精"、"集粹"与"宋代江南农业革命"》中,李伯重又回到了地理学中的江南概念,即江南平原或太湖平原地区,范围大致涵盖了宋代浙西路的平江府(苏州)、常州、秀州(嘉兴府)、湖州与江阴军。③ 在后来学者们关于传统市场的探讨中,涉及江南的大多受到了李伯重的影响,采用他的观点,将江南定义为上述八府一州之地。④

这些对江南概念的界定,同样也为本书的区域界定提供了有益的启示。

5. 本书对"江南"的定义

本书讨论的江南概念,是在参考今天地理学界、历史学界对太湖水系流域的界定的基础上,并从历史地理的角度出发而得出的。

在本书中,江南地区是指长江下游南岸的太湖及其周边地区,包括明清时期的苏州、松江、常州、嘉兴、湖州五府与清代从苏州府

---

① 李伯重:《简论"江南地区"的界定》,《中国社会经济史研究》1991年第1期。
② 刘石吉:《明清时代江南市镇研究》,中国社会科学出版社1987年版。
③ 李伯重:《"选精"、"集粹"与"宋代江南农业革命"》,《中国社会科学》2000年第1期。
④ 龙登高:《中国传统市场成熟形态的探讨——江南地区市场研究的学术史回顾》,《中国史研究动态》1998年第10期。

11

析置的太仓直隶州的全部,以及镇江府的大部和杭州府的余杭、海宁①二县。

从地域上看,本书讨论的江南地区,就是太湖流域(或称太湖平原),是从水系所涉地域的完整性来加以考察。这是传统所称的"狭义的江南",亦即"江南的重心"。② 这样的界定,完全限于太湖流域,一方面顾及了传统时代关于江南的异说,以及学界思考的总体倾向,另一方面,则可进一步讨论真正的江南核心所在。

二 研究的前提和缘起

明清两代是近世中国一个十分重要的时期,上承宋元,下启近代,无论是区域市场、商品经济,还是城市化进程,都在这一时期得到了极大的发展。也许正因为如此,在所有研究明清江南的论著中,关于商品、市场的内容占据了绝大多数。这表明明清江南市场作为传统中国经济发展成熟的表现,受到了世人的瞩目。在社会经济发展中,江南于全国的特殊地位的直接体现是人才与重赋,也是为人熟知的一个事实。

由于江南具有的重要地位,海内外许多学者在近一百年间作出了大量的研究,成果之多与水平之高,完全超出了学界对于其他

---

① 海宁从 1949 年属嘉兴专区或地区起,于 1983 年正式归入嘉兴市的管辖。
② 陈学文从重赋的角度出发,将镇江府排除在"江南"之外,认为狭义的江南和太湖流域应以苏南的苏、松、常和浙北的杭、嘉、湖六府最为合理。参陈学文:《明清时期太湖流域的商品经济与市场网络》,浙江人民出版社 2000 年版,第 4 页。

地区的研究。① 这里仅将与本书有所关联的现有学术成果的大概情况作一个简单说明。

以往对于江南的研究,主要集中在社会经济方面,如市镇、商品经济、社会习俗信仰等,对水旱等灾害也有一定的研究。傅衣凌的《明清时代江南市镇经济的分析》(《历史教学》1964年第5期)、王家范的《明清江南市镇结构及历史价值初探》(《华东师范大学学报》1984年第1期)、刘石吉的《明清时代江南市镇研究》(中国社会科学出版社,1987年)、樊树志的《明清江南市镇探微》(复旦大学出版社,1990年)、陈学文的《明清时期杭嘉湖市镇史研究》(群言出版社,1993年)等,都是从市镇的角度对商品经济和社会发展作了全面深入的探讨;中国人民大学中国历史教研室编的《明清社会经济形态的研究》(上海人民出版社,1957年)、傅衣凌的《明清社会经济史论文集》(人民出版社,1982年)及《明清社会经济变迁论》(人民出版社,1989年)、中国农业遗产研究室编的《太湖地区农史论文集》(1985年)、范金民的《江南丝绸史研究》(与金文合著,农业出版社,1993年)和《明清江南商业的发展》(南京大学出版社,1998年)、李伯重的《江南的早期工业化(1550—1850)》(社会科学文献出版社,2000年)等,则是从社会经济的视角,着重论述经济形态及规律方面的问题;中央气象局(今中国气象局)气象科学研究院主编的《中国近五百年旱涝分布图集》(地图出版社,1981年)、夏越炯的《浙江省宋至清时期旱涝灾害的研究》(《历史地理》

---

① 龙登高:《中国传统市场成熟形态的探讨——江南地区市场研究的学术史回顾》,《中国史研究动态》1998年第10期。

创刊号,上海人民出版社,1981年)、闻大中与 David Pimentel 合作的《17 世纪中国的有机农业》(*Seventeenth Century Organic Agriculture in China*,*Human Ecology*,1986,Vol.14. No.1、No.2)、陈家其的《太湖流域南宋以来旱涝规律及其成因初探》(《地理科学》1989 年第 1 期)、张兰生主编的《中国生存环境及历史演变规律研究》(海洋出版社,1993 年)、罗桂环等著的《中国历史时期的人口变迁与环境保护》(冶金工业出版社,1995 年)等,对环境与灾害方面的问题作了深入的研究。但是,这些论述基本不涉及环境变动下社会各层面的反应与对策。相比之下,日本学者在这方面的工作要稍多一些,代表性的有滨岛敦俊的《明代江南農村社会の研究》(東京大学出版会,1982 年)和森正夫的《十六—十八世纪にぉける荒政と地主佃户关系》(《東洋史研究》,1969 年第 27 卷第 4 號),对于环境变动下的社会反应阐明较详;此外,清水盛光的《中国鄉村社會論》(岩波書店,1951 年)、森田明的《清代水利史研究》(亚纪书房,1974 年)、川胜守的《中国封建国家の支配構造——明清赋役制度史の研究》(東京大学出版会,1980 年)等,对于中下层社会在不同环境下的地位与作用作了深入的探讨。其中特别引人关注的,是日本学者对明清乡绅阶层的考察。他们对明清江南乡绅有着广泛而深入的研究,对于乡绅的定义已成为很多学者习用的认识。所谓乡绅,即指官僚(包括现任、赐假或退职人员)、举人以及生员等有一定身份地位,并在乡村中有一定影响力的人。不少学者已将

绪论　江南的概念、环境与社会控制研究的界定

"乡绅论"观点看成探索整个明清时期社会历史的关键。① 本书中所言乡绅,在借鉴张仲礼对绅士概念阐释的基础上②,参考日本学者对乡绅的论述③,特指那些外地为官、告假在籍、闲废家居的绅士,前提条件是既要有功名,也要有官宦经历。事实上,明清时期的乡绅概念,就是这样定义的。④

从总体上看,社会对于环境变动的反应和对策,在一些学者的研究论述中虽略有涉及,但还很不够,而把环境变动与社会控制紧密结合起来的研究,就更少了。实际上,这方面研究也是极为重要的,因为这种控制行为有时会对环境变迁起到主导作用。

三　研究的主旨和内容

依据历史发展的特点,本书以环境变动及其社会控制问题为切入点,通过对一些关键性专题的研究,考察江南地区在明清时期各个方面的波动和变化,揭示社会与环境如何在调适进程中共同

---

① 参(日)森正夫:《日本の明清時代史研究における郷紳論について》(1)(2)(3),分别载《歷史評論》1975年第12期、1976年第4期、1976年第6期;傅玫:《三十年来日本史学界对中国古代地主阶级的研究概况》,载南开大学历史系中国古代史教研室编:《中国古代地主阶级研究论集》,南开大学出版社1984年版,第334—353页。
② 张仲礼对绅士的研究十分著名,不过他对绅士的定义较为宽泛,还有上层绅士与下层绅士之分。参张仲礼:《中国绅士——关于其在19世纪中国社会中作用的研究》,上海社会科学院出版社1991年版;《中国绅士的收入——〈中国绅士〉续篇》,上海社会科学院出版社2001年版。
③ (日)根岸佶:《中国社会に于ける指導層——耆老绅士の研究》,平和書房1947年版。
④ [清]黄六鸿:《福惠全书》卷四《莅任部三·待绅士》,光绪十九年文昌会馆刻本。

15

发展。

1. 研究方向的选择

江南是唐宋以来社会经济最为发达的地区,而且历经各种环境变化的影响,一直保持着繁荣与发展的态势,在全国确属罕见。另外,因各种环境变化带来的影响,以及社会的相关控制行为在这一地区的表现也比较充分,并且在许多方面比其他地区要丰富和先进得多。这是本书选择江南作为研究区域的基本理由。考察的时段,集中在中外学者都很重视的明清时期,部分专题内容因讨论的需要,在时间上还作了适当的上溯或下延。

本书作为环境变动与社会控制诸关系的一项综合研究,主要有两个重点:一是讨论常态环境下的社会控制问题,以对生活环境、州县设置、基层控制、疆界错壤及其影响的研究为主;二是探讨变动环境中的社会调控与适应,以倭乱影响及城市重建、弭盗和地方防护、水旱大灾与地方应变、思想文化控制与民间信仰秩序的研究为主。

因此,本书中面临的最显著的困难也表现在两个方面:其一,明清时期有关江南地区的文献遗存可谓浩如烟海,要把握、甄别这些史料,并进行爬梳整理,从中筛选出与本书有着切实相关的内容,殊非易事;而且,有关这一地区的前人学术研究积累极多,增加了全面清理与掌握学术史的难度。其二,尽管传统文献中可资本书研究的相关资料已经十分丰富,但仍有许多地方史志、乡土资料、日记、文集、碑刻等资料散藏于各地甚至海外,必须进行更多的实地调研、资料搜集以作验证和补充;在传世文献以外的资料中,口碑资料的采集、地方感的培养也必须进行实地考察。

考虑到上述问题,分区、分专题的研究对于了解一个地域的整体变动来说,显然比宏观叙述显得更有意义、更能深化讨论。因此本书拟通过一些关键性案例的实证考察,尽力从多个方面深入揭示人地关系与社会变迁这一主题,探讨自然环境和社会环境变化带来的各种影响与社会的相关控制行为。

2. 研究主题的含义

有关本书所称的环境变动的论述,主要侧重于变动的影响层面。环境自身的变动,非本书能力所及,它应当成为另一种专门领域或专题的研究内容。如明清时期的水旱灾害及其气候背景,水土流失与生态系统的破坏,也是历史自然地理学中关注的重要内容。因此,本书提取了各种环境变动中的影响层面,包括自然与社会两大方面,来集中论述社会控制问题。

所谓社会控制,本来属于社会心理学中"社会优势"与"个人优势"两大部分知识中的一个小概念,用以描述社会通过法律、教育、宗教等手段而行使的支配个人的权力。它与"社会影响"共同构成了"社会优势",注重有计划地实现对社会生活中某种功能的支配。这是美国社会学的奠基者之一爱德华·罗斯(Edward Alsworth Ross,1866—1951)在其关于系统研究社会控制的第一部专著《社会控制》中首先提出的。

作为一部风靡一时的经典作品,《社会控制》全面考察了社会秩序的基础,指出了社会控制的必需条件,以及整个社会如何能够在社会稳定和个人自由之间取得平衡的问题。在这里,罗斯指出了法律、道德、舆论、风俗、习惯、宗教等几十种控制的手段及其各自的作用。① 由于罗斯在这里的"社会"概念常受质疑,英国的文化史专家彼得·伯克(Peter Burke)提出了他的解释:罗斯曾假设社会有一个中心,存在一种共识,那么可以将"社会控制"界定为贯彻社会对规范的共识,以及恢复被社会"越轨者"威胁的平衡。② 显然,本书的理论思考既受上述论说的影响,也注意移用上述诠释时应有的调适。

本书的研究,借鉴了罗斯关于社会控制理论的阐释,由于论述对象基本上不属社会心理学方面的内容(除第十章关于佛教与民间信仰问题略涉此方面内容外),因此本书将关于社会控制问题的讨论,界定为人类社会对于自然与社会两种环境变化的反应、调整和控制,在本书的具体论述中,将体现为行政管理、地方防护、水利调控、利益分配、灾害应变、思想文化控制等内容,性质上从政府的

---

① 参(美)爱德华·A. 罗斯(Edward Alsworth Ross):《社会控制》,秦志勇、毛永政等译,华夏出版社1989年版。
② (英)彼得·伯克(Peter Burke):《历史学与社会学理论》,姚明、周玉鹏等译,上海人民出版社2001年版,第102页。

角度透入基层社会,析分为中央、地方政府与民间社会三大层面①,并解明其互动关系。② 这是本书要着力解释的"社会"及"社会控制"的基本构成。

3. 研究内容的构成

全书研究内容,主要从如下几个方面展开。
首先,是环境背景分析。
第一章与第二章,从自然地理与社会生态的角度对此进行了说明,为全书社会控制研究的展开奠定了基本的背景内容。
其次,阐明常态环境下的社会控制问题。
这种常态环境,是指没有大的自然灾变与战乱,或者基本未受

---

① 社会控制力量中的民间层面(很多时候是以地方社会来表达的),是本书论述的核心之一。他们占据着社会中经济与知识力量的最大部分,包括退职的官吏、举监生员、城乡地主、部分商人以及乡村中有一定影响力的其他人物,在本书中皆属社会力量的基本构成(海内外很多学者则概称"士绅"或"地方精英")。当然有些退职官吏凭借其以前宦途的影响力,主导了地方社会的发展,既能契合国家统治的需求,也能左右地方政治的方向(如明末嘉善县大乡绅陈龙正即是其中的典型),所以在本书的论述过程中,有时仍将他们的行为与现任官员们(政府层面的控制力量)同观。
② 如果将江南这个区域社会视作一个有机体,那么可以借用生命系统的七种递阶层次来分析这个社会的构成及其关系。根据从事经典控制论的美国学者米勒(James G. Miller)所著《生命系统》一书中的论说,这些层次包括细胞、器官、生物体、群体、组织、社会和超国家系统。详参(荷)盖伊尔(R. Felix Geyer)、佐文(Johannes Van der Zouwen)编:《社会控制论》,黎鸣等译,华夏出版社1989年版。这实际上十分类似于构成一个社会的众多系统,从单个的人、家庭、村落、社区或城市的坊厢、市镇、行政区划,到区域社会,甚至更高的国家层次。本书所要探讨的社会控制的内容与对象,都已包含在这些层次或系统之中。

明清易代变革影响的自然与社会两方面的环境，也就是一般状态下的环境是如何在不同的社会控制层面下发展的。由于自然环境在常态情况下变化并不显著，影响也不大，所以这部分内容仅以社会环境为主，强调人口与土地方面的控制问题，涉及国家生活中关键的赋役问题，包括第三章和第四章。在政区调整中，涉及民间社会的内容，就是基层系统，包括户籍与地政两个互相联结的体系。一般来说，如果一个系统越复杂，繁杂的层级也会随之产生，它的秩序程度也就越高级，基层系统控制个体的能力表现得也越强。但是地区之间存在着一定的差异，政府与地方需根据一些传统规则与地理条件进行适当的调整，从而使社会秩序更为完备。这是第三章"明清时期江南的基层系统"要着重说明的问题。当然，并不是每一个基层社会的控制都是十分成功的，在层级系统出现矛盾与冲突的情况下，需要区域社会内部的协调与合作，并在确定的界限内开展特定的活动，对于不平等利益的分配承担调控的责任。第四章所论疆界错壤引起的地方争田纠纷，正是对这种基层秩序如何进行稳定控制的一个严峻考验。社会各阶层利益的交错渗透，会导致争端的不断产生，但在一个平静的社会状态中，这种颇具复杂性的争端会得到强化，因为在变动社会状态下，个体利益之间的冲突会弱化，整体利益的统一需要是更为迫切的，否则社会就会在失控形势下陷入解体或崩溃。

再次，是要探讨环境变动状态下的社会控制问题。这里又分成两种情况加以说明，尽管这种区分是比较勉强的。

第一种情况，是自然环境变动状态下的社会调控与适应，通过第五章、第六章来展开讨论。第五章在论述乡村社会在大灾期间与灾后实态的基础上,集中说明社会群体的影响力在此期间所经受的考验,即要体现中央、地方政府与基层社会三个层面(或群体)力量的组合变化,指出在社会发展程度高于其他地区的江南,社会层面(或群体)的控制力量显得十分强大。第六章有关水利防护和调控的考察,也可以表明这一点。显然,集体利益是需要群体的力量加以维护的,更需要官方的动力支配,由水利事业形成的共同体,要求所有成员都须承担相应的责任,确定水利所带来的利益能够为共同体成员所均享,实际上这也体现了社会组织的内聚力。可见,对水的管理可以反映国家权威的弱强程度。考虑到行政区域与自然地理内部各自的分异,水利圈中也应该注意流域内部的系统性和整体性。有关这方面的历时性与共时性的考察,仍将在第六章的专题论述中展开。

第七章、第八章、第九章和第十章集中讨论本部分的第二种情况,即社会环境变动状态下的应对与控制。

在传统社会中,一种秩序如果得到多数人的维护并被建立起来,个体或群体行为往往会习惯性地保持他们既定的活动空间,反对任何破坏社会秩序的行为。对明代社会历史进程影响较大的倭乱事件导致的江南城防重建的考察,可作为这类控制形式的重要例证。第七章的有关讨论,进一步深化了第六章的主题,在详细阐释晚明江南城市重建及其防护体系的构成时,特别指明其间中央、地方政府、民间社会三大层面力量的聚合作用。弭盗安民,是第八章着重讨论的问题,属于地方治安范畴中的一个重要内容,从地理环境的角度加以考察,可以发现这种治安上的薄弱环节是与政区边界、地貌形态等因素紧密相关的,特别是处于变动社会状态下,区域内部萌生的变乱,显得尤其严重。在这种情势下,尽管政府控制的程度显得很高,但仍需要群体的力量不断努力维护整个社会秩序,避免出现难以控制的局面。第九章有关行业生活空间的讨论,则体现了社会控制的另一个重要特征,即消除敌对的状态或平衡不同群体间的利益分歧。伦理法则维持的一个主要内容就是生存竞争,而通过对行业生活的考察可以发现,在行业利益出现竞争的紧迫态势下,控制力度的加强是更为重要的,特别是手工业生产与商业生活处于全国最高水平的江南地区,尤其需要一种稳定的生活秩序。第九章的一些考察,还可以呈现在社会变动状态前后,得到维持的行业生活,为社会群体带来了更多的利益,而每一种新秩序的建立,也是与行业共同体的努力分不开的。值得注意的是,行业利益在遭受官方的侵害时,行业也会联合起来与国家进行对抗。第十章,是从历史地理的角度对信仰问题所作的考察,重点揭示民间社会在信仰层面也有对抗国家控制与礼制规范的行为。在思想意识形态中,似乎存在一种习惯性的自然秩序。社会心理学家认为,在良好的环境中,同情心、友善、正义感和怨恨可以依靠自身产生出一个纯粹的自然秩序,但这个秩序是不完善的。[①] 在第十章的讨论主题中,可以作这样的阐释,即佛教信仰及其衍生的民间神灵体系、祠神行为和丧葬用佛道,经过长时期的发展,已形成了一种自然的秩序,尽管它只是精神生活与民间文化中的一小部分,但其强大的习惯力量,迫使政府在采取控制时,需要持谨慎的态度,有时不得不呈现出调和的姿态,防止在信仰方面造成官府与民

---

① (美)爱德华·A. 罗斯(Edward Alsworth Ross):《社会控制》,第32页。

间的矛盾和冲突,以维持社会稳定。

最后,第十一章是全书的一篇总结性文字,主要分析环境变化的几种状态及其相关的一些控制手段或应对方式,说明环境与社会的互动关系,尽力解释社会控制力的作用与限度问题。在此基础上,提出一个区域社会的协调、控制、发展的模式,而且应当是一种成熟的控制模式,因为无论是目的层次(控制者及控制对象),还是系统层次(外部变因和系统层次诸关系的变化),都构成了受控制的稳定"环境"。①

当然,自然与社会的变化往往难以绝对区分,对历史上江南地区的社会控制问题进行这样的分类研究,显然也存在同样的问题。由于社会因素与环境因素在江南地区的交互作用,很多问题呈现出了更多的复杂性。本书通过若干专题,努力从自然环境的变动与社会自身的发展变迁,对中央政府、地方政府到民间社会的各个层面的对应与变化进行较为全面的研究。研究的案例,分配于上述各个貌似独立而实际有着密切关联的篇章,相关论述的安排,也紧密围绕所要阐明的主题,而且选择从环境变动与社会控制的角度来论述,则可体现一种较为新颖的视角。这应该是本书的创新之处。

四 研究的方法与未来发展

本书的研究,综合运用了历史地理学、社会学、经济学以及人

---

① 关于这一概念的援引,参(荷)盖伊尔(R. Felix Geyer)、佐文(Johannes Van der Zouwen)编:《社会控制论》,第164—165页。

类学等多学科的理念与方法。研究对象囿于明清时期江南地区的环境与社会,因此需要注重运用历史地理学的方法来考察环境变迁,从时间序列与空间差异方面对研究所需资料进行清理与考辨;从社会控制的研究角度看,研究中涉及的社会结构、政治统治、地方控制等问题,又需运用社会学的理论与方法加以解析;经济学方法在研究江南地区时更是必不可少的;而在进行田野考察时,则要较多地借助人类学的手段。

本书尽量从多角度、多侧面来展现明清时期江南地区的环境变动与社会控制诸问题,但因涉及面广,论述问题多,无论是在理论探讨上,还是在具体分析过程中,必定存在不足之处。而且,研究的时间与能力俱很有限,在论述内容上也多有取舍。许多援引的例证或说明,只能作为对本书主题的一种服务,而无法逐一展开讨论。如棚民、流民问题,赋役问题,太平天国战争问题,慈善事业问题,等等,都有值得进一步研究的地方,然而在本书中是不可能得到详细的阐明,否则必将陷入另一种研究的范畴而逸出本书的主题。这应该也是本书无法摆脱的一个不足。书中的一部分论述,目前尚不够充分,有些专题尚未来得及展开研究。如关于江南地区的水灾防护体系在地域上是如何确立与分布的,市镇的兴起、衰落与环境变迁的关系,自然环境的变化与地方社会中的仓储运转机制和周期性调控,对民间宗教与风俗信仰更为细致的个案解剖,康熙年间的江南地方变乱与社会控制问题,等等,虽然在本书个别地方已有述及,但还远远不够。

总之,江南地区自唐宋以来一直是全国的财赋重地,中央政府十分重视这里的社会稳定与经济发展。时至今日,它仍然是全国最发达、最繁荣的地区之一。当然,江南在历史上也发生过水旱大灾,也有动荡不安、秩序混乱的时期,但每次动荡变化之后,地方上总能迅速恢复,并有一定程度的发展,一般不会出现明显衰退的情况。这一现象引起了历史学、社会学、人类学、生态学、地理学等众多学科领域的广泛关注,也构成了本书从环境变动与社会控制角度来展开研究的一个主要目的。当下在环境变动方面的许多问题,与明清时期的环境变动及其社会控制有着某种相似性,因此这类研究能给今天解决类似问题提供一些历史参照。本书正是希望在这些方面具有学术价值并体现其现实意义。

第一章　江南的生态环境及其内发展

依据本书的界定,江南的构成是一个完整的太湖水系流域,因此在内部的自然生态上具有很大的统一性。从地域上看,这里地处长江三角洲的南缘,东临大海,南靠杭州湾,西以天目山、茅山与内地相界隔;地跨今江苏省、浙江省和上海市,覆盖了中国经济、文化上最为重要的行政单元。其总面积达36000平方公里。除西部有一些低山丘陵外,地势总体上较为低平,大致以太湖碟形洼地为中心,形成了一个由西向东倾斜的态势。

太湖堪称江南的中心,它的波动影响到了历史上周边各府州县的发展与兴衰。

一　江南的地形

江南地区涵盖了今天嘉兴市、湖州市、常州市、苏州市、上海市的全部和镇江市、杭州市的各一部分,大致以太湖为中心呈环状分布。太湖的东侧与南侧海拔大致皆在三米以下。有学者认为,东太湖—澄湖—淀山湖,包括苏州市的吴江区、吴中区和相城区,昆山市的周庄镇、锦溪镇,似乎是一个沉降中心。①

具体而言,江南西、北部低地地区为太湖的北岸地,即常州及无锡附近;太湖与杭州湾之间是广大的洪积地;太湖的周边及其东侧为湖沼地带;沿长江河岸地区则是冲积低地。因此,江南地形的构成包括了山地或丘陵、台地、泛滥平原、泥炭地、沙州或沙嘴、大型水域、浅水域等多种自然形态。② 其地理分布参见图1.1。

二 太湖水系构成

由于江南地区正好属于一个独立而完整的太湖水系,又可称为"太湖平原"或"太湖流域地区"。早在顾炎武时代(1613—1682),太湖的面积大约已有3.6万顷,东西广200余里,南北袤120里,周围则为500里,地跨苏、常、嘉、湖四府地界。其水系支脉,北有百渎,收纳了应天(江宁)、常州、镇江诸府之水;南有诸溇,汇合了宣州、歙州、临安等地的苕、霅诸水;东有三江,为太湖水下泄入海的干道。③

---

① 尹焕章、张正祥:《对江苏太湖地区新石器文化的一些认识》,《考古》1962年第3期。
② (日)海津正倫:《中国江南デルタの地形形成》,《名古屋大学文学部研究論集》第107號·史学36,1990年,第231—245页。
③ [清]顾炎武:《天下郡国利病书》原编第四册"苏上"条,四库善本丛书馆借涵芬楼影印昆山图书馆所藏稿本。明末华亭人陈继儒认为,三江即指北面的娄江、中间的吴淞江、南面的东江即黄浦江。参其著《白石樵真稿·尺牍》卷三《答嘉定胡中尊》,北京大学图书馆藏明崇祯刻本。

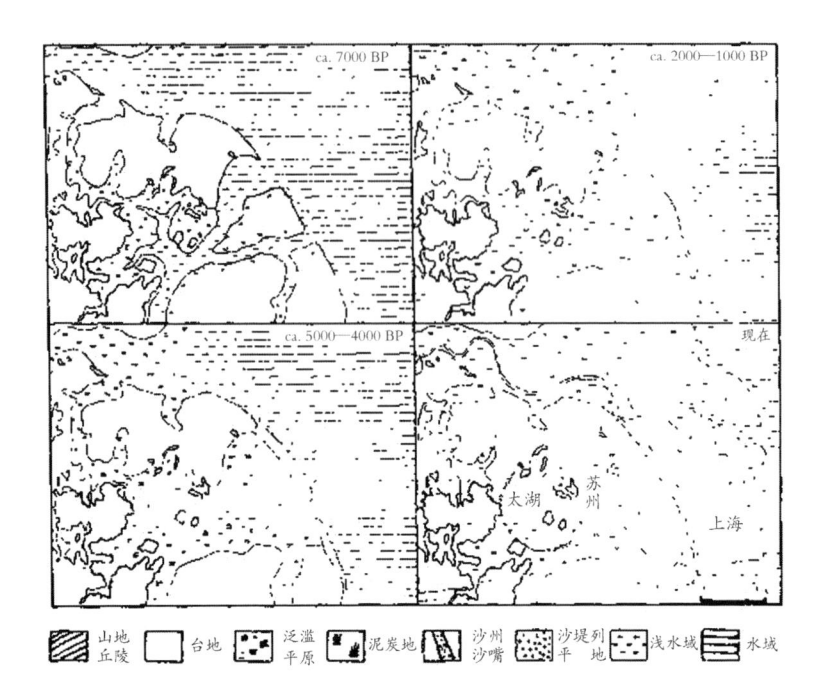

图 1.1 江南地区古地理之变迁

资料来源:(日)海津正倫:《中国江南デルタの地形形成》,《名古屋大学文学部研究論集》107 號·史学 36,1990,第 243 页。

就水流来说,西部茅山和天目诸山的来水汇于荆溪和苕溪,转入太湖,由此形成太湖的上游。荆溪,现又称南溪,综合了宜溧山地和茅山间的诸水流,到宜兴以东,便分作 60 多条港渎,再经大浦、百渎等口入湖。苕溪,现又称霅溪,由源自天目山东北坡的东苕溪和西苕溪汇合而成,现在经湖州市分汊,有 70 余条溇港,主要经大钱口、小梅口和夹浦口入太湖。太湖湖水的下泄,则经苏州、无锡境内的沙墩口、胥口、瓜泾口、南库口、大浦口诸港,再分别经望虞河、胥江、娄江(下游称浏河)、吴淞江(下游称苏州河)、黄浦江等数十条河港泄入长江或大海。从总体上看,太湖水主要源自西南部,由东北岸泄出,这样就形成了自西南向东北的倾斜流;又因太湖水浅,易于形成风向流。在这两种湖流的交互作用下,湖水形成了一个逆时针流向的常年主流带,对西岸和南岸侧蚀较重。在这样的地理条件下,江南产生的治水技术便与此密切相关。

在晚更新世末期以前,整个太湖平原就已成陆。大约到全中新世中期,随气候转暖,海平面上升,附近山区河流汇集于太湖湖区洼地,从而形成今天太湖的雏形。[①] 此后不断扩大,到宋元以后湖区渐趋稳定,逐渐发展为今天的规模。

与太湖形成同时,下游地区的三江也在逐步发展。随着江南地区湖泊的大量出现,古代三江开始束狭乃至淤塞。其中起着决定性因素的是陆地的不等量下沉以及海平面的上升,潮流泥沙物质不断堆积于沿海地区,从而使海岸线不断向外扩展。继三江中的东江、娄江淤塞后,吴淞江日趋束狭,并出现了湖泊广布的局面。黄浦江最终替代了吴淞江,成为太湖泄水的主流。[②] 事实上,江南地区在13世纪末出现的水文环境变化的主导原因是海平面的再次下降,可能此时中国的气候正由温暖期转向寒冷阶段,然后过渡到"明清小冰期"。[③] 这大概也是吴淞江在太湖水下泄中主导地位

[①] 同济大学海洋地质系三角洲研究组:《长江三角洲发育过程和沙体特征》,1978年8月;王开发、张玉兰:《根据孢粉分析推论沪杭地区一万多年来的气候变迁》,《历史地理》创刊号,上海人民出版社1981年版,第126—131页。

[②] 魏嵩山:《太湖流域开发探源》,江西教育出版社1993年版,第7—19页。

[③] 满志敏:《黄浦江水系:形成和原因》,《历史地理》第十五辑,上海人民出版社1999年版,第132—143页。

丧失的一个诱因,黄浦江取代吴淞江的主流地位并不是偶然的。

新的江南水网系统正在日渐形成,这种形成过程,对地区的社会经济环境产生了较大的影响。最典型的例子,是江南大镇青龙镇(也称龙江)的兴衰。它从"富商巨贾豪宗右姓之所会"、人称"小杭州"的巨镇①,在元末战乱以后成为"茂草"之地,潮淤水涸,民业渐衰,嘉靖初曾建青浦县治于此,后来很快废弃,"因水故耳"②,与吴淞江水网的淤塞退化及其在水系中主流地位的丧失不无关系。

今天的太湖湖区,包括湖面和沿湖低山丘陵的面积总计约3426平方公里,其全流域面积计有36571平方公里。湖区年均气温为15.5至16.5℃,7月平均气温约28.5℃,1月均温约3℃。在沿太湖地区,皆有水路航道相通。太湖流域地区是全国著名的发达地区,农产丰盛,素称"鱼米之乡"。另外,太湖本身也是一个重要的风景游览区,其流域就是江南典型的水乡地区,生态环境景观与人文社会景观相嵌错,构成了一个独具韵味的江南。

三 传统灌溉社会

自唐宋以来,江南地区经历了许多变化,人为的开发与自然环境的变迁,在很大程度上对江南的自然生态产生着持续性的影响。所以了解明代以前江南环境的变化,对进一步分析明清时期该区

---

① 弘治《上海县志》卷二《镇市》,弘治间刻本;万历《青浦县志》卷二《镇市》,万历间刻本。
② 崇祯《松江府志》卷三《镇市》,崇祯三年刊本。

域内的自然、人文状况不无裨益。

由于受自然条件的影响与制约,江南地域内人们的农业生产和水利事业便与地形的分异产生了密切的联系,并随地面表征的不同而有变化。

水利是江南这个水乡泽国最具重要意义的社会公共工程。明人指出:"天下财赋多仰东南,东南财赋多出吴郡,而吴郡于东南地最下,最多水患⋯⋯故官多逋负,民多流殍,于是在廷之臣争言水利,而以吴淞、白茅港(白茆塘)为首,请设官专治。"①农田全靠水利灌溉的维持,在苏、松、嘉、湖地方,灌溉纯用水车(最常用的是翻车),"旱则车水而入,潦则车水而出";常州与镇江地势偏高,所以转水往往超过数十丈,"为力甚劳"。②灌溉一般都因地形的特殊性而有所差异。在西部低丘山地,当地人民的农业生产,主要是以天然灌溉为主,而东部则以潮汐灌溉为首要,在太湖周边地区更以自然河湖水的利用为普遍。③

1. 八至十三世纪的江南水利

江南濒临大海的地域相当广阔,昔人有所谓"大江衔落日,千

---

① [明]李乐:《见闻杂记》卷十一,上海古籍出版社1986年影印万历间刻本,第964页。
② [明]袁黄:《了凡杂著·劝农书》,万历三十三年建阳余氏刻本,载《北京图书馆古籍珍本丛刊》第80册,书目文献出版社1988年影印版,第596页。袁黄,字了凡,嘉善人,曾在万历二十四年参与编竣《嘉善县志》。
③ 以下讨论的部分内容参(日)北田英人:《八——三世纪江南の潮と水利·農業》,《東洋史研究》1989年第47卷第4號。由于本书将专门讨论明清江南的水利,且以天然灌溉和自然河湖水的利用为主,因此这里的论述,仅及潮汐灌溉。

31

里怒潮生"之语①,描画了江南地区江、海沟通的盛势。潮汐因此也与当地人民的生活发生了密切的联系。北田英人曾对8至13世纪潮水与江南的水利、农业的关系作了全面考察。他认为,在江南的自然条件下,潮汐作用在江南平原乃至整个长江三角洲地区的开发过程中都产生着重要影响。而吴淞江是该时期内江南地区最大的河流,也是受东部海域潮汐影响最大的河流。②

一般来说,江南的开发主要是农业的开发。潮汐与此的关系,以咸潮强有力地进入江南平原为第一阶段,潮力减弱后广泛而全面地进入感潮地域(即低田地带)为第二阶段,盐潮较少进入的感潮地带(即沿江海的高田地带)为中心的时期则为第三阶段。江南是一个灌溉农业区,中心部分的自然条件相对优越而稳定。但是,为了阻止潮流及其盐水、泥沙对内陆的冲击、侵蚀,必须全面展开对沿海地区防潮堰堤的修筑工作。根据《新唐书》中有关杭州盐官县(今属海宁市)用于防潮的捍海塘堤再建的记载,可知秀州华亭县(今属上海松江区)、海盐县地区的海岸,在唐开元元年(713)前后就建有防潮堤。③

在经常受到潮汐影响的传统农业地区,防潮设施与国家、地方的政策实施有着紧密联系。苏州府境内的三十六浦,自古设闸,随潮水涨落情况而予启闭,但年久淤塞,遂成积年之患。由北宋政和

---

① [清]袁昶:《渐西村人初集》诗一《黄浦江与友人别》,(台北)文海出版社"近代中国史料丛刊"本,第33页。
② (日)北田英人:《八——三世纪江南の潮と水利・農業》,《東洋史研究》1989第47卷第4號。
③ 《新唐书》卷四十一《地理志五》。

六年(1116)赵霖所提出的"相度之说",可以概知当时苏州昆山等县的具体情况:"平江逐县地形,水势利害,各不相侔……平江之地,虽下于诸州,而濒海之地,特高于他处,谓之冈身。冈身之西,又与常州地形相等。东西与北三面,势若盘盂。积水南入,注乎其中。所以自古沿海环江,开凿港浦者,藉此疏导积中之水……今濒海之田,惧咸潮之害,皆作堰坝以隔海潮。里水不得流外,沙日以积,此昆山诸浦堙塞之由也。"①政和年间出于对盐潮的恐慌,地方上纷纷设立"堰坝",以阻隔海潮。当时人认为,"里水"(内部水流)增加,而外沙日积,是昆山诸浦堙塞的主要原因。而在濒海地带,尽管高田大多依赖浦水灌溉,但常受盐潮的侵扰之苦,因此多筑堰坝以期除害。南宋乾道二年(1166),秀州知州孙大雅离任时所作的报告书中称:傍海农家,筑坝可以减除海潮,这虽然可以裨益一方,但实际上水患仍可害及邻郡。②

由上可知,12世纪的昆山县(今昆山市)以南至秀州及沿海地域,常受海潮经常性的入侵;而从当时的防潮设施来说,堰(坝)是最重要的。"里水"、积水、邻郡之水都属内陆水,水患的产生不过是过剩的水量被堰坝阻挡而无法顺利外泄所致。因此,防潮堤堰修筑工作的展开,虽说是当时江南水利的中心问题,但同时仍要注意解决低地溢水的排泄。

---

① [宋]范成大:《吴郡志》卷十九《水利下》,江苏古籍出版社1986年版,第285—286页。
② 《宋史》卷一七三《食货上》。

2. 潮汐灌溉

由于潮汐入侵江南内陆地区较为常见,所以一方面要不时加强防潮堤堰的修筑,另一方面潮水中起支配作用的浊潮(即浑潮)和淡潮在进入内陆后,也可被当地民众利用。

江南的感潮区域中,与日常生活最为密切的是淡潮。浊潮不利于农产,也不利于生活日用,所以一般会受人为的阻隔;但是淡潮出现的地方,就为潮汐灌溉提供了可能。[1] 在所有的感潮地区,都可利用淡潮进行灌溉作业。淡潮出现的地域,必然以河流支港水网的交相互通为前提,也只有在这些地方,淡潮才可以顺利进入。当然,无潮地域的农业生产,是以河泥施肥为农作的基本前提。

在江南沿海的一些地区(如崇明县[今上海市崇明区]等),潮汐灌溉有着较为成熟的管理形式与设施。大户一般领率小户(主要是佃户,他们散居田地各处,有事则一呼俱集),利用潮汐进行经常性的灌溉。在田地开辟较好的地方,都建有高堤,作为潮汛的防范设施。而在堤中则通有水窦(水流引排通道),以闸启闭:旱则涨潮时启闸灌之,涝则落潮时开闸泄之。[2] 但是潮水涨落带来的泥沙沉积,必须时加挑浚。明代在利用潮水灌溉的同时,已很注意在田

---

[1] (日)北田英人:《八—一三世纪江南の潮と水利・農業》,《東洋史研究》1989年第47卷第4号。
[2] [清]沈复:《浮生六记》卷四《浪游记快》,金性尧、金文男注,上海古籍出版社2000年版,第105页。

图 1.2 农田灌溉工具——戽斗

边筑岸防沙,或树立桩橛来阻隔潮汛。当时把这种利用潮汐灌溉的田叫作"沙田",就是沙泥淤积较多之故。①

因此,潮汐灌溉过程中经常出现的"海水一潮,其泥一篝"的情况,发展到一定时期,会使内陆的河流支港趋于淤废②,导致水网退化。11世纪太湖最大的排水干道是吴淞江,上游流经的吴江县(今吴江市)地区,淤塞情况已经比较严重。其"岸东江尾,与海相接之处污下,菱芦丛生,沙泥涨塞";而在江岸之东,"自筑岸以来,沙涨成一村"。如果遇上东风,便会导致海潮倒注,"泥沙随流直上"。

---

① [明]袁黄:《了凡杂著·劝农书》,万历三十三年建阳余氏刻本,载《北京图书馆古籍珍本丛刊》第 80 册,书目文献出版社 1988 年影印版,第 592 页。
② [清]沈德潜:《娄江水利考》,载[清]贺长龄、魏源等编:《清经世文编》卷一十三《工政十九·江苏水利下》,中华书局 1992 年影印本。

这种情况,在临江滨海诸港浦地区"势皆如此"。① 晚至清代,潮汐涌灌带来的淤沙,更导致了太仓刘河的堵塞,"不通大舟","三江已湮其二",使农田大受其害。②

正是这些缘故,潮汐灌溉最终并没有发展成为江南地区农作灌溉的主流,太湖水系构成的淡水网络与部分地区的天然灌溉,则构成了江南灌溉社会的基本内容。

四 人口增长与土地集中

在中国人口史的研究中,明清是一个颇为重要的时期。这一时期的人口数量及人口增长速度,对于以后中国人口的发展,有着深刻的影响。③

何炳棣对明清时期全国的人口增长情况有过详细的考察,并作了一个总结性评价:建文二年(1400)前后,中国人口至少已有6500万,到万历二十八年(1600)可能达到了15000万左右;17世纪的第三个四分之一期间,全国人口曾遭受严重损失,数字无法确定;不过人口增长速度在康熙二十二年(1683)至三十九年(1700)期间又有加快,所以在17世纪第三个四分之一期间已有了缓慢的恢复;康熙三十九年前后人口约有15000万,到乾隆五十九年

---

① [宋]苏轼:《苏东坡集》第15册"奏议集"第九卷《进单锷〈吴中水利书〉》,上海商务印书馆1933年版,第69—79页。
② [清]吴熊光:《伊江笔录》上编,清广雅书局刻本。据该书内容所记,吴熊光居于苏州府常熟、昭文地区。
③ 曹树基:《论明代的人口增长率》,《中国学术》第1卷第3辑,商务印书馆2000年版,第205—236页。

(1794)已增加到31300万左右;而道光三十年(1850)全国人口约达43000万。① 后来的估算更高,认为洪武二十六年(1393)的实际人口数为7000万左右;至于明代户口的遗漏,比实际可能了解的还要多;《读史方舆纪要》所载江南各县里数,未必与户口完全成正比,但至少可以反映当时的登记标准。宜兴、江阴、无锡或武进一县的里数,就超过了南京附郭上元、江宁二县的合计数(313个),苏州、松江二府属县的里数则更高。② 如此庞大的人口数量,给整个社会带来沉重的压力。

关于江南地区的人口,目前尚未有一个全面、科学的整理。李伯重根据其对江南地区的界定(八府一州),结合了学界的研究成果,认为江南人口在明泰昌元年(1620)为2000万,清道光三十年(1850)为3600万;在这两个时间点,从事农业劳动的分别为310万户和530万户,就劳力而言则分别为620万人和1060万人。明万历年间江南农田数约为4500万亩,大致可以作为明清江南耕地的总数。③ 尽管这一估算仍很粗疏,但可概见人口与可耕地的发展并非十分协调。

早在明代中期,有人就已指出这一严重情况:天下承平日久,群生乐聚,但江南"生聚不加多,而地狭人众,至不能容",不能不考

---

① (美)何炳棣:《1368—1953 中国人口研究》,葛剑雄译,上海古籍出版社 1989 年版,第 275 页。
② 葛剑雄:《中国人口发展史》,福建人民出版社 1991 年,第 239—240 页。
③ 李伯重:《"天"、"地"、"人"的变化与明清江南的水稻生产》,《中国经济史研究》1994 年第 4 期;《"人耕十亩"与明清江南农民的经营规模》,《中国农史》1996 年第 1 期。

虑土地的承载力问题①,毕竟土地的承载力是有限的,生存压力日益严重。

清代中国出现的所谓"人口危机",也以江南地区为典型,因为在全国人口密度最高(超过每平方公里500人)的11个府、直隶州中,江南地区就占了6个,其府州名称及人口密度分别为:苏州(1073人)、嘉兴(719人)、松江(626人)、太仓(537人)、镇江(523人)、杭州(506人)。②

人口增长给社会带来某种压力,土地集中占有形态的大幅度增长,则使人口压力对于江南社会的影响大大增强了。

土地资源包括官田、民田、山荡、滩地等形态。③ 由于土地集中的发展,江南地主不断增长的经济实力与社会声望,迫使明初政府采取了强制性措施,将他们迁向新都南京,或者更远的地方,从而希望对江南地区的大土地所有制有所遏制。不过这种情况只能是暂时的。④ 土地集中之势,在整个明代一直十分严重。如常州府无锡县东亭地方(今属无锡市锡山区)的华氏,"田跨三州",每年收租即可达48万石之巨。华氏家族从洪武初年发展到清初,经由战乱的影响,"尚有废宅及五大墓,子孙无算"。又如苏州府齐门外(今

---

① [明]于慎行:《谷山笔麈》卷十二《形势》,中华书局1984年版,第129页。
② 方行、经君健、魏金玉主编:《中国经济通史》(清代经济卷),经济日报出版社1999年版,第216页。
③ 洪焕椿编:《明清苏州农村经济资料》,江苏古籍出版社1988年版,前言第2页。
④ (美)何炳棣:《1368—1953中国人口研究》,葛剑雄译,上海古籍出版社1989年版,第215页。

属苏州市姑苏区)的钱棨,也是"田跨三州",每年收租更多,有97万石。① 再如湖州府乌程县(今属湖州市吴兴区)人董份(1510—1595),凭借其早年的政治势力,大量兼并土地以聚积其财富。他的田产散布于浙江及南直隶地区。曾以"铁御史"名震海内的冯恩(1496—1576)退居乡里后,积产达到了3万亩之多。不过这些与徐阶聚敛的24万亩之数相比,就差远了。② 实际上,传统社会经济结构中较为显著的特点就是土地方面的私有与买卖,其最直接的结果在于土地本身在不断集中的同时又不断地分散。一个典型的现象,就是因土地的私有而发生的分家析产。③

到康熙年间的税额减少与所谓盛世的到来,松江府地方利用田价低贱时机而大规模购置田地的行动,催生了许多拥有土地1万亩直到5万亩以上的大地主。④ 随着土地大量集中到少数人手中,丧失土地的农民受到赋税与徭役的沉重压迫,生活日显困难,社会动乱之势随之迅速形成。明代中后期与清代道光、咸丰以降出现的社会动荡,便是一个明证。

耕地不足虽已成为制约人口增长的一个主要因素⑤,而农业生产的发展也不需要更多的人停留在土地上,许多剩余人口便流向了商品经济普遍发达的城镇,包括那些新兴的市镇。整个江南地

---

① [清]钱泳:《登楼杂记》,转引自洪焕椿编:《明清苏州农村经济资料》,江苏古籍出版社1988年版,第87页。
② (美)赵佶:《试论明代后期权势之家与中央及地方政治间的关系:董份与湖州之变》,《中国社会历史评论》2000年第2卷,第96—104页。
③ 陈旭麓:《近代中国社会的新陈代谢》,上海人民出版社1992年版,第4—5页。
④ [清]叶梦珠:《阅世编》卷一《田产一》,上海古籍出版社1981年版,第23页。
⑤ 葛剑雄:《中国人口发展史》,福建人民出版社1991年版,第256页。

区在人口压力下,社会生活出现了挤迫现象。许多人成为游离于城市与乡村之间的无业人员。嘉兴府地方的濮院镇,由于机织业的发达,吸引了大量离土人员来工作。有些富裕的农民,甚至不再亲赴农田劳作,"田事皆雇西头人为之"。所谓"西头"即指石门县、桐乡县(今桐乡市)地区,那里"人多而田少,往往佃于他处";每年春初"挈眷而来",年终则"挈眷而去",都是举家外出打工。当时就将这种行为称作"种跨脚田"。①

因此在传统社会,人口增长会受到土地资源的限制,但农业生产率的提高与商品经济的发展,则能在有限的生存条件下给人们提供更多机会和谋生途径。

早在明代中期,江南地区已经出现了大量按时出卖劳动力的流动人口,构成令人瞩目的雇工阶层。

例如在嘉善县,有长工、短工、闲工、忙工之分:"计岁受值"的称长工,"计时"的称短工,"闲时"的称闲工,而"忙时"的则称忙工。② 为了谋生,很多人还学了一些专门的手艺。如苏州府吴县(今吴中区和相城区)东城之民,多习机业,常以获得"佣工"位置为幸,因为这样就可以保有一份固定的工作,"计日受值"以维持生计。没有固定工作机会的人,每天清早就等在城内桥头或其他固定的地方,等候雇主来临时聘用他们。有趣的是,他们等候的地点是专业化的。比如缎工都去"立花桥",纱工去"广化寺桥",车匠们多集中在"濂谿坊",等候雇主们的到来。如果在吃完早点后仍无人来唤他们去做工,就只好到第二天再来等待新的运气。这样的

---

① [清]沈廷瑞:《东畲杂记》(不分卷)"塌坊浜"条,光绪十四年刊本。
② 光绪《重修嘉善县志》卷八《典秩志下·风俗》,光绪二十年刊、民国七年重印本。

人在当时为数并不少。① 根据文献资料记载,明清两代苏州府地区的农民大多是佃户,长工、短工、租户、忙工等雇农已成了一种十分普遍的社会阶层,生活上"帖帖自甘,不知怨尤"。②

到清代,江南仍是人口总量迅速增加并不断创造有史以来人口峰值的地区,人口过剩已是一个不争的事实。③ 太平天国战争虽然对江南地区造成了许多破坏,但由此导致的人口损失却为人口压力的减轻提供了一个契机。而且,战后也是重新调整人口与土地等资源配置的极好机会。何炳棣就认为,人口压力突然地、意外地减轻,对长江下游地区人民的生活水平带来了若干也许是暂时的好处。④

为了弥补人口损失,部分移民开始进入江南地区,也得到官方政策的鼓励,加快了当地的进一步开发,尤其是在西部丘陵低山地区。然而从生态环境的角度来看,这些诸如"棚民"或"客民"的到来,却给当地环境造成了意想不到的破坏,从植被破坏、水土流失到水利防护体系的崩溃,都与此有关。⑤

---

① 民国《吴县志》卷五十二上《风俗一》,民国二十二年铅字本。
② 正德《姑苏志》卷十三《风俗》,正德元年刊本;乾隆《吴江县志》卷三十八《生业》,乾隆十二年修、石印重印本;嘉庆《吴门补乘》卷一,嘉庆二十五年吴门钱氏刻、道光十年刊本。
③ 曹树基:《中国移民史》(第六卷),福建人民出版社1997年版,第19页。
④ (美)何炳棣:《1368—1953 中国人口研究》,葛剑雄译,上海古籍出版社1989年版,第273页。
⑤ 关于这一点,将在本书第六章的论述中有涉及。

五 南宋以来的社会经济发展

江南地方居民都勤于耕作,善于营生,水利等社会公共工程能得到长期的重视和维护,经济出现持续繁荣。在此前提下,国家在财赋方面对江南更为倚重,而民众负担日益沉重,但奢侈之风却未因此而减却。这是南宋以来江南社会经济与生活风貌的大致情形。

1. 南宋以降江南的发展

江南社会经济地位在全国的奠定,南宋应当说是一大关键时期。随着宋室南渡,大量移民南迁,包括众多的富商巨贾、文人墨客、官僚士夫以及皇亲豪族皆避居江南。时人称"靖康之乱,中原涂炭,衣冠人物,萃于东南"[①]。这给江南的发展带来了绝佳的社会政治条件,整个江南地区呈现出了与以往不同的环境特征。而且在南宋以后,江南地区的农业得到了持续发展,地域开发大幅推进。直到明清时期,这种发展达到了极盛。

江南有"财赋之薮"的称誉,与当地"民稠而勤,使地无遗利"的开拓进取有着必然的联系。[②] 在明初,朝廷要求民间凡有田5亩至10亩的,要种桑、麻、棉半亩;10亩以上的则加倍。这在一定程度

[①] 冯贤亮:《宋室南渡移民与上海》,《上海研究论丛》第12辑,上海社会科学院出版社1998年版,第264—275页。
[②] [明]赵士桢:《倭情屯田议》,丛书集成初编据"艺海珠尘"本排印本,第1—10页。

上会促进农业生产的进一步发展。在洪武三十年(1397),为了加强农业生产,朱元璋特别下令:民间每个村里都要设一鼓,凡是遇到农忙时节,"清晨鸣鼓集众",使村民及时赶到田间劳动;如有怠惰村民,由村中里老进行"督责",里老纵容,则要受到惩罚。① 尽管这种措施颇具理想化色彩,在后世并未得到完全执行,甚至已转移为其他形式,但这确实呈现出了此背景下明初乡村生活的制度型实态。清初同样重视农业生产,如在康熙十年(1671),朝廷要求地方督抚严饬州县官员加意督课民间农桑,"勿误农时,勿废桑麻"。② 江南地区的士绅家庭,多强调农业的重要性,认为"本业足,而其余所产之物又佐之,则享其利"。③

政府对于江南农业等社会生产的重视,是与其保证这个赋税收取重地安定的目的分不开的。

2. 江南赋税之重

从社会生产上说,江南的土地在明代中后期已经开发殆尽④,田种稻,地栽桑,山种茶,水荡养鱼虾,国家征赋亦无处不及,所以出现人与水争地的现象是必然的。除太湖周边与一些大的河流附

---

① 《明太祖实录》卷二百五十五"洪武三十年九月辛亥"条。
② 中国社会科学院历史研究所资料编纂组编:《中国历代自然灾害及历代盛世农业政策资料》,农业出版社1988年版,第436页。
③ [清]王抱承纂、萧焕梁续纂:《无锡开化乡志》卷下《土产》,民国五年侯学愈活字本。
④ (日)斯波义信:《宋代江南经济史研究》,方健、何忠礼译,江苏人民出版社2001年版,序第1—7页。

近的淤地被占为私有,进行开垦外,滨江沿海因水位差异而时有盈缩的沙滩地也被列入国家征赋的范围。① 当时人曾对这种情况作了一个很好的讽刺:"量尽山田与水田,只留沧海共青山。"②道出了地方百姓心中的怨恨。

但是在明清时期,江南的社会生产一直保持着稳定而较为快速的发展。明代万历年间(1573—1620),杭州、嘉兴、湖州、苏州、松江、常州与镇江七府的垦田数已达38054661亩。③ 粗略估算,明代南方的垦田数占了总垦田数的51.21%,高于北方的48.79%。④ 在垦田数大量增加的同时,粮食亩产量也有了新的提高。有学者估计,明代太湖地区水稻的平均亩产一般为2.3石,相当于今天的333.5公斤,比宋代增加了108.5公斤,提高了48%;清代的平均亩产较明代为低,约2石米,相当于今天的277.5公斤,但仍然高于唐、宋时期的水平。⑤

根据明代万历六年(1578)间的统计,当时全国的夏麦秋粮税为26638413石,苏、松、常、镇与浙江布政司就占了5505574石。⑥ 而按照清代嘉庆二十五年(1820)的政府统计,江南地区的

---

① [清]顾炎武:《天下郡国利病书》原编第七册"常镇备录"引《巡抚路御史疏》,上海涵芬楼1936年影印昆山图书馆藏稿本。
② [明]冯梦龙:《古今谭概》卷三十一《口碑部》,明刻本。
③ 《大明会典》卷十七《田土》,万历间刻本。
④ 吴慧:《中国历代粮食亩产研究》,农业出版社1985年版,第173页。
⑤ 闵宗殿:《宋明清时期太湖地区水稻亩产量的探讨》,《中国农史》1984年3期。
⑥ 《大明会典》卷二十五《税粮二》,万历间刻本。

苏、松、常、太、嘉、湖及杭、镇的额征米粮约为3148329石。① 所占全国税粮的份额较明代增加一倍。表1.1、表1.2所体现的正是这样的情况。

表1.1 明清两代杭、嘉、湖三府田赋数及征米数比较

府别	万历六年(1578)		雍正十三年(1735)		清代征米数较明代征米数的百分比(%)
	麦(石)	米(石)	米(石)	银(两)	
杭州	5573	234072	169751	291944	72.52
嘉兴	27629	629211	591462	399468	94.00
湖州	13597	469119	391414	343102	83.44
三府合计	46799	1332402	1152627	1034514	—
全省数	152866	2369764	1350653	2611185	57.00
占浙江全省比重(%)	30.6	56.2	85.3	39.6	

资料来源:本表据梁方仲编著《中国历代户口、田地、田赋统计》(上海人民出版社1980年版)第444页"附表16.明、清两代浙江各府田赋数及征米数的比较"编制。

---

① 嘉庆《重修一统志》卷七十七《苏州府一》、卷八十二《松江府一》、卷八十六《常州府一》、卷九十一《镇江府一》、卷一百三《太仓州一》、卷二百八十三《杭州府一》、卷二百八十七《嘉兴府一》、卷二百八十九《湖州府一》,上海涵芬楼影印清史馆藏进呈写本。

表1.2 明清两代苏、松、常、镇、太四府一州田赋数及征麦米数比较

府州		苏州府	太仓州	松江府	常州府	镇江府	全省数
万历六年	麦(石)	53664	—	92261	154393	54011	942161
	米(石)	2038893	—	939226	606953	143252	5066368
	麦米合计(石)	2092557	—	1031487	761346	197263	6008529
雍正十三年	银(两)	668393	329166	525247	580072	313121	5142101
	豆(石)	662	230	—	—	1348	28439
	麦(石)	1766	612	—	7976	6277	74382
	米(石)	910071	160998	443296	356033	217005	2896492
	麦米合计(石)	911837	161610	443296	364009	223282	2970874
清代征麦米数较明代征麦米数的百分比(%)		51.30	42.98	47.81	113.19	48.21	

资料来源：梁方仲编著《中国历代户口、田地、田赋统计》(上海人民出版社1980年版)第433页"附表2.明、清两代南直隶各府州田赋数征麦米数"。

江南地区成了国家的财赋重地。明代后期有人曾作了这样一个比较：苏州府共1州7县，额田仅9万顷，岁征额粮达270万石，带耗共税粮350万石；而淮安府2州9县，额田达18万顷，岁征税粮只有36万石。松江府只领有3县，岁输税粮则有120多万石，北直隶8府18州117县，岁输税粮也不过120万石。赋税的轻重悬

绝与地区差异,于此可见一斑。①

清初昆山人顾炎武引明人丘濬的《大学衍义补》云:"韩愈谓赋出天下而江南居十九。以今观之,浙东、西又居江南十九,而苏、松、常、嘉、湖五府又居两浙十九也。"②清代前期的上海人叶梦珠又有不同的认识,强调其家乡的独特性:"吾乡赋税,甲于天下。苏州一府,赢于浙江全省;松属地方,抵苏十分之三,而赋额乃半于苏。则是江南之赋税,莫重于苏、松,而松为尤甚矣。"③太仓人吴伟业甚至认为,东南这区区一隅,"赋税居天下之半"。④ 尤其在清前期,国家三方用兵,巩固统治,更需江南的赋税支持,以致民居市户门面要统一征税。康熙十五年(1676),因军需浩繁,但国用不足,"始税天下市房,不论内房多寡,惟计门面间架,每间税银二钱,一年即止。除乡僻田庐而外,凡京省各府、州、县城市以及村庄落聚数家者皆遍,即草房亦同"。康熙二十年(1681),仍出于同样的理由,江南巡抚慕天颜疏请再征房税一年,但蠲免了村落草房和镇市僻巷鳏寡孤独所居一间门面房屋的税,其余市镇城郭门面,平屋每间征银四钱,楼房每间征银六钱。⑤ 经常负责北运税粮的施鸿就此曾赋诗道:"三方用兵正披猖,暂税门面充战粮。家录户摊无低昂,不别隅巷与康庄。"⑥对朝廷向江南征取赋税的细微之处,作了真实的

---

① [明]徐复祚编次:《花当阁丛谈》卷一"赋法"条,借月山房汇抄本。
② [清]顾炎武撰,黄汝成集释:《日知录集释》卷十"苏松二府田赋之重"条引,岳麓书社1994年版,第359—370页。
③ [清]叶梦珠:《阅世编》卷六《赋税》,上海古籍出版社1981年版,第135页。
④ [清]吴伟业:《吴梅村全集》卷三十三《文集十一·江南巡抚韩公奏议序》,上海古籍出版社1990年版,第729—731页。
⑤ [清]叶梦珠:《阅世编》卷六《赋税》,上海古籍出版社1981年版,第143—144页。
⑥ [清]施鸿:《微景堂宦游小集》卷四《门面》,清康熙刻本。

描画。

明代有人分析过江南赋税沉重的地区差别,认为江南各府征赋税的高低,还与水利条件有着极为密切的关系。以苏、松、常、镇四府而言,苏州通水多,赋税最重;松江府虽仅及苏州的一半,但又远高于常州,也是水利便利不如苏州但要好于常州的缘故;而镇江府地区多山,少平旷之地,水就被迫循行岬隙之间,因此田多瘠硗,赋税独在各府之下。①

法国学者魁奈(Francois Quesnay)看到传教士们关于中国南方地区农田肥沃的描述时,十分惊奇,认为在别处几乎连荆棘或灌木都难以成长的土地,在这里都变成了明媚美景。② 也说明了水利对江南农业发展的重要性。从另一方面看,尽管国家对江南的赋税征取与当地农田水利发展有很大的关系,但农业发展前提下商业经济的活跃与繁荣,则是更为主要的因素。

3. 经济结构的变化

作为一个典型的"鱼米之乡",江南的部分粮食产品已成为全国性的特色品种。如苏、松、常、嘉、湖五府的黄粱米与白米,镇江、杭州二府除盛产黄粱米、白米外,还特产白晚米与花白米。这些米粮品种都成了政府征收的代表性物产。③ 嘉兴府的嘉善、平湖二县

---

① [明]吕光洵:《三吴水利图考》卷首"三吴水利考总序",明嘉靖四十年刻本。
② 魁奈在18世纪60年代将其所闻撰文连载于当时"重农学派"的喉舌刊物《公民日志》上,在西方产生了重要影响。参(法)弗郎斯瓦·魁奈:《中华帝国的专制制度》,谈敏译,商务印书馆1992年8月版,第12、66页。
③ [明]顾起元:《客座赘语》卷十"各仓米样"条,中华书局1987年版,第334页。

由于在清代一度繁华,地方上出现了"金平湖、银嘉善"之谣①,流传至今。明代要求民运白粮入京师,所涉地域只在江南苏州、松江、常州、嘉兴、湖州五府②,体现了中央政府对江南税粮独重的状况。

值得注意的是,江南地区在清代输入的米粮主要来自湖广地区,尤以湖南居多。至少在雍正年间,湖北以至江南一带都是依靠湖南之米。③ 即以雍正十二年(1734)的输入米粮数字来看,五月江浙官籴商贩从长江中上游地区输入了四百余万石之多,而七月间又运米五百余万石。④ 可见,江南地区市场上的米粮不是十分充裕;而"苏湖熟,天下足"转变为"湖广熟,天下足"的说法,也并不能代表江南地区粮产的落后或经济的衰败⑤,相反,米粮生产退出江

---

① [清]欧阳兆熊、金安清:《水窗春呓》卷下"陋规一洗"条,中华书局1984年版,第75页。
② 由于明初定鼎南京,与江南地近,故五府岁输白粮尚不见有何疲累;迁都北京后,则需北运,不但路途遥远,还受层层盘剥,民不堪负。参[明]陈继儒:《白石樵真稿》卷十二《三大役议》"北运白粮事宜"条,明崇祯刻本,载《四库禁毁书丛刊》集部第66册,北京出版社1997年影印版,第221页;[明]陈龙正:《几亭全书》卷十三《学言详记十·政事上》,康熙云书阁刻本;[清]查慎行:《人海记》卷下"白粮"条,北京古籍出版社1989年版,第69页。
③ 雍正元年十一月二十五日《偏沅巡抚魏廷珍奏请敕部催令升补湖南府州县员缺省赴任理政折》《偏沅巡抚魏廷珍奏覆查核钱粮采买米石折》,载中国第一历史档案馆编:《雍正朝汉文朱批奏折汇编》第2册,江苏古籍出版社1991年版,第301—302页。
④ 雍正十二年七月初八日《湖广总督迈柱奏报各属早稻收成分数及米粮价值折》,载中国第一历史档案馆编:《雍正朝汉文朱批奏折汇编》第26册,第671页。
⑤ 许多学者都指出了这一点。如张建民的《"湖广熟,天下足"述论——兼及明清时期长江沿岸的米粮流通》(《中国农史》1987年第4期)就认为:这一谚语的出现并非说明人们想象的湖广的农业水平高于江浙,实际上江浙的农业水平仍高于全国其他地区。

南经济格局中的主导地位,恰恰证明了以经济作物为主的生产结构的奠定,从而使江南步入了充分的繁荣。

晚至清代,江南地区已经初步形成了三个相对集中的农作物生态分布格局:首先是滨海地区以棉为主或棉稻并重的"棉—稻产区",包括松江、太仓的大部分和苏州府属常熟、昭文等县。其中,松江府的上海、南汇、川沙、奉贤、嘉定等地棉田种植比例高达60%—70%。二是太湖以南地区,基本上"北不逾淞,南不逾浙,西不逾湖,东不至海",包括了湖州府属德清、归安、乌程,嘉兴府属石门、桐乡、秀水、海盐,以及杭州府属钱塘、仁和与苏州府属吴江、震泽等县,为"蚕桑区"或"桑稻并重区"。三是以种稻为主的"稻产区",包括太湖北部的常州府属无锡、宜兴,松江府属的华亭、青浦等"西乡地区"。[①] 江南地区内部最低洼的区域,十分利于水稻的种植和生产,而在圩上栽桑,不仅有利于充分利用土地资源,无形中也起到了防止水土流失的作用。[②] 手工业与商业的发展特性大体与这些生态系统密切相关。

4. 各种经济产业的繁荣

在明清时期的江南地区,栽桑养蚕比纯粹的粮食生产在农家经营中占据了更大的比重。明末清初在吴江县有长期生活经历的唐甄,还作过区划性的概括,指出了江南的蚕桑区:"北不逾淞,南

[①] 李伯重:《明清江南农业资源的合理利用》,《农业考古》1985年第2期。
[②] (美)黄宗智:《长江三角洲小农家庭与乡村发展》,中华书局1992年版,第22—25页。

不逾浙,西不逾湖,东不至海,不过方千里。外此,则所居为邻,相隔一畔,而无桑矣。其无桑之方,人以为不宜桑也。"他还说,乡村百姓因为有了蚕桑业的高收益,虽然"赋重困穷",但是"未至于空虚",生活仍然好过。①

湖州府在当时几乎已是尺寸之堤必种桑树,富家大户因田地广阔,所以广种桑麻,桑麻收入完全可与粮食收入相匹敌。② 苏州府丝绸业的兴盛,与湖州府能够提供稳定的原料来源是分不开的。当时人就说"湖丝甲天下",苏州之丝织原料皆购自湖州,原因如陶朱公《致富奇书》中所谓缫丝"莫精于南浔人",而且这种状况已维持了很长时间。本来最上佳的是"七里丝"(即辑里丝),但后来"处处皆佳",所以每当新丝上市,商贾辐辏,苏、杭织造都到南浔收购蚕丝。③ 作为种桑养蚕最盛之区的湖州府,如松江人陈子龙(崇祯十年[1637]进士)所言,"欲以供天下之织,安得不空杼柚乎"。④ 类似地,在嘉兴府的近镇村坊,也都种桑养蚕,以织绸为业。⑤ 王江泾镇地方,丝业极为发达,"其丝衣被天下,大贾鹜集"。⑥ 桐乡县的濮院地方百姓,基本上以纺织丝绸为生,这里的手工业、商业也因此而兴隆:其工业以织业、线作业为主,辅助的商业

---

① [清]唐甄:《潜书》下篇下《教蚕》,中华书局2009年版,第157—158页。
② 同治《湖州府志》卷三十《舆地略·蚕桑上》、卷三十一《舆地略·蚕桑下》,同治十三年刊本。
③ [清]汪曰桢:《南浔镇志》卷二十四《物产》,咸丰间修、同治二年刊本。
④ [明]陈子龙:《陈忠裕全集》卷十二《杂著·农政全书凡例》,载《陈子龙文集》,华东师范大学出版社1988年影印本,第676页。
⑤ [明]天然痴叟:《石点头》卷四《瞿凤奴情愆死盖》,上海古籍出版社1957年版,第92页。
⑥ [清]谈迁:《北游录》,中华书局1960年版,第2页。

则有丝业、烟叶行、桑叶行等,都体现了地方产业的基本特质。①

实际上湖州、嘉兴、松江等城乡民众的最大生活来源,已经是纺织业,纺织业也是他们可能得以致富或维持温饱的基本依靠。

万历时杭州人张瀚就曾指出,"大都东南之利,莫大于罗绮绢纻,而三吴为最"。张家的先世,也是以纺织起家,到万历时期,"三吴之以机杼致富者尤众"。② 事实上,除乡民依赖纺织为生外,江南很多士大夫家庭,"多以纺绩求利",从而形成了"勤啬好殖"的社会风气。③

图 1.3 采桑工具——桑网

由于棉织业的兴起,江南的一些地方开始专事棉业,出现了与

---

① 夏辛铭:《濮院志》卷十四《农工商》,民国十六年刻本。
② [明]张瀚:《松窗梦语》卷四《商贾纪》,中华书局 1985 年版,第 85 页。
③ [明]于慎行:《谷山笔麈》卷四《相鉴》,中华书局 1984 年版,第 39 页。

丝业相分离的态势。

例如,松江府"自木棉之利兴,不尽力于蚕事"。① 棉织业的兴起,给松江等地带来了新发展。先进的捍、弹、纺、织技术传入本地后,更使棉花的种植普遍化,并进一步扩大了土地的利用范围。根据明代官员的估计,"官民军灶,垦田凡二百万亩,大半植棉,当不止百万亩"。徐光启认为,如果这样的话,"亩益棉三十斤,足供赋额,五十斤足徭役,丰歉获收,家户殷给"。② 像上海县,也多种棉花,"种植之广,与粳稻等",大多销往浙西杭、嘉、湖诸府,纺绩成布,"衣被天下","民间赋税,公私之费"因而都赖以相济。③

此外,嘉定、昆山、太仓等地,都广植棉花。④ 棉纺业不但盛于村落农家,城镇中也很普遍。⑤ 明代以"魏塘纱"著称的嘉善县,基本不产棉花,村民以纺织所成(或纱或布)每天清早入市集换取棉花,回家后再进行纺织,由此获得衣食之源。⑥ 在嘉兴的新塍镇地方,乡民的生活方式也基本一致,将纺成的纱、布在清晨入市换取棉花,回家再织,次日晨再入市交换,这样每天大约能交换纱、布四五两,织成一匹布,全靠晚上或通宵纺织。除务农垦田以输官偿租外,乡民的衣食就全靠纺织。⑦

---

① 嘉庆《松江府志》卷六《疆域志·物产》,嘉庆二十二年刊本。
② [明]徐光启:《农政全书》卷三十五《蚕桑广类》,中华书局1956年版,第703页。
③ [清]叶梦珠:《阅世编》卷七《食货四》,上海古籍出版社1981年版,第156页。
④ 这些地方土地瘠卤,不宜种稻。如在嘉定县,植稻面积甚少,种棉花的占了全境的十分之七,米粮若有不足,就取资他县。参[清]钱大昕:《潜研堂文集》卷二十二《记加征省卫运军行月粮始末》,上海商务印书馆1936年版,第319—321页。
⑤ 万历《上海县志》卷一《岁序》,万历间刻本。
⑥ 万历《嘉善县志》卷五《食货志·物产》,万历二十四年刻本。
⑦ 朱士楷:《新塍镇志》卷二《风俗》,民国十二年平湖绮春阁铅印本。

棉纺业为地方百姓提供了承应重赋、烦役的能力,松江民众"率赖于此"。① 一些官员十分重视地方纺织业。如平湖人陆陇其,最初到嘉定任知县时,就用小船载了纺具上任,其妻亲自纺织,换取日用生活之费,为地方乡民做了表率。②

图 1.4 传统棉纺工具:木棉线架、木棉拔车、足踏三绽纺车

江南成了全国的一个棉纺中心。松江的棉布与嘉善的棉纱,是全国闻名的地方特产。万历年间流传的"买不尽松江布,收不尽魏塘纱"之俗谚③,既说明了纱、布的特产地,也昭示了这些特产的经营规模和生产数量都很大。

除丝织、棉纺产品外,江南许多手工业制品也为世人瞩

---

① [明]陈子龙:《陈忠裕全集》卷十二《杂著·农政全书凡例》,载《陈子龙文集》,华东师范大学出版社 1988 年影印本,第 676—677 页。
② [清]钮琇:《觚賸》卷一《吴觚上》"公归集"条,康熙临野堂刻本。
③ 万历《嘉善县志》卷五《食货志·物产》,万历二十四年刻本。

目。① 湖州的毛笔、宜兴的茶叶与茶壶,以及流行于江南的"三白酒"等②,都被国家纳入了征赋清单。明人言及江南"三白酒"时称:"江南之三白,不胫而走半九州矣。"③晚明松江人范濂曾说,明代的三白酒是当时乡间米酒中较大的一种,内中还可以依据制作配料等,再区分出梅花、兰花等品类。④ 在乌程县南浔镇,当地所产的三白酒,就可以制造出不同的口味:"梅花、福橘、甘菊、五加皮之类,随意和酒酿,或取其香韵,或取其裨益优劣,以曲之粗细、米之精糙为差。而浔之独胜者,以水耳。水出北栅寿庵前,为真浔水。司酝者称酒大工。"南浔酒之名声也传到了宫内,时称"浔酒"。这里的三白酒是因白米、白曲、白水三种材料制就,俗称"好酒"。⑤ 在双林镇,那里生产的三白酒也称"好酒"。⑥ 清代官方较具权威性的地理志《重修大清一统志》中,则以"沈氏三白甲江南"艳称之,将三白酒的代表性产地定位于湖州府乌程县。⑦

---

① 参李伯重:《江南的早期工业化(1550—1850)》,社会科学文献出版社2000年版。
② 其实,在江南地区,松江华亭的"熟酒"品质也很好,时人认为"甲于他郡"。在隆庆年间,苏州府人胡沙汀带了三白酒客居于松,颇为缙绅所尚,苏酒由此在当地开始驰名。在范濂生活的时代,小民之家已都尚好三白酒了。参[明]范濂:《云间据目抄》卷二《记风俗》,民国十七年间奉贤褚氏重刊本。
③ [明]谢肇淛:《五杂俎》卷十一《物部三》,(台北)伟文图书出版社有限公司1977年版,第292页。
④ [明]范濂:《云间据目抄》卷二《记风俗》,民国十七年奉贤褚氏重刊铅印本。
⑤ [清]汪曰桢:《南浔镇志》卷二十四《物产》,咸丰间修,同治二年刻本;同治《湖州府志》卷三十三《舆地略·物产下》,同治十三年刊本。
⑥ [清]蔡蓉升纂、蔡蒙续纂:《双林镇志》卷十六《物产》,同治九年序本,上海商务印书馆民国六年铅印本。
⑦ 嘉庆《重修大清一统志》卷二百九十《湖州府二·土产》,四部丛刊续编影印旧抄本。

图 1.5 明代繁荣的夜市

在人烟稠密的江南地区,因经济生活的需要,外出经商的人很多。① 当时太湖洞庭山外出的商人几乎遍及全国,其财富曾一度与徽商相埒。② 各类商贩在江南乡镇中也十分活跃,并存在一定的地

---

① 他们大半不居田产,主要在于其"利息薄而赋役重",而经商正可解决这一问题。参[明]谢肇淛:《五杂俎》卷四《地部二》,(台北)伟文图书出版社有限公司1977年版,第103页。
② 傅衣凌:《明清时代商人及商业资本》,人民出版社1956年版,第5页。

区性。仅以嘉定县(今上海市嘉定区)而言,布商主要集中在南翔、娄塘和纪王镇;靛商活动以黄渡、诸翟、纪王镇、封家滨(封浜)为中心;蒲鞋贸易以新泾、徐家行为主;花商则多聚集于县城东门外;米商则集中在西门外;盐、典各商与大铺户等有些不同,他们往往是"侨客",临时寓于县城或市镇中。①

商业兴盛的一个十分显著的现象,是作为市场网络中心地的市镇的大量兴起与持续繁荣。② 所谓"阜货财曰市,事防遏曰镇",都是"便利民物"的中心场所。③ 明清两代,江南地区因几种重要

---

① 光绪《嘉定县志》卷八《风土志·风俗》,光绪六年重修、尊经阁藏版。
② 关于这方面的论述,成果十分丰富。最先对中国市镇史加以研究的是日本学者加藤繁。20世纪30年代,加藤繁就已经注意到了社会经济发展过程的都市形态问题。他的研究成果结集于《中国经济史考证》(吴杰译,商务印书馆1973年版,共三卷)。此后还有曾我部静雄的《唐宋以前的草市》(《东亚经济研究》第16卷第四期)、周藤吉之的《宋代乡村中小都市的发展》(《史学雑誌》第59卷第9期)等。五六十年代以来,欧美学者开始注意中国历史上的城镇化问题。美国的施坚雅(William G. Skinner)在这方面的研究相当突出,他的《中国农村的市场与社会结构》(Marketing and Social Structure of Rural China),连载于 Journal of Asian Studies (vol 24.1—3,1964—1965),着力于探讨中国历史上的城镇化过程,在中外学术界产生了极大的影响。这为中国市镇史研究奠定了重要基础。70年代以后,学术界开始兴起研究市镇史的热潮。刘石吉首先专门研究了明清江南市镇的发展问题,有关这方面的三篇主要论文汇成《明清时代江南市镇研究》一书,于1987年由中国社会科学出版社出版,产生了一定的影响。80年代以后,傅衣凌、傅宗文、王家范、陈学文、樊树志等都从不同的角度,对市镇史问题作广泛而深入的探讨。代表著作有王家范的《明清江南市镇结构及历史价值初探》(《华东师范大学学报》1984年第1期)、樊树志的《明清江南市镇探微》(复旦大学出版社1990年版)、陈学文的《明清时期杭嘉湖市镇史研究》(群言出版社1993年版)、包伟民主编的《江南市镇及其近代命运(1840—1949)》(知识出版社1998年版)、蒋兆成的《明清杭嘉湖社会经济史研究》(杭州大学出版社1998年版)等。川胜守从社会史的角度进一步拓展了市镇研究的领域,其代表作为《明清江南市鎮社会史研究——空間と社会形成の歴史学》,汲古書院1999年版。
③ 崇祯《吴县志》卷二《市镇》,崇祯十五年序刻本。

的经济作物如木棉、蚕桑等的种植、加工和贸易而兴起的许多专业分工明显的市镇,是探索明清以来商业资本发展和社会经济的整体所不可或缺的线索。①

在这样的生活环境中,人们必须具有一定的谋生依赖或手段,方能较好地适应城乡生活的压力。在"湖山之美甲东南"的杭州地区,既有所谓川泽沃衍,也有陆海之饶。在官绅们看来,是"民生其间,耕腴而汲甘"②,生活是比较好过的。但是正如明代后期的浙江临海人王士性所说:"身不有技则口不糊,足不出外则技不售。……其出也,能不事子母本,徒张空拳以笼百务,虚往实归,如堪舆、星相、医卜、轮舆、梓匠之类,非有盐商、木客、筐丝、聚宝之业也。"③这种生存压力,在城市生活中体现得更为明显,而且也能凸显各个城市生活的不同特色。到盛清时代,长江下游地区最重要的都会,如南京、扬州、苏州、杭州等,已各擅其胜,各具特质。按刘大观的评论,"杭州以湖山胜,苏州以市肆胜,扬州以园亭胜。三者鼎峙,不可轩轾"。④ 这样的论说,虽然并不全面,但确实勾勒出了杭州、苏州等城市在长江三角洲都市圈中的角色与地位。

5. 社会风俗的奢华

在经济生产繁荣的前提下,社会生活变得相当奢华。这在张

---

① 刘石吉:《明清时代江南市镇研究》,中国社会科学出版社1987年版,第9页。
② 乾隆《杭州府志》卷三《疆域·形势》,乾隆四十九年刻本。
③ [明]王士性:《广志绎》卷四《江南诸省》,中华书局1981年版,第80页。
④ [清]李斗:《扬州画舫录》卷六《城北录》,中华书局1997年版,第151页。

第一章　江南的生态环境及其内发展

居正生活的时代,已具有普遍之势,所谓"风俗侈靡,官民服舍俱无限制"。① 其具体表现,在江南地方文献中记载甚多。嘉靖四年(1525)举人、嘉兴府嘉善人沈爌给嘉兴府知府刘悫的信中指出,在嘉靖倭乱大爆发前,江南地方一直是人物阜蕃,百姓生活十分安逸之地:"士大夫之仕于朝与游宦于其地者,率目之为乐土";百姓只知努力耕作以供赋税,到老死都不知有兵争、战斗、死亡、危阽之忧。② 所以在少有战乱的江南地区,生活的富裕与奢侈都同时产生了。

早在元末明初,江南巨富沈万三好广辟田宅、富累金玉的事例,成了后世人们的榜样,争以求富为务,生活饰物更是争奇斗巧。③ 王士性指出,太湖周边的杭、嘉、湖地区俗尚繁华,人性纤巧,"雅文物,喜饰髻帨";巨室大豪很多,就是其家僮,数量往往在千百左右,"鲜衣怒马,非市井小民之利"。④ 张瀚也认为:"大都江南侈

---

① [明]张居正:《张太岳集》卷三十六《奏疏·陈六事疏》,上海古籍出版社1984年影印版,第458页。
② [明]沈爌:《石联遗稿》卷四《别郡公唐岩先生叙》,明万历间刻本。
③ [明]黄省曾:《吴风录》(一卷),百陵学山本。陈大康对沈氏名称作过一个简单的考证:沈万三,一说即沈万三秀的简称。据明人汤沐的《公余日记》云,明初间里间的称呼分为两等,故家豪族中人被称作"称",末流群小之辈则叫"郎";在称呼时,还需连上姓氏与排行。因沈家是当地豪室,沈富又排行第三,于是沈富便俗称为"沈三秀",至于称他作"沈万三秀",无非对他拥有万贯家财的形容。又据明人高士奇《天录识余》卷下中的说法,洪武初年每县分人为哥、畸、郎、官、秀五等,家给"户由"一纸,哥最下,秀最上;而每等之中又有分等,巨富谓之"万户",三秀如"沈万三秀",即为秀之三者。(参陈大康:《明代的商贾与世风》,上海文艺出版社1996版,第1页)更为翔实的考证可参看瞿兑之:《人物风俗制度丛谈》"沈万三"条,山西古籍出版社1997年版,第193—200页。
④ [明]王士性:《广志绎》卷四《江南诸省》,中华书局1981年版,第67页。

于江北,而江南之侈尤莫过于三吴。"以苏州为中心的江南风俗,是所谓"习奢华,乐奇异,人情皆观赴焉",所制服华,所造器美,四方各地日益重视江南制造的服饰、器物,更促使当地的生产工于服、善于器,以至其生产的"盈握之器",足以当农家终岁耕种的收益,也使人情更趋于奢侈浮靡。① 到明代后期,江南的奢侈品生产在全国已处于领先地位。②

奢侈之俗,无论是大的城市,还是偏僻的小村落,都有增无减。如杭州与湖州交界共辖的塘棲镇(即塘栖镇,今属杭州市临平区),并不属于通达之所,却是"世风日奢,人心日恣"。③ 乌程县地方,"佻达少年"以红紫为奇服,以绫纨作袒衣,至于富贵人家则纵容仆隶"僭巾履新,新巧屡更,珍错争奇"。④ 嘉定县虽地瘠如故,然而"俗之勤且俭者日非",从清代道光末年开始,地方上"渐趋华竞","浮薄少年"因衣食稍裕,出行动辄乘坐车轿;就是乡村务于耕织的百姓,生活也颇习华靡,"非茶肆听书,即酒家醵饮";拥有中人之产的,使唤仆婢,"非腥膻不下咽","非绫绸不著体",奢侈之风更甚。⑤ 苏州府的常熟县等地,到天顺、成化之际,百姓日益富庶,风俗"复崇侈尚靡"。在嘉靖年间,地方上更是"崇栋宇、丰庖厨、溺歌舞,嫁娶丧葬任情而逾礼"。⑥

---

① [明]张瀚:《松窗梦语》卷四《百工纪》,中华书局1985年版,第79页。
② 李伯重:《江南的早期工业化(1550—1850)》,社会科学文献出版社2000年版,第487页。
③ [清]王同:《唐棲志》卷十八《事纪·纪风俗》,光绪十六年刻本。
④ 光绪《乌程县志》卷二十八《风俗》,光绪七年刻本。
⑤ 光绪《嘉定县志》卷八《风土志·风俗》,光绪六年重修、尊经阁藏版。
⑥ 嘉靖《常熟县志》卷四《风俗志》,嘉靖间刻本。

图 1.6 士绅家庭堂会演剧场景

江南百姓的日常生活起居所用,较其他地方为富裕。即便是西部较为偏僻的湖州府安吉地区,普通民家的居室已都是"瓦屋砖墙,茅房甚少";富户则"多架高堂,颇事壮丽",所居楼房较多,三间五间不等。① 明末嘉兴府桐乡县人陈其德就说,"予生也晚,不及见

---

① 同治《安吉县志》卷七《风俗》,同治十二年刊本。

洪、永开辟之盛,并不及见成、弘熙皞之时",但万历初年他已成童,当时的生活风貌是"在在丰亨,人民殷阜",所以才会有"斗米不过三四分,欲以粟易物,便酸鼻弃去,豆麦辄委以饲牛豕,而鱼鲜鼎肉之类,比户具足"的生活实态。① 在松江府,生活日用极尚工巧。万历时人范濂曾指出,在他年轻时细木家具如书桌、禅椅之类"曾不一见",民间所用只是银杏金漆方桌,但当有人从苏州购来几件细木家具后,很快带来了松江日用家具的变革,从隆庆、万历以来,"虽奴隶、快甲之家,皆用细器",而"徽之小木匠争列肆于郡治中,即嫁妆杂器,俱属之矣";富庶之家又开始追求更高级的家具制品,凡是床、厨、几、桌之类,都用花梨、瘿木、乌木、相思木与黄杨木做成,"极其贵巧,功费万钱"。② 居室的奢华还体现在门庭的营造上。据清代上海人叶梦珠的记忆,居室大门样式的流变,"皆始于世家,后及于士类,甚且流于医卜胥吏之家",都趋于奢华。③ 尽管松江地方富豪之家都是朱碧辉煌,但倾椽颓墙的贫困人家也并不少。④

这种奢风在战乱甫平时,因雄厚的生产基础和人文条件,经济生产很快复兴,奢风顿起。如上海县从弘治时期以来,经历嘉靖年间倭寇的侵扰之苦,"间阎凋瘵",到万历年间后,地方习俗又奢华起来,那种名家右族"以侈靡争雄长"而不以逾越礼制为怪,以及

---

① [明]陈其德:《灾荒记事》,载光绪《桐乡县志》卷二十《杂类志·祥异》,光绪十三年刊本。
② [明]范濂:《云间据目抄》卷二《记风俗》,民国十七年间奉贤褚氏重刊本。
③ [清]叶梦珠:《阅世编》卷三《建设》,上海古籍出版社1981年版,第82页。
④ [清]施鸿:《微景堂宦游小集》卷四《门面》,清康熙刻本。

"市井轻佻十五为群,家无担石,华衣鲜履"的生活情态,是随处可见的。① 昆山人龚炜指出,"吴俗奢靡为天下最,日甚一日而不知反",在他的生活时代,从只有"士人"才穿裘衣到里巷妇孺都穿裘,从用大红线顶的人只有十之一二到十之八九,在此种变化情势下,许多生计贫寒的人家都"耻穿布素"。② 最为贫窭、最尚俭朴的书生,也开始崇尚鲜衣华服,并说这是"习俗移人,贤者不免"。③

有人还对江南奢风作了简括的描画,称"家家效缙绅之饰,人人修命妇之容"④。

当然,对江南风俗的奢华,明清时期的很多士绅都提出了批评。松江人范濂认为,从嘉靖、隆庆以后,松江地方"豪门贵室导奢导淫,博带儒冠长奸长恶",奢风遍染乡村田姑野媪,堪称"伦教荡然,纲常已矣"。⑤ 万历间人李乐(隆庆二年[1568]进士),生长于桐乡县青镇(今属桐乡市乌镇),对当地尚奢的风俗也十分痛恨。他指出,青镇地方百姓"日用、会社、婚葬皆以俭省为耻,贫人负担之徒,妻多好饰,夜必饮酒,病则祷神,称贷而赛";与青镇一河之隔的乌程县乌镇,虽也有尚奢者,但以俭朴者居多,所以富室能维持长久,中人之家亦绵延而不至卖房移徙。⑥ 还有人开始担忧这种奢靡之风得不到扼制的话,将使"家给人足"变得不切实际,根本不可

---

① 万历《上海县志》卷一《风俗》,万历间刻本。
② [清]龚炜:《巢林笔谈》卷五"吴俗奢靡日甚"条,中华书局1981年版,第113页。
③ [明]范濂:《云间据目抄》卷二《记风俗》。
④ [清]金埴:《不下带编》卷五《杂缀兼诗话》,中华书局1982年版,第91页。
⑤ [明]范濂:《云间据目抄》卷二《记风俗》。
⑥ [明]李乐:《见闻杂记》卷十一,上海古籍出版社1986年影印万历间刻本,第1020—1021页。

能达成,所谓"物愈贵,力愈艰,增华者愈无厌心,其何以堪"。① 有的甚至认为,正德十六年(1521)以来的"日新月异,自俭入奢"的这种社会现象,是"自盛入衰"的一种征兆。②

但是有人表示了不同的看法,认为奢俭之风当随俗之贫富而变,江南人民善于营生,使风俗趋奢,是先富而后奢,奢侈能刺激消费水平的提高,使不少人可以依靠别人的奢侈而致富。像俗称"小苏州"的上海县,就因俗尚甚奢,民众颇易为生,获得了更多的谋生渠道。③

总之,江南的持续发展与繁荣,使之成为中国中世以来社会经济发展最为重要的区域,直到今天,也仍然是经济文化最为发达的地方之一。经由千余年来的发展,江南在人文、自然诸方面已经形成了一个具有共同特性的特定区域。

---

① [清]龚炜:《巢林笔谈》卷五"吴俗奢靡日甚"条,第113页。
② [明]陈继儒:《白石樵真稿》卷二《松江志小序》"风俗"条,明崇祯刻本,载《四库禁毁书丛刊》集部第66册,北京出版社1997年影印版,第43页。
③ [明]陆楫:《蒹葭堂稿》卷六《杂著》,嘉靖四十五年陆郯刻本。

第二章 江南行政区划的变迁

本章重点阐释江南政治环境中的基本内容——行政区划,对以往相关研究中不太注意的政区变迁作一个简单的清理。在此基础上,着重说明县级政区与市镇发展情况,并适当阐明其与地域开发、经济拓展等因素的关系。

一 明代以前的政区沿革

从秦朝统一以后,江南地区曾属于不同的行政区划,如秦代的会稽郡、鄣郡,西汉的丹阳郡、会稽郡,东汉的吴郡及丹阳郡,三国时吴国的吴郡、毗陵典农校尉和吴兴郡,等等。隋朝统一全国后,这里就成了苏州、杭州、常州、润州以及湖州的属地。[①] 所以,明清时期江南主要的府,在隋时就已存在了。唐代武德初年,复罢郡为

---

① 《隋书》卷三十一《地理志下》。

州,以州统县。江南分属于苏州、湖州、常州诸府的全部与杭州、润州二府的一部分。贞观年间,这里又属江南道以及后来析出的江南东道。五代时期,这些地方先后为吴、南唐政权所据。南唐时曾分润州置江阴军,而苏、杭、湖三州之地俱属吴越。五代后晋天福五年(940),吴越又分苏州置秀州。从残唐钱氏立国,经吴越五王的相继开发,江南地区真正开始兴盛起来了。①

北宋至道三年(997),分天下十五路,以路统州,杭、秀、湖、苏、常、润六州之地及江阴军并属浙西路。润州在政和二年(1112)被改为镇江府,次年苏州改作平江府。在南宋初年,两浙路分东、西两部,杭、秀、湖、常四州与镇江、平江二府,江阴军仍属浙西路。建炎三年(1129),改杭州为临安府;宝庆元年(1225),改湖州为安吉州。②

元代改府为路。至元十三年(1276),平江府改为平江路,镇江府为镇江路,安吉州则改作湖州路,嘉兴府也改为嘉兴路。次年,改常州为常州路,增设了华亭路,改江阴军为江阴路。不久,改华亭路为松江府,临安府被改作杭州路。至元二十一年(1284),设置江浙行省,杭、嘉、湖、平、常、镇、江七路俱属之。后降江阴路为州,隶于常州路,并以松江府直隶于江浙行省。元末社会动荡,江南曾为张士诚、朱元璋所据有。在至正十六年(1356),朱元璋将集庆路改为应天府的同时,也将镇江路改作江淮府,不久又改作镇江府。十七年,又改常州路为长春府。二十六年(1366),杭州路被改为杭州府;次年,张士诚政权为朱元璋所灭,平江路改为苏州府,嘉兴路

---

① [明]王士性:《广志绎》卷一《方舆崖略》,中华书局1981年版,第2页。
② 《宋史》卷八十八《地理志四》。

改为嘉兴府,湖州路改为湖州府,与长春、松江、镇江三府同隶于江南行省。

二 明清府县级政区的发展

1. 县级以上政区的变化

明洪武元年(1368),元代所置的长春府被改作常州府,江淮府在后来被改作镇江府,也直隶于京师。洪武十五年(1382),以浙江的区划较小,又分江南行省的嘉兴、湖州二府隶于浙江行省。正统二年(1437),江南行省改称南京,苏州、常州、松江、镇江仍隶之。①

清顺治二年(1645),南京又被改为江南省(包括江苏、安徽)。雍正二年(1724),以苏州府所属太仓州直隶于江南省;八年(1730),又分江宁府所属溧阳县隶于镇江府。② 由此,本章讨论的"江南"包括了江南省的苏州、常州、太仓的全部与镇江的大部分,以及浙江省的嘉兴、湖州二府的全部与杭州府的一部分。在乾隆二十五年(1760)江南省分作江苏、安徽二省后③,江南地区即分属于江苏与浙江两省。

明代为了减少行政区划的层级,改路为府,将州分为直隶州与属州(也称散州)两种。直隶州是直接隶属于省的二级行政区划。

---

① 《大明一统志》卷十一《镇江府》;《明史》卷四十《地理志一》、卷四十四《地理志五》。
② 《清史稿》卷五十八《地理志五》、卷六十五《地理志十二》。
③ 季士家:《江南分省考实》,《中国历史地理论丛》1990年第2期。

设置直隶州的目的,是缩减府一级统县政区的幅员,并且简化政区层级,以便于行政管理。明代的散州到清代或升为直隶,或另作更名。这种情况分别以太仓州、安吉州为代表。明代江南地区并无直隶州,出现直隶州是清代雍正以后的事。

在雍正年间,部分政区作了相应的改革。原因主要在于,作为财赋重地,苏、松、常三府最称"烦剧",赋税名目繁多,加之地方幅员较大,所以"狱讼刑名案牍纷积",地方政府难于稽查。于是在雍正二年(1724)的九月份,朝廷被迫重作调整。① 苏州府的太仓州就在此时升作了直隶州。② 政府盛赞这种做法颇得"因地制宜之法"。到清末,江苏省的统县政区从康熙年间的7府1州增加到了8府3州。③

需要特别指出的是,中央政府于府之上、布政司(省)之下还设有"道"一级区划,属于监察性质的建置,用以加强对府级行政区划的控制。

明代的道主要有两种,一是由布政使的副手参政、参议分管一部分府、州、县的民政,称作分守道;一是按察使副手副使、佥事分管一部分府、州、县的刑名按劾之事。④ 以清代为例,康熙九年(1670)设置的苏松常道,领有苏州、松江、常州三府,治于苏州府。⑤ 但在二十一年(1682),常州府就改划到江镇道,所以苏松常道自然就改名为苏松道。乾隆六年(1741),太仓直隶州划入苏松

---

① 《清世宗实录》卷二十四"雍正二年九月甲辰"条。
② 《清世宗实录》卷二十四"雍正二年九月己未"条。
③ 《清史稿》卷五十八《地理志五》。
④ 邹逸麟编著:《中国历史地理概述》,福建人民出版社1993年版,第156—157页。
⑤ 《清圣祖实录》卷三十三"康熙九年四月丁亥"条。

道,因此该道即更名为苏松太道,并徙治于松江府的上海县。① 嘉兴、湖州二府地区,则属于雍正四年(1726)设立的杭嘉湖道,道治即在嘉兴府。②

比较明、清两代府级政区的变化,清代显然较明代为巨,尤其是直隶州的数量比明代为多。政区上的这种变化,体现了中央集权对地方分权强化控制的意图。③

2. 明代县级政区的初步发展

谭其骧指出,县级政区是地方行政区划的基本单位,往往与时俱增,且置后少有罢并,较为稳定。④ 在明清时期,江南县级政区的发展是空前的。

就明代而言,县的设置大为增加,基本上形成了今天江南地区政区的格局。如浙江省嘉兴府的增县就颇具典型性。⑤ 在明初,嘉兴府所辖仅有嘉兴、海盐、崇德⑥三县。宣德四年(1429),根据大理寺卿胡㮣以当地"齿众、赋繁、地广"为由要求增县的奏请,中央政

---

① 乾隆《江南通志》卷一百六《职官志·文职》,乾隆二年重修本。
② 乾隆《浙江通志》卷三十一《公署中》、卷一百二十《职官十》,乾隆元年重修本。
③ 周振鹤:《地方行政制度志》,上海人民出版社1998年版,第207、210页。
④ 谭其骧:《浙江省历代行政区划——兼论浙江各地区的开发过程》,载《长水集》,人民出版社1987年版,第398—416页。
⑤ 具体情况及其影响,参冯贤亮:《明代江南的争田问题》,《中国社会经济史研究》2000年第4期。
⑥ 顺治年间,为避太宗皇太极年号,将崇德改名石门。参[清]王士禛:《池北偶谈》卷四《谈故四》,中华书局1982年版,第93页。但多数资料持康熙元年更名说,如乾隆《浙江通志》卷四《建置一》即载崇德于康熙元年(1662)更名石门。

府在宣德五年正式下令嘉兴府嘉兴县分置秀水、嘉善二县,海盐县分设平湖县,崇德县分置桐乡县。① 至此,嘉兴府所辖已达七县,在地域及县数划分上与今天嘉兴市的建制基本相同。

在江南的其他地区,湖州府于弘治元年(1488)增置了孝丰县(今属安吉县南部孝丰镇等地)。②

关于分县缘由,当时湖州府知府王珣在向朝廷的奏疏中说得十分明白:湖州府安吉县的孝丰、天目、鱼池、灵奕、金石、广苕、浮玉、太平、移风九个乡的百姓,都提出这些乡僻居深山,道路险阻,不通舟楫,甚至有"老死山林不见官府者";又往往不服政府催科,钱粮逋欠数很多。遇到荒年,地方上就变得很乱,抢掠乡村的事情时有发生。因此,在这九个乡地方应当增设一县。十六都九十五里地方,因太过广阔,加上山路崎岖,从永乐以来治安就很混乱。而长兴县的十五乡二百六十四里地区,顺零、晏子、荆溪三个乡十七里地方,也处于深山,离长兴县城很远,但距安吉较近,因此地方上认为应当在安吉县的这九个乡地方专门添设一县,选官治理;长兴县的顺零、晏子与荆溪三乡,则应割附安吉,以便"就近管辖"。经过这样的调整,可使"钱粮易办、地方无虞"。安吉县后来在正德二年(1507)升为州,新建的孝丰县就隶于安吉州。③ 从设立孝丰县

---

① 嘉靖《嘉兴府图记》卷二《邦制一》,嘉靖二十八年刊本;万历《秀水县志》卷一《舆地志·方域》,万历二十四年修、民国十四年铅字重刊本;万历《嘉善县志》卷首《绘图·各区分境图》,万历二十四年刻本。《明宣宗实录》卷六十四"宣德五年三月戊辰"条。
② 光绪《孝丰县志》卷一《方舆志·沿革》,光绪三年刊本。万历《湖州府志》(明万历八年刻本)卷一《郡建》,则记载设县是在弘治二年。
③ [明]王珣:《添设孝丰县疏》,载光绪《孝丰县志》卷一《方舆志·沿革》,光绪三年刊本。

的情况,可以了解当时分县的普遍理由,主要在于行政管理与赋税征取的方便。

洪武二年(1369),由于"地坍人减",处长江入海冲要的崇明被降州为县①,隶属于苏州府。弘治十年(1497),苏州府正式增置了太仓州。朝廷根据都御史朱瑄、御史刘廷瓒及浙江布政使司右参政陆容的共同奏请,下令分昆山县新安、惠安、湖川三乡以及常熟县双凤乡,嘉定县乐智、循义二乡,建立太仓州,领辖崇明县,仍隶于苏州府。②

松江府在嘉靖二十一年(1542)按照巡按御史舒汀的奏请,割华亭西北二乡与上海西三乡设立了青浦县,治于青龙镇③,但因环境退化,水网受潮汐影响而淤塞严重,民生凋敝④,到嘉靖三十二年(1553)就被科臣议废,直到万历元年(1573)复立,设治于唐行镇。在万历六年(1578)又割华亭集贤乡、上海新江乡增益其疆土。⑤

常州府在区划方面也作了微小的变更。成化三年(1467)佥都御史高明以长江盗匪不断,奏请添设江阴县丞于江中的沙洲,即马驮沙,以加强地方防护。成化七年(1471),经过巡抚右副都御史滕昭的提请,正式在马驮沙设立靖江县,按里甲制的编排,共管控沙

---

① 康熙《重修崇明县志》卷二《沿革》,康熙间刻本。
② 民国《太仓州志》卷一《封域上》,民国八年刊本。也有将太仓设州时间认作是弘治九年的,参[清]吴伟业:《吴梅村全集》卷三十九《文集十七·重修太仓州城隍庙碑记》,上海古籍出版社1990年版,第836页。
③ 万历《青浦县志》卷一《沿革》,万历间刻本。
④ 崇祯《松江府志》卷三《镇志》,崇祯三年刻本。
⑤ [明]何三畏:《云间志略》卷四《青浦令赤水屠候传》,北京大学图书馆藏明天启间刻本。

洲上的居民55里。①

3. 清代县级政区的变迁

从时间上看,对江南县级政区改动较大的还是在清代,特别是雍正年间的政区调整,十分引人注目。了解那时的变化,将有助于理解今天的政区状况。

清初制度基本沿袭明代,政区也不例外。如嘉兴府,在明代已经领有七县,入清后除因避讳而将崇德县改名石门县外,一直没有变化。所以,它的政区相对来说较为稳定。湖州府的变化与嘉兴府类似,也只在一个县名上做了更改,即在乾隆三十八年(1773)八月,将安吉州改成安吉县。② 所以直到清末,湖州府仍领有七县。

苏、松、常三府地区一向是所谓"赋重事繁"之地。在清初,总督查弼纳向朝廷提出要在这些地方"升州增县,以分其任"。③ 雍正二年(1724)九月,即析太仓州地分置了镇洋县,分长洲县地置立元和县,析吴江县置震泽县,分常熟县地设昭文,割昆山县地置新阳县,又析嘉定县地设立宝山县,俱属苏州府。④ 与此同时,升太仓为直隶州,领有镇洋、嘉定、宝山、崇明四县。⑤ 乾隆元年(1736)

---

① 成化《重修毗陵志》卷一《地理一·建置沿革》,成化二十年刊本。
② 《清高宗实录》卷九百四十"乾隆三十八年八月辛丑"条。
③ 民国《太仓州志》卷一《封域上》,民国八年刊本。
④ 《清世宗实录》卷二十四"雍正二年九月甲辰"条。
⑤ 《清世宗实录》卷二十四"雍正二年九月己未"条;民国《太仓州志》卷一《封域上》,民国八年刊本;民国《镇洋县志》卷一《封域》,民国八年刊本。

设立太湖厅,隶于苏州府。① 晚至光绪三十年(1904)十二月,又设了靖湖厅,也隶于苏州府。②

沿江滨海地域的开发,在苏、松地区其实是最明显的,涨沙成田或淤土成陆的进程,与当地民众的开拓不无关系。产业的发展与人口的增殖,都加剧了县域社会的压力,故而新增行政区划的需求,是符合实际情势的。

松江府的县级政区在清代变化就很明显。顺治二年(1645),析华亭县地设立娄县。③ 雍正二年(1724)九月,再割华亭县地置立奉贤县,并析娄县地设金山县,分上海县地设立南汇县,析青浦县置立福泉县,俱属松江府。④ 福泉县于乾隆八年(1743)仍裁入青浦县。⑤ 另外,在嘉庆十七年(1812)四月,分上海、南汇两县设立了川沙厅,隶于松江府。⑥ 可以发现,奉贤、金山、南汇、川沙等都是边海地带新设的政区,直到清末,一直保持着持续发展之态。川沙厅在宣统三年(1911)九月因应时势的发展,改厅为县。⑦

常州府根据朝廷的要求,在雍正二年九月进行了增县:割武进县地设立阳湖县,析无锡县地置立金匮县,分宜兴县地设荆溪县,

---

① 《乾隆元年三月二十五日朱批奏折张廷玉题奏》,载牛平汉主编:《清代政区沿革综表》,中国地图出版社1990年版,第124页。
② 《光绪三十年十二月初十日会议政务处奏折》,载牛平汉主编:《清代政区沿革综表》,第124页。
③ 《清世祖实录》卷十八"顺治二年闰六月乙巳"条。
④ 《清世宗实录》卷二十四"雍正二年九月甲辰"条。
⑤ 《乾隆八年四月十七日朱批张廷玉题奏》,载牛平汉主编:《清代政区沿革综表》,第124页。
⑥ 《清仁宗实录》卷二百五十六"嘉庆十七年四月癸亥"条。
⑦ 民国《川沙县志》卷一《大事年表》,民国二十五年铅印本。

俱隶于常州府。① 所以到清末,常州府一直领有八个县。

　　常州府县级政区的变动,没有苏、松二府表现得剧烈,也许可以体现苏、松二府更为显要的社会经济地位。对官方而言,县级政区的调整,尽管要考虑政治管理上的便利,但更重要的,是要力保政府能够从中取得最大的经济利益。对江南地方的任何县级官员来说,这应该是再明白不过的事实。

表2.1　明清江南府州县政区之变化

	明	清		明	清		明	清
苏州府	吴县	吴县	松江府	华亭县	华亭县	常州府	武进县	武进县
	长洲县	长洲县			娄县			阳湖县
		元和县			奉贤县		无锡县	无锡县
	昆山县	昆山县			金山县			金匮县
		新阳县		上海县	上海县		宜兴县	宜兴县
	常熟县	常熟县			南汇县			荆溪县
		昭文县			川沙厅		江阴县	江阴县
	吴江县	吴江县		青浦县	青浦县		靖江县	靖江县
		震泽县			福泉县			
		太湖厅						
		靖湖厅						
	太仓州					太仓直隶州	太仓州	镇洋县
	嘉定县						嘉定县	嘉定县
	崇明县							宝山县

① 《清世宗实录》卷二十四"雍正二年九月甲辰"条。

续表

嘉兴府	嘉兴县	嘉兴县	湖州府	乌程县	乌程县		崇明县	崇明县
	秀水县	秀水县		归安县	归安县			
	嘉善县	嘉善县		长兴县	长兴县			
	海盐县	海盐县		武康县	武康县			
	平湖县	平湖县		德清县	德清县			
	崇德县	石门县		孝丰县	孝丰县			
	桐乡县	桐乡县		安吉州	安吉县			

说明:本表所列府州,其境全属本书定义的江南地区;另杭州府与镇江府的各一部分虽亦属本章考察的范围,因非全部府境,故不列入。

三 县级以下中心地的发展与繁荣

由于地域开发和商品经济的繁荣,江南地区在明清时期出现了大量的市镇。市镇的形成,都需要凭借良好的水网交通环境及腹地农村经济的支撑,甚至常靠一个或数个大族的定居而产生较为重大的聚合作用。明末江阴人徐霞客(弘祖)在浙江游历时,从江苏的章练塘(今上海市青浦区练塘镇),坐船经由水路前往浙江,路过第一个重要的市镇就是嘉善县东北的丁家宅(亦称丁家栅镇,是因隆庆五年[1571]进士丁宾及其家族的聚居而形成的水乡市镇);接下来他到的第二个"大镇"是西塘,是一个水网密布的中心市场;此后到达的第三个市镇是王江泾,"其市愈盛"。此后他所到的乌镇、连市(即练市)、唐栖(即塘栖)等,无一不是江南著名的市场聚落。①

而且,市镇的出现,在县城以下、村落以上形成了独立的系统,虽然这些市镇在行政区划上的意义并不十分明显,但在县级以下,却构成一个个的区域或市场的中心地②,其影响力往往不亚于县城,特别是那些超级大镇。(参表2.2)

表2.2 明清江南千户以上市镇统计

州县	千户以上市镇数(个)	州县	千户以上市镇数(个)
吴江县	7	南汇县	1
震泽县	1	金山县	1
	1	江阴县	1
元和县	1	金匮县	1
吴县	3		5
常熟县	4	宜兴县	1
昭文县	1	归安县	6
昆山县	1	乌程县	1
太仓州	1		1
崇明县	1	桐乡县	

---

① [明]徐弘祖:《徐霞客游记校注·浙游日记》,朱惠荣校注,云南人民出版社1985年版,第118—119页。

② 中心地理论(Central Place Theory)最早在20世纪30年代,由德国地理学家克里斯塔勒(Walter Christaller)提出。至60年代,施坚雅(William G. Skinner)借此撰成《中国农村的市场和社会结构》(*Marketing and Social Structure of Rural China*, Journal of Asia Studies, vol.24,1964.1,1965.2,1965.3)一文,影响广泛。

续表

州县	千户以上市镇数(个)	州县	千户以上市镇数(个)
宝山县	1	德清县	1
吴江县	1	仁和县	1
长洲县			
青浦县		秀水县	3
宝山县	1	海盐县	2
上海县	1	海宁州	3
	1	合计	54

资料来源:据刘石吉《明清时代江南市镇研究》(中国社会科学出版社1987年版)第130—134页"明清两代江南千户以上市镇表"编制。

例如,湖州府的双林、菱湖、琏(练)市、乌镇、南浔等,在明代中期"所环人烟"都已是"小者数千家,大者万家"。① 所以南浔镇到明末发展成"阛阓鳞次,烟火万家"的江浙雄镇②,并不是很稀奇的事。那时还有所谓"湖州整个城,不及南浔半个镇"的谚语③,反映了一个江南大镇的鼎盛之态。

---

① [明]茅坤:《茅鹿门先生文集》卷二《与李汲泉中丞议海寇事宜书》,载《茅坤集》,浙江人民出版社1993年版,第222页。
② [清]汪曰桢:《南浔镇志》卷一《疆域》引潘尔夔《浔溪文献》,咸丰间修、同治二年刻本。
③ 刘大钧:《吴兴农村经济》,(上海)中国经济统计研究所1939年版,第122页。

湖州府乌程县与嘉兴府桐乡县共辖的乌青镇,则是江南第一大镇。① 镇地偏处一隅,但地处苏州、嘉兴与湖州三府屏藩之区,是个水陆要冲,"巨丽甲他镇,市逵广袤十八里",设有通霅、南昌、澄江、朝宗四门,名为镇而实具"郡邑城郭之势"②,而且商贾四集,居民不下四五千家,"宛然府城气象"。③ 其行政管理上曾设有高于县官的通判和同知。④

苏州府吴江县的盛泽镇,也是首屈一指的大镇。⑤ 伴随经济生活的繁荣,政治地位也显得日渐重要。到乾隆五年(1740),吴江县丞就移驻于此,"遂称巨镇"。⑥ 再如甪直镇,在乾隆二十七年(1762)以"人庶地冲,庞杂难理,巡检佐员不足以资弹压"为由,将县丞分防驻于镇上,兼辖昆山、新阳附近村庄。⑦ 这个县丞还是元和、昆山、新阳三县联合分防的。⑧

实际上,县级官府将县丞等佐贰官员移驻县区内的大镇,在江

---

① 乌青镇,曾是乌镇与青镇的并称,中有溪水相隔。溪东为青镇,属嘉兴府桐乡县;溪西为乌镇,属湖州府乌程县。清时乌、青二镇已经概称作乌镇,是苏州府的吴江、震泽,嘉兴府的桐乡、秀水和湖州府的乌程、归安几县相交接的地方。参[清]陆以湉:《冷庐杂识》卷一,"乌镇"条,中华书局1984年版,第5页。
② [清]董世宁:《乌青镇志》卷二《形势》,乾隆间修,民国七年铅印本。
③ [明]施儒:《请分立县治疏》(嘉靖十七年十一月),载[清]董世宁纂:《乌青镇志》卷三《建置》。
④ 陈学文编:《湖州府城镇经济史料类纂》,浙江省社会科学院1989年印行本,第12页。
⑤ 樊树志:《明清江南市镇探微》,复旦大学出版社1990年版,第288页。
⑥ [清]仲沈洙纂,仲枢增纂,仲再需再增纂:《盛湖志》卷下《建置志》,乾隆三十五年刻本;[清]仲廷机纂,仲虎腾续纂:《盛湖志》卷一《沿革》,民国十四年乌程周庆云覆刻吴江仲氏本。
⑦ [清]彭方周:《吴郡甫里志》卷四《官署》,乾隆三十年刻本。
⑧ 同治《苏州府志》卷三十《乡都图圩村镇二》,同治间修、光绪九年刊本。

南地区是很多的。如嘉兴府嘉善县的县丞与主簿都不驻县治,分别驻于西塘镇(亦称斜塘镇)和风泾镇(枫泾镇)①,以加强对县境边区的控制与管理。②

各类市镇由于地区生产与商品经济的形式差别,互相之间的联系、互补表现得十分紧密,从而构成市镇社会网络。这种网络结构,又通常不以政区为限,是超地域或跨政区的。所以对于市镇变迁的考察,有助于分析和理解江南行政区划的社会意义,也是研究江南行政区划变迁的一个重要线索。

然而令人注意的是,明清时期的超级大镇到今天大多衰落,即便是一些经济功能很强的市镇,早已失去了昔日的繁荣景象③,即便是一般的市镇也如此。

譬如运河流经的桐乡县保宁乡的皂林镇(在今桐乡市西北九里地方),元、明时期都在当地设有驿站,也曾设过巡检,居民依运河而为集市,"户口蕃庶,商贾云集",一度较为繁华,地理位置又很重要,堪称"雄镇"。但在清初据说因郑成功出兵经此,战火波及,"燔毁民房略尽",康熙年间官方将巡检移于青镇(今乌镇)后,皂林

---

① 嘉庆《重修一统志》卷二百八十一《浙江统部一·文职官》,上海涵芬楼影印清史馆藏进呈写本。
② 关于县丞移驻市镇的例子在江南地区较多,一方面是与社会经济的发展有很大关系,另一方面则完全出于地方防护的考虑。滨岛敦俊与太田出的研究都证明了这一点。详参(日)濱島敦俊:《明代江南農村社會の研究》,東京大学出版会1982年版;(日)太田出:《清代江南三角洲地区的佐杂"分防"初探》,《中国社会历史评论》2000年第2卷。
③ 其实有些市镇在明末以后就已衰落。如嘉善县北部的大镇陶庄镇,位于分湖东南,旧名柳溪,在宋代很兴盛。但在明末"居民凋敝,已成乡落"。参[明]叶绍袁:《湖隐外史》"村落"条,载[明]叶绍袁原编:《午梦堂集》,冀勤辑校,中华书局1998年版,第1077页。

很快就衰变为一个普通村落。① 而那些作为县治的市镇,如嘉善县的魏塘镇、平湖县的当湖镇、安吉县的递铺镇等,至今保持着城市化发展的轨道。

或许由此可以得出这样的认识,即政治性的市镇比经济性的市镇具有更强的持久性,传统政治的权威强于经济力量的特性,在江南市镇群落中得到了具体体现。市镇功能与地位的退化,虽与社会生活与自然环境的变迁不无关系,但变化的深层原因尚有待进一步研究。

下面通过展示明清江南主要几个府的市镇数量变化统计表(计量单位为个)②,说明江南在社会经济方面所产生的变化,可以从另一种角度透视江南行政区划的变迁。

表2.3 苏州府明清市镇变迁统计

州县	市			镇		
	明代	清前期	清后期	明代	清前期	清后期
吴县	1	2	—	6	6	27
长洲	5	3	—	5	6	14
元和	—	2	—	—	8	15
昆山	4	3	7	6	10	20

---

① 光绪《桐乡县志》卷一《疆域志上·市镇》,光绪十三年刊本。
② 数量统计主要参考樊树志:《明清江南市镇探微》附录"江南市镇分布表",复旦大学出版社1990年版,第478—531页。个别府属作了相应调整。部分内容据刘石吉:《明清时代江南市镇研究》"明清两代江南市镇统计表"参补,中国社会科学出版社1987年版,第142—149页。

续表

州县	市			镇		
	明代	清前期	清后期	明代	清前期	清后期
新阳	—	1	3	—	3	6
常熟	9	10	22	6	3	21
昭文	—	24		—	4	
吴江	10	6	1	4	5	11
震泽	—	5	—	—	2	—
太仓	10	5	18	4	3	4
镇洋	—	1	9	—	3	5
崇明	—	—	—	—	4	4
嘉定	11	7	6	15	10	18
宝山	—	2	2	—	6	11
合计	50	71	68	46	73	156

说明：清代后期的常熟、昭文二县的统计合并于一起分析；太仓州在清代为直隶，为便于说明该区域内明清两代的变化，仍置于苏州府区内作考察。王家范对嘉靖年间的市、镇统计数分别为39、28，乾隆年间的数字则分别为50、45。参其著《明清江南市镇结构及历史价值初探》，《华东师范大学学报》1984年第1期。

表2.4 松江府明清市镇变迁统计

州县	市			镇		
	明代	清前期	清后期	明代	清前期	清后期
华亭	5	—	10	13	7	12
上海	7	3	31	9	13	13
南汇	—	1	13	—	12	25

续表

州县	市			镇		
	明代	清前期	清后期	明代	清前期	清后期
金山	—	9	10	—	6	4
青浦	8	3	17	20	3	30
娄县	—	—	1	—	13	10
奉贤	—	1	39	—	6	20
福泉	—	12	—	—	13	—
合计	20	29	121	42	73	114

表2.5 常州府明清市镇变迁统计

州县	市		镇	
	明代	清前期	明代	清前期
武进	5	2	5	6
阳湖	—	—	—	—
无锡	13	—	7	—
金匮	—	4	—	3
江阴	22	21	15	11
靖江	1	—	—	—
宜兴	—	—	18	19
荆溪	4	—	—	—
合计	45	27	45	39

说明：清前期统计数采用刘石吉的统计。宜兴、荆溪二县市、镇数择取万历《宜兴县志》与康熙《宜兴县志》所载数字。

表2.6 嘉兴府明清市镇变迁统计

州县	市		镇	
	明代	清前期	明代	清前期
嘉兴	—	—	4	4
秀水	—	—	4	4
嘉善	6	—	6	5
海盐	5	—	5	4
平湖	1	—	7	5
崇德	3	1	1	1
桐乡	1	1	4	3
合计	16	2	31	26

说明:崇德清代改称石门。

表2.7 湖州府明清市镇变迁统计

州县	市		镇	
	明代	清前期	明代	清前期
乌程	2	—	2	4
归安	—	—	8	4
长兴	—	—	5	5
德清	—	—	2	2
武康	2	1	—	2
安吉	—	—	3	—
孝丰	—	—	1	—
合计	4	1	21	17

说明:王家范对万历年间的市、镇统计数分别为2、20,乾隆年间的数字则分别为3、19。参其著《明清江南市镇结构及历史价值初探》,《华东

师范大学学报》1984年第1期。

上述五表的市镇统计,只能反映明清两代市镇变化的大概。这里再引刘石吉的统计结果,主要是一份明清江南市镇数量变动图,以作佐证。参图2.1。

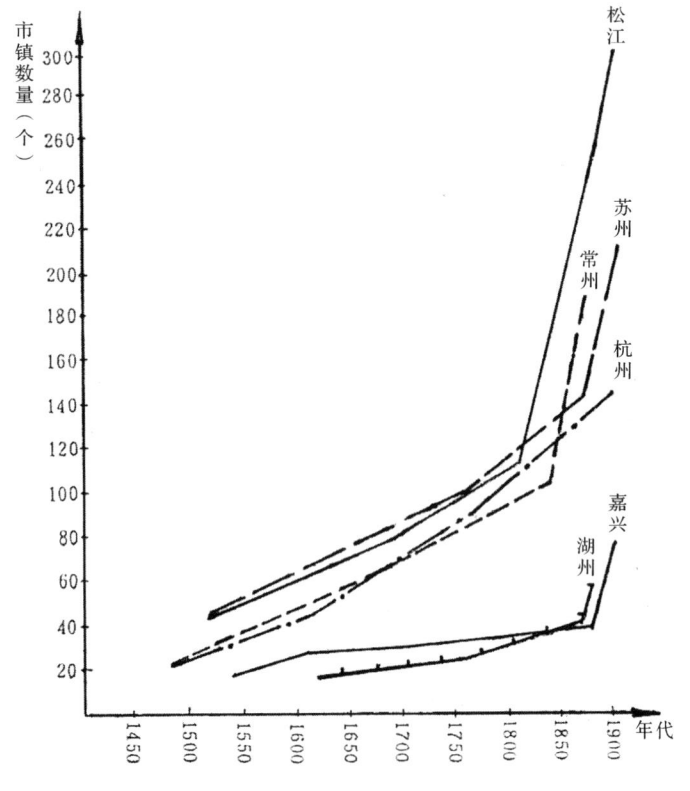

图2.1 明清江南市镇数量变动示意

资料来源:刘石吉《明清时代江南市镇研究》,中国社会科学出版社1987年版,第156页。

四　社会发展和政区变迁

在江南地区,凡设府置县之地,都逐水而居,聚落中心地一般也选择在水运交通便捷之地而据依为固。① 但从明清两代县级政区与乡村市镇的发展可知,社会经济的发展对于政区设置有着特殊的影响。实际上在很多情况下,政区的置废与调整,都与地区经济的发展程度密不可分。分疆划界"必以赋税之数为衡",而不一定是"以地之大小为准"。②

对江南地区颇有影响的明代宣德年间的分县举措与清前期的政区调整(增划县级政区与直隶州的设置),昭示了地域开发、经济发展于政区变迁层面的重要意义。这是自然环境的人工改造推进了经济发展后,使增县成为必然结果。谭其骧就认为,嘉兴府的平湖、桐乡、嘉善三县晚至明代才开始立县,是由于其地介湖海之间,而古代三江(太湖下流的松江、娄江和东江)易塞,湖水辄弥漫无归,盐潮日至,故滨海多斥卤之地,生聚较难;唐宋以后,浙西水利经不断修治,三江宣泄无阻,而杭州湾北岸之海塘也逐渐告成,斥卤便化为良田,自然灾患的减轻,使生民得以孳息,经数百年后,新县就因而析置。江苏的松江、太仓所属诸县,析置于元、明、清时期的更多,原因也在于此。③

---

① [明]沈爚:《石联遗稿》卷四《嘉善县城北刘公墩碑记(代作)》,明万历间刻本。
② [清]福格:《听雨丛谈》卷十一"繁简",中华书局1984年版,第227—228页。
③ 谭其骧:《浙江省历代行政区划——兼论浙江各地区的开发过程》,载《长水集》,人民出版社1987年版,第398—416页。

川胜守还探讨过中国地方行政发展中的县与镇的关系,认为市镇是接受县城行政工作的基本场所,而市镇居民由此能展开更为独立的活动,当然也可作为地方自治体系的支持。① 这是很有见地的。周锡瑞则从城市分层的角度,分析了城市与乡村间的关系,认为城镇至迟在清末还未成为一个独立管理的实体而存在,地方政权力量必然包括城市和乡村的精英在内。② 确实,乡村聚落(普通市镇)在明清时期并未成为一个正式独立管理的行政实体,但江南地区的乡村市镇大多数已迈上了"自治"化程度较高的道路,士绅精英们在其间的作用是不能被忽视的。正因为如此,普通市镇在村落与行政中心——城市之间构成了一个新的系统,为政区内部官方权力的展开,营造了在基层治理上的重要节点。但普通市镇在政治上的功能是很不明显的,除非有一些县级佐杂(主簿、县丞等)或巡检司等驻防,否则它体现的还是其强大的经济功能。

　　中央为加强对地方分权的控制最明显的表现,仍是在县级政区与州制的变化上。经济发展的趋势与政治控制的迫切,是政府管理地方过程中面临的两大问题。中央政府如何处理这两方面的问题,在本章关于江南政区变化的初步探讨中能得到一定程度的体现。

---

① 参(日)川勝守:《明清江南市鎮社会史研究——空間と社会形成の歷史学》,汲古書院1999年版。
② (美)周锡瑞:《把社会、经济、政治放向二十世纪中国史》,载《中国学术》第1辑,商务印书馆2001年版,第201—215页。

第三章　明清时期江南的基层系统

按照罗斯的界定,舆论、法律、信仰、伦理法则等都是社会控制的重要工具或手段。作为社会心理学的创始人,罗斯的界定显然倾向于心理分析。① 为了廓清不同环境下的控制形态的性质,本书的考察,注意参照社会控制的这些论说,认为也有必要将环境状况析分为常态与变态两大类。

本章所要论述的,是常态下的环境及其社会控制问题,着重讨论明清时期县级以下乡村基层系统的层次及其变迁,从而说明国家在行政区划上如何加强对地方社会秩序的全面控制。

一　基层系统研究内容的确定

以往对于乡村基层系统的研究,多是从行政方面入手的。如

---

① 参(美)爱德华·A. 罗斯（Edward Alsworth Ross）:《社会控制》,秦志勇、毛永政等译,华夏出版社 1989 年版。

张研的《清代族田与基层社会结构》,从社会群体的角度,将清朝的基层社会结构分成初期、中期、末期进行阐释,对基层社会主干和基层社会实体两大系统进行了有效的分析。张研认为,在清初的基层社会结构中,里社、保甲与宗族组织是并列的,至清中期,里甲及其功能并入了保甲,宗族组织则与保甲相交错,但至清末,由于宗族势力的发展和地方武装团练的兴起,在基层社会结构中出现了三种组织形态:一是胥吏与乡绅交错控制的保甲(里面包括里甲和团练),一是乡绅控制的团练(里面包括了保甲和里甲),一是乡绅控制的宗族(里面包括了团练、保甲和里甲)。① 赵秀玲的《中国乡里制度》,从全方位的角度对中国乡里制度的起源与历史嬗变等问题作了详细考察,侧重的是制度层面的论说②,地理区域视角的讨论仍值得进一步讨论。雷家宏的《中国古代的乡里生活》,也是从基层行政组织的角度,阐述了地方社会的基层管理系统——乡里组织,对其普遍性的事实作了概括说明。③ 尽管如此,这些研究仍无法细致解明地方社会的基层管理层次及其很难形容的地区复杂性。陈宝良在其《中国的社与会》一书中对此亦有涉及,从乡里组织的角度,分析了明清两代中国乡村的建置及其地域差异。④ 与此相比,周生春的研究,是直接针对基层系统最为复杂的江南地区

---

① 张研:《清代族田与基层社会结构》,中国人民大学出版社1991年版,第222—223页。
② 赵秀玲:《中国乡里制度》,社会科学文献出版社1998版。
③ 雷家宏:《中国古代的乡里生活》,商务印书馆国际有限公司1997年版。
④ 陈宝良:《中国的社与会》,浙江人民出版社1996年版,第140—156页。

所作的解释,显得更为具体一些。① 他通过对太湖地区田圩之制形成和发展的论述,将明清时期存在于苏、松、杭、嘉、湖五府水网平原地带的圩或围,解释为一种农田水利和赋税体制。不过从本质上而论,明清时期江南地区基层系统(包括地政系统)的发展和变化,仍然需要做进一步的分析。

根据江南地区明清两代所修的方志,参诸其他资料,可以发现从明洪武初年至清康雍乾时期,从县城至村落的图、里、圩管理系统,结构相当繁复。从总体上来说,江南地区基层管理系统的层次,大致为县—乡—里(在大部分地区,里与图的含义是相同的),但各地的分层及其名称又千差万别,而且分层的内容与本质在明清时期也有一个变迁的过程。特别是乡—里,其名称和含义变化较大。

由于江南地区河网密布,地卑土湿,被水网分割的田地,大多成为独立的空间单元,基层建制因而异,多以一块或数块独立的田地为一个单位。里或圩就是在这样的基础上建立起来的。众所周知,明代前期努力推行的鱼鳞图册制度,到后来已名存实亡,而并行的黄册制度也多有弊漏,在明代中期以后的实践中多有崩坏之势。② 地方社会的干扰,其实是时常存在的。明末清初嘉兴府桐乡县人张履祥曾作过较为深刻的论述,他说:根据大明祖制,鱼鳞册与黄册二制并行,鱼鳞册详载田地、山荡,而黄册重在记录丁田

---

① 周生春:《论太湖地区田圩之制的形成和发展》,载暨南大学中国文化史籍研究所编:《陈乐素教授(九十)诞辰纪念文集》,1992年6月印行本,第454—463页。
② 参韦庆远:《明代黄册制度》,中华书局1961年版。

之数,后来只重黄册而废鱼鳞,"赋役所以不得均也"。① 顾炎武也注意到鱼鳞册废坏后,即不以田为母,征赋上"以田系户",但是户有升降,田因之而产生了变乱。② 显然,在全国清丈后编制的鱼鳞册最接近真实情况,但年深日久,农田方面的增减变化使鱼鳞册的数字渐渐失去了精确性,作为征收赋役丁粮依据的底册,黄册所载田亩数字的准确性又较鱼鳞册为低。③

从基层系统的角度看,以里为基本的户口或税赋单位,在实际操作中是有其积极作用的。但作为田亩赋税制度的基本参照,里甲制存在许多不足之处,人口的稠稀是不能真正体现征赋的公正性的。与此相反,以圩为单位的田制系统,可以避免人口数量的虚实干扰,基本上能保证和维持国家的赋税汲取。到清前期,地方田制赋税体系的变化逐渐完善。然而早在明代后期,江南一些地方已经为之做了许多尝试和努力。如嘉靖年间欧阳铎巡抚应天十府时,对田粮"推收"就要求"田从圩、不从户"。④

鉴于基层系统农田水利方面规范的相关研究已有一定的成果⑤,本章研究就从明代开始,从官方编户、田粮征派的角度出发,

---

① [清]张履祥:《杨园先生全集》卷三十九《备忘一》,陈祖武点校,中华书局2002年版,第1051页。
② [清]顾炎武:《天下郡国利病书》原编第七册"常镇备录"引《镇江府志》,上海涵芬楼1936年影印昆山图书馆藏稿本。
③ 赵冈:《明清地籍研究》,载《"中研院"近代史研究所集刊》第九期"王雪艇先生九秩荣庆论文集",1970年,第37—59页。
④ 《明史》卷二百三《欧阳铎传》。
⑤ (日)滨岛敦俊:《明代江南农村社会の研究》,东京大学出版会1982年版;周生春:《论太湖地区田圩之制的形成和发展》,载暨南大学中国文化史籍研究所编:《陈乐素教授(九十)诞辰纪念文集》,广东人民出版社1992年版,第454—463页。

以环太湖的苏、松、常、嘉、湖五府(含清代析置的太仓直隶州)所属地区为限,对地方基层系统(主要是地政体系)的变迁和地域差异进行追踪,并说明其原因,揭示明清时期江南地区基层规划的概貌及其变化样态。另外,关于城市的坊厢,其建制一般与乡村地区的管理系统保持着一致性。如嘉靖时的江阴县,将城区的九图,"虽立为坊,而其实乡之地也"①。江阴县地区的情况,说明了城市之坊实为乡之建制,坊下所设级区当然也为图。这种坊(乡)—图的体系,在苏州等其他几个府中都可以看到,只是限于城区,并非广泛的乡野,所以将其列在重点考察的对象之外。而且,本章中有关"圩"制的一些分析,希望能够与传统的"聚落"或"村落共同体"的概念有所区分。② 有圩出现的基层系统,一般都被视作田制体系。在县以下的乡村社会中,政府法规与传统习惯有着颇为复杂的关系。尤其是在社会经济形态发育比较充分的江南地区,政府控制的样式便在这个不太大的地方出现了分化。

很多情况下,田制体系会与行政传统的基层体系发生融合,因此很难讲田制体系只属于农田水利方面的基本组织而不在行政规

---

① 嘉靖《江阴县志》卷二上《提封记·坊乡》,嘉靖二十七年刻本。
② 滨岛敦俊对于江南地区的圩曾作过十分细致的研究,分析了圩与江南村落的关系以及江南地区分圩的历史,并特别指出嘉兴府秀水县等地的圩有一个大圩分小圩的普遍情况,那些由《千字文》字序编排的圩号,很多可以复原到同一圩内。而且在整个明代,圩的分割,也就是圩的规模有着一个逐渐缩小的趋势。就圩的规模来说,宣德年间为3000—7000亩,到明末已降至1000—3000亩了。分圩的标准也由宣德时的500亩经过弘治时的300—500亩,下降到200—300亩,甚至100亩以下。这是江南地区圩变化的大致情况。参(日)滨岛敦俊:《关于江南"圩"的若干考察》(《历史地理》第七辑,上海人民出版社1990年版,第188—200页)。所以,伴随圩不断缩小的变化,基层系统中将圩纳入该体系的最基本的一个层次,是可行的,也是可以理解的。

范方面发生作用。本章特别将圩归入基层系统的一个层级,就是出于这样的考虑。

二 明代江南地方的层级系统

1. 宋元时期的基本情况

在讨论明代江南地方的田制系统前,有必要对宋元时代的基本情况作一追述。

宋代熙宁三年(1070)昆山人郏亶上奏指出:天下之利,莫大于水田,水田之美,无过于苏州。田土治理,需要重视古人的治田之法,低洼地区"田各成圩",每圩必设圩长,其职责在于每一年或二年要率领本圩人户,从事水利方面的防护工作,修筑堤防,浚治浦港等。其人户各有田舍,"在田圩之中浸以为家"。①

这表明,在昆山等地很早就已存在圩长的建置,所管理的圩区皆有固定的民居,并形成了专门的圩区管理体制。从资料上看,无法窥知当时是否存在严格的乡领都、都领区或圩的划分。但南宋绍兴年间的一则资料,为南宋初期已存在乡—都—圩的建制提供了有力证据。在绍兴二十八年(1158),华亭县沈姓人家将204亩(以步弓计算)农田舍入了青浦县淀山湖的普光王寺。该田坐落于华亭县(明清时属松江府)修竹乡四十三都,分属系圩字第三十三

---

① [宋]范成大:《吴郡志》卷十九《水利上》,江苏古籍出版社1986年版,第262、268页。

号至五十五号。①

而在南宋端平元年(1234)三月,华亭知县杨瑾受嘉兴知府之令,负责清理华亭县的田籍,推行"经界法",到端平二年四月基本完成,从而使华亭县形成了乡统保、保领田围的田制系统。杨氏的工作,就是由下而上,一层层清理田籍,"始于围,合于保,而成于都",动用乡官137名、甲首8881名、乡书吏90名,耗费15000缗财力,使田籍"自亩之围,则有归围簿;自围之保,则有归保簿;自保之乡,则有归乡簿;自乡之县,则有都头簿",达到"田不出围,税不过乡"的理想目的。② 类似的情况还存在于常熟县。在该县境范围内计有50个都,每都下领10保。图籍编制的具体做法是:"履亩而书也,保次其号,为核田簿,号模其形,为鱼鳞图,而又秭官民产业于保,为类姓簿,类都保乡于县,为物力簿。"③ 由此或可推知,其他地区也应有着类似的制度规范及严密的系统建制。

总之,在南宋时期,县—乡—都—保—圩(围)的规制已经存在。周生春通过对元代太湖平原的考察,认为田圩之制的最终形成期是在明代。④ 不过这种系统的普遍和推广,在时间上还要更晚一些,而在本质内容上所发生的新变化当在明末清初。另外,从上

---

① [清]王昶编:《金石萃编》卷一百四十九《淀山普光王寺舍田碑(绍兴二十八年)》,同治十一年经训堂刊本。
② 正德《松江府志》卷六《田赋上》所附《修复经界记》《经界始末序》,正德七年刊本;嘉庆《松江府志》卷二十《田赋志上》所附《修复经界本末记》,嘉庆二十二年刊本。
③ [宋]孙应时纂修,鲍廉增补,[元]卢镇续修:《琴川志》卷十二《叙文·常熟县端平经界记》,抄本。
④ 周生春:《论太湖地区田圩之制的形成和发展》,载暨南大学中国文化史籍研究所编:《陈乐素教授(九十)诞辰纪念文集》,广东人民出版社1992年版,第454—463页。

引文献中发现,像鱼鳞图这样的制度,虽不能肯定始于何时,但在宋代已经存在却是毫无疑问的,当然,它在元代的江南地区已经被普遍推行了。元代至正十年(1350)间,肃政廉访使董守悫推行均役之法,要求有田的居民都要将土地情况汇报官府,官方根据报告册履亩逐一复核田亩及其业户,以土田形状登录的册籍就称"流水",也称"鱼鳞"。①

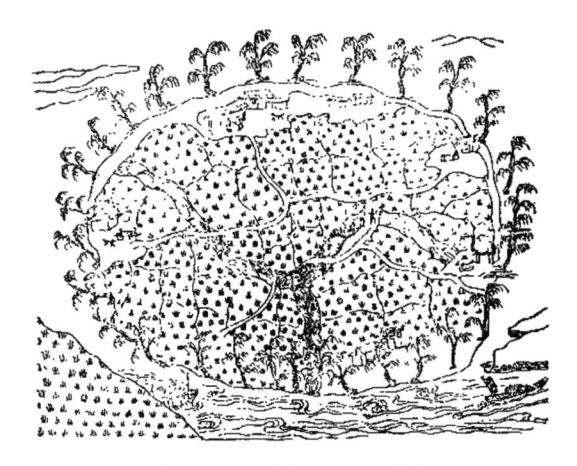

图 3.1 江南圩(围)田样式

2. 明代的基层系统

自明初始,江南地方基层管理的层次在表征上复杂多样,基本是以县统乡、以乡统都、以都统里(图),各地在具体的分划上又详

---

① [清]顾炎武:《天下郡国利病书》原编第十二册"浙江下备录"十五引王袆《鱼鳞图册记》,上海涵芬楼1936年影印昆山图书馆藏稿本。

略不等,名称各异,但都是以官方的行政区划安排为线索,结合地方传统以及国家田粮征催的需求而综合规划的。

洪武三年(1370),杭、嘉、湖地区曾着手编制过小黄册,"每百家为一图,里长一名,甲首一十名;不尽畸零,九户以下附正图,十户之上者,亦为一图,设里长一名,甲首随户多寡设焉"。各图逐年轮流,负责催办税粮,十年一周期。按每税粮 1 万石即设粮长 1 名、知数 2 名,推选"粮多者"承充。以湖州府长兴县而言,官方编设的图数共计 434 个,6 万石税粮共设正粮长 6 名、副粮长 12 名,共计 18 名粮长,未设知数。附郭的乌程县承担的税粮更多,税仓建于凤阳府,每仓配置副粮长 2 名,按乌程县税粮 10 万 6400 多石计算,共设正粮长 17 名、副粮长 34 名、知数 34 名,县域内编设的图数达到 7666 个。但山多田少的武康县,岁输秋粮只有 1 万石,由于"山乡辽阔,难于集事",因此特设粮长 7 名、知数 14 名;黄册编制的图数有 166 个。① 这些情况表明,基层管理系统因区域环境不同是有明显差异的。

同时,官方向民间颁发了户帖。户帖中关于人丁、田地、事产等情况的登载非常详细,完全是按府、州、县、乡、保这样的基层体系的脉络来编排的。②

洪武十四年(1381)诏编赋役黄册,以 110 户为 1 里,推丁粮多者 10 户为里长,其余 100 户分为 10 甲,各立甲首(甲长)1 人,"岁

---

① 《永乐大典》卷二二七七《六模·湖·湖州府三》,中华书局 1986 年影印本,第 888—891 页。
② [明]李诩:《戒庵老人漫笔》卷一"半印勘合户帖"条,中华书局 1982 年版,第 34—35 页。

役里长一人,甲首一人,董一里一甲之事。先后以丁粮多寡为序,凡十年一周,曰排年。在城曰坊,近城曰厢,乡都曰里。里编为册,册首总为一图"①。当时之图,是指黄册首页所列每里户口税粮总数的图,但在以后便逐渐变为里的代称。万历《嘉定县志》就说:"图即里也,不曰里而图者,以每里籍首列一图,故名曰图。"②洪武年间的黄册制度,虽在明代中期已多有废毁,但是它的影响一直延续到了清代,成为"编审"制度的典范。③

黄册制度可以增强人们对国家的依附关系,也使民众被牢固地束缚在土地上,而同时推行的鱼鳞册制度,则进一步明确了明代的征赋系统,虽不能保证每人均有田地,但确保了田有税出。万历九年(1581)全国清丈田地保留下来的一份鱼鳞图,呈现了田制系统最为直观的内容。(参图3.2)

这种制度当然是以土田统计为根本基础的,详录各地"原坂、坟衍、下隰、沃瘠、沙卤之别"。从田制上讲,鱼鳞册为经,"土田之讼质焉";黄册为纬,"赋役之法定焉"。④ 嘉靖年间华亭人何良俊也有经、纬之说,但他的解释颇有不同:经册是户册,即太祖黄册,"以户为主而田从之";户有定额,而田每年有去来。纬册是田册,"以田为主而户从之";田有定额,而业主每岁有更革。由此可使田有定额,粮有定数。每年只需将经册内各户平米总数合着纬册内

---

① 《明史》卷七十七《食货志》。"先后以丁粮多寡为序"句,万历《大明会典》作"先后以丁多寡为序"。
② 万历《嘉定县志》卷一《建置》,万历三十三年刊本。
③ [清]法式善:《陶庐杂录》卷五,中华书局1959年版,第184页。
④ 《明史》卷七十七《食货志》。

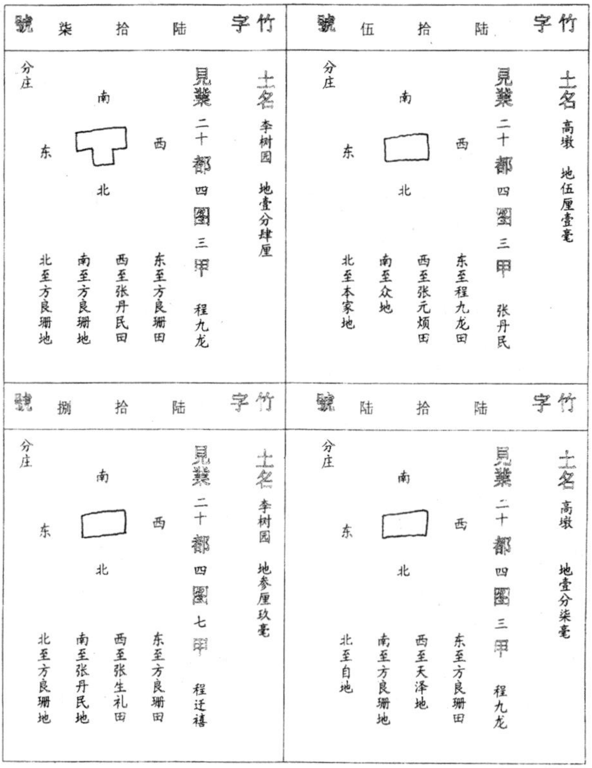

图 3.2　万历九年丈量鱼鳞清册一页样式

资料来源:《丈量鱼鳞清册》,复旦大学图书馆藏万历九年写本。

说明:该清册现仅存"竹"字号;从内容上看,"都—图—甲"这种基层体系十分明确。

田粮总数,统一轻重派粮,就不会产生飞洒、隐匿之弊。① 在万历十年(1582),常州府武进县、通县进行了田亩丈量,其方法就是以鱼

---

① ［明］何良俊:《四友斋丛说》卷十四《史十》,中华书局1959年版,第117页。

鳞图作为依据：每县、每乡、每都皆以四境为界，"田地以丘相挨，如鱼鳞之相比"，官田、民田、高田、圩田、埂田、瘠田、山地、荡滩，都要逐图细注，业主姓名随之载录。这是"以田为母，以人为子"的田赋管理思想。① 黄宗羲指出：古之赋税"以田为母，以人为子。人有去来，而田无改易"。以田亩为标准的赋税制度，可以实现履亩而税、追呼不烦的真正目的，在赋税催征上解决"知户而不知田"的问题。② 鱼鳞图册是以田亩为依据的，而不是户口。鱼鳞册制成后，官方照册上登记的每户钱粮田段数据，各发给"号单"一张，让业户收执。由于载明了坐落、亩数及其东、西、南、北四至图形，以后凡遇交易推收，都以"号单"为凭据，粘入契约内。③

官方设定编排的户口系统与田赋系统，在地方社会生活中当然具有强烈的官方性质，都是基层系统的切实体现。其中，图这一级次在基层体系中是相当重要的。

明末人王世茂认为黄册十年一造，实关民生利命，但其间弊窦丛生，必须在未造之时，预令里甲将图户丁田地开报至地方政府，先县，次都，次图，并取吊数解黄册旧底和积年书总及现年人役来一起查对。并说，有田土抛荒者，着落该图分佃，顶办粮差。④ 可见在基层体系中对图的全面把握的重要性。早在万历年间，昆山县一带存在过"以图里束户"、以本图之米给本图之人的图粜法，"先

---

① ［清］顾炎武：《天下郡国利病书》原编第七册"常镇备录"，上海涵芬楼1936年影印昆山图书馆藏稿本。
② ［清］黄宗羲：《南雷文约》卷三《赋税》，雍正间刻本。
③ ［清］顾炎武：《天下郡国利病书》原编第十五册"山东上备录"引王星华《含烟小记》，上海涵芬楼1936年影印昆山图书馆藏稿本。
④ ［明］王世茂：《仕途悬镜》卷一，明崇祯间刊本。

以户口成册为急,而户口成册又当以本图大家身自开报为据"①,都体现了图作为区划单位在基层社会赈济管理中的关键意义。

图的产生虽然很早,作为地方基层系统中的一个级区,在明代基层社会中有着明显的表现,一般设置于都以下。如苏州府的吴县,是"乡以统都,都以统图",顺序不失次第。不过需要指出的是,城区内各分5个乡,乡级区划下不设都,而且乡区都有固定的名称,统一为某某"里",如在城内西北隅的凤凰乡集祥里,下辖7个图的单位,城墙外属于附郭的复仁乡义安里,也是下辖7个图,即盘门区域的2个图与阊门区域的5个图。城区外共分38个都区,如位于县城西二十里的胥臺乡石城里,下辖2个都,即第十三都与第十四都,都下皆划分上、下两扇(粮区),这2个都的领图数分别为16个、19个;再如在县城西南八里东洞庭的震泽乡间城里,只设1个都,编号是第二十八都,分上、下两扇,共领图数为19个。这里的"里",与"里甲制"的"里"当然是不同的。②

都或保也是基层体系中十分重要的区划,是为了便于统辖数量庞大的里而加以划设的,有利于国家对基层社会的控制和管理。如在灾荒时节,地方的荒政措施之一是"亲审贫民",具体做法是先令里长报明贫户,正印官逐都逐图亲自验其贫窘情况,给发吃粥小票一张,填写里甲姓名,作为进入粥厂的凭证。③

---

① [明]王志庆:《减价粜米议》,载道光《昆新两县志》卷三十六《艺文二》,道光六年刻本。
② 崇祯《吴县志》卷二《乡都》,崇祯十五年序刻本。
③ [明]张司农:《救荒十二议》,载[清]汪志伊辑:《荒政辑要》卷七"近代中国史料丛刊三编"第54辑。《荒政辑要叙》作"嘉庆十一年二月朔日皖江汪志伊叙于苏州节署之平政堂"。

常熟人陈梅指出:"以县治乡,以乡治保(或谓之都),以保治甲,视所谓不过五人者而加倍焉,亦自详密,亦自易简,此斟酌古今之一端也。"又说:"一乡几保,不妨多少,何也?因民居也,法用圆。十甲千户,不得增损,何也?稽成数也,法用方。"顾炎武对此作了强调,认为保也就是都。① 但实际情况并非一律,也有都下设保的例子,这在下文的相关论述中再予说明。

圩作为田制系统中的基础,在基层社会事务中呈现出了比较重要的空间区位意义。宋代以来,江南地区存在的圩长制,在明清田制管理上有着特殊的意义。

在江南地区,城市区划中仍保存圩区编排的方式(嘉兴县城内就编有9个圩②),乡村地区的圩长,原本是专为圩岸维护而设,定期负责圩内的浦港浚治和堤防修筑③,每一年或二年率领所管的全圩人员,修筑浚治高田及低田的堤防。④ 在明代,从万历至崇祯间江南地区以嘉善等县为首的争田事件中,也可看到圩长对田粮管理有着实质性的意义⑤,表明圩制在基层社会的某些方面发挥的重大作用。另外,在社区赈济方面,知县要监督被灾各圩圩长逐一开报圩区内贫困民户的情况⑥,说明了圩长在基层聚落社会中的关键

---

① [清]顾炎武著,黄汝成集释:《日知录集释》卷八"里甲"条,岳麓书社1994年版,第286页。
② 崇祯《嘉兴县志》卷九《食货志·土田》,崇祯十年刻本。
③ [宋]郑瑄:《上苏州水利书》,载光绪《昆新两县续修合志》卷四十三《艺文一》,光绪六年刊本。
④ [明]吕光洵:《三吴水利图考》卷四《三吴水利书奏论议》,"郑瑄治田利害七事"条,明嘉靖四十年刻本。
⑤ 崇祯《嘉兴县志》卷九《食货志·土田》,崇祯十年刻本。
⑥ 康熙《秀水县志》卷十《杂文》,康熙二十四年刻本。

作用。

而在明末清初的基层体系中,圩长负有更为重大的公共工程责任,一般由村中推选一二公直勤慎的人独充或朋充(可以享有免除若干亩税的优惠),总管督催田甲,田甲再督催佃户,层层监控;而对于乡村民户的劳役,圩长都要根据圩区或地段"酌量工力、难易分别均派"。① 可以认为,对地方财赋等诸项事宜,圩长同样负有相当的管理职责。官府对地方的各种杂役摊派、赋税征收,往往直接从圩长入手。圩长与保甲长一样,作为基层行政中的重要一环,也会成为衙役、地棍等人的敲诈勒索对象。②

与自然村落相仿,圩已形成地域内的最终划分单元或区划空间,无论政府官署、民间杂居,还是官田民地,都纳入了以圩为地标的范围。因此,在土地转让、屋宇建设、公共工程的展开等方面,官方都能根据明晰的田地坐落情况,确知属于何都何图何圩地界,分毫不爽。③

所以在户籍系统的黄册之外,鱼鳞图册登录的乡—都—图—甲—圩,也是经由官府统一的丈量清查,编绘进国家要求的田粮册,故不应简单地视其为地方传统或民间习惯而轻忽它在基层系

---

① [明]陈瑚:《筑围说》,载光绪《昆新两县续修合志》卷四十六《艺文四》,光绪六年刊本。陈瑚,字言夏,号确庵,太仓人,崇祯十五年壬午举人,明亡后绝意仕进,康熙十四年卒。参[清]孙静庵:《明遗民录》卷三《陈瑚》,上海新中华图书馆民国元年版,第4—5页。
② 乾隆三十三年三月《禁革圩地色目碑记》,原碑在太仓浏河镇。
③ 这在崇祯《嘉兴县志》卷九《食货志·土田》、顺治十三年六月《长洲县奉宪禁革首名役累碑》(苏州碑刻博物馆藏)、康熙二十七年三月《吴江县永禁豪强侵占湖荡以保障国课碑》(吴江文管会藏)、乾隆三十二年二十月《江苏布政司给帖保护韩贞文祀产碑》(苏州碑刻博物馆藏)等许多资料中皆有反映。

统中的现实意义及其官方色彩。

3. 分府研究

为了阐明江南地区基层系统的变化情况,有必要对环太湖地区作分府考察。

湖州府

湖州府所辖乌程县,从洪武至成化八年(1472),一直辖有23区,计53都,282里。再如长兴县,明初至成化八年,所辖为15个区,计105都,共259里,到弘治元年(1488),知府王珣奏分顺零、晏子、荆溪三乡新设安吉县,还有232里;其谢公区分管之谢公乡,辖一都(1里)、二都(3里)、三都(4里)、四都(4里)、五都(2里)和六都(1里)。归安县在成化八年计辖区21个,总计44都,共309里。如东区分管一都(10里)、二都(1里)和四都(4里);西区分管四都(4里)和五都(7里)。由此可知,湖州府自明初至弘治年间,地方基层系统为县—区—乡—都—里。但这并非绝对,一些地方还出现了"扇"的区划,显得较为特殊。如成化时期,孝丰县所辖西北区分管的灵弈乡,被分成上、下二扇,各辖1里;东南区分管孝丰乡上扇1里;东北区分管有孝丰乡下扇2里、移风乡上扇1里和移风乡下扇1里。需要指出的是,孝丰县在乡之下有"管"的级称,如西南区分管的太平乡与金石乡,就是区—乡—管—里的体系。具体而言,太平乡十管、十一管领2里,七、八、九管领2里,四、五、六管领4里,一、二、三管领5里,总计11管13里;金石乡一、八、九管领 2 里,三、四管领 1 里,五、六管领 2 里,总计 7 管 5 里。①

明后期长兴县人丁元荐强调说,明初设里长,催办钱粮,勾摄公务;又在里长中选出殷实大户,充任粮长。根据这样的要求,长兴县编排的里长共计 240 名,分为 48 扇,由粮长统领。② 当然,扇只是介于乡与里之间的临时区划,是一般所称的粮区,由粮长负责。但长兴县的编制是扇在里之上,1 扇平均领有 5 里,是相当明确的,级次类同"都"。

另外,里与图往往出现互替的情况,但实质内容还是一样的。如嘉靖年间的安吉州,城区共设 2 图,设有"坊长"2 人;城外共分 9 个乡,管辖体系仍然是都(扇)—图的级次。图的级次等同于里。如铜山乡的上扇领 6 图、中扇领 1 图、下扇领 1 图,所设里长 8 人,同图数;又如晏子乡,其一都领 2 图、二都领 2 图、三都领 2 图、四都领 2 图、五都领 3 图,所设里长为 11 人,亦同图数。不过都一级的名称,与孝丰县一样,在这里也用"管"替代。如太平乡,其一、二、三管领 5 图、四、五、六管领 4 图、七、八、九管领 2 图、十管和十一管领 2 图,设有里长 13 人,仍同图数;再如顺安乡,一、二、三管领 3 图、四、五、六管领 2 图,共设里长 5 人,亦同图数。③

总之,湖州府在明代的基层管理系统大致为:县—区—乡—都(扇/管)—里(图)。需要说明的是,"管"的出现是比较特殊的,可能在丘陵低山地带,才有这样的特殊表达;而孝丰、安吉等地里数较少的原因,当与山区偏僻、开发不成熟以及人口较稀有关。区有

---

① 成化《湖州府志》卷四《乡都》,成化十一年刊、弘治年间补刊本。
② [明]丁元荐:《西山日记》卷下,清抄本。丁元荐,字长孺,长兴人,万历丙戌进士。
③ 嘉靖《安吉州志》卷二《疆域·乡都》,嘉靖间刻本。

时是乡以上、县以下的分划单位名称,但在一些地方则是都以下、里以上的地方区划,或者完全与都的实际意义相同,不过在名称上有所区别而已(如嘉兴府嘉善县地区),当按具体地区和时间而定。总的来说,后者出现的情况要较前者为常见。

嘉兴府

明人赵文华等撰的《嘉兴府图记》,反映了明代中期嘉兴地方基层系统的大致情况。其卷二《邦制一》云:"(嘉善县)思贤乡,在治西北□里,今二十三都下保东区里十、下保西区里九,三十四都里八。迁善乡,治北三十五里,今三十四都东区里八、西区里十二,三十五都南区里九、中区里六、北区里七。麟瑞乡,今讹为麟諟,治西十五里,今三十五都里九,三十七都里八。永安乡,治北五□里,今三十七都里十八,内析四里为魏塘镇都,一十八都南区里十一、中区里八、北区里四十二。奉贤乡,治东北二十里,今三十九都南区里十□、北区里九,四十都南区里十、中区里十、北区里九。胥山乡在治东南十里,今五都里十六。"①

早在洪武元年(1368年),官方于三十七都内割4里设为魏塘镇都。宣德四年(1429)三月,巡抚、大理寺正卿胡㮣巡视江南后,以嘉兴地广、赋繁、人多为由奏请划增新县。次年敕分嘉兴县东北境之迁善、永安、奉贤、胥山、思贤、麟瑞六乡之部分都、里置嘉善县,隶属嘉兴府,县治就设于永安乡七区的魏塘镇。②

但是,嘉善县的情况有些特殊,嘉兴、秀水、平湖等县的乡圩管理系统称"都",该县则称"区",从嘉兴县析出后,里数逐渐增多,从

---

① 嘉靖《嘉兴府图记》卷二《邦制一》,嘉靖二十八年刊本。
② 正德《嘉善县志》卷一《建置》,正德间刻本。

最初的186里增加到204里,每里10年共役10名里长,里长所辖小户称甲首,"岁输见役"的里长每年就有204人,其中4名里长属于魏塘镇都。① 在嘉靖时,嘉善县领有思贤、迁善、麟瑞、永安、奉贤、胥山六乡。除胥山乡范围太小、无法再细分外,其他五乡几乎都有区—里的辖制。按明制,110户为1里。因此,这种县—乡—都—区—里的层级管辖系统当然首先是以户口为依据的。嘉善县共有11都,共辖204里,万历二十八年(1600)所刊《嘉兴府志》,所载数字与此同。②

再如嘉兴县,在分县前,管26个乡、41都(包括洪武元年新设的魏塘镇都)、819里。其长水乡辖2个都共35里,即二十都的8里,二十一都东南区的8里、西南区的6里、东北区的8里、西北区的5里;思贤乡辖有3个都87里,即三十二都的28里,三十三都上保东区的16里、上保西区的15里、下保东区的10里、下保西区的9里,三十四都的9里。③

万历二十四年(1596)刊刻的《嘉善县志》,给出了万历以前比县—乡—都—区—里系统更为细密的划分内容:区下分扇,一般一区有正、副二扇,各有正、副粮长统领;而大区则分作二三个扇,粮长之数也随之增加。这一点在江南地区表现得较有特色,尽管这

---

① 万历《嘉善县志》卷首《绘图·各区分境图》、卷五《赋税》,万历二十四年刻本;[明]陈龙正:《几亭全书》(康熙云书阁刻本)卷二十八《政书·乡筹六》所附《丁丑(崇祯十年)五月本邑里老进嘉兴县弊册疏》亦云:"嘉、秀圩田名'都',嘉善圩田名'区',志册井然。"
② 万历《嘉兴府志》卷一《疆域》,万历二十八年刻本。
③ 崇祯《嘉兴县志》卷一《地理志·疆域》,崇祯十年刻本。

种系统在正德以后已有所变化。①

与嘉善县毗邻的平湖县,也在宣德五年(1430)从海盐县分出,编里共计161个。至天启四年(1624)前后,其管理系统仍为县—乡—都—里的结构。如在县西十八里的长水乡,其所辖之六都有7里、七都有9里、八都也有9里。与明初相较,只是在里数上有所减少而已。② 天启新编的《平湖县志》昭示的基层体系情况则要详备得多,而且在内容上有些差异,主要标志是圩的出现。③ 这在下文中将另作解析。

崇祯年间,因灾荒较多,嘉善乡绅陈龙正(崇祯七年[1634]进士)特意提倡推广保甲法。事实上,推行乡保制度是为了弭盗安民,但有的在城行保甲,在乡就不行了。陈龙正认为,灾赈时期是编行保甲的良机。其方法大致上是:首先,将城内以治所为中央,其他划作东、南、西、北四方。例如东方,以东一保、东二保、东三保等为号排序,每保统领10甲,设保正、副各1人;每甲统10户,设甲长1人。南、西、北三方也这样编制。"东方自北编起,南方自东编起,西方自南编起,北方自西编起,编至东北而合,方不可易,而序不可乱。"其次,将县境内以城郭为中央,外为乡村,也分东、南、西、北四方,与城区一样统编保甲。大村分为数保,中村自为一保,小村与邻近数村合为一保。一保分10甲,"听其增减甲数,因民居也";一甲共计10户,不可增减户数,便于官方核查;或有剩余二三

---

① 万历《嘉善县志》卷五《食货志·赋税》,万历二十四年刻本。
② 天启《海盐县图经》卷一《方域篇·县坊镇乡图》,天启四年刻本。
③ 天启《平湖县志》卷一《舆地一之一·疆域》;据序言中有"天启丁卯仲春"之词,推断该志当修于天启七年前后。

户,总附于一保之后,名称"畸零"。保甲编制"不分土著流寓,而一体编之者也"。在乡四方设保正、保副,在城也设保正、保副,分区统管:"如在城东一保,统东乡几保,在城东二保,统东乡几保,以至南与西、北,莫不皆然。"陈龙正指出了这种办法只是旧制,并非新创。① 可见,乡—保—甲的基层管理体系在江南地区是切实存在的。

至明末,除嘉善县的区与都含义相同外,嘉兴府其他地区县、乡、都、区至里的层级管理系统仍无变化。如海盐县一直是乡—都—里的结构。② 嘉兴县自宣德五年析出嘉善、秀水两县后,在崇祯年间仍领12乡,28都,381里。县南十里的嘉会乡,下辖十八都东区15里、十九都西区11里、二十都10里。③ 实际上,嘉兴府地区的图—圩系统早已存在,但在崇祯以前这种系统的功用显然没有在方志中得以充分体现,而在水利事业、社会赈济活动中,图—圩系统的实际功用则又超过了都—里制。陈龙正在明末主持的嘉善县地区的社会救济中,采取的方法,就是"写画逐圩地图",一切浜兜村落尽收其中。④ 由20—30圩乃至30—40圩组成县以下各区,由籍贯在该区的乡绅指导区内的"大户""富室""殷户"进行以区和圩为单位、按地缘结合乡绅和富户为特征的救济活动。⑤

---

① [明]陈龙正辑:《救荒策会》卷六《荒政议总纲》,崇祯十五年洁梁堂刻本。
② 天启《海盐县图经》卷一《方域篇·县坊镇乡图》。
③ 崇祯《嘉兴县志》卷一《地理志·疆域》。
④ [明]陈龙正:《几亭全书》卷二十五《政书·乡筹三·庚午急救春荒事宜》。
⑤ [明]陈龙正:《辛巳六月公议各乡平粜约》,载《几亭全书》卷二十五《政书·乡筹三·庚、辛救荒平粜事宜》;(日)森正夫:《十六—十八世纪における荒政と地主佃户关系》,《東洋史研究》1969年第27卷第4號,第69—111页。

松江府

松江府的地方层级管理结构是县—乡—保（都）—区—图（里），与其他府县结构的差别，主要体现在名称上的不同。

松江府地区出现的保，其级次同于都；图的级次等于里，一图为一里。在正德以前，松江府有十三乡，"乡次有保，有村，有里"，里辖民众多。正德时，乡次"有保，有区，有图"，图为一里，里之统民就寡。这是正德前后地方基层级次的差异所在。当时基层系统为县—乡—保—区—图，在府境内较为普遍。如华亭县，管8个乡，下辖24保，63个区，领图820个。其中，县城西南六十里的风（枫）泾乡，辖有一、二、三保，管有7个区，71图。这种结构直至明末崇祯时，并无改变。华亭县在崇祯年间所辖乡数，只比以前少了一乡。其风（枫）泾乡，一仍其旧。①

上海县在弘治年间领有5个乡。县南的长人乡领有6保，辖12个村，共领3个里；又如海隅乡，在县西北，领4保，分4区，辖11个村，管2个里。② 很明显，根据这样"县—乡—保—区—村"的分划，里只能是一乡所领户口总数的单位，基层体系的建置不是以田亩为依据的。在嘉靖年间，上海县仍领有5个乡。县南的长人乡，管辖十六至二十一保，分作12个区，共领图286。③ 这时的基层体制，已是县—乡—保—区—图。万历年间，上海县地区仍是这种体制，没有什么变化。④ 明末清初上海县人叶梦珠曾对当地的建制有

---

① 正德《松江府志》卷九《乡保》，正德七年刊本；崇祯《松江府志》卷二《区界》，崇祯三年刻本。
② 弘治《上海县志》卷二《乡保》，弘治间刻本。
③ 嘉靖《上海县志》卷三《建置》，嘉靖三年刻本。
④ 万历《上海县志》卷一《乡保》，万历间刻本。

过较为详细的描述:上海县共编有10保,大约10图为一保,100甲为一图,以49亩为一甲。其他县的田数、图保虽各有差别,但编制方法是一样的。①

苏州府

在洪武年间,苏州府所辖七县,除附郭的长洲、吴县为县—乡—里的结构外,昆山县为乡—保,常熟县为乡—都—里,崇明县则在城内分为四隅,城外则"别无名号,止称东、西、南、北而已",其区域名为东沙、西沙、三沙,各有乡团等名,因此当地的结构当为沙—乡—团。② 严格来讲,沙不属于基层体系中一个真正意义上的层次,只是因崇明地居江中沙岛,才有这种特定的名称,实是环境因素使然。

明代中期以后,基层结构的划分趋于细密化。

吴江县,在明代中期的基层系统为县—乡—都—区—里。据弘治元年(1488)《吴江志》的作者称:"分乡置都,所以颁田里、伍编民也。县以辖乡,乡以辖都,都以辖里,而一里之中有村居焉,有野市焉。"③嘉靖年间的吴县,其结构则是县—乡—里—都(图)。需要指出,这里的"里",是乡区之下居民生活地的小区划概念,并非里甲制的"里";一些城外乡区的编设,都与图的实际意义是一样的。如县城区域内的丽娃乡南宫里,下辖9个图(南元一、二图,南利一、二图,南贞一、二、三、四、五图);再如太平乡全吴里,管3个都(第五、六、七都);城外的穹窿乡阜安里,管3个都(第二十、二十

---

① [清]叶梦珠:《阅世编》卷六《徭役》,上海古籍出版社1981年版,第152页。
② 洪武《苏州府志》卷四《乡都》,洪武十二年抄本。
③ 弘治《吴江志》卷二《乡都》,弘治元年刻本。

一、二十二都),下辖直接是村落(东安、西安、小湾、杨舍村)。①

常熟县在里之上的基层系统是县—乡—都(保)—图,这里都与保往往互称,可能是整个苏州府的普遍情况。② 长洲县也是这种结构。③ 万历年间,还有区下再分正、副扇的情况,如嘉定县守信乡领有6个都,其东一都一区即分作正、副二扇:正扇辖7里,领17圩;副扇亦辖7个里,领13圩。④

因此从总体上说,苏州府已出现了乡—都—区—扇—里—圩的结构。但崇祯《吴县志》给出了一种较为特殊的例子,如吴县城内西南隅的丽娃乡南宫里,管有10个图;在县城以西五十里的大吴乡南胥里,则管有1个都,编号第八都,分作上、下二扇,共领12个图;再如县城西南六十二里的吴苑乡胜化里,编设第九都与第十都,各分上、下扇,两个都的所领辖图数分别为13个与4个。⑤ 从表面上分析,这是乡—里—都—扇—图的结构,事实上里是直辖乡以下、都以上的建置,是与常规的乡—都—图的含义不同的。该志也称"乡以统都、都以统图"是古今经野之制。那么可以推定,这里出现的"里"不过是地区方位或空间单元的指称,也可能是保留下来的古"里"称呼,并不是真正建置体系意义上的"里"。另外,吴江县在明末(1643到1644年间)出现了明确的"保",保户都由县府

---

① 嘉靖《吴邑志》卷四《乡图都分户口田赋并杂附等》,嘉靖间刻本。
② 嘉靖《常熟县志》卷二《乡都志》,嘉靖间刻本。
③ 嘉靖五年二月《长洲县九都二十图里社碑》,苏州碑刻博物馆藏。
④ 万历《嘉定县志》卷一《乡都》,万历三十三年刊本。据前揭弘治《吴江志》卷二《乡都》,吴江辖有六个乡,下领32个都,分46区,每区设有粮长2人;志书虽无明文,但从文中推测区下所设2个粮长,可能就是管理正、副二扇的正、副粮长。
⑤ 崇祯《吴县志》卷二《乡都》,崇祯十五年序刻本。

指定,成为基层领袖,而里甲散于各乡,故往往按都、图大小私定赋税钱粮,派索民间。① 保制在后世延续了很长时间。

嘉定县的分层系统似更为明确。在该县,区下设扇,扇下统里—圩。按照明人的说法,图即里。② 因此,当地的基层系统当为县—乡—都—区—扇—里(图)—圩。

昆山县的情况就有不同,层级管理明确为县—乡—保—村。如昆山县西北的积善乡有 2 个保,领 21 个村;再如县西的朱塘乡,也有 2 个保,领 24 个村。③ 但这种乡—保—村的制度是不多的,保的实际意义等同于里。村制作为层级出现,在明代江南地区也是较少见的,与陈龙正提倡的乡—保—甲制度倒是有点类似。但是,上述编制以户口作为划分依据,则是十分明显的。

常州府

常州府辖各县的基层系统,也是县—乡—都—保(图)的结构,部分地区在保下还详细记录所辖村落情况,但这并不是普遍现象。

例如,无锡县北四十五里的兴宁乡,统有 3 个都,共辖 27 个村;招义乡则统管 2 都,辖 15 个村。常州在保下以村落为管辖空间,当时人称"凡都摄保,保分村墅",村别是"自一顺数至十而止,余以例推"。不过在靖江县,只分马驮东沙与马驮西沙,共编设 55 里,统辖 600 户。④

在江阴县地区,基层体系大致上仍沿袭宋代之制:"乡统都,都

---

① [明]陆文衡:《啬庵随笔》卷四《风俗》,光绪二十三年吴江陆同寿刻本,(台北)广文书局 1969 年影印版。
② 万历《嘉定县志》卷一《乡都》,万历三十三年刊本。
③ 嘉靖《昆山县志》卷三《乡保》,嘉靖间刻本。
④ 成化《重修毗陵志》卷三《地理三·乡都》,成化二十年刊本。

统图。"原南北厢改设为17个坊乡,辖50个都,374图;原三个坊析为9个乡,如良信乡,统都4,都下统图34。因此,在嘉靖年间,江阴县"总四境三百七十四里,里为图,图统于乡都者三百六十五,而在城之九图,虽立为坊,而其实乡之地也"①。

4. 明末的变化

就田制体系而言,图—圩制当然是一直存在的。万历年间的嘉兴府嘉兴、秀水、嘉善三县为正疆界、争田粮事,就是直接从图圩着手进行的。② 至崇祯年间,图—圩制的意义得到了多方面的呈现。如嘉兴县附郭部分,便设有9个圩;又如德化都,领有32个圩、胥山都领31个圩,等等。地方志中保存下来的《万历二十六年(1598)嘉善县告争田地,知府张似良不行查勘竟申本道转申两院批行本县知县郑振先申文》等文本中,田粮的基层管理记载得十分明确,从都、图、里直至圩的体系相当明显。③ 直到明末,嘉兴等县的基层田赋体系为县—乡—都—图—里—圩。其中嘉善县的表达稍显独特,乡区一直称"区"而不称"都"。明末嘉善乡绅陈龙正与其家族世居的乡区即为"胥五区",在建设家族义田时,严格查照区

---

① 嘉靖《江阴县志》卷二上《提封记·坊乡》,嘉靖二十七年刻本。
② 参万历《嘉善县志》卷四《食货志·土田》、万历《秀水县志》卷三《食货志·田赋》(万历二十四年修、民国十四年铅字重刊本)、崇祯《嘉兴县志》卷九《食货志·土田》。
③ 崇祯《嘉兴县志》卷九《食货志·土田》。

圩丘段划定,并画影图形,不许子孙买卖和乡邻侵欺。① 由此可知明末嘉善地方基层系统中区—图—圩制的功能与实际作用。

嘉兴府的平湖县在天启年间,已经发生了较大的变化。天启七年(1627)前后,当地的基层体系编制有 4 个乡,辖有 12 个都,共辖 140 里;在每都之下大多分区,并领有数目不等的圩。如大易乡,在宣德五年(1430)从海盐县的原十七都的 16 里中分出了 14 个里划归平湖县,到天启七年前后,定为平湖县大易乡十七都,分作东区 8 里、西区 6 里,共计 12 个圩,田围 70。又如齐景乡,所领的二十都变分东区 8 里、西区 11 里两大部分,共辖 13 个圩;二十一都 22 里领 11 个圩,而每圩平均所占的里数各有不同,有少至一里以下,也有多至二里的。②

苏州府在崇祯年间,基层系统大体上是县—乡—都—图的结构。③ 至于圩制系统的体现,则视实际需要及地政的信息表达不同而有差异。崇祯年间吴江县《西方庵碑记》言及的西方庵所坐落的大义字圩常住田丘细数,地权上属于四十图九甲大户朱经张氏名下④,可以确知,在基层生活中,像吴江县这样的田圩系统,当是广泛存在的。

再以湖州府乌程县为例,成化年间当地的基层系统是县—区—乡—都—里;在崇祯十年(1637)前,已变为县—区—都—里—

---

① [明]陈龙正:《几亭外书》卷二《家规·义庄条约》,光绪六年孙福清编刻《槜李遗书》本。
② 天启《平湖县志》卷一《舆地一之一·疆域》,天启间刻本。
③ [明]张溥:《五人墓记》碑(崇祯二年孟冬)附长洲县免除颜佩苇等五人墓地税粮帖,碑存苏州山塘街。
④ [明]叶绍袁:《西方庵碑记》(崇祯七年夏),苏州碑刻博物馆藏。

圩的结构了,都下辖有数目不等的圩。嘉靖四十四年(1565)状元、乌程人范应期(1527—1594)很早就说过,在乌程县,编户267里,分为23个区,自一区至六区属乌程的西乡,剩下的都是东乡。① 具体而言,一区的一都领28圩、二都领82圩、三都领有15圩,但仍存在里的编制,如一区所辖的一都、二都、三都、四都、五都和六都,各有2里。②

上述从文献记载中探知的基层体系,其实还是比较粗疏的,但其中呈现的这些细微变化,显然是因基层体系中的圩制记录在明代中后期日渐增多,表明了圩制系统在基层社会中的作用越来越受关注,当然也与文献记载的细致程度是相关的。

三 清代的变迁

1. 明末清初的改革

一般认为,清初的"摊丁入地",是明末"一条鞭法"的继续和深化(康熙二年[1663]浙江布政使袁辅宸仍在建议执行"一条鞭法",以便更好地起解地方钱粮,以杜侵欺③)。明代中叶以前,国家的田赋征收是实行两税法(夏税和秋粮),在差役上大体分为里甲、均徭和杂泛三种。由于各地的田土高下很不相同,所以在征收

---

① [明]范应期:《乌程一至六区改复旧则催征碑记》,载崇祯《乌程县志》卷十一《艺文》,崇祯十年刻本。
② 崇祯《乌程县志》卷二《乡》《区》《圩》,崇祯十年刻本。
③ 光绪《嘉兴县志》卷十一《赋役下》,光绪二十四年刻本。

的科则上也不一致,一般是按田地山荡分为三等九则,而据此摊分在各府州县的课额又是不同的,有的还多于或少于九则,且主要以户和丁作为征发对象,分银差和力差两种。这仅就民户及民田而言。明初的这套赋役制度,到明中期就无法适应现实的需求变化而继续下去了。地主富户大量欺隐田粮人丁,连明世宗朱厚熜也不得不承认:民间差徭不均,多由飞诡税粮为害而起,更有"将田地隐寄乡宦势要之家",假称典卖而虚立文券。①

嘉靖时期,有的地方官员开始在江南等地施行一种新的赋役法,即一条鞭法。海瑞在任应天巡抚期间,曾想彻底清理赋役问题,提出不以黄册作为均粮的依据,招致了势要权贵们的反对。嘉靖末期到隆庆初年任内阁首辅的徐阶(1503—1583),更以松江东乡、西乡的环境差异导致的民生与赋税的显著不同为例,对松江府官方提出的"均粮"提出了不同的看法,认为"均粮"之议有其不合理的地方而难于实施。他强调说,"松之存粮,诚生于斗则之繁多",是松江人减则而售田,所以往往以五斗为五升。国家从土地中征取财赋,称土起粮,应当使赋之所入与土之所出相适应。松江存粮的问题,有"其人已往,莫可究诘,里甲代之输者",有"其人尚存,欲自诉理,而无其阶者",有"将为增减之弊,故举往时所谓鱼鳞图册而乱之者"。要解决这些问题,就要从基层出发,从里甲到官府,理清田粮与册籍登录的实情,恢复旧额,参照旧有的鱼鳞图册,官府督同里甲一起,清查各图的圩数、各圩的田亩。否则,一概以

---

① [明]傅凤翔编纂:《皇明诏令》卷二十,嘉靖六年二月十三日"宽恤诏",嘉靖二十七年补刻本。

"均粮"而论,其害必至。① 但到万历九年(1581),一条鞭法还是在全国推行起来了。根据《明史·食货志》的记载,一条鞭法已取消了"力差"和"银差"间的界限,统以雇银代之,并且出现了赋役合并、役归于地的倾向。但是,作为国家差役的基本征敛对象,"人丁"还没有完全取消,由此产生的细微变化就是"丁银"的出现。②

在江南地区,国家推行一条鞭法的同时,还要实行均田均役法。无论官民,都要照田编役,并分为上、中、下三则,"照田之多寡,定役之重轻"。③ 一条鞭法中的赋役合并倾向,在有的州县就发展为"摊丁入地",当时叫作"随粮派丁""田代丁编"或"丁随田办"。④ 但明末清初(包括康熙前期),赋役制度的实施是相当混乱的,而户口的消长在其间产生了极大的干扰作用。在清初的户丁编审中,失额情况严重影响到了社会秩序的稳定和国家的财政收入,政府由此开始对旧有的户丁编征制度实行改革。

明末清初太仓人陆世仪(桴亭)指出:"旧制定赋役有两册:一黄册,以人户为母;一鱼鳞图册,以田为母。法久,弊且百出,若欲厘整,莫若废黄册专用鱼鳞图册。"显示了丁在当时田赋工作中的关键意义已然丧失。⑤ 顺治年间,户科给事中、嘉善人柯耸针对江

---

① [明]徐阶:《世经堂集》卷二十二《书一·与抚按论均粮》,万历间刻本。
② 光绪《江都县续志》卷十四《民赋考》,光绪十年刻本。
③ [明]聂绍昌:《均役全书叙略》,载崇祯《松江府志》卷十二《役法下》,崇祯三年刊本。
④ 郭松义:《论"摊丁入地"》,《清史论丛》第三辑,中华书局1982年版,第1—60页。
⑤ 蒙文通:《中国历代农产量的扩大和赋役制度及学术思想的演变》,载《蒙文通文集》第五卷《古史甄微》,巴蜀书社1999年版,第253—380页。

南地区差役不均的情况,提出了"田尽落甲,役必照田"的主张。① 这种归并田地的做法,可使民户田地不管坐落何处,都须归并于本户之下,并详细注明所坐落的图、圩号段,从而使图—圩制的推行更具有实质性意义。

康熙十年(1671),政府即规定各州县一概以 3000 亩为 1 里,如有旧额超过此数的 1 里,仍照旧不动;如不足此数,则要凑足,不许缺额。这必然要求对图里进行归并。如石门县所辖的第三都的里数,由原来的 11 里减少到 8 里,共编田地 24015 亩;第四都从原来的 18 里减至 14 里,共编田地 41680 亩。每里皆须符合 3000 亩之数。可见,"各都之里,所辖不同,而各里之田,赢缩原无甚异也"。雍正六年(1728)浙江巡抚李卫实力推行顺庄法后,各州县编审都要求以粮户住居图分为主,与其他图整合归并;倘有田在本县,而人居他县的,另造"寄庄"册进行登记。这就出现了各图田地大小悬殊的情况,所谓"有一里而兼数里之田者,有数里而不及一里之田者"。以人户贫富为据的编排,显然已不适应时势的要求。② 人丁虽然有所增加,地亩却并未加广,按新增的人丁数加征钱粮,更是不合理的。很快,"滋生人丁、永不加赋"的诏令,就在康熙五十一年(1712)正式发布了。③

雍正四年(1726)户部议准浙江省摊丁科则,按同一则例分别

---

① [清]柯耸:《编审厘弊疏》,载[清]贺长龄、魏源等编:《清经世文编》卷三十《户政·赋役二》,中华书局 1992 年影印本。
② 光绪《石门县志》卷三《食货志·田赋》,光绪五年刻本。
③ 《清圣祖实录》卷二百四十九"康熙五十一年二月壬午"条。

均入各州县田赋;六年,江苏各州县分别均摊。① 这使田亩统计进一步趋向统一。国家只要认定田主,就可以保证赋税的收入。地域社会内以人户多寡为基准的田制系统已显得毫无意义。

2. 行政地域考察

为了便于说明清前期田制系统的存在形态,仍有必要作分区考察。

太湖厅

乾隆年间金友理编纂的太湖专志《太湖备考》,记载了当时太湖周围三州十县(即苏州的震泽、吴江、吴县、长洲,常州的无锡、阳湖、宜兴、荆溪,湖州的长兴、乌程)的沿湖地区及湖中山川聚落、都图田赋等情况。该书所录资料,表明苏州府、常州府的基层系统为县—乡—都—图。例如,属苏州府吴县的姑苏乡,领有三十二都、三十三都和三十四都,辖图总计34个。但太湖厅东山武山的基层系统与前者稍有差别,为都辖图领圩的结构。如东山的二十六都辖一、二、三、四、五图,统领13个圩;二十七都辖七图,15个圩。②

苏州府

苏州府常熟县在康熙三十五年(1696)前后曾对异乡田地实行过一次均画,目的是便于乡民当差均役。当时,将异乡十五都分辖西北高区,但异乡图甲各属原无此项名色,"岂容借端分立",于是

---

① 郭松义:《论"摊丁入地"》,载《清史论丛》第3辑,中华书局1982年版,第1—60页。
② [清]金友理:《太湖备考》卷五《都图》,江苏古籍出版社1998年版,第216—218页。

严饬该府县永行革除,"均划坐圩地方分管,同绅衿等项另编田数及一体当差均役",勒石晓谕。其官都七图,共编当差田219顷83亩5分,监儒都九图一甲,共编当差田28578亩5分5厘;先贤忠臣二图一甲,共编当差田6595亩5厘;僧道田六甲,共编当差田1884亩3分。另十五都一图,计管祀、蒸、赏、稽、后、拜等字圩号,共坐圩田地968亩5分1厘8毫;十五都七图,计管鞠、养、岂、敢、毁、女、慕等字圩号,共坐圩田1240亩7厘。① 嘉庆时,这种县—乡—都—图—圩的田制系统,仍然十分明确②,是办理基层事务时最重要的土地信息系统,也是地政信息表达中最为常用的方式。

长洲县在康熙年间的基层系统为县—乡—都—图—圩的结构,表明那时在雍正朝以前,基层系统的最低级次一直是圩,级次的划分当然要以田亩为单位。而当时的社会福利和救济事业上的举措,也可以证明图—圩制对于明确界域的重要性。③

在吴江县,县—乡—都的结构从明代以来是比较稳定的,直到乾隆十二年(1747)左右,其基层管理系统一直存在一种性质、两种表征的现象,即都下所领的有保,也有图。个别地方将保作为在县城的区划,图则是乡野地区的建制。倪师孟等人认为,保兼有县城内外地区,附郭10里为保,保、图下辖的才是圩。距离县城西五里的二都,原领有12个保,在雍正四年(1726)以吴江县一半析置震泽县后,所领的保有全的和不全的,共计8个,即第一、二、三、四、五、六、八、九保。吴江县的乡,此后完整的只有久咏乡,还有三个

---

① 康熙三十五年十月《均画异乡田地一体当差均役示》碑,常熟图书馆藏旧拓片。
② 嘉庆二十一年六月初五日《钟表义冢碑记》,原碑在苏州陆墓五里村。
③ 康熙五十三年仲冬《长洲县奉宪倡捐善田碑》,苏州碑刻博物藏。

不全的乡,即范隅上乡、范隅下乡和澄源上乡。而其下领的都、图、圩也各有全与不全之别。如范隅上乡,原领5都,乾隆时所存已不全,领4都;其一都领有完整的图17个,不完整的1个。澄源上乡所领的十八都,原领19个图,分县后保留了5个完整的图和3个不完整的图。各图下领圩数,各各不等。但在都之下,设置了正、副扇。如一都正扇下辖第一、二、三、四、五、六图;副扇下辖第七、八、九、十、十一、十二图;八都中设副扇,下辖1个图(即第九号图)。有的正、副扇还分前、后,如二十六都下辖的前正扇下辖第一、二、三、四、五、六图,前副扇下辖第八号图;后正扇下辖第十三、十四、十五、十六、十七、十八图,后副扇下辖第十九、二十、二十一、二十四图。① 其实,清代吴江县地方的基层体制沿袭自明万历年间履亩清册所定之制,康熙五年(1666)虽重编了鱼鳞清册,但大多保持了旧状。② 因此,在吴江县地区,基层管理系统的层级为:县—乡—都—扇—图(保)—圩。扇的级次仍是标明粮区的安排;而保并不是都的代称,与图等级,是一种特殊现象。

常熟县在雍正四年分设新县昭文后,对原来的县—乡—都—图结构,作了新的调整,废乡用"场",常熟县划分8个场、昭文县为4个场,共计12个场,从官方的田亩统计册籍来看,基层体系就是县—场—都—图,图(有的图还分上、下)下辖圩田,场的级次等同于乡。如常熟县的南一场,共辖6个都,其第一号图坐落于县城西门外,所管田圩7个(编号分别是地、月、玄、黄、盈、昃、辰);第二号图即分上、下图,共辖田圩40个;第三号图也分上、下,下辖田圩40

---

① 乾隆《吴江县志》卷三《乡都图圩》,乾隆十二年修、石印重印本。
② [清]纪磊、沈眉寿纂:《震泽镇志》卷一《乡都图圩》,道光二十四年刻本。

个。再如昭文县,东一场共管6个都,第二十一号都下辖的第六、七、九图,都分上、下图。图管辖内的田圩编排,都是以《千字文》为序的。① 江南圩田编序,基本如是。但从总体而论,常熟县(昭文县)地区的基本结构是县—乡—都—图—圩。②

吴县的基层系统仍为县—乡—都—图—圩,如苏州的"如意会"发起助葬活动,购置的义冢地标示得非常清晰:"坐落郡西吴邑二十都下扇、十二都二图而字圩。"③除特别示明税粮区划的"扇"之外,都—图—圩的田制体系到清末并没有什么变化,在土地权益确立过程中具有核心意义。这也可从当地光绪七年一则勘地设冢的资料中得到十分准确的信息。如官方保护回民买地设义冢的碑文中,言及"阊门外白莲桥网船浜十一都二十图治本字圩内官则地八分二厘七毫"④,清晰地呈现了当时的地政信息系统。

太仓州

著于乾隆四十七年(1782)、修订于嘉庆十一年(1806)的太仓州嘉定县《南翔镇志》,为解明清前期松江府与苏州府边缘交接地域的基层体系,提供了极好的文献依据。

南翔镇所在的依仁乡,原领有8个都,在清代,其中的七都、八都、九都、十都、十一都和北十一都移隶于宝山县后,存有南十一都、南十二都、北十二都、十三都、十四都、二十一都。都以下的建置与其他地区并无二致,但在具体分划上存在区下设扇并有正副

---

① 光绪《常昭合志稿》卷八《都图志》,光绪三十年活字本。
② 同治七年十一月十一日《常熟县禁止网鱼碑》,常熟碑刻博物馆藏。
③ 嘉庆二十四年十一月十二日《苏州如意会重立新规碑》,苏州碑刻博物馆藏。
④ 光绪七年九月二十日《苏州府示禁保护回民买地设立义冢碑》,苏州碑刻博物馆藏。

之别的情况,而且扇还定有字号,这与其他地区仅将扇分成上、下两扇是不同的。如南十二都一区,就分成正、副两扇,正扇为"芥字号",下辖8个图(第十八、十九、二十三、二十四、二十八、二十九、三十、三十四图),领22圩;副扇是"官字号",共辖9个图,33个圩。不过因为经过了区划调整,芥字号正扇所管的里数是不全的,即辖有5个完整的里和3个只有一半的里,合称8个图;而夜字号副扇有9.5个里,合为9个图。图虽号称里,存在全与不全的问题,但半个里也可称1个图,内涵上是有差异的。像南十一都一区副扇(夜字号),只有半里,但在统计上仍是1个图。①

可以推知,晚至光绪年间,嘉定县、宝山县等地仍是乡—都—区—扇—图(里)—圩的结构。以田系圩,以圩系图,图(里)入扇区,是基层系统基本的编制原则,但图与里的大小存在不对等的情况。在这里,都还有大、小之分,大的都还细分为南、北、东、西、中;都下辖区,区亦分上、中、下三类,以示役之轻重有别;区下再分正、副扇,各设正副粮长,总理粮区事务。②

总之,在太仓州的嘉定、宝山等地,其基层体系"县—乡—都—区—扇—图(里)—圩"这样一种结构,分划比较细密。

常州府

常州府的变化似乎最不明显。

以武进县为例,成化年间的基层结构为县—乡—都—保;在清代雍正四年武进分出阳湖县后,武进县除坊厢外,计辖有17乡,40

---

① [清]张承先著,程攸熙订:《南翔镇志》卷一《疆里·乡都》,1924年南翔凤翥楼精校重印本。
② 光绪《嘉定县志》卷一《疆域志·乡都》,光绪六年重修、尊经阁藏版。

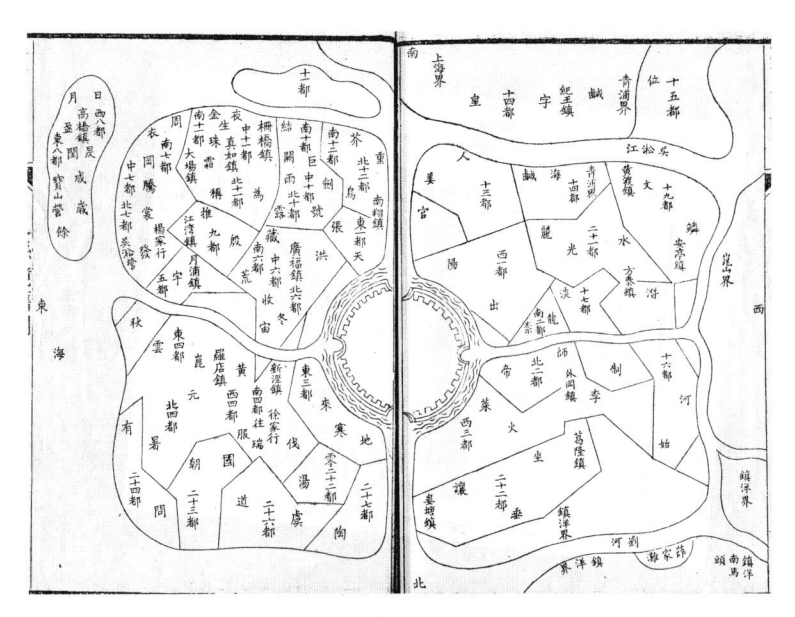

图 3.3 清代嘉定县的基层分划

都,202图①,仍是县—乡—都—图的结构。如在县城西南七十里的大有乡,统辖第三十一、三十二、三十三都,所辖图数依序为6、3、4个,图号也是照《千字文》排列。各图之下都有管辖的村镇的明确名称。至于新设的阳湖县,基层规模稍大,共辖18个乡,41都,246图。②

又如江阴县地区,坊乡建置一仍明制,城厢地区是坊—图格局,此外就是县—乡—都—保(图)的系统了。但在康熙三年

---

① 成化《重修毗陵志》卷三《地理三·乡都》,成化二十年刻本;乾隆《武进县志》卷一《乡都》,乾隆间刻本。
② 道光《武进阳湖县志》卷二《舆地志二·乡都》,光绪十二年聚珍版翻印本。

(1664)清丈工作后,江阴共划为17乡,36镇,镇下设保444个,统摄城乡社会;雍正十一年(1733)通行顺庄法后,镇—保体系终于取代了都—图格局。而在田制系统上,图—圩制的习惯也是存在的,马家圩就是当时最大的一个圩。① 当然,与其他地方一样,常州府地区的圩,广、狭相差极大。就以著名的芙蓉圩而言,它并隶于无锡、武进二县,在无锡境内有20里(内包小圩100个),而在武进境内则有41里(内含小圩200个)。② 不过,这样的圩,在很大程度上属于一种地域称谓,与基层建制当有不同。

总之,常州府地区基层系统的大致为县—乡—都—保(图)—圩。

松江府

松江府的结构一般是县—乡—保—区—图—圩,与明代相仿。

上海、华亭、娄县、青浦等地的基层系统,基本与明代一致。③

例如,松江府的金泽镇,西接苏州府吴江县,南与嘉兴府的嘉善县连接之地,为"一区三十图之谢家湾东代圩"④,是明显的区—图—圩体系。

青浦县从晚明到清末,历经调整,共划成4乡14保。如华上乡(旧名修竹乡),下设3个保(第四十一、四十二、四十三保),第四十

---

① 道光《江阴县志》卷二《疆域·坊乡》,道光二十年刊本;光绪《江阴县志》卷首《马家圩图说》、卷二《坊乡》,光绪四年刊本。
② [清]黄卬:《锡金识小录》卷二《备考下·芙蓉圩图考》,乾隆十七年修、光绪二十二年刊本。
③ [清]叶梦珠:《阅世编》卷六《徭役》,上海古籍出版社1981年版,第152页。
④ 嘉庆《松江府志》卷二《疆域志·道里》,嘉庆二十二年刊本。

一保下领一、二、三区,共辖17图。保、区、图都是数字序号。① 但奉贤县的乡—保—区—图格局中,图仍然沿用了传统的《千字文》编排法,同时图还有正、副的设置。②

然而,在南汇县、川沙抚民厅(嘉庆十年设)地区,皆并存着两套编制:一种仍是乡—保—区—图的大格局;另一种则为沿海特殊的"场团"的小编制。③

关于"团",将在下文总结处再作专述,因为它毕竟是一种特例。

湖州府

与上述几府比较而言,湖州府的情况有其特殊性。这里的基层系统,虽然总体上与其他地区无多大区别,但在具体的分级称呼上则颇为迥异。

本来,该地区的分级仍是都—图制,但在雍正年间,浙江巡抚李卫依照朝廷的规定推行了顺庄法,将县下民图拆散甲分,按民户住址统编为庄村,官图也不能例外。

乌程县地区就被编定为124庄。尤其重要的是,将住于外县的粮户编入专门的寄庄。长兴县共编867庄,县城西南七里的谢公区,共设39庄,21图。武康县的基层系统,主要是乡—都—管—里(其中管还有分上、下的),也有乡—都—保—庄的结构。④

仅以编定寄庄而言,对政府管理田赋应当是十分有利的。编

---

① 光绪《青浦县志》卷一《疆域上·乡保》,光绪五年刻本。
② 光绪《奉贤县志》卷一《疆域志·区图》,光绪四年刊本。
③ 嘉庆《松江府志》卷二《疆域志·乡保》。
④ 同治《湖州府志》卷四《疆域表·乡都区庄》,同治十三年刻本。

制系统调整后,湖州府地区之基层体系为县—路—区—乡—庄—圩,县分路,路分东、西、南、北等,其次再分区,统以乡、里等建制。如南路地区,下设顺安、定福和凤亭三乡,各设区以统理乡村社会。其中南路的安区,统有顺安乡,原下辖5个里,为引济、定福、马鞍、尚义和昆山(后改名青松),乾隆时分成5庄,按一、二、三、四、五数字序号顺编。①

在庄下的最基层单位,名称更是繁杂,有村、圩、坞、岭、墩、湾、冲、坺等地理名称。如西路长区的晏子乡的一庄,统管魏圩村、施莫塘、栢家园、新店边、罗主冲、油车基等12个村。②

湖州府基层系统中存在的特殊性在于,县以下分路,再分区或乡的建制,在江南地区较为稀少,当与其地理环境的复杂性相关。另外,在庄之下还细划各圩。如晟舍镇地区,从第123号庄起,共有8庄;其中有1庄分成南、北的情况,如第124庄即是。在同治九年(1870)前,8庄之下统领有60多个圩,共计田约2万亩。③

嘉兴府

嘉兴府的建制比较带有普遍性。其基层系统为县—乡—都—区—扇—圩,或县—乡—都—扇—圩。这里的扇出现了较为特殊的情况,即等同于区的级次。

地方基层体系中早已有圩的存在,而且圩本身也是一个完整的空间区域单位,当然可以为了某种利益进行多个联合。如康熙时期新丰镇的天字圩和宙字圩,共同作为徐惠臣的"土工"(专营丧

---

① 乾隆《安吉州志》卷五《区里》,乾隆刻本。
② 同治《安吉县志》卷四《区里》,同治十二年刊本。
③ [清]闵宝樑:《晟舍镇志》卷二《圩田》,同治九年序抄本。

葬)行业的利益范围,至雍正年间一直如此。① 圩是一种土地形态,也是官方地政管理或田土控制上的基本单元,而生活于圩上的民户的利益,则完全以圩为共同体而联结了。这与地方政府设置圩长管理圩区,在思想上是统一的。

雍正年间,平湖县等地照例推行"顺庄法",实行均编,以便催科之需。但这种方法在其他地区得到了实施,完全废去了都、图、里、甲之名称,一并归于各庄,在形式上对输赋纳税十分便利,但使经界大为混淆。于是,在乾隆年间又重新进行了规划。平湖县设有4乡,计14都、116里。如大易乡,管辖范围在乾隆年间定为十七都的东区(8里)、西区(6里),共14里,领12圩,田围70。由此可见,当地的编制最下层——圩,是以田亩为划分标准的。其他地区的都,有的还有编号,但都是为同一都内的划分之便而设的,如齐景乡的二十二都,则分作"华二十二都"和"齐二十二都",各领84圩和65圩;有的都下还细分不同的区(如二十都,分东、西两区),有的则直接析为上、下等扇(如二十一都),无区的建制。在区、扇之下,所领的皆为圩。清人云:"经野之制,乡领都,都有区扇;都领图,图分各圩,圩有号,其经界固井井也。"②体现了当时基层系统管理的基本思想,而在实际运作中,这也是较普遍的一种现象。

嘉善县在清初的情况与明代相仿。康熙时,仍领6乡,共11

---

① 雍正十三年《永除土工碑》,碑原在新丰镇黎林庙内。碑文录自梅元鼎纂:《新丰镇志略初稿》第十五章"六碑石",浙江图书馆藏民国三十四年油印本,第66—67页。
② 乾隆《平湖县志》卷一《图说》《疆域》,乾隆十年刻本。

都,200里。① 但其基层系统仍与明代一样,是县—乡—区—图(里)—圩的结构。据雍正《嘉善县志》的记载,可以确认雍正以后地方田制系统的底层为图—圩(顺庄法实施期间,城乡的坊名、圩名改称庄,编立"隆、恩、垂、久、远、懋、德、广、昭、宣、醇、穆、高、千、古、盈、宁、乐、万、年、东、西、南、北"这些字号的24庄,以利于国家催征赋税)。实际上,这种情况在康熙四十八年(1709)后江南地方攒造"细号额册"时,就记录得十分清晰。据方志记载,嘉善县每区大多再分划成东、西,或南、中、北不等。如永八区共32图,分为南、中、北三小区,其南区领一、二、四、五、六、七、八、十、十一、十二、十三、三十一图,中区领十七、十八、十九、二十、二十六、二十七、二十八、三十二图,北区则领三、九、十四、十五、十六、二十一、二十二、二十三、二十四、二十五、二十九、三十图。少数也有不分的,如思四区的一至十图便十分完整,没有再作细分。另外,一图还有被两区分领的情况,如下保区的十六图,被下保东、西两小区分领。事实上,一图还有被进一步细分的。如下保东区的七图,被分为南、北两小图;奉九南区的四图也一分为南、北。此外,还存在一种情况,即两个或两个以上区的图合在一起,构成一个序号完整的图,如麟五区所辖为四、五、六、七、八、九、十、十一、十二图,而一、二、三、十三图则辖于迁南区之下。所辖之圩,广狭相差悬殊,大至5916.6亩(思四区八图生字圩),小至0.9亩(奉四北区二十一图吕字东北圩)。一图之内,所辖之圩差别也较大,如永八北区,最小的为二十四图费家垛圩(4.5亩),最大的为永八北区十一图的大出

---

① 康熙《嘉兴府志》卷一《建置沿革》附"疆域",康熙二十年序刻本。

圩(2181.8亩)。①

嘉善县共分20个区,各区图圩情况参见表3.1。

表3.1 雍正十二年嘉善县区、图、圩及田亩统计

区名	图数	圩数	亩数	每图圩数	每图亩数	每圩亩数
下保东区	10	42	27860.8	4.20	2786.08	663.35
下保西区	9	66	32287.6	7.33	3587.51	489.21
思四区	10	26	33751.0	2.60	3375.10	1298.12
迁东区	8	23	23879.1	2.88	2984.89	1038.22
迁西区	12	33	40820.7	2.75	3401.73	1236.99
迁南区	9	27	25652.3	3.00	2850.26	950.09
迁中区	6	14	19967.0	2.33	3327.83	1426.21
迁北区	7	49	29202.6	7.00	4171.80	595.97
麟五区	9	24	29525.8	2.67	3280.64	1230.24
麟七区	8	17	15759.0	2.13	1969.88	927.00
永七区	14	25	36519.7	1.79	2608.55	1460.79
永八南区	12	26	21729.3	2.17	1810.78	835.74
永八中区	8	29	29513.0	3.63	3689.13	1017.69
永八北区	12	63	28479.1	5.25	2373.26	452.05
奉九南区	12	23	35433.4	1.92	2952.78	1540.58
奉九北区	9	64	32879.7	7.11	3653.30	513.75

① 雍正《嘉善县志》卷四《食货志上·土田》,雍正十二年刊本。田亩皆统计至分,不作四舍五入。下文同。

续表

区名	图数	圩数	亩数	每图圩数	每图亩数	每圩亩数
奉四南区	10	30	27999.7	3.00	2799.97	933.32
奉四中区	10	42	29135.4	4.20	2913.54	693.70
奉四北区	9	89	30689.4	9.89	3409.93	344.82
胥五区	16	27	51811.7	1.69	3238.23	1918.95
合计	200	739	602896.3	—	—	—

资料来源：雍正《嘉善县志》卷四《食货志上·土田》，雍正十二年刊本。

说明：田亩数统计至分，不作四舍五入。其中永八南区方志统计数少于本表统计，方志误；奉四北区因原文数字多有不清，故仍取方志统计数。每图圩数、每图亩数、每圩亩数皆保留至小数点后两位，不作四舍五入，其平均数则分别为3.7、3014.48、814.72。

由表3.1统计可知，圩与图皆有大、小之分。平均而言，每图领3.7圩，约3014.48亩，每圩约有814.72亩。这个统计只是显示圩之差别，在江南地区并不具有普遍意义。

这种编制方面的变化，是在雍正朝推行"摊丁入亩"政策，取消了以里为单位的分级系统后，才正式形成的。将丁税摊入田亩中，与田赋一并起科，使依户口划分地区的情况显得很不适宜，改以田亩为区划的依据，则势在必行。到道光年间，都的存在一仍其旧，而且出现了更为细致的划分，如村、庄、图和圩。[①] 桐乡县在清末的系统，仍是县—乡—都—图(里)，不过可惜的是，据官方的说法，因

---

① [清]万枫江：《灾赈总论》，载杨西明编辑：《灾赈全书》卷三，也宜别墅藏板。

为桐乡县鱼鳞册毁于战火,圩号已无法廓清,在都图系统下只恢复了村落名称。①

四　国家与地方社会关系的调整

1. 基层系统的名称

一般来说,乡、都皆有定额,宋、元两代一直没有变化。然而在明代初年,开始实行的"就乡辖都"措施,使许多都被两个乡分管,出现了不完整的情况。如嘉兴县的六都半归胥山乡,半属感化乡;其他如九都、十八都、二十都、三十都、三十四都、三十五都、三十七都,也各半分两乡。明人称之为"就民便也"。②

清代仍然存在这种情况。都的含义在许多地方就是圩田区域范围的总称,但在地区之间,名称往往不同。如嘉兴、秀水两县之圩田称都,嘉善地方则称区。嘉善县是从嘉兴县分置出来的,区的名称已与都大相悬殊。都虽有与保在乡级以下并称互代的情况,但在都下也有设保的。

在江南地区,田亩都是"以都统图"③,有时都下还领有保。《清会典事例》上关于图的规定与解释,表明它与明代之图有相仿

---

① 光绪《桐乡县志》卷一《疆域志上·都图》,光绪十三年刊本。
② 崇祯《嘉兴县志》卷一《地理志·疆域》,崇祯十年刻本。
③ [清]黄印:《锡金识小录》卷二《备考下·乡都考误》,乾隆十七年修、光绪二十二年刊本。

之处,也是每里编为一册,"册首总为一图",实际上就是里的代名词。① 在很多情况下,县城及附郭十里为保,乡野地区则设为图,以示城乡的不同。保、图下所领的是圩。其实也不尽然,在城区也有很多设图的情况,如前文述及的常州府江阴县、苏州府吴县等就是如此。

都、保、图的划分可以说都是有严格依据的,但扇与区则表现了不同的特征。明代的区,并非如一些研究所称的乡的代称,区可以在乡都之上或与乡都同级,但更多的是设在乡以下或都(保)以下。区成了地方政府征收赋税的地理依据,且粮长多置于区,"而不限乡都"。② 在乡之下划区分辖的经济意义,主要体现在张居正主持的全国清丈田地以后。"计户分里、随粮定区"是当时较为流行的一种做法。到清代,"区摄都,都摄图,图摄甲"作为一些地方的田亩编制系统,还被传承下来。③

清代的区,有时又与扇同级(如嘉兴府等)。它的划分并无什么特别依据,只依方便而行。它可在县下分设,也可在乡下、都或保以上,或都(保)以下、里或圩以上分区。相对而言,扇的设置并不这么随意,一般被分作上、下或正、副扇,置于乡、里之间,有时也置在都、圩之间,如乾隆时的平湖地区就是如此。需要指出的是,明代以来将区再分作正、副扇,实际是与正、副粮长"割地管辖、各

---

① 《清会典事例》卷七五三《刑部三一·户律·户役》,中华书局1991年影印光绪二十五年石印本。
② 弘治《吴江志》卷二《乡都》,弘治元年刻本。
③ 光绪《重修丹阳县志》卷四《乡都》,光绪十一年刊本。

立簿籍"相协调的建置。①

尽管圩并不属于严格意义上的基层行政系统,但圩制的具体施行必定会与基层行政系统发生融合,因此列入乡村基层系统的考察,对说明基层系统的设计及其现实意义等问题,是有必要的。如清人所言,县下设乡,乡管都,都管图,图分各圩,圩各编序号,"经界固井井也"。②

圩的名称,一般可以上溯至宋代的解释。根据本章的讨论,它作为一种地政信息的依据,已广泛存在于明清江南的基层系统中。如嘉兴府的嘉善县、湖州府的乌程县、苏州府的长洲县等,而作为结构组成部分的普遍化,则在康雍乾时期,特别是在雍正"摊丁入地"政策以后,以户口为依据的基层系统划分丧失原有的意义。值得特别注意的是,松江府的大部分地区,早在明末清初就已经是以田亩数作为编制甲、图、保等基层系统的依据了。③

2. 沿海地区的特例

必须指出的是,在沿海地区还存在特殊的情况,就是团—镇(路)—圩的编制,主要存在于松江府的南汇、川沙等地。

"团"本身的含义,各地可能有所不同。根据民国时期世居南

---

① 万历《嘉定县志》卷一《乡都》,万历三十三年刊本。
② 乾隆《平湖县志》卷一《图说》《疆域》,乾隆十年刻本。
③ [清]叶梦珠:《阅世编》卷六《徭役》,上海古籍出版社1981年版,第152页。华亭每图均编田3521亩,娄县每图均编田2804亩,上海每图均编田4904亩,青浦则照旧额为每图均编田3382亩。

133

汇的储学洙称,其祖上芋西公卜居老护塘以西时,附近是一片海滩,"团团皆盐田草地,地因名团"。那时是明代。他认为以团为名,"不过别于图地而已",也是疆界未分时的名称。团虽与图的级次相当,但在具体内容上为将海滩地与普通农田地相区别,所以才以团为名,并且以示团之情形是在基层系统中尚未被纳入正式、详细而严密的编制。在隆庆二年(1568),佥事郑元韶"履亩清丈",还没有分界,就较为简单地做了"编团编甲号额"的工作,从而业户鱼鳞册上就有了五团的名称。①

由此可知,团的编制在明代已经存在。生活于明天启末年至清康熙前期的宜兴人陈维崧(1625—1682),曾言及江南官府催征赋税摊派,即是从保或团的基层单位着手的:"户派门摊,官催后保督前团。"②清人张培仁也指出,明代里甲曾以十户为一团,"团以十户为里长,余百户为甲长;一里长统十甲长,不能甲者为半团"。③这些都可以表明团确实是作为基层系统的专称而出现过的。

事实上,所谓团,也与明代"煎盐聚集之所"地滨灶河有很大关系。只不过清代"煎盐不复用团",而其名被沿用下来。④ 万历年间上海县存在的"一团镇",就是一个与盐业密切相关的市镇,因为它的形成就是因"鹾商多聚"。⑤ 所以在清代,团—镇(路)的基层

---

① 储学洙等辑:《南汇二区旧五团乡志·二区旧五团乡图说》,民国二十五年铅印本。
② [清]陈维崧:《南乡子·江南杂咏》,载周韶九选注:《陈维崧选集·词选》,上海古籍出版社1994年版,第1页。
③ [清]张培仁:《静娱亭笔记》卷一"明代苛敛之重"条,清刻本。
④ 嘉庆《东台县志》卷八《都里·市》,嘉庆二十一年刊、道光十年增刊本。
⑤ 万历《上海县志》卷一《镇市》,万历间刻本。

系统成为定制,并不是偶然的。

在雍正二年(1724),从上海县析长人乡置立南汇县;嘉庆十五年(1810)割上海县高昌乡之十五团、南汇县长人乡之十图设立了川沙抚民厅。川沙厅的辖域一如南汇,也是沿海岸呈条状分布。南北延袤三十六里,厅城北面的中界护塘以东地区,是八、九两团的区域,以西则全部是图的编制。① 护塘以西地区,与松江府其他地方大致一样,基层系统是乡—保—区—图—圩。如高昌乡所领22保,下分4区,领图15。其三区的十八、十九的两图,下辖上圩、西申圩和东下圩。而护塘以东地区,完全受海潮的影响,编制上相当简明,只是以团辖路。共设有2个团,即八团及其下辖的畅塘、杨秀、南蔡家等12个路,九团及其下辖的杨家、新港、大湾车、北蔡家等16个路。② 南汇县的社会经济较川沙厅要发达,在护塘以东地区所设的7个团,下辖建制以团领镇,如一团镇,也称大团镇,七团为江家路镇。而在护塘以西地区,则严格按照乡—保—区—图—圩的结构建置。③ 按照清末人的观点,南汇沿海地带,由于沙土日渐开拓,民居稠密,商品贸易较为兴盛,产生了很多殷实大户。可见,镇与路只存在经济发展上的名称区别,并非基层系统级次上的实质差异。而在镇或路之下,也应当存在圩的建制。根据南汇二区五团的情况,竹塘镇是整个团的中心;在隆庆二年(1568)清丈时,就编有10个甲。至民国十三年(1924)储学洙丈并盐田时,老盐地的圩名是依《千字文》序排编;新盐地圩则"仍按甲编之",漕地

---

① 光绪《川沙厅志》卷一《疆域志·沿革》,光绪五年刊本。
② 光绪《川沙厅志》卷一《疆域志·乡保、团路》。
③ 光绪《南汇县志》卷一《乡保区图》《团镇》,光绪五年刊本。

圩名则是"照图编之"。如第一甲,隶马家宅,统管盐地中则治字圩、下则本字圩和下下则於字圩;老盐地为秋字圩,新盐地圩名仍是"一甲字圩";泥滩、光滩也仍名"一甲字圩"。再如第八甲隶竹桥镇,统管盐地上则稷字圩、中则岁字圩。①

沿海地区的这种例子并不是很普遍,因为有些地方虽然也存在"团"的编制,但并没有成为一种固定的系统。如依长江中的沙洲而建的靖江县,境内"疆域延散,民居互迁",不过以"团"画疆分界,共设 10 个团。② 但团下所设只有散村,不像松江府滨海地带那样有着较为严密的系统。

3. 几类基层控制系统的归纳

通过上文的考察,不同府之间、同一府内的不同州县之间,基层控制系统往往无法真正统一。这种情况的出现,可能与各地的行政惯例和乡村传统以及地理环境有着密切关系。

仅以文献记载的基层体系的分层来看,明代江南五府地区的基层管理系统(田制系统)是不统一的,而且各府州县地区基层系统的分层与清代又有所不同。有关明清两代基层系统的几条主线,可参看图 3.4。

可以发现,松江府的结构在方志上体现得较为明晰。苏州府的崇明地区还有特殊的县—沙—乡—团之结构,与地理环境的特殊性相关,也与清代的南汇、川沙地区的情况相仿。

---

① 储学洙等辑:《南汇二区旧五团乡志》卷一《疆域·界至》,民国二十五年铅印本。
② 康熙《靖江县志》卷三《疆域考》,康熙八年刊本。

第三章 明清时期江南的基层系统

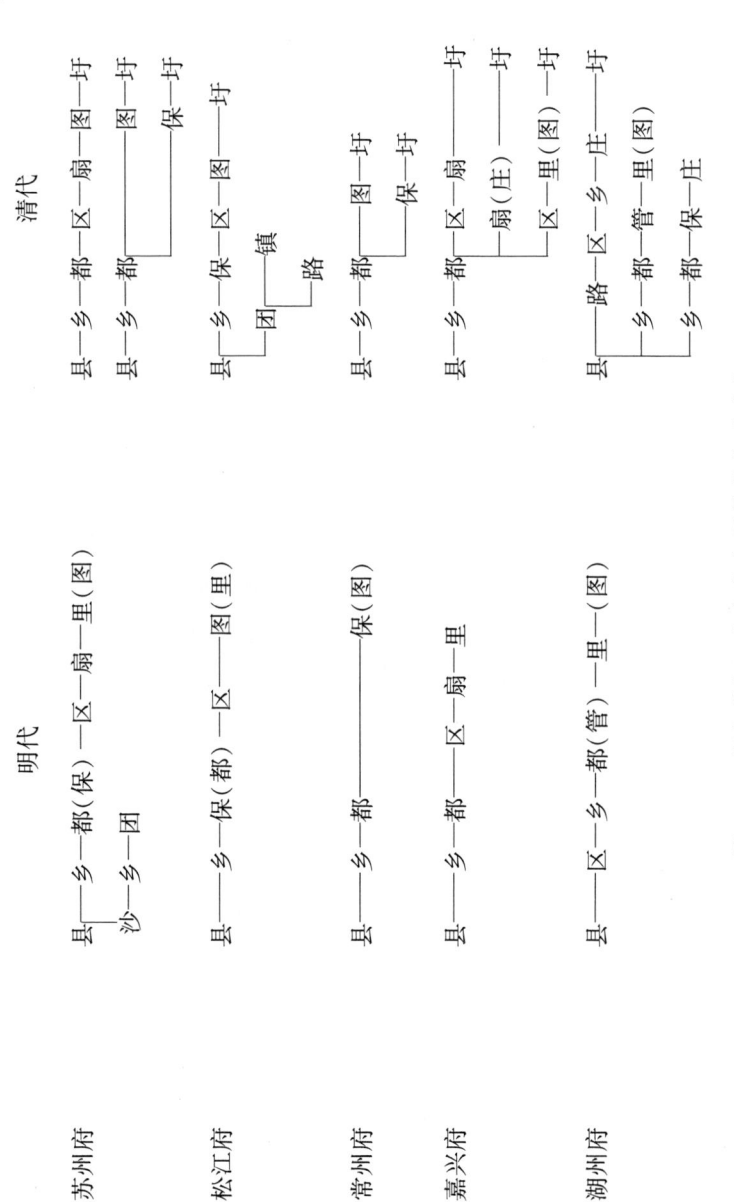

明代

苏州府：
- 县—乡—都(保)—区—啚—里(图)
- 沙—乡—团

松江府：县—乡—保(都)—区—图—里

常州府：县—乡—都——————保(图)

嘉兴府：县—乡—都—区—啚—里

湖州府：县—区—乡—都(管)—里—(图)

清代

苏州府：
- 县—乡—都—区—啚—图—圩
- 县—乡—都————图—圩
- 　　　　　　　　　保—圩

松江府：
- 县—乡—保—区—图—圩
- 　　　　　　　　　保—圩
- 团—镇
- 　—路

常州府：县—乡—都—啚—圩
　　　　　　　　　保—圩

嘉兴府：
- 县—乡—都—区—啚—圩
- 　　　　　　啚(庄)
- 　　　　　区—里(图)—圩

湖州府：
- 县—路—区—乡—庄—圩
- 乡—都—管—里—(图)
- 乡—都—保—庄

图 3.4 明清两代江南各府主要基层体系对比

图中的明代部分只梳理至里或图一级,尽管有些地区在里或图之下较多地出现了圩这个层次;清代与此多有不同,基层系统的表达特征,是底层级次上圩的记录普遍出现,大致形成了县—乡—都—区—扇—图—圩。具有田制系统或地政信息鲜明特色的圩,更多地介入了基层系统的表达,应有比较大的影响。顾炎武等人所谓都、保互称的情况,在清代多数则是图、保互指(如苏州、太仓、常州等地)。另外需要注意的是,湖州府的分层显得相当特别。

清代的基层系统中县—乡—都—图的结构,表面上类似于明代的县—乡—都—里,实际内涵已产生了细微的变化,有的地方的图只相当于明代半个里的规模。

明代的图—圩制发展至清代,已相当稳定。从整体上说,明代的图—圩制仍属一个田赋、水利系统,也有兼管地方事务的,形式上并不普遍。在清代,它不仅是一种田制体系,还应是一个比较明显的地方基层管理体系。从这一点上讲,它与里甲或保甲制是管理基层社会并行相辅的系统,在明清基层社会生活中发挥着重要作用。

4. 国家控制与人地关系

尽管明清时期江南城乡的政府控制方式因地区不同而有所差别,但无论哪一种类型的控制系统,都是国家对于地方进行有效渗透与全面管理的途径与努力。虽然乡董、区长、粮长、里长、保长、甲首、图总、册书、圩长等并不真正具有官吏的性质,但他们介入了官方设定的乡、都、保、图、甲、圩等系统中,既为国家效力,也为地方服务,简单地将他们的角色一概视为民间性质而将这些基层系统排除在官方基层控制系统之外,这毫无疑问是不合理的。基层系统的复杂性,正是国家控制地方的具体呈现,符合地方社会生活的实际,共同无差别的归纳,无疑也是不合理的。

就里甲制而言,它是明代乡村统治的基础。在明初,里甲制是以户数为基准的,后来逐渐改以亩数为基准,小畑龙雄甚至认为,这种以亩数为基准的制度,到清代康熙十年前后就已固定下来了,而且在江南地区表现得十分显著。① 从本章对于江南基层体系的考察中,可以得到同样的认识。钱穆从中国历代政治得失的角度,也认为从明迄清值得提及的,还是明代的鱼鳞册(亦称鱼鳞图)制度。② 因为这种制度设计,十分便于政府汲收固定的赋税,赋税不会因户口变动有大的变动。

康熙中期到雍正年间出现的"顺庄法",改用自然村落作基础,仍有以户数统计为组织原则的思想,在此基础上将田亩整合顺编。这是恢复户数组织原则的里甲制在地主制发展中矛盾的扩大。③ 与以往均田均役在性质上完全不同的"顺庄法",期望从编里上消除均推剩余徭役而遗留下来的根据一定田地数额编里的组织方式。④ 就基层管理的设计而言,它可以消除粮长现役差人下乡之弊、名户之诡立、滚催之阻碍、逋赋之累欠等问题,特别是粮户受

---

① (日)小畑龙雄:《论江南里甲的编制》,《史林》1956年第39卷第2期。
② 钱穆:《中国历代政治得失》,(台北)东大图书公司1977年版,第120—121页。
③ (日)藤田敬一:《关于清初山东的赋役制度》,《东洋史研究》1965年第24卷第2期。
④ (日)川勝守:《中国封建国家の支配構造——明清賦役制度史の研究》,東京大学出版会1980年版。

基层衙役种种各目的盘剥,包括衙门里书、册书、图书、图役、圩长、总管、图首、甲长、歇家等项人役的上卯开手银钱、酒席、添兑册费、年规银米以及科敛修仓、经临过往杂差等等费用,"永禁吏蠹需索之弊"。① 对于地方基层体系的变革过程,"顺庄法"无疑有其独特的历史作用。不过,其具体实施的时间并不长,到乾隆年间仍有新的调整。

从总体上看,明清时期江南的地方基层体系存在一个多元形态并存及变化的过程,其中既有王朝统治地方的制度设计,也有地方的传统因素,更有地理环境的影响。因此,这个过程与表现形态,无疑具有了难以形容的复杂性。在不同的社会发展阶段,也会出现国家对社会控制的调和行动。而且也不能否认,基层系统建立的依据,确实存在由户口为主转以田亩为主的表现。对江南地区的不同府州县而言,这种变化还有更多样的原因。江南虽然人多地狭,人们对土地的实际需求远远过于官方田亩的统计数,但是在十世纪以后以水稻生产为主、经济生产在全国居很高水平的江南地区,其土地的承载力却基本上能满足大量人口维持生存的需求。至于明清两代田赋工作中所产生的飞诡、隐漏、诡寄等现象,也是必然的。地方社会对于利益驱动的选择,挑战了国家制度的权威,从而在一些地区发生"正疆界"、争田粮等问题,也就显得比

---

① 雍正九年十一月湖州府《奉行顺庄条议》,载同治《安吉县志》卷五《赋役》,同治十二年刊本。

较正常了。① 大体而言,国家是不可能在很长时间内保持地方田粮催征的公正性的。明代推行的鱼鳞图制,虽然没有真正实行下去,获得预期的效果,但是鱼鳞图制保证田亩数的大体完整而维持稳定的赋税额的功能,使田制系统的控制稳定于土地本身,为王朝统治秩序作保障。

---

① 如嘉兴府的嘉善、嘉兴、秀水诸县于宣德五年(1430)分县后,在万历八年以后发生的一系列社会问题,皆因辩争田粮而起。对于崇祯《嘉兴县志》、万历《嘉兴府志》、万历《嘉善县志》、康熙《秀水县志》、嘉庆《嘉兴县志》等记录的关于当时争田事件的大量文告、契约、田则和赋役成规等,都有相关的详细论述。

第四章　明代江南的疆界错壤问题及其影响
——以嘉兴府嘉兴、秀水、嘉善三县的争田事件为中心

由于社会经济的发展,中央政府为了加强地方管理和赋税征取,在江南划增了许多新县,形成了今天太湖流域政区建制的基本格局。明、清两代都在这方面作过不少努力,但是由于划县本身存在着许多旧传统与新原则并存的复杂问题,因此在县级区划的更置完成以后,随着历史的发展和田粮的调整,一些关系到地方与中央、地方与地方之间的利益分配等问题开始暴露出来,因应社会变化与赋役改革,构成了意想不到的严重后果。这就是疆界错壤问题在其他利害因素的诱导下所引发的一系列社会变乱。

一　问题的缘起

在明代后期,江南的疆界错壤问题已经十分集中地体现于社会经济生活中了。以嘉兴府所属嘉兴、秀水、嘉善三县为代表的争

田事件,就是因此而导发,在江南地区的影响极为深远,其中以嘉善县的"民本""揭帖"①"上疏"等为表征的"夺田"最为著名。②

相关研究,除川胜守的《浙江嘉兴府的嵌田问题》外,很少涉及。③ 川胜守从嵌田事件中深入地剖析了乡绅在地方上的地位和作用,详细阐明了"乡绅土地所有"这一概念。但对整个争田事件之缘起及其历史发展等的解释,以及关于嘉、秀、善三县的"寄庄"与土地、税粮的归属牵涉在一起等问题,有待进一步研究。至20世纪90年代,廖心一的《略论明朝后期嘉兴府争田》也做了一些探讨④,基本上仍以分析乡绅在争田中的活动为主。

本章的考察,是从疆界错壤的视角入手,在廓清嘉兴分县的具体情况后,着重从争田事件的发展过程本身,来论述国家与社会、地方与地方之间在利益分配上的矛盾与冲突,进而说明在此基础上产生的各种争端及其诸多会勘、刑判的真正原因所在;关于地方利益分配问题以及土地清丈、田粮征收等弊端,在陈述各方申说与

---

① 揭帖,也叫密揭,是内阁大学士向皇帝的密奏及奉谕登答;其规制比诸司题式差狭而短,字如指大,以文渊阁印缄封进御席。参[明]徐复祚编次:《花当阁丛谈》卷一"密揭"条,借月山房汇抄本。此外,一般官员上书给长官或皇上,也可用此称。明代的揭帖可分两种,一是由下而上的正式公文书,一是非正式的密揭。后来,不具姓名攻击他人的书件,叫作匿名揭帖,或即称揭帖。参张哲郎:《明代的揭帖》,(台北)《政治大学历史学报》1988年第6期。
② [明]朱国柞:《上方中涵书》,载康熙《秀水县志》卷三《田赋》,康熙二十四年刻本。
③ (日)川勝守:《浙江嘉興府の嵌田問題——明末、鄉紳支配の成立に関する一考察》,《史學雜誌》第82編第4號,1973年,第1(385)—46(430)頁。后载氏著《中国封建国家の支配構造——明清賦役制度史の研究》第九章,東京大学出版会1980年版,第501—548頁。
④ 廖心一:《略论明朝后期嘉兴府争田》,中国社会科学院历史研究所明史研究室编:《明史研究论丛》第五辑,江苏古籍出版社1991年版,第125—145页。

评判的同时,也从事件中分析地方政府、乡绅、基层民众三个层面对各自意愿要求的表达。① 但明末争田事件发生的缘起,必须上溯至嘉兴分县之始,因为这是事件发生的客观原因。

二 嘉兴分县及其后果

1. 嘉兴分县

作为国家财赋重地的江南,在嘉靖时已有"苏、松财赋半天下"的说法。② 万历时期,还有三吴赋税之重甲于天下、"一县可敌江北一大郡"的表达。③ 国家岁供军储四百万石,大抵取给于江南,漕运船队顺着大运河,出太湖、长江,溯淮河、黄河,入汶水、济水以北,浩浩荡荡,耗费极大,也令人有"力竭财尽"之忧。④ 吴县人姚希孟(万历四十七年[1619]进士)就说:"宋漕江南,仅百万石;今苏、松、常、嘉、湖,不下四百余万石,全出于水田。"⑤明末清初昆山人顾炎武引丘濬(景泰五年[1454]进士)的《大学衍义补》强调道:"韩愈谓赋出天下,而江南居十九。以今观之,浙东西又居江南十九,而

---

① "地方表达"一词援引了黄宗智在《民事审判与民间调解:清代的表达与实践》(中国社会科学出版社 1998 年版)中所提的概念,但两者的外延略有差异。
② 嘉靖《上海县志》卷二《贡赋》,嘉靖三年刊本。
③ [明]谢肇淛:《五杂俎》卷三《地部一》,(台北)伟文图书出版有限公司 1977 年印行,第 65 页。
④ [明]张瀚:《松窗梦语》卷一《宦游纪》,中华书局 1985 年版,第 21—22 页。
⑤ [明]陈子龙等选辑:《明经世文编》卷五〇一《姚宫詹文集·代当事条奏地方利弊》,中华书局 1962 年影印本。

苏、松、常、嘉、湖五府又居两浙十九也。"①直至清代,这种状况依然没变。因此,在这样的社会背景下,在人稠地狭的江南地区,土地资源更显其珍贵。明代中期的田价已经十分高昂,每亩据其肥瘠不同,值银五十余两到一百两不等,尽管崇祯年间水旱灾害的打击使"年谷屡荒",每亩值银不过一二两,较差的田地还被无偿转送,也有无人应承的情况,百姓多有"以无田为幸"的心理。② 但晚明的争田表明,田价的高低,并未影响江南争田事件的发展,因为田价的高低不能代替国家以田地为征赋之源的取向。江南的核心地带,是环太湖的嘉、湖、松、苏、常等府,人口繁衍,赋税沉重,其中的嘉兴府因此就在明代前期出现了一个增县改革。

嘉兴府,本名秀州。元朝平定江南后,将秀州定名嘉兴路。入明后,改路为府。

明初的嘉兴府,仅有嘉兴、海盐、崇德③三县。其中,嘉兴县领有26个乡,辖41个都,计819个里。乡、都的设计都是"就乡割都",如六都一半属胥山乡,一半则属感化乡,这种都区分属两乡的做法较多,时称"就民便也"。④ 由于嘉兴县地方辽旷,户口繁多,百姓就随便置产。⑤

---

① [清]顾炎武著,黄汝成集释:《日知录集释》卷十"苏松二府田赋之重"条,岳麓书社1994年版,第359—370页。
② [清]钱泳:《履园丛话》丛话一《旧闻》"田价"条,中华书局1979年版,第27页。
③ 顺治年间,为避太宗皇太极年号,将崇德改名"石门"。参[清]王士禛:《池北偶谈》卷四《谈故四》,中华书局1982年版,第93页。
④ 崇祯《嘉兴县志》卷一《地理志·疆域》,崇祯十年刻本。万历二十八年《嘉兴府志》卷一《疆域》所载里数为40个。
⑤ [明]王儒:《嘉、秀、善三县关会田粮七辩》,载崇祯《嘉兴县志》卷九《食货志·土田》。

宣德四年(1429)三月,大理寺卿胡槩巡抚嘉兴府,以当地“齿众、赋繁、地广”为由奏请划增新县。《明宣宗实录》对此记载甚明:“先是,巡抚苏、松等处大理卿胡槩言:嘉兴府所属嘉兴等三县,为里一千九百三十有九,民二十九万六千三百户,税粮八十五万余石,课程军需等项,视他府加数倍,政繁事冗,宜增设县治,建官分理。上命行在吏部员外郎奈亨往同浙江布政司、按察司,相度其地,询访其民,计议以闻。至是,亨还奏,嘉兴县宜分置二县,一于附郭,一于魏塘镇;崇德宜分置一县于凤鸣乡,海盐宜分置一县于当湖镇。上从之,命嘉兴附郭置秀水县,魏塘镇置嘉善县,凤鸣乡置桐乡县,当湖镇置平湖县。吏部除官,礼部给印。”①

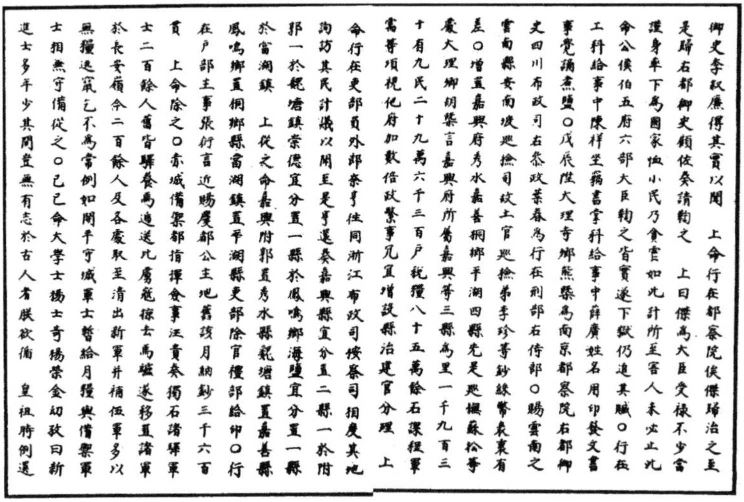
御史李叔廉得其實以聞 上命行在都察院俟傑歸治之至
是歸右都御史顧佐奏請鞫之 上曰傑為大臣受祿不少當
謹身率下為國家恤小民乃貪黷如此計所至害人未必止此
命公侯伯五府六部大臣鞫之皆實遂下獄仍追其贓○行在
工科給事中陳祥坐稱書寫科給事中薛廣姓名用印發文書
事覺謫煮鹽○戊辰陞大理寺卿熊槩為南京都察院右都御
史四川布政司右叅政葉春為行在刑部右侍郎○賜雲南之
雲南縣安南坡廵檢司故土官廵檢弟李珍等鈔綵幣表裏有
差○增置嘉興府秀水嘉善桐鄉平湖四縣先是廵撫蘇松等
處大理卿胡槩言嘉興府所屬嘉興等三縣為里一千九百三
十有九民二十九萬六千三百戶稅糧八十五萬餘石課程軍
需等項視他府加數倍政繁事冗宜增設縣治建官分理 上
命行在吏部員外郎奈亨往同浙江布政司按察司相度其地
詢訪其民計議以聞至是亨還奏嘉興縣宜分置二縣一於附
郭一於魏塘鎮崇德宜分置一縣於鳳鳴鄉海鹽宜分置一縣
於當湖鎮 上從之命嘉興附郭置秀水縣魏塘鎮置嘉善縣
鳳鳴鄉置桐鄉縣當湖鎮置平湖縣吏部除官禮部給印○行
在戶部主事張衍言近賜慶都公主地舊該月納鈔三千六百
貫 上命除之○赤城備禦都指揮僉事汪貴奏獨石諸驛軍
士二百餘人舊皆驛養馬遞送比虜寇掠去馬騾遂移置諸軍
於長安嶺今二百餘人及各處取至清出新軍并補伍軍多以
無糧逃竄乞不為常例如開平守城軍士暫給月糧與備禦軍
士相兼守備從之○己巳命大學士楊士奇楊榮金幼孜曰新
進士多年少其間豈無有志於古人者朕欲循 皇祖時例選

图 4.1 《明实录》记载的嘉兴府分县情况

① 《明宣宗实录》卷六十四,“宣德五年三月戊辰”条。

第四章 明代江南的疆界错壤问题及其影响

宣德五年(1430),敕分嘉兴府城西伍福等乡为秀水县,县治附于府城,领有象贤、灵宿、云泉、柿林、复礼、永乐、思贤、麟瑞8个乡,辖17个都,计232里;万历二十七年(1599)时已增有白苎一乡,统计为9个乡,仍辖有17个都,计233里。(另在县城分作二区:西南区统辖6里、西北区辖有4里)因当地有河为秀水,故县以水名。早在洪武元年(1368年),嘉兴县三十七都永安乡七区十八里内割4里设立了魏塘镇都;宣德五年间析嘉兴县东北境的迁善、永安、奉贤、胥山、思贤、麟瑞6个乡的部分都、里,设立了嘉善县后,县治就设在当时已属永七区的魏塘镇(亦称武塘),隶于嘉兴府。嘉靖时所领6个乡仍与前同,辖11个都,里数则从原来的186个增至204个。据康熙《嘉善县志》的说法,因"迁善等六乡,俗尚淳庞,少犯宪辟",故名"嘉善"。在析县后,嘉兴县存乡比之明初不到一半,为12个,辖28个都,计381里。其12个乡为:劝善、德化、胥山、感化、移风、里仁、新丰、永丰、白苎、大彭、嘉会、长水。这一建置,一直维持至万历时期。①

由于各个县级政区内部分划的情况较为复杂,这里再以嘉善县为例作一说明。据晚明官绅们的解释,在基层系统中,嘉兴、秀水两县圩田的区划称"都",嘉善县则称"区",是比较有特色的,万

---

① 详参嘉靖《嘉兴府图记》卷二《邦制一》,嘉靖二十八年刊本;万历《秀水县志》卷一《舆地志·方域》,万历二十四年修、民国十四年铅字重刊本;[明]岳元声:《宣德嘉禾郡邑经界错壤指掌图引》,载康熙《秀水县志》卷三《田赋》,康熙二十四年刻本;康熙《嘉善县志》卷二《区域志下·沿革》,康熙十六年刻本;光绪《重修嘉善县志》卷二《区域志二·乡镇》,光绪二十年刊、民国七年重印本;嘉善县志编纂委员会办公室编《嘉善县志》(送审稿,1993年4月),第8—10页,第一编"建置区划"。万历二十七年《秀水县志》卷一《乡都》、崇祯《嘉兴县志》卷一《地理志·疆域》载有"白苎",但嘉靖《嘉兴府图记》卷二《邦制一》与万历二十八年《嘉兴府志》卷一《疆域》所载俱无,现据万历《秀水县志》、崇祯《嘉兴县志》补入万历时秀水县所领乡数。

历年间的官绅们认为"区定而奸胥猾党无所施其僭窃矣"。① 小山正明出于研究明代粮长问题的需要,曾对正德、万历两朝嘉善县所统乡都区域的变化作过一个对比分析。② 他所依据的材料,是正德《嘉善县志》卷一《乡都》和康熙《嘉善县志》卷四《食货志上·土田》引万历《嘉善县志》③中的相关内容。列如下表:

表4.1 明代嘉善县区划变迁

时期	正德	万历
区划	思贤乡(三三都)下保东区、下保西区(三四都)	下保东区、下保西区、思四区
	迁善乡(三四都)东区、西区(三五都)南区、中区、北区	迁东区、迁西区、迁南区、迁中区、迁北区
	麟諀乡(三五都)(三七都)	麟五区、麟七区
	永安乡(三七都)(三八都)南区、中区、北区	永七区、永八南区、永八北区、永八中区
	奉贤乡(三九都)南区、北区(四十都)南区、中区、北区	奉九南区、奉九北区、奉四南区、奉四中区、奉四北区
	胥山乡	胥五区

说明:胥山乡,方志记载计有五都,共十六里,但没有给出都、区名。

---

① 万历《嘉善县志》卷首《绘图·各区分境图》,万历二十四年刻本;[明]陈龙正:《几亭全书》卷二十八《政书·乡筹六》所附《丁丑(崇祯十年)五月本邑里老进嘉兴县弊册疏》,康熙云书阁刻本。
② (日)小山正明:《明代の糧長について——とくに前半期の江南デルタ地带を为中心にして》,《東洋史研究》1969年第27卷第4號。
③ 万历《嘉善县志》,明嘉善知县章士雅主修,盛唐、袁黄等纂。上海图书馆藏孤本,卷首下半部分残缺,卷一缺失。

对照这两个时期,区划方面的变化是十分明显的。万历年间出现的个别区(如"思四区"),与过去相比,显然是新增。

据表4.1的罗列,可以呈现明代一个稳定的县级政区内部区划变化的大致情况。

2. 分县的特殊性及其带来的社会问题

由上可知,嘉、秀、善三县所领乡都中,有几个乡被同时共辖于两县之下,乡、都、图(里)呈现嵌错的状态。这给当时的社会管理带来了许多负面影响。

实际上,嘉兴分县是"按籍分民,随民分土",与其他地区"分土分民"的做法颇有不同。在分县以前,嘉兴县士民虽然是所谓"随便置产",但置买田宅"坐落各圩",总不出一县界限之外,但分作三县后,三县田地遂有"互嵌",存在"田嵌嘉善而粮完嘉、秀"或"田嵌嘉、秀而粮完嘉善"的普遍情况,而这些在当时有"完粮册籍"登录。分县举措最终使三县田地"混而难一",到万历年间,即使资历较深的地方官员也因传世久远而"无所稽查",而田地的辗转变更,使"见在业主"莫知来历。事实上,类似的情况在分县以前就已存在,嘉靖年间丈量时政府曾两次"扒平"田则,就是为平衡各县田粮负担不均。另外,在宣德五年同时增设的平湖、桐乡等县,也存在类似的情况。如平湖是从海盐分出,在平湖界内就有"粮收海盐者",而海盐北乡也有平湖之田;桐乡系从崇德县析出,桐乡界内有"粮收崇德者",而崇德之东也有桐乡之田。由于田土嵌错,如果坚

149

执行政地域不作变通,那么在秀水县的嘉兴县治学仓必须"迁出东门外而后可",秀水养济院在嘉兴县,也须"迁入郡城中而后可",这显然是不太适宜的。嘉兴府属七县都存在"犬牙绣错"的情况,由于历时久远而变得相当自然。①

所以,田粮隔县不得推收的情形,实际上只存在于嘉兴分县之前,即早期的嘉兴府只有嘉兴、海盐与崇德(石门)三个县,分县之后出现了七个府属县域,壤土的嵌错问题就不仅存在于县域边界,而且县域腹地所在多有。各县之间券易推收,互杂嵌错。其中还存在嵌田多寡的问题,主要原因在于原来附郭大户较多,其田连郊野之外,乡村市镇大户少于前者,当是自然之理。② 对这一点,王庭的解释更为清晰:嘉兴、秀水二县在分县前本属附郭城市所在,而嘉善治地本是"魏塘乡镇";乡镇之中乡绅富户少,故买近城之田而收粮于乡户者少,近城乡绅富多,所以买远乡之田而收粮于城户者多,这就是嵌田多寡不同的基本原因。③

在嘉兴、秀水、嘉善三县许多"接壤"地区,还有一种"寄庄"现象,这就是户在嘉、秀而田在嘉善或户在嘉善而田在嘉、秀的主要原因。④ 而吴江、青浦、华亭及苏州千户所等田,也有嵌入嘉、秀、善的。因国家编定的粮额等则轻重各别,以嘉善为独重,三县地区的寄庄人户便以"纳粮不便"为理由,要求"兑换",同时由于等则不

---

① [明]王儒:《嘉、秀、善三县关会田粮七辩》,载崇祯《嘉兴县志》卷九《食货志·土田》。
② [明]岳元声:《错壤图说》,载康熙《秀水县志》卷三《田赋》,康熙二十四年刻本。
③ [清]王庭:《三县田粮问答》,载康熙《秀水县志》卷三《田赋》。
④ 《万历二十八年海、平、崇、桐四县会勘揭帖》,载崇祯《嘉兴县志》卷九《食货志·土田》。

同,提出了"贴银"的要求,由此在每次丈量时"影射"自多、弊窦丛生。三县地方政府在万历九年(1581)"奉文丈量"时,关会各地民户"各归原籍",但因"彼此盈缩,不无异同",在民间就产生了大纷争。①

在嘉兴、秀水地方看来,嵌入嘉善县内的田亩,实际上仍在嘉、秀额征的税粮之内,所以是田嵌嘉善而粮完嘉、秀,当然也有田嵌嘉、秀而粮完嘉善的。这种错壤嵌田及其带来的社会问题,在时间上一直延续到了清代。如在康熙年间嘉善县就曾声称田额亏损,对坐嵌嘉善县境内嘉兴、秀水完粮之田,都要"攘夺"回去,在秀水官绅们看来,是要"白占嘉、秀之田,不认嘉、秀之粮"。② 当然,田地与户籍交错于两个行政区划的情况,在嘉兴、秀水、嘉善、吴江、平湖、青浦等地区,已属习见。以出生于嘉善县魏塘镇的袁黄(万历十四年[1586]进士,历任宝坻知县、兵部职方司等职)而言,万历二十一年(1593)退官还乡后,长期寓居于吴江县赵田村,成为吴江士民认同的吴江人,但早在万历九年后爆发的争田事件中,基于维护嘉善地方利益的立场,他即曾发挥过较大的影响力。③

不过,问题的根源是肇始于宣德年间的嘉兴分县,错壤纠纷不仅仅是存在于嘉、秀、善三县而已。清人王庭就指出:"嘉兴界内有海盐、平湖、桐乡之嵌田,嘉善尚有平湖、青浦、吴江嵌田,皆相沿错

---

① 万历二十八年二月《三院两司各道并府县公同酌议嘉、秀、善三县田地奉批详允立石永为遵守明示》、《万历二十八年海、平、崇、桐四县会勘揭帖》,见[明]郑振先:《嘉禾事纪》,载崇祯《嘉兴县志》卷九《食货志·土田》,崇祯十年刻本。
② 《三县错壤说》,载康熙《秀水县志》卷三《田赋》,康熙二十四年刻本。
③ [清]潘柽章:《松陵文献》卷六《人物六》"袁黄"条,康熙三十二年潘耒刻本。

壤也。至如石门分出桐乡而嵌，海盐分出平湖而嵌，错壤尤多矣。"①

由于明代后期，特别是万历九年大规模丈量以后，江南地区因错壤嵌田产生的争田事件影响极为巨大，而嘉、秀、善三县的争田最具代表性，故本章的讨论就从这里展开。

三 万历九年前后的社会环境和争端的开始

1. 利益分配与扒平田则运动

明初所定的黄册和鱼鳞册制，在明代中期以后有逐渐崩坏的态势。豪室官僚要加强对土地的占有或掠夺，地主富户要设法将本应自己承担的赋役推洒到别人身上，以及部分乡村基层胥吏等要减轻或脱免赋役，往往需要从变更黄册或鱼鳞册的登载入手。当时田赋之弊，以江南为甚。

嘉靖六年（1527），嘉靖皇帝在一份诏书中明确指出：民间差徭的不均大多由"飞诡税粮"而起，奸豪、富民与大户本来有很多土地，但通过"贿嘱"官吏、里书，"虚捏名字、花分诡寄"，将一人之田分作数户，"规避"重差；又有将田地隐寄于"乡宦、势要之家"，假称典卖，虚立文券，多方作弊，使"小民"困苦不堪。② 基层社会的问题，关键在官吏层面的控制无力。嘉靖十四年（1535）进士、杭州府

---

① ［清］王庭：《三县田粮问答》，载康熙《秀水县志》卷三《田赋》。
② 嘉靖六年二月十三日《宽恤诏》，载［明］傅凤翔编纂：《皇明诏令》卷二十，嘉靖二十七年补刻本。

仁和县人张瀚(1510—1593)认为:"里胥飞走,繁琐难革。其间有重租官田,或因前代旧额,或系国初籍没,小民肆力耕种,不足办粮。事穷势迫,多作民田出卖。遗粮在户,倍纳不敷,多致逃窜。摊税之苦,负累里甲。"①政府对于造册以及户科、户部的稽查,往往视作"儿戏"②,加剧了问题的严重性。

根据《后湖志》的记载,洪武二十四年(1391)黄册登载的全国田土总额为8804623顷68亩,但弘治十五年(1502)统计时已减至4292310顷75亩。③国家要求的征额数在增加,而实际可以负担田赋税粮的土地却在减少,这是一个较为尖锐的矛盾。张居正等人认为,嘉靖、隆庆时期国家虚耗严重,"公私贮蓄,殊可寒心",万历初期实行新政,重视官员考成,地方官府依时催征,既减少了逋负数量,也抑制了贪赃问题。④但是,田地的"投献""诡寄"与税粮的"包揽"⑤,一直是国家税粮征收的最大阻碍。松江人范濂对"诡寄"影响田赋的问题,有着深刻的论说。他认为,主要存在于两个方面:"其一,自贫儒偶蹑科第,辄从县大夫干请书册,包揽亲戚门生故旧之田。……其二,自乡宦年久官尊,则三族之田悉入书册,其间玩法子侄,及妻族内亲,如俗所称老婆舅之类,辄谓有司无可

---

① [明]张瀚:《松窗梦语》卷四《三农纪》,中华书局1985年版,第75页。
② [明]王世贞:《弇山堂别集》卷十八"户口登耗之异"条,中华书局1985年版,第327页。
③ 《后湖志》卷二《黄册事产》,转引自韦庆远:《明代黄册制度》,中华书局1961年版,第185页。又,下文所涉田亩数字,皆取至"分",不作四舍五入。
④ [明]李诩:《戒庵老人漫笔》卷七"江陵论财赋揭帖"条,中华书局1982年版,第293—294页。
⑤ 有关晚明社会诸如在"加派""优免""包揽""诡寄""飞洒"等方面弊病的诠解,参李文治编:《晚明民变》,上海书店、中华书局1989年版,第6—7页。

奈何乡宦,而乡宦又无可奈何我们,于是动辄欺赖,仅与管数人雇倩代杖,迁延岁月而已。"①至于投献田地、人口,明人甚至认为是"今世最害人之事"②;而投献的民户变身奴仆后,得以脱免粮差,形成了依附势力之家的特殊群体,加速了乡村农民减少而豪强奴仆增多的趋势。③

到万历年间,江南的苏、松、嘉、湖等地,往往存在"有力之家买田,不收其税粮"而中下之户"投靠仕宦以规避"的情况。很多富户虽被迫充当粮长、解头,但由于上述种种社会弊端的存在,"即赔贩衰落矣"。④ 直到明末,政府仍例用富民充当粮长,负责运送江南20万石白粮到京师,中经官府各仓耗羡补贴、吏胥勒索,虽称20万石,实际北运白粮的费用可达200万石,很多粮长因之倾家破产。所以,官方每五年对佥选的粮长进行一次核实时,江南富民争穿破衣褛服,装成穷人的样子,哀求脱免粮长之役。⑤

例如在嘉兴府嘉善县,地方粮役就以"北运"为最重。崇祯年间的嘉善乡宦陈龙正曾指出:"三十年前,粮长愿佥此役,近甚苦之,盖因埠头横索牙用,每船扣银四十两,多者五十两,船户既受埠头之勒索,势不得不从粮长取偿,用是雇船之价,数倍于前,沿途需诈,复难限计。"⑥同时,地方科差吏胥舞文、里老受托,"以上而为下,以下而为上",颠倒科派,以致出现"田连阡陌者诸科不兴,室如

---

① [明]范濂:《云间据目抄》卷四《记赋役》,民国十七年间奉贤褚氏重刊本。
② [明]陆师贽:《过庭随笔》卷二,传抄本。
③ 伍丹戈:《明代徭役的优免》,《中国社会经济史研究》1983年第3期。
④ [明]叶权:《贤博编》,中华书局1987年版,第26页。
⑤ [清]顾公燮:《消夏闲记摘抄》卷中"籍富民为粮长"条,涵芬楼秘笈本。
⑥ [明]陈龙正:《几亭外书》卷四《乡邦利弊考》,崇祯四年序刻本。

悬罄者无差不至"的奇怪现象。① 社会矛盾由此渐趋激化。明末清初嘉兴府桐乡县人张履祥曾对制度方面的变化作了一个极好的说明:本来鱼鳞册与黄册二制并行,鱼鳞册详载田地山荡,而黄册重在记录丁田之数。后来只重黄册而废鱼鳞,"赋役所以不得均也"。② 这一看法是十分深刻的。

在江南地区,赋税一直十分沉重,而田则轻重等差极大,少的不过一二则,多的可达一百一十则,从而造成了国家与地方、地方与地方之间在利益分配上的严重矛盾。嘉兴因为民田较多,田则较轻;嘉善官田多,田则较重;而秀水官、民田相当,所以田则处于轻重之间。③

官、民田数的多寡,是造成田则等差不均的一大因素;另外,地理环境的差异是田则分配失衡的另一要因。早在分县前,嘉兴地方田则已有百余则。分县后,嘉兴县地瘠租轻,田则居下,所以粮额较轻;秀水县田地稍腴,租亦稍厚,田则居中,故税粮稍重;而嘉善县的地最为肥腴,租最厚,田则居上,所以国家派定的粮额尤重。④ 三县的田则分配不同、粮额悬殊,本是分县之初定下的,在后来的调整过程中,却引起了更多的利益纠纷与社会问题。

由于江南田则轻重不等,多至一百十则,过于烦琐,使"民苦烦扰,吏易为奸",而且"法久弊滋",很容易造成社会问题。当时的情

---

① [明]罗伦:《罗一峰文集》卷九《书·与府县言上中户书》,嘉靖二十八年刻本。
② [清]张履祥:《杨园先生全集》卷三十九《备忘一》,陈祖武点校,中华书局2002年版,第1051页。
③ [清]朱彝尊:《静志居诗话》卷九"赵同鲁"条,人民文学出版社1990年版,第233—234页。
④ [清]王庭:《三县田粮问答》,载康熙《秀水县志》卷三《田赋》,康熙二十四年刻本。

况已是"有力者置田无粮而追纳之夫多无立锥之地",因而逋负蝐积而国赋日亏,地方狱讼频兴,社会时时处于动荡之中。在嘉靖二十六年(1547)后,嘉兴知府赵瀛开始了"扒平田则"运动。他提出,要"均一折算,验亩派征",大约不出三斗之数,统为一则。山、荡、滩、浜、池、溇水面等项差别不大的,通过验亩均征,每亩征米五升,自为一则;而"户口盐粮常规",每口不分有闰无闰,均征米六升,市民盐钞每口派银二分上下。这种平均利益增损的方法,使人丁不致"独利",粮额由此得到适当减轻。① 在此之前,嘉、秀两县嵌田于嘉善县境内的,本属腴田,当纳重粮,但在此之后,就可以按嘉、秀之例轻额完粮。所谓各县嵌田都从本县粮额完粮,是当时的统一要求。②

通过"扒平田则",嘉兴府属各县田土每亩均派,定为成则。其间有瘠薄田土的也已配与上等田地,如嘉善的胄五区,秀水的零东、零西乡,海盐的十三等都,平湖的十七、东十九都区,皆属"滨荡高阜处所";在桐乡、崇德两县还存在常受水害的严重"患区",都需要由当地知县核实,以便在常年轮编均徭内派与海塘、织造二项轻差银两,以示"存恤"。从而达成"则轻重适均,不动版图,不亏额赋"而积弊可清的理想目的。这一动议,得到了巡抚都御史欧阳必、巡按都御史裴绅的赞同,认为此议恳恻、计算精详。此后,嘉兴府即在隆庆二年(1568)奉布政司之命编定了赋役成规。③

---

① 万历《秀水县志》卷三《食货志·田赋》,万历二十四年修、民国十四年铅字重刊本;《嘉靖二十六年知府赵瀛扒平田则议》,载崇祯《嘉兴县志》卷九《食货志·土田》。
② [清]王庭:《三县田粮问答》,载康熙《秀水县志》卷三《田赋》。
③ 万历《嘉兴府志》卷五《田赋》,万历二十八年刊本。

赵瀛所创议的"扒平田则",明确提出了"田不分官、民,税不分等则,一概以三斗起征",而"山荡、滩浜、池溇水面瘠薄之地,亦各自为一则,以出正耗之征"的主张。这可以保证在很长一段时期里税额的稳定,民间按亩输税,不至于为地方奸猾猾吏们所欺。①

赵瀛的做法,不但在当时得到了政府的允准,在嘉兴府推行,而且对于以后整个江南地区也产生很大影响,即出现了一场"扒平田则"的运动。嘉靖三十一年(1552)后,无锡知县王其勤奉命丈量全县田地,清理隐匿,将官、民地各为一则变为官、民地合为一则。② 武进县在隆庆二年真正施行了"扒平田则"。③ 从隆庆元年到隆庆三年,林润、海瑞两任应天巡抚,先后奏准在江南没有实施官、民一则的府县陆续施行。松江府在隆庆二年请设专官"丈田均粮",以便稳定国家税收、纾缓民困。原松江府同知、后任湖广按察司佥事郑元韶实际负责了这项工作,主要在华亭、上海两县实行履亩丈量,将均粮要求变为现实,划定了新的税粮额数。④ 这些工作,实际上开了以后"一条鞭法"的先声。

2. 万历九年丈量前后争端的肇始

隆庆六年(1572)六月高拱下台后,张居正位居"首辅",为着手

---

① 《明史》卷七十八《食货志》;顾炎武:《天下郡国利病书》原编第十二册"浙江下备录"引《海盐县志》食货篇,上海涵芬楼1936年影印昆山图书馆藏稿本。
② 万历《无锡县志》卷九《田赋》,万历二年刻本。
③ 万历《武进县志》卷七《额赋》,万历三十三年刻本。
④ [清]顾炎武:《天下郡国利病书》原编第六册"苏松"引《松江府志》,上海涵芬楼1936年影印昆山图书馆藏稿本。

解决社会矛盾和国家财政困难而展开了整顿赋役的工作,并进行了多方面的改革。他从"固邦本"的高度,特别指出:"今风俗侈靡,官民服舍俱无限制。外之豪强兼并,赋役不均,花分诡寄,恃顽不纳田粮,偏累小民。内之官府造作,侵欺冒破,奸徒罔利,有名无实。各衙门在官钱粮,漫无稽查,假公济私,官吏滋弊。"①

苏、松等地田赋不均、侵欺拖欠的问题,在当时已经比较突出,甚至有二万至七万田产的"豪家",并不按时纳粮。所谓"私家日富,公室日贫,国匮民穷",根本问题仍在于官僚统治阶层的腐败,政以贿成。在张居正看来,田粮的侵欺隐占都在权豪之家,并不在小民,所以必须清理,"清影占则小民免包赔之累而得守其本业,惩贪墨则闾阎无剥削之扰而得以安其田里"。田粮清丈,正可以理清官民田数及其粮额税则,查出民间欺隐等问题,以达到张居正等人期望的"官清民安,田赋均平"的理想社会状态。②

万历六年(1578),张居正主持了全国土地的重新丈量(具体实施条例包括明清丈之例、议应委之官、复坐派之额、严欺隐之律、定清丈之期、行丈量磨算之法、处纸札供应之费等八条)。③ 在万历九

---

① [明]张居正:《张太岳集》卷三十六《奏疏·陈六事疏》,上海古籍出版社1984年影印版,第458页。
② [明]张居正:《张太岳集》卷二十六《文集·答应天巡抚宋阳山论均粮足民》,第316—317页。
③ 关于全国清丈的时间,诸书记载各异,有万历六年、七年甚至八年之说。若从福建试行清丈算起,当为六年,《明史》卷七十八《食货志》采用的正是此说;但从明政府下令于全国范围内展开清丈开始,当在万历八年,在该年十一月,户部才正式颁布了《清丈条例》。《明神宗实录》卷一百六"万历八年十一月丙子"条,详载了八款"清丈之例"。张海鹏:《张居正改革与山西万历清丈研究》(山西人民出版社1993年版)采用的是八年之说,参该书第122页。

年,将以前海瑞等人在个别地区实行过的"一条鞭法"通令全国推行,其目的是要恢复以各种形式逃避国家税课的失额,消弭田土原额与实在额之差。万历清丈,是继洪武清丈后的第二次大规模的田亩统计运动,在此基础上,国家重新编定黄册和鱼鳞图册。这显然是中国赋税史上的一个大变更。

清丈对江南地区的影响自然巨大。本来丈量田地只要委托得人,真正奉公丈量,应能收到较好的效果,可以达到所谓"弊除而利兴"的目的。① 当然,田地清丈的根本目的,是增加国家的赋税收入,但在实际工作中,显然不可能十分理想,而且还涉及地方在利益分配上许多有争议的问题。因此,在这一点上,国家与社会之间的矛盾也表现得十分明显,特别是在丈量期间。万历年间的加赋,开了明代的先例,发展到崇祯年间堪称极盛,大大加重地方社会的负担。② 而且在此之后,国家再未举行全国性的土地清丈,只有地方性的局部清丈工作在陆续进行,仅从今天可以看到的万历以后的鱼鳞册,其丈量方法也不具科学性③,这样求得的田亩数,自然会导致太多的问题。

根据嘉善县里老钱来、算手张郁等人的汇报,在万历九年按例进行清丈时,由管丈总书杨翱和算手山昆负责,当时分配给嘉善县的额征田地共为601356亩2分、荡滩浜共25656亩7分。但在清丈期间,杨翱为图功绩,多开报田数1072亩,后据全县二十个区的

---

① [明]陆容:《菽园杂记》卷七,中华书局1985版,第84页。
② [清]陆以湉:《冷庐杂识》卷三"明加田赋"条,中华书局1984年版,第157页。
③ 赵冈:《明清地籍研究》,(台北)《"中研院"近代史研究所集刊》第九期《王雪艇先生九秩荣庆论文集》,1970年,第37—59页。

区总们造来的册籍,全县田地总额数反而亏了2397亩。一时还无从查对,官府只好作了"权宜酌处":每丈实田一亩,加田3毫9丝以补足原额。①

所以,嘉善县方面已称万历九年丈实田地荡滩亩数吻合嘉靖原额,已全部挨号归户,并造入黄册,起解京师。万历四十五年(1617),游宦在外的嘉兴黄正色(万历五年[1577]进士)之子黄承乾(时任凤阳府推官)与黄洪宪(隆庆五年[1571]进士)之子黄承玄(时任福建巡抚都察院右副都御史)、黄承昊(时为都察院观政进士)兄弟向官府呈文指出,万历九年丈量田亩、清理飞诡问题时,嘉兴、秀水两县清出祖父黄琮(邃泉,嘉靖三十五年[1556]进士)名下田26亩、黄正色名下田792亩、黄洪宪名下田109亩,但他们查出在丈量后告开嘉、秀办粮的只有646亩,其余都是各圩长"混报"的数字。当然黄家祖业田在嘉善、粮在秀水的情况,因年代久远,黄承玄兄弟也已搞不清楚。其实在万历九年前,黄家田产坐落在嘉善境内的,共计1600多亩,在嘉善办粮的有991亩,而在嘉兴、秀水办粮的有646亩,一向都是各照原额归各县办粮,官府都有实征册作了登记。万历九年丈量时,圩长们没有知会黄家,直接将田产混报入嘉善册内,令黄家在清理田粮时十分尴尬,迫令家势相当显赫的黄家也要申诉辩白。黄家当然深知三县百姓过界买田,为了输粮方便而私相兑换,诡避隐匿成了常态。所以黄承玄兄弟基本也认同袁黄等人在万历二十四年新编《嘉善县志》中的表达,即"嘉、秀之民有田在本县,与本县之民有田在嘉、秀者,互换办粮,其弊已

---

① 《万历十四年嘉善里老书算查清田数报单》,载崇祯《嘉兴县志》卷九《食货志·土田》。

久,田地虽淆,而粮额犹未亏也",不过他们还是认为,现在谁也不敢说田粮无弊,而且其弊在嘉善之民,未必在嘉、秀之人。①

秀水县在万历九年清丈田地后,丈实田地荡滩为6441顷81亩,除去会计包补折免零东、零西二区外,折实田为5642顷2亩、地441顷36亩6分、荡滩227顷83亩3分。由于嘉兴县是用窄弓(缩弓)丈出余田15189亩,而秀水县丈出亏田6000多亩,于是临时用运河演武场及一切寺院闲旷等项补足亏数。② 这些举措,终令弊窦丛生。

由于国家编定的粮额等则在嘉兴、秀水、嘉善三县地区,一直存在极大的差别,奸豪"飞诡之弊"更是屡见不鲜,所以在万历九年丈量前,地方上早就有"兑换""贴银"的需求和实践;同时,"欺隐""影射"等弊端的存在,导致了田粮不明和嘉善的"亏额之讼"。③

地方政府也认为,万历九年丈量之后"弊蠹莫可穷诘",如果逐一清核,就会大起"滋扰",所以只有依照万历八年未丈量以前的旧册,才可使田额不缺,而征输可以"彼此相安"。④ 嘉善县里老吴旒、殷仕等人也指出了万历九年"奉例丈量"所遗留的社会问题。后来嘉善县就具由开称,有嘉兴田与嘉善换粮的止开回685亩,推与秀水田19314亩,有秀水田与嘉善换粮的止开回2654亩。嘉兴

---

① 万历四十五年《袁乡宦辩揭福建巡抚都察院右副都御史黄承玄同弟凤阳府推官黄承乾、都察院进士黄承昊谨述本户田粮来历、以听公查、以辩飞诡事》,载崇祯《嘉兴县志》卷九《食货志·土田》。
② 万历《秀水县志》卷三《食货志·田赋》,万历二十四年修,民国十四年铅字重刊本。
③ 万历二十八年二月《三院详嘉、秀、善三县田粮碑记》,载崇祯《嘉兴县志》卷九《食货志·土田》。
④ 万历二十八年二月《三院两司各道并府县公同酌议嘉、秀、善三县田地奉批详允立石永为遵守明示》,载崇祯《嘉兴县志》卷九《食货志·土田》。

知县郑振先认为三县田粮互相开推就是"互相欺隐"。① 这种情况在万历九年丈量之后表现得尤其明显,但兑粮不兑田则在丈量前就已存在。到万历十年(1582),按照嘉兴府的帖文,通县田地除全额不丈外,应清丈的都进行了清丈,目的是"不失原额"。② 然而,争端仍旧不止。

据嘉兴乡绅王儒所录的"三县关会田粮七辩",可以看到当时争端的一些详细情况。当时在丈量中涉及的一个突出问题,是关于嘉善县提出的"复原额"要求。嘉善县初额田地共626262亩,在万历九年丈量之前田额共为626941亩,已经浮于初额。到万历十二年(1584)颁行由票,开载丈实的田地共计629417亩,也浮于旧额。在万历九年丈量期间,嘉善基层的"图长"稔知有田在嘉善、粮在嘉、秀而丈人两县,有不知而误丈入嘉善,有明知而故丈入嘉善,有失报而并丈入嘉善,有错报而误丈入嘉、秀和有妄报而故丈入嘉、秀等种种错失存在,所以嘉、秀多有嵌入嘉善之田,而嘉善也有嵌入嘉、秀之田,并且往往以"互换"居多:地方士民因办粮不便都愿意互相兑换,同时根据粮额轻重而有"贴价"。"贴价"的标准,在三县有所不同,由于秀水粮额稍轻,换嘉善粮者每亩贴银一钱,从而达到所谓"膏腴相当",所以互换的很多;嘉兴粮额更轻,换嘉善粮额的每亩贴银要一钱五分,但因"肥瘠相悬",互换的较少。实际上,这种兑换"滥觞于嘉靖而沿习于万历",地方上常常在黄册"大

---

① 《万历二十六年嘉善告争田地、知府张似良不行查勘竟申本道转申两院批行本县知县郑振先申文》,载崇祯《嘉兴县志》卷九《食货志·土田》。
② 《万历十三年三院详嘉善县照旧足额田粮文卷》,载崇祯《嘉兴县志》卷九《食货志·土田》。

造"时"照换顶收",分毫不错,所谓"此乐于轻,而彼亦不嫌于重,并无后言",所以隆庆年间造册时,嘉善粮额并未出现失漏情况。万历九年,本来应该"先开收,后丈量",但因"不行开收"而一概混丈,且以丈实为依据,从而在造册时产生了许多问题。丈后"推多"的原因,在于推数中既有隆庆前后互换之田,又有析县时嘉、秀嵌入嘉善之田数。万历十二年,袁黄代表嘉善地方"请回田三千三百四十亩一分",万历十四年(1586)蔡知县又申请调去1305亩田,专指互换丈理差错,借口补额,实未入额。但现在互换情况很难核清,嘉善方面只希望不失隆庆年间丈实的额数即可。①

万历二十四年新修的《嘉善县志》具有强烈的官方色彩,且以官方的立场声称万历九年奉文清丈时,粮在嘉善,田在嘉、秀的,都"避重就轻"、匿而不报;而粮在嘉、秀,田在嘉善的则"分毫必报",从而产生亏额。② 嘉兴乡绅岳元声对这部县志所示的土田调查情况多有认可,表示在丈量之后,这部县志清晰地记录了"区有区额,圩有圩额,业户有户额"的实态,使田粮盈虚数能够一览了然,也能了解各圩具体的欺隐情况,据此进行核实的话,奸豪欺隐的问题便可一眼看出。③

王儒认为,三县田地参错,粮额有轻重,避重就轻的情况容或有之。地方志既以粮为证,是粮随田定,那么该县旧册田数、实征粮数,固然是在的,所以必须按粮以索田亩之数或按田以稽区圩之

---

① [明]王儒:《嘉、秀、善三县关会田粮七辩》,载崇祯《嘉兴县志》卷九《食货志·土田》;另见康熙《秀水县志》卷三《田赋》。
② 万历《嘉善县志》卷四《食货志·土田》,万历二十四年刻本。
③ [明]岳元声:《阅嘉善土田新志述》,载康熙《秀水县志》卷三《田赋》。

坐落。凡田在嘉善,粮在嘉、秀的,关推嘉、秀,田在嘉、秀,粮在嘉善的,关推嘉善,从而可使数目相当且分毫无错。①

王儒的"三县关会田粮七辩",解释了三县田粮错杂的情况,也昭示了争田的部分缘由。

3. 争田起因的解释

嘉善知县章士雅在万历二十四年(1596)主持修竣的《嘉善县志》中,指出"凡宇内之设为州县者,鲜不画疆分界而治矣",但只有嘉善与其他地方不同。从嘉兴析出置县时,嘉善地界华亭、吴江之间,田额较各县"独重","全浙之税莫重于嘉郡,而嘉郡之税莫重于嘉善",无论田地高下,每亩赋额均以三斗三升三合起科,而徭平为五升,这比嘉兴多出九升八合三勺,比秀水多出三升三合八勺,而与崇德、桐乡相比又多出近一半。嘉善县本来地势卑下,"东接三泖,西连震泽",一遇大水,几乎"半为陆沉",积涝数多于他县几倍。由此"奸民"从嘉靖、隆庆以来,常常将田"诡收"嘉兴、秀水,"以就轻粮"。开始只称到那里"兑换",结果兑者复去、去者不返,从而流弊日深,到万历九年丈量时表现得最为显著。②

显然,这就是时人议论的"兑换""贴银"的主要原因。另外,"欺隐""影射"造成田粮的不明与嘉善的"亏额之讼",更使地方政府担忧无法调停,最后居然"置之不为处分",未及会勘又使嘉、秀、

---

① [明]王儒:《嘉、秀、善三县关会田粮七辩》,载崇祯《嘉兴县志》卷九《食货志·土田》。
② [明]章士雅:《正疆界议》,载万历《嘉善县志》卷四《食货志·土田》。

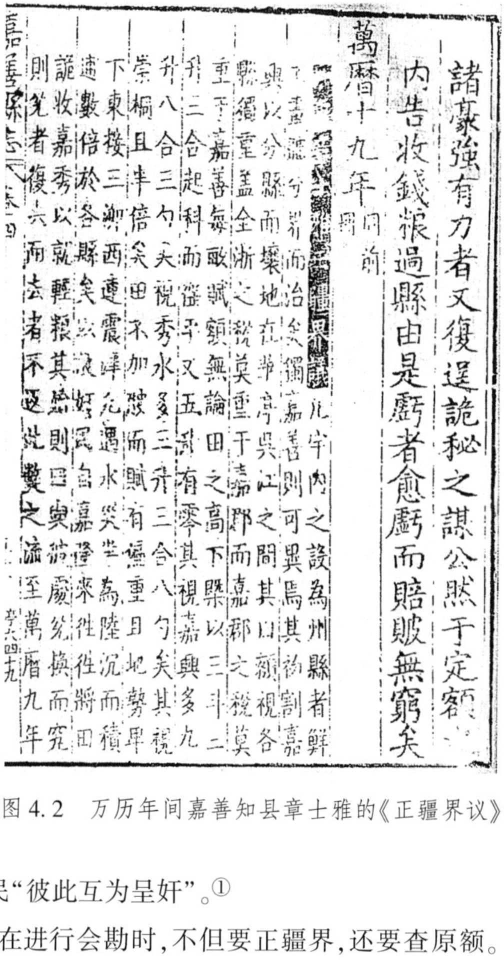
諸豪強有力者又復逞詭秘之謀公然于定額
內告收錢粮過縣由是虧者愈虧而賠貱無窮矣
萬曆十九年
凡宇內之設為州縣者鮮
不畫疆分界而治矣獨嘉善則可異焉其初割嘉
興以分縣而壤地在華亭吳江之間其田額視各
縣獨重蓋全浙之稅莫重于嘉郡而嘉郡之稅莫
重于嘉善每畝賦額無論田之高下槩以三斗二
升三合起科而準平又五斗有零其視嘉興多九
升八合三勺矣視秀水多三斗三合八勺矣其視
崇桐且半倍矣田不加膄而賦有偏重且地勢卑
下東接三泖西連震澤允遇水災半為陸沉而積
逋數倍於各縣矣以故奸民自嘉善來往往將田
詭收嘉秀以就輕粮其始則曰與挾廢兑換而究
則兌者復六而去者不返此變之流至萬曆九年
嘉善縣志卷四

图 4.2　万历年间嘉善知县章士雅的《正疆界议》

善三县士民“彼此互为呈奸”。①

然而，在进行会勘时，不但要正疆界，还要查原额。这当然是因为嘉善从嘉兴分出，与其他县“分土分民”的情况有些不同，如在户口纠纷方面，多有田地在嘉善界内，但户籍原在嘉兴、粮差也在

① 万历二十八年二月《三院两司各道并府县公同酌议嘉、秀、善三县田地奉批详允立石永为遵守明示》，载崇祯《嘉兴县志》卷九《食货志·土田》。

嘉兴,"原无户版入嘉善"。这种情况就要以"原额"论,而不能以"疆界"论。新修的嘉善县志也指出,嘉善东境离府虽有百余里之遥而也有嘉、秀之田,甚至城内之地也有嘉、秀之粮,即田存嘉善,粮存嘉、秀,"版籍纷错,莫可究诘"。① 这些都成了以后争田的客观现实。

但是,如果说疆界错壤诸问题是造成争田事件的主要原因,那么何以从宣德五年分县到万历九年丈量这150多年间,民间不曾闻有缺额或欺隐等事,也无争田事件的产生?无论是从地方官的考察,还是从民间的反映,万历八年实征的征粮田册都被认为是最合理的,"于民最便"。② 其原因十分值得进一步探讨。

事实上,万历九年丈量所开启的争端,一方面由于嘉、秀、善三县地本接壤而田多错嵌,另一方面则在于万历九年丈量导致的利益分配不均问题被集中地表现出来了。三县士民百姓的"寄庄"与原编粮额轻重不等,恰好说明了问题的症结所在。三县粮额本来以嘉善为最重,乡里负担输纳的人,就想在丈量期间乘机诡避,而三县寄庄人户也各以纳粮不便为理由,提出了"兑换"的诉求,又因规则不等要求"贴银"以平衡双方的利益。根据地方官员们的说法,嘉善县民是"中迫于粮额之独重""外借于互兑关会之未明"而起来争田的。③

---

① 万历《嘉善县志》卷四《食货志·土田》;[明]郑振先:《嘉禾事纪》,载崇祯《嘉兴县志》卷九《食货志·土田》。
② 详参万历二十八年二月《三院两司各道并府县公同酌议嘉、秀、善三县田地奉批详允立石永为遵守明示》,载崇祯《嘉兴县志》卷九《食货志·土田》。
③ [明]郑振先:《嘉禾事纪》,载崇祯《嘉兴县志》卷九《食货志·土田》。

四 政府会勘与民间抗争

1. 万历年间四次大会勘与民间的抗争行为

在万历年间,田粮方面的争论几历周折,屡经勘结,但却如嘉善知县章士雅所云,"弊政已成"而难于救药。① 国家与社会、地方与地方之间在利益分配上的矛盾,可以从嘉兴地方政府、乡绅、基层民众三个层面的意愿表达得到较为详尽的认识。民间抗争,可以说是地方表达的主要方式。按照明末地方政府的概括,万历年间的争田事件,经历了四次大会勘,嘉、秀、善三县之间的田粮"攘夺"则是最为主要的。②

万历十三年的第一次勘结

就争田实际来说,嘉兴与秀水之间也存在许多争端。例如,秀水乡绅黄洪宪与其兄弟在嘉兴有祖上遗田460多亩,黄册上记录是在秀水办理粮额的,在万历九年清丈期间同样也因"田界两县、犬牙相连",造成彼此"推调失于报知",在万历十三年(1585)就

---

① 万历《嘉善县志》卷五《食货志·赋税》。
② 详参万历《嘉兴府志》、万历《嘉善县志》、万历《秀水县志》、崇祯《嘉兴县志》、康熙《秀水县志》等相关记载。其中,崇祯《嘉兴县志》卷九《食货志·土田》所附的大量文献资料为最丰富而重要。

"升粮"问题于嘉兴、秀水之间出现了争端。① 但嘉善与嘉兴、秀水之间争田的规模与影响,远远超出了嘉、秀之争,而且在时间上表现得尤为明显。万历九年奉文丈量时,嘉善县佐贰官掌印,推去嘉、秀31238亩8分田。当时,嘉兴以缩弓丈量,积余达数万亩。后又令按标准弓丈量,结果田亩数又减少了。一些人因此就在造册上报时乘机欺隐。②

　　嘉善地方志中开载嘉兴县额外有田,是因奸豪作弊,故未登录。嘉兴隐田不纳粮的,就有监生金圻等人。监生金圻的隐田问题影响极大。他曾被查出侵田1300亩,遭到重惩,"瘐死狱中",其子则被"永戍边徼"。此案使整个嘉兴府都很震动。至于黄洪宪家族本有祖产900多亩,虽坐落在嘉善界内,但纳粮一直在秀水县内,"业更数世,人更数代",黄正色与黄洪宪兄弟长期宦游在外,家中没有得力奴仆主持,祖产因而被丈入嘉善县内,黄家在嘉善、秀水两县都要纳粮,屡经呈告官府,说明情况,当时经理的书手、圩长都已被判罪。但田粮问题在两县之间已构成新的冲突,很难在短

---

① [明]黄洪宪:《与郭中尊论田粮积弊书》,载万历《秀水县志》卷三《食货志·田赋》,万历二十四年修,民国十四年铅字重刊本。所谓"升粮",是指以前没有粮额的,现在开始升之。黄氏指出,其祖上之田虽自嘉靖三年(1524)办理粮额以来毫无亏欠,现在也要升粮,而且田地属嘉兴,纳粮向来在秀水,即使申报升粮当在嘉兴而不当在秀水,更重要的是,在里之书手(又称"知数")上有"区总""县总",现在"通同散法,业已成风","花分""诡寄""金点""运头"等弊便由此而生。
② 万历《嘉善县志》卷四《食货志·土田》及所附[明]章士雅:《正疆界议》;[明]郑振先:《嘉禾事纪》与《万历二十六年嘉善告争田地、知府张似良不行查勘竟申本道转申两院批行本县知县郑振先申文》,载崇祯《嘉兴县志》卷九《食货志·土田》。

期内解决。①

金圻侵田事件发生后,邻县闻风都想"攘夺",由此突起争田之议,从而掀起了第一次大会勘的序幕。这次会勘,地方士民奔走如狂,而"公移案牍累岁络绎",可谓官民交困。②

最后经过万历十三年奉文摘查改正,十六年(1588)嘉兴知府龚勉勒碑而告定局③,并有温抚台的"允详"为据。④ 秀水县在万历十六年将"税粮带征徭平并起存本折钱粮田丁优免科则数目"勒石刻碑。⑤ 勘结最后有了一个定局,但嘉兴、秀水、嘉善各方的呈词、申文仍有较大出入,而且为以后的争端勘结造成了种种难题。

对于当时嘉善县的田地告争,知府张似良并没有实行查勘。因此,嘉兴知县郑振先就在万历二十六年(1598)提出了申文,指出该年十二月二十六日嘉善县里老吴旃、殷仕等告称亏田3万多亩是很令人怀疑的,亏田之说必须从实查理。⑥

嘉兴县粮里施於国等人也为嘉善"欺君灭旨,弊乱版籍,假公以济私贪",联名向府里呈控。于是,经过三院批复,准许兵巡道刘某"牌行"嘉兴府,转委同知朱邦喜、通判曹维藩、推官王养俊及海盐李当泰、崇德陈允坚、平湖林梦琦与桐乡谢谏四位知县,会同嘉、

---

① [明]王儒:《嘉、秀、善三县关会田粮七辩》,载崇祯《嘉兴县志》卷九《食货志·土田》。
② [明]郑振先:《嘉禾事纪》,载崇祯《嘉兴县志》卷九《食货志·土田》。
③ 康熙《嘉兴府志》卷十一《田赋》,康熙二十年序刻本。
④ 崇祯《嘉兴县志》卷九《食货志·土田》。
⑤ 万历《秀水县志》卷三《食货志·田赋》,万历二十四年修,民国十四年铅字重刊本。
⑥ 《万历二十六年嘉善告争田地、知府张似良不行查勘竟申本道转申两院批行本县知县郑振先申文》,载崇祯《嘉兴县志》卷九《食货志·土田》。

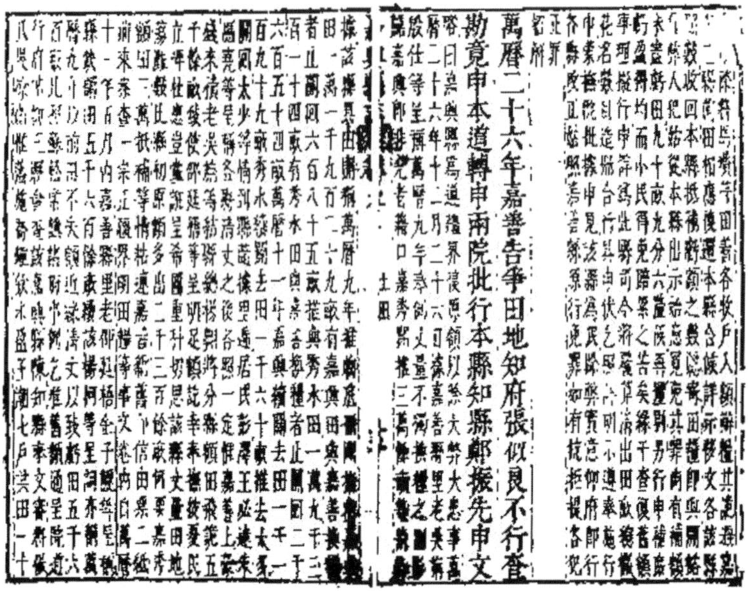
萬曆二十六年嘉善告爭田地知府張似良不行查勘竟申本道轉申兩院批行本縣知縣鄭振先申文

图 4.3　明代嘉兴府争田申文

秀士夫徐学周、卜相、吴弘齐、贺灿然、岳元声、岳和声及嘉善士夫支大纶、王慎德、顾际明、叶继美、沈道原、庄则孝及举监、生员、里老、耆民等人①，与嘉兴郑振先、秀水邓渼、嘉善余心纯三位知县一起，于万历二十八年(1600)正月初一日调来分县版图、碑额、志记、历年推收册籍底簿，履亩查实田地。但当地士民呈告仍各执一端，难于统一。巡按李御史认为，三县争田弊在“侵折”，“隐诡者”还未

① 这些士绅在三县地方都可代表最有力的阶层，地位自然较高。如万历二年进士支大纶、万历十一年进士岳元声、万历二十三年进士贺灿然等，都是地方社会与士人群体中极有影响的人物。

处置妥当,即严督海盐等县知县定于正月初三日在府城隍庙会集,加紧会勘,并限于十五日以前会议妥确。最后会勘的结果是,因嘉善粮里在万历十三年(1585)请复旧额后不到一年又用新册,导致争论再起,而万历二十七年地方政府的迁延耽误又激起了嘉、秀士民之争,所以现在仍应当遵循旧额并以万历八年(1580)实征为主,如有不明之处,就参照隆庆五年(1571)大造的黄册或万历十三年知府龚勉申呈嘉善照旧额办粮的征册。这一勘议得到当地官民的一致通过,嘉兴府就将结果通告全府,声称如有"诡隐情弊",允许"首正"免罪,从而希望"田不失故亩,粮不失原额"。①

万历二十八年二月三院详批的嘉、秀、善三县田粮勘议结果,要求各照万历八年以前实征册额征办理,同时继续推进清查工作,需要改正的即予清理明白。并特别谕知秀水县军民人等,凡在万历八年之后将田地山荡互相兑换及隐匿飞诡、避重就轻、以多为寡等情弊,限于一个月内改正,可免官府追究,否则查出之后依律惩处。同月,三院两司各道并府县对嘉、秀、善三县田地作出的公同酌议被立石刻碑,要求地方永远遵守。②

万历二十七年的第二次勘结

嘉善方面指出,由于在万历九年(1581)丈量期间的"推归"和十二年(1584)圩长袁宗"请还"田粮,因此到万历二十四年(1596)

---

① 《万历二十六年嘉善告争田地、知府张似良不行查勘竟申本道转申两院批行本县知县郑振先申文》、《万历二十八年海、平、崇、桐四县会勘揭帖》,万历二十八年二月《三院两司各道并府县公同酌议嘉、秀、善三县田地奉批详允立石永为遵守明示》,载崇祯《嘉兴县志》卷九《食货志·土田》。
② 万历二十八年二月《三院详定嘉、秀、善三县田粮碑记》,载崇祯《嘉兴县志》卷九《食货志·土田》。

171

嘉善承担了3万亩的"虚粮"。早在万历二十四年前,里递(里长)钱来等就"虚粮"问题曾多次具呈院道,但徒费"期年之力"还不能复还一亩。章士雅认为,由于嘉、秀"顽民与积书"互相交结,隐去田粮显然被置于了"无何有之乡"。①

代表基层社会的嘉善县圩长袁宗等人在控告时,还将乡绅们的申诉手本一并附上,呈给上级官府。官方表示三县争田,弊在侵折。在万历十三年,嘉善县粮里提出复旧额的请求,得到院、道的批准,地方百姓举手相庆,不料执行才一年时间,又启用新册,因而争端再起。到万历二十七年(1599),嘉善里老吴旃等人再度告到府衙,使三县争端愈演愈烈,"议论腾沸"。嘉兴府七县代表齐集府城隍庙内,再度查议争端事实,所有知县、里长、书手、地方父老等代表在场都参与了论证、质询。②

嘉善坚持认为,丈量时由于奸豪"避重就轻"而将嘉善界内之田33500多亩诡推于嘉、秀,从而产生了亏额;但当时为权宜起见,曾将步弓都缩短二寸,以积出的"虚田"来包补不足,另外又将13000亩低洼草荡全部作田以补不足。这些情形,在万历二十四年新编的《嘉善县志》中,都被以官方权威的方式记录下来,以期传诸后世。这引起了嘉兴、秀水两县官绅们的强烈不满。乡绅王儒则指出:既然是虚田赔补,为何嘉善地方圩田业主、里递、士绅等一直不作申诉,而要在新编的县志中作这样的表达;至于缩弓二寸量田的命令,完全是由监司统一发布(具体样式已在府库刻石存案),并

---

① [明]章士雅:《正疆界议》,载万历《嘉善县志》卷四《食货志·土田》。
② 万历二十八年二月《三院两司各道并府县公同酌议嘉、秀、善三县田地奉批详允立石永为遵守明示》,载崇祯《嘉兴县志》卷九《食货志·土田》。

非因嘉、秀关田数多就暂行缩弓,也不会独令嘉善一县缩弓,缩弓丈量后按照额数本应多出56230多亩,结果还差了12920多亩;秀水量田的是标准弓,丈量后还缺田6000多亩,嘉善又在其额田内两次夺去3000多亩;嘉善现在田额浮于原额,粮则轻于前册,还一味"呈渎",而且"豪右"欺隐数多,就是碑帖、颁刻也难以遮掩。所以这是嘉善想乘新修《嘉善县志》时,掩埋这段"攘夺公案"而创为饰说。① 岳元声代表嘉、秀方面指出,33500多亩田粮是"影射"还是"嵌入"的问题,是有本质不同的,都需要参考万历八年的赋役实征册来核实。如果是"影射",即归嘉善,不需多言,但如果是像嘉善方面所说的"嵌入",却一概要以正疆界为说辞,那么嘉、秀方面也当比照执行正疆界的做法,否则这种论争是不会有各方满意的结局的。②

万历三十一年的第三次勘结

然而,由于田粮嵌错问题没有从根本上得到解决,而地方利益冲突并未得到调和,所以即使暂时的公议被刻石立碑,也是很难维持长久的。时隔不到三年发生的第三次勘结,便证明了这一点。关于此次勘结,资料无多,嘉兴知县郑振先所撰的《嘉禾事纪》,虽多出自一方之词,但为对勘结的辨析,无疑提供了一份较为详细的资料。③

在万历三十一年(1603)会勘时,政府下令嘉善县将关取嘉兴

---

① [明]王儒:《嘉、秀、善三县关会田粮七辩》,载崇祯《嘉兴县志》卷九《食货志·土田》。
② [明]岳元声:《经界图说》,载康熙《秀水县志》卷三《田赋》。
③ [明]郑振先:《嘉禾事纪》,载崇祯《嘉兴县志》卷九《食货志·土田》。

田13000多亩的原册拿来细行参对,发现在嘉善县的申文中有3400多亩欺隐田未经清核,仅以万历三十一年间申文为依据,亏田就达30000多亩。万历《嘉善县志》中则指出:丈后亏田,将草荡13000多亩"悉步作田",还亏了5684亩额田。① 秀水方面认为,袁黄等人编的这部县志,就是想通过官方认同的表达,"折田自肥,鼓煽愚民"。②

郑振先指出,嘉善方面抛出13000多亩的隐田数,没有不予细查核对就认同的道理,而且亏数如此之多,当时的里长不可能不作汇报。田粮之议欲平、查欲细,必须要求嘉善方面关取嘉兴13000多亩的原册细行参对,"要见各田先年系何人户名立于嘉善,何都图、何甲长、甲下何人避重就轻关推嘉兴,逐一根究来历",才有可能真正理清。就以万历二十四年(1596)新编的《嘉善县志》所载为依据,丈量后亏田是以草荡13000多亩全部作田充数的,共计亏田不过18600多亩,也没有30000多亩的亏数;而且荡田不会没有粮额,嘉善大调圩、吕字圩、律字圩、成字圩以及迁中区东根、西根二圩,迁北区的西落等圩,或将2亩折作1亩,或将1亩5分折1亩,共折田1900多亩,都未经审核;万历十三年(1585)后所补4600多亩也未经审核。在会勘期间,嘉善申称亏额46900多亩,又高出了30000亩之数。针对这一情况,郑振先认为,必须马上清核,包括万历十二年由票、卷册、碑式、传志的记录,实际清出的是13078亩,"班班可考"。对于争论极为激烈的疆界淆乱问题,当时各县官员其实都是清楚的,而且并非独存于嘉兴、嘉善。郑振先以嘉兴县为

---

① 万历《嘉善县志》卷四《食货志·土田》,万历二十四年刻本。
② 康熙《秀水县志》卷三《田赋》。

例,说明在嘉兴与嘉善之间有田地错嵌外,嘉兴县界内还有秀水田7432亩8分、海盐田363亩4分、平湖田1016亩5分、桐乡田19亩5分,并非都在"交界地方",如果都像嘉善那样提出"正疆界",那么这五县百姓天天就要互相争夺而无宁日了。他所提出的会查申文很快得到了批复,不久,嘉兴府主要官员与海盐等四县知县和嘉、秀、善三县知县一齐到府城隍庙,再次吊来府县志书及各项田籍以作备查。最后只有复旧额的方法符合了三县士民的共同要求,即仍照万历八年(1580)以前实征册额征输。① 争田之议由此再次得以暂时平息。

万历四十五年的第四次勘结

万历二十年(1592)进士、曾官太仆寺少卿的嘉兴人李日华,在万历三十八年至四十四年(1610—1616)间,多次参与了嘉兴府田亩会勘与"均田均里"的工作。万历三十八年七月二十七日,他与诸乡绅集会于天宁禅寺,评议均田均里;八月二日,与诸大夫、孝廉、文学会于仁文书院,论讲均甲事宜。毕竟过去士绅免充里役,有田产多达数千亩的,五百亩以上千亩以下或者不满五百亩的则更多了;但从限制优免以来(如进士优免三千亩,举人一千五百亩,贡监而下递减,以至吏役都有一定额度的优免),诡匿必然所在多有,均田均里中受困的仍是那些"良民"。李日华所论的田赋上一些普遍存在的问题,就是诡避,所以每到国家的十年编审时节,官方必须精察英断,使诡出之田逐渐收复。在万历四十二年(1614)七月,他又参与了府衙安排的县域田粮清理工作,与乡绅们齐会城

---

① [明]郑振先:《嘉禾事纪》,载崇祯《嘉兴县志》卷九《食货志·土田》。

隍庙,参与判议"三县田粮事"。① 该年由嘉善"衙门积书"②、时任南京工部尚书丁宾(隆庆五年[1571]进士)的"心腹"俞汝猷③等人代表的争田之议,引发了两年后江南地区影响最大的一次田粮争夺。

在当时,岳元声站在嘉、秀方面的立场,对嘉善的虚粮赔补之说,提出了严厉驳斥,并将矛头指向了当时在嘉善最具影响力的官绅丁宾与袁黄。他认为,从宣德年间分县至万历八年这一百六十多年间,民间根本没有嵌田错壤的利益争夺,而且从万历九年丈量开始到万历二十八年(1600)这二十年中,民间也大致可称"安堵",比较平稳。但就在万历二十八年,已经退居乡野的袁黄突发错壤之议,并以万历九年丈量中存在的问题为词,"暗行申说,明肆欺夺";而且与袁黄家族相关的田粮是在调字圩等地,本来地沃田肥,却是三折、二折纳粮,根本不惧乡间非议,却仍要起来争田。袁黄与丁宾这两位大乡绅平生以经世济民、忧先桑梓自期,万历九年丈量时,袁黄是一名乡居的举人,丁宾则以御史的身份丁忧在家,声望不可谓不高,却对嘉善方面告称的33500多亩虚粮赔补不作一声,反而在丈量久定、黄册再造后,"忽生无风之波",在万历二十年(1592)后以退职的乡宦身份提议争田;万历三十四年(1606)后,已任南京提督操江御史的丁宾也覆申前议。④ 他们从嘉善地方出发,

---

① [明]李日华:《味水轩日记》卷二—卷六,上海远东出版社1996年版,第98—401页。
② 崇祯《嘉兴县志》卷九《食货志·土田》。
③ [明]岳元声:《嘉善县疆界内鱼鳞祖册本县原注外县田三字图总式说》,载康熙《秀水县志》卷三《田赋》。
④ [明]岳元声:《错壤图说》,载康熙《秀水县志》卷三《田赋》。

以其影响力,加剧了争田之议。在岳元声看来,嘉善方面的利益诉求,主要在欺隐、原额、经界三个层面,但嘉善地方隐折多于嘉、秀,原额又自报数足,所谓欺隐与原额根本没有说服力,只有依靠经界一说大做文章。①

但实际上,欺隐的问题在现实生活中是非常严重的,如岳元声指出,欺隐诸蠹最令人可恨的,是"小则飞诡、洒派一人之田而散作千家百户,大则脱漏户籍,千百亩之田而绝无一姓一名;有丁不臣,有粮不输,此弊极矣"。当然,这个问题,在一般的县域社会中都是存在的。②

对清理田粮而言,比较重要的依据除丈量外,还要调查原始鱼鳞图册。图册既保持了国家的统一规范,也详载了田地、山荡、滩浜、公占、积荒、义冢等细致的土地信息,而且在本县的统计中也会记录"外县田"的情况。这是非常重要的记录,可以揭示"外县田"是在疆界内还是疆界外。岳元声指出,丁宾曾号召嘉善士大夫"卧榻之侧,岂容他人鼾睡。外县田,我不争之疆界内,誓不止也;我不以头目脑髓取之,誓不止也"。这极大地激起了嘉善士大夫的好胜之心。俗谚所谓"官大好吟夸,力家能扛鼎",倘以丁宾的能量,要取33500多亩田,可谓易如反掌。在嘉善官府的协力支持下,丁宾家族的田粮在总册中被销毁,但与丁家相关的嘉善迁西区鱼鳞册却被意外地找到了。这让嘉、秀方面多了一分争辩的依据。③

丁宾的心腹俞汝猷、朱谏等基层领袖在县府会查时,将用以举

---

① [明]岳元声:《指掌直说》,载康熙《秀水县志》卷三《田赋》。
② [明]岳元声:《欺隐直说》,载康熙《秀水县志》卷三《田赋》。
③ [明]岳元声:《国制鱼鳞版籍册定式图说》,载康熙《秀水县志》卷三《田赋》。

证的鱼鳞册页数"时割时补,毁其总册,另造丁册",并在嘉善县城内的慈云寺内,要求县府在这个鱼鳞册上盖上官印,"注图立说,密造嘉、秀无粮田三万三千五百余亩"。丁宾、俞汝猷等人的举动,可谓"倡乱道、府、县,强劫乡绅,雄心未厌,谎诉汹汹"。很可惜,当时居然找到了嘉善县迁西区总鱼鳞一册,上面就记有"外县田"三字。①

万历四十五年(1617)四月二十九日,钦差分巡嘉湖道佥事王钟岱与知府庄祖诲下令嘉兴知县刘余祐、秀水知县林闻诏、嘉善知县吴道昌会同三县乡绅齐集府城的城隍庙,"秉公评论"三县田粮问题。当天从辰时到未时的讨论,使田粮问题的解决大体有了头绪,道、府官员在结案上作了画押,以便随后上报后施行。所谓嘉善亏田数33500多亩系嘉、秀影射的说法,据册籍调查,额数仍足的原因是嘉善县是以荡作田,补足了额数。但要推究情况虚实,仍需要从实丈量。嘉、秀乡绅岳元声等人都同意嘉善先丈量,然后嘉、秀依照丈量。但嘉善乡绅们表示丈田原非本意,必须除去中间可考虚实与查实果真亏额,然后才能进行丈量。嘉善乡宦代表冯盛典(万历二十三年[1595]进士)等人也作了画押。不料嘉善县另一位重要代表庄则孝(万历二十九年[1601]进士)忽然反悔,表示"如必欲丈,断乎不押"。当天三县会议因此无果而散。碰巧的是,不久查到万历四十二年(1614)时任知府曾命嘉、秀二县书算查核嘉善县挨号方册中亏田28000多亩,有图记,也有底册。通过三天的细核,还不到十分之三。其中有四份挨号方册与底数相对,结果

---

① [明]岳元声:《嘉善县疆界内鱼鳞祖册本县原注外县田三字图总式说》,载康熙《秀水县志》卷三《田赋》。

多寡不同,像嘉善的下保东区伐字圩"旧割今增八叶"、迁中区收字圩"旧割今增二十八叶"、大桐圩"旧割今增一十二叶"、迁北区大三往圩"旧割今增一十四叶"、思四区问字圩"旧割今增一十叶",图册的纸笔印记、大小新旧俱各迥异。五月初三日,仍在查册过程中,嘉善籍绅士魏大中(万历四十四年[1616]进士)与同科进士钱继登邀同知县吴道昌出城,坚持要正疆界,还公书"议述"二纸,声称"册不可凭、田尤不可丈",由吴知县送到府衙。这时府衙收到平湖县送来的4本册籍,内中总撒俱全,标注了县境内的海盐、嘉兴嵌田。官方认为,错壤由此看来不是根本问题。到初六日,有数百嘉善人喊入府堂,又喧击巡道辕门。根据当时嘉兴府总捕同知的报告,此次民变以俞汝猷、郭文翰、孙昌祚、吴德贤、朱鉴、孙大吕、金声扬等为首在道府衙门前的"鼓噪"为最严重,他们在张成烈、郭世孝、严仪可、陈对阳、郁麻子、林中秀等人肆无忌惮的"拍掌嚷喊"以及沈思宸、夏机的帮助下,"拥逼公座","凶横暴戾,名分蔑如",最后因不能如愿,就解衣攘臂,"喧嚣而出府厅",使在场的各级官员只好从旁避路,而同时在甬下道上跳喊的不计其数。据当时官吏统计,这次参与鼓噪的不下400人。最后迫使府厅传见,夏机一个人横行上堂,旗役朱国忠上前拦阻时,孙昌祚与郭世孝就直接上去揪扭群殴,"裂衣毁帽",郁麻子、严仪可与陈对阳还"拍掌如前"。后来,道、府官员出来下令众人回去,不料众人又拥到乡绅岳元声家,打毁门匾、桌椅等物。巡道闻知此事,即出牌令嘉兴县巡捕、主簿庄光祖飞奔岳家严谕禁止乡民的破坏行动。然而,这些人又齐集大察院的查册公所,推门喧叫"不要查册"。势态已十分严重,嘉善知县吴道昌不得不出牌谕禁,同时道、府仍下令三县会查。不久在五月初八得到报告,嘉善境内有连街传贴的布告,内称道、府听信"叛贼"岳元声,而嘉善县"自当大举",并要吴知县回县等。①

民间的抗争至此已进入高潮,而会查工作也在迅速展开。道、府官员就将该月查出未完鱼鳞册内(除嘉兴府总捕厅吊去的一本)尚存的八十本挨号册及增置叶数四本,一齐上缴布政司,并将民众鼓噪等情形据实呈告。②

嘉兴知县刘余祐向浙江巡抚刘一焜呈称:嘉善有总田册"实系藏匿",嘉兴书手龚云际已承认此前吊册上的画押是他的亲笔,因此总田册的确存在;但后来嘉善说只有这一册,其他册籍并无,书手沈迈初辩说当初造册时曾随便多置一册送呈上司,那么,这一册应当与存县的册籍一样,"何以呈式有总,而存县独无总也?"建议刘一焜就从这两个书手着手,严查其中的欺隐问题。③

很明显,勘结中的许多工作仍需进一步查实。嘉善方面的"毁籍壤田,自欺图册",经由嘉兴、秀水两县的公述,"以合之田夫野老,以白之仁人君子,以矢之天地鬼神,而行献之圣明君父画一焉,无一字欺者",即嘉善也不能欺人,故只能称"自欺"。④

由上可知,争田事件不但影响极大,牵涉面也很广,而会勘更显困难。此次会勘的结局是"抚按题参,道府引去,胥吏以割册犯

---

① 崇祯《嘉兴县志》卷九《食货志·土田》。
② 万历四十五年五月《嘉兴府嘉、秀、善三县为缴查田册、据报倡乱、以明纪纲、以决去就事》,崇祯《嘉兴县志》卷九《食货志·土田》。
③ 万历四十五年嘉兴县知县刘余祐《上刘抚台禀帖》,载崇祯《嘉兴县志》卷九《食货志·土田》。
④ 康熙《秀水县志》卷三《田赋》。

科,士庶以鼓噪种法"。① 从地方官员层的行动,即可探知其大概。

当时钦差分巡嘉湖道佥事王钟岱发觉解决当地争粮问题十分棘手,加之身体染病,在万历四十五年(1617)五月初六日横遭嘉善士民"鼓噪之变",初七日即具文要求"乞休",并对嘉善争田事件作了一个总结。王钟岱指出,嘉善争田事件已历几十年,中经三次勘结,而四十二年(1614)以俞汝猷为代表的"正疆界"所引起的第四次会勘影响最大。该年民变真正的幕后主使者,就是丁宾。凭恃"官至九列",要求十分强硬,还指使俞汝猷等人"效改志之故智以毁册,踵折田之余谋以隐田",实际上是想唾手而取33000亩田以自肥;且直接指使地方官,将嘉、秀两县130亩额征田粮无端首之嘉善,而"独使免派于秀水","诳渎三院,混呈总漕",给两司的书信拟一批语,复作一赞语,而给王钟岱的信中使用了"严加"二字,要求他遵行。王钟岱认为难于奉行这样的要求,他深知嘉善粮册中多有奸弊,吊取存于道府以备发查的做法,正触其忌,使丁宾等人"手忙脚乱"。由此丁宾对知府庄祖诲十分不满,对王钟岱本人更是如此,认为其"尤其狠毒"。后来由于割册问题败露、鼓噪乱象已成(王钟岱对此用了"天地间不常有之事"的评语),便想极力庇护,"抵死撼拦",一面提出要"整顿",一面则"哀号",不知是"以抽册为整顿","以增册为整顿",还是"以毁印、捕印为整顿",又不知是"以骂知府为哀号","以打道役为哀号",还是"以打毁乡宦之家为哀号",结果竟使割册、鼓噪之乱愈演愈烈,而缙绅士民则互为叫应,对官府"相挟相抗",使总鱼鳞册隐匿问题的审查陷入了僵局,

---

① 崇祯《嘉兴县志》卷九《食货志·土田》。

所以在审问案件关键人物张郁和朱思贤时,都直称"不知""不敢供"。王钟岱感叹"人情世道,一至于此,真可痛哭当斯时也",由此"愤惋悒怏",兼病势加剧,被迫提出"乞休"。①

新任的嘉兴知府庄祖诲在复杂的争田事件中,最终与王钟岱一样也被迫提出"休致"。他说,本以为嘉善田粮之议只要认真奉旨勘议便可成功,"奉旨以来几六阅月,不为不久;台台明文日行催册,不为不急",不料当时情形很难应付,有丁宾这样的高官(庄祖诲认为是"巨奸大恶")在幕后指使,"无敢一问其窟穴者",甚至士民数百成群集于道、府前,表示"田不可丈,册不可查",万历四十五年五月初六日就遭"豪横者"之扰,觉得"国家版章割则割,捕则捕,匿则匿",使奸民能任意横行,纲纪不存,也"无觍颜就列之理",具文"乞休"。②

嘉兴知县刘余祐在向浙江巡抚刘一焜的报告中称:查册工作拖延了十多日,知府庄祖诲"养疴未出",不能到现场;他虽秉上官之命行事,但也不敢径任之,只希望能得到刘一焜的支持,等查册有了确切结果后,再与庄祖诲到省城向刘一焜汇报。③

当时道、府、县官到任视事多的不到三月,少的还不到半月,而秀水知县林闻诏任职还不到十天,都在此争田事件中被迫请求罢

---

① [明]王钟岱:《引去揭》,载康熙《秀水县志》卷三《田赋》;另参崇祯《嘉兴县志》卷九《食货志·土田》。
② [明]庄祖诲:《引去揭》,载康熙《秀水县志》卷三《田赋》;另参崇祯《嘉兴县志》卷九《食货志·土田》。
③ 万历四十五年嘉兴县知县刘余祐《上刘抚台禀帖》,载崇祯《嘉兴县志》卷九《食货志·土田》。

职。① 浙江巡抚刘一焜只好上奏朝廷,既汇报了万历年间几次会勘的情况以及万历四十二年开始的嘉善民变之严重性,指出由于紧要道臣患病而难于供职,可以答应他们的"休致"要求,并请吏部赶快派官"推补"。② 万历年间的争田会勘至此便暂告一个段落。

2. 崇祯年间争端再起

至崇祯年间,嘉兴、秀水、嘉善三县争田仍未中辍。激烈争夺的表现,则以地方士民的公疏上奏为主。因处明末社会动荡时期,勘结未能最终得以了结。这一争田余绪,延至清初,便又化为争田大端。明代中后期遗留的社会问题在朝代更迭后,似乎显得更加棘手。

争田事件事实上在万历年间已成了一个定案,但崇祯年间再次兴起的争端,则是民间对定案予以否定的一种表现。地方对于利益分配不均所体现的抗争十分强烈。

在崇祯四年(1631),嘉善县民邬守仁等人指称天宁寺僧陈玄

---

① 万历四十五年五月《嘉兴府嘉、秀、善三县为缴查田册、据报倡乱、以明纪纲、以决去就事》,载崇祯《嘉兴县志》卷九《食货志·土田》。
② 浙江巡抚刘一焜《为紧要道臣患病不能供职、恳乞俯容休致并祈敕部作速推补以便责成、成安地方事》,载崇祯《嘉兴县志》卷九《食货志·土田》。

灯(曾多年充当秀水粮长)等隐田有33000多亩①,在嘉善有推而嘉兴无收,由此突然挑起争端。嘉兴方面指出这明显是嘉善士民垂涎寺僧一户的殷厚而生事扰害,使两县百姓"骚然不宁"。当时嘉兴、秀水两县百姓胡文等人正解运白粮到京师,听闻嘉善县民进疏上告,也在崇祯四年九月初二日具本上奏,详述错壤碑勒的原因及民间鼓噪变换的始末,认为争田事件在万历年间的四次公勘结局,使错壤几乎已成历史事实而很难变更,对田粮之争,要求下旨查册、丈田,以期绝觊觎而息争端。当年九月,抚按即奉旨进行了查勘。②

嘉兴知县罗炌认为,嘉、秀、善三县田粮构衅以来,屡经结案,近来又三次奉旨严查弊册,要求嘉善交出"总鱼鳞册",嘉善则诡称"乌有",而自万历十五年(1587)嘉善蔡知县申称该县亏田90亩9分以来,亏数在不断增长,所以要请出南京后湖黄册对查,并仍须祈请嘉兴府七县全册进行磨勘。所有这些案情表明,当时查册、丈田过程中双方的对抗已到了相当严重的地步,甚至奉旨查勘也无济于事。如像嘉善乡绅袁黄等人的"折田自肥",甚至三亩折一亩,以私情鼓煽民众,既不支持丈田、查册,又割册、鼓噪影响查案,

---

① 据嘉靖《浙江通志》卷七十一《寺观》与嘉靖《嘉兴府图记》卷二《邦制一》,嘉兴府城北一里许有一个天宁寺,建于宋治平年间,明正统间重修。但此处所说的天宁寺,当在嘉善城西北迁西区的天宁庄。另外,关于寺僧隐田,在江南地区已是一个通病,非独嘉善地区为然。明人余继登(万历五年进士)曾引广东按察司佥事的奏疏说,宣德年间,浙江、江西、广东等地寺观田地,大多隐在邻近州县,"顷亩动以千计",称作"寄庄",而且除纳秋粮外,别无科差。参[明]余继登:《典故纪闻》卷十,中华书局1981年版,第182—183页。
② 嘉兴知县罗炌"看语"(崇祯四年),载嘉庆《嘉兴县志》卷十一《土田》,嘉庆六年刻本。

还以天宁寺僧隐田之说挑起新的利益争夺。崇祯四年嘉、秀两县里老胡文、顾良、王宪等再次上奏朝廷,他们在奏文中称:争田之祸起于"善邑奸豪折田起衅攘夺",致使五十年来屡讼屡结,"三次石碑、四番铁案招详",并数经呈明在案,现今已三奉圣旨严查丈勘,已获取嘉善总鱼鳞册一本,而其他十九本,嘉善则藏匿不出,而天宁、精严庄田本来就入秀水鱼鳞册,嘉善又紊乱其间,所以在查册之外只有通过丈田才可剖明真相;至于后湖黄册,肯定与总鱼鳞册相同,请出黄册和嘉兴七县全册便可立辨真伪。于是仍要求据册严勘、照额清丈,从而使小民允服,祸源可杜。崇祯帝的要求是"着该抚按一并勘明确核具奏"。①

嘉善乡宦陈龙正在崇祯四年专门撰写《复田说》,对嘉、秀方面的说辞进行详细批驳。陈龙正指出,天宁、精严寺僧早在万历二十七年(1599)"俱递亲供",愿意到嘉善办粮,二十九年嘉、秀两县知县郑、邓二人提出"各有一应隐田,俱旧管所无,今次不许新收",经抚、按官员的主持调查,查出欺隐之后,钱粮办理自有着落。到万历四十二年七月,天宁庄又承认实际隐田5030多亩,精严寺承认隐田1200多亩,那么复田之后,嘉、秀两县原不增粮是十分明显的,但是现在却怀疑不同,原因就在过去田虽开去而未作升粮,到今天这些人畏罪就"越境升收"。由于年久时远,将33000多亩田复归嘉善、嘉兴、秀水两县有亏粮之说,在民间也许可能存在这样的情势,毕竟地方百姓不识来历,怎会没有加派之疑,所以必须想办法解决这一问题,层层上溯考察,将田粮转手行为一一查明。在陈龙正看

---

① 崇祯《嘉兴县志》卷九《食货志·土田》。

来,比较合适的处理方式,就是嘉兴、秀水两县将新旧管册进行对勘,"的于何年何册混收,其米收以前,粮原不亏,则增收之后,粮派何处,此必割去彼邑田粮,方将嘉善旧粮补入,先取寺僧名下隐田最多者,查其割去某人等田,将已原隐田额抵补,其余各户,俱仿此法稽查,便见着落"。即使实归嘉善办粮,名挂嘉、秀两县册中,往上追查转手情况,最多者不过二转、三转,不难核清。同时也不必坚执天宁、精严两寺奸僧隐田,毕竟陈玄灯已死,而承业者非复昔日奸僧,隐田情况已获招供,嘉善查出亏田33000亩中,寺僧隐田约为五分之一,共计6000多亩,其余27000多亩"尚属他人隐占",嘉善地方肯定也占了一定的比例。因此关键还是据册正疆界、反躬防弊、清理下手处、三县共同立碑销案。① 陈龙正认为,嘉兴、秀水两县一味要求丈田,不过是想"设难竟之局",以惑当事,甚至有激变地方的危险。②

崇祯九年(1636)五月十六日,杭、湖两司理汇报,曾质询了里老曹鹤龄、丁思孝、邬守仁等人,对于将天宁寺田推归嘉善还是将缺粮摊派嘉、秀,都没能获得满意的意见,毕竟田粮问题"事大年久",必须经道、府各层官员细加参勘,才能据实奏呈朝廷勘结宿案。二十六日,布政使姚具文申覆二院,要求进一步予以查勘。③

崇祯十年五月,嘉善县里老再次上疏朝廷,申明嘉兴县所存弊册情况,以求立正疆界。他们认为,万历九年推行丈量时,三县均照宣德五年分县时所定的疆域划分,确立承担的税粮额度,"未尝

---

① [明]陈龙正:《几亭全书》卷二十八《政书·乡筹六·复田说(辛未)》。
② [明]陈龙正:《几亭全书》卷二十八《政书·乡筹六·丈田辨》。
③ 崇祯《嘉兴县志》卷九《食货志·土田》。

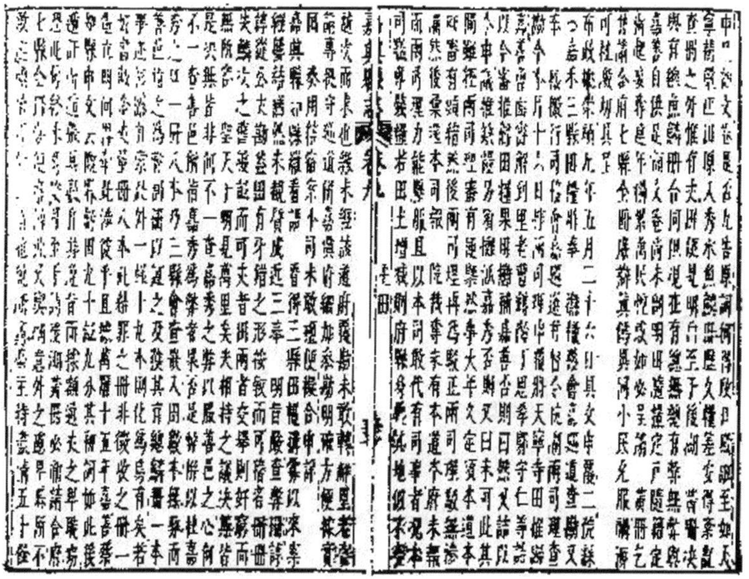

图 4.4 明崇祯间嘉兴府争田文移

谓有分毫田土错杂"。争端的起因,实来自天宁寺、精严寺奸僧陈玄灯、唐海、镜源、洙道裕、智殷等与"奸民"朱灼等人,乘县丞于世延署理县务时,贿通"总书","违制隔县推收,历移关文",共诡隐嘉善界内额田33500多亩,使嘉善县被迫赔补该部分粮额。虽屡经地方士民的奏请清查归正,但争端一直不休。朝廷认可"疆界定自先朝,断无紊乱,弊册彼自供吐,断难抵饰,以古定今,以彼治彼,真无弊不厘,无案不结者"的基本认识,要求"分疆正额,按籍辖田。嘉、秀界内者,输粮嘉、秀;嘉善界内者,输粮嘉善"。①

朝廷即下旨重新丈量,巡按邓釴、乔可聘等人,为此特向陈龙正征询意见,陈龙正认为,还是要先确认三县疆界,然后再各自丈量,按朝廷的要求,"据疆辖田,按田征税",那么嘉善不会再有亏田的问题,虚粮不清而自清;至于嘉兴、秀水奸胥自匿的本地不税之田,也不搜而自现。虽然这一提议得到乔可聘等人的赞同,但问题的复杂性以及上下各级人员不能坚持执行,使提议并未产生积极的效果。②

崇祯年间的争田事件,差不多到此就进入了尾声,七年后,明王朝在北京被推翻。在清军到来之前,江南地区真正处于风雨飘摇之境,争田问题自然而然停息。清代再起的田粮争夺与疆界错壤纠纷,不过是明代争端的余绪及其变化。

五 会勘中有关刑判的社会意义

嘉兴、秀水、嘉善三县在多次争田会勘过程中,涉及很多法律问题,从地方政府在法律施行和最终以法律为依据的刑判中,可以看到国家与地方为利益分配问题所采取的最后方式是如何展开的,从而透视国家控制和地方管理之间的种种差距,以及在特定历史阶段两者关系的变化。

---

① [明]陈龙正:《几亭全书》卷二十八《政书·乡筹六》所附《丁丑(崇祯十年)五月本邑里老进嘉兴县弊册疏》。
② [明]陈龙正:《几亭全书》"附录"卷二《陈祠部公家传》。

第四章　明代江南的疆界错壤问题及其影响

1. 地方刑判事实

洪武初期,中央政府已经为田赋方面的规范化问题作出了制度上的努力。两浙地区的富民为躲避徭役,常常将田产诡托亲邻佃仆,称作"铁脚诡寄",久而久之就"相习成风",形成了"乡里欺州县,州县欺府"的普遍情况,奸弊百出,所以又称"通天诡寄"。①

朝廷屡次下令,如有人将田地诡寄,"影射差役",就是受寄之人也要一并治罪;如果本人将田地移丘换段,要从重治罪。同时,为了防止和惩治田赋方面的种种违法行为,政府采辑"官民过犯"制定了《大诰》,其共有74条,第39条便是"诡寄田粮":"将自己田地移丘换段,诡寄他人,及洒派等项,事发到官,全家抄没。若不如此,靠损小民。"②

到洪武二十四年(1391),命国子监监生武淳等分行各州县,"随粮定区",编制"鱼鳞图册"。③ 政府规定:"凡田土之侵占、投献、诡寄、影射有禁,人户之隐漏、逃亡、朋充、花分有禁。"④《大明律》对欺隐田粮则有更细密的律例规定,其中"欺隐田粮"条明确规定:"凡欺隐田粮、脱漏版籍者,一亩至五亩,笞四十,每五亩加一等,罪止杖一百。其田入官。所隐税粮,依数征纳。若将田土移丘

---

① [明]余继登:《典故纪闻》卷四,中华书局1981年版,第77页。
② 洪武十八年《御制大诰》,载刘海年、杨一凡主编:《中国珍稀法律典籍集成》乙编第一册,科学出版社1994年版,第73页。《明史》卷九十三《刑法志》所录《大诰》内容仅十条,虽录有该条名称,但无具体内容。另参《明史》卷七十七《食货志一》。
③ 《明史》卷七十七《食货志一》。
④ 《明史》卷七十二《职官志》。

189

换段,那移等则,以高作下,隐瞒粮额及诡寄田粮,影射差役,并受寄者,罪亦如之。其田改正,收科当差。里长知而不举,与犯人同罪。其还乡复业人民,丁力少而旧田多者,听从尽力耕种,报官入籍,计田纳粮当差。若多余占田而荒芜者,三亩至十亩,笞三十,每十亩加一等,罪止杖八十。其田入官。若丁力多而旧田少者,告官,于附近荒田内,验力拨付耕种。"①

在景泰二年(1451),浙江右布政使杨瓒以湖州等府"官田赋重",提出要"均之民田赋轻者",并且严禁"诡寄之弊"。② 但在明代中期以后,土地被侵占的情况依然较为严重。成化十六年(1480)六月,明宪宗特别下令"禁势家侵占民田"③,可为一证。然而,禁令未能完全阻止这种情况的继续。

由于田地被分成多种等级,以近郭为上地,迤远为中地或下地。④ 因此,嘉靖年间欧阳铎巡抚应天十府时,认为"苏、松田不甚相悬",下田亩约五升,上田则要高至二十倍,于是下令将赋最重的"减耗米、派轻赍",最轻的则征"本色""增耗米",各种推收之田"从圩不从户",从而使"诡寄无所容"。⑤ 另外,因各地官员对"十年大造"黄册往往视作"故事",所以"完解"多有延期。万历十一年(1583)间,根据管理后湖黄册事务的南京户科给事中余懋学的建议,官方作出了这样的要求:"如有变乱、埋没、飞洒、诡寄、挪移、

---

① 《大明律直解所载明律》卷五《户律·田宅》,载《中国珍稀法律典籍集成》乙编第一册,第474页。
② 《明史》卷一百六十一《杨瓒传》。
③ 《明史》卷十四《宪宗本纪》。
④ 《明史》卷七十七《食货志一》。
⑤ 《明史》卷二百三《欧阳铎传》。

脱漏等弊即照例查驳,有违限未解者通行住俸,严限督催。已解在道者严并批回,获日方准开俸;未完者通限二十日以里解部送湖。"①

当然,查驳弊漏、清丈田亩早在此前就已进行了。在清丈田亩方面,万历八年(1580)十一月政府正式颁定了清丈条例,户部"奉旨令各省清丈田粮,条为八款以请"。②

从某种程度上说,万历九年后嘉兴府发生的争田事件,是国家控制与地方意愿表达间出现的纠葛,当时的地方政府在刑判过程中虽多以律例为依据,但往往将国家律例引出某些变化。

万历十三年(1585)写定的"嘉善县照旧足额田粮文卷",涉及一些与律例相关的内容。该年官府拘集县总、图书、业户等人会查多日,仍无法结案,嘉兴知府龚勉认为这是各人"避重就轻、不肯首正"的缘故,于是通令三县军民:"今在嘉善田粮,止以未丈量旧册作准;内有旧册在嘉善,而今在嘉、秀者,限十日内赴府告明,听查改正。如不首明,即以'欺隐'论定!"还规定,田地一律按旧册征粮,新粮在两县的,一律不准"除豁"。在将新规定出示晓谕嘉兴全府的同时,还催嘉善县即速加以申覆。嘉兴府认为嘉善县的田地应符合"众议",全部依照万历九年未丈量时的旧册数据进行征粮,并下令以后不许借口两处征粮而希图"规避",在审定田地税粮之后不许再行告扰,否则予以重究,其田地要被追没入官。③ 这明显

---

① 《后湖志》卷一,转引自韦庆远:《明代黄册制度》,中华书局1961年版,第180页注1引。
② 《明神宗实录》卷一百六"万历八年十一月丙子"条。
③ 《万历十三年三院详嘉善县照旧足额田粮文卷》,载崇祯《嘉兴县志》卷九《食货志·土田》。

是按《大明律》"欺隐田粮"条来判定的。①

图 4.5　明代县衙刑判场景

在各县会查后,嘉善田地仍照黄册征粮,而嘉兴、秀水两县田

---

① 《大明律直解所载明律》卷五《户律·田宅》,载《中国珍稀法律典籍集成》乙编第一册,第 474 页。下文所述刑判事实,多依照此法而定。

地也已查明为亏额。① 万历二十七年(1599)勘结后的第二年二月十一日,政府发布了一份三院详批的嘉、秀、善三县田粮碑记,明确指出各县须依照万历八年以前实征册额征输,如有隐匿、飞诡等弊,允许自首免罪;凡万历八年之后有将田地山荡互相兑换以及隐匿飞诡、避重就轻、以多为寡的,限于一月内赴县"呈首改正",可以悉免其罪;违抗命令的,一经查出后依律严惩,并追回所隐之田入官。②

由于万历四十五年(1617)民间抗争的严重性,福建道御史杨州鹤在四十七年(1619)三月初七日上奏朝廷称:"武塘(即嘉善)民变,赶去道臣,又赶去府臣,法纪澌灭尽矣。"杨州鹤进一步指出,过去之争田犹称"册可查,田可丈",而今之争田则谓"册不必查,田不必丈"。现在奉旨查勘已有一年多,抚臣居然"嗫嚅不报",实在让人寒心。在官方的视野中,"乱民"可谓腹心之患,"小乱不止,必为大乱"。杨州鹤迫切希望朝廷予以重视。③

杨州鹤所称的嘉善民变使法纪澌灭的情形,在当时影响极大。地方上对这一事件进行了详细审查,主要在割册与鼓噪两个方面。

---

① 《万历十三年三院详嘉善县照旧足额田粮文卷》,载崇祯《嘉兴县志》卷九《食货志·土田》。
② 万历二十八年二月《三院详嘉、秀、善三县田粮碑记》,载崇祯《嘉兴县志》卷九《食货志·土田》。
③ [明]杨州鹤:《奏为出师未有报期、情形不无可虞、谨撮持危定倾之略窃附于杞人忧天之义、恳惟圣明慨赐採纳以修内治、以镇人心事》(万历四十七年三月初七日),载崇祯《嘉兴县志》卷九《食货志·土田》。

图 4.6　传统刑判之一——夹棍拷问

2. 割册问题的说明

官方在审至割册一事时,朱思贤供称:万历四十二年(1614)七月十一日嘉兴府查册,嘉、秀两县原本解册在先,只有嘉善册未解;到十三日晚,郭文翰、俞汝猷禀告官府,提出"鱼鳞挨号册田原足额,难以送查,不如割去方好",借口抬册到郭文翰家,郭、俞两人将挨号册先行割去;十五日那天,官府命俞汝猷赍解图册,又审鱼鳞册,供出是由郭文翰、张郁、王成祖、朱思贤同割,只因未经俞汝猷算明,恐有异同。到十七日,该县具文申报嘉兴府,要求发俞汝猷回县,照前割挨号册,以便查算抽割情况。二十四日才令朱思贤赍解图册。由此审查一过,发现卷案日期、情节一一相符。实际上,三县田粮的亏额之议,发端于万历十三年(1585)邵廷梧等人的亏额首告。而今天的争端,实是四十二年(1614)俞汝猷、郭文翰等人割册酿成的。四十五年(1617)四月,道、府、三县奉檄查勘,并在府城的城隍庙举行会议,本来准备丈量,但嘉善县坚决反对,才决定查册,结果总鱼鳞册根本找不到。后来郭文翰、俞汝猷、孙昌祚、吴德贤等人大起抗争,哄闹公堂,促动民变。官方认为这是"踵松江之风"而效尤者。在刑判时,俞汝猷、吴德贤父子以及张郁、朱思贤亲笔供述了割册、鼓噪的真相。又据俞汝猷供称,虽然"田事久定",但其间郭文翰父子曾以打点为名侵没库银,只好编派里甲"拨算不休"。调查嘉善库册时,果然发现在二十七年有吴旃领银四十五两二钱六分为关田用的记录。审到朱思贤关于总鱼鳞册的情况,则动以"不敢供"为对。俞汝猷也说这是当官作弊,宁死不供。由此可知,在慈云寺会坐补印,都是出于这一目的。事实表明,嘉善粮额之重,实重于分县之始而不重于丈田之后;而缩弓丈量的做法也曾于全浙通行过。但海盐、平湖、崇德、桐乡各县交界错壤地方,推者各以隔县推,收者各以隔县收,田产多为"世守"之业,"法难强夺"。嘉兴府总捕同知等人的追问是:"假令嘉善乡绅身在地方,适当此局,将从张(似良)知府独断乎?将从七县会勘乎?将以先日割册为据乎?将以今日捕册为据乎?将丈亏后议补乎?将不丈先议补乎?将以嘉善之嵌入当独正乎?将以七县之嵌入当并正乎?将版章可毁割裂者置不究乎?将纪纲尽废怱然者纵不问乎?"①

3. 鼓噪、割册案的论定

最后,在万历四十五年底,以"鼓噪"而论,郭文翰、俞汝猷、孙

---

① 崇祯《嘉兴县志》卷九《食货志·土田》。

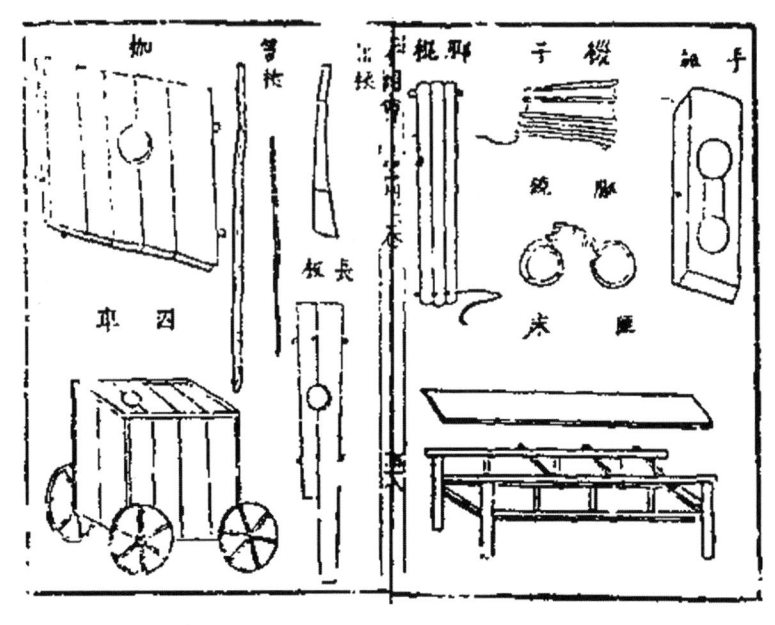

图 4.7 明代的刑具

昌祚、吴德贤、朱鉴、孙大吕、金声扬皆是首犯,张成烈、郭世孝、郁麻子、严仪可、陈对阳、林中秀当为从犯,唐尧相、沈思宸、夏机则又在其次。以"割册"而论,郭文翰、俞汝猷、张郁、朱思贤、王承祖都属"朋比梗法"之人。官方指出,申惩祸首以绝倡乱之萌,并为他人开启自新之路,应当是浙西地区的"救世急务"。地方社会以道、府为尊,郭文翰、俞汝猷等人的"逼陵"行为,属于"犯上";国家田赋首重"图籍",争田过程中发生的"抽补"行为,属于"作奸"。官府刑判称,郭文翰、俞汝猷等人并非乌合之众,他们"变乱旧章",已犯了"欺罔之条";而地方豪强把持道、府,势头猖獗,使"冠履倒置,法纪陵夷",堪称地方之一大变。郭文翰、俞汝猷等人本应拟判徒刑,但因没有对应的正式律文,故拟杖刑,并附枷号,"以尽本律,以儆刁横";判唐尧相为加责;沈思宸、夏机有学校扑戒,酌法酌情,不纵不枉;其中人称"衙门积书"的俞汝猷,罪行特别严重,将判以戍边。具体的律法刑判,主要如下:

一、依"增减官文书有所规避,杖罪以上,加二等,罪止"律,减等,杖一百,徒三年,照例免其徒杖,发附近卫所充军,仍枷号三个月,犯人五名:郭文翰、俞汝猷、孙昌祚、吴德贤、金声扬。

一、依"增减官文书有所规避,杖罪以上,加二等,罪止"律,减等杖一百,徒三年,折纳工价赎罪,犯人二名:朱思贤、张郁。

一、依"不应事重"律,减等杖七十,纳谷价赎罪,犯人九名:张成烈、郭世孝、郁麻子、严仪可、陈对阳、林中秀、唐尧相、沈思宸、夏机;仍照例枷号三个月,犯人六名:张成烈、郭世孝、郁麻子、严仪可、陈对阳、林中秀;仍请行学扑戒,免其降黜,犯人二名:沈思宸、夏机;请批加责,犯人一名:唐尧相。①

前两条依照的是大明律"增减关文书"条的宿略援引,原文为:"凡增减官文书者,杖六十。若有所规避,杖罪以上,各加本罪二等,罪止杖一百,流三千里。未施行者,各减一等。规避死罪者,依

---

① 崇祯《嘉兴县志》卷九《食货志·土田》。

图4.8 官衙施刑

常律。若增减以避迟错者,笞四十。"①刑判的后一条"不应事重"

---

① 《大明律直解所载明律》卷三《吏律·公式》,载刘海年、杨一凡主编:《中国珍稀法律典籍集成》乙编第一册,第459页。由于清代的法制基本沿袭明制而改动甚微,乾隆五年(1740)《大清律例》颁行后,各朝修例多有补充,因此条数极多,内容自远较明制为详,而了解清代律例可对明律有更为深入的理解。《大清律例》卷七《吏律·公式》所载"增减官文书"条云:"凡增减官文书内情节字样,者杖六十。若有所规避,而增减者,杖罪以上至流徙,各加规避本罪二等,罪止杖一百、流三千里,未施行者,于加罪上各减一等。规避死罪者,依常律。其当该官吏,自有所规避之罪,增减原定文案者,罪与规避同。若增减以避迟错者,笞四十。"(参《中国珍稀法律典籍集成》丙编第一册,第143页。小字为原文所有,下同。)

图 4.9 明代的牢狱

律,则是明律"不应为"条的缩略,原文云:"凡不应得为而为之者,笞四十。谓律令无条,理不可为者。事理重者,杖八十。"①

透过上述内容,可以看到国家律例在地方刑判过程中执行的大致情况。对照事件本身与国家律例,法规对欺隐、诡寄等而言是

---

① 《大明律直解所载明律》卷二十六《刑律·杂犯》,载《中国珍稀法律典籍集成》乙编第一册,第611页。"事理重者,杖八十"七字,在洪武三十年律中变为律令正文。在《大清律例》卷三十四《刑律·杂犯》"不应为"条中,则比明律略有增详:"凡不应得为而为之者,笞四十;事理重者,杖八十。律无罪名,所犯事有轻重,各量情而坐之。"(《中国珍稀法律典籍集成》丙编第一册,第438页)。

相当严苛的,但从另一角度看,这也表明了制度背后社会问题的严重性。

六 社会矛盾及其政府控制

疆界错壤在地方上是较为普遍的现象,尤其在土地资源极为紧张的江南地区,争田更是经常性的事。但肇始于明代后期嘉兴府的这次争田,规模之大、历时之长、影响之远都是较为罕见的。

1. 疆界错壤和利益分配失衡的影响

自古以来,划疆分县必相比附,但明代州县所属乡村则有"去治三四百里者",也有"城门之外即为邻属者"。① 这种情况在嘉兴府地区相当典型。嘉善县从嘉兴县分出,并不像其他县一样一律分土分民,所以不但在户籍方面存在许多纠纷,而且在田赋上的矛盾更为严重。当时的情形相当复杂,有田地在嘉善界内,户籍却在嘉兴,粮差亦在嘉兴办理;也有田地在嘉兴境内,户籍在嘉善县,粮差也在嘉善的。嘉兴地区的豪门望族大多通过在一县占田而在另一县落籍的办法来偷田漏税。所以要丈量田地,必须先正疆界。② 明末清初桐乡人张履祥指出,农业生产的正常进行,本来就要先正疆界,因为赋税、徭役毕竟还是根据田地的数量来计算的。

---

① [清]顾炎武撰,黄汝成集释:《日知录集释》卷十"州县界域"条,岳麓书社1994年版,第356—357页。
② [明]何良俊:《四友斋丛说》卷十四《史十》,中华书局1959年版,第113页。

他甚至还提出在田界方面应该本着"让"的精神:"与其以我侵人,毋宁使人侵我。"①这在争田剧烈的嘉、秀、善三县地区,显然是行不通的。

可见,田制系统方面的混乱导致了许多社会问题,疆界分划不清是其根本原因。所以要解决上述诸问题,还是要从根本上着手,先解决疆界错壤问题,再理清户籍、田粮,最终解决缠扰整个明后期争田的社会矛盾。然而,晚明的地方政府只是采取了对田、粮进行推收包补的措施;对因田地高下不等而产生的田则,也没有很好地处理,使地方上产生"避重就轻"的种种弊端,对诸如欺隐、诡寄、飞洒等问题也总是无法清除。因此明末有人上奏指出的地方四大弊端中,就以"田粮之隐冒"为首。②

另外就地理环境而言,嘉兴县地势高亢而怕旱,秀水县土地卑下而惧水潦,嘉善县地势是南高北低,存在"旱则南乡困,潦则北乡悲"的情况。③ 在此背景下,赋役的沉重,进一步加剧了欺隐、诡寄等弊端的产生。

对于江南地区的民生困敝,乌程人沈演(万历二十年[1592]进士)认为"江南民困,莫甚嘉、湖",嘉兴、湖州地区不但赋税沉重,而且"役尤烦累"。其中最为重大而需妥善处置的是"白粮造船","白粮系江南第一重役"。④ 这是从宏观层面来论江南赋役问题

---

① [清]张履祥辑补,陈恒力校释,王达参校、增订:《补农书校释》,农业出版社1983年版,第145页。
② 其余三条为"强贼之扰害""豪右之欺凌""游惰之冗食"。详参[明]谈迁:《国榷》卷八十九"思宗崇祯元年五月辛未"条,中华书局1958年版,第5436页。
③ [明]陈龙正:《几亭全书》卷二十三《政书·乡筹·治人治法》,康熙云书阁刻本。
④ [明]沈演:《议役》,载崇祯《乌程县志》卷十一《艺文》,崇祯十年刻本。

的,但不同区域的情形是有差异的。如嘉靖四十四年(1565)状元范应期所言,仅就乌程一县而论,地理环境的差别塑造了不同的民生,民众在赋役生活上的困难程度是有很大差别的。他指出,乌程是湖州府内赋税压力最大的县域,县境内共划分为23个乡区,一至六区为西乡,其余的都是东乡。西乡的情况较差:"西乡枕溪谷,多陂陀硗确,土杂沙砾,厥田下下。又地形险隘,多冲决之可虞,无潴水之是恃。"西乡整体生活环境较东乡恶劣得多,东乡堪称"沃壤",而且民多蓄藏,生活相对富足。所以对于西乡百姓来说,东乡士绅提的"均田",是难以真正接受的。① 生活于东乡的南浔人朱国祯(1558—1632,万历十七年[1589]进士),随从按台马起莘从平望到嘉兴府城,发现百姓大刻"均田便民"四字粘于路旁,布满于一百二十里的路途间,"极目不见首尾"。② 由此可见,不同区域的士民,在田赋问题上的要求显然是不同的。朱国祯给抚按的一份"揭帖"中,提出了他对"均田定役"以救民命的看法,认为"法久弊生",影射挪移与飞诡变幻最终产生了"有一甲全然无田者,有一半亩产而充至数分"的情况,也有"户绝丁存,妄报分数,而亲族代当"的情况。这种情形为害越来越重,杭嘉湖地区作为东南财赋重地,必须"大奋便民除害之断"而力主均田。③

国家与社会、地方与地方之间的利益分配不均表现得十分明显。江南官、民田地不同的赋税负担,也在很大程度上造成了个体

---

① [明]范应期:《乌程一至六区改复旧则催征碑记》,载崇祯《乌程县志》卷十一《艺文》,崇祯十年刻本。
② [明]朱国祯:《涌幢小品》卷十四"均田"条,中华书局1995年版,第317页。
③ [明]朱国祯:《涌幢小品》卷十四"揭帖"条,第316—318页。

农民之间、个体农民与国家之间的紧张局面。① 同时,地方为维护自己的利益,不惜违法犯律,欺隐、诡寄、飞洒等便由此而生。清前期归安县人沈炳巽认为:官田是官府籍没之田,税粮本重,在一石到二石之间,籍没后分派百姓佃种,只还租不还月粮。但相沿日久后,"版籍伪脱,疆界混淆","奸民滑吏"们就将官田私相典卖,"以官作民","里胥之飞洒、移换,弊端百出",出现了所谓官田非复昔之官田的情形。② 何炳棣曾指出,导致明清和近代土地数字失之过多的一大因素,就是隐匿。③

明代江南地区不时有平民向豪绅、王府投献田产以换取后者的庇护,以期逃避赋役。嘉靖八年(1529),经浙江道监察御史奏准,"今后受献之人,一体问拟,永远充军"④。同年,礼部尚书霍韬奉命纂修《会典》时,曾上疏指出,失额的田地不是"拨给于藩府",就是"欺隐于猾民"。⑤ 嘉靖八年的禁令未能即时生效。这导致了在嘉靖二十六年(1547)朝廷再次颁布了"禁投献以息民奸"的条

---

① 森正夫对于明代江南土地制度的研究,表明官田沉重的税粮负担和由此产生的官、民田税粮负担不均,对土地所有关系带来的收益产生了很大的影响。参氏著《明代江南土地制度の研究》,同朋舍1988年版。
② [清]沈炳巽:《权斋文稿》"苏湖诸郡重赋考略"条,民国十二年吴兴刘氏嘉业堂刊本。
③ (美)何炳棣:《中国古今土地数字的考释和评价》,中国社会科学出版社1988年版,第86页。
④ 《条例备考》卷一《户部》,页二四上,日本内阁文库藏明刻本。转引自(美)何炳棣:《中国古今土地数字的考释和评价》,第86页。
⑤ [明]霍韬:《渭厓文集》卷三《修书疏》,北京大学图书馆藏明万历四年霍与瑕刻本。

例。① 不过,此类情况早在成化年间已很严重。曾任溧水知县的王弼,作《永丰谣》称:"有田追租未足怪,尽将官田作民卖;富家得田贫纳租,年年旧租结新租。"②顾炎武也抄有类似的话语:"永丰圩接永宁乡,一亩官田八斗粮。"③朝廷甚至不许苏州、松江、浙江与江西籍人为户部官吏,"以其地赋税多,恐飞诡为奸"。④ 作为国家征赋重要依据的鱼鳞图册,在弘治时又日益紊废,⑤江南地区的田赋制度开始陷入混乱状态,特别是在万历八年(1580)以后。黄宗羲称:古时的赋税征收是"以田为母,以人为子",所以"履亩而税,追呼不烦",但现在的赋税却是"以户为母,以田为子",毕竟田亩有错杂,户也有出入,因此"按籍而征,稽考甚难"。他认为虽然不能回到井田制的时代,但可以参考井田的思想,按田亩号数重编,每号或千亩或数百亩,以一号为一井,设"号长",按号催科,"号长"统理税收事务,可以解决诡寄、飞洒、挪移以及胥吏作弊等问题,十分理想化。⑥ 自鱼鳞册制度废坏后是"以田系户",而户数有升降,田因之而产生了转易、守割等变乱,欺隐之弊由此出现。⑦ 黄册制度在

---

① 《条例备考》卷二《户部》,页四五上至页四六下。转引自(美)何炳棣:《中国古今土地数字的考释和评价》,第86页。
② [清]沈炳巽:《权斋文稿》"苏湖诸郡重赋考略"条,民国十二年吴兴刘氏嘉业堂刊本。
③ [清]顾炎武撰,黄汝成集释:《日知录集释》卷十"苏松二府田赋之重"条,第359—370页。
④ [明]谢肇淛:《五杂俎》卷十五《事部三》,(台北)伟文图书出版社有限公司1977年印行,第377页。
⑤ 陈伯瀛:《中国田制丛考》,商务印书馆1935年版,第216页。
⑥ [清]黄宗羲:《南雷文约》卷三《赋税》,雍正间刻本。
⑦ [清]顾炎武:《天下郡国利病书》原编第七册"常镇备录"引《镇江府志》,上海涵芬楼1936年影印昆山图书馆藏稿本。

明代中叶以后的逐渐崩坏,给赋役方面带来了两个根本性的问题:一是赋重役繁,二是负担不均。① 明代中后期,一些地方官员为改变这一状况,其实作了许多努力。如嘉靖年间欧阳铎巡抚应天十府时,对"推收"要求"田从圩、不从户",完全是针对诡寄而做的。②

万历年间兴起的丈量行动,应当是田地欺隐状况严重导致的必然结果,但在江南,丈量可以说根本不足以察欺隐,对百姓则多有滋扰。清人王庆云言及"丈量"问题时,指出了存在于明清两代的这一通病,而就丈量本身来说,丈量规制与步弓的统一是十分必要的,否则通行数年,不会有何成效。乾隆十年(1745)则重申了弓尺盈缩之禁,也说明对实际丈量问题加以重视的必要性。③

所以,从上述各方面来考虑明代后期江南地区复杂的嵌田错壤导致的田粮利益争夺问题,才可解明问题的根源与本质。

2. 地方变乱与社会控制

当然,国家与社会在争田问题上表现出来的对各自利益的维护,在地方意愿表达上出现了分化:一是地方政府之间的利益冲突,一是地方政府代表的国家利益与乡绅、基层民众利益间的矛盾,一是乡绅与普通民众间的利益分配失衡。这三大层面利益的抵触,使社会在应对地方变乱时遇到了诸多麻烦。

---

① 韦庆远:《明代黄册制度》,中华书局1961年版,第181页。
② 《明史》卷二百三《欧阳铎传》。
③ [清]王庆云:《石渠余纪》卷四《纪劝垦》附"丈量",北京古籍出版社1985年版,第171页。

有学者指出,由于制度的破坏导致了整个社会秩序的崩溃,国家所依赖的户口登记和赋役分派程序的能力受到了较大影响。① 明代前期的里甲制,是国家以人丁事产为媒介,把"户"作为赋役征发对象的体系。在15世纪以后,随着鱼鳞图与黄册制的崩坏,政府赋税抽取凭依无定,从而对田粮本身的倚重有所加强。一条鞭法的推行与万历九年(1581)的丈量最终使江南地区产生了许多利益纷争,地方的抵制与反对是十分明显的,以嘉善县为首的争田事件则是其中的突出代表。

本来,地方百姓都怕见官府,有事则由粮长出面办理,所以乡村百姓"有终身不识城市者",很少会与官府直接打交道。但到明代中后期,有实力的粮长被消耗殆尽,没有了在官民之间的粮长们帮衬处理税粮问题,基层社会中"家富人足"的状态已然不再:百姓"十九在官,十一在家;身无完衣,腹无饱食,贫困日甚",奸伪日滋,而国家逋负日积,"岁以万计";即使缙绅之家,也是"差役沓至";征租索钱的胥吏,日夕候于门前,令人畏惧不安。在正德十年(1515)以前,松江等地并无拖欠国家赋税情况,然而十年之后就出现了"逋负之端"。② 世道衰落,并非一时之势。万历年间出现的冲击公堂、鼓噪割册及捣毁乡绅家宅等事,是民间对抗官府的系列行为,而这以松江府地区为典型。官方将在其他地区发生的此类事变,皆视作仿效了"松江之风"。③ 陈子龙指出,江南政治,除兵、赋

---

① (美)魏斐德:《洪业——清朝开国史》,陈苏镇、薄小莹等译,江苏人民出版社1998年版,第7—8页。
② [明]何良俊:《四友斋丛说》卷十三《史九》,中华书局1959年版,第109—110页。
③ 崇祯《嘉兴县志》卷九《食货志·土田》。

外，即以争讼为最苦，使民如在沸波之中，"胥吏之因缘为奸而网利"，江南百姓的"苦讼"之状超过其他地域。① 松江人范濂认为，上海县的"健讼"，又远胜华亭县、青浦县，"民间睚眦之仇，必诬告人命"，甚至还有"赊人命"以图赖的现象。② 当然，好讼之风并非松江地区所独有，嘉定县等地也是如此"好讼好逋"。③

城乡地区百姓已经"视公庭如熟路"，一遇矛盾，就诉诸官衙的健讼之风，往往就被官绅们视作"民间大患"，这与以往乡民言及官吏"俱有怖色"的社会风貌大不同。④ 绅士包揽公事成了常态，出入衙门、调停争讼等事，已是常可见到的现象。⑤ 传统社会最重大的犯罪，莫过于犯上作乱，特别是伴有暴力的反抗行为。这在晚明的嘉兴府地区得到了具体反映。

嘉靖以后，江南地区存在的"役困""逋赋"和争田等社会问题⑥，触及了江南社会生活的根本问题，而将杂泛差役改作"一条鞭"等的变革，并未彻底解决社会经济的困弊，从而在国家对江南地区赋税抽取的倚重加强与地方的抵制反对之间形成了一种矛盾，争田事件由此愈演愈烈。这也是"均田均役"法实施过程中出

---

① ［明］陈子龙:《安雅堂稿》卷四《赠郡司理李公考绩序》，载《陈子龙文集》，华东师范大学出版社 1988 年影印本，第 106—107 页。
② ［明］范濂:《云间据目抄》卷二《记风俗》，民国十七年间奉贤褚氏重刊本。
③ ［明］陈继儒:《白石樵真稿》卷三《答嘉定胡中尊》，明崇祯刻本，载《四库禁毁书丛刊》集部第 66 册，北京出版社 1997 年影印版，第 475 页。
④ ［清］龚炜:《巢林笔谈续编》卷下"陆清献息讼示"条，中华书局 1981 年版，第 228 页。
⑤ ［清］蔡蓉升纂，蔡蒙等续纂:《双林镇志》卷十五《风俗》，上海商务印书馆民国六年铅印本。
⑥ （日）濱島敦俊:《明代江南農村社會の研究》，東京大学出版会 1982 年版。

现的一大问题。① "均田均役"法的推行,实际上在王朝制度与乡绅、胥吏、百姓之间又制造了一层矛盾,而由疆界错壤而起的争田事件,便由此发展到鼓噪、割册等状态,影响到上层社会,则呈告、上疏不断,使道、府、县官相继被迫引去。

可以说,国家为解决诸如争田问题而采取的措施或制定的律例,是十分严密的,但从晚明嘉善等县争田事件中看到的基层社会生活的情形,却并不令人满意。地方政府对田亩的控制可谓严苛,无论是书手、算手、册总,还是圩长、里老、乡绅,都是官方为加强对底层社会的控制而常可倚赖的对象。嘉善等县的争田事件则表明,这些人并不完全按照国家的意志行事,而且县与县之间的利益保护也很严重。本来县有额田、"田不过县"都属国家法律规制,民间私兑当属非法行为。然而在几十年的嘉善等县争田事件中,可以发现的另一种情形,就是非法的东西传承日久,便逐渐得到了官府的默许与民间的认同,在每次争田会勘过程中,也从无用专刑定律来锁定这种行为。像吴江县等地因版籍的争夺错乱,造成了行政管理的长期失效,就是擅长区定赋税的官员,也将这种版籍视作"鬼录"。② 因此,从田粮体系中产生的欺隐、诡寄等问题便不是偶然的,而是王朝统治系统处于某种失控状态的必然产物。

---

① 关于"均田均役"的讨论,参(日)滨岛敦俊:《明代江南農村社會の研究》第二部第四章"明末の役困"。
② 在明代人的心目中,吴江县虽然经济发达,但是一个难于治理的地方。从成化以后吴江知县金洪等人的角度看,这里豪猾纵横,赋役繁剧,小民每占一役,不破产殒身则绝不罢休。参[明]徐象梅:《两浙名贤录》卷二十九《吏治》"吴江县知县金惟深洪"条,明天启徐氏光碧堂刻本。

第五章 明末江南的大灾荒与社会应变

——以湖州、嘉兴二府为例

经过前文对常态环境下社会控制问题的讨论,本章开始探讨自然环境变动状态下的社会控制问题。

自然环境中变动最大的莫过于气候,气温与降水是其中两个基本的要素。这两大要素的组合变化,是导致灾害发生的关键。本章的讨论,就是从水、旱两个层面来考察地方灾害的,在此基础上,说明社会对此的反应、调整与控制问题。

一 明末江南灾害的研究背景

晚明以来,江、浙一带水旱灾害一直不断。使地方社会产生较深记忆的水、旱、疫、蝗等灾,可谓不胜枚举。仅以万历年间以来的湖州府而论,万历元年(1573)的饥荒、万历三年(1575)的春旱、万历六年(1578)的普遍大水、万历十年(1582)的风灾与湖啸、万历十五年(1587)的大水灾、万历十七年(1589)的特大旱灾、万历三十六年(1608)的特大水灾、万历四十八年(1620)的旱灾、天启元年(1621)的雪灾、天启四年(1624)的太湖水泛溢、崇祯元年(1628)的风灾、崇祯二年(1629)的震灾等等①,都是重要的灾变,对社会民生影响较大。

在崇祯年间,连年的灾荒给社会经济的发展及政治的安定带来了很大威胁。崇祯十三年、十四年(1640—1641)的两次大灾到十五年的旱、疫并行,对于王朝末期的影响,不啻致命的打击。从某种程度上说,这种打击使整个社会元气大伤,即使有灾后的社会补救与政治安抚,也已无法挽回。地方上出现的社会动乱,已经与朝廷形成了强大的对抗力量,尤其是在北方,以李自成等人为首的农民军与明军的战争,给了北方地区以毁灭性的打击。江南虽然没有这样大规模的战乱,但是明室南迁与清军南下的战争,在各方面所造成的影响都是很大的。

政治上的这种变幻,对于江南社会的影响,主要体现在王朝变更方面所导致的政治统治与秩序控制更替;在社会经济方面的影响是,仅仅出现一个暂时的停滞或萧条,自我延续并未断裂。灾间与灾后的地方保护与重建工作,随着大灾的到来,就已经开始了。

所以,大灾的影响,在江南很多地方并不是十分长久,因为灾后不久经济便已逐渐回升,各个方面都有不同程度的恢复。但是明末的情况稍显特殊,清军南下后,清王朝的统治措施给予这种恢复的支持日渐加强。这是因为,王朝更迭后,新王朝为稳固其统

---

① 同治《湖州府志》卷四十四《前事略·祥异》,同治十三年刊本。

治,保持社会的稳定和经济的发展,需要采取较为缓和的政策,以利其有效地从地方汲取财政资源。在这种情况下,地方政府仍能将明末大灾后的重建工作持续下去,进而使社会经济的恢复与发展呈现出较为迅速的态势。考虑到这样的社会政治背景,了解和论析明末大灾与社会应变行为似乎更具意义。

学界对于崇祯年间水、旱、蝗、疫大灾的形态与规律的研究都已有相当的成果。如陈家其的《太湖流域南宋以来旱涝规律及其成因初探》①,对此有所涉及。满志敏的《明崇祯后期大蝗灾分布的时空特征探讨》②,对于崇祯九年到十五年(1636—1642)发生的明清时期规模最大的一次蝗灾,从时空特征方面,运用数据模型作了细致的研究。汪家伦对太湖地区的水旱情况也作过初步的分析,从一个小区域的尺度,依据4至19世纪的水旱资料,探讨了水旱的特征、规律及其对农业生产的影响。③ 夏越炯对宋、元、明、清时期湖州、嘉兴、杭州三府发生的旱涝灾害,从气候学的角度作了比较细致的数理分析。④ 上述研究由于覆盖时段过长,区域上的一些细部问题仍值得作进一步的处理。相比之下,中央气象局气象

---

① 陈家其:《太湖流域南宋以来旱涝规律及其成因初探》,《地理科学》1989年第9卷第1期。
② 满志敏:《明崇祯后期大蝗灾分布的时空特征探讨》,《历史地理》第6辑,上海人民出版社1988年版,第232—244页。
③ 汪家伦:《历史时期太湖地区水旱情况初步分析(四世纪—十九世纪)》,《农史研究》第3辑,1983年,第84—97页。
④ 夏越炯:《浙江省宋至清时期旱涝灾害的研究》,《历史地理》创刊号,上海人民出版社1981年版,第140—147页。

科学研究院主编的《中国近五百年来旱涝分布图集》①,在这方面的统计要详尽得多,所制定的旱涝等级序列、崇祯年间水旱资料及其分布图表,为进一步研究提供了极大便利,具有重要的参考价值。邹逸麟主编的《黄淮海平原历史地理》②,从大区域的视野,集中讨论了气候、历史灾害等问题,为研究江南地区的灾害和进一步说明同一时段北方灾害的情况提供了一个极好的参照。这些工作,使本章探讨崇祯年间江南的灾害形态与规律时有了充分的学术史背景。

当然,从微观的角度看,学界目前的研究基本还是概括性的,涉及的范围往往具有大区域、全国性特征,这对于说明长时段的气候灾变等情况十分重要,但要具体到灾害的发生、发展及在此情形下地方民生的基本实态,就显得还很不够。而且,关于社会对于灾害的应变,基本没有论及。实际上,从全面研究灾害的角度来说,探讨社会层面的反应情况,也是十分重要的。邓云特(邓拓)在20世纪30年代写就《中国救荒史》一书,对中国历史上的救荒情况作了一个扼要的论述,为今天的荒政史研究提供了重要参考。他指出,中国历史上灾荒周期极短,一年一度之巨灾已成为二千年间之常例,但认为每次巨灾之后"从未有补救之良术"③,这一点,本章的论述将予以重新认识。

本章在解明灾害形态及其变化时,着重说明江南在大灾期间

---

① 中央气象局气象科学研究院主编:《中国近五百年来旱涝分布图集》,地图出版社1981年版。
② 邹逸麟主编:《黄淮海平原历史地理》,安徽教育出版社1993年版。
③ 邓云特:《中国救荒史》,商务印书馆1937年版,第61页。

与灾后的民生,重点论析社会对灾害的应变及诸种调控行为。讨论范围,仍然限于崇祯年间最大的几次灾害,以崇祯三年(1630)、十三年(1640)、十四年及十五年(1641—1642)的灾情为案例,聚焦于全国最为富庶的江南地区,探讨桐乡、嘉善等几个县的乡村社会实态,对于深入说明灾害本身及社会应变都有重要意义。

二 大灾及其趋势分析

在历史文献记载中,水旱情况在不同时间段反映的现实意义,实际上是有差异的,不同时间段记载的情况也有详略之分:一般是距现代时间越近,记载越详细;或者是处在社会发达地区或政治中心,记录显示更多一些。而且,文献资料中一些人为的主观因素影响,对旱涝灾害序列的重建,无疑有着很大的干扰。所以,不能简单地以空间或时间上的详略尺度来解释灾害的强弱或多少,在分析小区域的灾害形势时,必须考虑上述因素的影响,还应重视长时段、大范围的背景环境考察,从而作出较为可靠的判断。对明末大灾形势的讨论,即依照这一思路展开。

1. 旱涝灾害空间分布等级序列的重建

江南统称水乡泽国,但水的分布因地形差异而有不同,所以表现在水旱上,一般是高地患旱,低地怕涝。从历史上看,江南水旱灾害的发生相当频繁。汪家伦对此作过一些统计,从中对水旱情况的历史变化可以得出一个大致的认识。参表5.1。

表 5.1　元至清太湖地区水旱灾次

时代	水灾次数	频率	旱灾次数	频率
元代(1276—1367)	17	5.3	6	15.2
明代(1368—1643)	74	3.7	35	7.8
清代(1644—1911)	65	4.0	41	6.4

资料来源:汪家伦《历史时期太湖地区水旱情况初步分析(四世纪—十九世纪)》,《农史研究》第 3 辑,1983 年,第 92 页"太湖地区东晋至清水旱灾次表"。

具体到有明一代,丰富的历史文献,为水旱灾害的序列重建和等级划分提供了必要条件。中央气象局气象科学研究院根据明代地方志、明实录等资料,重建了 1368 年到 1644 年全国 120 个站点的 277 年旱涝等级序列。①

依照这个序列的不同旱涝等级,可以展开对于江南地区灾患的讨论。经过对文献记录的评定,划分出五个等级,将旱涝灾害差别用数字体现出来。灾害的每一级,在文献记载中都有相应的表述及其特征,兹分别罗列如下:

1 级:涝。持续时间长而强度大的降水和大范围的降水,如"春夏霖雨""夏大雨浃旬,江小溢""春夏大水,溺死人畜无算""大雨连日,陆地行舟"等。

2 级:偏涝。春、秋单季成灾不重的持续降水,局部地区大水,

---

① 参中央气象局气象科学研究院主编:《中国近五百年旱涝分布图集》,地图出版社 1981 年版。

成灾稍轻的飓风大雨,如"春霖雨伤禾""秋霖雨害稼""四月大水,饥"等。

3级:正常。年成丰稔,大有年,或无水旱记载,如"大稔""大有年""有秋"等。

4级:偏旱。单季、单月成灾较轻的旱灾,局部地区旱灾,如"春旱""秋旱""旱""旱蝗"等。

5级:旱。持续数日干旱,跨季度的旱灾,大范围严重干旱,如"春夏旱,赤地千里,人食草根树皮""夏秋旱,禾尽槁""夏大旱,饥""四至八月不雨,万谷不登""河涸,塘干""井泉竭"等。

上述分级中,以1级涝、5级旱所体现的灾情最为严重。再来看一下崇祯朝十七年中,全国南北地区每年旱涝的分布情况。参表5.2。

2. 水旱趋势分析

表5.2所涉的杭州、苏州、上海这三个站点,大致可以涵盖江南的核心地区环太湖平原在崇祯年间的水旱情况。

以这三个站点的灾害年际等级序列为据,能制作出水旱灾害趋势图。参图5.1。

从气候研究的角度来说,作出仅有17年的趋势图,显得意义不大,但这有助于具体地说明崇祯末年,饱经灾患打击的江南地区,是如何抵御崇祯十三、十四年发生的最为严重的大灾的。

表 5.2 崇祯年间南北水旱灾害等级差异

类别	1628	1629	1630	1631	1632	1633	1634	1635	1636	1637	1638	1639	1640	1641	1642	1643	1644
大同	5	4	5	5	5	4	3	3	3	5	5	4	4	5	3	4	2
太原	4	4	3	1	4	5	4	3	3	5	5	4	5	5	5	5	2
临汾	4	3	4	4	3	5	5	4	4	5	5	5	5	5	3	3	3
长治	4	3	2	4	1	5	5	4	5	5	4	4	5	3	3	3	3
北京	4	5	3	3	1	4	3	4	3	5	4	4	5	5	4	4	3
天津	4	4	3	2	2	4	5	3	4	4	4	5	4	5	4	3	3
唐山	4	3	3	3	2	3	4	4	4	3	2	4	5	4	4	4	3
保定	3	3	3	3	2	3	3	3	4	4	4	5	5	5	5	4	3
沧州	5	4	2	2	4	3	3	3	4	4	4	4	5	5	4	2	2
石家庄	5	4	3	4	3	2	3	3	3	4	4	4	5	5	4	4	4
邯郸	4	4	2	1	2	3	4	3	2	5	4	5	5	5	4	5	3
安阳	3	3	3	2	1	1	4	4	2	4	5	5	5	5	3	3	3
洛阳	3	3	3	2	1	1	5	4	4	4	5	5	5	5	3	3	3
郑州	3	3	2	2	1	1	4	5	4	4	5	5	5	5	2	4	4

续表

类别	1628	1629	1630	1631	1632	1633	1634	1635	1636	1637	1638	1639	1640	1641	1642	1643	1644
南阳	3	4	3	3	1	2	4	1	5	4	5	5	5	5	2	4	5
信阳	4	3	4	2	2	3	4	5	1	3	3	4	5	4	4	2	4
德州	3	3	1	1	2	3	3	3	3	4	4	5	5	5	4	4	5
莱阳	2	3	2	1	3	3	3	3	1	4	5	4	5	5	3	3	3
济南	3	1	2	2	1	2	4	4	3	3	5	5	5	5	3	3	3
临沂	3	3	2	1	2	3	1	3	1	2	5	5	5	5	3	3	4
荷泽	3	4	2	1	1	2	2	3	3	4	4	5	5	5	4	4	4
徐州	4	1	2	1	2	3	4	2	2	4	5	5	5	5	4	4	4
扬州	3	4	4	2	2	2	2	4	2	4	4	4	5	5	2	3	3
南京	—	—	—	—	—	—	—	—	5	5	5	3	5	5	3	3	5
苏州	3	3	2	3	4	1	2	2	5	4	5	4	5	5	2	4	4
上海	3	2	3	3	5	2	2	2	4	4	4	5	5	5	3	5	5
阜阳	3	2	3	1	2	2	4	2	3	4	3	4	5	4	2	4	3
蚌埠	4	2	3	1	4	2	3	4	4	5	2	4	5	5	3	2	3
合肥	3	2	3	3	4	2	3	4	2	4	3	4	1	5	3	2	5
安庆	1	4	3	3	1	3	2	1	2	5	4	4	5	5	4	3	3

续表

类别	1628	1629	1630	1631	1632	1633	1634	1635	1636	1637	1638	1639	1640	1641	1642	1643	1644
屯溪	1	3	3	3	3	3	2	3	5	3	4	4	1	5	4	3	3
杭州	1	2	3	3	4	3	2	3	4	—	2	2	1	5	2	3	2
宁波	1	4	3	3	3	1	2	3	5	4	4	2	5	4	5	5	5
金华	3	—	3	3	3	3	2	1	5	2	3	—	4	3	1	4	2
温州	3	3	3	2	3	—	—	3	5	—	3	—	—	—	—	—	—
九江	3	3	3	3	3	5	3	3	5	3	3	4	5	4	4	5	4
南昌	3	—	—	—	—	—	—	—	5	3	3	3	4	2	—	—	—
上饶	2	3	1	3	4	3	2	—	5	1	3	3	4	2	2	3	3
吉安	2	—	—	—	—	5	3	3	3	1	2	1	—	2	2	4	3
赣州	4	3	2	3	3	3	3	2	4	3	—	3	2	3	2	2	2
建阳	3	—	—	—	—	—	—	3	5	2	—	—	2	—	—	4	3
福州	4	3	2	3	3	3	—	—	5	—	—	2	1	1	4	4	3
永安	2	2	—	—	2	—	4	2	4	2	—	—	2	2	3	2	1
漳州	4	—	2	—	3	3	3	2	3	1	—	1	3	—	3	—	3
鄱县	4	3	3	3	1	3	4	3	4	2	3	2	4	5	3	3	3
宜昌	3	4	4	2	2	—	—	—	—	—	—	3	4	4	3	3	3

续表

类别	1628	1629	1630	1631	1632	1633	1634	1635	1636	1637	1638	1639	1640	1641	1642	1643	1644
江陵	3	4	3	1	3	3	3	3	3	3	3	3	4	5	2	4	3
武汉	3	5	3	3	2	3	3	3	2	3	3	3	4	5	5	3	3
岳阳	2	—	—	3	5	4	3	2	4	3	—	3	4	5	4	5	4
沅陵	3	—	3	1	—	3	—	—	2	—	3	4	4	5	4	5	3
长沙	3	3	2	3	3	3	3	3	2	3	3	2	4	5	5	5	5
邵阳	—	—	—	2	—	—	2	2	3	3	3	3	3	5	2	5	3
郴州	—	3	4	—	3	—	3	—	—	3	—	3	2	4	4	5	4
韶关	4	4	4	1	2	4	2	2	—	4	2	—	2	—	—	—	2
汕头	—	5	4	2	1	2	—	—	—	2	2	—	2	—	2	5	—
广州	5	4	1	2	2	2	2	2	4	4	2	—	—	2	—	—	—
西安	5	3	4	4	3	4	4	5	4	4	5	5	5	4	3	3	2
汉中	4	4	4	1	2	1	1	4	4	4	5	5	5	4	3	2	3

资料来源：中央气象局气象科学研究院主编：《中国近五百年旱涝分布图集》，地图出版社 1981 年版，第 323—326 页。

说明：本表采择了 58 个站点，每个站点相当于现在省级行政区划的 1—2 个地区（或历史时期 1—2 个府）的范围，并以旱涝 5 级分等标识，从而体现出南北分布大势，借此说明每年旱、涝两种灾情于空间上所及的范围。

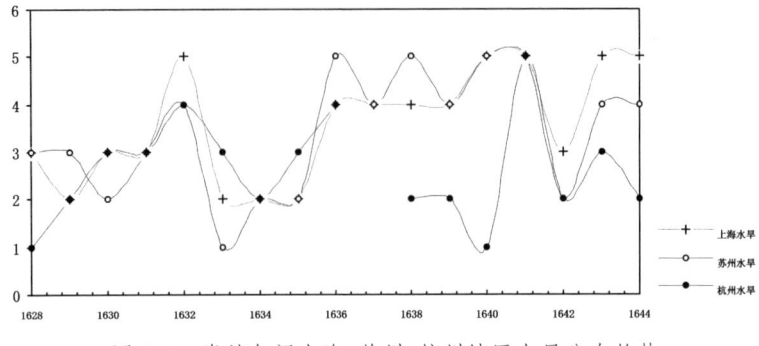

图 5.1 崇祯年间上海、苏州、杭州地区水旱分布趋势

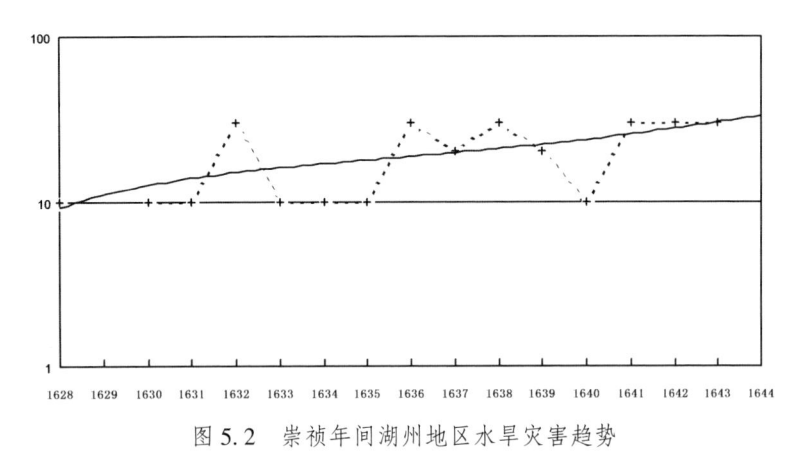

图 5.2 崇祯年间湖州地区水旱灾害趋势

资料来源与说明:《华东地区近五百年气候历史资料》(1978 年 1 月)。大水列于刻度 10 处,大旱则分布于上端数值 50 处,中间部分则属水旱兼有。依照国家气象局对于水旱的五级分等,制作此表。

从图 5.1 中,可以明显发现,除杭州地区较平稳外,崇祯年间的上海、苏州两个站点所涉地区有一个逐渐趋旱的态势。如果细致到一个地区,这个趋势也是符合实际的。

图 5.2 则以吴兴地区(即湖州)为样本,参照五级水旱情况作

出分等,在具体数据处理上与《中国近五百年旱涝分布图集》的做法有些不同。①

根据前面的考察,可以对江南地区水旱的分布情况作出进一步的分析。实际上,崇祯元年到十七年(1628—1644),几乎每年都有不同程度的不同灾患产生。

以桐乡地区为抽样,根据史志所载提供的信息,可以作出水旱灾害的波动分析图。参图5.3。

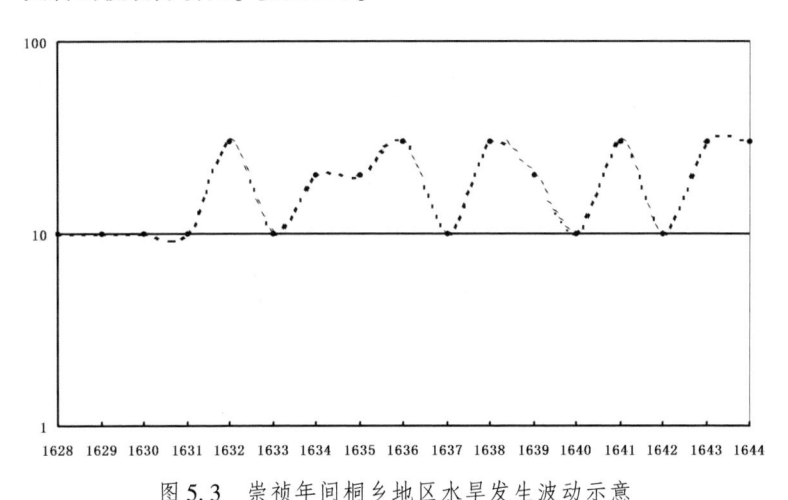

图5.3 崇祯年间桐乡地区水旱发生波动示意

说明:图面曲线底部值10代表大水,顶端线值50代表大旱。

图表显示,崇祯前期以水灾居多,发展到后期,呈现出旱灾的高频率。这一趋势与北方的情况基本吻合。从1638到1641年,黄

---

① 数据以上海、江苏、安徽、浙江、江西、福建省(市)气象局与中央气象局研究所合编的《华东地区近五百年气候历史资料》(1978年1月)、中央气象局气象科学研究院主编:《中国近五百年旱涝分布图集》(地图出版社1981年版)二书的统计为主,并参照相关方志、实录等资料。

淮海平原连续出现了一个特大旱年和三个毁灭性大旱年,这次连续旱情也是整个明清时期最为严重的。①

三 大灾阶段的地方民生

对历史时期太湖流域的水旱,汪家伦曾专门作过分级:在同一年内,灾区范围在五县以上或府、州辖地范围大于五县的,列为"区域性水旱";灾区较广、灾情较重、作物收成大歉的,列为"大水大旱";全区域大水或大旱的面积超过三分之二,记载大水或大旱的县份在二十个以上而灾情特别惨重的,定为"特大水旱"。以此为标准,太湖地区在明清时期的特大水灾年为 1510、1561、1587、1608、1624、1823 和 1849 年;特大干旱年则为 1544—1545、1589、1640—1641、1679、1785、1814 和 1856 年。②

通过对崇祯十三年、十四年(1640—1641)的详细考察,十四年是大旱年是毫无疑问的,但许多资料证明,江南地区在十三年间并非普遍大旱。在很多地区,如湖州、嘉兴等府在该年都陷入了严重的水患之中。另外,关于崇祯三年(1630)的灾害,史籍所载并不多,但是嘉善乡宦陈龙正屡次言其为"大荒"之年,并著有《庚午急救春荒事宜》等指导地方救灾工作③,可知其为大灾之岁,归入大水

---

① 邹逸麟主编:《黄淮海平原历史地理》,安徽教育出版社 1993 年版,第 81 页。
② 汪家伦:《历史时期太湖地区水旱情况初步分析(四世纪—十九世纪)》,《农史研究》第 3 辑,1983 年,第 84—97 页。
③ [明]陈龙正:《几亭全书》卷二十五《政书·乡筹三·庚午急救春荒事宜》,康熙云书阁刻本;[明]陈龙正:《救荒策会》卷七《煮粥散粮辨(崇祯庚午)》,上海图书馆藏崇祯十五年洁梁堂刻本。

还是大旱或其他灾情,则有待进一步研究。

下面对这三年里地方上发生的灾情作较为详细的追踪,并对崇祯十五年到十七年(1642—1644)的情况作延伸考察,从实态表现上来说明灾害的程度以及大灾下的民生。

1. 浙江大水

崇祯十一、十二年(1638—1639)以来,湖州等地虽无大的水旱灾害,但连年"薄收",米价"不减两许"。地方政府对赋税的征取,依然有增无减,百姓颇受征科的"繁扰"。①

从崇祯十三年五月开始,大规模的降水发生在南方,北方因缺少降雨而出现了大旱。具体而言,两畿、山东、河南、山西、陕西等地都是大旱,蝗灾较重,甚至出现"人相食"的惨象。② 与此情形相反,浙江等地区普降大雨③,引起了一场出人意料的特大水灾,同样

---

① [明]沈氏:《奇荒纪事》,载[清]蔡蓉升纂,蔡蒙等续纂:《双林镇志》卷三十一《文存》,上海商务印书馆民国六年铅印本;又载蔡松ման:《双林镇志新补·艺文》,嘉兴图书馆藏民国四年稿本。明末每银一两,约可兑钱一千二三百文。在崇祯朝以前,米价较为稳定,崇祯五年左右白米一斗已值银一钱,民间便苦其贵,此后钱价日减,米价顿长,每石白米价曾上升至白银五两,直到明末米价以每石价格二三两为常,顺治四年,每石上升至四两,此后价格回落,顺治七年跌至一两至三两间,顺治十三年以后,米价涨跌不稳,顺治十八年价格接近明末的水平,白米每石一两银左右。参[清]叶梦珠:《阅世编》卷七《食货一》,上海古籍出版社1981年版,第153—154页。另参[清]张履祥辑补、陈恒力校释、王达参校、增订:《补农书校释》,农业出版社1983年版,第169页。
② 《明史》卷二十四《庄烈帝本纪二》、卷二十八《五行志一》。
③ 《明史》卷二十八《五行志一》。

出现了大饥荒而"人相食"的惨象。①

在五月份大水灾的发生前,地方上已有了一些征兆。按农历纪时,该年正月十三日有一次较大规模的降雪,到十八日才放晴。五月初六,降雨开始增大。嘉兴府桐乡县地区的百姓,怕误农时,在赶插秧苗,稍为懒惰的,还处在一种观望状态,希望降雨不久就会过去,所以插种秧苗还不及三分之一。不料,这场大雨日夜不停,连下了十三天,桐乡地方,水漫高有二三尺,四望一片汪洋,舟船可以"行于陆"。时人形容当时的情形,是"舟楫舣于床榻,鱼虾跃于井灶";有楼人家暂时可以楼为"安乐窝",无楼的或爬上屋顶,或登上亭台,依然担心这种形势不过是朝不保夕。米价顿时高涨起来,开始每石有一两多,慢慢上升到二两多。十多天后,水开始退下,田畴又重见天日,但是秧苗已经全部被淹死了,只有赶早插种的略有存活,"秋熟大少"。为了弥补农作,湖州地方百姓都赶到嘉兴去求购秧苗,"一时争为奇货",即使到了七月下旬,"犹然舟接尾而去"。秋季收成因此大为减少。②

就明代而言,万历十六年(1588)发生的水灾是空前的。此后数十年间,内忧外患不断。桐乡人陈其德认为,崇祯十三年(1640)的这次大水,远远超过了万历十六年的水患,洪水更深二尺,"四望便成巨浸",是少见的特大水灾。③ 松江人陈子龙用"湖流汤汤,不

---

① [清]张履祥:《杨园先生全集》卷十七《记·狷土记》,中华书局2002年版,第506页。
② [明]陈其德:《灾荒记事》,载光绪《桐乡县志》卷二十《杂类志·祥异》,光绪十三年刊本;[清]张履祥:《杨园先生全集》卷十七《记·桐乡灾异记》,中华书局2002年版,第517页。
③ [明]陈其德:《灾荒记事》,载光绪《桐乡县志》卷二十《杂类志·祥异》,光绪十三年刊本。

辨阡陌"来形容当时的灾情之重。① 五月份发生的这场大雨及其引起的大灾,使地方受害极重。由于大雨突然而降,湖州府双林、涟川等地"不分堤岸,一望平沉",百姓屋宇"倾颓","人离财散"。② 整个浙江地区也是普发大水,田禾尽没。五月份本来就处江南地区的梅雨季节,最怕有暴雨的发生,而大雨后的农产歉收是江南最为普遍的情形。该年因大水而出现大饥荒,造成"道殣相望",人死不可胜数。③

这次大灾对地方与中央都是沉重的打击,因为它的影响还持续了五六年。在此期间,民间的牲畜被杀食殆尽,有的地方一头牛的价值高达二十两,大一点的甚至有三十两;所以地方贫民只好"相传而耕",大概六七个人曳一犁,每天翻耕三四亩田,就已经十分困惫。④ 明王朝处于南涝北旱这种十分艰难的环境中,无论是北方还是南方,都受到了大饥荒的严重威胁。⑤

2. 江南大旱

到崇祯十四年(1641)的梅雨季节,出现了与十三年完全不同的情形,天气突然大旱。江南地方"泽以龟坼,水菱暵槁"。因为蝗

---

① [明]陈子龙:《安雅堂稿》卷四《湖州守陆公德政歌颂序》,载《陈子龙文集》,华东师范大学出版社1988年影印本,第104页。
② [明]沈氏:《奇荒纪事》,载[清]蔡蓉升纂,蔡蒙等续纂:《双林镇志》卷三十一《文存》。
③ 同治《湖州府志》卷四十四《前事略·祥异》,同治十三年刊本。
④ [清]张尔岐:《蒿庵闲话》卷一,贷园丛书本。
⑤ 《明史》卷三十《五行志三》。

虫太多,湖州知府还下令悬赏捕蝗,将捕捉的蝗虫全部用火烧掉。①

在八月之前,地方百姓因天旱无雨已经在农业生产方面做了一些力所能及的抢救工作。湖州府地方的"有力者"尽力安排水车戽水,靠岸上牌,在近水低田地带不过"间种十之一二"。大旱使农业生产大大迟误。所以到六月初九开始下雨,地方上准备"下籽"耕种时,早已过了大暑,很快立秋,农时已误。禾苗不耐风霜寒露,霜降之后苗叶全槁。早稻收成全部付诸荒无;晚稻中"力勤而早种者"也不过一石五六斗的收成,差一点的大约能有一石;雨后迟种的收成更低,只有几斗而已。由此又产生了荒歉现象。②

从立夏开始,三个月的长期干旱加上蝗灾骤起,田野地方已经看不到青草,市肆米价陡然上升到三两。③ 铺天盖地的蝗虫,使江南地方"人心忧皇,莫知所措",只能求神灵保佑。④ 官方也很焦虑,下令抓紧捕捉。⑤ 松江府地方的蝗灾似乎更为严重。当时人种稻六亩,被蝗虫食尽,"惟见之堕泪而已"。浦东青村人、秀才曾羽王回忆说:"至崇祯十四年,我地大旱,飞蝗蔽天。余家后墙,蝗高尺许。"行人走于路上,还需用扇子等物遮脸,以挡避铺天盖地的蝗

---

① [明]陈子龙:《安雅堂稿》卷四《湖州守陆公德政歌颂序》,载《陈子龙文集》,华东师范大学出版社 1988 年影印本,第 104 页。
② [明]沈氏:《奇荒纪事》,载[清]蔡蓉升纂,蔡蒙等续纂:《双林镇志》卷三十一《文存》。
③ [清]章有谟:《景船斋杂记》卷上,申报馆仿聚珍版丛刊本。
④ [明]叶绍袁:《湖隐外史》"社赛"条,载[明]叶绍袁编:《午梦堂集》,中华书局 1998 年版,冀勤辑校,第 1041 页。
⑤ 乾隆《吴江县志》卷四十《灾变》,乾隆十二年修、石印重印本。

虫,但是"蝗之集于扇上及衣帽间,重不可举"。①

饥荒再次席卷了江南地区,地方百姓的生活出现了严重困难。镇江府金坛地方百姓都到延庆寺附近挖一种白色的土吃。该土俗称"观音粉",经淘磨后制成粉粥,确实可解片刻之饥,然而食后往往会产生腹痛,很多人因此仆地而死。尽管如此,在荒年取食此土的人相当多。②

大旱的来临,使桐乡县等地的河流枯涸,每石米价从过去的二两骤涨到三两,乡民交易米价竟至斗米四钱。本来该年麦收还很不错,但大灾的出现,使稍好的收成一下子变得乌有,乡民仅有的一点收成根本无法达到糊口的要求,他们被迫取食糠秕,或吃麦麸,这些都被吃完以后,草根树皮就成了争食的对象。当时的殷实人家,每天也只能用面熬粥吃上两餐,就称"果腹",不过大多数人每天只够吃一顿。贫民四处逃荒,夫弃妻,父抛子,"各以逃生为计"。市镇上的日用什物堆积如山,半价出售,许多观赏性的珍贵器物"莫有过而问者"。百姓不但生活困苦,而且根本找不到可以告贷的地方,家中早已没有再可典当的东西。有些人就死在流亡途中,口中还含着乞讨来的饭粒。大规模的死亡开始产生。更惨的是,灾后的幸存者们刚刚勉强完成田间的农作,蝗虫突起,铺天盖地,作物因此被侵食殆尽。河流因为干涸,根本无法满足乡民灌溉农田的需求。疫病已悄悄地在江南流行开来,十家中就有五六家人死于此疫。而且,人死之后往往不能及时安葬,被弃之荒郊河

---

① [清]曾羽王:《乙酉笔记》,旧抄本,载上海人民出版社编:《清代日记汇抄》,上海人民出版社1982年版,第7页。
② 《明史》卷三十《五行志三》。

沟中,进一步加剧了环境的恶化。①

在大旱期间,地方上的祈雨活动较为盛行,都以官绅为领率而展开,而且很多活动是在城隍庙中进行的。

如昆山人归庄在崇祯十四年所作的《祈雨告府城隍神文》,就是一个显例。不过,这里的城隍神是高于昆山县城隍神的"苏州府城隍大神",主管苏州府所辖八个州县,归庄在祈雨文中说:"四方有灾祲,所在州若县必以闻于郡守矣,郡守以其状上之监司,监司上之御史中丞,御史中丞上之天子,天子乃命之抚循,加赈恤焉。民于是乎得蒙其泽。如郡守闻之而不以上告,或告不以实,使主上无由闻百姓疾苦,则必以为厉民之吏矣。窃以今日之旱灾,州县之神,亦必以其状闻于台下者矣。台下诚轸念民困,即以上于神之尊者,其尊者又递而上之,以闻于上帝。"从而希望神灵感应,行云施雨,缓解旱情。② 在湖州,知府在旱情期间,即曾亲自步行带领百姓进行了求雨活动。③ 桐乡人张履祥在当时也作有一篇《祷雨记》,这对于了解大旱时期民间的求雨行为是一个极好的参照,能呈现出下层百姓在旱季求雨时的心理状态。张履祥认为,万历十六年(1588)曾发生了一次大水,次年是大旱,"河水涸,井泉竭";到顺治五年(1648)发生了一次大水,与万历十六年正好相距一个甲子,为一循环;顺治九年(1652)发生的旱情,又与万历十七年(1589)基本

---

① [明]陈其德:《灾荒记事》,载光绪《桐乡县志》卷二十《杂类志·祥异》。
② [明]归庄:《归庄集》卷十《杂著·祈雨告府城隍神文(辛巳)》,中华书局1962年版,第509—510页。
③ [明]陈子龙:《安雅堂稿》卷四《湖州守陆公德政歌颂序》,载《陈子龙文集》,华东师范大学出版社1988年影印本,第104页。

一样。在张履祥看来,这种水旱灾害的变幻,是命数所定,有所谓"阴阳运数"在其中起着作用,而运数则有"齐"与"不齐"两种情况。张履祥指出,"齐者数也,不齐者人事使然"。人为的影响或干扰,也是值得注意的要素。① 这篇文章,对于理解张履祥在其《补农书》下卷中详细阐释崇祯年间水旱灾害后地方上(主要是桐乡地区)应如何从生产工具的角度来进行备荒的问题,是有重要参考意义的。② 实际上,这也是张履祥希望从"人事"方面抵御灾害而改变"运数"的思想的一种体现。这种思想在当时应该不是孤立的。松江华亭人陈继儒对水旱灾害的发生亦有类似的言说,从自身的经验出发,认为"故乡旱潦,如循环然"。③ 然而旱灾的到来,显然不能依靠祷神祈雨求得缓解。

地方百姓熬到秋成时节,都以为这样的大灾已经到了极点,差不多可以过去了。不料,该年冬天的日子更加艰难。年底照例要交租,粮食还要按时输官,小户穷民不但无粒米交租,粮食全被输尽,"枵腹无策";稍微富足之家,也是上迫于官粮,下困于家食,"纵有产无可售";田多至数十亩的人家,早已逃亡在外;而拥有百亩、千亩田地的大户,同样窘于输纳官赋,有"弃之如脱躧者"。此时,市镇上已无米可买,"即有米亦过而不问";富室只找些豆、麦来吃;贫困之家,或觅糟糠,或寻豆腐渣,如果能借到几斗糠皮,就喜出望

---

① [清]张履祥辑补,陈恒力校释,王达参校、增订:《补农书校释》,农业出版社 1983 年版,第 172 页。
② [清]张履祥辑补,陈恒力校释,王达参校、增订:《补农书校释》,第 139—141 页。
③ [明]陈继儒:《白石樵真稿》尺牍卷一《与唐抑所太史》,明崇祯刻本,载《四库禁毁书丛刊》集部第 66 册,北京出版社 1997 年影印版,第 426 页。

外了。①

崇祯十四年(1641)发生的特大旱灾②,影响到了丹徒、丹阳、金坛、宜兴、溧阳、无锡、江阴、常熟、吴江、昆山、太仓、上海、南汇、松江、海盐、海宁、奉贤、青浦、德清、乌程、长兴等几十个州县,而至和塘、吴淞江都出现了干涸的情况,"飞蝗蔽天"的情形并不鲜见。其实,当时蝗灾与大旱一样,是全国性的。蝗灾直接的后果是庄稼被侵食殆尽,导致市场上的米谷豆麦价格极为昂贵,一斗米约值银三钱。有的地方还要高于此价。如湖州府地方,早在六月上旬未雨时节,米价已经飞涨至一斗千钱。这大概是湖州"亘古所未闻者"。饥民大量增加,"望屋而丐";草木树皮能吃的,早都被剥去,杂和秕糠煮食尽净。"人相食"的出现已不是夸张的现象。许多地方还疾疫大作,湖州府就出现了大疾疫。③

3. 疫病流行

崇祯十三、十四两年(1640—1641)水旱大灾,水、旱、蝗灾接踵

---

① [明]陈其德:《灾荒又记》,载光绪《桐乡县志》卷二十《杂类志·祥异》。
② 据上海、江苏、安徽、浙江、江西、福建省(市)气象局与中央气象局研究所合编:《华东地区近五百年气候历史资料》(1978年1月)的统计,该资料将水旱情况分作五级,崇祯十四年的这次灾害列为5级(旱),其标准就是有持续数月干旱或跨季度旱,出现大范围严重干旱的记录。参该书第1.12—13、2.117、2.168—169、4.10、4.53—54页。
③ 参《明史》卷二十四《庄烈帝本纪二》、卷二十八《五行志一》;[明]沈氏:《奇荒纪事》,载[清]蔡蓉升纂,蔡蒙等续纂:《双林镇志》卷三十一《文存》;[清]陈敬璋:《乾初先生年表》,载[清]陈确:《陈确集》首卷,中华书局1979年版,第26页;[清]张履祥:《杨园先生全集》卷十七《记·桐乡灾异记》,中华书局2002年版,第517页;同治《湖州府志》卷四十四《前事略·祥异》,同治十三年刊本。

而来,米价暴涨至每石3两,朝廷不再蠲赈,饥死者相望于途①,地方社会已经极为困弊。田多之家,无论灾荒有无,仍须照常向地方政府纳税粮,因此大遭"赔粮受累"之苦,赔欠数多的,被迫逃亡他乡。租田户则恰恰相反,他们依然照旧收取租税,衙门积蠹、胥吏还与之互相勾结,从中渔利,中饱私囊。② 无田的下层贫民的生活,就很艰苦了。

崇祯十五年春天,青草初生,乡野地方到处可见来挖草的人。此前,人们对草还有所选择,但到此时,则"无草不食",田野里的草很快就被掏挖干净。路途之上充斥着四处行乞的人,所获豆、麦都是按粒计算,从早上到晚上,每人能讨到的还不满一把。饿死的人,一天天在增加。许多被遗弃的小孩,多是三四岁至五六岁,在市镇上三五成群,随处可见,虽然他们"呼号哭泣之声彻于通衢",但是旁观者"徒扼腕顿足,莫可谁何"。更惨的,还有尚在怀抱中的婴儿,也被父母活投于市中小河。③

而且,该年出现的蝗灾与旱情同样严重。当时飞蝗蔽天,蝗虫所集之处,"田禾岸苇立尽"。④ 在湖州府等地,因水旱连年,粮食早已空绝,能吃的只剩下榆皮、草根等,混杂糠秕维持日常饮食;产于山中的"观音粉"和水后即变得稀烂,百姓以此"聊济晨夕"。当

---

① [清]张履祥:《杨园先生全集》卷十七《记·狷士记》,中华书局2002年版,第506页。
② [明]沈氏:《奇荒纪事》,载[清]蔡蓉升纂,蔡蒙等续纂:《双林镇志》卷三十一《文存》。
③ [明]陈其德:《灾荒又记》,载光绪《桐乡县志》卷二十《杂类志·祥异》。
④ 同治《湖州府志》卷九十四《杂缀二》引《仙潭文仙》,同治十三年刊本;光绪《嘉兴府志》卷三十五《祥异》,光绪四年鸳湖书院刻本。

这些东西断绝后,就出现了吃人肉的现象。地方政府在这时已是穷困难耐,极力劝籴;而那些富家大户虽在灾荒年岁加紧敲扑穷民,谋利甚多,但到此时,随着百姓相继死亡,大户人家也所剩无几了。① 在邻近的嘉兴府,饥荒严重,斗米价高至四钱,"路殍相望"。② 桐乡地方的米价之高令人惊诧,那里一斗米可买两个奴婢,"夫妻子母相离而不泣"。死人棺殓者并未送至野外,其用器、材木、瓦石铺满街头,无人顾问;文庙的祭品更是被盗食一空。③

早在崇祯十四年(1641),许多地方就已有疫病的发生。如杭州,在十四年即出现了疫情④。海宁县在六月份的大旱时期爆发了疫情⑤。镇江府也是"春疫甚",并有大旱。⑥ 常州府武进地区在十四年出现旱蝗和小疫后,到十五年河道枯涸,发生了大疫。⑦ 苏州府宝山县等地是"大饥大疫",有人甚至割将死之人肉为食。⑧ 吴江县在春季即发生了大疫,乡民多投河自杀。⑨

湖州府在崇祯十五年同样出现了特大瘟疫。该年元旦,发生了一次降雪,地方百姓互相庆贺,以为"丰年有兆"。但春季过后,大概在四五月间,疫病开始大范围地流行起来。"疠疫交作","乞

---

① 同治《湖州府志》卷九十四《杂缀二》引《仙潭文仙》。
② 光绪《嘉兴府志》卷三十五《祥异》。
③ [清]张履祥:《杨园先生全集》卷十七《记·桐乡灾异记》,中华书局2002年版,第516—518页。
④ 乾隆《浙江通志》卷一百九《祥异下》,乾隆元年重修本。
⑤ 乾隆《海宁县志》卷十二《杂志·灾祥》,乾隆三十年刊本。
⑥ 乾隆《镇江府志》卷四十三《祥异》,乾隆十五年增刻本。
⑦ 光绪《武进阳湖县志》卷二十九《杂事·祥异》,光绪五年刻本。
⑧ 光绪《宝山县志》卷十四《志余·祥异》,光绪八年学海书院刊本。
⑨ 乾隆《吴江县志》卷四十《灾变》。

丐盈门,尸骸载道",十户人家有八九户死于这场瘟疫;要想从一二十口之家找到一个无病之人,是不可能的。死人开始还能得到棺葬,后来因死亡太多,只能"草殓",再后就被"弃之床褥",尸虫爬出户外,左右邻居都不敢上前窥看一步。后来有人发起埋葬,或五十人一堆,或六七十人一堆,简单地埋入土坑。在疫病流行期间,最为得利的大概要数医者了,用"门庭若市"一词来形容是不过分的,由于人手不够,一些庸医也掺和进来。可是,这些人整天奔走仍无法满足就医者的需求。因病祈祷的人也很多,食物价格数倍涨于去年:两只大鸡脚要卖一千钱,刚能鸣叫的雏鸡也要五百至六百钱一只,豆腐价格高达数十钱,汤猪一头动辄五两到六七两不等,就是一头乳猪也要一两五六钱到一两七八钱。奴仆的身价反而很低,一般小厮妇女只用一两千钱就能买到,甚至一斗米能换两个奴婢。①

  当时人认为,遭遇崇祯年间的厄运与连年灾荒者,"一不死于饥,再不死于疫,便可称无量福泽矣"。② 崇祯十五年的疫病,席卷了整个江南地区,显得十分猖獗。嘉兴府嘉善地区出现了春荒,米贵民饥,到夏季即出现大疫,"人多暴死"。③ 桐乡地区,由于疫情严重,"十室九死"。④ 常州府地区因大旱而出现大疫。⑤ 江阴县地

---

① [明]沈氏:《奇荒纪事》,载[清]蔡蓉升纂,蔡蒙等续纂:《双林镇志》卷三十一《文存》;[明]陈其德:《灾荒记事》《灾荒又记》,载光绪《桐乡县志》卷二十《杂类志·祥异》;[清]张履祥:《杨园先生全集》卷十七《记·桐乡灾异记》,中华书局 2002 年版,第 517 页。
② [明]陈其德:《灾荒记事》,载光绪《桐乡县志》卷二十《杂类志·祥异》。
③ 光绪《重修嘉善县志》卷三十四《杂志上·祥眚》,光绪二十年刊,民国七年重印本。
④ 光绪《桐乡县志》卷二十《杂类志·祥异》。
⑤ 光绪《武进阳湖县志》卷二十九《杂事·祥异》,光绪五年刻本。

区因年成歉收,出现大饥荒,百姓"多疫死"。① 无锡也是大疫,"死者相籍"。② 苏州府的吴江县,在春季出现大饥,疫情严重,"民多自投于河,哭声震道"。③ 崇明、嘉定等地,在春季出现大饥大疫,"死者枕籍"。④ "积尸横道""路殍相望"的情况,在各地都可看到。⑤

到八月,禾苗渐长,米谷价格开始下降,百姓生活的紧张状态得到了缓解,但流亡在外的很多人再也回不来了,幸存者们只恨死者不能复生。⑥ 这次大灾,以"人死无数"来形容,也是毫不过分的。⑦

江南在崇祯十三年遭到大水的厄运后,十四年又遇到旱蝗并灾,十五年持续发生旱灾和流行大疫。连年灾荒,地方生民一死于水,再死于旱,三死于疫,勉强活下来的堪称九死一生。地方社会处于十分脆弱的状态,盗匪与流民并发,构成了社会动荡的主要因素。直到崇祯末年,灾害从未停止过。尤其是崇祯十七年(1644)所发生的疫情,可能是最严重的。

---

① 道光《江阴县志》卷八《祥异》,道光二十年刊本。
② 光绪《无锡金匮县志》卷三十一《祥异》,光绪七年刻本。
③ 乾隆《吴江县志》卷四十《灾变》,乾隆十二年修、石印本。
④ 同治《上海县志》卷三十《杂记一·祥异》,同治十一年刊本;民国《嘉定县续志》卷三《灾异》,民国十九年铅印本;民国《崇明县志》卷十七《杂事志·灾异》,民国十三年修、十五年刊本。
⑤ 光绪《平湖县志》卷二十五《外志·祥异》,光绪十二年刊本;光绪《海盐县志》卷十三《祥异考》,光绪二年刊本。
⑥ [明]陈其德:《灾荒又记》,载光绪《桐乡县志》卷二十《杂类志·祥异》。
⑦ [清]曾羽王:《乙酉笔记》,旧抄本,载上海人民出版社编:《清代日记汇抄》,上海人民出版社1982年版,第7页。

经过此前几次大灾大疫后,崇祯十七年春季流行了一次规模与程度都十分可怕的大疫。湖州、苏州等地爆发烈性传染病,百姓多"呕血缕",当即死亡。① 死者不论有无病状,都是口中喷血即死,或全家,或一县,甚至有整条街巷居民枕籍而死。尚能生存的"相率祈哀鬼神",大肆铺张,设香案,燃天灯,演剧赛会,庙宇中的神像都用活人替代,接受地方士民的祈祷,几达一月,"举国若狂,费以万万计"。② 这样的举动,再次极大地消耗了地方的剩余财力,对救灾产生了消极影响。③

四 地方社会应变对策

明代后期是历史上自然灾害最为严重的几个时段之一。④ 对于灾害,无论是民间,还是官方,应对措施总是多方面的,大致可以分成积极与消极两种倾向。就农业技术调整对于灾害的应对而言,显然具有积极意义。此类工作虽属农家的常态,但并非地方应对灾荒的主流,地方更多的则是采取灾后救赈等举措,相对主动防

---

① 同治《湖州府志》卷四十四《前事略·祥异》,同治十三年刊本;光绪《乌程县志》卷二十七《祥异》,光绪七年刻本;乾隆《吴江县志》卷四十《灾变》,乾隆十二年修、石印本。
② 乾隆《吴江县志》卷四十《灾变》。
③ 对于疫病的防治,明代曾有人专门作过研究,如震泽人吴又可(名有性,号淡斋)著有《瘟疫论》(崇祯十五年,1642),是有关瘟疫防治的最早提出者。他指出,所谓瘟疫,是四时不正之气所致,其病症与伤寒相似而迥殊。崇祯末年的瘟疫流行,以山东、浙江为最甚,死亡者十居七八。(参陈邦贤:《中国医学史》,上海商务印书馆1954年修订版,第180—181、363页)但是当时医疗上的防御仅限于少数人的努力,并非政府与民间的普遍行为,故本章不予讨论。
④ 中国农业遗产研究室编:《中国农学史》,科学出版社1984年版,第133—134页。

灾来说,具有一定的消极性。下面就此两种倾向,从农业技术抗灾备荒、政府与地方的救济、私家大族的救赈三个方面来展开论述。

1. 生产技术上的防护

江南地区的防灾,从技术的角度来说,历史较为久远。具体到明代,由于历史上救荒策议极多,很大程度上都被沿用、因袭下来。生产技术上也是如此。邓云特的中国三千年间农业技术进步甚微的看法①,是不准确的。徐光启早在《农政全书》中对如何提高太湖平原的耕作技术水平,有过详细而复杂的总结归纳。② 而且,通过江南地区现存的几篇专述灾荒情况的著述,可以对那时的生产技术防护作出评判。

明末清初人所撰的《桐乡灾异记》《灾荒记事》《补农书》等有限的几篇文献材料,揭示了从万历三十六年(1608)到康熙三年(1664)的五十几年中,乌程、归安、桐乡、吴江等地出现的14次较大的水旱灾害。崇祯十三年(1640)发生的特大水灾,是历史上所罕见的,"平地水二、三尺,舟行于陆";而次年发生的大旱,使河水枯竭,民不聊生,危害同样严重。③ 由于历史条件的局限,明末的人们对于自然灾害的发生还是无法预知的,个体农户更是无力抗御

---

① 邓云特:《中国救荒史》,商务印书馆1937年版,第110页。
② [明]徐光启:《农政全书》卷二十八《树艺·蔬部》,中华书局1956年版,第549—576页。
③ [明]陈其德:《灾荒记事》《灾荒又记》,载光绪《桐乡县志》卷二十《杂类志·祥异》;[清]张履祥:《杨园先生全集》卷十七《记·桐乡灾异记》,中华书局2002年版,第516—518页。

大灾的侵袭,他们能够做的,就是在生产技术上尽力提高避灾、抗灾的水平,从而期望在大灾之后能有一定的收成。

当然,在农业生产上,最首要的工作仍是必须大兴水利,维护水利设施和防护工作的正常进行。有人早就指出:"水利一兴,则旱潦有备,可转荒芜为乐土。"①这是比较理想的表述,也是对社会安定的期望。关于这方面的防护准备工作,资料相对丰富。这里重点论述农业生产技术方面的一些措施。

施肥与秧苗行距的要求

江南总体地势低下,水域面积广大,土质黏重,农作前需要深垦田地,春间还要"倒"两次。这些工作,都要求在天气"老晴时节"进行。从技上讲,初"倒"只要"棱层通晒,彻底翻身"即可。在此基础上,将壅灰与牛粪倒入土中,与泥土混合,以保证土壤的肥效。所以,凡要种田,"粪多力勤"是一大关键。明末湖州乡居地主沈氏认为,"垫底"在农作过程中尤为紧要,只有多"垫底",大部分秧苗拥有强劲的生长力,在遇到大水时可以"参长浮面,不至淹没",就是碰到干旱时期,也能存活"发作"。所谓"垫底",就是一般而言的施基肥。另外,在秧苗插播方面,有一定的技术讲究,行距应适当放稀,"须间七寸"。这些做法是针对一般年岁的,如果是在干旱时节,那就不能过早地施肥,使秧苗太过茂盛,因为一旦栽插期迟误了就会导致秧苗"蒿败"。② 晚明嘉善籍士绅袁黄强调过,在人畜

---

① [明]张瀚:《松窗梦语》卷四《三农纪》,中华书局1985年版,第74页。
② [清]张履祥辑补,陈恒力校释,王达参校、增订:《补农书校释》"运田地法",农业出版社1983年版,第25—40、67页。元代的王祯很早就总结说:"土敝气衰,生物不遂,为农者必储粪朽以粪之,则地力常新壮而收获不减。"参[元]王祯:《王祯农书》农桑通诀集之三《粪壤篇第八》,王毓瑚校点,农业出版社1981年版,第36页。

粪肥外,乡间农作还提倡使用草肥(即绿肥),或者将草连泥削根烧成灰来"煖田"。①

对比近现代以来的调查结果,可以看出,三百年前沈氏所提的水稻密植程度已经相当高了。陈恒力与王达的调查就表明,1949年前嘉兴农村一般每亩插秧以6000簇为稀,以12000簇为密,还远远不如沈氏时代。详参表5.3。

表5.3 嘉兴农村每亩插秧簇数古今对照

时间	每亩插秧簇数	百分比(%)	
新中国成立前	6000 12000	100	100
明季沈氏时代	20833	347.2	173.1

资料来源:[清]张履祥辑补,陈恒力校释,王达参校《补农书校释》(增订本),农业出版社1983年版,第31页表。

说明:根据陈恒力、王达的解释,沈氏的密植虽高,但是有其前提条件的:第一,须有深耕作基础;第二,还应有足量并适时的施肥与合理的灌溉为必要的配合。

此外,田间施粪还有清淡与浓厚之分,并非所有浓厚的粪肥都能有效地提高地力、助力作物生长,当视不同地区而异。如在松江地区,就宜施淡肥,其效力远比上海县地区的浓肥为佳。②

---

① [明]袁黄:《了凡杂著·劝农书》,万历三十三年建阳余氏刻本,载《北京图书馆古籍珍本丛刊》第80册,书目文献出版社1988年影印版,第604页。
② [清]王有光:《吴下谚联》卷二"松江清水粪胜如上海铁搭垄"条,中华书局1982年版,第66页。

第五章 明末江南的大灾荒与社会应变

除杂草、选种和田间相关工作

在平整田地时,杂草必须去尽,做到草少工省,俗称"工三亩"(即一个工日要拔三亩田的杂草)。因江南地区存在"水旱不时,车戽不暇"的情况,所以还应预先雇好"月工",并多叫"短工",赶在杂草未成长前就予以清除,使草"无处著脚"。此后较为重要的工作就是"干田"(即烤田),无论"荡干"还是"耕干",都要等到田里表土干到起裂缝才可,所谓"六月不干田,无米莫怨天"。关于烤田的意义,沈氏解释得十分明白,在于"根派深远,苗秆苍老,结秀成实,水旱不能为患"。①

选种方面,稻种虽以"早白稻"为上,米粒粗硬而出饭量大,但"黄稻"更耐水旱,多施肥也不要紧,所以除黄稻、白稻作为播种的首选外,其余稻种只宜"对半均种",以利于在不同的成熟期能分次收割,避免劳力紧张。②

在排水工作中,十分讲求便利性。因此垦田成棱的同时,也要做锹沟,保持干田的效果。③ 关于这一点,徐光启早已指出过。他认为南方种大小麦,最忌水湿,"冬月宜清理麦沟,令深直泻水,即春雨易泄,不浸麦根"。④ 沈氏《农书》也强调,农历十一月要"提菜麦沟",正月则"敲菜麦沟"。⑤ 说的正是这方面的工作。

---

① [清]张履祥辑补,陈恒力校释,王达参校、增订:《补农书校释》"运田地法",农业出版社1983年版,第32—33页。
② [清]张履祥辑补,陈恒力校释,王达参校、增订:《补农书校释》,第38页。
③ [清]张履祥辑补,陈恒力校释,王达参校、增订:《补农书校释》,第39—40页。
④ [明]徐光启:《农政全书》卷二十六《树艺·谷部下》,中华书局1956年版,第520—521页。
⑤ [清]张履祥辑补,陈恒力校释,王达参校、增订:《补农书校释》,第11—24页。

239

当然，选取恰当的种秧时节也是十分重要的。在早熟地方，一般在小满时栽插，如青浦县，即在夏至前下莳，称"梅秧"。但在夏至后栽种者，则称"时秧"；若延后七日，则为"头种"，误时还不大；再后五日就属"中时"；再过三日即属"末时"；到小暑时再作插莳，违误农时已很严重，秋成随之递减。① 这样在大灾到来时，农作会受妨碍，收成自然少了。

灾后补救与生产工具的置备

对于灾后的种种生产补救措施，沈氏《农书》提了很多建议。湖州、嘉兴地区因水患较多，农田经常是淹没无收，这种情况在万历十六年（1588）、万历三十六年（1608）和崇祯十三年（1640）表现得最为严重。生活于湖州与嘉兴两地接壤处的沈氏，曾亲眼看到水灾后进行复种"苗秧俱大，收获比前倍好"的景象，所以他指出，以后万一再发生水灾，就尽快设法"早车、买苗、速种"。关于买苗，必须到山中高燥田区中选购苍劲老健的秧苗，因这种苗下栽后较易成活。如果在未栽插前大水就来了，那应以排涝"车救"为主，否则以复种为主。栽种之后不可多施追肥，不然禾苗就贪肥长枝，推迟孕穗扬花，导致有稻无谷，需要特别注意。②

置备充足的生产工具，无论在灾前还是灾后都是十分重要的防范措施。当时人特别强调，农器必须完好且需多备，可以备"意外之需"，其中粪桶的准备是相当要紧的。其他如绳索、蓑、箬、斧、锯、竹、木等，也要齐备，农家如果临时凑集来应一时之需，不但费工夫，而且误农时，有时候还会遭受更大的损失。张履祥举了一个

---

① ［清］王有光：《吴下谚联》卷二"小暑插秧止好了粮"条，第54页。
② ［清］张履祥辑补，陈恒力校释，王达参校，增订：《补农书校释》，第72—73页。

图 5.4　江南常用灌溉工具——翻车

例子对此加以证明。他说,崇祯十三年五月十三日发生大水,淹没了田畴;在十二日以前栽下的水稻在水退后未受到大损害,但在十三日以后种的就全部荒废了。有人因为未曾预备蓑、箬(一副蓑衣、箬帽,价高的不过一钱)而无法及时完成种田作业,以致出现"饥困"问题。这就应了俗语所云"为了一钱,饿倒一家。"①

上述这些在农业生产方面的举措,对防范水、旱灾害无疑具有较大的现实意义。

2. 官方和民间的救赈

生产技术方面的防护,在今天看来尽管十分重要,但在那时最普遍的做法,仍在于灾后的消灾和补救工作。最明显的,是在旱期

---

① [清]张履祥辑补,陈恒力校释,王达参校、增订:《补农书校释》,第139页。

图 5.5　江南常用灌溉工具——桔槔

蝗灾发生时,江南地区并没有像北方地区那样存在传统的"捕蝗章程"①,所做的工作,不过是向刘猛将军庙或八腊庙祷告而已,祈求神灵的护佑。这样的行为有很大的消极性。

实际上,官方与民间共同的赈济活动,具有关键意义,能体现

---

① 从清人张集馨关于北方地区捕蝗惯行的描述,可以推断这种捕蝗行为在北方当有较为长久的历史。参[清]张集馨:《道咸宦海见闻录》,中华书局1981年版,第26页。

政府与民间一起抵御灾害侵袭时的协调性。① 官方权力的强制性，在其间也表现得最为明显。如果要将赈济活动区分为政府行为、民间行为或政府与民间合作的行为，其实是不合适的，因为许多赈济活动有其综合性和复杂性。对于灾后重建、秩序稳定和民生维持的考察，可以从嘉善县等地政府与士绅百姓的赈济活动展开。

(1) 中央政府减灾救赈工作的时空差异

中央政府对于地方的减灾救赈，惯例是下令蠲免。从明初开始，就一直保持这种政策的持续性。

洪武七年(1374)曾专门设立蠲免之例，凡遇水旱，不拘时限，地方政府从实踏勘灾伤，上报中央核实，对税粮即予蠲免。② 崇祯十三年(1640)发生特大水灾后，地方即向朝廷要求"蠲折"，得到了批准。③ 崇祯十四年的旱灾程度，不亚于十三年的水害，而且十五年接踵而来的旱灾与大疫并发，使地方与政府都已疲于救赈。鉴于全国灾荒的普遍性，十五年正月朝廷即下令免去十二年以前的逋赋。④

从洪武年间开始，江南地方每有大灾，政府首先关注的是直隶地区，其次再及普通省府州县。如天顺三年(1459)江南地方发生

---

① 日本学者弁纳才一的《災害から見た近代中国の農業構造特質について——1934年版における華中東部の大干害を例として》(《近代中国研究彙報》第 19 號，1997 年版，第 23—50 頁)从灾害的角度，考察了近代中国的农业结构，对于灾害的政府反应层面，从中央政府、省政府、县市政府三个方面加以说明，但没有论及社会(民间)力量在其间的作用，可能是时代不同之故，地方社会(民间)力量在 20 世纪 30 年代已无法构成一个独立的层次，与政府力量相制衡。
② 邓云特：《中国救荒史》，商务印书馆 1937 年版，第 379 页。
③ 同治《湖州府志》卷四十二《经政略·赈恤》，同治十三年刊本。
④ 《明史》卷二十四《庄烈帝本纪二》。

图 5.6　乡村鼓薅

旱灾,次年三月,朝廷即下令免去南直隶苏州等府所属地区的秋粮及屯粮共 430880 多石、马草 132600 多包,以示蠲恤。① 到九月,浙江秀水、嘉善等县俱奏五六月大水伤稼,秋粮籽粒无征。政府要求勘实蠲之。② 依照《明实录》的记载,可以发现明朝有关江南的灾害救赈是有地区差异的。③ 不妨将明朝主要的赈济活动罗列于下:

洪武八年(1375),苏州、湖州、嘉兴、松江等府水患,遣使赈给之。④

---

① 《明英宗实录》卷三百十三"天顺四年三月戊戌"条。
② 《明英宗实录》卷三百十九"天顺四年九月壬寅"条。
③ 崇祯朝并无完整的实录,现存《崇祯长编》资料也不全,所以这里所录的崇祯朝史事就显得十分单薄。
④ 《明太祖实录》卷一百二"洪武八年十二月甲寅"条。

洪武九年，苏州、松江、湖州、嘉兴、杭州等地发生水灾，朝廷即遣户部主事赵乾等赈给之。① 同年又诏苏、松、嘉、湖四府下田之被水者，免今年租，共299490多石。②

洪武十年，因苏、湖等被水患，以钞赈济之，继由米价踊贵，民业未振，复命通以米赡之，赈米每户一石，共131250户。③

洪武十一年，以苏、松等五府屡被水灾，命悉罢五府河泊所定其税课，以其利与民；今岁鱼课未入征者，亦免之。④

永乐元年（1403），苏、松、嘉、湖四府被水地方，农作延误的蠲除今年税租。⑤

永乐九年，湖州府乌程等县大雨没田，命户部免其当年租。⑥

永乐十一年，南直隶崇明等州县饥民有17960户，命发附近官廪米赈之。⑦

宣德四年（1429），应天、苏州、松江等府并浙江属县，永乐二十年至洪熙元年（1425），税粮马草，民有负欠者，皆因贫困，斟酌折收。⑧

宣德七年，南直隶苏、松、常、镇四府所属，特别是华亭、上海等八县地方，海潮泛滥，低田皆没，苗稼无收，蠲其租税。⑨

---

① 《明太祖实录》卷一百十"洪武九年十二月甲寅"条。
② 《明太祖实录》卷一百七"洪武九年秋七月丁丑"条。
③ 《明太祖实录》卷一百十一"洪武十年二月甲子"条。
④ 《明太祖实录》卷一百二十一"洪武十一年十二月辛丑"条。
⑤ 《明太宗实录》卷二十一"永乐元年六月辛亥"条。
⑥ 《明太宗实录》卷一百十七"永乐九年七月庚午"条。
⑦ 《明太宗实录》卷一百三十七"永乐十一年二月癸丑"条。
⑧ 《明宣宗实录》卷五十八"宣德四年九月壬子"条。
⑨ 《明宣宗实录》卷九十五"宣德七年九月辛酉"条。

正统五年(1440),苏、松、常、镇四府属县自去年八月至当年五月大水,民饥,发廪赈之,具数上奏。① 十一月,免去苏、松、常、镇水灾田地粮1346550石、草料48万多包。②

天顺四年(1460),因去年旱灾,免苏州等府所属秋粮屯粮共430880多石、马草132600多包。③

成化元年(1465),因水旱灾害并发,浙江等处派官赈恤灾伤地方。④

成化六年,免去苏、松、常、镇四府去年秋粮248000多石、屯粮7100多石。⑤

弘治五年(1492),以水灾免苏、松、嘉、湖等府、卫粮草、籽粒有差,其非全灾者,暂停征纳,以三分为率,自弘治五年为始,每年带征一分。⑥

弘治十七年,因旱灾免浙江杭州等府弘治十六年粮、草、籽粒有差。⑦

正德元年(1506),以镇江、苏州、常州、松江等府,镇江、苏州二卫灾伤,免其存留粮草、籽粒有差。⑧

正德七年四月,以水灾免浙江湖州府京仓丝绵、绢匹等。⑨ 在

---

① 《明英宗实录》卷六十八"正统五年六月戊寅"条。
② 《明英宗实录》卷七十三"正统五年十一月壬子"条。
③ 《明英宗实录》卷三百十八"天顺四年三月戊戌"条。
④ 《明宪宗实录》卷二十三"成化元年十一月癸亥"条。
⑤ 《明宪宗实录》卷七十七"成化六年三月壬辰"条。
⑥ 《明孝宗实录》卷六十"弘治五年二月癸卯"条。
⑦ 《明孝宗实录》卷二百八"弘治十七年二月庚申"条。
⑧ 《明武宗实录》卷十九"正德元年十一月丁丑"条。
⑨ 《明武宗实录》卷八十六"正德七年四月壬辰"条。

十月,又因水灾免嘉兴等府所属税粮。①

嘉靖二年(1523),以旱灾免镇江、苏州、常州、松江等府税粮有差。② 到嘉靖五年,又以旱灾诏免征南直隶应天、太平、安庆、徽州、池州、镇江、常州、苏州、松江九府税粮。③

隆庆三年(1569),以苏州、松江二府水灾,给赈有差。④

万历三年(1575),苏、松、常、镇水灾异常,抚按具疏,要将太仓、华亭、上海、常熟、嘉定、丹徒、丹阳七州县漕粮改折并减免,应征钱粮改折三分。朝廷同意了这一要求。⑤ 十五年,苏、松、常、镇所辖诸县俱有飓风骤雨,数月不息,洪水暴涨,漂没民庐舍无数。诏免各府钱粮,停折有差。⑥ 十七年,工部以江南数府屡遭水旱,未完四司料银等项银两,系十四、十五年者,常、镇二府每年带征二分,苏、松二府尤宜缓征。⑦ 十九年,以浙江杭、嘉、湖三府淫雨连绵,漕粮过淮日期,准予宽限至三月中。⑧ 三十六年六月,南京科道内外守备、大小九卿、应天巡抚各揭称地方淫雨连绵,江潮泛涨,自南京以至苏、松、常、镇诸府,皆被淹没,为二百年来未有之灾,大学士朱赓等呈请速议蠲赈,并乞罢免,以塞天变。⑨ 年底,户部提出,此次东南水灾为百年异惨,谨就苏、松抚臣疏中逐一详度,上不缺

---

① 《明武宗实录》卷九十三"正德七年十月庚申"条。
② 《明世宗实录》卷三十三"嘉靖二年十一月庚午"条。
③ 《明世宗实录》卷六十九"嘉靖五年十月壬子"条。
④ 《明穆宗实录》卷三十六"隆庆三年八月丁巳"条。
⑤ 《明神宗实录》卷四十二"万历三年九月己亥"条。
⑥ 《明神宗实录》卷一百八十八"万历十五年七月丁巳"条。
⑦ 《明神宗实录》卷二百九"万历十七年三月壬子"条。
⑧ 《明神宗实录》卷二百三十一"万历十九年正月乙丑"条。
⑨ 《明神宗实录》卷四百四十七"万历三十六年六月乙卯"条。

御用,下不匮为需,而中有济于灾惨;倘皇上再颁帑金,大加赈恤,系吴民翘首而盼。朝廷即移咨山东税务解进银留五万两,差官赈济饥民。①

天启五年(1625),江南水灾,抚按俱请改折漕粮;浙江巡抚王洽亦以灾折漕而进言,竟被驳回。② 同年,朝廷决定苏、松等府扣留新饷银五万两,用于赈济江南灾民。③

崇祯四年(1631),朝廷准许苏、松等府被灾州县改以籼米完纳漕运。④

上面略显烦琐的排比,可以呈现出中央政府对于地方救赈的差别,对南直隶苏、松、常三府地区的关注程度,高于普通省区的杭、嘉、湖地区。这当然也有灾后赋税征取的因素,对中央政府而言,发帑钱赈济或者在灾期蠲免税粮,都是为了使农桑尽快复业,保持"赋税常供",所得将比付出更为可观。对苏、松等地给予特别的关注,是可以理解的。而且在明末,有人在向朝廷的上疏中,就明确指出了这一点,⑤但从时间上分析,明代前、中期对地方救赈的重视程度要高于后期。实际上,朝廷后期的救赈,表现在杭、嘉、湖地区,几乎没有特别大的举措,即使在南直隶的苏、松、常地区,这种中央政府直接下达的救赈工作指示也很少,统治力有弱化之态。所以,地方政府与社会的自我救赈,就显得更为重要。

社会层面的救赈工作,主要仍要依靠地方力量来进行,朝廷在

---

① 《明神宗实录》卷四百五十三"万历三十六年十二月甲寅"条。
② 《明熹宗实录》卷五十五"天启五年春正月辛酉"条。
③ 《明熹宗实录》卷五十五"天启五年正月辛亥"条。
④ 《崇祯长编》卷五十二"崇祯四年十一月庚寅"条。
⑤ [清]赵翼:《簷曝杂记》卷六"冒赈大案"条,中华书局1982年版,第113—114页。

其间的救赈行为,可能仍在于策略性的指导。

(2)地方政府的赈济活动

灾荒之后的弥补,虽说有很大的消极性,然而对基层社会而言,却十分必要。

地方政府认为,由于太湖地区水旱灾害特别严重,因此必须讲求救灾的策略,形成社会调控的有效机制。这就是传统时代十分流行的"荒政"。早在万历年间,徐光启就已搜集了一些荒政的基本方针与具体措施。①

其中,以工代赈是明代荒政的一大传统,即以灾区的劳动力从事本区的公共事业。这创始于北宋范仲淹的水利言论,在后世被长期沿用。在明末大灾期间,仍有人主张荒政与工役并重的传统思想,并赞之为"两得之道"。张履祥认为,"工役之兴"的方式莫过于治水利、修堤防、通障塞等这些公共工程,使饥民可以凭借个体劳动得食,还可减却水旱所造成的灾害。设立粥厂进行赈济,也是地方上司空见惯的举动,作为弭灾的重要措施,主要以老弱疾病者为对象。不过在当时人看来,这种做法不过是下策之举。②

庚午春荒

在这里,有必要回顾崇祯三年(1630)"庚午春荒"所带来的社会影响。庚午春荒的性质,史籍记载并不明确。明末清初的上海人叶梦珠只说该年"年荒谷贵,民多菜色",松江府地方都要举行施

---

① [明]徐光启:《农政全书》第43—60卷,中华书局1956年版。
② [清]张履祥:《杨园先生全集》卷三十九《备忘一》,陈祖武点校,中华书局2002年版,第1072页。另参[清]张履祥辑补,陈恒力校释,王达参校、增订:《补农书校释》,第167页。

粥赈饥的活动。① 但据其他一些史志所录,可以考察这次遍及江南地区的灾荒实态。

当时,宝山地区出现大饥,米、麦、豆的价格都很高,唯独便宜的是棉布。② 乡农生活最大的依赖,本来就是棉织业,在此情形下生活更见窘困,以糠秕为食较为普遍。嘉定与崇明等地都在春季出现大饥荒,有的地方百姓多以榆皮为食③,说明了民生的艰辛。武进与江阴地区也是春旱,江阴地区甚至没有麦收。④ 靖江县地方是"春不雨,麦萎"。⑤ 乌程、桐乡地区的灾荒,在地方志中语焉不详,乌程县方志记载只云"三月朔,大雷雹,抵暮鬼哭达旦,听之如在空中,亦如在门庭,家家悉闻",相当诡异;而桐乡地区则是"夏秋大疫"。⑥ 不过,可以推测桐乡地区在春季也应当有旱情,因为这有利于疫病在夏秋时节的大流行。

光绪《重修嘉善县志》中并无该年灾荒的记载,但嘉善乡宦陈龙正的自编文集《几亭全书》中,对于"庚午春荒"及其救赈情况作了详细描述。因此,江南部分地区虽无崇祯三年灾荒的记载,并不

---

① [清]叶梦珠:《阅世编》卷七《食货一》,上海古籍出版社1981年版,第153页。
② 光绪《宝山县志》卷十四《志余·祥异》,光绪八年学海书院刊本。
③ 同治《上海县志》卷三十《杂记一·祥异》,同治十一年刊本;民国《嘉定县续志》卷三《灾异》,民国十九年铅印本;民国《崇明县志》卷十七《杂事志·灾异》,民国十三年修、十五年刊本。
④ 光绪《武进阳湖县志》卷二十九《杂事·祥异》,光绪五年刻本。道光《江阴县志》卷八《祥异》,道光二十年刊本;光绪《江阴县志》卷八《祥异》,光绪四年刻本,与此记载完全相同。
⑤ 康熙《靖江县志》卷五《祲祥》,康熙八年刊本。
⑥ 光绪《乌程县志》卷二十七《祥异》,光绪七年刻本;光绪《石门县志》卷十一《杂类志·祥异》,光绪五年刻本。

表示没有灾荒的出现。确实,史志中记载最多的是与降水有关的大灾,所以既不是水灾,也不是旱灾导致的"庚午春荒"没有被采录,并不奇怪。实际上,考察此类灾荒,将更有助于了解水、旱灾赈本身及此外的一般情况,可以进一步揭示社会在防御各类灾害时的普遍形态。

陈龙正对这次大灾可谓记忆深刻,在《几亭全书》中,有明确的反映。当时由于春荒,米价突然腾高,乡村百姓的生活十分困难。陈龙正听说村民中有无力生存下去的,被迫将其子女抛于河中。三月初一,"千里同日鬼哭",陈龙正听闻后"忧骇特甚"。他的卧病不起已有两年的儿子陈揆,拒绝医生让他服用的"胎骨丸"。据说此药服后可立起,有祛病的良效。陈揆认为死生有命,不忍食同类以求生。还有饥民抱着半岁的幼子,沿门呼号送人,"欲授人而人莫应",于是就带到县城东门的罗星桥附近,投入河中。陈龙正叹道,另外没有看到或听到"馁病而死、弃捐而死"的不知还有多少。① 这样的惨象,在其他大灾时期也可见到。

煮粥与散粮

对于救荒,明末州县官普遍推行赈粥的方法。在朝廷"勘荒官"到来前,地方上就已做好了准备工作,连夜在"勘荒官"可能会经过的地方,设置粥厂,并立旗书写"奉宪赈粥"四个大字,集合饥民等候这位"勘荒官"来"鸣钟散粥"。官未到时,只能让饥民枵腹待至下午;官一离去,煮粥活动当即结束。② 这种情况有力地说明

---

① [明]陈龙正:《几亭全书》卷二十一《政书·家载上·明发斋偶记》、卷二十五《政书·乡筹三·庚午急救春荒事宜》。
② 邓云特:《中国救荒史》,第344页引《康济录》。

了当时地方官府对于赈济工作的敷衍之态,弊端较多。不过江南有些地方的煮粥要比这种情形好一点。

嘉善县在春荒期间也施行了煮粥、散粮的办法,救济饥民。这种方法后来被沿用到崇祯十三、十四年的大灾期间。地方上需要区分社会各个阶层的生活情况,及其在灾荒时期如何救助的策略。

首先,最为劳苦的群体是农民,尽管乡村中存在不少乡居地主,但大多数仍是普通农民;居于城市的,大多数则是工商业者,同时宦仆衙役又十居其三。所以灾年死亡的人中以乡民居多,饿死于城市的,则"不一二见"。

第二,在城市中生活最苦的一类,是从事菜市小买卖的,他们本业极少,应当在赈农之暇"然后及之"。乡村农民,一家几口,都靠田地收入过活,一逢灾伤,便别无他业,"生涯绝矣";而且"春望豆麦,秋望禾稻",官府应当在作物未熟之时,为之接济。短不守月余,长不过几月,对具体救赈还当定出规则。

第三,真正的城市中人,原不靠田为生,何时始济,何时终济,就没有前者显得重要而突出。

第四,在大荒年岁,对极贫之民推行平籴办法是不合适的,因为他们本来就没什么钱,而赈贷也无法偿还,对他们的赈济只有散粮和煮粥两种。

第五,散粮和煮粥两种方法各存利弊:"煮粥无破冒之虞,难得收场欢洽;散粮有规则可按,难在起手清查。"就朝廷的安抚措施而言,煮粥相对便利些。在出现饥荒的地方,可以在同一天举行煮粥,使饥民各从本乡就食;如果举行散粮,受粮民户的贫、富差距官方很难周详,而且贫民之中极贫与次贫的情况也很难辨清。地方政府认为,煮粥胜于散粮。但是陈龙正认为,如果乡绅善士与邻党习熟,那么散粮就会比较稳妥,可以"各画方隅,稽核贫户,按则呼给",简净而易行。而煮粥则不同,各地煮粥时间未必能够同时并行;更为重要的是米粮有限而就食之人无限,假如限施一月,十日左右后米就会费去大半,况且从其他地方远来赴食的人会越来越多,煮粥之米接续不上,又不能将就食之人赶走,遽自中歇是不可能的。因此,散粮更胜于煮粥。按照时势差异,很难制定成法,大致上只有四条规则可循,即"小荒先散粮于乡,大荒兼煮粥于城市,当道会期而煮粥,乡人画地而散粮。"①

总之,荒年救急的主要办法,还在于以地域为中心的煮粥和散粮,两者存在的主要问题是:煮粥畏在骈聚,散米患在破冒,但破冒之患也由骈聚所导致。不论煮粥还是散粮,在城市或乡村,都须分派整齐,因为喧闹会引起争端,垢秽会引起疾病,繁杂则易生奸。乡绅主持所在各区的赈济工作,实际上可以形成以乡绅所在地域为中心的救济区。② 由陈龙正所提的这一救赈方略,影响到了嘉善县地方政府的灾赈行为,也表明士绅在地方公共事务中的重要作用。

湖州府地方在崇祯十四年的大灾后,采取的一大措施是推动"广籴之事",同时配合设立粥厂,都是当时比较推重的应对策略。府州县地方都大张告示,下令每区立二座或三座粥厂,各济饥民。每座粥厂开办的经费,是从地方财政中支领崇祯十三年存贮的赈

---

① [明]陈龙正:《救荒策会》卷七《煮粥散粮辨(崇祯庚午)》,上海图书馆藏崇祯十五年洁梁堂刻本。
② [明]陈龙正:《几亭全书》卷二十五《政书·乡筹三·庚午急救春荒事宜》。

银二十两,但灾后米价的高昂,使这笔有限的经费只能应付一半的开支。在救荒期间,政府还迫令大族及富豪之家分担赈灾的责任,体现了国家权力的强制性。涟川沈氏家族,独立承担了一个粥厂的赈济任务,除领取赈银维持粥厂外,所需费用皆出自私囊,最后才"勉力竣事"。当中居然还有衙役勒索酒食、路费,差使船钱是每船二三两,另有火耗一百多两以及衙门胥吏使费二十多两。① 这一事例,表明了当时像沈氏这样的乡间地主所具的财力。

相对朝廷的救赈,地方社会的行动显然要具体有效得多。不过,单纯依靠政府本身的力量,在赈灾期间会显得力不从心,而且有时根本无法承受大灾的打击和地方百姓的抗争。在这种情形下,政府势必更加倚重地方精英的力量来完成赈灾工作,以保持地方社会与秩序的稳定。

(3)政府与民间共同的赈济

从总体上看,政府与地方社会合作的赈济活动,在整个大灾期间与灾后的重建过程中,占有十分重要的地位。可以说,这种赈济行为在地方上起着导向作用,体现着士绅精英们在介入地方政府工作中的独特作用。

崇祯三年地方赈济活动

崇祯三年(1630)灾荒时期,陈龙正为更好地推动地方救赈工作,撰写了"救济法"十一条,名称《急救春荒》。陈龙正认为,地方富室必须赈济其在地贫民,绝对不能"守杨朱'不拔一毛'之意"。嘉善县域共分20个基层行政区,每区推选1名乡绅主持救荒。根

---

① [明]沈氏:《奇荒纪事》,载[清]蔡蓉升纂、蔡蒙等续纂:《双林镇志》卷三十一《文存》。

据对地方民情的熟悉程度,选择勤敏诚实的人画出乡区每个圩的地图,详细到浜兜村落,凡有民居的地方,都不能遗漏,而且要注明浜村名号。另外用草册逐村编写姓名,贫、富人户并载;除富户外,要暗中分清极贫、次贫二等,并对贫困状况要有详细的了解;开报灾情时,就要写明每户有若干丁口,十岁以上的儿童也要入册。其中,有本身属于贫困的,但因是富室殷户的僮仆,有其主翁养护,不必开报;僧道有施主供赡,也不必开报。如果有产业的人户在其中谎报贫户,或者一人拆名二三个户头,或者本人照由票虚开丁口,或者里长将绝户票充当实存的,都要受到严惩,"家人重罚,奸户追偿"。查核灾情,对赈济工作的展开有着直接的影响。散米工作,从极贫人户、次贫人户到全区人户,都要立出总册,然后"酌量地分,派定日期"展开救荒。① 这种方法也被用于以后的救荒工作。

对于救荒之政,还有限令米商减价的办法。在灾荒期间,吏胥奸人往往牟利其间,致使民、商俱困。另外,要让佣工、卖菜、乞丐之流也照由票籴米,这些贫民不存立锥之地,不入丁口,自然无法分得由票;如果要求无票不得籴粮,显然是把最贫困的人排除在赈济工作之外了。至于限价,也并非"善政",其间舛错很多。②

水灾后的救赈与社会力量的介入

崇祯十三年(1640)的大水灾后,地方即采取紧急救赈措施。面对按惯例要开展的漕运征发工作,湖州知府"为民请命",申请停征,后来获得朝廷允准,并允许以麦代米。这一做法被推广到整个

---

① [明]陈龙正:《几亭全书》卷二十一《政书·家载上·明发斋偶记》、卷二十五《政书·乡筹三·庚午急救春荒事宜》。
② [明]陈龙正:《几亭全书》卷二十五《政书·乡筹三·庚午急救春荒事宜》。

江南地区。德清、武康等县,在灾患不断的时期,都得到了官方允许田粮改折的照顾。①

在嘉兴府嘉善县,以陈龙正等代表的地方领袖以身作则,要求乡绅富室都进行平粜,并发布告谕指出:平粜一事本属朝廷本意,地方政府不过是"仰体施行"而已。可惜的是,在施行过程中出现了一些偏差,乡绅富室并没有完全依照政府法令进行平粜,这给整个救荒带来了许多负面影响。陈龙正很快意识到了问题的严重性,不过,在他于崇祯十三年八月发布的劝谕中,语气还是较为缓和的。他说:"邑中凡稍赢余之家,酌量写数,本心自认,原非勉强。乃闻既写之后,有即时发铺,粜足原数者,有半粜者,有全未粜者。待哺嗷嗷,于心何忍。群情汹汹,势亦非安。"而且,邻县各城,俱有一番嚷闹,独嘉善目前帖然无事,正是官府先期进行了平粜工作,安抚了民心。所以,陈龙正奉劝众人平粜,布庄土著等未登簿的,应据个体能力参与平粜工作,"以慰群望"。②

陈龙正指出,面对天灾,更需要结人心,救人命,在这种"消弭挽回"的努力中,"全赖富贵人",首在地方官,其次就是乡绅。在对本地乡绅富室努力劝赈的同时,对外来商户,主要是徽商典当也要求"分米平粜"。③

众所周知,徽商势力对江南地区的商贸渗透,几乎已至每一个市镇,有所谓"无徽不成镇"之谚语。④ 许多徽商在江南市镇上从

---

① [明]陈子龙:《安雅堂稿》卷四《湖州守陆公德政歌颂序》,载《陈子龙文集》,华东师范大学出版社1988年影印本,第104—105页。
② [明]陈龙正:《几亭全书》卷二十五《政书·乡筹三·庚、辛救荒平粜事宜》。
③ [明]陈龙正:《几亭全书》卷二十五《政书·乡筹三·庚午急救春荒事宜》。
④ 民国《歙县志》卷一《舆地志·风土》,民国二十六年铅印本。

事赢利颇丰的典当业,至迟在万历年间,典米业已普遍开展,佃农往往将上等米质于当铺换成银两,而将下、中等米用以抵租,即使在丰年也称歉收,"迁延逋负"。① 天启元年(1621)前后,这些徽商与地方有力之家"又以田农为拙业",不重视农业生产,"每以质库居积自润"②,既加大了贫富矛盾,也对农业生产形成了消极影响。但从另一方面看,典业所积聚的大量米粮,无疑是荒年救助的一大来源。在地方政府要徽典出米平粜的强制命令下,徽典各户上报赈灾米数共有1600石,超过了政府只要几百石的指标,这当然与各典户当面同意周丕显(知微,天启元年与陈龙正同科举人)、魏学濂(子一,崇祯十六年[1643]进士)及地方贤达人士的建议有很大关系。陈龙正希望诸典在城粜市500石,其余数粜往乡村;粜乡米价可以是每升30文,比市价稍高。最终希望达到陈龙正的"救农便商,扶贫安富"的理想目的。③

在陈龙正发布的《劝徽典邑里分米平粜乡农谕》中,写明已有分处各里的十家徽典根据政府的要求,积济荒米1000石,除去在预备仓连日专粜给赤脚人丁外,大约还剩500石,奉嘉善知县之命分派城外各铺,散粜乡农,以均利济,但问题依然很多。陈龙正指出,许多乡民向官府纷纷陈述其持钱入市而"求粜无门"的情况。县内的乡绅贤达本来要求十户徽典在1000石外加粜600石,吴、朱两家典户在西塘、枫泾两镇"加惠已多",已作出了贡献,其余吴、程等八

---

① 万历《秀水县志》卷一《舆地志·风俗》,万历二十四年修,民国十四年铅字重刊本。
② [明]陈懿典:《嘉兴县蒋侯新定均田役法碑记》,载崇祯《嘉兴县志》卷二十二《艺文志·遗文四》,崇祯十年刻本。
③ [明]陈龙正:《几亭全书》卷二十五《政书·乡筹三·庚、辛救荒平粜事宜》。

家典户全部依照原来议定之数,也乐意一起加出480石。由于米数增多,所以按照官绅们的公议,在原定每升价格24文外,稍微加价以作补偿,希望乡农们能够接受,毕竟这个议定的新价格也比市价便宜。陈龙正继续劝谕说,因为在仓储工作的脚夫("赤丁")人数本来就不够,地方上一直需要代为补贴他们的生活,当下徽典们已能从粜米所得的盈余中获得一定程度的补偿,但最困难而需急救的,仍是那些嗷嗷待哺的乡民,"救朝夕之饥饿,比于偿岁月之赔贩,周急宜先,故分半以济之,谅各里共怀恤邻扶困之仁",应该也是乐意的,救助乡民、"赤丁",缓解了乡里社会的压力,可谓"一事而三善",更能为此后典铺平粜工作树立楷模。①

平粜与平籴进行得较为顺利,而徽典一项工作经一个多月来,市民均获其利,但乡农"求籴无所",仍存在不便。陈龙正给知县吴春枝的信中,既称颂吴知县在救荒工作中领导有方,"任所当任,政以臻于宁谧",也继续建议说,徽商们已经允诺粜米1600石,除500石面向县城内市民出粜外,还有1100石可以分粜城外,倘若还有不足,可以增粜布庄土著答允的数目,加上城内各坊所余的额数,"尽堪普惠乡农"。陈龙正强调说,实施这样的措施,可以五善共举:一是不分城乡,民众皆能共沾实惠;二是平日牟利的徽商,现在参与城乡分粜工作,均衡了对城内的市民与城外乡民的"周急之谊";三是嘉兴府各县四年以来每年都进行粜济工作,嘉善县因收成较好,并未推行过这样的举措,现在因年荒米贵,仍不必强行要求商家补足这四年当中本应提供的平粜米粮,根据周丕显、魏学濂等人建

---

① [明]陈龙正:《劝徽典邑里分米平粜乡农谕》,载《几亭全书》卷二十五《政书·乡筹三·庚、辛救荒平粜事宜》。

议,只需在酌劝平粜1000石之外,增加600石的额度即可,这样显得比较合理,也是"农、商两得其所";四是仓储平粜本来是每升价格24文,官绅们公议增至30文,使乡民有机会平籴,但也不会嫌贵,徽商也能获得一定的收益,"两相准算,费实未甚";五是粮仓即时开粜,不闻喧填,秩序安稳。从这些层面而论,徽商们当然乐于平粜,不会有什么为难情绪。当时秋收已近,"农食维艰",所以定于八月初旬开粜,月终结束,可救四乡百姓一时之需。① 从当时发行的平粜册票,也可以看到平粜与平籴工作实施的基本情况及其措施的细密程度。参图5.7。

崇祯十三年(1640)十一月,已接近地方向国家定期缴纳税粮的时间。嘉善地方政府看到灾后人民生活依然十分困苦,就向上司提出增留米粮要求,以备地方救赈之用。按照明朝《会典》规定,百里之邑,每亩应留八升。但是,这对于大灾后的生活安排而言显然远远不够。为此,作为地方绅士代表的陈龙正,向时任嘉善知县李陈玉提出增加"留米"额数的要求。就在十三年下半年嘉善县进行平粜工作期间,无锡、苏州、吴江等一些府州县城中发生了变乱,基本上是因乡绅"拥米坐视"。这些变乱的产生,使乡绅们更加重视地方赈灾,有所谓"俯首而奉饥民之命"的倾向,限价定期平粜。正因为嘉善地方在这方面加强了防范意识,所以在平粜工作中基本没有出现大乱。减价自然利于饥民,富人之中仍以悭贪者

---

① [明]陈龙正:《与吴宾日邑尊书》,载《几亭全书》卷二十五《政书·乡筹三·庚、辛救荒平粜事宜》。吴宾日,即吴春枝,宜兴县人,崇祯十年进士;先为平湖县令,后曾为海盐、嘉善县令,颇有政声,但在任时间很短。详参乾隆《浙江通志》卷一百五十《名宦五·嘉兴府》,乾隆元年重修本。

善邑平粜合同册式

第几号

某坊铺户某人粜与某坊居民某人米每

日几升几合

初一	初六	十一	十六	廿一	廿六
初二	初七	十二	十七	廿二	廿七
初三	初八	十三	十八	廿三	廿八
初四	初九	十四	十九	廿四	廿九
初五	初十	十五	二十	廿五	三十

善邑平粜挨门册式

某人

住某街衖系某家房男几丁女

几口小口几口作某生理店

在某街在家几人出外几人侨寓几人

极贫次贫籴米几升几合

某人

住某街衖系某家房男几丁女

几口小口几口作某生理店

在某街在家几人出外几人侨寓几人

极贫次贫籴米几升几合

善邑平籴合同票式

某坊几号居民某人共几口每日该米几升几合每

升净钱几文赴某铺籴本铺即于本日下印记以便

稽查倘遇次月再粜缴票换给铺户如有匿米贴钱

小升曲概插和虚印等弊籴户径赴主坊面陈以凭

察究

某月内实籴

米几斗几升

初一	初六	十一	十六	廿一	廿六
初二	初七	十二	十七	廿二	廿七
初三	初八	十三	十八	廿三	廿八
初四	初九	十四	十九	廿四	廿九
初五	初十	十五	二十	廿五	三十

图 5.7　崇祯十四年嘉善县平粜(籴)票册样式

资料来源:[明]陈龙正《几亭全书》卷二十五《政书·乡筹三·庚、辛救荒平粜事宜》。

为多,所以"藏米不粜,贩米外粜"的行径根本没有办法杜绝。解决贫、富之间存在的矛盾,陈龙正认为还是让富人照时价粜米,米多了,价格自会持平。这是他与李陈玉都认同的"为善当慎"之义。但是存积备荒米粮的不足还是一个严重的问题。如果有人藏米不粜,或百姓持钱无处可籴,那必将引发动乱。当时正值秋收,在地方政府看来,增加留米数额是最好的解决办法。按照常例,百亩上下的,每亩可留米一斗或八升;千亩以至数千亩的,则须加倍存留,由县府公示之后,"绅袍会集大户,公议愿认,亲笔书簿,各留其家"。到青黄不接时,他们就照时价出粜,可使人人乐从,"富人不失利,贫人不忍饿",兼顾贫、富双方的利益诉求。至于其中有妄报欺官的,就依法惩治。①

崇祯十四年,继任知县的刘大启,在处置灾荒问题时,也向陈龙正讨教留米赈饥的问题。陈龙正认为,这是目前"救死第一要着"。他为此曾与当地大乡绅钱士升(万历四十四年[1616]状元)讨论过,认为每亩留米在国家制度规定的基础上可以酌增至 1 斗。除零星小户外,嘉善全县约能留出 5 万石存贮于私家大户,让他们在青黄不接时再拿出来,仍照时价发粜;此外,再照苏州、松江地区的做法,每亩须输白米 1 升,这样又可得四五千石,由里长总纳于官廒,作为以后平粜、散粮或煮粥之用。实际上,当年秋收是较为微薄的,统计每亩仅能收上 1 石左右。其中,佃户还需要留一部分

---

① [明]陈龙正:《复李谦庵邑尊书》,载《几亭全书》卷二十五《政书·乡筹三·庚、辛救荒平粜事宜》。李谦庵,名陈玉,甲戌进士,江西吉水人,崇祯七年至十四年间任嘉善知县。

自给,上交给业主的大约都以斗计,所以除办税粮之外,"余粒甚微"。①

早在大灾爆发前几年,地方社会中已有"米贵民愁"之虑。在崇祯十三年秋天,蝗、潦兼灾,高乡与低乡地方都歉收,杭、嘉、湖三府的灾情最重。"餐糠秕,剥草树,无民不苦,而乡农尤甚",是当时普遍的生活惨景。陈龙正向浙江巡抚熊奋渭(汝望,万历四十四年进士)的信中,表示他们作为地方领袖,为此已殚竭心力,但所做的补救工作依然有限。大范围的救灾工作,仍需要地方政府与朝廷协力"筹度"。陈龙正认为可以参照苏州、松江二府的做法。在那里,官民户产每亩都要输白米一升五合,由里长总输公所,以备赈济之用。如果在嘉善县也能做到这样的话,那么可得白米七八千石,再加上乡绅富民的义输米粮,经由官方的妥善筹划,赈济工作就可大致完成。这实际上仍然是"一方救一方"的思想,也存在"保富救贫"的现实意义,与当时朝廷谕旨中所谓各地自救本里本户之贫民的意思是完全一致的。陈龙正也希望熊奋渭能将这种赈济措施推广至整个浙江地区。②

崇祯十四年后的地方赈济

崇祯十四年(1641),嘉兴府普遍出现大饥荒,湖州府地方更为严重,饥民流乞四方。在嘉善县,出现了许多流亡乞丐,他们成群结队沿途乞讨。如何应付这些"流丐",是地方政府面临的又一个

---

① [明]陈龙正:《复刘邑尊书》,载《几亭全书》卷二十五《政书·乡筹三·庚、辛救荒平粜事宜》。刘即刘暾庵,名大启,庚辰进士,广东新会人。
② [明]陈龙正:《公启熊汝望抚台书》,载《几亭全书》卷二十五《政书·乡筹三·庚、辛救荒平粜事宜》。

大问题。而坊曲之民,"去丐无几,莫应其求,死者无数"。对于这种情况,地方政府曾考虑先设粥厂来进行赈济,但是私储有限,无法满足四方来粥厂就食的饥民。在此情境下,对付聚散无序的饥民,官府如果"散遣无方",必将酿成变乱。这使地方政府进退踌躇。陈龙正认为,担粥救赈的办法可以解决这一问题。大乡绅钱士升与陈龙正家族先后都在地方上开展了这样的慈善活动,其优点就在于"无定额,无定期,亦无定所",所要做的,只是在每天早晨,用数斗白米煮成稀粥,然后派人分挑至通衢要路及郊外地方,遇到贫民、乞丐等人,就可令其列坐就食,每人分给一勺,这样大概每担需米五六升,可给予五六十人一餐,十担就可挽救五六百人一天之命。如有仁人义士继续施行"粥担法",就能使许多人的生命得以维持下去。显然,这种方法可以避免粥厂救赈中的弊端,也可"时行时止",量力而行,具有极大的灵活性。总之,这种担粥法虽带有理想化色彩,但对于流亡于路途中的人们较为实用。相对而言,煮粥法对救赈当地居民显得更为方便,当然最好是"分地挨户,给以粥米",方可防止从中产生的弊端。实际上,陈龙正的设想与实施是切实可行的。对于其他地区因煮粥而产生的问题,陈龙正等人的认识也是很深刻的。苏州府等地在施行煮粥的过程中,因没有充分考虑到其中的弊病,出现了哄斗杀人、因粥酿疫的情况。嘉善县之所以可以施行"粥担法"的另一个重要原因,在于崇祯年间有"同善会"经常赈济贫民的活动,逢饥荒年岁会核实贫户而推行"散粮之举","粥担法"是有工作基础的,所以在极荒年月,可以特设"粥担法"救赈流移饥民。当然,对本地居民来说,这种方法不过是下策中的下策,并不适宜。①

值得指出的是,"同善会"是流行于江南地区,由著名乡绅发起的慈善组织,常年举行济贫为主要目的的公益活动,引起了社会各界的广泛注目。②

此外,民间还有"埋瘗"等慈善活动,"捐赀设法,为死者谋"。每个月推选一户"好义之家",负责约同城坊作作,备好蒲包、草绳等物,每天察访街衢、河港等地方,看到尸体即马上予以包扎,然后收拢到规定地方,两天或三天一轮,委派可靠的家仆"逐一点验,坎埋附近义冢"。埋葬工作完成后,发放适当的劳务费与材料费。天气炎热时节,这种工作显得更为重要,一方面浮尸秽烂,及时收拾以免鸟、犬残食,另一方面使人们的生活环境更为安全,"坊曲清夷,河港澄洁",秽恶之气不致沾染民生食用等。因此,这在很大程度上可以抑制环境的进一步恶化,使更多的人避免疫病的侵袭。所以,政府将这种行动赞誉为与担粥并行的良策。③

---

① [明]陈龙正:《救荒策会》卷七《粥担述(崇祯辛巳)》。
② [清]仲宏道:《濮川同善会记》(载光绪《桐乡县志》卷四《建置志中·善堂》,光绪十三年刊本),对于江南地区"同善会"的历史作了一个小结:"予尝读先达同善会条例,虽不专于施榇,而施榇之事甚详。大要以劝募众力,共襄善缘。溯厥源流,张公梦泽传自中州,钱公启新行于毗陵,高忠宪公行于梁溪,丁清惠公行于嘉善。近如蒋虎臣先生行于金坛,张公选先生行于京口,柴襄明、叶公荣诸子行于燕邸。良法美意,俱能施恩不报之地,洵可为匍匐救之也矣。予口颂心,惟欲集同志踵行其事,奈岁数不登,未遑启齿。幸我里敬萱张翁,与有同心,先出银三十两,拉予数人各出数金以为源本,此外,每施一棺,则每人另出银三分,以补棺值,其源长令流通。予喜甚,又约同志十余人,各出分赀若干,助成胜事。计施一棺,不过人出银一分,尤属简而易行,可图永久。"明末嘉善乡宦陈龙正,在王朝阽危之际,仍然于地方上定期主持"同善会",发表了51次"讲语"。参[明]陈龙正:《几亭全书》卷二十四《政书·乡筹二·同善会讲语》。
③ [明]陈龙正:《救荒策会》卷七《埋瘗述》。

在县城范围内,根据陈龙正与钱士升的沟通交流,采取平价发铺、量口给食的方法,是在城区内施行赈济的适宜举措,可称"真正救荒第一要法"。其实,量口给食要在区分贫户等第的前提下才可展开。按陈龙正的界定,极贫之人未必都是佃户,即使有减价平粜的,他们也无法有足够的钱买米维持生计。真正极贫之人,大抵是孤寡老疾之类,应入养济院而没有机会的,所以往往户多而人少;次贫者,则是那些手足犹健,也有亲丁,但无恒产而乏资本者,往往人多而户少。地方在每年救荒稽查时,就是以这两条作为区分依据的,官府都存有底册。当然,要做到这一点,只有保甲推行较好的地方,才能真正完成。由此可见,救荒中的真正难点,有时就不在赈济本身,而是在查核民户。钱士升、陈龙正、魏学濂等家族,都承担了城区分片的救济工作。在他们看来,"为善最乐,活人之事,有何可疑",但也要注意救济工作中可能存在的问题。①

就在崇祯十四年四月,米价的再次上涨给平粜工作造成了困难,铺行存米有限,小民终日奔波,减价平粜是官绅们认同的临时举措,可以缓解暂时的危机。具体举措包括三个方向:首先要做的,是确核贫户,预给平粜小票;稍为殷实人家仍照时价籴米,不属此内。其次,所减米价必须适中,时价为每升五十多文的,减至四十二文,每石售价纹银为一两八钱五分。最后,时价之米须与减价之米并行,闭米不粜及私贩出境的,百姓可以上告政府,"尽法究

---

① [明]陈龙正:《致钱塞庵相公书》,载《几亭全书》卷二十五《政书·乡筹三·庚、辛救荒平粜事宜》。

惩"。另外,还定五条法例:①

一是"认粜之数",照资产情况,每一百亩田出平粜米数为十五石;居房资本有五百两左右的,平粜数也以此为标准。

二是"催米之任",自认定粜米数后,缴册归官,由总甲挨户催征发粜,已领城坊的可"任稽核,不任催征"。

三是"出粜之法",除乡绅自粜或发铺随粜外,其余出米之家悉发铺行,以便稽核,以免过去贴钱空印及掺和水谷、以少作多之弊。

四是"平粜之期",从五月某日开始到六月某日为止,秋成虽然还有一段时间,但豆麦刚收,用一月的米粮杂和其他粮食,尚可维持生计两月有余;如果到青黄不接时,米价更高,那么诸户认粜之数凡有剩余的,仍要照所定价格每升四十二文再进行平粜,将米全部粜完,这样又能度得数旬。

五是"通米之议",本来全县平粜,是为了"多寡相通",城中各坊区的贫富也有悬殊,所认定的米数除发粜本坊外,如有贫坊出现困难,可以稍作变通,给予接济。城内大安坊乡绅领导大胜坊、王黄坊乡宦领导石灰坊的赈济工作,正是按照这一要求进行的。

袁黄、钱士升、陈龙正等绅士家族所处的居民区,正是王黄坊。对较为贫困的石灰坊、各宅僮仆及铺户的救济工作,陈龙正还作了特别谕示。

陈龙正指出,石灰坊平粜的贫户于四月某日,从本宅开始,粜户可各持发放的小票,照数备足银钱,到墙门西首领粜,按时"从容

---

① [明]陈龙正:《公示城坊平粜谕》,载《几亭全书》卷二十五《政书·乡筹三·庚、辛救荒平粜事宜》。

交易",不得争抢;小票上所派米铺,按日赴籴。①

对于米票的发放对象,当然是有限定的。各富室大户家的僮仆,因有主人养护,就不在发放之列。②

另外,陈龙正家有两个校准官升,发给他们经办的米铺,将所领各户米数公平给粜,不许匿米贴钱,更不许"小升曲概"或掺和糠秕水谷。饥民当日不籴的,可以在有空时再来办认,不许混用印记。如果在办理过程中铺行出现作弊情况,允许籴户到陈龙正家诉告。③

虽然在官绅们的带动下,地方有力阶层积极参与救济行动,但还是难免有"视民饥毫无恻隐"的富户。陈龙正与知县刘大启作了交流,针对下层贫民的经济能力,拟定的粜、籴米价单位用升而不用斗,每升平价42文,方便贫民的生活安排,毕竟他们奔波谋生所得,也仅以升计。富民将余米供应市场,在减价平粜之外,还有剩余的可以照时价发给米铺,从而保证县境内的米粮能真正被调用起来,达成"贫户得籴减价之米,散户得籴时价之米"的理想目的,各得其所。嘉善地方的生活追求,无论农商,都不专赖土地经营。民户即使有很多田地,但多方析分后,其名下田满百亩的就很少了;至于五百亩、千亩的民户,则根本没有。县城内劝谕平粜以资产而论,每坊之米差不多只够供应贫户平粜之用,如果按田数来发

---

① [明]陈龙正:《示石灰坊平粜贫户谕》,载《几亭全书》卷二十五《政书·乡筹三·庚、辛救荒平粜事宜》。
② [明]陈龙正:《示各宅僮仆谕》,载《几亭全书》卷二十五《政书·乡筹三·庚、辛救荒平粜事宜》。
③ [明]陈龙正:《示铺户谕》,载《几亭全书》卷二十五《政书·乡筹三·庚、辛救荒平粜事宜》。

粜的话,就有可能出现"出者少而籴者多"的情况。① 这是陈龙正等人在交流平粜工作中都比较注意的内容。

平粜工作在城坊展开两个月后,即崇祯十四年六月,陈龙正等人提出了"各乡平粜条约",也得到了县府的支持。其主要目的,是针对工作中出现的新问题,强调平粜不应限于城市,而要广及乡村。平粜当以时价出粜为本,当然是为了安稳富室,"但期米多,非专减价"。这一平粜工作的发动,是在地域分划的基础上,从城市广被乡野。每个乡区邀请贤达人士齐集公所,主持平粜、时粜等日常工作。为了能在乡村更好地推行平粜工作,陈龙正等人在鹤湖书院举行了一次特别会议,商讨在乡村地区平粜的基本内容与要求:②

一是要"保富恤贫",此次平粜,与过去由总甲、区头、圩长统计汇报大户的做法完全不同,而是由知县出门招请,定期公议,没有差役滋扰,也没有各家僮仆以及绅士门客请托、贿脱等情形。

二是乡区平粜的安排,按嘉善全县共有20个区,计有728个圩,大区约领三四十圩,小区则领二三十圩。主持平粜者基本上是按"本乡人理本乡事"的原则进行,熟悉地方情形,方便酌情处理相关事宜。

三是查核贫户,具体办法全部依照"挨门册式",各自刻刷簿册备办,并派小船逐浜逐村地巡核,不许冒滥或遗漏;给粜之法,依照

---

① [明]陈龙正:《公复刘暾庵邑尊书》,载《几亭全书》卷二十五《政书·乡筹三·庚、辛救荒平粜事宜》。
② [明]陈龙正:《辛巳六月公议各乡平粜约》,载《几亭全书》卷二十五《政书·乡筹三·庚、辛救荒平粜事宜》。

县城的合册票册依序编号,派发籴户小票,票册存于粜户,逐日登记,平粜结束后到将票册交至县衙,以便稽核。

四是乡区"领袖诸友"要到县衙领取印信簿一扇,到乡间有米人家,登记认粜的米数,此外允许他们照时价发粜,但绝不允许"私贩出境"。官府自有相应的奖惩措施。

五是有米之家的认粜米数、贫户的数量以及每天发米的数目,各乡区统计后,最后都要一齐汇总报县存案。

嘉善县讨论实施散米、平粜时,并未涉及徽典,而徽商认粜的米数,是统计全县情况后备用的,不是专为城市居民准备的,但考虑到囤户极少,不得不再次向徽商劝粜,以解决县城北关贫多富少、南关新立坊有四百多家"待炊"、乡村人户贫窘特甚的矛盾。陈龙正等人因此发出劝谕通告,期望徽典为表率,带动城内各典业商人支援救济,达到"民沾实惠,典无虚费,农商交悦,官长受成"的理想目的。①

当然,在赈济过程中,出现了一些令官绅们十分满意的行为。如永八中区的一户人家,"田仅百亩,口余十计,俯仰之外,委鲜余粒",在这样的生活条件下,崇祯十三年秋天官府推动平粜工作时,慷慨认粜了三十担米,实际上大半是转籴而来,崇祯十四年夏天,还是这样急公好义,"绝无苦难之色"。对整个社会救济而言,这种心甘情愿的救济行为,实是其他有力人家的楷模,有利于救荒工作,所以陈龙正建议知县刘大启给予嘉勉。因庶民没有"优免"之例,陈龙正认为可以适当优免若干田赋,或三十亩,或二十亩,希望

---

① [明]陈龙正:《劝徽典分米协济贫坊贫区平粜谕》,载《几亭全书》卷二十五《政书·乡筹三·庚、辛救荒平粜事宜》。

在乡里社会提倡一种乐善好施的风气,使大众知道劝典先行、罚规必信,有着日常生活中"慈父以小旌赏而寓大功用"的深刻意义。①

救荒过程中的社会问题

崇祯十四年还有严重的蝗灾,地方百姓因蝗灾难消且不敢捕治蝗虫,兴起了迎神祈祷活动。当然,个体百姓自然无力捕治大规模的飞蝗,只好放下车水救田的工作,醵钱宰牲,祭拜刘猛将军或八腊庙,每天四出迎送神像,"伤财失业"。陈龙正向知县刘大启提出,这是"巫者借神说以罔利",可由官府出示晓谕,禁止乡民们的愚行,严巫师之禁。②

陈龙正、刘大启等人之举只是代表了明末部分官绅们的行动,即使从朝廷而言,在大灾期间也赞成祈神驱蝗之议。就在崇祯十三年,巡抚苏、松、常、镇御史任范向朝廷汇报地方旱蝗,"上以该抚按诚祷扑灭,勘灾仍照秋后"。③

有的地方,一些乡民将蝗虫饲鸭;山区一些百姓还用蝗虫来喂猪,据说可使猪顿长三十斤。其实蝗虫可与野菜一起煮食,范仲淹时代就已存在,蝗虫曝干后替代虾米,而且久贮不坏。所以陈龙正认为,尽力捕蝗,既可除害,又可佐食。江南水乡地区由于受蝗灾影响较少,"不习见闻",与西北地区在蝗灾期间多捕食蝗虫的风习

---

① [明]陈龙正:《公启刘邑尊书》,载《几亭全书》卷二十五《政书·乡筹三·庚、辛救荒平粜事宜》。
② [明]陈龙正:《公启刘邑尊书》,载《几亭全书》卷二十五《政书·乡筹三·庚、辛救荒平粜事宜》。
③ [明]谈迁:《国榷》卷九十七"思宗崇祯十三年七月甲午"条,中华书局1958年版,第5871页。

完全不同,江南一般都不愿这么做。①

另外,"私贩出境",仍是米价高昂的主要原因。知县刘大启表示,违犯灾荒时期的官府禁约,"犯者船、米入官,仍加重罚"。当时曾有一名私贩被抓获,正好为官府严禁私贩作了一个榜样。该犯一方面承认自己是"首犯禁令",罪无可逃,另一方面表示愿以三十石米粮入官,认真依照官府所定的制度办事,将四石充赏,在本村生活区平粜一百石。所有这一切,不过是想免去枷责之罚而已。陈龙正提出,县域社会内"射利之小人,专图利己,不顾民饥"的行径,都可以此例强化禁约。并且表示,地方社会也要公示,如有违犯官方救荒禁约的,可以集供控官,加以法办。②

在邻近的吴江县,有一些大户富室在此期间,想通过"闭粜"以赢得私利,结果招致乡民们的强烈不满,乡民们强行上门逼粜,如不同意,就毁碎其家,号称"打米"。这种情况在各村镇都有发生,引起社会秩序的混乱,直到巡抚黄希宪将挑动乡民打米的首犯正法后,这种状况才得以缓解。③

陈龙正指出,应对国家危难局面的方法,不外乎治标与治本两种。就饥民而论,丰年一二穷民偶来行乞,大家都乐于施舍救济,是"小惠而补王道之偏",所谓治其标即可通于本,与此相类。间有天灾流行,即使朝廷已经推行蠲租政策,下层贫民仍然旦夕处于困

---

① [清]陈芳生:《捕蝗考·前代捕蝗法》,文渊阁四库全书本;《钦定康济录》卷四下之一《八蝗之所可用》,文渊阁四库全书本。
② [明]陈龙正:《又启刘邑尊书》,载《几亭全书》卷二十五《政书·乡筹三·庚、辛救荒平粜事宜》。
③ 乾隆《吴江县志》卷四十《灾变》,乾隆十二年石印本。

窘状态,难免受"转徙流离"之苦。像丁宾(隆庆五年[1571]进士)这样的贤达名流倡导捐赀义赈,虽然只能度穷民一时之厄,但对许多贫民而言则是开了"永世之生"。大灾后地方饥民奇多的根源,除天灾流行外,不能排除"人事之失策"的影响。崇祯十三年的大水灾,使湖州等地田禾尽淹,而地方政府催科仍急,百姓被迫四处流亡。陈龙正认为,朝廷不应急于征收一年的税粮,如果能适当推行宽恤的政策,那么地方百姓能够"忍死旦夕",暂时不会外出流离,保持麦豆之登、蚕桑之熟的期盼。当然,政府对赈灾工作的支助是有限的,百姓完全依靠政府来维持生活也是不可能的。这样的做法,只能导致"户口尽亡";加上旱蝗遗灾,更使地方一荒再荒,"人事实使之然也"。崇祯十四年夏,"旱魃继虐,飞蝗佐灾"。嘉兴以西、苕溪以北地区,民户逃亡极多,政府急于催科,往往在本户逃离后又"取偿于亲戚",亲戚四散则害及乡邻。这就是人为造成的"贫者业以逋负而倾家,稍康者复以赔累而入罪",小民为此不得不再作逃亡而求生了。自冬入春,江南地区遍布流移之人,"千里而内,十室九空",出现了"死者无地可容,生者有天难问"的惨象。远近乡绅都曾捐赀,设法"瘗死扶生",但最终还是因流亡百姓的不断猛增,而感到有心无力。地方政府也认为,朝廷在这种情形下应当勉力救赈,要求浙江、南直隶的抚按官员上疏,说明江南地方困弊的缘由。尽管江南堪称"国家之外府库",但在灾荒时期,赋额征收同样很难保证,如果国家继续强行征敛,必将使流亡百姓几倍于前,田地抛荒的问题也将更为严重,反过来使国赋更加无从办理。而且,苏州、湖州等地,"白昼行劫,啸聚成群"的社会变乱,已经十分普遍。所以,对于遭受重灾的地方,不应"追呼更严"。地方政府甚至担心,江南地方也会如陕西等地产生农民战乱。陈龙正强调,救饥的根本目的,是既要救目前之奇惨,也要消意外之殷忧。到崇祯十五年间,地方救荒工作中的煮粥被认为是下策中的下策,埋瘗仍是仁人"偶行"的做法,许多粥厂不敢设而变成担粥救赈,民生依然多困,死亡相继。所以在施行担粥、埋瘗与收养弃儿的办法外,还应集合众力修建丐房和羁铺,将秩序变乱、环境恶化程度降至最低。①

  用平粜作为救荒的主要手段,最终得到了大多数人的赞许。因为在过去,东南地方稍有饥荒,地方政府一旦抚救不力,饥民们数千人"啸聚"成群而进行"攫夺"者,可谓比比皆是。在崇祯十三年、十四年持续特大灾害期间,地方上并未出现这样的情况,显然要归功于平粜政策的实施得当。平粜政策从根本上压制了米价的人为抬升,稳定了最为容易出现危机的粮食市场,使最下层的饥民也有能力获得一定的米粮,维持最低程度的生活,保障生产的稳定。而且,政府救荒缓解了大灾爆发到作物成熟期这段极为不安定时期内可能出现的紧张的社会矛盾,尤其是在青黄不接时,必须努力保持米谷价格的稳定;到农作物收成后,最终可走出一直处于环境紧张迫压的低谷,恢复社会秩序的正常运转。由于在大灾期间,救赈米粮的大部分主要是通过平粜从商贾富室那里获取的,在灾荒危机减轻后,政府要求从田亩中定量收取米粮,充实地方的仓储,以预备再次发生这样的大灾所造成的困难。可以说,这种循环式的政府调控,体现了一种灾赈防御上的周期性。也就是在每次

---

① [明]陈龙正:《救荒策会》卷七《救饥本论》。

大灾来临时,政府为缓解饥荒,将地方储备粮倾发一空,在灾后对仓储再行充实,来应付下一次灾赈的需求。另外,在秋收后百姓已获得了一定的米粮,但到秋冬之交,旧谷既尽,新谷未生,百姓都在急切地等候下一年麦收的到来,这大概需要有七个月的时间,而到下一年稻谷收成时节,就差不多需要一年时间。这段时期,事实上也是十分危险的,因为这本身就处在另一种非灾变阶段的饥荒状态,人们一般都不会束腹待毙。此时如有人出来啸聚劫夺,社会危机的严重程度,可能要比大灾期间高出十倍。这是地方政府不能不加以考虑的现实问题。因此,在救荒过程中,必须尽力赈恤、清"籴窝"、抑米价、推广种菽,以解决灾情严重地区的粮源等问题。①

地方政府对此确实比较关注,在具体灾赈过程中所采取的措施及方法较为细密。与其他情形下的政府控制行为相比较,政府在此际的控制较为全面而有力,否则荒年出现的失控引起的民间动乱,将是不堪设想的。

狱囚的收赎

在政府救赈地方最困难的时节,牢狱中的囚犯,往往会被忽视。狱囚本身犯有各种罪行,但从人道主义的角度来说,不应排除在救济之外。实际上,当时瘐毙狱中的情况已很严重,政府无力维持全部狱囚的最低生活保障,所能做的,就是让其家属亲戚等人来收赎。

收赎一方面可以挽救囚犯的生命,另一方面官府还可从中获得赎金(那时基本上是以米谷替代),用于整个社会的救济工作。

---

① [明]贺灿然:《救荒议》,载崇祯《嘉兴县志》卷二十三《艺文志·遗文五》,崇祯十年刻本。贺灿然,选贡,万历二十三年乙未进士。

收赎的做法,在灾赈期间流行于各地。其具体的管理工作,因为是处在灾荒的特殊状态下,不能像其他救赈工作随便可由他人分任,必须由知县亲自管理囹圄出入。当然并不是所有在监的囚犯都可收赎,重囚就不能随意放赎。羁铺中的多数囚犯,罪行都很轻,也有无罪而被株连的。官府一般对入铺囚犯不太关注,但灾年羁铺中的囚犯生活比丰岁要苦得多。普通贫民整天营食还很难求得果腹,狱中囚犯的生活自然更差了。况且家中妻儿并无余粒予以供养,亲戚周济又困难,所以在狱中往往难免一死。按照崇祯十四年嘉善县的死亡囚犯推算,一县五天死1人,那么全浙76州县每天就要死15人,一个月内就要死450人;加上疫病发作等特殊情况,有的县每天死亡囚犯有三四个。如果对这些人展开救赈,成百上千人将得到挽救。官方其实也很清楚,在凶荒年岁"贫民遭负者众,告追者亦众"。大户富室在此期间进行救赈,那么在年谷收成后,其私人利益并不会有什么大的损失,而且还可省去铺犯十分之七八。因此,地方政府对此应"以道感之,以言谕之,以法禁之。"①

3. 私家大族的防灾与消灾

浙江临海人王士性(1547—1598,万历五年[1577]进士)曾指出,浙西杭、嘉、湖地区多巨室大豪,"若家僮千百者,鲜衣怒马,非市井小民之利"②。明代的一些私家大族,有逐渐成为维系政府统治的基层社会组织主体的倾向,在社会处于紧张不安阶段时,通过

---

① [明]陈龙正:《救荒策会》卷七《省羁铺议》。
② [明]王士性:《广志绎》卷四《江南诸省》,中华书局1981年版,第67页。

宗族组织,结合保甲,对不同阶层、不同等级的族众进行联系和控制。① 不过,在江南地区,宗族的力量并不像其他地区(如华南)那样强大,只是江南地方社会力量构成中的一个重要部分,而非全部。

而且,这些人只占社会中的少数,作为私家大族,尽管有较为明显的自保性和排他性,具有强烈的自我利益维护意识,在大灾期间或灾后恢复工作中,却或多或少地减轻了政府的部分压力,甚至还为其他个体散户接受救济提供了相当多的帮助。有的大族本身就是官宦世家,出于社会控制、维护地方的考虑,无论如何会作出一些表率。嘉善著名乡宦陈龙正,就是其中的典范。②

作为嘉善县地方私家大族的代表,陈龙正的身份显得有些特殊。陈氏家族世居县城东南的胥五区,那里不仅有家族的祖茔③,

---

① 李文治、江太新:《中国宗法宗族制和族田义庄》,社会科学出版社 2000 年版,第 84—89 页。
② 关于陈氏生平,参[清]徐鼒:《小腆纪传》卷十六《列传九》,中华书局 1958 年版,第 185 页;陈龙正自订的《几亭全书》(康熙云书阁刻本);[清]孙福清:《〈几亭外书〉跋》,载[明]陈龙正:《几亭外书》,光绪六年孙福清编刻《槜李遗书》本;《明史》卷二百五十八《陈龙正传》。陈龙正,号几亭。早年曾为东林党名士高攀龙的弟子,崇祯七年甲戌(1634)中进士,丁丑年(1637)授官中书舍人。崇祯末年,迁官南京国子监丞;南明弘光政权时,被任命为祠祭司员外郎。清军南下占领南京后,陈为明朝遗民,矢节孝忠,绝粒七天而死,也有人称是病死的,后被地方祀为乡贤。
③ [明]陈龙正:《几亭全书》卷二十一《政书·家载上·祖茔记》。其祖茔有二:一在胥五区东律字圩横泾桥地方,西北就是祖上旧居;一在旧居东南二里的西南闾字圩。

而且还有家族的义庄。陈龙正妻室丁氏,出自嘉善县鼎盛的丁宾家族。① 大族婚姻上的联结,更增强了自身的地位和势力。

在崇祯年间的大灾期间,陈氏家族等不但努力救赈自己的家族成员,还与其他宦户富室一起积极参与全县的赈灾,展开了散粮、担粥等救济工作。② 这种做法,对于其他大族,乃至全县,都起了倡导作用。

以地缘为中心的救赈

陈龙正认为,"居是乡,则筹是乡之利弊"③,这是在地文人士大夫应有的担当。

崇祯三年(1630)灾荒时期,陈龙正的儿子陈揆建议将家中数百石米散派给饥民。陈家粮食有限,对于救济全县饥民而言,不过是杯水车薪。在嘉善县领辖的20个区中,胥五区是陈氏家族的世居之地。作为陈氏家族的领袖,陈龙正要求子侄辈在胥五区分别主持救荒工作,首要工作是查访受灾人户的基本情况,这一工作就费去了十多天,但后来发放救济米粮的工作,不过三天时间就完成了。根据陈氏家族的做法,发放米粮是依照贫困等级的不同而有所区别的:极贫人户给米3斗,次贫人户给米2斗。这样共救济贫民达1923户,计2979人,散发白米共635石。陈龙正当时专门撰

---

① 丁氏,为丁宾的侄孙女。丁宾,字礼原,嘉善人,隆庆五年进士,授句容知县,征授御史,万历年间起南京大理丞,累迁南京右金都御史兼督操江,召拜工部左侍郎,寻擢南京工部尚书;后加太子少保,崇祯六年卒,谥清惠。其子谦所,曾任光禄寺丞。参[明]陈龙正:《几亭全书》卷二十二《政书·家载下》,以及"附录"卷二《陈祠部公家传》;《明史》卷二二一《丁宾传》。
② [明]陈龙正:《救荒策会》卷七《粥担述(崇祯辛巳)》。
③ [明]陈龙正:《几亭全书》卷二十三《政书·乡筹一·乡筹序》。

写的《急救春荒》方案,其基本思想就是"一方之富室,自救一方之贫民"。这一策略,在崇祯大灾时期被广泛采用。①

陈龙正还对施赈胥五区作了特别解释,认为赈济乡里,与"莅兹土者"(州县官员)应该有所区别,虽然为民父母,须一视同仁,不当看着其他乡区坐以待毙,但也应该而且只能"各视其力之所及"而为之。作为某地人,自当救助某地,其他地方自有"赢余之家"救助,做到"近行其惠"即可。② 事实上这是一种十分明显的乡里观念,桑梓之情表现得尤其充分。

连年灾患不断,导致夏秋米价一直很高。崇祯三年春季,每斗米价高达120文,已经属于异常现象。乡村百姓为了度荒,往往去买价格极为低廉的豆渣、酒糟,并拌以草根而食。本来嘉善县地区所产的棉纱十分畅销,与松江布齐名。明代流行的"买不尽松江布,收不尽魏塘纱"之谚,描述的就是当地生计与产业特色。地方百姓多以纺织为业,妇女每织布一匹,拿到市镇上去易钱换米,维持生计。但到荒年,米价高昂,纱布就更贱了,所谓"布贱花贵",乡民无从生活。陈龙正对此表示了深切的同情,但考虑到自己"力薄权轻",无法做到"普济",而胥五区是祖上世居之地,不能不有所行动。他将该年需要的家用饭米除去外,匀出冬米六百石,用于散施救济,可以维持一个月的时间,正好可到春花时节。在救济中仍需区别极贫、次贫两等,散给30天的米粮,可望能维持到麦豆成熟。在救赈工作开始前,陈龙正专门写有《示胥五区贫户谕》,晓谕乡

---

① [明]陈龙正:《几亭全书》卷二十一《政书·家载上·明发斋偶记》。
② [明]陈龙正:《示胥五区贫户谕》,载《几亭全书》卷二十五《政书·乡筹三·庚午急救春荒事宜》。

间,说明他救济工作的具体部署:贫户每人预发图书小票一张,由各人填好自己的姓名和居址坐落,限期由每个贫户的男子(不必携妻带子)自带包袋到指定地点"静听唱名",拿小票领米,而没有发到小票的,就不能分得米粮。整个过程不能喧嚷争挤,否则就会产生纷争,有损无益,影响救济工作的进行。①

嘉善乡区的佃户,在往年是依照佃种田亩数来领取米粮,每亩可得 2 斗,加利 2 分。崇祯三年由于米贵民饥,陈龙正家族在救赈胥五区时,考虑到其他乡区也有陈家的佃户,他们历年劳作十分辛苦,不忍排除在陈家的救济之外,就将崇祯二年冬天欠下的糙米扣算随田支出,到崇祯三年冬天每斗只加利 1 升;如旧租交纳清楚的,即行开仓救济,每亩速给白米 2 斗,到冬天每斗加利 2 升,以聊示体恤之意。②

家族内部的统一救赈

崇祯十四年(1641)大旱期间,陈氏家族曾用担粥的方法,展开对其家族内部与地方社会的赈济活动。其可行性与灵活性,远较设粥厂为便。③

由于灾情特别严重,经陈氏族人共同商议,崇祯十四年冬天再次刊印了"义庄条约"十六条作为规范和限制,目的在于"养赡同

---

① 万历《嘉善县志》卷五《食货志·物产》,万历二十四年刻本;[明]陈龙正:《几亭全书》卷二十五《政书·乡筹三·庚午急救春荒事宜》。
② [明]陈龙正:《示各区佃户谕》,载《几亭全书》卷二十五《政书·乡筹三·庚午急救春荒事宜》。
③ [明]陈龙正:《救荒策会》卷七《粥担述(崇祯辛巳)》。

宗,专以周急"。① 义庄的目的与意义,效法自苏州的范氏义庄。

事实上,从范仲淹设义庄始,后世仿效、发扬的极多。明清时期,江南地区义庄的置设十分兴盛。许多大族遍设义庄,这固然出于维护本族利益的需要,但在大灾期间却为社会赈济提供了必要的帮助。如吴县的范氏家族,从明初至清代,义庄设置之制一直传承不变,所属义田屡经社会变更仍有所发展。在崇祯四年(1631)还增置了长洲县葑门等地义田五百亩。② 清代以前的苏州府地区,曾创立过一些规模很大的义庄,对后世影响巨大。此后义庄大量出现,就是一个显例。对这些义庄进行分析,实际上可以从一个侧面透视灾害时期以义田为主的地域救济活动是如何发挥作用的。

表5.4 苏州地区代表性义庄统计

庄 名	处所	创建时代	创建人	义田数(亩)
范文正公义庄	吴县禅兴寺桥西	宋皇祐间	范仲淹	5300
申文定公义庄	吴县郡庙前	万历年间	申时行	1394.9
吴氏继志义庄	元和县衮绣坊巷	万历二十八年	吴之良	600
陈文庄公义庄	元和县虎丘望山桥	崇祯三年	陈仁锡	300

资料来源与说明:据洪焕椿编:《明清苏州农村经济资料》第81—83页的统计。至于清代出现的38个规模甚巨的义庄,此处不列入。

---

① [明]陈龙正:《几亭外书》卷二《家规·义庄条约》,光绪六年孙福清编刻《槜李遗书》本。
② 《范氏家乘》卷十四《义泽记》,转引自洪焕椿编:《明清苏州农村经济资料》,江苏古籍出版社1988年版,第75页。

陈氏义庄创设于陈龙正父亲陈于王时代①,那时的陈氏亲支穷苦的较多,有些陈姓人家并无族谱、族墓可资证明,但相传都是同姓一支,所以一并列入义庄的资助对象。到陈龙正时代,继续保持这样的运作方式,设立一定数量的"义田",在周济亲支之余,还可适当救助"远支困乏者",做到"遇事量给,以昭勿绝"。陈龙正也表示,陈家起自草茅,为人"性恬行洁",所以居官三十年间,并无什么积蓄,陈龙正母亲就长期过着菜羹布衣的生活,平时与其他乡民一样要通过纺织贴补生活,但陈龙正尽力遵循父亲陈于王的遗训,勉力维持义庄的运作。②

陈氏的"义庄条约",可以揭示地方大族在灾赈时期,如何将义庄作为防灾与灾后赈济的重要支助,以及具体如何规范运作。

陈家设立的义庄,规模并不大,共计有田5顷,按照政府要求,每十年之内,照例应拣派2名粮长的职役。当时正好遇大灾,陈龙正想用"官户优免"的特权减免赋役。按照《赋役全书》的规定,陈家需要承担嘉善县的三项公用,即每年举行乡饮酒礼2次需要的15两白银、迎春银4两以及门神桃符银1两5钱。陈家考虑每年从义庄收成中拿出20两5钱纳官,等到崇祯十四年黄册大造时,再向官府呈请减免这笔负担,说明十年期限内陈家已经纳银205两,已够抵2名粮长的费用。陈家义租米粮共达500多石,除去每年办粮用米230石、纳免役银用30石、祭扫燕飨用20石、饶免租户限米

---

① 陈龙正父于王,号颖亭,为万历时期的循卓名臣。参[明]陈龙正:《几亭全书》"附录"卷一《陈祠部公家传》。
② [明]陈龙正:《几亭外书》卷二《家规·义庄条约》,光绪六年孙福清编刻《槜李遗书》本。

十多石、给管庄人户饭米5石外,还余米约200石。陈氏全族事务繁杂,受年成丰歉的影响,凡有剩余米粮,都须在每年正月由族中领袖在陈氏义祠中请族中贤明人士予以"公同销算",将若干米粮存留下来,作为荒年赈济散粮的储备。义庄十六条约规中,还对族中常年事务开支,如婚姻、产育、丧葬、祭祀、私塾等,都作了详细的分派。①

陈龙正对族人还规定,在凶荒年月决不允许乘机牟利。比如在粜米方面,崇祯十三、十四年米价极高,往往以两计价,富室"安然粜价",实际上是想"乘众之急而我享其赢"。这种行为必须严格禁止。陈龙正提出,在青黄不接之际,可以低于时价的十分之二三粜出几百石米,虽然由此所得只与丰年粜米相仿,但从赈济饥贫来说,却十分必要。同时需要有人逐日躬亲点视零星升斗,在粜米过程中尤其不能让家僮掌管出入,否则难免有"破冒"之弊;也要防止市井奸猾之人混迹饥民之中,因为他们往往"易名变服",伪装穷人不断来籴米,然后带到市肆中以高价出售,牟取暴利。②

陈家还规定,族人不许随便布施。即使要布施,也要有条理。陈家置有义庄,嘉善县境内又有同善会组织,荒年加有捐济,都构成常年的救济应对之方。陈龙正认为,平常年份常仿照王阳明遗意,每年田租除去公私用度外,拿出部分来义助外亲之近而贫者,朋友之有行谊勤读书而贫者,远亲近邻之生无以养、殁无以殓者,故旧子孙之不能自立者。特别要求族人,"不斋游僧,不可听扛佛点灯化缘恶套,不可助造殿装佛写经刻经,不可助一应寺观斋醮,

---

① [明]陈龙正:《几亭外书》卷二《家规·义庄条约》。
② [明]陈龙正:《几亭外书》卷二《家规·不乘凶荒之利》。

不可请僧众至家诵经拜忏作功德,不可延尼姑佛婆联翩念佛",此端一开,无一毫能济人利物,反而会"酿盗贼、坏风俗、毁清规、惑妇稚、损世业",种种贻害不浅,布施美名反成恶事了。①

清末嘉善知县孙福清对陈龙正的救荒思想及实践策略作出了很高的评价,用来救济穷乡僻壤百姓的担粥法,直到清代仍被沿用下来,甚至被视作救荒"圭臬";嘉善县的同善会,也被传承至晚清,其良法美意"二百年来奉行勿替",也与陈龙正在明末的大力倡行有着密切的关系。②

五 灾荒产生与社会调控

在很多情况下,灾害往往概指为天灾,其实,灾害本身就具有自然与社会的双重属性③,在自然灾害发生期出现的人为破坏(如水利)或社会动乱因子的介入,是导致灾荒严重的主要因素。

1. 灾荒严重的原因

明代中期高昂的田价,曾使民间以地广为幸(那时每亩值银五十余两至一百两),但在崇祯末年,水旱连灾及其引起的"年谷屡

---

① [明]陈龙正:《几亭外书》卷二《家规·勿妄布施》。
② [清]孙福清:《〈几亭外书〉跋》,载[明]陈龙正:《几亭外书》,光绪六年孙福清编刻《槜李遗书》本。
③ 邹逸麟:《"灾害与社会"刍议》,《复旦学报》(社会科学版)2000年第6期,第19—27页。

283

荒",加之盗贼四起,地方百姓"咸以无田为幸"。① 土地资源颇为珍稀的江南地区,遭受自然灾害的打击之大,由此也可见一斑。

嘉善、桐乡、乌程、吴江等地河汊纵横,水网密布,本身的自然条件十分优越,然而在这样的地区发生灾荒,其结果还是如此凄惨,便不仅仅是天灾之巨所使然,还应与人事兴废有相当的关联。身处明末的张履祥慨叹说:"民事不可缓。农田水利之政百年不讲,四海安得不困穷乎?"又说:"水利之不讲,未有如本朝之甚者也。"对此后来有所强调,语意基本相同:"水利不讲,农政废弛,未有如近代之甚者。"②便道明了这种状况。在天启年间,松江华亭人陈继儒结合万历三十六年(1608)江南特大水患造成地方饥荒的历史,写信给嘉善知县康元穗(天启二年至五年[1622—1625]在任),强调"圩岸为本,积谷为标"的思想,建议他对低洼的县域环境,要"上乘天时,下乘地利",大修低乡圩岸,以防御水灾,从而获致"人和"之利,做到"邑无流亡,官无逋赋"。③ 筑围修堤,本是水乡生活稳定维续的基本保障,如昆山县蔚村,坐落于低洼地带,每年必以筑岸为"急务",否则一旦遭逢异常天灾,围岸不修、各堰不坝,必然是"户户啼饥,日不再火"的结局,究其因仍在水利工程的荒怠,需要以村落为单位,设立稳定的工程经费,支撑常年水利维护工作。④

---

① [清]钱泳:《履园丛话》丛话一《旧闻》,"田价"条,中华书局1979年版,第27页。
② [清]张履祥:《杨园先生全集》卷三十九《备忘一》、卷四十《备忘二》、卷四十二《备忘录遗》,陈祖武点校,中华书局2002年版,第1068、1114、1203页。
③ [明]陈继儒:《白石樵真稿》尺牍卷三《与嘉善康中尊》,明崇祯刻本,载《四库禁毁书丛刊》集部第66册,北京出版社1997年影印版,第483页。
④ [清]陈瑚:《确庵文稿》卷二十三《谕村人》,康熙毛氏汲古阁刻本,载《四库禁毁书丛刊》集部第184册,北京出版社1997年影印版,第439页。

但是,明代后期地方政府大多敷衍水利,即使部分官员见识如何高明、处事如何明断,也难以挽救大局,所以在灾变期间地方受害更加严重。而且,地方上的豪强地主往往为一己私利,阻挠湖港河道的疏浚工作,在灾荒时期的照收租税、囤积居奇和巧取豪夺早已成了普遍现象。更为严重的,是在湖港淤塞后,他们可以乘机加以侵占、私辟良田。就是地方百姓也以淤地为利,不愿放弃侵占的机会,从而使水利严重失修。从这一点上讲,滞缓河港的疏浚工程,对地主豪右与百姓而言都存在有利可图的地方。嘉兴府地区就有这样的情况,遇有淤塞不通的河港湖汊,豪右加紧侵占,开辟为农田,进行农作。一旦遇到大雨期,则泛滥成灾,带累良田俱无收成。地方百姓在此时开始想疏浚河港,但因豪右地主的阻挠,大多不能成功。① 再如,太湖水域重要的排水干道吴淞江流域,本应开浚河身,使周边的昆山、嘉定、青浦地区可得其灌溉之利,但有人"因见沿江种芦苇之利,反从而规取其税",甪直浦、索路港诸地,全被豪民占取,征税便使其私占合法化了,所以是"教之塞江之道也"。上流既壅,下流安得不淤。② 常熟县地方也是如此。权豪之家"冒鱼鳖重利,每据津要处所,牢钉椿橛,密帘数罟,以截水利,坐视百姓垫溺";又在湖荡沮洳地方,"筑岸围护",使之成为沃壤,并向政府表示愿将这些地方"升荡科轻额",从而杜绝他人的举告,官府也乐意从中收取赋税,"不知潴水之区日隘,潦水一至,不能容

---

① 光绪《嘉兴府志》卷二十九《水利》,光绪四年鸳湖书院刻本。
② [明]归有光:《震川先生集》卷八《论三区赋役水利书》,周本淳校点,上海籍出版社1981年版,第169页。

蓄,散入民田,卑土之民,无宁日矣"。①

当然地方百姓本身也有荒于农田耕作的现象。在湖州低乡地区,"稔不胜淹",百姓已经"于田不甚尽力",虽然水患危及农稼,依旧"情不迫切",因为他们的核心利益所在已是"畜鱼"。所以,在大水发生时期,人们尽力维护的是鱼塘,如果鱼塘一旦崩溃,就"号呼吁天"。② 乡村经济结构的转化,促使人们追求效益更高的产业,本来无可厚非,但会给整个区域水利事业带来荒废的倾向。崇祯年间江南遭逢大旱,"三江巨浸,悉成平陆",但以前则是稍有降雨即泛滥成灾,遇旱即赤地千里。太仓名士陆世仪(1611—1672)慨叹说,"江南之民无复有秋之望",原因还在于水利荒废的问题。③ 由此观之,明末浙西水旱灾害的出现,已不是偶然的了。

另外,荒年米贵除受灾害本身的影响及一些富室拥米自重外,还跟明清时期江南所产粮食不敷本地生活及商业贸易的需求而要长期从江西、湖广等地引进有关,因为一遇水旱灾害发生,江西、湖广等地已先行遇祟,使江南商贩空手而返,进一步促使江南米价上涨,甚至还有"田主不肯出资本以急救佃户,佃户亦不肯出死力以车救田水"的现象,更使民穷盗起,灾害日重。④

---

① [明]薛尚质:《常熟水论》,"学海类编"本。
② [清]张履祥辑补,陈恒力校释,王达参校、增订:《补农书校释》,农业出版社1983年版,第132页。
③ [明]陆世仪:《理财议》,载[明]冯梦龙编:《甲申纪事》卷十二,上海古籍出版社1993年影印本。
④ [明]陈继儒:《白石樵真稿》尺牍卷一《上徐中丞乞救荒》,明崇祯刻本,载《四库禁毁书丛刊》集部第66册,北京出版社1997年影印版,第439页。

2. 灾荒应变中的关键

饥荒的发生、米价的高涨,对城市居民和乡村百姓而言都是十分切实的问题。① 饥荒时期的社会动乱,更使地方统治秩序发生严重的危机;米粮流通的畅达,则有助于防止饥荒的发生或在饥荒发生后降低受灾的程度②,从而抑制社会动乱的产生。在灾荒发生后最首要的工作是赈济灾民,对地方政府和士绅们来说,是再也明白不过的道理。

明末江南出现的类似于"同善会"的慈善组织,为这种政府控制起了辅助作用。它不仅负有救赈饥民的公共责任,在相当程度上还有帮助乡约教化的实际作用。或者如陈龙正的老师高攀龙(1562—1626,万历十七年[1589]进士)所说:"此会有十分妙处,费少而功多,以养而兼教,无书院讲学之名,有与人为善之实。不但受惠者感激,闻言者感动,纵是地方官长,不得不愈尽心,乡绅袍衿亦愈提醒其恻隐。上上下下,合县学善。"③因此在维护社会秩序与思想教化方面,同善会占有不可替代的地位。

早在嘉靖年间,就因连年饥荒,许多人朝廷提议推行"义仓社会法",作为地方救济的方略。只有广东佥事林希元提出《救荒丛言》,参酌古法,体悉民情,认为救荒当据具体情形而展开,如"极贫

---

① (日)滨岛敦俊:《近世江南金总管考》,载唐力行主编:《家庭·社区·大众心态变迁国际学术研讨会论文集》,黄山书社1999年版,第441—458页。
② 陈春声:《市场机制与社会变迁——18世纪广东米价分析》,中山大学出版社1992年版,第201页。
③ 参[明]陈龙正:《几亭全书》卷二十四《政书·乡筹二·同善会讲语》。

图 5.8 仓储备荒

之民便赈米,次贫之民便赈钱,稍贫之民便赈贷",同时要禁侵渔、禁攘盗、禁遏籴、禁抑损、禁宰牛、禁度僧等。林希元的上疏,虽没有被认可实施,但被时人认为"荒政第一义"。① 比较而论,平粜仍是救荒赈济工作中的关键举措。平粜的起源很早,在先秦时期,管仲、李悝即据历史经验,制定了平粜法的规模②,被以后历代政府奉行。在明代,灾荒年岁实行"赈济""遏籴",往往被地方政府视作"急务",但前提是地方官要审时度势而实心举行,否则不仅不能活民,而且有加速推进民亡之险。③

在万历三十六年(1608)江南大水灾期间,湖州府的武康、孝丰、安吉、德清被灾最重。地方政府根据勘灾情况,分别各种灾情

---

① [明]沈德符:《万历野获编》卷十二《户部》"救荒"条,中华书局 1959 年版,第 318—319 页。
② 《汉书》卷二十四《食货志》。
③ [明]李诩:《戒庵老人漫笔》卷八"论赈济遏籴"条,中华书局 1982 年版,第 312 页。

作出相应的赈济措施,"以本地之储蓄,救本地之灾伤"。① 这种做法基本上是以地域为范围,确定灾等,然后才展开救赈。在后世的救荒工作中,都可以看到这样的事例。

需要注意的是,松江府地方曾在万历年间的一次大灾时期,为防止动乱的发生,甚至贴出了"饥民必救,乱民必斩"的大幅告示。救荒工作更要求"禁抢第一,平价次之",将禁止抢掠行为置于首要地位,以免秩序崩溃,危及商家、典户、缙绅等群体的利益。② 青浦知县曾亲自到乡村负责救赈工作,捐俸赈济,请赈、请蠲、请平粜、请设粥縻,取得了较好的效果。其救赈的具体措施是:在乡村地方,令民坐田塍间,通过水路,随船散给;在城市,则令饥民列队于城上,随车唱给。③ 但这种情况在江南地区并不多。在常州府无锡地方,崇祯十一年(1638)大旱期间,蝗灾并作,士绅为防止民变作了很多努力,时人即云"幸在江以南,不致激成大变,若秦、晋、兖、豫,即揭竿斩木之徒由兹而起矣"。但在崇祯十三年的灾荒期间,当地还是出现了饥民抢掠富室的现象。④

比较而言,崇祯年间嘉善等地的救荒平粜是相当成功的。其具体工作的成效,可以从崇祯十三、十四年的救济情况获得明确的

---

① [明]王在晋:《越镌》卷二十《湖属救灾议》,中国科学院图书馆藏万历三十九年刻本。
② [明]撰人不详:《云间杂志》卷中,奇晋斋丛书本。据松江华亭人陈继儒云,"饥民必救,乱民必斩"八字源于王阳明的救荒之策。参[明]陈继儒:《白石樵真稿》卷二《松江志小序》"荒政"条、尺牍卷三《复陶太守救荒》,明崇祯刻本,载《四库禁毁书丛刊》集部第66册,北京出版社1997年影印版,第43、474页。
③ [明]陈继儒:《白石樵真稿》卷四《青浦鹏南韩侯德碑记》,第93—94页。
④ [清]王抱承纂,萧焕梁续纂:《无锡开化乡志》卷下《灾祥》,民国五年侯学愈活字本。

认识。根据陈龙正长兄陈山毓之子陈皋的归纳,崇祯十三年那次平粜,适值夏末,米价正高,嘉善县乡绅士民主要在县城进行了平粜工作,当时将每升米 40 文减为 30 文,在组织上采取分坊(居民区)管理的办法,粜米总计达五六千石,由此"阛阓之民,始有起色",但乡村百姓仍然生计困乏,"嗷嗷待哺"。仲秋时节陈龙正从洛阳回到嘉善,倾心于救荒工作,并迫令当时积米千余石的典铺散粜,在县城外设立 4 个米铺,从而使乡民的生计问题暂时得以缓解。到崇祯十四年初夏,米价再次暴涨,陈龙正再次推动平粜工作,将时价从每升米 60 文降至 42 文,城坊共粜米一万多石。对于乡民的救济,则采取了"管区分任"的做法,每个乡区选出乡绅或吏民一二人,全面负责此项活动。到孟秋中旬以后,就是较为荒僻的村落,都能买到每升价值仅为 42 文的白米。为了强化饥荒时期的救赈,陈龙正等人要求"捐升半以备赈,留一斗以随时",从而做到屋主能自救赁户、田主能救助佃户。① 从某种程度上来说,这一策略是十分可行的,因为完全依靠官府救助在大灾连年时期是不可能的。

煮粥是明代极为流行的赈济方法,特别是粥厂制度的推行最广。② 而且从节省粮食的角度看,无疑也是最好的。明代流行的一首"煮粥诗"云:"煮饭何如煮粥强,好同儿女熟商量。一升可作三升用,两日堪为六日粮。"说明了它的可行性。③ 不过,这种赈济方式虽由政府直接倡导,但流弊太多,其实效没有平粜那么显著。

---

① [明]陈皋:《庚、辛平粜记》,载[明]陈龙正:《几亭全书》卷二十五《政书·乡筹三》。
② 邓云特:《中国救荒史》,商务印书馆 1937 年版,第 326 页。
③ [明]李诩:《戒庵老人漫笔》卷七"煮粥诗"条,中华书局 1982 年版,第 305 页。

3. 政府与地方关系协调的重要性

明末大灾期间的江南地区,政府与地方进行了更多的合作,但政府在自身已无力全面施展赈济工作时,对地方乡绅富室和商人典业采取了必要的强制措施,要求他们通过平粜,全力施赈。士绅、富户与商人在灾荒时期当然会有投机牟利的行为,然而迫于政府压力,还是保持积极响应的姿态,完成分派的平粜任务。官方在推动平粜工作的同时,也注意适当维护商人富户的利益,允许他们在完成平粜额度之外,可以按时价散粜粮食。

但有一些富室大户,期望通过在米价高昂时的"闭粜"行为,获得更多的利益,引起了乡民们的愤怒。明末出现的抢米、抗租等行为,不能说与此无关。① 这当然也表明,在灾荒时期,政府的救助无能,令下层百姓的生活更为困苦,即便是富庶地区的居民也不能幸免。② 苏州府北面大运河上著名的榷关浒墅地方,在万历年间一次大水灾后,粮价暴涨,地方官员虽下达远粜、闭粜、平粜三令,但并无实际效果,富人囤积米粮,抬高利息,饥民僵仆于途,而悍者劫掠于市集,从湖广到江南地方贩卖米粮的富商大贾,都不敢来浒墅贸易。③ 崇祯年间的灾荒,使原本存在的社会问题更加严重,衙门蠹

---

① 实际上在明末崇祯年间江南地区出现的抢米事件是十分严重的。同样在崇祯十三、十四年间,苏州与松江都曾发过大规模的抢米运动。苏州抢米的起因,是米贵而钱贱;松江的抢米,除受灾害影响外,还与当地纺织业的衰落有关。
② 梁其姿:《施善与教化:明清的慈善组织》,(台北)联经出版事业公司1997年版,第44页。
③ [明]陈继儒:《白石樵真稿》卷四《浒墅关长玉钱公去思碑记》,第87页。

役奸书如狼似虎、如蛇如蝎,欺官欺民,舞文玩法,大家小户都被鱼肉,可谓民穷财尽。①

值得庆幸的是,在嘉兴府的嘉善等地,并没有这样的暴乱事件或秩序失控发生。这与政府的控制措施与地方力量的调控配合较好是有直接关系的。在崇祯十三、十四年间,以陈龙正为代表的地方士绅,为平粜、救济诸事一直"尽心酌议"。② 陈龙正在嘉善县地区主持社会救济时,采取的方法就是"写画逐圩地图",一切浜兜村落尽收其中,以乡区、地域为单元,强化了救济空间的有效性。③ 其具体的指导思想,不外乎历代以来在救荒方面总结出来的经验,如救荒须"六先",即先示谕、先请蠲、先处费、先择人、先编保甲、先查贫户,另外,还有"八宜""四权""五禁""三戒",规则极细。所谓"八宜",即次贫之民宜赈粜、极贫之民宜赈济、远地之民宜赈银、垂死之民宜赈粥、疾病之民宜救药、罪系之民宜哀矜、既死之民宜募瘗、务农之民宜贷种。所谓"四权",就是奖尚义之人、绥四境之内、兴聚贫之工、除入粟之罪。所谓"五禁",是禁侵欺、禁寇盗、禁抑价、禁溺女、禁宰牛。至于"三戒",包括戒后时、戒拘文、戒忘备。④

这些思想的有效性都在陈龙正的救荒工作中得到了印证。而救荒工作中最为重要的做法,就是将20到30个圩乃至30或40圩组成县以下各个灾赈区划,由籍贯在该区的乡绅指导区内的"大

---

① [明]沈氏:《奇荒纪事》,载[清]蔡蓉升纂,蔡蒙等续纂:《双林镇志》卷三十一《文存》,上海商务印书馆民国六年铅印本。
② [明]陈龙正:《救荒策会》卷七《救饥本论》。
③ [明]陈龙正:《几亭全书》卷二十五《政书·乡筹三·庚午急救春荒事宜》。
④ [明]陈龙正:《救荒策会》卷六《荒政议总纲》。

户""富室""殷户"进行救荒,"以本乡人理本乡事"。① 这种救济活动,是以区和圩为单位、按地缘结合乡绅和富户为其重要特征的。② 类似地,清初秀水县发生严重饥荒之际,知县李见龙积极筹划赈济,也是按圩区了解贫户情况,以三塔寺为中心实行"煮粥分赈"工作,不过由于界连吴江县,吸引了大量饥民前来,通过与乡绅们的公议,决定给米散赈,亟行"里赈之法",按基层管理区划,用有限的粮食,更好救济本地饥民。③ 陈继儒就认为,救荒工作并不是一府一县的私事,"一方不禁,万橹俱停",江南地区应该联合进行平价、闭粮、劝借等方面的工作,从而限制米价上涨和乱民哄抢,达到共同控制以获均利的目的。④

马罗利(Mallory)分析中国灾荒最根本的原因在于社会"人口过挤",可能未必全部正确。邓云特指出了这种看法的错误,认为农业经济的全面崩溃,在于"历代统治阶级对于农民之残酷剥削,及军事战争破坏农业生产力",以致农民防灾的能力丧尽,这显然"与抽象之人口律殊无决定之关系",而且不是彻底的"科学观察

---

① [明]陈龙正:《辛巳六月公议各乡平粜约》,载《几亭全书》卷二十五《政书·乡筹三·庚、辛救荒平粜事宜》。
② (日)森正夫:《十六—十八世纪にぉける荒政と地主佃户关系》,《東洋史研究》,1969 年第 27 卷第 4 號。中译本载刘俊文主编:《日本学者研究中国史论著选译》第六卷"明清",中华书局 1993 年版,第 26—73 页。
③ 康熙《秀水县志》卷十《杂文》,康熙二十四年刻本。
④ [明]陈继儒:《白石樵真稿》尺牍卷三《与钱抑之宫詹》,明崇祯刻本,载《四库禁毁书丛刊》集部第 66 册,北京出版社 1997 年影印版,第 488 页。钱抑之,即钱士升,嘉善人,万历四十四年状元;崇祯元年起少詹事,掌南京翰林院,后任礼部右侍郎;崇祯六年任礼部尚书,兼东阁大学士。参[清]孙静庵:《明遗民录》卷三十八《钱士升》,上海新中华图书馆民国元年版,第 3 页。

法"。① 实际上,国家在进行地方灾害防御的同时,还在加紧从地方攫取更多的利益。崇祯年间,朝廷还特设内宝钞局,昼夜制钱,并雇募商人拟以一贯作一两发卖,结果"无一人应者"。部分臣僚认为"民穷已极",应当休养安息的劝谏,也遭到了拒绝。② 早在李自成、张献忠为代表的农民战争爆发以前,许多地方由于连年灾荒已经出现了变乱。如天启元年(1621)九月,四川永宁宣慰使奢崇明发动了叛乱,攻陷了川东、川南等地区。次年,贵州水西以安邦彦为首的叛乱,又使贵州西部失陷。到崇祯元年(1628)年底,陕西因地方饥民苦于加派,"流贼大起"。这种情况一直延续到崇祯四年(1631)王嘉胤起事,得到张献忠等人的响应。③ 对地方社会的稳固有着重要影响力的士绅阶层,开始倒向了农民军,这主要体现在北方地区。北方地区士绅的收入和生活状况远不及江南的士绅们优裕,在大灾的打击下,许多举人、进士、贡生以及相当一批地方行政官员参加了农民军,牛金星(天启丁卯[1627]举人)、宋企郊(崇祯戊辰[1628]进士)等就是其中的代表。④ 当然,没有顺从农民军的士绅们自然会受到一些很屈辱的对待。⑤

在北方农民战争蜂起的危机气氛笼罩下,浙江地方政府的应

---

① 邓云特:《中国救荒史》,商务印书馆1937年版,第84—85页。
② [明]李清:《三垣笔记》附识中"崇祯"条,中华书局1982年版,第223—224页。
③ 《明史》卷二十二《熹宗本纪》、卷二十三《庄烈帝本纪一》。
④ 在这方面,山根幸夫对明末北方地区兴起的农民战争与绅士层的反应有过较为精采的论述。参其文《明末農民反亂と紳士層の对応》,《中山鸟敏先生古稀記念論集》(下卷),汲古書院1981年版,第359—388页。
⑤ [明]程源:《孤臣纪哭》,载[明]冯梦龙编:《甲申纪事》卷三,上海古籍出版社1993年影印本。

对工作相对较好。知府、知县在崇祯年间的大灾时期,一方面努力捐资赈救饥民,捕斩匪寇;一方面与地方士绅密切合作,稳定社会秩序,获得了较大成功。例如在崇祯十三年(1640)奇荒之后的绍兴地区,"乱者如蝟",新任的推官陈子龙与同知毕九,知县汪元兆、周灿与乡绅倪元璐、刘宗周、祁彪佳、余煌、金兰、章正宸、周凤翔等人,"戢乱救灾,手口为瘁",方使抢攘四起的诸暨县等地"稍有宁宇"。① 大灾打击之下,如何妥善处理动荡社会环境下地方的救济问题,是地方政府一直需要面对的重要工作。

---

① [明]陈子龙:《兵垣奏议》"补叙浙功疏"条,载《陈子龙文集》,华东师范大学出版社1988年影印本,第129页。

第六章　明清江南的水利防护与社会调控
——以湖州府的溇港管理为中心

在江南地区,传统农业作为整个社会生产的基础,最容易受到自然环境变化的侵扰。其中以改造水环境为主要任务的农田水利事业的兴废,极大地影响着整个社会经济的发展。它的波动,迫使中央与地方都采取有效的措施加以控制,否则,江南这个财赋重地的根基必将动摇,而国家对江南的赋政汲取就不能很好地达成。

本章以对湖州府水利事业的考察为主,兼论明清两代太湖地区治水在地域分划上的差异,并进一步揭示社会力量在江南治水和调控中的作用。

一　江南水利研究的简单回顾

在江南农村,水利是农业生产兴衰的关键。做好农田水利的防护,具有特别重要的意义。作为全国财赋重地,江南一直备受国家重视。到清代后期,苏州、松江、常州、镇江、杭州、嘉兴、湖州与太仓的土地,虽不及一省面积之多,但其赋税总和"实当天下之半",堪称国家的根本。这些地方的地形大势,是湖高于田,田又高于江海,"水少则引湖水以溉田,水多则泄田水由江以入海",所谓"潴水泄水,两得其实",水利修治就显得十分重要。①

江南的核心是环太湖流域,地势相对低洼,湖荡汊港等水体形态密集分布于内。其水源主要来自流域西部茅山、天目山的溪流,经苕溪(分东苕、西苕)、荆溪等大流,汇入太湖,再经由"三江"下泄入海。明清时期的"三江"地区,一般是指吴淞江、刘河、望虞河等流域。明代人早就指出:"东南民命,悬于水利,水利要害,制于三江。"②水利堪称农之本,"无水则无田",只要是江、河、溪、涧、塘、泺、井之类,皆有可资利用的地方,"因势制器",为农田生产服务。③ 由于江南地区水流"纡回百折,趋纳有准",其患在"塞",人力的作用在其间具有关键意义,水利修治既怕因循,也忌速成。治水乃属"大事",岂能限于时日而望成功。④

太湖流域除太湖本体水域外,可分为上、下两大流域,上游地区包括嘉、湖、常、镇四府,下游地区则为苏、松二府。明代人认为:

---

① [清]钱泳:《履园丛话》丛话四《水学》"水利"条,中华书局1979年版,第95—98页。
② [明]沈启:《东南水利议》,载[明]张国维撰:《吴中水利全书》卷二十二《议》,文渊阁四库全书本。
③ [明]陈子龙:《陈忠裕全集》卷十二《杂著·农政全书凡例》,载《陈子龙文集》,华东师范大学出版社1988年影印本,第673、675页。
④ [清]钱泳:《履园丛话》丛话四《水学》"总论"条,第87—89页。

"上流不浚,无以开其源;下流不浚,无以导其归。"①上流地区的湖州府,是山水相间的地理环境,如当地官绅们所归纳的,合诸山地之水的是沟、溪、涧、渎、河,有所容蓄而积的是湖、漾、泽、荡,受地理环境限制而形成的有汇、湾、浦,至于合流成大川的,有应予防护的塘,也因水量太多而形成的圩,更有疏塞无定而设的闸,以及合泄而成的溇,都是出于"资水之利,防水之害"的目的。②

作为太湖上游溪流在雨季时容蓄的主要地域,疏通溇港,使之顺利泄入太湖,是最为关键的工作。清末人强调指出,湖州府乌程县地滨太湖,县境内水道为府属归安、德清、武康、安吉、孝丰五县的总汇,是同发于天目山并且合为苕溪东、西二流而注于太湖的"咽喉"所在。在阴雨连绵时节,山溪暴涨,其他县境内的水流汇入乌程县境后,先聚于县南的碧浪湖,然后散于县北滨湖的大钱、小梅及三十六溇,最后泄入太湖;至于分流入于县东运河以达浔溪的,也仍由溇港泄入太湖。湖州府北部的长兴县,虽与乌程县同滨太湖,但长兴只泄近境山涧水,与乌程泄远境杭、嘉二府崇峦巨壑之水的状况有所不同。故治当地水利,只有常年疏浚三十六溇,使碧浪湖不致久淤而涨塞。由此,乌程一县获利而其他五县皆能得利,即杭、嘉二府也能得利。③

森田明的《清代水利史研究》曾讨论了这方面的问题,从溇港的机能及其水利组织编成的角度,进行了详细的分析。他认为,水

---

① [明]徐贯:《治水奏》,载嘉靖《南畿志》卷十五《郡县志十二·苏州府·艺文》,嘉靖间刊本。
② 崇祯《乌程县志》卷二《水利》,崇祯十年刻本。
③ 光绪《乌程县志》卷二十六《水利》,光绪七年刻本。

利组织受到历史、地域等条件的严格限制,在此基础上才形成各种独特的性质。① 本章关于溇港部分的考察,正是得益于森田明相关论述的启发。作为 20 世纪 70 年代的研究,森田明的解释工作基本上囿于清代,尚不足以阐明明清两代的总体变化,史料的论证上可以进一步充实。张芳的《明代太湖地区的治水》,则指出了明代对于太湖治水主要是从三个方面展开的,即在太湖上游减少注入太湖的水量,在中游浚治湖水出口及分流排水,在下游着重疏浚吴淞江这一入海干道并兼顾东北港浦的治理。② 这些比较简约的论述,实际上已经是从系统性与全局性的角度来论述太湖水利的问题。缪启愉编著的《太湖塘浦圩田史研究》③,阐述了太湖来水两大源流苕溪七十四溇和荆溪百渎,因以塘浦圩田为中心,水利社会及相关调控问题,还有待进一步考察。潘清的《明代太湖流域水利建设的阶段及其特点》,对太湖流域下游水利建设作了三个阶段的分析,分别阐明其特点,虽然在时间上只以明代为断,而且几乎没有涉及太湖上游的相关论述,但指出了明代太湖流域水利建设的第三个阶段,即在万历至崇祯时期,政府荒怠水利的情境下,地方上已经开始依靠民间力量,并本着谁受益、谁出力的原则,进行水利整治,这种办法实际上有较大的合理性与现实意义。④ 清代对于湖州府溇港管理的展开,部分沿用了这一举措,并使之完善。尽管褚

---

① (日)森田明:《清代水利史研究》"第七章:浙江における溇港の水利组织",亞纪书房 1974 年版,第 249—278 页。
② 张芳:《明代太湖地区的治水》,载《太湖地区农史论文集》1985 年第一辑,第 95—105 页。
③ 参缪启愉编著:《太湖塘浦圩田史研究》,农业出版社 1985 年版,第 43—48 页。
④ 潘清:《明代太湖流域水利建设的阶段及其特点》,《中国农史》1997 年第 2 期。

绍唐对明清时期关于政府与地方控制太湖上源来水的论述也很简洁,但提出了解决太湖地区的水利问题必须从控制太湖上源的来水和疏通太湖下游的出口这两个方面来展开。①

对照明、清两代对于太湖水域的管理与整治,不难看出从明代以治理吴淞江为主的太湖下游整治工程,至清代更为重视上游溇港浚治和管理的问题以及与下游治水并重的事实。如不通过细致的考察,这一变化过程其实易被忽视。本章的探讨,主要通过考察湖州府地区对于溇港的管理,将重点置于清代溇港管理的实态上,说明加强太湖上游水利防护的重要意义,以及国家与社会在其间的举措和影响。

二 明清江南治水的阶段与重点

很多水利惯行有其一定的历史渊源,所以,在讨论明清江南的治水问题之前,有必要对明以前水利的整治情况作一简要回顾,有利于理解和探索明清时期的水利及其发展。

1. 明代以前江南治水略论

江南水利的整治,历史上较早、成就最显著,同时对后世影响最大的时段是宋代。当时人认为,江南水利的关键是在太湖治水工程。太湖广袤八百里,西受宣州、歙州,南受杭州、湖州、广德诸

---

① 褚绍唐:《上海历史地理》,华东师范大学出版社1996年版,第52页。

府的山水,东经"三江"入海。苏州、松江、嘉兴三府可视为太湖下游,下泄主河道有吴淞江、娄江与东江。但在筑海塘、东江湮废以后,只有苏州府境内的吴淞江与娄江独承下流,三江故道开始湮塞,水患随之增多。八百里太湖之水,被迫从太仓州刘河、常熟县白茆(茅)塘出海。如果这两大河道通畅,则流域内几个府皆能得其利;反之,一旦淤塞,太湖水便会反逆溢于杭州、湖州二府,影响极大。①

苏州独挡太湖的大部分水域,湖水由此经吴淞江出海;苏州又位江南运河中点,为漕运重心所在。② 水利专家们在奏疏中,常言"天下之利莫大于水,水田之美无过于苏州",更引起政府对苏州的高度关注。③ 直到南宋,政府十分重视苏州府地区的水利修治工程。④ 所以,宋代对于江南水利的整治,是以苏州府为中心的。元代对于吴淞江的修治,侧重于疏通沿江支河港湾,并多设水闸。⑤

---

① [明]陈子龙等选辑:《明经世文编》卷一八二《桂文襄公奏议四·浙江图序》、卷五〇一《姚宫詹文集·代当事条奏地方利弊》,中华书局1962年影印本。湖州府地滨太湖,近湖地带极易受湖水逆溢的影响,杭州府尽管与太湖有湖州一府相隔,但也会受到类似影响。从水系的角度看,太湖上游的主要水流苕溪的中上游处在杭州府境内,因此,如果太湖水泛溢严重,极有可能影响到杭州府。嘉兴府的北来水流,是由吴江县而来的大运河与湖州府东来的运河交汇注入府境,太湖水的逆溢对嘉兴府的直接影响并不大。
② 彭雨新、张建民:《明清长江流域农业水利研究》,武汉大学出版社1993年版,第15页。
③ [宋]郑瑄:《言苏州水利》(熙宁三年),载同治《苏州府志》卷九《水利一》,同治间修、光绪八年江苏书局刻本。
④ 详参同治《苏州府志》卷十《水利二》。
⑤ 彭雨新、张建民:《明清长江流域农业水利研究》,第19页。

但是,对于一个区域或地貌单元的水利整治,必须兼顾系统性与整体性,仅仅关注下游的治理,其实是不合适的,施政上会有失偏颇。宋代的水利举措,从某种角度讲是有积极意义的,因为它可以从最大限度上保障国家财赋重地的安定。就太湖流域这样一个整体而言,从汉唐以来,政府对太湖上游的水利管理其实是比较重视的,其治水是从太湖上游的水源山区着手的。如三国吴时即在吴兴(湖州)筑青塘,晋时谢安又在吴兴筑谢塘,唐代后期在荆溪上源即今南京市高淳区东坝街道地方修筑了五堰,对茅山入太湖的水流起到了节制作用。① 五堰原是用于控制宣州、歙州、金陵、九阳江诸水,由分水、银林两堰直趋芜湖。对于太湖上游水量的宣泄,起到了重要的调控作用,明人赞为"五堰之利,或由东坝以通苏、常,或由西坝以通宣、歙,所谓取之左右逢其源者"。② 后商人因经宣、歙往返贩运木排,东入两浙,多为五堰所阻隔,大为不便,就呈请官方废去五堰,其水流尽入于常州境内的荆溪,集中汇至太湖,增加了水患的风险。③

当然,将整个杭、嘉、湖、苏、松等地的水利工程作为一个系统加以整治,是在五代钱氏政权时期。那时对于水利的维护,仍然是以天目山这个上游地区为重点的,与明代以太湖下游为水利防护的重心有较多不同。这一点已有学者揭示。④ 明代基本上是承袭

---

① [明]韩邦宪:《广通坝考》。转引自魏嵩山著:《太湖流域开发探源》(江西教育出版社1993年版)第18页注引。
② [明]顾起元:《客座赘语》卷二"水利"条、卷六"五堰"条,中华书局1987年版,第57、183—184页;嘉靖《南畿志》卷三《总志三·志水利》,嘉靖间刊本。
③ [清]钱泳:《履园丛话》丛话四《水学》"来源"条,中华书局1979年版,第93—94页。
④ 参陈恒力:《补农书研究》附录六《浙西水利史提要》,农业出版社1963年增订版。

了宋代的做法,将重点放在了太湖下游吴淞江等河的整治上。

2. 明代江南治水的重点与波折

从洪武九年(1376)到万历十六年(1588),苏、松等地每有水患,政府即派要员往治水利,重点就在苏、松为主的太湖下游地区。① 其基本原因,即在于东南为天下财赋重地,且以苏州为中心,但地势低下,尤多水患,所以"官多逋负,民多流殍",于是朝廷要员皆"争言水利",提出治水要以吴淞江、白茆塘为首,设置专官负责治理。②

确实,明代前期曾十分专注于吴淞江、白茆塘等的浚治,工役最大,所付功费尤多③,而且对于太湖流域水利的整治,也已经总结出了"治田之法""分支脉之法""开淤塞之法""疏远流之法""障来导往之法"等一些基本的对策。④ 另外,在治水方面,明人特别强调水患对于社会生产的破坏性影响。由于江南沿海地区的河、江、港、汊联通潮汐,俗称"运潮",运潮来一天,泥沙就增一箬叶厚,积渐所至,淤塞日重,所以河港必须常作疏浚,否则积久产生的淤塞不但使舟船不能通行,而且还会形成陆地,"不能备旱涝"。⑤ 正

---

① 详参同治《苏州府志》卷十《水利二》。
② [明]李乐:《见闻杂记》卷十一,上海古籍出版社1986年影印本,第964页。
③ [明]李乐:《见闻杂记》卷十一,第967页。
④ 详参[明]蔡昇撰、王鏊重撰:《震泽编》卷四《水利》,南京图书馆藏弘治十八年林世远刻本。可惜的是,由于原书中残缺了一页,我们不能概观明人关于江南治水的全部思想内容。
⑤ [明]叶盛:《水东日记》卷三十一"江南运潮塞北风沙"条,中华书局1980年版,第305页。

德、嘉靖时期的官方代表人物桂萼(正德六年[1511]进士)则指出,嘉兴、湖州等地是"震泽、东海之所经也,溯冲淤壅,大遗三农之害"①。他不仅关注太湖下游的问题,也强调了太湖上游可能会发生的水患问题。到万历年间,刘河出口逐渐淤埋,但大势尚通,白茆塘却已成了平陆。由此导致太湖水流下泄经常不畅,大灾频繁出现。从成化年间以来,每议开浚,官方皆因有畏难情绪而罢,有人说"水旱天数,非人力可治",也有人说"治之复塞,徒费且劳",更有人说江南"滨海地势高卬,凿之复引水入内为患"②,都反映了当时对于江南治水工作中存在问题的看法,也构成了水利荒怠的重要理由。万历三十六年(1608)发生的一次特大水患,使江南地区几乎沦于洪流。因此,对于下泄通道的整治,历朝都有大的疏浚工程。以浚治白茆塘为例,从明初至万历年间,统计永乐时尚书夏原吉一次、天顺时侍郎李敏一次、弘治时侍郎徐贯一次、嘉靖时尚书李充嗣一次、隆庆时都御史海瑞一次、万历时巡江御史林应训一次,而其他小型的疏浚工程,大约数十年就有一次。③

由此可见,明代政府是将江南治水的重心置于"三江"地区,即一般而言的松江、娄江与东江流域。从夏原吉时代治理太湖水利起,每一举措大多是以下游吴淞江等河的疏治为首要,治水之议更

---

① [明]陈子龙等选辑:《明经世文编》卷一八二《桂文襄公奏议四·浙江图序》,中华书局1962年影印本。
② [明]李乐:《见闻杂记》卷十一,上海古籍出版社1986年影印本,第965页。
③ [明]陈子龙等选辑:《明经世文编》卷五○一《姚宫詹文集·代当事条奏地方利弊》,中华书局1962年影印本。

是不断。① 永乐元年(1403)到崇祯元年(1628)有关江南水利政策见诸史籍的,约有89件,以弘治、正德、嘉靖、万历四朝为最多。纵观明代水利政策的特征,江南治水可以分为以下几个时期:②

(一)宣德、正统时期。设置了治农官,并在洪水期采取了动员粮长、里长进行排水工作(车救)的方式,时称"周忱官车法"。

(二)成化、弘治时期。水利工程要求在农闲时进行,有田之家每百亩修筑堤岸三丈,工程原则上由土地所有者承担。

(三)正德末、嘉靖初期。该时期的中心工程是应天巡抚李充嗣主持的水利工程。

(四)嘉靖末、隆庆初期。以海瑞的治水工程为主,基本与李充嗣相同,但也继承了宋代范仲淹将水利工程与赈济饥民结合起来的方法。

(五)万历初年。南直巡按御史林应训以张居正的各项政策为基础进行的工程的特点,是重视动员塘长、圩甲,提倡利用当地的权力关系。

(六)万历三十、四十年代。表现为依赖民间的综合性社会政策。

明代前期对于江南治水相当重视,至少到嘉靖年间还是如此。当时的吏科给事中叶绅认为,苏、松、常、嘉、湖、杭六府土地虽无一省之多,但统计其赋税"实当天下之半",如果水道不通,会给六府

---

① 冯贤亮:《明代江南水利简史一种——介绍〈明江南治水记〉》,《文献》2000年第1期。
② 参(日)川勝守:《明代江南水利政策的发展》及附录"明代江南水利政策年表",载《明清史国际学术讨论会论文集》,天津人民出版社1982年版,第536—548页。

农田带来极大的危害,关系重大,需要朝廷选派通晓水利工作的官员,与地方官府一起大力疏浚水流,强化水利工作。① 巡抚吕光洵则强调了水利与江南区域内各府赋额高下的密切关系,认为苏州通水最便,所以赋独为最;镇江地高山多,通水不便,故赋额最下。② 然而在万历以后,水政废弛几有50多年。崇祯十年(1637),浙江道御史李模指出:"国家正供,半倚东南。东南赋额,半在苏、松二郡。乃土田下下,缘杭、湖、嘉、镇、常及应天、广德并据上游,而苏、松独居其下,仰受宣、歙、雩苕、建康诸水,汇于太湖,如建瓴甋。"下游地区的水利问题显得特别紧要。到万历以后,吴淞、白茆埋阏殆尽,只娄江一道涓涓细流,霖雨经旬,"数郡水下,沿海地隆高冈,势无旁泄,苏、松二郡竟成巨壑;或值亢旸,则又干河淀塞,支港干枯,无计导流,以资水戽。水旱交病,十岁九荒"③。总之,明代后期的江南水利事业处于一种不振的状态。身处明末的张履祥就曾慨叹说,"水利不讲,农政废弛,未有如近代之甚者";又说离土游民之多,也未有如近代之甚者。④ 这些问题,都加剧了地方社会的困弊。

到清顺治元年(1644),吴淞、白茆失修已逾60年,水旱灾害时有发生。江宁巡抚土国宝在顺治三年上疏指出:天顺年间、弘治七年(1494)分别疏浚过白茆河、吴淞江以后,"白茆潮沙积壅,状如邱

---

① [明]徐献忠:《吴兴掌故集》卷十一《水利》,嘉靖三十九年刊本。
② [明]吕光洵:《三吴水利图考》卷首"三吴水利考总序",嘉靖四十年刻本。
③ [明]李模:《请浚吴淞白茆并复设治水部臣疏》,载同治《苏州府志》卷十《水利二》。
④ [清]张履祥:《杨园先生全集》卷四十二《备忘录遗》,第1203页。

阜,吴淞江竟如沟洫,下流既壅,上流奚归?舟楫莫行,田畴莫治"①。很多淤涨的水域,常被"小民"填为平壤,或被"豪强"侵占,向官方申报田粮,"视为己有,不顾众患"②,其实在太湖流域已是普遍的表现。自明末到清初的几十年间,政府对于太湖地区的治水是很荒怠的。主要原因在于王朝统治出现动荡,农政废弛,地方上出现了"水利不讲,浚治失时,侵占沮塞以至浅涸"的情况,而乡间百姓及士绅对于河港溇渎塘荡的"侵占沮塞"也很严重。③ 作为太湖水入海基本通道的吴淞江,由于海潮倒流,故常有潮泥填淤之患;加之湖田的肥美,百姓竞相围占,以争尺寸之利。所以,吴淞江日渐狭隘,致使湖水排泄不畅。④

水利废坏的原因,当然是多方面的。江南水利本来就以江湖为巨区,出现坍涨,需要"随宜修治"。但是,官豪富室每遇涨滩,就希图"承佃",更有甚者,"割江湖之界限"来兴筑堤岸,并开垦成丘畎,称作"荡田",然后报官给帖,就正式占为私产。水利设施被破坏往往由之而起。⑤ 地方豪强侵占河湖可垦地区的情况,在太湖上

---

① [清]土国宝:《筹浚三江水利疏》,载[清]贺长龄、魏源等编:《清经世文编》卷一百一十三《工政一九》,中华书局1992年影印本。
② 同治《湖州府志》卷四十三《经政略·水利》,同治十三年刊本。
③ [清]张履祥:《杨园先生全集》卷六《书五·与曹射侯一(辛丑)》,第168页。曹射侯,名序,嘉兴府崇德县人。
④ [明]归有光:《震川先生集》卷三《水利论》,上海籍出版社1981年版,第60—62页。
⑤ [明]沈㳹:《吴江水考》卷五《水议考下》,清乾隆五年沈守义刻本。沈㳹,字子由,嘉靖十七年进士,授官南京工部主事。参[清]潘柽章:《松陵文献》卷五《人物五》"沈㳹"条,康熙三十二年潘耒刻本。

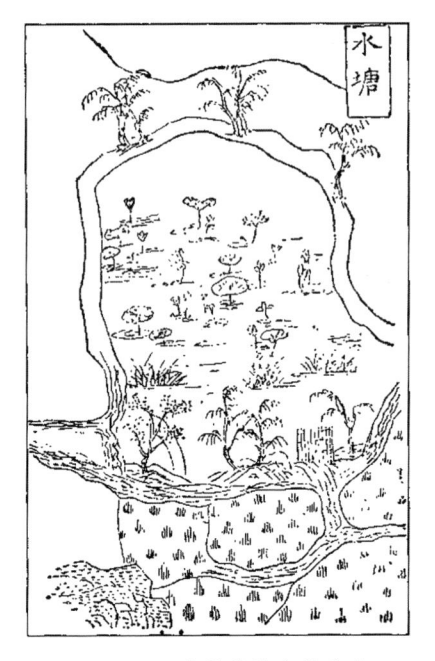

图 6.1　江南独特的水塘农作

游也十分严重。① 曾任内阁首辅的杨溥(1372—1446)早已尖锐地指出,土豪大户的侵占在江南地区十分严重,多为谋取私利而将池塘占据养鱼,将湮塞之处霸作私田进行垦种,因此,水利设施保存完好的,不过"十中之一",实际处于"废弛"状态设施的要多得多。② 后来巡抚江南的周忱(1381—1453)也指出,太湖流域多有豪

---

① 光绪《重修丹阳县志》卷三《水利》,光绪十一年刊本。
② [明]陈子龙等选辑:《明经世文编》卷二七《杨文定公奏疏·预备仓奏》,中华书局1962年影印本。

强私筑圩田而阻遏湖水的现象。① 这实际上就是将私占合法化的恶果。地方官府更贪图其短利,对当地豪民所占吴淞江沿河滨湖淤地而广植芦苇等物,不但不加阻止,反而"规取其税",这与教他们"塞江之道"根本没有什么区别。② 以湖州府而言,由于水利荒废,乌程县太湖之滨的39溇与长兴县的34溇,最晚到嘉靖时,已淤塞过半,地方百姓所种的桑麻芦苇等,对溇港水流造成了极大的扼制,而百姓"利其业者又惮于疏浚",所以积弊日深。③ 地方政府曾做过努力,希望以法令约束,强行挑浚河港,在嘉、湖、杭、苏、常、镇等七府地方一起展开这项工作,工程多的就令地方该管县"勠力并工",工程少的,只好由地方管理人员自己组织挑浚。④

明代并不是没有注意到上游水利整治的重要性。嘉靖至万历年间杭州人张瀚就曾指出,"谈水利于东南,以太湖为最",过去,上游有五堰可阻蓄部分水流,下游有三江可以分导湖水外泄,但是现在的情况却是"经界久湮,堤防无备",而且当事者"不以时蓄泄",要进行水利整治,就必须筑堤溧阳,"杀宣、歙、九阳之水以节其入",并按三江故道"开百渎宜兴",至陡门、江阴,以通吴淞江之水,使水能宣泄,农稼不致淹没。⑤ 还有人提出,除了继续维持太湖下游泄水河道的疏浚工作,更应加强对上游湖州府等地水利的治理,从而分杀浙江境内的水流,减却太湖容蓄水量的压力,以减少"专

---

① 《明史》卷八八《河渠志》。
② [明]归有光:《震川先生集》卷八《论三区赋役水利书》,第169页。
③ [明]伍余福:《三吴水利论》之六《论七十三溇》,嘉靖吴郡袁氏嘉趣堂刻《金声玉振集》本。
④ [明]不著撰者:《吴中水利通志》卷十一《公移》,明嘉靖三年锡山安国铜活字本。
⑤ [明]张瀚:《松窗梦语》卷四《三农纪》,中华书局1985年版,第74页。

治三江之难"。① 万历年间桐乡人李乐也认为:"宜兴、湖州诸闸水归太湖无碍,则常之宜兴、武进,湖之乌程、归安,松之华亭,可无水患;浚吴淞江、白茆(茹)之闸,太湖之水入江海无碍,则苏之长洲、常熟、昆山可无水患。"②

这些都是对于太湖流域水利进行综合整治的思想,不过明朝中央政府的关注焦点基本是以下游为重点。清初仍有人坚持明代的举措,专重下游吴淞等江的浚治,如张履祥就说"治水须从下流施功",而不能只着眼于河水决口或决堤的修补,③但清代的政策却有了较多的转化,对于上游的水利防护开始给予较多的关注。

3. 清代江南水利防护重点的变化及其原因

在清朝管理下的267年中,长江流域的大小水患在100次以上,最大的水患,仍然发生于太湖地区。④ 清初人对于江南地位的重要及其水利的关键作用的认识,其实是比较深刻的。嘉兴府秀水县人陈士鑛指出:"天下赋税,半在江南;而天下之水,半归吴会。"⑤顺治时期在江南居留十多年的布政使慕天颜,十分熟悉江南

---

① [明]章潢:《图书编》卷三八《两浙水利》,文渊阁四库全书本。
② [明]李乐:《见闻杂记》卷十一,上海古籍出版社1986年影印万历间刻本,第966—967页。
③ [清]张履祥:《杨园先生全集》卷四十《备忘二》,第1086页。
④ 参彭雨新、张建民:《明清长江流域农业水利研究》彭雨新"前言",武汉大学出版社1993年版,第1—3页。
⑤ [清]陈士鑛:《明江南治水记》,上海商务印书馆1936年据[明]曹溶辑《学海类编》本排印。

农事,认为"江南赋甲天下,又大半出于苏、松、常、镇",但以苏、松、常、镇论,要先大兴水利而后可言足国富民。① 实际上这都表明了江南地区及其水利防护的重要意义。

明末清初水利的荒怠,对江南地区造成的危害是比较大的,地方士绅百姓对此可以说有切肤的体认。如在顺治十八年(1661),张履祥给崇德县的朋友曹射侯的信中,指出当时水旱灾害不断给崇德、桐乡、海宁等地所造成的危害。张履祥目睹了地处水乡泽国的江南在大旱时田禾尽槁的惨状,当时从嘉兴城到皂林镇,运河之水逆流而西,乡民们冒着酷旱,昼夜不断地"车救"农田,而车不到水的地方,只好望天兴叹,田间"弥望皆枯"。这些地方都属最为富庶的地区之一,在灾害时期同样出现了百姓流亡、"桑柘伐"、"室庐毁"与"父子夫妇离"等惨象,而且"逃赋役者莫敢归,丐于途者靡所适"。② 这不能不让人感受到灾害的严重和地方治理的荒怠。所以很多士绅百姓都疾呼要全面维护江南地区的水利。

康熙时期,这一问题得到了官方相当多的关注,将江浙地区的水利作为最为紧要的政务。③ 康熙十年(1671),江苏巡抚都御史马祐的奏疏,详述了康熙九年夏季地方上出现的大水灾,因潮水泛滥导致积水三月不退,迫使"农工废业,人户流亡"。刘河、吴淞入海口都被淤塞,积水"无从走泄"。④ 同年,慕天颜上疏指出:"自三江

---

① [清]慕天颜:《水利足民裕国疏》,载[清]贺长龄、魏源等编:《清经世文编》卷二六《户政一》,中华书局1992年影印本。
② [清]张履祥:《杨园先生全集》卷六《书五·与曹射侯一(辛丑)》,第167—168页。
③ [清]赵士麟:《与苏抚宋公书》,载[清]贺长龄、魏源等编:《清经世文编》卷四三《户政一八》。
④ [清]马祐:《奏请开浚刘河吴淞江》,载同治《苏州府志》卷十一《水利三》。

湮塞,震泽泛滥,以田为壑,而苏、松、常、湖、嘉、杭六郡受患日深。上年水患弥漫四野,数百里间,不第禾尽无收,抑且室庐漂没,流离疾苦,不忍绘图。"①此后,出现了慕天颜领导的康熙十年、二十年(1681)两次较大规模的治水工程。② 在康熙十三年(1674),马祜再次向朝廷题请,要求严禁地方豪强违占河湖地区,并将关注重点置于镇江府丹阳县内的练湖。练湖分上、下二湖,湖区涵闸的维护,关系到了左近运河与地方水利的要害。③

康熙四十六年(1707),朝廷再次强调江浙百姓皆以田为生,"田资灌溉为急",虽号称东南水乡,但水溢易泄、旱暵难支也是经常出现的。延续十天以上的旱情,必将使"土坼而苗伤",苏州、松江、常州、镇江与杭州、嘉兴、湖州各府州县或近太湖,或通潮汐,中央政府一律要求在这些地方的所有河渠水口"度田建闸,随时启闭",在支河港荡淤浅地方都应加以疏浚,使水流畅通。④ 次年,在议准疏浚苏、松、常、镇四府所属支河港荡、修建新旧闸坝的同时,还下令疏浚杭、嘉、湖三府地区被淤浅的溇港,建闸64座。⑤ 这些举措不但有利于旱期的农作灌溉,而且也有助于洪水期太湖水流的顺利下泄入海。

到乾隆时期,荆溪下游的百渎地区,定跨等港上承南部的水流

---

① [清]慕天颜:《疏河救荒议》,载[清]贺长龄、魏源等编:《清经世文编》卷一百十三《工政一九》。
② 同治《苏州府志》卷十一《水利三》。
③ 光绪《重修丹阳县志》卷三《水利》,光绪十一年刊本。
④ 《清朝文献通考》卷六《田赋六》,商务印书馆1936年铅印本。
⑤ 中国社会科学院历史研究所资料编纂组编:《中国历代自然灾害及历盛世农业政策资料》,农业出版社1988年版,第438页。

泄入太湖,泥沙"随水出口",所以"港不淤而深阔";近北的河港则有通有塞,与宜兴县内溇渎的情况相同。① 嘉庆九年(1804),江南地区又发生了一次大水,江、浙两省都联合会议疏浚事宜,但时隔多年"竟无成说"。道光三年(1823),发生了规模更大的水灾,波及整个太湖流域的苏、松、常、镇、太、杭、嘉、湖八个府州,堪称雍正三年(1725)以后最大的水患。尽管在道光四年地方政府讨论弭治水患时注意到了作为太湖水源的湖州府72溇,而常州府宜兴县境内的溇渎已湮没一半,苏州府元和宝带桥、吴江垂虹桥的下游地区也"半就塞",但政府的整治依然不力。江、浙两省经多次会同"勘估疏浚",作为尾闾的吴淞江仍是"估而未办",而刘河、白茆"并未议及"。由此亦可概见太湖下游水利久遭堙废的基本原因。难怪包世臣在道光五年(1825)路经常州时,已闻知当地孟渎河已被淤为平陆,而民田丧失灌溉之利已达数万顷的事实。②

就清代而言,对于太湖下游的水利整治,慕天颜、陈世倌、庄有恭、林则徐的贡献是很大的。庄有恭曾上疏要求大修三江水利。他认为,太湖湖水分疏最重要的地方在于三江水利,为此曾上疏要求大修三江。他说:所谓三江,即吴淞江、娄江和东江。东江早在宋代已经淤湮,明永乐年间另开了黄浦,"宽广足当三江之一",也就是现在所称的东江。三江分别流经了吴江、震泽、吴县、元和、昆山、新阳、青浦、华亭、上海、太仓、镇洋、嘉定等十二州县境内,其间

---

① [清]金友理:《太湖备考》卷首《荆溪县沿湖水口图说》,江苏古籍出版社1998年版,第5页。
② [清]包世臣:《中衢一勺》卷七上《附录四上·江苏水利略说代陈玉生承宣》,载《包世臣全集》,黄山书社1993年版,第188—191页。

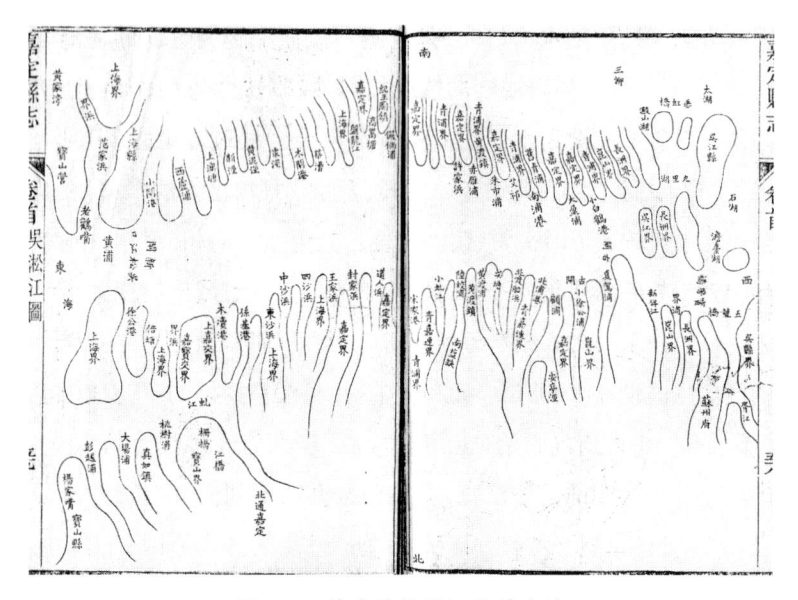

图 6.2 清代的吴淞江及其支流

港浦纵横,湖荡参错。而太湖的出水口,也不仅只有苏州宝带桥一个地方,如吴江的十八港、十七桥,吴县的鲇鱼口、大缺口,也都是湖水横穿运河入江的要道,现在都出现了淤阻。东南水利关系民生大计,如及早为之筹划,可以"事半功倍"。① 但对水利进行全面整治的,当推林则徐。他在疏通黄浦、吴淞后,又大举挑浚浏河、白茆,并发动苏、松、太各府州县全面治水,且处处验收工程。②

庄有恭的提议与林则徐的举措,基本仍以太湖下游地区的水利修治为重点。但很多人已经提出对于太湖流域水利的治理,要

---

① 《清史稿》卷三百二十三《庄有恭传》。
② 彭雨新、张建民:《明清长江流域农业水利研究》,第52—53页。

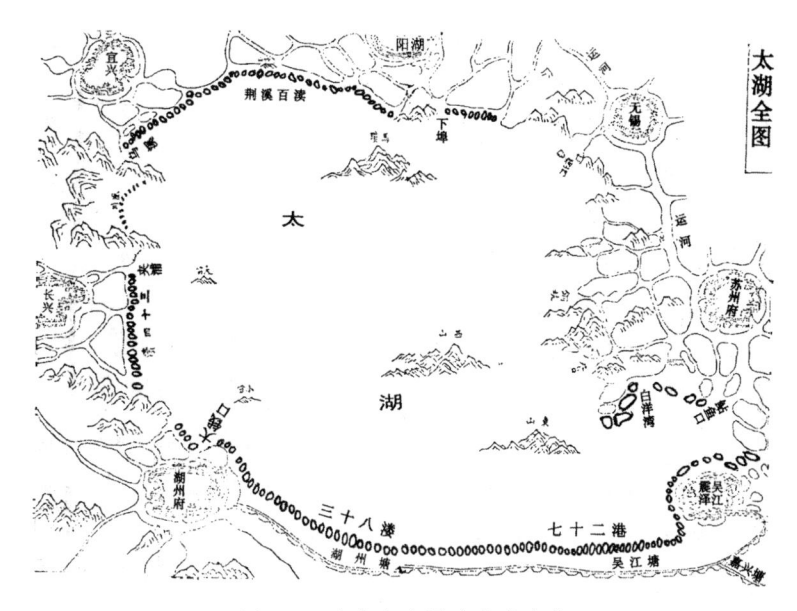

图 6.3　清代太湖周边溇港分布

资料来源:[清]金友理:《太湖备考》卷首,江苏古籍出版社 1998 年版,第 10—11 页。

将上、下游一并进行。震泽县人马某还指出,历来对于太湖流域的治水,只知下游地区,原因可能在于:太湖出海河道常受潮汐顶托的影响,海水倒灌,泥沙容易积淀,而溇港仍属通畅,所以古人治水"止及出海河道,而不及出湖溇港"。但在清代,溇港已经多有淤塞,导致上流之水不能倾入太湖,而且杭州、湖州两府地区的农田时遭淹没。康熙年间,御史沈恺曾、耆民童国泰都先后上疏要求开浚溇港。但地方政府奉行并不着力,只开了乌程县的 36 溇,不开吴江震泽境内的72港,不足以充分宣泄太湖上游地区的水流。①

在康熙四十七年(1708),政府疏浚了杭、嘉、湖三府淤浅的溇港,建闸64座。乾隆五年(1740),修浚了湖州府城分流各支河,并将钮家桥等地及附郭壕堑逐段开通,"以资蓄泄,灌溉民田";乾隆二十八年(1763),再次开浚湖州府溇港;到道光五年(1825),疏浚了仁和、钱塘、余杭、嘉兴、嘉善、海盐、石门、平湖、桐乡、归安、乌程、长兴十二州县的河港,并修筑了乌程、长兴两县的塘闸桥坝。② 可见,在嘉、道以后,太湖上游水利方面的重要性,得到了明显的重视。清人对此也多有评论,认为仅仅浚治杭州府上游地区,虽然在形势上较为"建瓴",但湖州府地区会大受泛滥之灾;如果只关注苏、松为主的下游地区,上游溇港则会遭到阻塞,以致"湖州之病"难除。③ 水利专家王凤生(乾隆四十六年[1781]进士)也认为,太湖水流的咽喉,在苏、松、常、湖诸府水流,表现于水利修治的关键,就是上游溇渎的"畅达"和下游吴淞江、娄江的"深通顺轨"。张邦彦早已指出,杭州府处在上流地区,嘉兴府则是杭州府的分流地域,只有湖州府承天目山下来的水流,独自汇于太湖。为分担湖州水流的重负,必须"分杀上游暴涨之势",同时也作为"备旱岁潴蓄之资"。④

---

① [清]金友理:《太湖备考》卷三《水治》《水议》,江苏古籍出版社1998年版,第109—140页。
② 《清会典事例》卷九二九《工部六八·水利》,中华书局1991年影印光绪二十五年石印本。
③ [清]凌廷堪:《湖州碧浪湖各溇渎要害说》,载[清]贺长龄、魏源等编:《清经世文编》卷一百十六《工政二十二·各省水利三》,中华书局1992年影印本。
④ [清]王凤生纂修,梁恭辰重校:《浙西水利备考》"吴淞江说""杭嘉湖三府水道总说",道光四年修、光绪四年重刊本。

然而,清代中期以来大量移民的入居江南,使水利修治出现了较多的困难。这种人为的破坏,并非直接针对水利设施,但它导致的上游地区生态环境的恶化,却是十分致命的。为此,地方政府在嘉庆六年(1801)发布了《抚宪院禁棚民示》。这篇碑文的内容,为了解棚民对于环境的破坏及地方政府如何采取控制措施,提供了可靠的依据。当时官方作了较为严格的规定:清理山乡棚户,编造保甲清册,如有县衙人员借此索取造册纸笔钱分者,"立毙杖下";有保甲册的棚民,如再"引类呼朋"来浙江租种山地的,立即"拿究重处";除嘉庆六年以前浙江本地出租田地的可以不论外,如有在嘉庆七年以后贪图租利,以致造成淤坏他人田地的,"绅士革究,军民查拿治罪不贷";出租山地已满年限的须陆续收回,不许再租,否则即予严惩;每年年底须将棚民增减情况详细上报;由于垦种苞芦需要深耕松土,极易引发水土淤积,所以除现有棚民要渐加禁示耕种外,本地居民一律不许栽种,"违者重究";最后,租出山地视情况酌量给钱赎回,并改种其他作物,以期"渐除水患"。① 实际上,这种禁约并不能维持长期的效力,道光以后浙西山地水土流失的人为加剧便是一个明证。

道光年间,由于苏北、安庆及浙江本省台州等地的棚民继续在当地租山垦种苞谷,呼朋引类,"蔓延日众",每到一地,"必得土尽而后已",致使杭嘉湖地区山地阡陌相连;山土被人为刨松后,一遇大雨,便沙随水落,随山地形势倾注而下,使溪河泥沙日淀月淤,常有泛滥之灾。孝丰、安吉、武康三县,与长兴县的西南境、乌程县的

---

① 嘉庆六年十二月《抚宪院禁棚民示》碑,载陈学文编:《湖州府城镇经济史料类纂》,浙江社科院1989年印行本,第226—227页。

西境,受害情况大致相同。道光二十三年(1843),地方官员即奏请朝廷禁止棚民开山。几年过去了,水土流失问题非但没有治好,反而变得越来越重,事实上已是"积重难返,扫除不易"。因此,水利清源的一大关键,就要"去其甚以截其流"。①

山乡民生的开拓,必然需要通过垦山耕垦等才能达成,低乡的良田因此常被泥沙淤埋,水利设施遭受破坏。在咸丰元年(1851),地方上因棚民开山过多造成水道阻塞的情况日益严重,朝廷即准许地方政府分清"已开""未开"情形,添立"界石"作为限制,而且规定,如果有私移界石、继续开垦的,"立即严惩"。②

太平天国战争后,又有一大批"客民"入居太湖上游山区,他们主要来自宁波、绍兴、湖广、安庆。仅安吉一县,根据同治十年的保甲编排结果,客民数量已达 3291 户,远远高于棚民数 464 户,外来人口已经接近土著居民 4108 户的数量。③

这些人的到来,与早期棚民一样,也在一定程度上对当地水利有所破坏。早在同治五年(1866),曾任江南道监察御史的长兴县人王书瑞(道光十四年[1834]进士)因近年浙江地区(主要是湖州府)溇港淤塞严重,上奏表示"亟宜开浚"。他回顾了从康熙到乾隆期间湖州府地方的水利修治过程,指出在太平天国战争影响下,当地的疏浚管理工作被荒废,出现了"泥沙堆积,溇口淤阻,垦种多致

---

① [清]王凤生纂修,梁恭辰重校:《浙西水利备考》"嘉湖三府水道总说";[清]汪元方:《请禁棚民开山阻水以杜后患疏》,载[清]王廷熙编:《道咸同光奏议》卷二十九,光绪二十八年上海久敬斋刊本。
② 《清会典事例》卷九二九《工部六八·水利》,中华书局1991年影印光绪二十五年石印本。
③ 同治《安吉县志》卷四《户口》,同治十二年刊本。

淹没"的普遍情况。朝廷即下旨令浙江巡抚马新贻立刻派官"履勘工程缓急",并设法筹款加以"次第赶紧兴修",决不允许"意存畏难,稍涉迁就"。当时还有人奏称,苏、松等府与杭、嘉、湖"异派同归",湖州府处上流之"最要",苏、松等府处下流之"最要",认为两者须并重治理,否则下游疏通而上流阻塞,就会"害在湖州";反之,上流疏通而下游淤滞,则"害在苏、松",并害及杭、嘉、湖。政府由此再次下令地方要员曾国藩、李鸿章和郭柏荫派人履勘,与马新贻"会筹委办,通力合作"。① 这样的水利重建工作,完全是在国家的支配下达成的,调控的主导力量基本在省府州县。

当然,溇港功能的毁坏还有其他方面的原因,特别是社会不安定时期,附近居民为防御盗匪变乱,往往填溇自卫,筑堤填坝,"久之视为己产,壅塞滋甚",湖水冲刷岸边,"以致河之深者日浅,阔者日狭,甚则变为陆地",湖滨世居民又分踞瓜占,使溇港的功能由此丧失。②

三 湖州府的溇港管理

为了进一步讨论地方社会在水利防护方面的诸种调控行为及其意义,可以湖州府的溇港管理为例加以阐明。

湖州府是太湖的主要水源地。其在水利上的重要意义,王凤

---

① 《清会典事例》卷九二九《工部六八·水利》,中华书局1991年影印光绪二十五年石印本。
② [清]童国泰:《奏水利条议》,载同治《长兴县志》卷十一《水》,同治十三年修、光绪十八年增补刊本;[清]胡嘉生:《清邑水利议》,载光绪《浙江通志》卷五十五《水利四》,光绪二十五年重刊本、民国二十七年商务印书馆影印版。

生归纳得相当充分,他说:"湖州,水瓠也,虽与杭、嘉称为唇齿之邦,然杭则上流也,嘉则杭之分流也,至于湖,则两引天目诸山之水,独汇于太湖,譬则釜底也。"①地理环境塑适了水利的地方形态及其差异。湖州地区每年降雨量的三分之一到三分之二,集中在六月到八月间的雨季,水量可谓过盛,如果不及时浚治主要干河及港渎,就有可能发生大灾。在农业生产方面,湖州境内山乡的比例较高,交错于圩田或垯地间的小溪流,需要不断浚治,因为这些既是重要的排水渠道,也是灌溉的重要用水源。森田明指出,当地除一部分高乡外,其塘、浦、港、溇、浜等在水利功能上的利益保障及管理保全都极为重要。② 由于森田明对溇港的功能及管理已有较多的论述③,在这里仅作一些补充性的阐释。

在江南地区,河流湖港纵横交错密布。以水域面积与陆地比较来说,水就占了十之五六,"泽国"之名由此而来。而且环江带湖地区,纵有浦,横有塘,其支流随地域不同则有港、泾、荡、浜、瀼、淹、溇等称谓。④ 这些与水路也有近似的功能,但溇港还是最令人注目的。⑤

---

① [清]王凤生纂修,梁恭辰重校:《浙西水利备考》"湖州府水道图说"。
② (日)森田明:《清代水利史研究》,亞紀书房1974年版,第250页。
③ 参(日)森田明:《清代水利史研究》,第250—278页。
④ [清]黄辅辰编著,马宗申校释:《营田辑要校释》内编上之下《水利》,农业出版社1984年版。
⑤ 同治《湖州府志》卷四十三《经政略·水利》,同治十三年刻本。

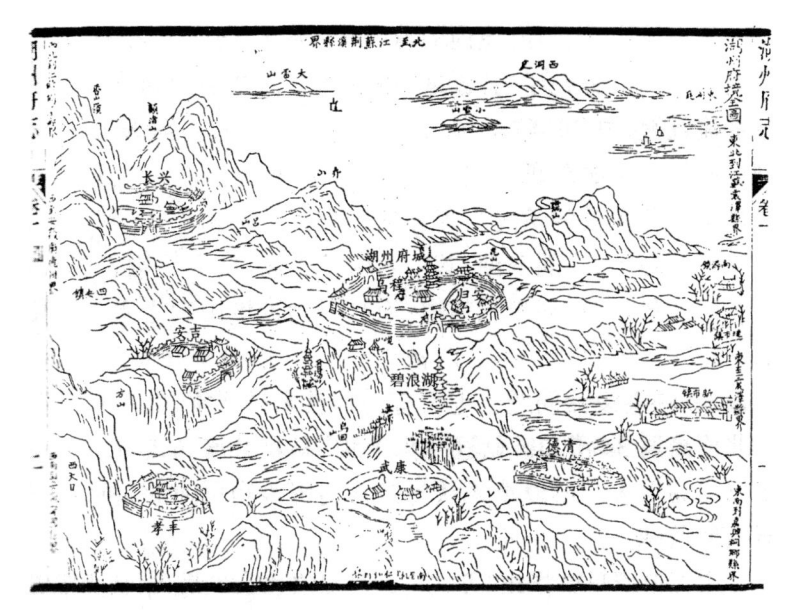

图 6.4 清代湖州府方域形势

1. 溇港的功能

清人指出,湖州府境内的苕、霅二水,全部流入太湖,所以当地水利的要务,在于"开淤塞、备堤防"。而溇港的作用在于引导水流宣泄,并且能防止太湖水泛溢,所需要的应对举措,不过是设堤塘以作障御。地滨太湖的湖州府附郭县乌程,是湖州府境内水流汇注于太湖的咽喉之地。府境内另一个滨湖的长兴县,排水状况与附郭的乌程县大致相仿。差别在于,长兴北、西、南三面环山,仅东面一隅滨湖,其上六区田多高阜,遇旱则苦暵,而下六区地势卑下,遇涝则怕溢,而且长兴地方只泄近境山涧之水。主要的问题是需

321

要常开沟洫"以备潴泄",防止山泉并发的危害。所以,在溇港浚治问题上远没有乌程县严重,长兴方面的工作,需要与乌程县一起合力疏浚好滨湖的36溇港。从这一点上说,乌程县境内溇港的作用显得更为重大。所以清人认为,乌程县是"通郡之禽受",如果"水来西南,沙阻东北",那么"势将泛滥,横行旁溢,四境为害可胜言哉",所以湖州府的水利"尤于乌程为首重",完善乌程水利,更可使湖、杭、嘉三府俱能获利。①

宋代宜兴人单锷(嘉祐四年[1059]进士)早就指出,苏、常、湖三府之水为患最久,从溧阳五堰以东到吴江岸,好似人的身体:"五堰其首,宜兴荆溪其咽喉,百渎其心,震泽其腹,旁通震泽众渎其络脉众窍,吴江则其足也。"②单锷的论说,为后世治水者提供了思想资源。明代人运用了这个人身器官系统的譬喻,注意江南水利生态的系统性问题:"譬之人身,天目首也,诸山溪口也,雨泽饮食也,太湖其胸腹,三江其肠胃,海其尾闾也。"③再如清人陈芳生论述其家乡仁和县水利的意见,也有类似的意趣:"仁和田土,有上、下塘之分,而旱潦因之异焉。下塘苦潦,患在下流之不速。欲下流之速

---

① [清]王凤生纂修,梁恭辰重校:《浙西水利备考》"湖州府水道图说""乌程县水道图说";光绪《乌程县志》卷二十六《水利》,光绪七年刻本;光绪《浙江通志》卷五十五《水利四》,光绪二十五年重刊本、民国二十七年商务印书馆影印本,第1139、1141页。
② [宋]单锷:《水利书》,载[明]徐献忠:《吴兴掌故集》卷十一《水利》,嘉靖三十九年刊本。百渎,在宜兴之下,以泄荆溪之水,东入太湖。参嘉靖《南畿志》卷三《总志三·志水利》,嘉靖间刊本。
③ [明]张内蕴、周大韶:《三吴水考》卷二《三吴水利图说》,文渊阁四库全书本。

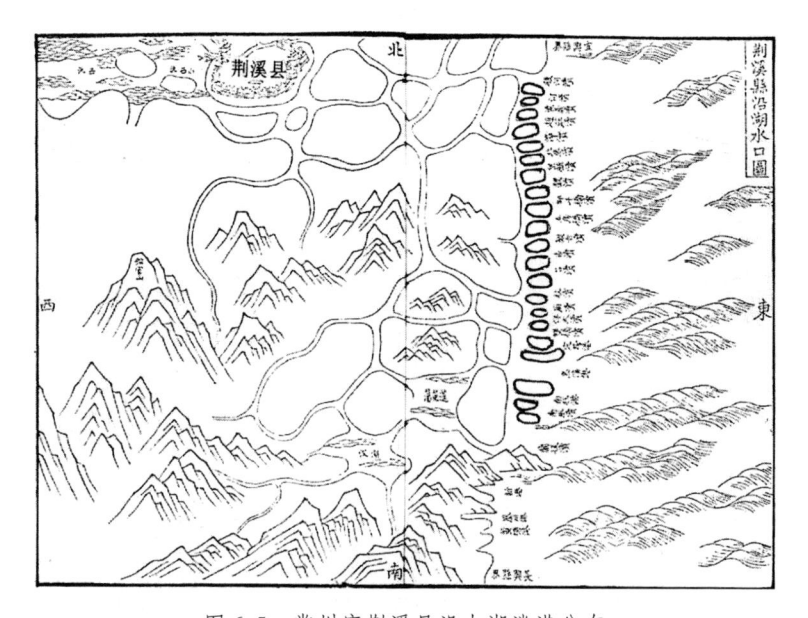

图 6.5　常州府荆溪县沿太湖溇港分布

资料来源:[清]金友理:《太湖备考》卷首,江苏古籍出版社 1998 年版,第 18—19 页。

者,当合嘉、湖、苏、松以为功。"①上游的修治,要与下游的规划相协调,整个水利系统才能得到较好的保持。这些都是从系统性的角度来思考水利大势的。

就湖州府而言,正如嘉靖时人徐献忠所论,湖州处"泽国上游",地方大政莫重于水利,治水的关键,是所谓"不患于源之不通,

---

① [清]陈芳生:《上塘河工议》,载[清]贺长龄、魏源等编:《清经世文编》卷一百十六《工政二十二》,中华书局 1992 年影印本。

图 6.6　湖州府乌程县溇港分布

资料来源：[清]金友理《太湖备考》卷首，江苏古籍出版社 1998 年版，第 22—23 页。

而患其流之不泄"。① 清人凌廷堪（1755—1809）对此也有深刻的认识，在形容太湖水利的要害时，进一步套用了单谔的理论：湖州一府犹人一身，碧浪湖是咽喉所在，运河及分泄支港是其肠胃，沿太湖诸溇港渎是其尾闾。碧浪湖是湖州七县"聚水之薮"，周围有七八里。当然，如果没有滨湖溇渎的分泄，则"水无归宿"，湖州府的东北乡及长兴县的下六区均会受其害。郑元庆也指出："三吴之水，利在下流；吾湖之水，利在溇港。"谭肇基认为，过去多设溇港，

---

① [明]徐献忠：《吴兴掌故集》卷十一《水利》，嘉靖三十九年刊本。

就是为"泄水之速",同时每溇各置"闸座",目的是可以"时蓄时泄,旱潦无虞",从而指出人事可以"挽天时之穷"[①],强调了人工改造的重要性。

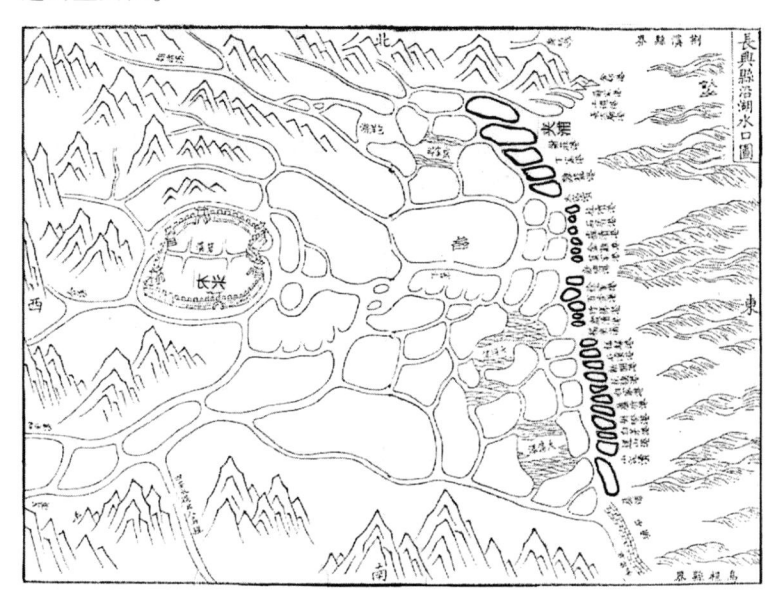

图 6.7 湖州府长兴县溇港分布

资料来源:[清]金友理:《太湖备考》卷首,江苏古籍出版社 1998 年版,第 20—21 页。

溇港的功用,在国家重典中也得到了肯定。《清会典事例》云:"浙西水利,在浙东则有海塘,在浙西则海塘而外又有溇港。湖州

---

① [清]凌廷堪:《湖州碧浪湖各渎要害议》,载[清]贺长龄、魏源等编:《清经世文编》卷一百十六《工政二十二·各省水利三》。

府属乌程县境有三十九溇、长兴县境有三十四溇。"①将溇港功用与海塘并提。

从技术的角度来考察溇港的功能,更能清楚地说明这一点。湖州府沿太湖地区,大多设有堤防,且多为溇港。溇有斗门,都用大木(明初已改用"巨石")制成,相当坚固,而且门上都有"闸板",旱时关闭,可防溇水走泄,但有东北风也要关闭,以免湖水暴涨上泛。这里还曾设有专门予以管理的地方官员,其效用为时人所赞,包括舟船交通经由溇港者,都要接受管理,人称"为利浩博"。这种做法大概在宋代已经产生,因为根据明初人的考察发现,在旧的闸板上刻有"元丰"年号,可知其由来久远。② 而据顾祖禹的统计,湖州府有73溇,在乌程县境内有39个,在长兴县有34个,这些溇港导流苕、霅二水,注入太湖。旧时都曾筑有堰坝,遇到风潮涨溢时,还可用以捍塞,碰到淫雨积潦,则用以启闭,是控制宣泄的主要依赖。但在以后,这种设施大多"湮废"。在明代弘治年间,工部侍郎徐贯曾经对此进行修浚,并兴筑了70里的石堤,但不久依然被废弃了。③

因此,宋代已经大规模开浚使用的溇港,在治水方面具有独特功能,而且,位于太湖西南边缘的湖州府长兴、乌程两县,可以依靠

---

① 《清会典事例》卷九百二十九《工部六八·水利》,中华书局1991年影印光绪二十五年石印本。
② 《永乐大典》卷二二八〇《六模·湖·湖州府六》,中华书局1986年影印本,第909页。成化十一年刊、弘治年间补刊的《湖州府志》卷六《山川》,记载与此同。另参[明]徐献忠撰:《吴兴掌故集》卷十一《水利》所录《沿湖港溇考》,嘉靖三十九年刊本。
③ [清]顾祖禹:《读史方舆纪要》卷九十一《浙江三·湖州府》,中华书局1955年版。

溇港内设置的板闸,来捍御东北风掀起的湖水倒灌之势;至于上游山区遭遇的大雨时奔流而下的水流,溇港"通经递脉",既能挡杀其奔冲之势,又能使其及时泄入太湖。① 当然,溇港的许多地方都是经过人为设计的,如斗门、闸板、坝堰等,其中水门需要依时按水量或旱潦情况进行开闭调节。溇港附近地区可利用这一点来进行有效的灌溉,同时使舟船运输成为可能。② 溇港是调节水量的安全设施,起到了贮水与排水两种作用。

另外必须指出的是,溇港除具有蓄、泄水流的两大功能外,还可以作为抵御地方强暴即盗匪之乱的重要防护点。明清时期的官绅士民都清楚地认识到了这一点,清代湖州府沿湖的长兴与乌程两县的15个军事驻防点,都是溇港所在,在大钱、小梅、伍浦、夹浦等都曾设有守备、千总和把总。③ 而且,溇港一般都设有较为坚固的闸门,闸门大都是巨石制就,于是附近居民经常在溇港上筑堤填坝以防盗贼。从这个意义上讲,溇港的功能就十分类似于江南水乡城镇所设的水栅。不过,防盗功能实际上对于水利防护机能的发挥是有阻碍的。

---

① 同治《湖州府志》卷四十三《经政略·水利》,同治十三年刊本。
② [清]凌廷堪:《湖州碧浪湖各溇渎要害说》,载[清]贺长龄、魏源等编:《清经世文编》卷一百十六《工政二十二·各省水利三》。
③ [清]金友理:《太湖备考》卷首《长兴县沿湖水口图说》、卷四《兵防》,江苏古籍出版社1998年版。康熙时童国泰的《奏水利条议》,也强调溇港的这种功能。参同治《长兴县志》卷十一《水》,同治十三年修、光绪十八年增补刊本。

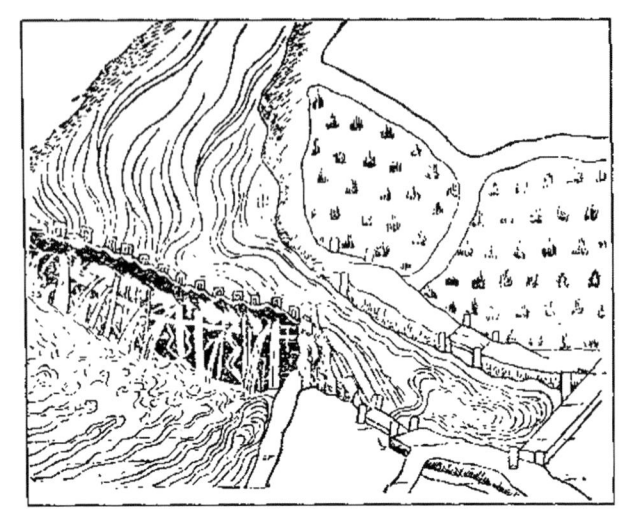

图 6.8　大水栅

2. 溇港的管理

溇港的起始当在宋代,可以推测,宋代应当已有相应的管理组织与整修措施。清人甚至认为,从唐宋以来,当地对于溇港的修浚工作就已十分用力。[①] 宋代对于溇港水利功能的重视与加强,是可以确认的。

溇港修治及其管理

南宋地理学家程太昌所作的《修湖溇记》称,当时修复的湖溇有 36 个,属吴江县的有 9 个,其余皆属乌程县,只有计(纪)家港因

---

① [清]凌廷堪:《湖州碧浪湖各溇渎要害说》:"唐宋以来,悉勤劳修浚,其治绩具载《全书》。"载[清]贺长龄、魏源等编:《清经世文编》卷一百十六《工政二十二·各省水利三》。

"近溪而阔",没有置闸。绍熙二年(1191),知州王回作过改修,命名为:丰、登、稔、熟、康、宁、安、乐、瑞、庆、福、禧、和、裕、阜、通、惠、泽、吉、利、泰、兴、富、足、固、益、济,共27溇,前皆冠以"常"字,并在桥上闸有"覆柱",覆柱全部改作石料,而闸的钥匙则交给附近田多的人家保管。①

在元代,官府在乌程县大钱港设立了湖口寨,加以专门管理。明代洪武十四年(1381)改设为大钱河泊所,并设巡检司,治所就在县北十八里的太湖口。②

成化九年(1473),在苏、松、常、嘉、湖五府添设了劝农通判、所属县县丞各一员。嘉靖时人徐献忠指出,劝农官是"专管水利、以兴农功者",但后来被作为"冗官"加以裁革,这显然是个失误。③

作为湖州府境诸水入太湖的最大港口,大钱、小梅的地位十分重要。在乌程县境内,小梅港地处在城北十八里的太湖之滨,有小梅山,山西的坍缺港石塘属长兴县。自小梅口迤东为西金港、顾家港、官渎港、张婆港、宣家港、宿渎港、杨渎港、泥桥港、寺桥港,共九港。再往东,就是大钱口,自此迤东为计家港、诸溇、沈溇、安溇、罗溇、大溇、新泾溇(一作新泾港)、潘溇、幻河溇(一作幻湖溇,一作幻溇,光绪时称夏溇)、西金溇、东金溇、许溇、杨溇、谢溇、义高溇(一作义皋溇)、陈溇、濮溇、伍浦溇、蒋溇、钱溇、新浦溇、石桥溇(光绪时称石桥浦)、汤溇、晟溇(一作盛溇)、宋溇、乔溇、胡溇,共二十七

---

① 《永乐大典》卷二二八〇《六模·湖·湖州府六》引中华书局1986年影印本,第909页。
② 成化《湖州府志》卷十三《公廨》,成化十一年刊、弘治年间补刊本。崇祯《乌程县志》(崇祯十年刻本)卷二《属署》,所载大钱河泊所置于洪武十二年,与此不同。
③ [明]徐献忠:《吴兴掌故集》卷十一《水利》,嘉靖三十九年刊本。

溇。以胡溇为界,以东就属苏州府境(明时为吴江县,清时为震泽县)。①

这些溇港曾各设闸门,到明代则是"久废不闸"。成化十年曾以李智为劝农通判,专管水利,对此"渐加修治",使地方百姓"多赖之"。弘治七年(1494),地方政府开始"度地为堤",疏通溇港以备旱潦,从而避免湖水为害湖州府境。后来劝农通判废而不设,令人惋惜。嘉靖元年(1522),官方浚治了乌程与长兴两县滨湖的大钱、小梅等七十二溇港,从而进一步疏通了太湖的上流。② 到万历三十六年(1608),适逢江南爆发特大水灾,湖州知府陈幼学主持重修荻塘(湖州人称"陈公塘"),全部以青石筑堤,比较坚固;同时筑南塘以挡郭西湾之水,疏通碧浪湖。到万历四十二年(1614),已有杨溇等十九处溇港因淤塞而必须再予修治,"筑崩补坏",这项工程即由乌程知县曾国祯负责完成。③

需要说明的是,处于上游水流下泄入湖之咽喉地位的乌程县境内的三十六溇,西起小梅,东到胡溇,溇口都是朝向北方,鳞次栉

---

① [明]徐献忠:《吴兴掌故集》卷十一《水利》,嘉靖三十九年刊本;光绪《乌程县志》卷四《水》,光绪七年刻本。
② [明]徐献忠:《吴兴掌故集》卷十一《水利》;[清]金友理:《太湖备考》卷三《水治》,第115—116页;光绪《浙江通志》卷五十五《水利四·太湖》,光绪二十五年重刊本、民国二十七年商务印书馆影印本,第1137页。万历《湖州府志》(万历八年刻本)卷十三《修筑》,称李智开浚乌程县溇港有38个,实际上还包括了小梅与大钱;周季麟修筑湖堤有七十余里,但时间在弘治八年。
③ 崇祯《乌程县志》卷二《水利》,崇祯十年刻本;[清]金友理:《太湖备考》卷三《水治》,第116—117页;光绪《乌程县志》卷二十六《水利》。需要说明的是,崇祯《乌程县志》所记知县"曾国祯",在光绪《乌程县志》中记作"杨国祯",这里以崇祯志为准。

图 6.9　胡溇

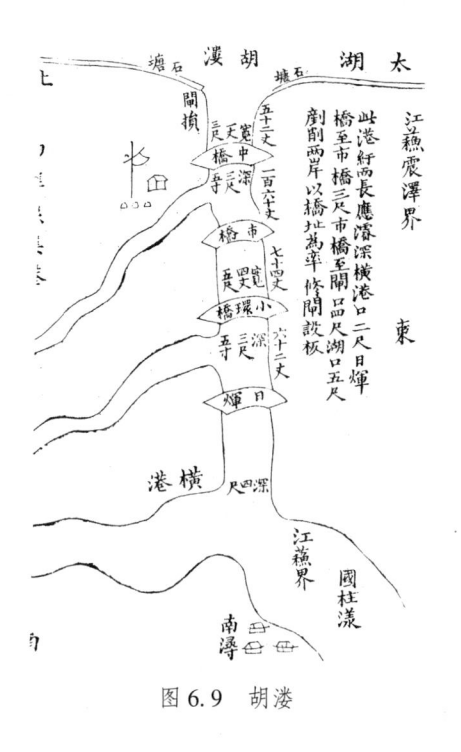

比,长达四十余里,地势颇高,本来深阔的港身到冬季经常出现干涸,淤塞问题比较严重。根据时人的勘测,湖州的平原水乡低于杭州、嘉兴,但溇港的河底则高于杭州府的五陵头、塘栖镇等地以及嘉兴府的石门县、乌镇等地,也高于归安县的菱湖等地。冬令时节,港身已经干涸,而杭州、嘉兴等地仍然"水深丈余",倘要使港身南高北低,便于泄水,必须重浚溇港,掘深港身。①

万历以后,主要是在明末清初,溇港水利的修治工作有所荒

---

① [清]徐有珂:《重浚三十六溇港议》,载周庆云纂:《南浔志》卷四《河渠》附"水利",民国十一年刻本。

息。直到康熙四十六年(1707),湖州知府章绍圣奉上级要求,疏导沿湖各溇,每个溇港各建两个边洞。到乾隆二十七年(1762),知府李堂发动乌程、长兴同时开浚溇港。清代前期所做的复兴工作,都在府域的空间,由知府发动的,总体上仍是这样两个重点:一是排除淤塞,二是开浚疏导。由于长江下游水位与海平面的变化几乎一致,高潮时期的逆流,侵入湖内可达三十至四十公里。落潮期间,又将蓄积的水排出。这种湖、江、海相互交流是导致溇港小河淤塞的一大因素,也是需要不定期疏通包含溇港在内的大小溪流的主要原因。不过,太湖风波巨浪的壅积,进一步促进了这一变化。就溇港管理而言,开浚的基本目的,在于摒除淤塞。淤塞一般发生在溇口,附近百姓的垦种由此常遭淹没,溇港排水的功能因而丧失。清末官方的报告指出:"各溇港虽已开挖深通,而岁修尤关紧要。每交冬令,内河水浅,闸闭不能冲刷,若遇西北风起,太湖之水激成巨浪,泥沙随浪而至,壅积闸外港口。开春之后,必须先将闸外淤泥挑除净尽,方可启闭,否则日积月累,不数年间,必至前功尽弃。此岁修之不能不实力讲求也。"[①]

凌廷堪的观察也比较类似,兼具宏观与微观的视角,他说:"缘碧浪湖为七县聚水之薮,非深浚则水无囊蓄,郡之西南乡及东北两乡,均受其害。今泥沙堆积,致使潦则淹没田庐、旱则无从车戽。至运河之塘,外以济运,内以卫田,水发时惊湍奔突,赖塘堤防。故塘由西北迤逦而东南,水则自西南汹涌而东北,且地势南高北下,自塘坍废,塘北田庐时遭横决,因水势无由障,且无由分杀也。沿

[①] 光绪《乌程县志》卷二十六《水利》。

第六章　明清江南的水利防护与社会调控

塘一带,有水口四十余处,与沿太湖溇浦三十余口,两两相应,联络贯注,疾趋而下,足刷淤泥,自塘废而溇港愈淤,全郡受害。"①

长兴县滨湖地区,还有"湖啸"的问题,令人关注。"湖啸"发生时,会导致湖水内侵,所以防护的着力点与乌程县各有侧重,长兴地方"不独泄内潦,又当御外溢",泄与御基本是并重的。②康熙年间,根据朝廷的要求,湖州府下令疏浚各溇港,各建小闸。从雍正七年(1729)开始,浙江总督李卫曾下令乌程县动用库银,浚治县境内小梅、大钱与胡溇等38溇港,在这绵延长达80多里的沿湖地带,建立闸座,加强水利防护。次年,湖州府奉命再浚沿湖溇港,从顾家港到胡溇重建35个闸座,大钱、小梅地方又修了两处石塘。其中,官方对大钱口的修治特别重视,毕竟它是苕、霅水入太湖的"大路"。因此,到乾隆时期地方上并未发生过什么大患。长兴县地区则由主簿郑世宁负责,于康熙十年(1671)"督开溇港",水利维护得较好。③

同时,为了保证太湖水顺利宣泄,政府在排泄水口地方严禁为张捕鱼虾而"绝流设簖",因为"簖"这种设于水中的捕鱼工具,极易造成泥沙的淤积。在乾隆九年(1744)的邸抄中,还可看到官方在这方面的禁令:"湖荡之地,详加查勘,划明界限,不许再行开垦。"④

明代洪武二年(1369),官方于大钱湖口设有巡检司衙署,强化

---

① [清]凌廷堪:《杭湖苏松源流异派同归说》,载[清]贺长龄、魏源等编:《清经世文编》卷一百十六《工政二十二·各省水利三》,中华书局1992年影印本。《清会典事例》卷九百二十九《工部六八·水利》,亦有相同论述。
② [清]金友理:《太湖备考》卷首《长兴县沿湖水口图说》,第6页。
③ [清]金友理:《太湖备考》卷首《乌程县沿湖水口图说》,卷三《水治》,第6、117页。
④ [清]金友理:《太湖备考》卷一《太湖》"大缺口水利条陈",第48—49页。

了溇港地带的秩序控制,后来废圮。清初继续了溇港行政管理的传统,到乾隆初年,巡检司衙署移驻新浦宝林寺,后来又移到陈溇。根据金友理的考察,乾隆年间长兴县的34港中,蒋家港的水闸仍维护完好,谢庄、丁家、鸡笼、卢渎、徐家、百步、竹篠、殷渎、福缘、石渎、花桥、祝家、芦圻、坍墱等港都已十分浅小,而石屑、径山等港已经淤塞,夹浦、乌桥、大小沉渎、新塘、杨夹浦、蔡浦七港依然是政府着力维护的"要地";在乌程县境内的溇港中,小梅、杨渎、大钱、诸溇、大溇、杨溇、义高、钱溇与伍浦也是最为重要的溇港,小梅与大钱一直防护得很好,"港阔水深",但也不能说完全没有问题,小梅港近白雀港处,就已出现沙埂,对舟船交通造成了一定的阻碍。同治初年,由于太平天国战争的影响,溇港的管理机能遭到了破坏,巡检司衙署被毁。到同治十一年(1872),经战后多年的恢复,浙江巡抚杨昌浚上奏要求将大钱巡检司移驻大钱迤东27溇适中之地,并将乌程县丞衙署移驻大钱迤西9溇港的适中之地,对"闸口启闭"工作都进行专门的管理。① 溇港的修浚与具体管理工作,都由巡抚责令知府(有时是代理知府或候补知府)督率地方官绅们展开。②

管理的制度及其变化

明初溇港复兴政策的重要一环,是将元末荒废混乱的溇港机能和各种水利设施重新复旧;同时,地方官着手于恢复和浚治疏通

---

① [清]金友理:《太湖备考》卷二《沿湖水口》,第65—74页;同治《湖州府志》卷十七《舆地略·公廨》,同治十三年刊本。
② 同治《湖州府志》卷四十三《经政略·水利》,同治十三年刊本。

工作。① 关于溇港的疏导情况,明初人指出:在乌程、长兴两县沿太湖地带的堤防本有许多溇港,设有斗门,依照旱涝情况以作"闭泄"之用,但后来渐就埋废。在洪武十年(1377)春天,通判蒋忠重新加以疏导,结果"民甚便之"。当年实际疏通溇港的,主要是由乌程县主簿王福与典史姚华轻先后负责。在洪武二十八年(1395),朝廷下令派遣国子监生等到地方上去,"督吏民修治水利"。当年,王福再次浚治了36溇。②

洪武年间对于溇港管理的另一重要方面,是设立了专门的制度和措施。对乌程县36溇与长兴县的36溇都有规定,每溇有固定的"役夫"10名,工具方面有铁耙10把,还配备"箕篅",同时每年在守御所中拨一千户进行管理。主要工作仍然是"去淤泥以通水利",而不单是为了舟船往来的便利。③

就明初来说,政府对于溇港的管理及组织是比较重视的,而且已将管理与徭役体制联系在一起。当时认为,对于东南水利,功绩最大的当数姚文灏,这并不是说姚的治绩如何之好,而是说,他创下的一些制度与措施,对后世产生了较大的影响。其中之一,就是照田派夫出力修治水利之法。在水利方面,"照田拨夫,照夫分工,大户出食,小户出力"的方法,无论是对于政府,还是对民间,都堪称"良法"。这一方面减轻了政府的负担,另一方面还解决了劳力

---

① 据光绪《乌程县志》卷二十六《水利》,从宋经元到明的主要修筑和开浚工作中,表明县丞、主簿、典史、水利通判、水利郎中、知县等都是重要的水利工作指导者。
② 《永乐大典》卷二二八〇《六模·湖·湖州府六》引中华书局1986年影印本,第909页;《明太祖实录》卷二百三十四"洪武二十七年八月乙亥"条;[清]金友理:《太湖备考》卷三《水治》,第113页。
③ [清]胡嘉生:《清邑水利议》,载光绪《浙江通志》卷五十五《水利四》。

支度问题。其间最为成功的,则是让大户"出食",做到这一点是完成劳力负担举措的关键。①

但是到了明代后期,这种管理举措产生了变化。万历四十二年(1614),乌程知县曾国祯根据巡按李御史的要求,对当地溇港水利进行勘查。由于苕溪流域"水多歧出",不仅是"漕艘之所经"的冲要,也是农田"备旱涝"的依靠,众水归会之所最为吃紧仍在36溇港。曾指出,除陈溇等17个港尚属深阔、不必修议外,其他如杨溇等19个港,要依照有田之家"照亩科派",具体做法可以是"主者出银、贫者出力",多的就以"钱"计,少的则以"分"计。由此开始了"疏浚通流"的工作,陆续完成"筑崩补坏"的作业。就当时实际情况看,其效用并不大。②

但在制度上,溇港的浚治作业已经发生了从劳力负担为主向"照亩科派"的重大转变。这一转变事实,也已由滨岛敦俊对江南水利的考察所揭示。他认为,江南地区在万历年间,水利方面的劳力负担原则已由"田头"制向"照田派役"制转变了,在此基础上,水利工事直接由佃户支出劳力、地主负担"工本"的阶级关系得到了明确。③ 在溇港管理中,这种富者出银、贫者出力与"照田科派"制度间所对应的阶级关系已经十分明显,"照亩科派"已成事实。④

明末江南社会经济方面的一大变化,是分散的土地集积形态

---

① [明]王圻:《东吴水利考》卷十《历代水利集议 下》,北京图书馆藏明刻本。
② 崇祯《乌程县志》卷二《水利》》,崇祯十年刻本。原文中"主者出银,贫者出力",据前后文意,即为"富者出银,贫者出力"之意。
③ (日)滨岛敦俊:《明代江南の水利の一考察》,《東洋文化研究所紀要》1969年第四十七册。
④ 同治《湖州府志》卷四十三《经政略·水利》,同治十三年刊本。

转向大土地所有的形成,而地主的非城居化与科派对田亩劳役的适应,使现实的劳动力在佃户中得到了实现。由于地主与佃户的关系是通过国家权力的媒介而形成的①,它使地方的水利关系得到了维持。进入清代后,这种溇港管理形态方面的变化得到了确实的反映。

康熙四十七年(1708),政府动用官银"度地建闸",开展疏浚支河港荡的工作。巡抚王然委派湖州知府章绍圣负责疏浚各溇港,要求必须达到全部"深通"。除大钱、小梅二港因需通行舟船、不应建闸外,其他溇港都建有小闸一所,按时启闭,"以备旱涝"。到雍正八年(1730),总督李卫又委派湖协守备范宗尧、湖州知府唐绍祖发下帑银1465两,修浚大钱、小梅的石塘及各港闸门。② 这一工作使康熙年间的溇港管理得到了稳定持续,从中也可发现明末以来"照亩科派"的管理形态在清代前期所产生的一些基本变化;由于康、雍时期国家财政的相对稳定,地方政府已协力开展对溇港的管理,在经费组织上主要依靠帑银来完成修浚工作。森田明也认为,这段时间是溇港管理组织方面最为安定的时期。③

凌廷堪曾特别指出,康熙十年(1671)、四十六年(1707),雍正五年(1727),乾隆四年(1739)、二十七年(1762),都修浚过碧浪湖及诸溇港,并建立了"闸座"。但在以后,碧浪湖"沙涨成洲",而各

---

① (日)濱島敦俊:《明代江南の水利の一考察》,《東洋文化研究所紀要》1969年第四十七册。
② 光绪《浙江通志》卷五十五《水利四》。
③ (日)森田明:《清代水利史研究》,亞紀书房1974年版,第258—259页。

溇港"淤阻特甚",一遇大水,即泛滥成灾。① 由此可以推定,在乾隆以后,特别是在嘉庆、道光以后,由于社会政治方面的变化,国家的控制力逐渐趋于动摇,表现在溇港管理上则是出现了荒废的景象。道光年间的几次水灾,使溇港慢慢淤塞。地方上对于道光三年(1823)的大水灾表现出了极大的忧虑。当时为疏浚太湖下游的娄河,因经费见绌,只好从漕粮中调支,"每米一石,派钱七文",称作"娄河公费"。时值林则徐在江苏任巡抚,政风较好,"官吏皆得人",对于疏浚当然"民不扰而事以集"。道光三十年(1850)发生了为害更大的一次水灾,更兼太平天国战争对当地的影响,使地方陷于暂时的混乱之中。正当地方政府准备疏导下流地区的河道壅塞,南京的陷落让浙江地方频繁告警,因此只好作罢。在战争平息后,地方上最先展开的工作是对溇港的"开复",当时需要经费50万两之多,一时难于筹措,只好权衡缓急"以济要工"。②

其中,江南发生特大水灾后的道光四年出台的《开浚溇港条议》比较值得注意,可以反映清代中后期溇港的基本情况以及官方对于溇港管理的总体思想。条议内容主要包括:(1)溇港宜辟广浚深。(2)俟冬季水浅疏浚太湖周边溇港中的淤泥。(3)除乌程县的小梅、大钱、杨渎以及长兴县的新塘、蔡浦、夹浦外,被侵占的溇港应抓紧铲复以畅其流。(4)疏浚之后所有溇港应逐段厘清宽方丈尺,在桥闸边刻立界石以杜侵越。(5)在溇港内的树木、茭芦,皆有

---

① [清]凌廷堪:《湖州碧浪湖各溇渎要害说》,载[清]贺长龄、魏源等编:《清经世文编》卷一百一十六《工政二十二·各省水利三》。
② 对于这一点,森田明的解释较为明晰。参(日)森田明:《清代水利史研究》,第259页。

碍水道,须删刈干净,自然生长的芦草责令撩浅夫随时清除。(6)疏浚溇港而起掘的泥土,照例填埋于附近低陷地方,不准堆积两岸。(7)疏浚溇港的同时必须修复闸板,保障其启闭功能,仍要求撩浅夫随时清理淤泥,并由管河主簿按月验报。(8)溇港兴修工作由官府请绅耆在衙门中公议,推举殷实、公正董事会员专官与知县一起酌定相关工作,分段责成董事办理。①

在溇港管理工作中,经费问题是相当关键的。政府为解决这一问题,采取了一些应急的办法。

同治九年(1870),根据前内阁侍读学士锺佩贤的上奏,政府认为湖州府属三十六溇港年久失修,淤塞严重,特别是在太平天国战争之后。当然,湖州地方溇港泥水壅灌,还受到苏、松下游淤滞导致排泄不畅的影响。因浙省溇港关系到东南水利,必须尽快予以疏浚。政府决定:先在"厘捐"项下借款动工;同治十年将乡绅吴云提出的《重浚三十六溇议》通令晓谕,并令新任浙江巡抚杨昌浚进行查勘办理溇港水利。杨昌浚即奉命督饬湖州府地方官趁冬闲之际,将寺桥等最为要紧的9港及诸、沈二溇等先行拨款赶办。其余各工及碧浪湖工程,也应马上查勘,分别办理。就在同治十年,完成挑挖碧浪湖涨滩即达五百多丈。到同治十一年十一月,杨昌浚向朝廷详细汇报了溇港整治完工的情况。②

众所周知,厘金是在咸丰三年(1853)为镇压太平天国运动而

---

① 同治《湖州府志》卷四十三《经政略·水利》,同治十三年刊本。
② 《清会典事例》卷九百二十九《工部六八·水利》。《清朝续文献通考》卷十三《田赋考十三·水利田》,"同治九年"条与此记载相同。另参光绪《乌程县志》卷二十六《水利》。

征收的军需资金,先是在江苏省征收,后又扩及其他各省。但在太平天国战争后,厘金便转而成了地方重要的财政来源。①

民间组织管理的检讨

实际上,对于溇港管理的松弛,民间是有很多对策的。在地方上具有领袖作用的乡绅的提议则更多了。

同治五年(1866),绅士沈丙莹、钮福皆等人就呈请浙江巡抚马新贻疏浚乌程、长县两县的溇港,这项工程到同治八年才结束;同治九年,即修治各溇港的闸座。②

前文言及的吴云③,是当时著名的大乡绅。同治十年他所提的《重浚三十六溇议》,有其具体的措施,主要是立水则、估土方、权民力、乘天时、申官禁、筹工费等六条。《重浚三十六溇议》指出,除立水则、筹工费这两条是在水利工作前预谋之之外,其余四条都是临时之事。吴云同样对官方的举措进行了检讨:同治戊辰(1868)、己巳(1869),官方浚治溇港"深不及尺,长不及溇港三之一",所以如果不重浚加深,那么遇到"梅雨连朝,山水奔腾"时,便会壅决,无法顺利泄水入太湖,"如食遇噎,反涌横吐",使圩田大受其害。而且,杭嘉湖三府之水,都被扼于三十六溇这个咽喉之地,假使"倒灌溃溢",难免"庐舍陆沉,禾麦糜烂"之灾。然而,地方政府一方面害怕

---

① (日)小林一美:《中国半植民地化の经济过程と民众の斗い》,《历史学研究》第三六九号。
② 同治《湖州府志》卷四十三《经政略·水利》,同治十三年刊本。
③ 吴云(1811—1883),浙江归安人,1844年任江苏省地方官,1858年任镇江府副知事,次年为苏州府知事,太平天国时因苏州陷落而退官,太平天国战争后还住苏州,专心收集和研究金石书画。关于《重浚三十六溇议》,参光绪《乌程县志》卷二十六《水利》;《清朝续文献通考》卷十三《田赋考十三·水利田》"同治九年"条。另参同治《湖州府志》卷十三《选举表·举人二》。

水患"病民",另一方面则更怕浚治工程筹办经费而"扰民",最后因经费不足而使溇港管理的复兴宣告终结。从这一方面看,地方民众对于防灾及开浚等事具有消极的倾向,使溇港管理的重振出现了障碍。吴云对于这种缺乏积极性的行为提出了严厉批评。他认为,解决地方利益分配问题的最为重要的前提条件,是确立以民众为中心的自主性经费负担及与之相关的积极的管理组织,从而在根本上排除危害与安定水利。①

较吴云身份低微的同治六年举人徐有珂,从乡居生活的经验出发,也有基本一致的分析与评判,也同样对同治七年与八年的水利工作有所批评,或许他与吴云有过交流,也有可能是吴云看到了他的方案而移用了。徐有珂提出的重浚方案,也是六条,即立水则、估土方、权民力、乘天时、申官禁、筹工费。吴云表示,六条方案中以立水则、筹工费为事前预计之事,其余四条是临时安排之事。②

地方政府对于吴云等人的提案显然是十分支持的。到同治十年(1871),由候补知府史书青主持撰写的"溇港岁修章程"十条,被确定下来。这十条,都由地方政府在吴云与徐有珂提出的重浚三十六溇港建议方案的基础上拟定,依序为疏治宜轮、启闭宜慎、闸夫宜足、水则宜立、来源宜浚、去委宜淘、工价宜定、责成宜专、经费宜筹、稽查宜勤。浙江巡抚杨昌浚提了若干意见,认为基本上都是合适的,要求地方上马上督饬经管绅董,实力奉行这十条,"毋稍

---

① [清]吴云:《重浚三十六溇议》,载光绪《乌程县志》卷二十六《水利》。
② [清]徐有珂:《重浚三十六溇港议》,载周庆云纂:《南浔志》卷四《河渠》附"水利",民国十一年刻本。

懈忽"。①

四 社会对于溇港管理的诸种调控

下面通过对在实际中发挥重要效益的"溇港岁修章程"等内容的考察②,来展开对溇港管理现象的分析,并对水权分配、经费负担、人员管理层的设置等进行必要的探讨。

森田明已经指出,维持溇港管理的最大重点在于淤泥的排除开浚以确保疏通,而岁修就是以定期工事为中心的开浚作业,这是在"溇港岁修章程"中被采用的主要方法之一。③

1. 溇港的修治

"章程"十条之首,是"疏治宜轮"。对于滨湖溇港而言,东南风几乎没有什么危害,反而更为有利,因为在东南风的影响下,港水外流,"其水清";西北风引起的港水内灌则恰恰相反,它使水流变得浑浊,水退后,泥沙便沉积下来。这是溇港易淤而地方必须勤于"岁修"的基本原因。但是只有年年小修而不作轮流大修还是没有什么效果的,因为这样的做法使大修也无济于事。所以"章程"规定,每年须"轮开六港",总计 36 溇,以六年为一个循环,周而复始。按年"轮开",可节省工程量。

---

① 光绪《乌程县志》卷二十六《水利》。
② 下文所引"章程"内容,皆引自光绪《乌程县志》卷二十六《水利》。
③ (日)森田明:《清代水利史研究》,亚纪书房 1974 年版,第 264 页。

从工程经费来看,因溇港有长短、工程有大小,每港以 350 串为标准,6 港总计不能超过 2100 串,这是大修。轮开之后,还剩 30 溇,需要在启闸前派委员、负责管理全溇港工程的总董亲往测验,雇佣役夫将水闸南北的淤泥挑除干净后,才允许启闭。如果遇上大雷雨,港岸出现坍卸,该管闸夫必须随时禀告委员、总董,"雇夫流淘",这就是小修。按照这样的轮流做法,既有大修,也有小修,从而有裨于将来,只要管理得人,可使溇港常常深通。

此外,还要设立"水则"①,强化水位变化的预测以及重视适时地浚来源、淘去委,特别是黄梅天时,雇募夫船用长柄铁耙借用水力对各溇港清刷淤泥,对闸门启闭必须十分慎重,地方也要做到勤于稽查。

由于溇港工程与其他工程的情形不同,"只可责成,不能保固",即使已经严定功过、明立章程,仍应时加稽察。每年由专门的管理人员对溇港启闸、闭闸情况作出报告,然后由湖州府官员亲往各溇查验。每年轮开 6 港时,也要在尚未估工筑坝时,由湖州府官员亲往验看水则,平水时开深、开宽多少,都要亲自测量估算,确核土方,在完工后,仍要逐一细量宽、深,在丈量上保证没有丝毫含糊,最后才能由湖州府禀请委员验收。

湖州府所有溇港每年坚持疏浚修护的要求,皆如同治十二年

---

① 水则是江南地区用于水利防护的一种方式,应用较为普遍。一般用石块刻就,分横道水则与直道水则两种。前者主要横刻七则,不同的则位代表不同的水位,也反映相应灾情。后者分为上、下二横,每横又分六个直道,每道代表一个月份,以明灾害时月。这种方法宋代即有,明清时应用更为广泛。另参《吴江县水则碑式》,载[清]金友理:《太湖备考》卷三《水治》,第 119—122 页。

(1873)官方推行的《溇港岁修条议》所定。①

2. 溇港的劳力支度和管理

溇港管理是一项特殊的工程,必须有足够的"闸夫"作保障。

"岁修章程"中指出,过去闸夫的工食是每名每年4000文,由大钱巡检司负责给发,但经衙门"书差"的克扣,每人所得只剩一半了,从而使闸夫制度"有名无实"。同治时期"岁修章程"颁布后,要求总董在各溇港附近地方选择"朴勤年壮之人"充当闸夫,除大钱、小梅、盛家、纪家四港无需设立闸夫外,大钱迤西9港、迤东26溇共35溇,每溇编设2名闸夫;杨渎桥较为特殊,编设3名,这样共计71名闸夫。每年发工食钱6000文,由总董按季发放,不许折扣,也不经胥吏之手。在闸夫制度建立后,所有水闸必须按时启闭,并责成各溇港闸夫铲除菱芦等杂物,照管好各港闸板、铁环、钩索等工具,如出现"惰玩"情形,随时由该管委员革除其闸夫"花名",到年终造册时送湖州府衙门备查。

闸夫制度确立后,还要有相应的管理人员进行统一调控,做到"岁修章程"中所说的"责成宜专"。

过往的做法是"事尽归官",所以时间久了常会出现"废弛"的情况,制度也被"视为具文"。如果将任务完全交由乡绅负责,会出现"漫无稽查,徒滋浮议"的弊病。同治年间所采取的改革办法,就是"钱由绅管,工则官监,互相筹商",从而在具体管理方面可以互

---

① 同治《湖州府志》卷四十三《经政略·水利》,同治十三年刊本。

相钳制。

官方采取的管理分工方式,当然是根据历史经验与现实情形而酌定的。同治九年(1870)七月从严州府任上被调到湖州代理知府的宗源瀚,曾将乌程县丞移驻杨渎桥,建立行政衙署,管理大钱迤西各溇港;而大钱巡检司也在迤东适中之地建立了衙署,管理大钱迤东各港,强化了溇港及其周边社会的秩序控制。到同治十年以来"岁修章程"确立时期,仍然保持了这一制度,凡有溇港岁修事宜,即责成该管官负责,每年轮开 6 个溇港,认真监管疏浚工作。如有漫不加意、废弛不治的,即予撤参。至于经手银钱,则归地方绅士掌管。官方选择了候选知县钮福皆(道光十四年[1834]举人)与同治六年(1867)举人徐有珂专门负责此事,认为这二人是"诚笃廉明""详慎精细"之人,前者一向办理溇港事务,后者家居湖滨,比较熟悉溇港情况,而且是大家公认的合适人选。当时议定,将幻溇以西至小梅地段归钮福皆管理,西金溇以东至胡溇归徐有珂经理,钮、徐二人各保举一名"勤慎耐苦"之人作为帮办司事,辅助管理工作,一切岁修、善后事宜都由这两位绅士实心经理。

3. 溇港的经费

溇港的经费问题在管理方面是带有根本性的。清人指出,东南水利工作是"国家至切至急至重之务",工繁费巨,必须仰国家的经费支持方可展开,也需要地方民众的"协济"。百姓虽"难于虑始",但"可与乐成",只要经费到位,百姓就会积极配合水利修治工作的展开。① 同治年间曾依照地方意见,湖州官方作了一些改革,制定了相应的措施。

第一,"岁修章程"确定了详细的工价。同治十年开浚溇港,都用"鲁班尺"丈量,规定纵、横各为一丈,深则一尺,为1个土方。每方实际需发土工钱160文,加上筑坝、拆坝、戽水、钉桩、桩木、芦席、器具杂用及夫头的工食,每方还要加上40文,每方总计需钱200文。根据当时的考察,附于溇港的居民,在太平天国战争后已较为稀少,乡民都是"自相雇力",因此从这方面考虑,每天仍需要280文。实际上,在同治十年前后开浚溇港时,劳力支度方面都采取了"募雇"的方式,但雇夫每嫌钱少。开港毕竟是有益于农作的大事,对当地人来说,开浚本地溇港,"趋事而赴功",况且乡民雇人罱泥,还是要出钱的,而溇港中的肥泥又可培桑地,可谓一举两得。所以官方认为当地百姓应该对这样的制度不会有太大的不满。

第二是"岁修章程"中提出的筹办经费问题。依照每年轮开6港的工程规模来估算,每港要350千钱,共需钱2100串。每年小修及撩浅工作,每港需30千钱经费,30港则需钱900串。闸夫工食,每名每年为6千钱,按71名计算也要钱426千钱;委员两人,津贴夫马钱,每人每月为8千钱,每年共需钱192串;总董两员,津贴薪水钱是每员每月8千钱,每年共需钱192串;另外还有帮办司事两名,每名每月薪水5千钱,每年共需钱120串。由此每年总共需钱3930串。这是一年之间全溇港管理计划所需的总经费,包括了开浚工事费、劳务费及行政管理费。至于这笔经费的来源,基本上还

---

① [清]钱泳:《履园丛话》丛话四《水学》"协济"条,中华书局1979年版,第107页。

依靠地方上的自主调剂,并适当加上政府的部分财政支援。在同治年间,经费的措办是有具体规定的。当时政府认为,根据实际估算,需要筹钱33000串,放于典当以一分生息计,一年即可得3960千钱。溇港的岁修经费,从绢捐中提拨"一成之八",到癸酉年(同治十二年[1873])冬天停止,约可得钱15000串,尚缺18000串,加上北塘河的经费,还不到30000串。按照同治九年(1870)八月锺佩贤的奏议,依每包丝抽捐二元为计,以三年为度,去年每包只捐一元,施行一年就停止了。现在帑项支绌,无可筹拨,仍要在明年丝捐中每包加收洋钱一元,施行一年后即行停止。显然,这种经费的筹措都是来自地方的。政府还认为,兴修水利本来就是为了地方农桑事业的生产,而就湖州百姓的利益来说,"桑重于农",所以水利的兴修与维持会产生极为良性的效果,它不但会将以前所筹的钱款仍旧散用于民间,而且近年来挑浚的河泥也"无不加培桑土",如碧浪湖东、西两岸的河泥有两千数百万石,低洼瘠土堆积如山,现在都种上了桑树,"浓青隐隐",三年以后可望"乐利无涯"。对于抽捐而言,也是很轻的。每包丝可售500洋元,从中不过加捐1元,堪称"轻而易举",也是所谓"取诸民散诸民,不伤财而阴受其利"。

官方对于"筹经费"的问题,很快着手进行了办理,经费数满即行停止。但在停止之后,丝价顿减,每包还不到300元。

就清代各地的水利组织而言,管理经费通常是依照构成者的土地所有面积的比例,并以"按田摊征"原则进行分派。① 上文论

---

① (日)森田明:《清代水利史研究》,亞纪书房1974年版,第272页。

及,湖州府地方的溇港,从明末以来就很少"照亩科派"。在太平天国战争的混乱期间,伴随着户口离散与土地荒芜,在战争之后亟需恢复当地的生产能力,而且照田科派的做法,随着世易时移,应该有所变更。实际上,主要原因还在于江南乡村除高田变化不大,此外,还存在湖田时有坍涨,或挑土塞河以增扩田地的复杂情况。①

在这样的情境下,乡民对于田赋的负担显得相当困难。以前的溇港管理是以土地所有作为基准来维持其经费负担的,现在从客观上讲已不可能。所以同治年间"岁修章程"的制定,是直接从丝捐摊派的征收入手。从同治十年到十二年间,作为基金已预定了制钱33000串。其来自湖州府城的同裕典、济成典、恒裕典、谦泰典,南浔的开泰典、乾裕典,织里的同泰典,双林的义泰典,菱湖的昌泰典、安泰典,荻港的济生典,长兴的裕生典,新市的阳泰典、春生典、庆余典。以上15个典当行,每典存制钱2000串,共计30000串。洛舍的恒盛典、德清的公顺典与练市的惠贞典,每典存制钱1000串,共计3000串。这样合计33000串,每月1分起息,遇闰照算,按季支取应用。②

由于经费上有了着落,同治十三年(1874)便开始了溇港的开浚工事。光绪元年(1875)又进行了大修,施行顺序是先修西部的西山港、顾家港、官渎港、张家港、宣家港与宿渎港,以后才开始东、

---

① [清]钱泳:《履园丛话》丛话四《水学》"协济"条,第109页。
② 光绪《乌程县志》卷二十六《水利》。需要特别指出的是,在经历太平天国战争后,国家税权出现了弱化,赢利性经纪体制在税收征取中有着重要影响,地方政府反而比国家拥有更多的税权,所以水利等公共工程的展开,国家需要更多地依靠地方才能完成。

西十八溇的轮修工作,以此六年为一周,"周而复始"。①

4. 官方对于"岁修章程"的评价

浙江巡抚杨昌浚对"岁修章程"作了细致的批示。他指出,第二条"启闭宜慎",要求港闸以时启闭,泄水拒泥,洵属良法,如果真能按章程办事,时时留心照看,自然就不会出现"淤塞之患";第三条闸夫工食核实给发,最为紧要,只要使闸夫从中获得一点"实惠",即可期望"尽力乃事";第四条"水则宜立",疏治溇港告竣之时,要注意乡民有"意懒心懈,少开为妙"的心态,开浚各溇港时,务须"力求深通",杜绝"草率之弊";第六条要求将湖口淤浅用铁耙爬疏,但湖泥堆高,仍怕即爬即合,未必有益;第七条所定工价也只能是暂时的,将来户口增多,工价还可渐减;其他各条,"均尚妥协",应立即督饬经管绅董"实力奉行",不可稍有"懈忽"。另外,北塘河作为溇港来源,自应疏治,现在暂等秋冬水涸时节,"再行勘估"。杨昌浚的意见很快提交给布政司衙门,布政司下令尽快办理。总体而论,经费筹措方案能"轻而易举,民受其利",除此,慎启闭、足闸夫、立水则、疏来源、淘去委、定工价、专责任、勤稽查等八条,都是"因事制宜,尚属详尽",只要有规矩、有人力,是有希望施行长久的,但前提仍在严饬地方官督率绅董按照章程要求"实心经理,不得稍存息玩"。②

---

① 光绪《乌程县志》卷二十六《水利》。
② 光绪《乌程县志》卷二十六《水利》。

五 水利及其社会防护的关键

江南地区,其利在水而不在陆①,农业生产几乎全以水利为依托,有人还认为水利关系国家宗社的巩固。② 历代对于江南的水患都比较重视,采取了相应的治理措施。

明代江南的水利治理重在太湖下游,即以吴淞江等河道的浚治为中心,然而在万历以后直到清初,官方在水利整治上经常出现荒怠现象。清代水利整治的重点虽然仍置于以苏州、松江等府为主的财赋重地,但在政策及管理上有向太湖上游地区转移的趋势与表现。在湖州府地区,则是将当地的泄水咽喉溇港进行了全面的整治,加强官方监督和社会调控的力度。清代后期,国家虽未在改造经济环境方面起到积极的作用,但确实已在致力于构建一个有利的经济环境,甚至为个体农户创造必需的稳定环境。③

1. 环境变化与水患

太湖上游地区有五堰,又有宜兴、荆溪、阳湖诸百渎作疏导,而乌程、长兴两县境内还有72溇港作排水口,水流下达入湖可以比

---

① [清]陈其元:《庸闲斋笔记》卷十一"左爵相奏开船政局"条,中华书局1989年版,第266页。
② [明]陈世仪:《理财议》,载[明]冯梦龙编:《甲申纪事》卷十二,上海古籍出版社1993年影印本。
③ (美)吉尔伯特·罗兹曼(Gilbert Rozman)主编:《中国的现代化》,国家社会科学基金"比较现代化"课题组译,江苏人民出版社1998年版,第135页。

较顺畅。在太湖下游地区,则有无锡的21港(其中以独山门、吴塘门为最大)、长洲的6港(以沙墩、金市两港为大)、吴县的9港(以铜坑、胥口为最大),以及吴江、震泽的72港(其中以长桥港为最大),都是太湖水下泄的重要出口。到道光时,这些泄水口已大半湮塞,难于复旧,地方百姓占垦其间而"利其业者"又不愿疏浚,于是积弊日深。①

在很多地方,水利之害由权豪之家侵夺地方利益造成。如在苏州府的常熟县,权豪之家"冒鱼鳖重利,每据津要处所,牢钉桩橛,密帘数罟,以截水利,坐视百姓垫溺";在湖荡沮洳地方"筑岸围护",使之成为沃壤,并向官府表示愿将这些地方"升荡科轻额",正常地交纳赋税,从而杜绝他人的举告,官府则乐意从中收取赋税,对这种侵占自然是视而不理。②再如松江府的上海县等地,豪右大族也是"渔间井小利",将河岸日益开拓占用,使河身不断束狭;经过一段时间后,又在开拓的河岸边筑起居室,"不久更相传,更相售,以为固然",水利因此久废。③

无锡人钱泳(1759—1844)对乡间这类"水害"出现的过程形态,作过清晰、生动的归纳:"农人之利于湖也,始则张捕鱼虾,决破堤岸,而取鱼虾之利。继则遍放茭芦,以引沙土,而享茭芦之利。既而沙土渐积,乃挑筑成田,而享稼穑之利。既而衣食丰足,造为房屋,而享安居之利。既而筑土为坟,植以松楸,而享风水之利。

---

① [清]钱泳:《履园丛话》丛话四《水学》"来源"条,中华书局1979年版,第92—94页。
② [明]薛尚质:《常熟水论》,"学海类编"本。
③ [明]陈继儒:《白石樵真稿》卷五《上海吕侯疏河碑记》,明崇祯刻本,载《四库禁毁书丛刊》集部第66册,北京出版社1997年影印版,第103页。

湖之淤塞,浦之不通,皆由于此。"①从水产之利的贪图,淤沙成田后的耕种,再到定居生活的展开等,皆是由与水争利而来。

对于太湖平原的治水,明代重在下游地区,即太湖水的排水干道吴淞江等的整治,淤塞问题确实大多也以这一地区为多。至早到弘治时期,从松江到海浦诸港再次出现了泥沙涨塞、茭芦丛生的情况,河堤附近更是"沙涨为田"。在大雨期间,苏、湖、常、湖、嘉五府都产生了大水灾。要排除这种水患,使太湖水顺利下泄,就必须开浚这些地区的河港。② 这是明代中前期江南治水最为经常的表现。虽然这种治水导向与治理方式有其一定的合理性与成效,但从江南的全局考虑,却并不适应自然环境的整体性改造,也就是说,应当加强对于太湖上游水流主要来源苕溪等河港的整治。上游地区环境的破坏会加剧泥沙沉积和水患的发生,而水患的频繁更促进了环境的恶化,从而形成一种恶性循环。当然人为的破坏是其中主要的原因,太平天国战争对江南社会的扰乱,不但加剧了环境的破坏,而且在社会政治方面使地方对于溇港的管理处于废弛状态。

在湖州府地区,城乡百姓或死于战乱,或逃亡到西部的山区,使本来已遭破坏的自然环境,在更多流亡人户的到来后,进一步趋于崩溃。棚民入居上游山乡后,不合理的开发不断引起生态的恶化,加剧了水土流失,使上游水流进入溇港时所造成的淤塞程度逐渐加重。

---

① [清]钱泳:《履园丛话》丛话四《水学》"水害"条,中华书局1979年版,第99页。
② [明]蔡昇撰,王鏊重撰:《震泽编》卷四《水利》,弘治十八年林世远刻本。

由于上述这些原因,水利设施的维护经常处于荒废的状态,水患不断加剧。在同治三年(1864),即太平天国战争正式终结之后,朝廷为重建战后的社会秩序,稳定江南这一财赋重地,开始着力于水利防护的恢复工作,将湖州府地区的水利重建置于比较重要的地位。从此,将太湖上游作为水利系统的整体加以综合治理,成了江南治水的一个主要工作趋向。

当然,正如清代官绅们所强调的那样,溇港的官方管理与日常维护,不仅对于湖州府属县的农田水利十分重要,而且对邻近杭州、嘉兴二府来说也是极为有益的。如果溇港荒芜淤塞,遇到大雨期,杭、嘉、湖、常四府地区就会大水泛滥,形成大灾。

2. 上下游并重的水利防护

从晚明以来,太湖上游地区的水利防护逐渐引起了政府更多的关注,官绅们的相关论述十分丰富。水患灾害的严重,早已不亚于下游吴淞江等河流浚治失修的影响。

在大雨期,西部山地的水流挟带了大量的泥沙下泄入湖,在湖口经常出现淤涨,并进一步向太湖内部延伸。湖州、常州二府滨湖地带的溇港,实际上就是在这种坍涨过程中发展而来。如常州府宜兴、荆溪二县的百渎口,长兴县的白茅嘴,乌程县的胡溇,等等,都是其中的典型例子。① 本来,新涨地区属于自然形态,当中的水口也是水流分泄要地,但地方豪强"分踞告升",既排斥乡民罱泥、

---

① [清]金友理:《太湖备考》卷一《太湖》,第39、46—47页。

撩草,也阻碍了水利工作,遏绝了往来水势,"致滋泛滥,百万生灵庐舍,害将无已,大有可忧"。① 所以,地方豪强并不只是侵占涨地而已,为牟私利还对溇港等水利设施制造了阻遏破坏。而且,人口增加,棚民入山垦种等所带来的环境方面的恶果,同样十分明显。太湖上游地区泥沙的下泄增多,恶化了溇港的淤阻。清代后期太平天国战争的影响,使政府对太湖上游倾注了更多的关注力。

从整个太湖流域来看,上游地区水患的加重,将必然进一步促使整个江南地区水利防护体系的崩溃。明代注重修治下游地区吴淞江等的举措,到了清代出现了关注上游地区的趋向,在太平战国战争以后表现得比较明显。对于上游水利所体现的关注,不仅是出于水利失修本身的考虑,还有人类活动、自然环境的变迁在其中所起的催化作用。

作为沿太湖地区独特的水利通道,溇港是自然条件与地方水利的特殊性相结合的产物。它集治水、灌溉、交通等功用于一体,将排水与蓄水紧密地联结在一起。对于溇港管理的考察,其管理系统堪称从宋代直到明末随着江南的社会经济发展地方社会借此实行有效管理的基本举措。这一点早由森田明指出。② 同时,明末徭役体系、管理体制的崩坏,使"富者出银,贫者出力"的"照亩科派"原则也从形态上产生了变化。这种形态在嘉庆、道光以后,随着国家权力的相对弱化而表现得更为明显。在溇港管理上的这种变化,则体现了以人为主到以经费为主的转变。对江南地区影响

---

① 康熙五十二年十二月《吴江县太湖浪打穿等处地方淤涨草埂永禁不许豪强报升阻遏水利道碑记》,载[清]金友理:《太湖备考》卷一《太湖》,第47—48页。
② 详参(日)森田明:《清代水利史研究》,亚纪书房1974年版,第277页。

极大的太平天国战争,对地方水利防护造成了极大的影响。战后出现的户口离散与土地荒废的情形,也是土地所有者在管理方面一向存在的根本困难。19世纪中叶以来,地主与佃户关系中出现的历史的社会性的变质,更激化了这种趋势。① 这些社会环境方面的变化,必将给地区的水利整治与秩序维护造成极大的干扰。

3. 水利与社会力量的崛起

可以认为,由明至清,太湖上下游并重的水利防护体系的构成,部分地实现了当时一些官绅与水利专家们的理想或建议,一定程度上做到了整体性的综合治理,并为以后的水利建设提供了重要参照。在此期间士绅们的许多活动,更能彰显他们在地力量的强大和社会地位的抬升。以湖州地区的溇港管理为中心的考察,可以表明士绅阶层力量在东南"自治"过程中的重要作用。② 马若孟(Ramon. H. Myers)指出,早在明代中叶,地方官员已利用乡村里制征集劳役,修建新的灌溉系统,增扩巨大的河堤以防水患,但到16世纪里甲制解体时,主持这一工程的责任便转移到大土地所有者身上;到清代,政府又令地方士绅领导重修明末湮废的蓄水系统

---

① (日)高橋孝助:《十九世紀中葉の中国にぉける税收奪体制の再編過程》,《歷史学研究》第383号。
② 在江南地区,里甲制度本身就在士绅的重要构成者之一乡居地主们的经率下,常年进行浚筑圩岸的活动,维持水利事业的发展。至少在明代中期以前还是如此。参(日)濱島敦俊:《姚文灝登場の背景——魏校〈莊渠遺書〉に拠る試論》,载中国水利史研究会编:《佐藤博士還暦記念·中国水利史論集》,国书刊行会,昭和五十六年(1981)三月,第249—265页。

和灌溉网络,后来为了恢复水利设施的功能并对其进行常年的维修和管理,就把这一责任分摊至农村地方和居于城市的士绅的头上。①

但从官方的角度看,中国的传统风尚是乡绅"以不管公事为有品",这样的人往往被誉为"自爱"。地方所有的事务,乡绅一般都不能出面,只有遇到关系"利害安危大端"或必须由地方官"敦请",方可参与议论地方政务。而那些"平日自愿管地方事者"与"好管地方琐细事者",都被官方视为"非端廉之士"。② 但是发展水利事业本来就应属于国家的一种基本职能,也是作为社会公共工程而展开的。③ 地方力量的介入,表明国家在某些管理与控制方面必须得到地方的协助或配合,才能顺利完成,也符合当时的主流舆论。以湖州府溇港管理为中心的社会事务中,有着地方乡绅为重建水利防护体系并使之正常运转的积极活动,他们起到了关键性的作用。从这一角度出发,对于明清江南地区乡绅在土地所有以及在基层社会管理或支配地位的获得,就比较容易理解。

有关明清时代"乡绅社会论"的形成,已有日本学者为主流的研究,是通过几十年对江南地区历史上各个社会层面的详尽考察,得出的重要认识。无论是在水利惯行的施行或再编成,还是在均田均役法的推行过程中,乡绅都在地方社会的政治范畴与赋役制

---

① (美)吉尔伯特·罗兹曼(Gilbert Rozman)主编:《中国的现代化》,第 162 页。
② [清]吴庆坻:《蕉廊脞录》卷二"张之洞电驳更张官制"条,中华书局 1990 年版,第 50—58 页。
③ 冀朝鼎:《中国历史上的基本经济区与水利事业的发展》,朱诗鳌译,中国社会科学出版社 1981 年版,第 7 页。

度实践层面赢得了一个相当稳定的地位。① 尽管有时国家权力远远强于地方自治,但这并不排斥乡绅们在地方自治管理中的应有地位与作用。

---

① 详参(日)森正夫:《日本の明清时代史研究における鄉紳論について》(1)(2)(3),分别载《歷史評論》1975 年第 12 期、1976 年第 4 期、1976 年第 6 期。

第七章　晚明江南城市重建及其防护体系的构成

——十六世纪倭乱在江南的影响

　　从本章开始,将转入讨论社会环境变动状态下的社会控制问题。本章要考察的,是影响明代社会历史相当深刻的倭寇之乱,属于外来因素引起的动荡。由于倭寇事件涉及许多方面的问题,因此本章将目光投注到以往很少注意的嘉靖倭乱给江南地区城防建设带来的影响。这是明代中后期江南社会发展过程中的一个重要方面,因为这一时期的城防建设不但与过去有很大的不同,出现了一次大规模的修建活动,而且在以后,更奠定了江南城市社会发展的重要基础与分布格局。本章从这一角度出发,说明战争动乱期间的调控行为在城防这种特定形式下是如何展开的,并揭示社会力量在江南地区具有的地位和作用。

第七章　晚明江南城市重建及其防护体系的构成

一　倭乱与城防问题

在以往学界的流行观点中，倭寇被认为是骚扰中国沿海一带的日本海盗。但从20世纪80年代以后，学界开始重新审视这一看法，中、日许多学者对倭寇本身的性质以及明代倭患的发生及其原因作了相当全面的考察。这些研究表明，明代倭患的根源，在于明廷所采取的严厉的海禁政策与日益增长的海上贸易之间难以调和的矛盾，而倭寇的成分固然有日本海盗，但许多情形下却是以中国本土的中小商人阶层为主体。有明一代的倭寇，规模最大、活动范围最广的，是14—16世纪的倭寇。16世纪最激烈的倭寇，以嘉靖在位时期(1522—1566)为中心，持续到隆庆、万历年间大约四十年，故学界往往将其概称为"嘉靖大倭寇"。①

倭寇的成分与为何出现，已有许多论著解明，兹不赘述。本章对于16世纪最为严重的倭乱，将作出量化分析，进一步予以明确。在此基础上，重点考察倭乱对江南地区城市群的影响。吴贵芳曾在其《古代上海述略》中，从倭乱影响与上海筑城的关系专立"御倭筑城"一节，所占篇幅极短，然而主旨已与本章要讨论的较为接近。② 杨正泰则从嘉靖间上海人顾从礼对上海城市发展的历史作用进行了分析。③

---

① 樊树志曾对明代倭寇的研究作了一个相当精到的总结。参其著《"倭寇"新论》，《复旦学报》2000年第1期。
② 吴贵芳：《古代上海述略》，上海教育出版社1980年版。
③ 杨正泰：《顾从礼与上海城墙》，《复旦学报》2001年第1期。

上述研究仅限于上海地区,就探讨整个江南地区而言,还很不够。庞新平曾以浙江沿海地区为例,探讨了嘉靖倭寇昌炽阶段的筑城活动,但只对府、县二级城市作了简单的论述;比较而言,对筑城的经费来源和民间负担问题则阐明较详。①

本章将详细探讨江南地区在嘉靖年间的城市建设与城防体系,并按照城市区位等级作出一个划分,从而揭示晚明城市在紧急情况下的扩建、增置行为,但其建制还是有限度的。讨论所涉地域,主要为明代江南的苏、松、常、嘉、湖五府。而所谓的"城市群",主要是指府、县二级城市和部分卫所治地。那里的防护都是由政府直接经营,考察这类城市群,更有助于把握政府层面的控制行为在治安、军备等方面的基本情形。

二 明代倭患及其历史地理背景

1. 倭乱的量化分析

从明朝建立伊始,倭乱就一直没有停息过,而非嘉靖时才突起。根据《明实录》②所载资料粗略统计,明代倭乱及与其关系密切的事件共有289起。(参见表7.1)这个统计仅限于中央档案系统,都属影响较大的事件,当然是不完全的。

---

① 龐新平:《嘉靖倭寇活躍期におけゐ築城——中国浙江沿海地方を中心にして》,《東洋学報》1993年第75卷第1—2號。
② 台北"中研院"历史语言研究所影印嘉业堂旧抄本。

第七章 晚明江南城市重建及其防护体系的构成

表 7.1 明代各朝倭乱分布

年代	洪武	建文	永乐	洪熙	宣德	正统	景泰	天顺	成化	弘治	正德	嘉靖	隆庆	万历	泰昌	天启	崇祯
发生次数 A	29	0	20	1	2	4	1	0	1	0	0	179	6	44	1	1	0
发生次数 B	13	0	7	1	0	4	0	0	1	0	0	142	1	8	0	0	0

说明:表中"次数 A"是指全国统计数,"次数 B"仅指与江、浙地区有关的统计数。《崇祯实录》(嘉业堂旧藏抄本)及《崇祯长编》(嘉业堂旧藏抄本)都表明当时的寇患多为内陆农民军等战争所致,倭乱事件在那时基本匿迹,档案记载上就很难见到。

这里仅将明朝 1368 至 1622 年间所发生的倭乱和相关重大战事,按年统计,列出一份数据分析图(见图 7.1)。很明显,明初曾有过一段较为严重的倭乱发生期,时间从 1368 至 1416 年。此后虽然小乱不断,但总体上相当安定。1552 后则变乱突起,一直延续到 1599 年左右,是倭乱发生极为严重的时期。在这一时期内,江、浙地区都遭遇了倭乱的威胁和侵扰,地方由此受到极大的影响。

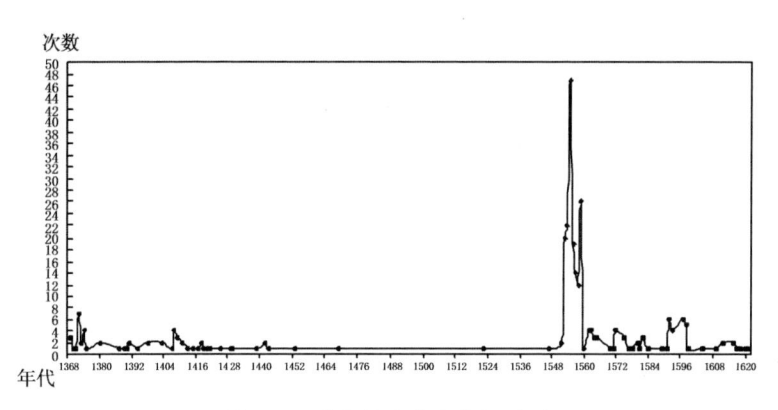

图 7.1 明代倭乱发生年际波动

2. 嘉靖年间的江南倭寇

就江南地区而言,万历以前的倭寇对当地的侵扰比较轻微,没有构成大的祸乱。然而从嘉靖壬子(三十一年,1552)到戊午(三十七年,1558)期间,倭寇大举侵掠沿海地区,倭乱最为昌炽。江南倭患严重的原因,可能还在于明廷厉行海禁,以前从事海上贸易的人都已十分熟悉沿海的环境,在海禁施行后,沿海州县自然最易受害。而江南地区的防御力量一向较弱,清人赵翼即云,明代中叶"用兵于南,则易于扫荡,用兵于北,则仅足支御"。①

嘉靖三十二年(1553)闰三月,海贼汪直纠集倭寇侵犯沿海各府。② 不久,即大举入侵南直隶地方,嘉兴、湖州、杭州地区尚未受到波及,但仍使当地受到了很大的震动。③ 就在当年四月,倭寇开始入攻太仓州城,并分兵四掠。当时,有丢失海船的 40 多名倭寇突然窜到浙江平湖县境内的乍浦,开始在平湖、海盐、海宁沿海几县纵横烧掠。④ 在松江府,海寇攻下了上海县,接着攻占了吴淞江所、南汇所,分兵溯江逼掠常州府的江阴。⑤ 五月份,海盐县城遭到倭寇攻击,虽未被攻陷,但城楼及数百间民房被焚坏。与此同时,倭寇又入攻上海,劫烧县市,知县喻题科临阵逃跑,指挥武尚文及

---

① [清]赵翼:《廿二史劄记》卷三十四《明史》"明中叶南北用兵强弱不同""嘉靖中倭寇之乱"条,商务印书馆(北京)1958 年重印本,第 709、724—725 页。
② 同治《苏州府志》卷二十八《军制》,光绪八年江苏书局刻本。
③ 同治《湖州府志》卷十七《舆地略·城池》,同治十三年刊本。
④ 《明世宗实录》卷三百九十七"嘉靖三十二年四月戊子"条。
⑤ 《明世宗实录》卷三百九十七"嘉靖三十二年四月癸巳、丁酉"条。

县丞宋鳌俱战死。在平湖,乍浦所被攻陷。① 至七月,距海较近的太仓、海盐、嘉定、金山、青山、钱仓、上海县昌国卫、南汇、吴淞江、乍浦、崇明、华亭、青浦、嘉兴、平湖、海盐等州县卫所,都遭受倭寇焚掠,乡镇受到"扫荡"。② 八月份,倭寇突然又进逼至常熟县境内的福山港③,开始深入江南的西北内部。

倭寇在江南沿海许多地区登陆时,船只俱遭搁浅,但只有一处例外,就是松江府东南的柘林,"来易登岸,去易分艅";从滨海到内地,必由小港出黄浦,若非涨潮,则水涩难行;柘林之西有横泾,深阔程度极利于舟船;从叶榭前往松江府城,不过十八里。这些地方素称富庶,多积蓄,盛宫室④,所以倭寇都以柘林为劫掠内陆的据点⑤,以此入侵内陆或转移海上。

从嘉靖三十三年(1554)正月始,发生了更大规模的倭乱。倭寇从太仓出海,转掠苏、松两地。四月份,从海盐转攻嘉兴,嘉善县很快被攻陷,沿河运船全被烧毁;接着就直攻嘉兴府城,但遭到了强有力的反击,被迫退至平湖乍浦。在崇明岛,县城已被攻破,知县唐一岑战死。昆山县虽然建有城墙,但形势同样严峻,被7000多倭寇围攻达45天之久。五月份,倭寇再次攻入嘉兴府崇德县,大掠而去。六月,倭寇又由吴江转攻嘉兴。八月,倭寇从嘉兴退兵至老巢柘林,但很快又进逼至嘉定县城。十月,倭寇有三千多人从金

---

① 《明世宗实录》卷三百九十八"嘉靖三十二年五月己酉、癸丑、壬戌"条。
② 《明世宗实录》卷四百"嘉靖三十二年七月戊申"条。
③ 同治《苏州府志》卷二十八《军制》,同治间修,光绪八年江苏书局刻本。
④ 嘉庆《松江府志》卷十三《建置志·城池》,嘉庆二十二年刊本。
⑤ [明]支大伦:《修城记》,载光绪《重修嘉善县志》卷二《区域志二·城池》,光绪二十年刊、民国七年重印本。

山突至西海口,登岸分掠地方,并且再次进攻嘉兴府城东关。到十一月,倭寇入侵松江青村所等地。①

昆山人归有光认为,江南地区所受倭扰,以苏、松为最;而苏州境内,则以昆山受害最深。他详细描述了嘉靖三十三年的倭患给江南带来的影响,特别指出昆山全县在倭寇的合围劫掠之后,除县城孤立无援外,"所至荡然,靡有孑遗"的破败景象。即使在倭寇退走后,乡间百姓已半被屠剖,村落之间是"哭声相闻"。②

嘉靖三十四年是历史上倭乱最严重的一年。在这一年中,倭寇的入侵,将整个江南地区都"扫荡"了一遍,包括内陆的乌程、德清、浒墅关、无锡、武进、溧阳、宜兴和太湖中的马迹山等地③,江南全境都受到了倭乱的扰害。

3. 气候变化与倭寇内侵

实际上,倭寇的内侵与当时的气候条件有着密切的关系,内侵的路线与地点选择,往往随气候变化而有不同。

从日本本土来华的倭寇,以萨摩、肥后、长门三州地方居多,其

---

① 《明世宗实录》卷四百六"嘉靖三十三年正月戊辰""庚辰",卷四百八"三月辛酉""乙丑",卷四百九"四月乙亥""戊寅""辛巳""乙酉",卷四百一十"五月丁未",卷四十一一"六月甲申",卷四百十三"八月癸未",卷四百十五"十月壬辰""丙申",卷四百十六"十一月甲寅"诸条;同治《苏州府志》卷二十八《军制》。
② [明]归有光:《震川先生集·别集》卷九《公移·蠲贷呈子》,上海古籍出版社1981年版,第917页。归有光,字熙甫,昆山人;嘉靖十九年(1540)举乡试,后徙居嘉定安亭江上;四十四年(1565)始成进士,授长兴知县。
③ 详参《明世宗实录》卷四百十九—卷四百二十九。

次是大隅、筑后、博多、日光、摄津、纪伊、种子岛。① 由于倭寇入侵多从海上,舟船行程与入侵能力便与风候有相当的关联。

归有光早已指出,倭寇悬渡大海,经以旬月,"非风候不行"。② 根据风向变换,其入侵方位也有不同,而入侵路程的远近,则以风力强弱而定。如果东北风较猛,就从萨摩或五岛抵达大小琉球,再按风向的变化,如北风多,就南犯广东;如果东风多,就西侵福建;如果东北风多,就依托沿海岛屿分成几支船队,入侵温州,或者通过舟山南侵定海,依次可至象山、奉化、昌国、台州等地;如果正东风多,则可通过洋山之南侵入临观和钱塘地区,或由洋山而北攻青村、南汇以及太仓,甚至直入长江。③ 时人王方麓更明确地指出,倭船入寇必下八山分踪,若东北风猛,则向马迹西南行,过韭山,以犯闽广;若东南风猛,则向殿前羊山,过淡水门,以犯苏、松;若正东风猛,则向大衢西行,过乌沙门,以犯浙江,而羊山正是浙江与南直隶交界之处,两处兵船会哨于此。④ 这些都是明代人对倭寇入侵中国沿海地域的一般认识。

但从季节上看,倭船的到来,往往会在清明之后。因为在此前,风候变化不定,会影响倭寇的入侵。而清明以后,东北风较多,且常常积久不变。但过了五月,风向开始变化,以南来居多,已不利于入侵。重阳之后,东北风还会出现。十月份一过,风大多从西

---

① (日)田中健夫:《明における倭寇の行動地域と行動回数》,载《倭寇——海の歷史》,教育社1981年版,第167页。
② [明]归有光:《震川先生集》卷八《论御倭书(代)》,第175页。
③ 隆庆《新修靖江县志》卷一《疆域上》,隆庆三年刻本。
④ [明]王方麓:《槜李记》,丛书集成初编据"盐邑志林"排印本,第1—5页。

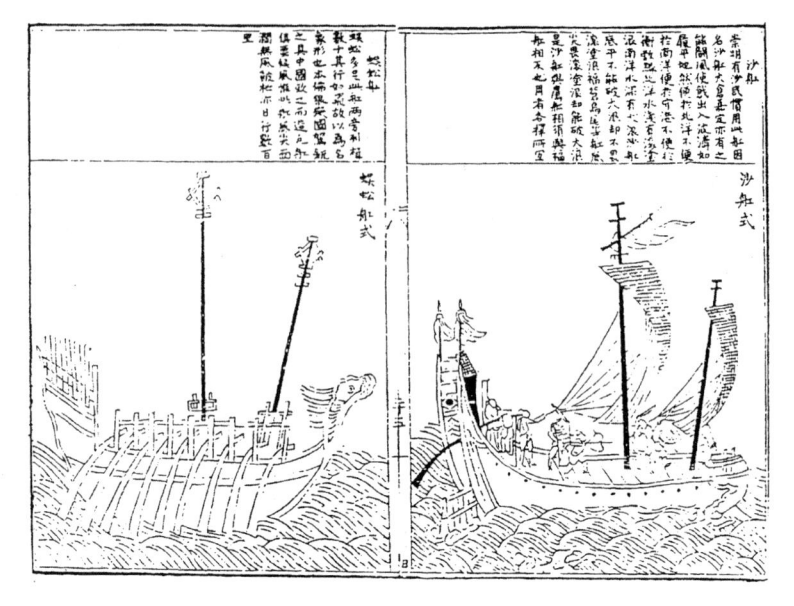

图 7.2 江南沿海所用战船

北方来,也不利于入侵。① 所以,对于江南地区的防倭来说,三、四、五月是最为紧张的时期,为"大汛";九十月则是另一个应予警惕的时期,为"小汛"。② 这样,江南地区可以依照季节变换(主要是春分和秋分两个关键节点),审时度势③,作出预警,许多城防工程基本上就在倭乱较为平静的时期进行。如常熟县早在天顺间,每年派遣指挥一员、千户一员、百户五名、兵五百和一些海上战船,驻防

---

① 隆庆《新修靖江县志》卷一《疆域上》。
② [明]徐复祚编次:《花当阁丛谈》卷八《倭寇记略》,借月山房汇抄本。
③ [明]赵士桢:《倭情屯田议》(不分卷),丛书集成初编据"艺海珠尘"本排印本,第1—10页。

县内滨海要地白茆港口,从二月一日赴练,九月一日撤戍。这样安排的部分目的,即出于防御海寇乘东南风的入侵。①

三 嘉靖以前江南地区城市群的一般形态

江南地区城市的发展,有着颇为悠久的历史,所谓"凡藩郡卫所,所治必建城郭,以宿兵守民,防御奸宄。"②嘉兴府、苏州府等城,在春秋时期就已存在。到元末兵乱时期,以苏州府为中心的张士诚政权,对江南地区的城市曾进行过一次规模较大的重建。由于城市具有捍外卫内的鲜明功能,所以在明代人的心目中,一直有这样深刻的认识:"民之依城自固,犹居室以安身也。"③城防建设更是"设险之大端"。④ 民间俗语云:大难避于城、小难避于乡。这正体现了城市"御暴保民"的功用。⑤ 所以,无论战乱有无,城防的巩固,都是地方政府应该时时在意的大问题。

嘉靖朝以前,江南地区承平久之,城防建设除在正德年间因寇贼盗乱有过一段时间的发展外,基本上处于平静状态,没有大的变化。有的城市因为繁荣日久,城防武备早已废弛。有的地方甚至不愿筑城,如宣德五年(1430)分县后长期没有城池保障的嘉善县,到嘉靖三十二年(1553)倭乱突起,政府要求加紧修筑城防时,地方

---

① 嘉靖《常熟县志》卷三《兵卫志》,嘉靖间刻本。
② [明]李东阳:《常州府修城碑记》,载乾隆《江南通志》卷二十《舆地志·城池一·下江府州县》,乾隆二年重修本。
③ 嘉靖《江阴县志》卷一《建置记·城池》,嘉靖二十七年刻本。
④ 乾隆《镇江府志》卷四《城池》,乾隆十五年刻本。
⑤ 嘉靖《安吉州志》卷一《城池》,嘉靖间刻本。

百姓还很不情愿。①

嘉靖以前江南的城防是倭乱时期城防建设的基础,对此进行考察,将有助于阐明嘉靖时期城防的延伸和扩展情况。

1. 从中心到周边

如果将苏、松、常、嘉、湖五府作为一个整体,不考虑其分属两省的事实,那么可以发现,这个区域的中心应当是苏州府。无论是从地理方面,还是从社会、经济、文化等方面来考量,苏州府都具有高于其他府的绝对优势及中心性。从城防的角度来看,也是如此。

斯波义信曾对宋代江南城市的面积作过一个比较,认为杭州的城内面积是苏州城的 2.8 倍、常州城的 6.7 倍、镇江城的 7.2 倍、湖州城的 8.5 倍。② 但没有比较秀州(嘉兴)城,可以断定,其城内面积绝不会超过苏州。

苏州府旧城,周围原为 42 里 30 步,城门 8 座,规模庞大。元朝平定江南后,凡城池悉命堙毁。苏州府城仅设有五门,可谓"荡无防蔽"。经过明初的修护,苏州府城防得到了巩固,整座府城从外观上呈"亞"字形。至正德时期,城防已经较为完善,各城门均置有官军昼夜守卫,负责水陆城门的启闭,而锁钥则由苏州卫掌管。③

---

① [明]姚弘谟:《筑城成功碑记》,载光绪《重修嘉善县志》卷二《区域志二·城池》。
② (日)斯波义信:《宋代江南经济史》,方健、何忠礼译,江苏人民出版社 2001 年版,第 310 页。
③ 正德《姑苏志》卷十六《城池》,正德间刻本;乾隆《江南通志》卷二十《舆地志·城池一·下江府州县》,乾隆二年重修本。

第七章　晚明江南城市重建及其防护体系的构成

苏州府附郭有吴县与长洲二县,共治一城,都属于明代人说的"江海之冲",南北漕船货运辐辏。属于苏州城西半部的吴县,更是冠盖商旅经由之地,"最称险要",所以有"崇墉深堑,诚独当一面"的说法。吴县分治苏州城内的范围自教场北界牌起,从西迤南转东,历阊、胥、盘三门至南城界牌止,长15里。这三座城门内,设有盘诘官厅3座、军器库3所,各城门上都建鼓楼和角楼。另外,还有窝铺84座,民房63间,敌台24座,女墙4080垛。城门启闭归苏州卫官军管制,但城门锁钥由总捕府佐收掌。城墙外濠从阊门水关之下开始,与长洲分界,往南过夏家湾,度胥江,抵盘门,转东至界牌为止,深广不测。①

相对于中心的苏州府而言,松、嘉、湖、常四府城及其附郭,可以视作周边城市。

松江府城在江南地区可能算是较为狭小的,清初人甚至认为"不及吴郡之三";但其东西南北四隅,十分繁华,"非官家栉比,即商贾杂居",市物陈列,几乎"无一隙地",时人称"锦绣江南"也不过如此。② 元末张士诚据有当地时,加葺了月城于城楼之外。明初重加修护,仍设置有月城、水门等。整座府城形势也很重要,"前襟黄浦,大海环其东南,三江绕乎西北",地方皆为平畴沃壤,四望可以极目,所以明人称其为"东南之重地"。洪武三十年(1397)十一月,金山卫中千户所的一部分官军被分出来,专门成立松江守御千

---

① 崇祯《吴县志》卷一《城池》,崇祯十五年序刻本。
② [清]曾羽王:《乙酉笔记》,旧抄本,载上海人民出版社编:《清代日记汇抄》,上海人民出版社1982年版,第14页。

户,守护府城。① 附郭华亭县,所治八乡。②

嘉兴地区在倭乱大爆发前,也是"人垂老不识兵革",承平日久,人情狃于晏安,故常常是"玩细娱而忽远虑",城郭池濠废而莫讲。③ 府城含有嘉兴与秀水两个附郭县,在元末明初曾经一番整修。明初的修葺工作较为简单,较旧城12里的面积缩短了3里,城高则倍于旧,增置或扩建了月城、钓桥、城楼、城门(水门)、女墙、敌楼(后来日渐倾圮,至嘉靖间无一存者)。④

湖州府治在子城内。洪武三年(1370),知府侯善负责新修工程。天顺四年(1460),知府岳璿重修。成化九年(1473),知府劳钺再次大规模重修。⑤

由于常州府地区深居于太湖西北的内陆,与沿海苏、松、嘉三府的城市有所不同,即使从经济发展的程度来分析,常州地区的发展水平与社会经济地位明显不能与苏、松地区相敌。因此,从常州地区的城市规模大致可以透视一般地区的城市规模及其防御能力。常州府过去的城防规模本来很大:内子城周回2里318步,外子城周回7里30步,罗城周回27里37步。⑥ 在洪武二年中山侯汤和改筑新城后,比旧狭五分之三,但全部砖筑,有城门和水关。内子城因之废去,而外罗城也被毁掉。天顺以后楼堞废毁,到成化十

---

① 崇祯《松江府志》卷十九《城池》,崇祯三年刻本。
② 嘉靖《南畿志》卷十六《郡县志十三·松江府·城社》,嘉靖间刊本。
③ [明]吴鹏:《修城记略》,载光绪《嘉兴府志》卷四《城池》,光绪四年鸳湖书院刻本。
④ 嘉靖《嘉兴府图记》卷二《邦制一》,嘉靖二十八年刻本;崇祯《嘉兴县志》卷二《建置志·城池》,崇祯十年刻本;光绪《嘉兴府志》卷四《城池》。
⑤ 同治《湖州府志》卷十七《舆地略·公廨》,同治十三年刊本。
⑥ 成化《重修毗陵志》卷二《地理二·城郭》,成化二十年刊本。

八年(1482),巡抚王恕委派知府孙仁重筑,"易以巨石",新甓增高3尺。由此池隍楼橹较以往大为雄伟壮丽,久之又圮。正德六年(1511),知府李嵩再次进行修葺,增加了阔达1丈多的走马街,设立巡警铺;城外加开壕沟,因门为桥。附郭武进县有大街4条,小巷有12条。① 这次城防修建工作对以后的发展起了很大的作用。

2. 五个府城的规模比较

上述五个府城,构成了江南城市防护群中最主要的据点,根据这些城市在嘉靖前的城防规模比较,可以概观各府城的规模等第。由于古代度量衡有一个不断增大的趋势,后代的度量衡总比前代的大,而且本章所引资料涉及明、清两代的编修者,所以城池营建的尺度换算②,仅按当时数字实录。参看"表7.2"。

---

① 嘉靖《南畿志》卷二十《郡县志十七·常州府·城社》,嘉靖间刊本;康熙《常州府志》卷五《城池》,康熙三十四年刻本;乾隆《江南通志》卷二十《舆地志·城池一·下江府州县》,乾隆二年重修本。
② 梁方仲对这方面曾作过专门研究,参其编著《中国历代户口、田地、田赋统计》(上海人民出版1980年版)第540—547页"中国历代度量衡变迁表"。由于明代尺度有嘉靖牙尺、钞尺、骨尺、量地尺等类,其折合今天尺度的标准皆有不同。吴承洛推算明尺1尺折合厘米为31.1,合市尺数为0.933(参吴承洛:《中国度量衡史》,商务印书馆1937年初版、1957年修订重印第一版)。杨宽推算嘉靖牙尺1尺合米数为0.317,合市尺数为0.951(参杨宽:《中国历代尺度考》,商务印书馆1955年重印版)。两者较为接近。在"丈"之上加"里"或"引",尽管古已有之,然而至清末才明文规定:"五尺为一步,二步为一丈,十丈为一引,十八引为一里。"参刘锦藻:《清朝续文献通考》卷一百九十一《乐考四》"度量衡"。

表 7.2　嘉靖以前江南府级城市规模比较

府城	城防设置			
	城周	城墙	池濠深阔	其他设置
苏州	34里53步9分	高2丈3尺,基广3丈5尺	城内大河三横四直,内外夹以长濠,广至数丈	女墙高6尺,门6,总长4483丈6尺5寸,为12293步9分,各门上为画楼,皆有钓桥,以通出入,周循雉堞,每10步为1铺舍
松江	9里173步	高1丈8尺	池广10丈,深7尺余	陆门4,水门4;门各有楼,楼外有月城;水门可以通舟;周9里,环以濠。城倚九峰,面黄浦,上建敌台20座、窝铺26间,雉堞3389
常州	新城10里284步	高2丈5尺,广2丈	城外有濠,可以通舟池深2丈,阔16丈	门7,门各有楼,漕河贯于城中,设有水关4座。因门为桥,以通舆马。巡警铺52所
嘉兴	罗城周9里;子城周2里10步	罗城高4丈4尺,2尺面,阔1丈2尺;子城高1丈2尺	城壕南引鸳鸯湖水,西引漕渠,并周罗城;池隍周围里数较城加四分之一,阔22丈,深1丈2尺	月城、吊桥、城楼各4座;城门4,各分水门,门各有楼;女墙3415,敌楼25座

续表

府城	城防设置			
	城周	城墙	池濠深阔	其他设置
湖州	子城周13里138步	—	壕周罗城外	城上建楼橹;门6

资料来源:正德《姑苏志》卷十六《城池》;正德《松江府志》卷九《城池》;嘉靖《南畿志》卷十六《郡县志十三·松江府·城社》、卷二十《郡县志十七·常州府·城社》;乾隆《江南通志》卷二十《舆地志·城池一·下江府州县》;成化《重修毗陵志》卷二《地理二·城郭》;康熙《常州府志》卷五《城池》;嘉靖《嘉兴府图记》卷二《邦制一》;乾隆《浙江通志》卷二十三《城池上》;光绪《嘉兴府志》卷四《城池》;崇祯《嘉兴县志》卷二《建置志·城池》;同治《湖州府志》卷十七《舆地略·城池》。

"表7.3"中所言"雉堞"也就是城上的女墙,"月城"则是城外以屏蔽城门的半圆形小城。两者都是巩固城垣防卫力量的重要设施。

根据"表7.3"分析,各府城墙高度一般都在3丈以内(嘉兴府较为特别,罗城高度超过苏州城),表明其防御限度在2丈左右已经足够。池濠较为宽阔,是与江南这一地区的水乡环境密切相关的。其他城防设施,如敌台、窝铺、水陆城门等,都是常规建制。其中水门设置较多,自然与城市所处的地理环境密切相关。

总体而言,苏州府城的规模远超其他四府,城防设施在江南地区也是最完善的。明人对于苏州府的城防曾有一个很高的评价:"凡设险守国,必有城池。若夫支川曲渠,吐纳交贯,舟楫旁通,井邑罗络,则未有如吴城者。故虽号泽国,而未尝有垫溺之患。"①

3. 普通城防的规模与分析

除府城及其附郭县外,其他普通城市的防护,从明初以来也屡有变更,但变动幅度最大的在嘉靖年间。无论是普通县级城市,还是沿海的卫、所城防,在嘉靖倭乱时期都有很大的调整。先看嘉靖以前这些城防的一般情况。

江南的普通城市在初建时,从筑城材料来看,最简单的是以木、竹为栅。如昆山县,向未有城,"惟树竹木为栅";常熟、太仓两地,也是如此。稍好的就用土砌,如昆山县城在元末明初重建时,改筑成了土城。② 德清县城在明初只存土郛,安吉、孝丰两地都是以土为城垣。③ 江阴县城晚至正德时还在筑土城;靖江县的土城,是在元末筑就,入明后维持旧状。④ 最好的城防当然是砖石筑就的城垣,如无锡县城,在明以前就已是石筑,明代继续予以缮治⑤,常熟县城在元末已筑成砖城,嘉定县城也是如此,但到正德时已渐渐毁圮⑥,长兴县城在明初筑成了砖城⑦。少数城市还是砖石与土混合

---

① 正德《姑苏志》卷十六《城池》,正德间刻本。
② 正德《姑苏志》卷十六《城池》,正德间刻本;同治《苏州府志》卷四《城池》,同治间修、光绪八年江苏书局刻本。
③ 乾隆《浙江通志》卷二十三《城池上》,乾隆元年重修本。
④ 嘉靖《南畿志》卷二十《郡县志十七·常州府·城社》,嘉靖间刊本。
⑤ 嘉靖《南畿志》卷二十《郡县志十七·常州府·城社》;乾隆《江南通志》卷二十《舆地志·城池一·下江府州县》。
⑥ 正德《姑苏志》卷十六《城池》,正德间刻本。
⑦ 乾隆《浙江通志》卷二十三《城池上》,乾隆元年重修本。

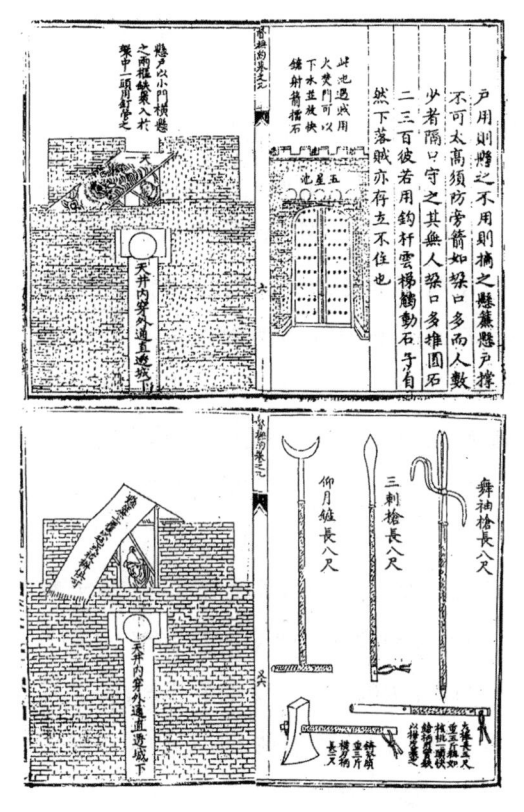

图 7.3 明代的城防设施

型的,如崇明县城,早期一直是"内砖外土",晚至宣德初才改以砖筑。①

值得注意的是,江南地区一直没有设置城郭的县城为数并不少。如宣德五年(1430)分县后新立的嘉善、平湖、桐乡三县,一直

---

① 正德《姑苏志》卷十六《城池》,正德间刻本。

无城郭;崇德县在洪武十九年(1386)城上砖石被拆作公用后,尽管在天顺年间仍有四座城门设置,但"无城如故"。① 武康县是"累土为缭垣",也无城郭。② 上海县从元至元二十九年(1292)从华亭县析置后,一直未设城郭,仅设有两个门,环县"以水为险"。③

除苏州、松江、嘉兴三府外,湖州、常州应当列入内陆府。但常州府还有长江岸线,江海连通,依然较为方便。这里就着重分析一下常州府这个江海过渡地域的城防情况。

常州府的无锡、江阴与附郭武进的规模,远比宜兴、靖江二县为大,其防御能力自然也强。江阴县城规模大的原因,可能与其地处长江沿岸的要冲有关,它既是常州府由江入海的重要门户,也是苏、常诸府的北门,所以明人认为这里"视他邑独重"。④ 虽然靖江县城处于长江江心沙岛,但因与常州府本土有着天堑之隔,对整个常州府而言,其重要性就要逊于江阴。当然,江阴与靖江隔江相望,在军事上可以互为犄角。无锡地近苏州,属于苏、常二府间的陆路交通必经之地,由于苏州府地区防御力量较强,无锡地方完全可以此为屏障,防范能力相对弱化。

明人说常州是内陆府郡,从宋室南渡以后,阻江为险,防护重点置于沿长江一线,"增置沿江民兵、游击,忠、卫二屯"。这种武卫设置到元代就被废除了。明代又重新加强防御力量,但仅存"警逻"而已。事实上,许多武备设置,如常州卫指挥使司、宜兴守御千

---

① 乾隆《浙江通志》卷二十三《城池上》;光绪《嘉兴府志》卷四《城池》。
② 乾隆《浙江通志》卷二十三《城池上》。
③ 嘉靖《南畿志》卷十六《郡县志十三·松江府·城社》。
④ [明]唐顺之:《江阴县新志序》,载嘉靖《江阴县志》卷首,嘉靖二十七年刻本。

户所、府治东北的教场以及江阴县的教场等,都是在洪武年间废弃的,直到成化年间,仍未见复置或增设。① 靖江县城本处江中沙岛,在成化七年(1471)设县后,由知县张汝华负责建成土城,十三年(1477)又培土修固。正德元年(1506)因海盗的侵扰,由巡抚都御史艾璞委派常州府通判王昂、靖江知县周奇健在县城上加筑了土墙,四门换上陶甓。此后,也不断得以重修。②

除上述这些县级城市外,还有一些小城市,从地理方位看,都处沿海地带。它们在海防上具有特殊的重要性,是江南海防的前缘城市,所以很多在明清两代成了卫、所治地。

例如吴淞江守御所,在嘉定县东南四十里,洪武时期已筑成土城,此后不断得到重修。③ 此类城市因其海防的专门目的,城防设施较为全面。再如松江府的青村城,筑于洪武十九年(1386),周6里,高达2丈5尺,建有4座城门,门上有城楼,外设月城。④ 城防设施较一些县城为好。此外,还有金山卫、南汇城、澉浦城、乍浦城、梁庄寨城、杨舍堡城等。其中澉浦城完全是用砖石包砌的;乍浦城的城防设施比较而言是最完善的,不但具备一般的城防配套设施,还经常性地得到杭、嘉、湖三府的联合葺治。⑤ 相比之下,常州府的杨舍堡城设施最差,尽管其地居滨江扼要处,但一直无

---

① 成化《重修毗陵志》卷二《地理二·城郭》,成化二十年刊本。
② 隆庆《重修靖江县志》卷一《疆域上·城池一之一》,隆庆三年刻本;光绪《靖江县志》卷二《营建志·城池》,光绪五年刊本。
③ 正德《姑苏志》卷十六《城池》,正德间刻本。
④ 乾隆《江南通志》卷二十《舆地志·城池一·下江府州县》,乾隆二年重修本。
⑤ 乾隆《浙江通志》卷二十三《城池上》,乾隆元年重修本。

城垣。①

这些城墙的周长都在 15 里之内,城墙高度都不到 3 丈。② 这一点类似府城。池濠也很深广,城防设施初具规模,有水门(水关)、城门、濠池(大都利用便利的水网构成,如安吉城濒临大溪,"引水为濠,凿濠为池"③)、女墙、敌楼、窝铺,甚至还有瓮城(如长兴县城,6 座城门各有瓮城④)。但在嘉靖以前,这些城市受毁坏的已经很多。

总之,在较为和平的时期,地方防护的需求是很低的,有的甚至武备浸缓。⑤ 松江府地区甚至在嘉靖三十一年(1552)前,还因承平日久仍然"武备甚弛"⑥;长久不设巡抚的浙江地区,自嘉靖至万历倭寇大作后,始复设巡抚。而温州、台州、宁州、绍兴、杭州、嘉兴滨海地区,各设兵备;杭、嘉、湖的兵备驻于嘉兴府,参将驻于海盐,备倭把总则驻防于乍浦镇。⑦ 江南的城防建设往往维持旧态,最多不过对旧城重加修葺而已。然而,遇到水旱等天灾,即便是一些设施较好的城市,因城砖具有交易的价值,许多饥民就盗砖易食,致

---

① 嘉靖《南畿志》卷二十《郡县志十七·常州府·城社》,嘉靖间刊本。
② 县级城市中,太仓州城的规模较大,周 14 里 50 步;就城墙高度而言,一般为 2 丈 8 尺以下,个别高达 3 丈,如长兴县城。参正德《姑苏志》卷十六《城池》,正德间刻本;乾隆《浙江通志》卷二十三《城池上》。
③ 嘉靖《安吉州志》卷一《城池》,嘉靖间刻本;同治《湖州府志》卷十七《舆地略·城池》,同治十三年刊本。
④ 乾隆《浙江通志》卷二十三《城池上》。
⑤ [明]李东阳:《常州府修城碑记》,载乾隆《江南通志》卷二十《舆地志·城池一·下江府州县》。
⑥ [明]撰人不详:《云间杂志》卷上,奇晋斋丛书本。
⑦ [明]王方麓撰:《槜李记》,丛书集成初编据"盐邑志林"排印本,第 1—5 页。

使城防日渐毁圮。如永乐年间一次大侵,使元末已为砖城的常熟县城遭到了毁灭性的破坏。①

四 嘉靖年间城市重建与防护群的兴起

在战乱突起对地方政府的威胁加重时,城防建设的重要性才会凸显出来。从嘉靖三十二年至四十三年(1553—1564)间,尽管朝廷屡调官兵迎击倭寇,戚继光、俞大猷等名将都曾获得过不小的胜果,但江南地区并未因此停止城防建设,城池的营造和修缮出现了一个罕见的高潮。②

嘉靖倭乱的发生,使地方官员与士绅们都注意到了没有城防的危险,纷纷奏请筑城。此时朝廷正好也要求地方加紧城防工作,于是,嘉靖年间因倭寇的大规模入侵,江南地区大兴城防。如松江府的东北门户上海县,当时编户已有600余里,殷实人家大多在市,额征米粮40余万石,银布之类数船可载,富商大贾四方辐辏,县城所在居积货物尤多,对倭寇有着很大的吸引力。由于城门之外不到一里就是黄浦江,倭寇可以利用迅急的江潮,顺流而至,地方对此很难防御。基层百姓也因生活太平日久,一闻乱起,张皇无措。嘉靖年间的上海屡被倭寇劫烧,官绅商民受害的不下百余家。这显然是因无城可守而使倭寇入侵如探囊取物。当地代表顾从礼

---

① 正德《姑苏志》卷十六《城池》,正德间刻本;乾隆《江南通志》卷二十《舆地志·城池一·下江府州县》。
② 同治《苏州府志》卷二十八《军制》。

等人就上奏朝廷,要求资助上海筑城费用,加快建立城防。① 上海县城池由此得到了一次大规模的兴修。

对于整个江南而言,受害最重的当数乡村百姓,常因倭乱而流离迁徙,所在村落为之一空,"州县仅仅婴城自保"②,可以认为,"大都无城者屠,城敝而不为备者陷",③所以他们更需要有坚固城防的庇护。在倭乱期间没有陷落的府县城市,城防工作都比较完善,也是村民们逃难的理想之地,但是仍有很多府县城市在防护上处于衰弱状态,需要重建城防。从嘉靖年间爆发的大规模倭乱,直至隆庆、万历时期的零星倭患发生,使江南地区的城防建设普遍化,城市防护群由之全面兴起。

对于城市防护群,可以作出级别划分,以明确不同等级的城市防护规模和能力。按照施坚雅(G. William Skinner)对清代中国城市的界定,可以分出上位治所(首都、省会、府州治、直隶州治)、中位治所(府州的非附郭县治)、下位治所(直隶州属县、非直隶厅治)三类。④ 斯波义信曾参照这种分类法,研究了宋代江南的城市化形态。⑤ 在这里,对于嘉靖倭乱时期江南的城市防护群的分析,也可借用这种分类方法,将府治(含附郭县治)、直隶州治列为上位城市,普通县治、非直隶州治为中位城市,其他重要治所(如巡检司、

---

① [明]顾从礼:《奏请筑城疏略》,载崇祯《松江府志》卷十九《城池》,崇祯三年刻本。
② [明]归有光:《震川先生集》卷三《备倭事略》,第73页。
③ [明]吴鹏:《修城记略》,载光绪《嘉兴府志》卷四《城池》。
④ G. William Skinner ed. *The City in Late Imperial China*, Stanford University Press, Stanford, California, 1977.
⑤ 参(日)斯波义信:《宋代江南经济史研究》"前篇四城市化的局面和事例",方健、何忠礼译,江苏人民出版社2001年版。

守御卫所等)为下位城市。

1. 上位城市

苏州府城夙称"雄藩","二八通门,水陆交错",水、陆城门各有8个,加上"旁邑三城,分圻而治"①,城池显得较为雄伟壮丽。完善的城防,使苏州城在嘉靖倭乱爆发时,不必在城池巩固上作出较大的行动。而在城外腹地有两座敌楼的加固工作,比较引人注意。一是枫桥敌楼,位于枫桥堍下,方广周13丈,高3丈6尺,下面以石为基,四面是砖筑,中分三层,上覆以瓦,四周置有很多孔洞可以发射矢石铳炮。二是木渎敌楼,在木渎镇白塔桥南堍下,规制如枫桥。两者都在嘉靖三十六年(1557)由巡按御史尚维持、知府温景葵、知县安谦负责修建。② 这两座敌楼位于苏州府城外延的两条水路干道上,枫桥在府城的寒山寺西北,木渎在城外西南近太湖地带,地理位置都很重要。晚至崇祯年间,府城才有一次由推官倪长圩负责的较大规模的重修工作③,也表明府城长久的雄固性。

松江府及其附郭华亭县城,经由嘉靖年间知府方廉发起的重修工作,延续了元末张士诚割据时期的城防规模,包括敌台20座,窝铺26个,雉堞3389垛。整个府城周长9里173步,高2丈4尺;池濠广10丈,深7尺;城门4座,水门则各附其旁。城门之上都有

---

① 同治《苏州府志》卷四《城池》。
② 崇祯《吴县志》卷一《城池》,崇祯十五年序刻本。
③ 同治《苏州府志》卷四《城池》。

楼,楼外还置有月城,与过去差别不大。① 在府城的西门外,还有一个西仓城,周2里,高1丈8尺;陆门4;濠广6丈,深3尺多。这也是在嘉靖年间修筑的,目的在于保护漕粮。万历、崇祯时期都有增修。②

嘉兴府城在嘉靖三十三年(1554)因倭寇突然入侵,知府刘悫亲自主持缮修城池,筑了4个水门。由于府城包括了附郭嘉兴、秀水二县县治,刘悫根据里人窦卿的请求,修城防倭,下令嘉、秀二县各筑一半,每县分二十四段,委派义民分别监督。城防工作不到一年就完成了。当倭寇来临时,刘悫下令:如果倭寇聚集东门,则开西门接纳难民入城;如果倭寇在南门,那么就开北门接受难民。刘氏的灵活应变措施为地方居民提供了更多的安全保障。嘉靖三十八年(1559),侍郎周际严奉命巡按全浙。周际严特别指出"城弗修,犹亡城也",下令嘉兴知府侯东莱修筑城防。次年完成嘉兴城防的增筑工作,修城周达1900多丈,增高城垣1丈2尺,帮岸3尺;改建了4座城楼,重建敌楼28座;其他城防设施也全部筹备完毕。这次城防工作具体是由嘉兴知县何源与秀水知县张翰翔负责的,公帑投入银18649两。③ 但到万历初年,倭患程度已大大减轻,城防出现了荒弃现象,一些城垣渐渐废圮。晚至万历四十七年(1619),知府庄祖诲,同知刘可训,知县蒋允仪、汤齐、范文若才开始议及此事,仍然要求嘉、秀二县根据所辖地段(嘉兴县辖城垣

---

① 崇祯《松江府志》卷十九《城池》,崇祯三年刊本。
② 乾隆《江南通志》卷二十《舆地志·城池一·下江府州县》。
③ 崇祯《嘉兴县志》卷二《建置志·城池》,崇祯十年刻本;[明]吴鹏:《修城记略》,载光绪《嘉兴府志》卷四《城池》。

1172丈8寸,秀水县辖780丈7尺2寸)分筑城垣,增修箭楼、窝铺、马坡等设施。同年,嘉兴兵备道王锺岱又主持修护城外西北隅,帮筑石岸。天启二年(1622),知县汤齐、范文若再次主持修筑城垣。① 嘉兴府城垣周长达9里13步,嘉兴县具体分管范围自东门内马王庙前起,由南门至小西门古井庵前止,城身共长1386丈9尺,计垛口1115个,分东门楼一座,南门楼一座;秀水县分管范围自小西门古井庵起,由北门至东门马王庙止,城身共长780丈8尺2寸,城垛735个,分西门楼、北门楼各一座。② 这是嘉兴府城分县而修的具体情况。江南其他府城,大概只有苏州府和湖州府与此情形类似,都有两个附郭县,府城都是分县修筑。

湖州府城附郭是乌程、归安二县。嘉靖三十二年(1553),倭寇侵犯南直隶地方,湖州府城垣不但低矮,而且毁坏地方很多。乌程知县张冕急忙下令增修,修筑了西清源门的甕门。此举得到了唐一庵等乡绅义民的赞同,各助银米以济工程,乌程县城防从而得以加固。不久知府徐洛莅任湖州,将湖州府所有城垣及归安县城重加修葺,所有的楼橹、雉堞都得以修护一新。三十三年,倭寇入攻乌程的乌镇、德清的新市,兵逼归安之菱湖;三十四年正月,倭寇又入侵至湖州府境,地方居民依靠城防而未罹害。③ 但是三十二年的城防工作仍然是很简单的,经历了三十四年的倭乱后,地方政府认为必须充分加强城防建设。所以在三十五年,新任知府李敏德又

---

① 光绪《嘉兴府志》卷四《城池》。
② 光绪《嘉兴府志》卷四《城池》;乾隆《浙江通志》卷二十三《城池上》。
③ 万历《湖州府志》卷一《郡建》,上海图书馆藏明万历八年刻本;同治《湖州府志》卷十七《舆地略·城池》,同治十三年刊本。

增修了湖州府城防,设立大箭台7座,单台41座;南北水关原来常受余不溪、苕溪之冲蚀,只设有3个门,单薄颓圮,此次增修就加厚城面1丈6尺,基厚1丈8尺,城身加高5尺,两旁还各设箭台。当然,这次城防工作仍由乌程、归安两县知县分界督造,地方士绅与殷户也出了不少力。增修工作到三十七年八月份才完竣。①

常州府城也在嘉靖三十四年倭夷入寇后,由知府金豪领导增修,筑合了德安、广化两座瓮城,增设了敌楼和窝铺,"城制始备"。后来在万历年间,因长期处于安逸状态,城上的砖石维护不周,有所毁坏。②

镇江府晚至万历十二年(1584),由知府吴扬谦于府后附城筑垣,与城齐,以卫府治。二十一年(1593),周回城垣复加高三尺,迤北附垣,增建虚台一座,与北固山相对。③ 它与杭州府都在江南的边外之地,本章将不作详细讨论。而且杭州府有其特殊性,本身就是省城,将其城防规模和防护能力与一般府城作比较,并不合理。但杭州城防也并非十分稳固,明代台州人王士性认为其城防能力尚不及台州府城:"十一郡城池惟吾台最据险……又有大湖深濠,故不易攻,倭虽数至城下,无能为也。"杭城虽然美观,但严州府运来的薪、湖州府的米都聚诸城外,"居人无隔宿之储,故不易守"。④ 在嘉靖三十三年(1554)间,杭州城防在巡抚都御史李天宠

---

① [明]徐献忠:《湖守李公增建郡城碑》,载同治《湖州府志》卷十七《舆地略·城池》。
② 康熙《常州府志》卷五《城池》,康熙三十四年刻本;乾隆《武进县志》卷二《营建·城池》,乾隆间刻本。
③ 乾隆《镇江府志》卷四《城池》,乾隆十五年刻本。
④ [明]王士性:《广志绎》卷四《江南诸省》,中华书局1981年版,第68页。

的负责下,重加修固。次年倭患大警,都御史胡宗宪等人又加筑敌楼等城防设施,杭城才趋雄固。①

2. 中位城市

江南中位城市的数量是最多的,在嘉靖时期变化也最大。这些城市兴建的所有城防工程,也是在地方行政长官的直接经营下完成的。而且嘉靖时期江南各县的历届县令很重视这种工作,因为这关系到中央与地方的双重利益保障问题。

例如,在倭乱产生后,苏州府地方由巡抚欧阳铎、巡按陈蕙、苏州知府王仪主持尚无城防的沿海州县城池的修建工作,首先考虑的是昆山县城,从嘉靖十七年(1538)始,用了一年的时间就顺利完成修筑砖城的工作,到三十三年,知县祝乾寿重新负责增固城防。② 再以嘉定县为例,嘉靖十五年(1536)知县李资坤增开北水门后,于十九年(1540)知县马麟又主持增筑城上土墙,以备海寇;到三十二年(1553),知县万思谦改筑砖堞;后知县杨旦重筑东南隅,增东门月城,4座城门各建城楼,并置敌台、守铺。③

许多县城最初都在嘉靖倭乱时期建成。如嘉善县城,于宣德五年(1430)分县后一直没有完善的城防。嘉靖三十二年,倭寇内侵,巡抚王忬因知府刘悫的倡议,奏请筑城,由嘉兴府通判邓迁主

---

① 万历《杭州府志》卷三十三《城池》,万历七年刊本。
② 同治《苏州府志》卷四《城池》,同治间修、光绪八年江苏书局刻本;乾隆《江南通志》卷二十《舆地志·城池一·下江府州县》,乾隆二年重修本。
③ 嘉庆《直隶太仓州志》卷四《营建上·城池》,嘉庆间刻本。

持,三十三年十月兴工,次年三月竣事,水门、陆门、城壕、月城、箭台、敌台、望楼、窝铺等设施毕具。①

其他如平湖、崇德、桐乡、青浦、上海、崇明等县城,也在此时建成。(详参表7.3)如平湖县,饱受倭寇的侵袭,"东西南北,无不被残伤之地,无不被荼毒之民"。最后在地方驻军的配合下,重筑了城防,"筑城开河",以至数月以来倭寇不敢再犯,"居民得保室家"。② 像上海县,在嘉靖三十二年根据顾从礼等人的奏请,松江知府方廉主持开展了筑城工作。嘉靖三十六年(1557),同知罗拱宸又在城门四处加筑敌楼三楹,并沿城垣增加箭台20座,城濠也设了土墙,另外在三处特别要害的地方专置高台层楼,即万军、制胜与镇武三楼。③

至于顾从礼的奏疏,可以揭示江南很多像上海这样设县之后无城墙防卫的城市的存在形态以及筑城的重要意义。主要内容如下:

> 江南数郡顽民,率皆私造大船,出海交通琉球、日本、满刺、交趾诸番,往来贸易,悉由上海出入,地方赖以富饶。遂于至元二十九年(1292)开设县治,至今二百余年,原无城垣可

---

① [明]姚弘谟:《筑城成功碑记》,载万历《嘉善县志》卷十《艺文志》,万历二十四年刻本;万历《嘉兴府志》卷二《城池》,万历二十八年刊本;乾隆《浙江通志》卷二十三《城池上》,乾隆元年重修本。各志城垣数字均有出入,以万历《嘉善县志》为主。
② [明]冯汝弼:《祐山先生文集》卷九《与陆东湖书》《为留卢参将与军门书》,明刻本。
③ 乾隆《上海县志》卷六《城池》,乾隆十五年刻本;同治《上海县志》卷二《建置·城池》,同治十一年刊本。

守。盖因立县之际,一则事出草创,库藏钱粮未多;一则彼时地方之人半是海洋贩易之辈,武艺素所通习,海寇不敢轻犯,所以虽未设有城池,自然亦无他患。……太平日久,人不知兵,一闻盗起,满县张皇……县官以仓库为忧,百姓以身家为虑,惊惶错愕,手足无措。……近来嘉靖戊子等年,屡屡被贼劫烧,杀伤地方乡官商人居民,不下百有余家。盖因贼自海入江,乘潮而来,乘潮而去,劫掠城市,如取囊中,皆由无城可依之故也。伏望皇上轸念府库钱粮之难聚、地方百姓之可哀,乞敕工部、都察院会议,如果臣言有可采,转行南直隶抚按官亲履地方,相度基址,选委贤能官员,趁今秋收岁晚,务闲之际,开筑内外峻壁城垣,以为经久可守之计。①

当然,相较内陆的很多城市,上海县城处于边海之地,居于海陆交通的枢纽,更需要加强海上防卫。无城可依的状态需要彻底改变。

至于江南筑城的建材,与过去相比有了很大的不同,已经普遍启用砖石。由于砖筑的费用明显高于土砌,所以必须有充足的经费来源。地方政府的解决办法,一般都是向朝廷申领公帑,以敷修城工程的全部费用。如崇明县城在嘉靖三十二年(1553)由知县唐一岑领导筑成的土城已不能应付时需,次年即由巡抚周如丰向朝廷申领帑金4万两,从而将土城改筑成了砖城。崇明砖城是从这时开始才有的。② 有的地方还采取官、民结合,共同承担修城经费

---

① [明]顾从礼:《奏请筑城疏略》,载崇祯《松江府志》卷十九《城池》,崇祯三年刻本。
② 康熙《重修崇明县志》卷三《建置志·城池》,康熙间刻本。

的办法,即修城费用中的五分之三由官方负责,其余五分之二则由民间措办。如嘉善县,在嘉靖三十三年开始的所有修城工费银35800两,就是这样分派的。①

江南地区一些富庶的绅士义民都很支持政府的修城行为,毕竟这使他们在倭乱时期免受更多的侵扰,对个人利益不无裨益。如常熟县,在嘉靖三十二年知县王鈇负责重筑城防时,有位富民谭晓就义输4万两白银帮助筑城。② 又如江阴县,在嘉靖二十二年(1543)由巡江御史冯璋领导修固城防,甃砖为面,几成三分之一,但仍未能尽撤土而为砖。其中主要的原因就是经费不足;到嘉靖三十一年,倭患已经扰及浙中地区,地方政府马上组织力量进一步完善城市的防护,修复了"北隅之缺"。有个义士黄鎏,专门输6000两白银作为修城之资,造城达300多丈。③ 靖江县城虽然是土城,但在嘉靖八年(1529)因"海寇猖獗"就开始增设20所警铺,到嘉靖二十二年,改筑砖城,正是应和了当时江南兴起的筑城运动。由"富民"分领官帑,负责修筑工作。④ 可见,城防的巩固工作虽然由官方主持,但是社会力量的支持,则可以使之得到更多的保障。

总之,倭乱促进了朝廷、地方与民间三方面力量的联合,而由共同利益促成的这一联合,在筑城固防工程中得到了具体体现,同时也表明在江南城防工作中民间力量所起的重要作用。

---

① [明]姚弘谟:《筑城成功碑记》,万历《嘉善县志》卷十《艺文志》。
② 同治《苏州府志》卷四《城池》。
③ 嘉靖《江阴县志》卷一《建置记·城池》,嘉靖二十七年刻本;光绪《江阴县志》卷一《建置·城池》,光绪四年刊本;康熙《常州府志》卷五《城池》,康熙三十四年刻本。
④ 光绪《靖江县志》卷二《营建志·城池》,光绪五年刊本。

3. 嘉靖年间中位城市防护规模的比较

根据文献记载,可以对中位城市在嘉靖年间的城防情况作出一个具体的比较。参表7.3。

表7.3 嘉靖时期江南五府中位城市城防情况比较

府州县		嘉靖时期城防建设	
		城建及用材情况	城池规模及配套设施
苏州府	昆山县	嘉靖十七年因旧基甃以砖石	周12里,长2387丈,高2丈8尺;池深5尺,广6尺 嘉靖八年,于东门外置水关,上有门楼。旱门6,水门5;雉堞4587。三十三年,增筑6门、月城及敌台26座,窝铺25座,又于东南北三隅增建敌楼3所
	常熟县	元至正十六年,张士诚据吴,甃为砖城	周1666丈,高2丈4尺;内外皆有濠,外濠之广倍于内 嘉靖三十二年,重筑;门7,水关5
	吴江县	—	旧城高2丈8尺,厚1丈5尺,周5里27步;嘉靖时增高至3丈2尺,厚1丈8尺 嘉靖三十三年增筑。三十六年覆以甓;门4;月城长1084丈5尺;雉堞2222;敌台26;窝铺40

续表

府州县		嘉靖时期城防建设	
		城建及用材情况	城池规模及配套设施
苏州府	太仓州	元末移常熟支塘城改筑	旧城高2丈,广3丈,周14里50步;濠周回15里170步,深1丈5尺,广8丈6尺水门3,陆门7,门楼4;巡警铺66,敌台28
	嘉定县	元末明初筑以砖石	旧城周9里,计1694丈,高1丈5尺;濠广13丈,深1丈,堞广2丈,深5尺 嘉靖十五年增开北水门;十九年增筑城上土墙;三十二年改筑砖堞,周2266丈6尺,高2丈6尺,基广5丈,面广3丈。后重筑东南隅,置堞2369,加高4尺,增东门月城;4门各建城楼,置敌台16座,守铺36
	崇明县	嘉靖三十四年始筑砖城	砖城周围1295丈2尺,高1丈,8尺阔;池深1丈,阔十余丈 嘉靖二十九年,规城基7里3分;三十二年筑土城;三十四年筑砖城,门4
松江府	上海县	嘉靖年间新筑	周围9里,高2丈4尺;濠广6丈,深1丈7尺 嘉靖三十二年始筑城区,敌楼1,平台2,堞3600堞,穿廊78。门6,水门3。三十六年,增敌楼3、箭台20,环濠筑土墙、高台层楼3

续表

府州县		嘉靖时期城防建设	
		城建及用材情况	城池规模及配套设施
松江府	青浦县	嘉靖十九年始建	周围共8里,高2丈3尺;濠广3丈,深1丈 箭垛1715,敌台7,窝铺48;门楼6,旱门5,水关3,月城3
嘉兴府	嘉善县	嘉靖三十三年兴筑	城垣周1502丈,高3丈,广2丈,壕阔6丈;周围方9里;濠周于,阔6丈 水门5,陆门4,各因其坊旧名。城楼如之。垛凡2664,月城144丈,望楼4座,水门旁台5座,墩台12座,窝铺36间
	海盐县	—	旧城周围6里35步,高2丈5尺。新筑外塘高1丈3尺,阔6尺 旧城陆门4,上下相对,各设兵马司;水门3。嘉靖三十二年沿城增筑土城为外塘,四关外为门,门有栅,栅置守卒。三十三年增子城4,敌楼18,敌台2
	平湖县	嘉靖三十二年兴筑	城凡9里,高2丈5尺,阔2丈,周1609丈;城濠周围阔5丈 嘉靖三十五年建东、北二瓮城。四十一年增女墙,加高雉堞,并高5尺;增置窝铺112;陆门5,水门5
	崇德县	嘉靖三十四年始筑	城周7里30步,高2丈7尺,阔1丈5尺 嘉靖三十九年增筑,水、旱门各5;南北瓮城门各1座,箭台30,窝铺24

续表

府州县		嘉靖时期城防建设	
		城建及用材情况	城池规模及配套设施
嘉兴府	桐乡县	嘉靖三十二年筑,上砖下石	周围5里,计1200丈,外高3丈1尺,内高1丈4尺,面阔1丈8尺,脚阔2丈2尺;壕周城,广6丈,深2丈5尺 陆门4,水门4;垛凡1012,城楼4座,月城4,敌台13,敌楼8
湖州府	长兴县	明筑砖城	城周929丈,高3丈,阔2丈8尺5寸 城门六,各有瓮城,水门二。嘉靖三十五年增筑,建楼于6门之上,置窝铺30座
	武康县	无城,唯累土为缭垣	
	德清县	明初存土郭;嘉靖二十五年于要路四门各围以石;三十二年筑城	城周773丈5尺,高2丈3尺,阔2丈 四门上筑望楼;上下各水门5窦,又西水门1,陆门5;垛1540,敌台70座,月城10丈,敌台3,铺25
	孝丰县	原为土垣。万历四年更为石城	周围610丈,广679丈,高2丈,厚半之;城濠自西跨北,广3丈 土城,门4,城楼4,窝铺8,水洞3
	安吉州	原安吉县城,为土城。嘉靖三十三年城内土岸以石甃之	旧土城6里,高2丈,广1丈;引溪水为濠,凿濠为池,仅通舟筏 门4。嘉靖三十一年重修,增建城楼、更铺。三十三年,又增高3尺

续表

府州县		嘉靖时期城防建设	
		城建及用材情况	城池规模及配套设施
常州府	无锡县	嘉靖三十三年筑以砖石	周18里,计1713丈,高2丈1尺;池深2丈,阔1丈7尺 嘉靖三十三年修筑;陆门4,水门3
	宜兴县	—	周回1里90步 嘉靖三十四年增建敌台5座;四十三年,增建东西关楼
	江阴县	嘉靖二十二年,叠石培址,甃砖为面,完成几达三分之一。三十六年筑成砖城	周回13里;池深7尺,阔4丈2尺 嘉靖十二年增建城楼八座。嘉靖三十六年,月城、门楼、窝铺尽撤而新之,又于西北城添设铺舍,城之临江者增置栏马墙
常州府	靖江县	嘉靖三十二年,改甃砖石	周回7里40步;池广6丈5尺,深1丈8尺 嘉靖三十二年增设敌台门楼女墙,改筑水关于东门之南。三十四年,复浚壕堑,加甓城,增高旧城。四十三年,以城中民稠地窄,欲扩城西,未果

资料来源:乾隆《江南通志》卷二十《舆地志·城池一·下江府州县》;同治《苏州府志》卷四《城池》;嘉庆《直隶太仓州志》卷四《营建上·城池》;嘉靖《太仓州志》卷二《城池》;康熙《重修崇明县志》卷三《建置志·城池》;民国《太仓州志》卷四《营建志·城池》;万历《嘉兴府志》卷二《城池》;[明]姚弘谟:《筑城成功碑记》,收入万历《嘉善县志》卷十

《艺文志》;天启《平湖县志》卷一《舆地一之一·都会》;光绪《嘉兴府志》卷四《城池》;乾隆《浙江通志》卷二十三《城池上》;同治《湖州府志》卷十七《舆地略·城池》;嘉靖《安吉州志》卷一《城池》;崇祯《松江府志》卷十九《城池》;乾隆《上海县志》卷六《城池》;成化《重修毗陵志》卷二《地理二·城郭》;康熙《常州府志》卷五《城池》;[清]黄印:《锡金识小录》卷二《备参下·旧城考》。

说明:无锡县城周数,《锡金识小录》卷二《备参下·旧城考》,记为周回达18里,计1783丈6尺;本表取康熙《常州府志》卷五《城池》记载数。嘉靖《安吉州志》(嘉靖间刻本)卷一《城池》记载为"三尺",同治《湖州府志》(同治十三年刊本)卷十七《舆地略·城池》记载为"二尺",现以前者为是。嘉善城垣数据,[明]姚弘谟:《筑城成功碑记》(万历《嘉善县志》卷十《艺文志》)、万历《嘉兴府志》卷二《城池》、乾隆《浙江通志》卷二十三《城池上》记载均有出入,本表以万历《嘉善县志》的记录为准。

江南地区的城市,基本上都是在嘉靖年间的危急情况下,被迫加固城防,城市之制最终得以完备。除个别县城(武康县)外,江南地区的中位城市都建成了较为坚固的砖石城墙。而且,这些防护工作都是在地方政府的率领下完成的。同时,也可以印证外来压力的减弱与消弭而逐渐会使城市防护再度处于荒废状态的事实,隆庆、万历年间,就出现了城垣废坏的显例。[①]

4. 下位城市

下位城市居于江南沿江滨海的周边地区,大多属于苏、松、嘉

[①] 即便是府城及附郭县城也不例外。如常州府附郭武进县就是如此,在万历年间"砖石稍稍毁殇"。(参康熙《常州府志》卷五《城池》,康熙三十四年刻本)再如嘉兴府城,在万历初就已趋毁圮。(参光绪《嘉兴府志》卷四《城池》)

三府。这些城市化形态的修建,主要目的在于海防。

常州府只有滨江岸线,在沿江的一个地方,即杨舍堡,西去江阴县城60里,东抵常熟县境,"介江海之滨",离海已经不远,形势上有"要害"之说①,城防工作自然显得很是紧要。嘉靖间倭警不断,至嘉靖三十七年(1558)由巡按御史尚维持负责筹建,城周600多丈,高2丈3尺,门4,水关1。崇祯时期,还增修了敌台和窝铺96座。②

苏州府濒长江南岸的常熟县福山城,地接常州府江阴县。嘉靖三十四年(1555),知县冯舜渔与江阴县主簿曹廷慧共同负责修筑,城防规模为周围4里。在万历间还得到重修,工程由知县杨涟负责。③ 加强福山的城防,目的是"设兵防江",福山自然也成了常熟县境内的一个重镇。④

吴淞江所(清代所设宝山县城之前身),嘉靖十六年(1537)兵备副使王仪更筑土城于旧城西南一里。十九年(1540),倭寇入侵,军民移栖新城,将旧城作为教场使用。嘉靖三十二年(1553)夏四月,倭寇围逼旧城,城遭毁坏。次年巡按尚维持以土城难守为由,下令嘉定知县杨旦负责修筑新城:周730丈,高2丈4尺;濠广2丈4尺,深1丈,堑广2丈,深8尺;增辟西北水门1座,陆门4座;雉堞1190,敌台9,窝铺40。⑤

---

① [清]叶长龄纂,叶锺敏重辑:《杨舍堡城志稿》卷一《建置·城池》,光绪九年江阴叶氏活字本。
② 乾隆《江南通志》卷二十《舆地志·城池一·下江府州县》,乾隆二年重修本。
③ 同治《苏州府志》卷二十八《军制》。
④ 乾隆《江南通志》卷二十《舆地志·城池一·下江府州县》。
⑤ 嘉庆《直隶太仓州志》卷四《营建上·城池》,嘉庆间刻本。

嘉兴府海盐县的澉浦城，在县城西南三十六里。洪武十九年（1386）命安庆侯、荥阳侯委派海宁千户费进度地筑土为城，周围8里17步，高2丈4尺5寸。永乐十六年（1418），都指挥谷祥以砖石包砌；正统八年（1443），朝廷命侍郎焦宏、参政俞士悦勘议修筑工作，下令由杭、嘉、湖三府备料重加包葺。嘉靖三十三年，知县郑茂主持增筑工作，建成敌台16座，陆门4，西水门1；①城池周9里3步，阔5丈，深1丈1尺。②

乍浦城，在平湖县城东南二十七里。洪武十九年，信国公汤和设置乍浦守御千户所，垒土筑城，城形正方。永乐十二年（1414），都指挥谷祥始用石甃。正统八年，城墙因久雨而倾颓，侍郎焦宏、参政俞士悦奉朝廷要求，下令杭、嘉、湖三府合力葺治。景泰二年（1451），都指挥使王谦添设城楼4，后废。嘉靖三十三年，平湖知县刘存义发起增筑工作，并建敌楼10座，城周9里13步，高2丈，广1丈5尺，窝铺27座，陆门4座，北水门1座；壕周1630丈，深8尺，阔10丈；吊桥四座。崇祯十一年（1638），知县李怀玉又开设了东南水门1座。③

梁庄城，在平湖县东南四十里。正统五年（1440）四月，巡按李奎以其地冲要，倭船易泊，奏请修建大寨城，筑城周800丈，高1丈5尺；城楼2座，角楼4座。乍浦诸寨都设有小堡，而梁庄俨然百雉，又有官兵守御（专门从海宁卫调指挥一员驻守）。嘉靖三十三

---

① 光绪《嘉兴府志》卷四《城池》。
② 乾隆《浙江通志》卷二十三《城池上》，乾隆元年重修本。
③ 天启《平湖县志》卷一《舆地一之一·都会》，天启间刻本；光绪《嘉兴府志》卷四《城池》；乾隆《浙江通志》卷二十三《城池上》。

年,因倭寇失势,遂置不守,只设军兵数名以备探哨。嘉靖四十年(1561),平湖知县顾廷对认为该寨是金山、乍浦接援之地,奏请获准将乍浦巡检司驻防于此,仍设官兵,以时防御,后废。①

独山巡检司城,在平湖县东南四十里,在独山南。洪武十四年(1381),改名乍浦镇巡检司,移驻乍浦。十九年(1386),乍浦设千户,巡检张观音奴建城于独山,城周120丈,高1丈5尺,濠深2丈,阔1丈5尺。②

白沙湾,在平湖县城东南五十三里,距乍浦二十里许。城周围1里20丈,濠池深5尺,阔2丈。洪武十九年巡检辛得名建筑,其地控扼乡间贩卖盗窃之必经之地。其他还有徐家带、钱家带、广陈、新仓、新带、旧带(即陆家带)等聚落,规模极小,类同"村圩小市",但在形势上与上述城市相为呼应,构成一个城乡结合的防护体系。③

松江府的金山卫、青村、南汇嘴三城,都是在洪武十九年由安远侯主持修筑的。永乐十五年(1417),都指挥使谷祥增筑,后由指挥侯端等重修浚治金山城池,弘治初指挥使翁熊重修。④

金山卫之有城,是为了防海寇。它是后来金山县城的前身,其地在松江府城南七十二里,西连乍浦,东接青村,周12里300步,高2丈8尺;濠周于城,深1丈8尺,面广12丈;陆门8,水门1,门楼4,角楼4,腰楼8,敌台8,间以箭楼48,雉堞3678垛;其外营堡烽

---

① 天启《平湖县志》卷一《舆地一之一·都会》;光绪《嘉兴府志》卷四《城池》。
② 光绪《嘉兴府志》卷四《城池》。
③ 天启《平湖县志》卷一《舆地一之一·都会》,天启间刻本。
④ 正德《松江府志》卷九《城池》,正德七年刊本。

堠,气势联络,俨若金汤。洪武十九年始筑城,周12里零300步5尺6寸5分,高2丈8寸,永乐十五年增高5尺,今高2丈8尺;池周13里300步;旱门4,水门1,城楼5,角楼4,窝铺72,吊桥4,烽堠墩台44,营堡7。弘治时重修。万历二十六年(1598),因城池日渐颓淤,再予重修。①

柘林城,原来是一个古镇,因其临海,在嘉靖倭乱时期,倭寇常以此为进出江南的老巢。后来巡按御史尚维持建议在此筑城,周围4里,高1丈8尺,城门3;城池深1丈5尺,阔10丈;陆门3,水关2,雉堞1870垛。后来重浚城濠,面阔10丈,底阔6丈,深1丈5尺。②

青村城,后来奉贤县城的前身,在金山县城东一百里。城防规模比较可观,周围6里,高2丈5尺,濠广24丈,深7尺多,城门4,门上各有楼,另外各有月城,角楼4座,敌台11,箭楼28。③

在青村北五十里的南汇嘴城,是金山卫中后千户所衙置所在,规模更大一些,周围9里130步,高2丈2尺,濠周于城,深7尺多,广24丈;陆门与水门各有4个,门楼、角楼各4座,敌台4,箭楼40。早在弘治初期,经指挥使翁熊重修后,城内有镇抚司军器局、广储仓,另有演武场,以及城隍庙与旗纛庙。④

---

① 正德《松江府志》卷九《城池》,正德七年刊本;崇祯《松江府志》卷十九《城池》,崇祯三年刻本;嘉靖《南畿志》卷十六《郡县志十三·松江府·城社》,嘉靖间刊本。
② 正德《松江府志》卷九《城池》,正德七年刊本;崇祯《松江府志》卷十九《城池》,崇祯三年刻本;乾隆《江南通志》卷二十《舆地志·城池一·下江府州县》,乾隆二年重修本。
③ 崇祯《松江府志》卷十九《城池》,崇祯三年刻本。
④ 崇祯《松江府志》卷十九《城池》。

川沙城,在黄浦江以东的八团镇,居民多属盐丁,以盐业为生,而且盐商辐辏,从事滨海盐业贸易者居多。嘉靖三十六年(1557),巡抚赵忻、巡按尚维持、兵备熊桴根据当地人乔镗、王潭的建议,兴筑城池,以备倭寇,城内设守堡千户公署、百户所、军器库、把总司、抚按行台、钟鼓楼、城隍庙、社学、下沙三场二场盐课司、南跄巡检司、三林庄巡检司、演武场,又置有附堡营田若干亩,除输粮外,其余都充作守堡公用。川沙城后来生聚日众,人文渐盛,逐渐发展成为一个沿海巨镇。在地方民众的视野中,松江沿海的防倭要害主要在柘林与川沙,"川、柘不守,贼得而乘之去海为近,又洼水积深,易于泊舟,日掳掠吾民,既饱,辄载以去,莫敢谁何"。①

宝山城,在上海县东北,西面与嘉定县接壤。永乐初期沿海设防,曾筑有高丘20丈,延亘10里。晚至万历七年(1579),抚按才提议改筑城池,周3里,高1丈8尺,为吴淞官军驻防地。②

西仓城,在松江城附近,周围2里,高1丈8尺,陆门4座,池濠广6丈,深3丈多。这些都是在嘉靖年间兴筑的,主要目的在于护卫漕粮,城内设有公署,也有土地祠和其他仓廒100间。晚至万历四十七年(1619)再次重修,明末已经圮坏,但生聚日繁。③虽然从规制上讲,比不上一个县城,不过因为"滨海地肥饶",城小人多,聚居着大量富民商贾,且毗接府城,所以堪称府城的"右辅"。④

下位城市基本上环状分布于江南的沿江沿海地带,属于海陆

---

① 崇祯《松江府志》卷三《镇市》、卷十九《城池》。
② 崇祯《松江府志》卷十九《城池》。
③ 崇祯《松江府志》卷十九《城池》。
④ [明]陈子龙:《安雅堂稿》卷十二《松江府修筑西仓城碑》,载《陈子龙文集》,华东师范大学出版社1988年影印本,第351—352页。

交接的重要据点,从整个海防形势上看,能体现出跨政区的联合防御态势,构成了一个滨海城防网络,城市防护群的特征较为明显。它们与距海稍远一些的普通城市呼应较为便利,从而可以进一步卫护江南地区的上位城市(府级城市)。

五 江南城防和社会

归有光认为,倭寇一旦上岸就不利于我方防御了,所以御倭应在外海而不在内海,不应御之于海口而应御之于海,"败贼于海者为上功",但倭寇入港登陆,内陆城防失守,"坐失四郊之民肝脑涂地"的情形,是确实存在的。[①] 城防建设在当时人的心目中,是最后的据点,在保障地方安定方面是相当重要的。

1. 城防体系的建构

嘉靖年间江南的城防建设,体现了以府城为中心、普通县城(中位城市)为亚中心、下位城市为边缘(沿海)防护群及海防联结点的城市防护群网络,尽管这个"上位(中心)—中位(联结点)—下位(边缘)"城市防护的体系,在军事上的防卫功能并不能说十分完备,但它体现了另外一种事实,即城市的发展与地方社会经济发展的内在关系。边缘(下位城市)基本上都是出于军事控制的目的;普通城市则据社会经济的发展需要而兴建,城防设施大多较

[①] [明]归有光:《震川先生集》卷三《御倭议》,上海古籍出版社1981年版,第71—72页。

差,一方面说明了江南的长久安定,另一方面则表明城乡的融合较好,因为高大坚固的城垣(城池)会在无形中加大城市与乡村之间的隔膜程度。江南地区城防长期的脆弱性,在嘉靖倭乱大爆发时,得以充分暴露。

城市防护群中的上位治所,如果不计太湖水系外缘的杭州和镇江,只有苏州、松江、常州、嘉兴、湖州五个。其城市规模与防护能力,无疑在江南所有的城市中位居前列。

中位治所城市的数量最多,从沿海到内陆的分布比较均衡,但个体的防卫能力较前者相对要弱。

而下位城市在明代的江南地区其实并不多,其防护状况与中位城市相去不远。然而由于嘉靖前后较为重视下位城市的建设,所以这些地区因开发和社会发展,从一个小区域的中心集镇(如青村所、金山卫等)发展为清代及其以后江南地区的县城,嘉靖时期应当是其城防建设过程中的一个重要阶段。

2. 城防能力的加强

仅就城防本身而言,北方的城市极重军事,城郭坚牢而广阔,城门较少,而江南属水乡泽国,城郭建设不但要考虑防范水害、变乱和难民,还要重视水上交通,所以水陆城门设置都很多。斯波义信通过对宋代江南的研究,已说明了这一点。在一般城市中,城郭的有无、大小以及城池的广狭、城市等级高低等的综合作用,是影响城市防护能力的决定性因素。斯波义信还认为,资源与人口高度集中的地区,是对外敌最富吸引力的攻击目标。①

在嘉靖年间,倭寇对北方并无太大的兴趣。嘉靖二十六年(1547)进士、太仓人王世贞也说,北方近海的莱州、登州与青州等地区,"皆瘠卤,数十里无人烟,不足中倭欲也",而且水网系统不发达,"进无支港,退无宽洋,深入则不能,散略则不达,非倭所便地也"。② 以松江府而言,这里号称"东南大郡",府城规模相对狭小而民居稠密,仓储所积甚丰,鱼盐舰舶密集,丝绸、金锡、竹木、蔬果聚积于此,而贩齿革、羽毛、冶凫、鲍鞼之工的都是开设店铺经营,鳞次栉比。从松江西城门谷阳门外到西仓城,共计七八里的地方,基本是当地漕粮储运的重要空间。③ 如此富庶的城市,自然是倭寇最好的选择。因此,富庶的江南地区,对倭寇而言无疑是最佳的劫掠之地。

江南本身是由一个完整的太湖水系构成的地域,更是全国的财赋重地。许多城市检择适当的位置,基本上依傍便捷的水运系统而建立、发展起来,但对于洪涝灾害的防制能力相对较弱。因此,不同等级的城市在建设时,都会考虑设置水门,一方面利于水运交通和贸易,另一方面还利于防洪。今天苏州市区保存下来的古城门"盘门",正是一个典型的水门设施,当然它还兼有军事防御的功能。实际上水门的存在,又给寇盗的侵入造成了机会。这与

---

① (日)斯波义信:《宋代江南经济史研究》,方健、何忠礼译,江苏人民出版社2001年版,第311—312页。
② [明]陈子龙等选辑:《明经世文编》卷三三二《王弇州文集·议防倭上傅中丞》,中华书局1962年影印本。
③ [明]陈子龙:《陈忠裕全集》卷九《松江西郛闬门台记》,载《陈子龙文集》,华东师范大学出版社1988年影印本,第456—457页。

水栅的缺陷是一样的。明末清初的江南地区因盗匪频兴，地方政府在各要冲地带设置水栅，在城周也有同样的设置。这些水栅的防御能力显然不能跟城垣相比，所以还需添置巡检兵船加以声援。① 例如嘉兴府附郭嘉兴县，在嘉靖朝以前，除危堞深隍外无壮险可恃，只在东、北郊设有东栅、北栅这样的简易设施，起初只能"绝盗径""拒暴客"，并不具备真正的城防作用。嘉靖三十三年（1554），倭寇蹂躏城外数万家。次年，巡抚胡宗宪、佥事王询、侍郎赵文华才开始议建敌楼等城防设施。②

倭寇的来犯，虽然在一定程度上破坏了江南地区的和平与生产活动，但迫使江南所有的城市重新修缮或营建更为坚固的城防，或土城完全改由石筑，或部分由砖石杂合土营造，增建了月城、敌台等防御设施③，为城市的发展奠定了良好的基础。

3. 民众在城防中的贡献

在松江府，官方推动筑城的方式，是"于用，取田赋之裨益者；于工，取佣民之受直者；于费，不足附以库钱之羡者"，发动地方社会按期进行筑城。④ 当然，由于修建石城的费用，要大大高于泥筑，

---

① 详参本书第八章"明末清初江南的地方防护与社会"。
② [明]李日华：《建郡城各处水口总栅议》，载崇祯《嘉兴县志》卷二十三《遗文五》；崇祯《嘉兴县志》卷二《建置志·城池》；光绪《嘉兴府志》卷四《城池》。
③ 崇祯末年长洲县学一位廪生向史可法建议加强东南防护的十条策议中，第七款就提到了嘉靖年间始建的大量敌台，因临江海扼要，可以发挥其在军事防御方面的重要作用。参[明]卢泾才：《上史大司马南都切计十策》，载[明]冯梦龙编：《甲申纪事》卷十一，上海古籍出版社1993年影印本。
④ [明]潘恩：《筑城记略》，载同治《上海县志》卷二《建置·城池》，同治十一年刊本。

所以地方政府在申请朝廷拨帑支持的同时,更要借助社会力量。江南民众的负担再次增大了。

嘉靖三十年(1551),朝廷决定在南直隶、浙江等地增赋120万两,"加派"由此开始。晚至嘉靖三十七年(1558),东南地区虽然饱受倭患,但仍需额外"提编",江南"提编"达40万两。所谓"提编",不过是加派的一种名目,具体办法是"以银力差排编十甲,如一甲不足,则提下甲补之"。①

值得注意的是,江南城防建设的经费得到了一些乡绅、义民的赞助,当然也有向民众分摊的情况。如常州府在正德年间修建时,"于众第产赋金,量力授役"。② 滨江的杨舍堡在嘉靖年间筑城时,除官方经费的支持外,得到当地人顾雨的捐助,差不多解决了一半的筑城经费问题。③ 又如湖州府的长兴县,在嘉靖寇乱时期急修城防,而经费未定,经过多方筹划,在新任知县黄扆的主持下,以县内原来所设的大粮役43名,各以所辖民户丁粮分曹并作,如有不齐,就"通融裒益,务得其平",由此共筹得修城经费银26847两,但修建月城的经费依然无着落。④ 嘉兴府是在修城后,将城下空隙地方任由百姓随置房屋,条件是纳一定的课税,以作为政府缮城的部分经费来源。⑤

---

① 《明史》卷七十八《食货志二》。
② [明]李东阳:《常州府修城碑记》,载乾隆《江南通志》卷二十《舆地志·城池一·下江府州县》。
③ [清]叶长龄纂,叶锺敏重辑:《杨舍堡城志稿》卷一《建置·城池》,光绪九年江阴叶氏活字本。
④ [明]顾应祥:《重修长兴县城记》,载乾隆《浙江通志》卷二十三《城池上》。
⑤ 嘉靖《嘉兴府图记》卷二《邦制一》,嘉靖二十八年刻本;崇祯《嘉兴县志》卷二《建置志·城池》;光绪《嘉兴府志》卷四《城池》。

第七章 晚明江南城市重建及其防护体系的构成

明代地方政府领导修城,设定的劳役分配的比例一般是"军三民七"①,将工程的部分责任摊派到了地方驻军身上;而平时的城池修葺,基本也是遵守"量功命日,役不违时"的原则。②

总之,江南地方的府州县官吏都直接经理了嘉靖倭乱前后的城防建设,社会力量在其中起了很大的作用,官府的权威也很依赖地方社会的支持。倭乱的产生,必然会损害国家与社会的共同利益,或许地方社会在其中受到的损失更多,如嘉靖年间松江知府方廉所言,不筑城防,是将百姓"委之盗也"③,所以积极参与政府的城防活动,对百姓本身利益的维护也很重要。④ 当然,增固城防,以孤城相守,从全局看并不是保全地方的良策。所以当时人认为应当采取积极的措施,主动歼击倭寇;守城也是如此,应当有一个互相联系、呼应的城防系统。如守护苏州府,重点不在娄门的城防工作,而应当着重加强昆山、太仓这两地城防,因为这才是苏州的门户要隘;而太仓的防守,关键不在于太仓城本身的防护,不能独守城池,要将重点置于城外的要害地方,即刘家港。这些应是当时人"易知"的常识。归有光就清醒地注意到,倭寇劫掠完宝山、罗店等地,势必危及南翔镇,南翔失守,倭寇能顺势夺民船入吴淞江,只需一天时间即可到达苏州城的葑门,苏州因此危矣。如果倭寇南过唐行,那么松江危矣。实际上当时倭寇已据太仓、穿山等处,常熟

---

① 民国《太仓州志》卷四《城池》,民国八年刊本。
② 乾隆《镇江府志》卷四《城池》,乾隆十五年刻本。
③ [明]潘恩:《筑城记略》,载同治《上海县志》卷二《建置·城池》,同治十一年刊本。
④ 许多士绅都积极参与了抗倭活动,他们在乡村组织的抵抗十分有力。如嘉靖三十二年倭寇入侵昆山等地时,当地士绅即组织民兵展开了防御斗争。参[明]徐复祚编次:《花当阁丛谈》卷八《倭寇记略》,借月山房汇抄本。

地方已危矣。① 因此,徒守城内,只会身陷围城,仅能保安一时。建立一个有力的城市防护群,是危乱时期十分迫切的任务。嘉靖年间,从朝廷到地方都紧急加固江南的城市防护设施,实际上已将一个城市防护群建了起来,对减少倭乱的祸害大有裨益。

---

① [明]归有光:《震川先生集》卷三《备倭事略》,第73页。

第八章 明末清初江南的地方防护与社会
——以嘉善县等地的盗匪之乱为中心

江南地区除受外来的侵扰影响外,需要着重处理的是内部萌生的变乱。明清时期发生于江南地区的这种变乱,规模较大的即以盗匪为主。

本章通过分析盗匪之乱的发生及社会控制,揭示政府层面的控制在这种变乱形态下是如何展开的,并呈现政区控制薄弱地带的存在表现,指出这种情况的发生与地理环境与政区边界的构成有很大的关系。

一 江南的盗匪问题

明末,整个社会已动荡不安,尤其是在北方,明王朝在着力攘御北方少数民族入侵的同时,还受到李自成等人为首的农民军的威胁。在江南地区,虽无大规模战争的困扰,但地方变乱丛生,盗匪的猖獗已影响到社会的稳定。

其实,盗匪之患早已遍及南北各地,尤以直隶保定等六府,以及江西的南昌、赣州二府,福建的汀州、漳州二府,广东的南雄、惠州、潮州、韶州四府与湖广柳州四境交接之处为最。嘉靖前期曾任兵部尚书的王琼,还指出了"各处盗贼生发,所在官司往往隐匿,不行奏报,以致滋蔓难制"的现实问题令人深忧。① 皇帝若想南巡,臣僚们也以地方多"鼠窃之盗"为一大理由而加以谏止。② 流寇成了明末最大的社会政治问题。③ 在崇祯六、七年间(1633—1634),江南地方已是"流寇纵横",官府频繁调集兵力进行征剿。面对这样的乱世,地方百姓普兴民间宗教以为精神支撑。在上海地区,还兴起了"立教",有所谓"一拜天,二拜地,三拜朱朝灭,四拜我主兴"的流行语,还有"蝴蝶满天飞,身穿和尚衣,弥陀清世界,大明归去时"的流言。④ 无论是对地方政府,还是对中央而言,问题的严重性已经不容忽视,因为这种状况在时间上从明末一直延续到了清朝。

江南是全国的财赋重地,朝廷十分重视这里的社会稳定和经济发展。因盗匪长久不治,清代雍正六年(1728)朝廷再次下令,要

---

① [明]陈子龙等选辑:《明经世文编》卷一三四《刘汪二公奏疏·论裁革中官疏》、卷一一〇《王晋溪本兵敷奏二·为申明赏罚以励人事》、卷一八二《桂文襄公奏议四·湖广图序》,中华书局1962年影印本。
② [明]陈子龙等选辑:《明经世文编》卷一九一《汪青湖集·谏止南巡疏》。
③ 流寇兴起的原因说法较多。其滥觞应是崇祯年间王嘉胤在陕西西北的府谷因年荒米贵,即起来抢掠富室,遭官府缉捕,终与王二所率的澄城乱民合并,啸聚于延庆的黄龙山等地。详参李文治编:《晚明民变》,上海书店、中华书局1989年版,第47页,注44。
④ [清]曾羽王:《乙酉笔记》,旧抄本,载上海人民出版社编:《清代日记汇抄》,上海人民出版社1982年版,第7页。

将缉盗作为安民的首要工作，必须全力实施。苏州、松江地方本来盗案就多，对"积恶渠魁"尤其需要认真缉拿惩治。在浙江，巡抚李卫捕缉甚力，使本来盗患极多的浙江省出现了比较安定的局面，因此得到了朝廷的嘉许。朝廷即将江苏所属七府五州除钱粮、刑名外，其一切盗案俱移交李卫管理。① 朝廷还反复强调，"为治莫要于安民，安民莫急于弭盗"。② 可见，盗匪之患已经不是属于地方上的一个小问题，而是涉及整个社会安定的大事。朝廷出于保持全国经济重心安定的目的，必然要在捕盗方面特别用力。

然而，很多研究论著中都比较忽视地方"盗贼"祸患的严重性，对这种社会危害没有作过细致的考述。但若细稽群籍，可以发现盗患的严重，其实早已危及政府对整个社会的控制，所以即如一府一县之地，也已将盗匪之患与输纳、赈济等重要社会问题并列。崇祯十三年（1640），直隶地区发生的一起盗案，就使一批地方官为之去职。③ 而江南地区虽然远离明王朝与少数民族政权、北方主要农民军的直接交兵，但盗匪问题仍然比较严重，常被地方官升同"寇"乱，或俗称"土寇"或"土贼"。明末长洲人卢泾才向史可法的策议中，就将盗匪问题视作苏州、嘉兴等府的"三大害"之一。卢认为在嘉兴、湖州之间湖荡辽阔，"奸盗"可避匿其中，"每聚至千人，劫掠于吴，而逃庇于浙"，官兵互相推诿责任，文移自然"莫可勾摄"，故

---

① 《清世宗实录》卷七一"雍正六年七月辛亥"条。
② 《清世宗实录》卷七一"雍正六年七月辛未"条。
③ ［明］张若麒：《兵部为报直隶武强被贼情形事题行稿》，《历史档案》1999年第1期，第3—6页。

称此害为"吴盗浙窝"。① 森田明曾将盗患与社会经济的发展结合起来进行考察,认为江南地区水网的密布尽管生成了水利方面的许多有利条件,但"盗湖"等问题的存在对此产生了很大的破坏。② 当然,从性质上讲,这种"盗湖"并非真正意义上的盗匪问题,不过将江南湖泊区域的盗占问题,与水利设施损坏增加的因素一并加以考察,几乎可以升为广义上的盗匪问题。

本章选取的论述中心嘉善县,是江南的一个普通县级政区,处于苏州、嘉兴、松江三府交界的水网密布、地势低洼之区,盗匪比较猖獗。其周边的松江府青浦县、苏州府吴江县亦存在类似的情况。从嘉善等地的盗匪与地方社会的关系入手,可以对江南地区在明清鼎革之际的国家控制与地方治安状况作深入分析,对于一些研究中认为的国家权力在明清时期从未到达县级以下政区的看法③,也可从地方政府的弭盗举措中得出不同的认识。有学者认为:明代中叶以后,南方地区家族组织不完善,国家不得不费较大气力建立基层行政系统,且因各种原因常常力不从心,一有某种变故往往会最先失控;同时由于各种社会矛盾的发展,里甲制度逐渐瓦解,

---

① 参[明]卢泾才:《上史大司马东南权议四策》,载[明]冯梦龙编:《甲申纪事》卷十一,上海古籍出版社1993年影印本。顾炎武亦有此论,则是抄录了卢氏的言论,见《天下郡国利病书》原编第十一册"浙江上备录",上海涵芬楼1936年影印昆山图书馆藏稿本。

② (日)森田明:《明末清初における練湖の盗湖問題》,载(日)小野和子编:《明清時代の政治と社会》,京都大学人文科学研究所,昭和五十八年(1983)三月,第277—312页。

③ 王铭铭:《社区的历程》,天津人民出版社1997年版,第8—9、94页。

基层社会往往处于失控状态。① 确实,里甲组织在基层社会的实际职能,与理想化的制度设计有着相当的距离。② 但并非只有在高度发达的中央集权之下,才能对基层社会实行直接统治。③ 以嘉善县为中心的弭盗举措研究,也可以对国家控制领域与地方自我治理空间的交接与分离问题,进行初步的探讨。

需要指出,本章涉及的盗匪,不包括倭寇和类似于农民起义的行为,仅指民间的种种盗贼和匪窃。

二 嘉善诸地的盗匪之乱

1. 扰乱不安中的地方社会

早在弘治年间,兵部曾将浙江地区的租税议为天下第一,也很清楚该地区内的银矿、盐场是极为容易滋生盗患的。如嘉兴大盗陈辅,只不过是一个"百户",以贩鬻私盐作乱,劫府库、放囚犯、杀吏民,并出海行盗,六个月后才被捕杀。④ 再如太仓商人孙廷慎,行贩湖州府安吉地区,往来嘉兴府桐乡县皂林镇,曾目睹当地巡司捕

---

① 梁洪生:《江右王门学者的乡族建设——以流坑村为例》,《新史学》1997年第8卷第1期。
② 刘志伟:《在国家与社会之间——明清广东里甲赋役制度研究》第二章,中山大学出版社1997年版。
③ 郑振满认为只有在高度发达的中央集权之下,才有可能对基层社会实行直接统治,否则只能实行间接统治。见氏著:《明清福建家族组织与社会变迁》,湖南教育出版社1992年版,第242页。
④ 《明孝宗实录》卷十四"弘治元年五月乙丑"条、卷二十"弘治元年十一月辛亥"条。

411

获窃盗的真实情况。① 这都表明,行政边界地带是盗匪的多发之区。宣德三年(1428),嘉兴府又捕获巨盗平康。② 六年(1431),朝廷下令巡抚直隶的侍郎周忱兼督苏、松、常、镇并浙江嘉、湖各府军卫,巡捕贼盗。苏州地方还上奏指出,吴江县西太湖周围八百多里,南通浙江嘉兴、湖州二府,"其间多藏盗贼,劫掠军民"。③ 嘉靖年间,江、浙等地因水旱频仍,"盗贼窃发,军民疲惫"。④ 更令人忧虑的是,明末江南士风已非靖而嚣,吏治多有崩坏,浮浪之徒流窜各处,所谓"吏治坏则民生危",便成了很自然的事。⑤

嘉靖十七年(1538)到二十二年(1543)间,嘉兴府地区普遍出现饥荒;二十三年则出现了"大荒",平湖、海盐两县尤为严重。地方百姓除了农耕,主要依赖纺织为生,但该年"苗枯棉槁,杼轴为空",许多人只能束手待毙,当时水上浮尸以及为鸢犬所食的饿殍"不可胜数"。同时迫于官粮逋负、催科的压力,乡民拆屋变卖,甚至将妻女卖到宁波、绍兴地方。而且,地方上出现了成群流窜的不法之徒,被称作"打布贼",行劫于大路及村落之间,遇到有人持布入市,就"掩击夺之"。在这样的情况下,地方百姓甚至"日未没即不敢出,相结防御,通宵不得就寝"。⑥ 万历四十四年(1616)进士魏大中(嘉善人)曾云:"仕路秽浊,贪官污吏布满郡邑,百姓求一日

---

① [明]陈洪谟:《治世余闻》下篇卷四,中华书局1985年版,第63页。
② 《明宣宗实录》卷四十九"宣德三年十二月丙申"条。
③ 《明宣宗实录》卷七十八"宣德六年四月戊申"条。
④ 《明世宗实录》卷九十"嘉靖七年七月戊子"条。
⑤ [明]陈龙正:《几亭续文录》卷二《致吕东川铨部一》,崇祯间刻本。
⑥ [明]冯汝弼:《祐山先生文集》卷十《杂说》"甲辰荒变"条,明刻本。

之苟活不可得,而天下幸其久安长治,万无是理!"①宣德五年(1430)始于桐乡皂林镇设巡检司,至万历三十二年(1604)知县杨日森根据巡检金麟角的呈请,将巡检司衙署移驻于石门镇,以加强地方治安。在青镇北面五里地方,即属吴江县境,那里有大盗高三,已横行二三十年,经常匿藏于六里坝,在夜间出来杀人。后来在知府罗斗的主持下,高三被捕获,瘐死狱中。还有人说,高三是位良民,以盗匪冠之实属大冤。但巡抚浙江的都御史王汝训,因家业甚大,其父常恐被盗匪行劫,以致"终夜防守,多至废寝",却是官绅家庭对盗患恐慌的一个典型。②

江南地区苛敛繁兴,有秋粮之征、夏税之征,还有上中户之征等,对民间扰害极大,地方百姓往往因此流离为盗。③ 根据江宁人顾起元的记述,万历年间发生于嘉兴府地方的盗案,曾由管摄嘉、湖政务的参政刘公负责整治,"出榜谕贼自首,境内晏然"。④ 这大概是地方捕盗中较为罕见的理想事例。

到明末,北方"流寇之乱"导致的秩序的混乱,已影响到了江南地区,使人人自危。⑤ 加上水旱灾害,盗贼蜂起,特别是在崇祯十

---

① [明]魏大中:《藏密斋集》卷八《肃计典以励官常疏》,崇祯刻本,载《续修四库全书》集部第1374册,上海古籍出版社2002年影印本,第586页。该疏文载光绪《重修嘉善县志》卷三十一《艺文志二·奏疏》,光绪二十年刊、民国七年重印本。
② [明]李乐:《见闻杂记》卷十,上海古籍出版社1986年影印万历间刻本,第833—834、861页。
③ [明]陈继儒:《眉公杂著》第一帙《见闻录》,尚自斋刻本。
④ [明]顾起元:《遯园漫稿》卷二《亚中大夫资治尹陕西等处承宣布政使司右参政显斋刘公神道碑》,明刻本。刘公曾为湖州知府,尝摄嘉、湖事,做过陕西等处承宣布政使右参政,万历四十五年卒。
⑤ [明]陈龙正:《几亭续文录》卷二《致吕东川铨部一》。

三、十四年(1640—1641)的水旱大灾期,使江南社会极为困弊。苏州、湖州等地,盗匪之乱十分猖獗,"白昼行劫,啸聚成群",引起了地方官员及士民的深深忧虑。①从湖州到嘉兴两府交界地区,大致以桐乡县的皂林镇为中心,东自嘉兴府嘉兴县的嘉会都到桐乡的东、西两八都,"无非盗窟",西从湖州府归安县含山界到桐乡二十都、二十三都、二十四都以及二十五都,盗匪"日夜劫杀,焚庐舍,掠子女",十分嚣张,地方百姓都被迫逃入城中以免受害。②匪情的出现,显然与地方政府在这些区域的控制较为薄弱有关。

许多明室遗民在政治上的冷淡态度对清初朝廷而言是一个难以释怀的心病。这时还有人利用晚明的旗号,乘清王朝统治未稳期间,在各地不断制造变乱、揭竿而起。被称为长兴剧盗的"赤脚张三",就是在顺治二年(1645)间起来反对清政府统治的。他率领一些人入太湖、掠横山、抢木溇,一些富民也从而和之;直到康熙初年,湖州地方为之"梗塞",官府一时"莫可如何"。最后在江宁巡抚土国宝的亲自筹划下,才将"赤脚张三"捕获。③

康熙十三年(1674)四月,江南又出现一名叫朱胡子的大盗,利用滇、闽、粤三省连连告变之机,诡称自己是前明宗室,纠合一些流民暴徒横掳地方,昼夜焚劫。后来他又与山贼李成龙、海宁地方大盗羊子佳等一起,聚抢桐乡、乌程两县边境的乌镇、青镇,"势甚汹

---

① [明]陈龙正:《救荒策会》卷七《救饥本论》,上海图书馆藏崇祯十五年洁梁堂刻本。
② [清]张履祥:《杨园先生全集》卷十七《记·桐乡灾异记》,中华书局2002年版,第516—518页。
③ [明]南园啸客:《平吴事略》,载中国历史研究社编:《虎口余生记》,上海书店1982年印行,第109—118。

涌",使两镇驻节将领十分害怕。最后,官府通过诱捕朱氏党羽顾祥等五人,联合嘉、湖、杭三府力量,将这股盗匪驱除。①

至雍正年间,地方向朝廷的汇报中,还屡屡言及江南地方盗匪之乱的严重性。雍正帝表示,朝廷向地方征取钱粮,可以适当给百姓"留征",以免使穷民成群盗窃,为害反而比欠粮更重。② 雍正四年(1726)七月间,嘉兴府与湖州府交界的乌镇地方,靠近太湖,盗匪出没甚众,官方即将湖州府同知移驻乌镇,以资弹压。③ 同年,朝廷下谕特别指出,直隶、江南两省的盗案从来都比他省为多,要求地方政府必须勤于捕剿。④ 浙江按察使李治运十分注重在嘉、湖二府连接淞、泖、太湖水域地方产生的"渔匪"问题,利用水上兵船加强治盗,结果"盗风为清"。⑤

实际上,在明代中叶以后,社会的不安定和地方的变乱已渐露端倪。全国的土地兼并日益严重,浙江的官绅地主占地的情况也较为突出,在万历年间侵占民田甚至有多达几千顷的。⑥ 民众离土流亡日多,而赋税之重则是有增无减,浙西杭、嘉、湖一带又高于其他地区,亩税多达二三石,成为当时民众的沉重负担。⑦ 嘉善县更是如此,"其田额视各县独重,盖全浙之税,莫重于嘉郡,而嘉郡之

---

① 光绪《桐乡县志》卷二十《杂类志·兵事》,光绪十三年刊本。
② [清]吴熊光:《伊江笔录》下编,清广雅书局刻本。
③ 《清世宗实录》卷四七"雍正四年七月丙辰"条。
④ 《清世宗实录》卷四七"雍正四年七月戊辰"条。
⑤ [清]袁枚:《随园文选·浙江按察使李公墓表》,上海大达图书供应社1934年版,第31—32页。李公,即李治运,字宁人,一字漪亭,吴江人;雍正七年进士,曾任刑部主事、陕西榆林知府、湖北粮道等职,乾隆三十六年卒。
⑥ 倪士毅:《浙江古代史》,浙江人民出版社1987年版,第274—275页。
⑦ 《明史》卷七八《食货志二》。

税,莫重于嘉善"。① 天启元年(1621),给事中甄淑言明了这种状况:"小民所最苦者,无田之粮,无米之丁,田鬻富室,产去粮存,而犹输丁赋。"②徭役是除赋税之外民众的又一重负。如嘉兴、松江等地盐课灶户,"原系良民佥充,今乃子孙相继,永无放免";为躲避杂泛差役、田亩之征收加耗,多有"鬻产卖子,流窜他乡,贻累里长、总催赔纳"的现象。③ 因此,在有水旱天灾相加的情况下,民众为避赋役而四处流徙,从而加剧各地变乱的情况。

众所周知,"奴"与"寇"对于明朝政府而言,是明末一个重要的政治、社会问题。从王朝的正统论而言,"奴"系指北方少数民族,"寇"是指内地李自成等人为首的农民军。而崇祯朝政府长期陷于"攘外"和"安内"的两难选择之中,最终错失了"安内"的良机。④ 在当时,"攘外必先安内"是众所共识的唯一之途。许多人都指出"安内"可以"攘外","欲以治外,必先治内"⑤:内乱是"本",外患是"标",处理好标、本问题是"国家至计",认为"夷狄叛服不恒,虽极盛之世不能无;而中国百姓自相煽动,则土崩之祸,有识者深忧之"。⑥ 显然,平"寇"当是首务。

---

① [明]章士雅:《正疆界议》,载万历《嘉善县志》卷四《食货志·土田》,万历二十四年刻本。
② 《明史》卷七八《食货志二》。
③ 《明宪宗实录》卷八十七"成化七年正月丙申"条。
④ 樊树志:《崇祯传》第七章"攘外与安内的两难选择",人民出版社1997年版,第356—425页。
⑤ [明]杨州鹤:《奏为出师未有报期,情形不无可虞,谨撮持危定倾之略窃附于杞人忧天之义,恳惟圣明慨赐采纳以修内治、以镇人心事》(万历四十七年三月初七日),载崇祯《嘉兴县志》卷九《食货志·土田》,崇祯十年刻本。
⑥ [明]陈龙正:《几亭续文录》卷五《奴寇策(崇祯丁丑会试第四问奉委拟程未用)》。

2. 盗匪之乱及其缘起

地处今天江、浙、沪交界的嘉善县,盗患问题一直很严重。

嘉善是在宣德五年(1430)因人多、地广、赋繁,由巡抚东南的大理寺卿胡㮣奏准,析嘉兴府东北境的思贤、迁善、麟瑞、永安、奉贤、胥山六乡的部分都、里为县的,治于魏塘镇。① 其地为"膏腴之地,平铺如席",没有高山大泽,只有众多的支泾曲港遍布县境之内。② 县境北至苏州府吴江之界,西邻嘉兴府的秀水县,南抵平湖县,东到松江府的华亭县,属于一个边缘交接区域。尽管县境幅员不大,但物产丰饶,商贾辐辏。③ 崇祯年间徐霞客在江南游历时,就是通过这些地区的水路,由无锡经苏州、青浦、嘉善、桐乡等地前往杭州的。所经之地,在他看来大多属于泽国胜地,而且许多水网交织的市镇都十分繁华。④

嘉善县因盛产木棉布、黄草布、杜纱、棉纱、线布、绸等物,驰名四方,故谚有"买不尽松江布,收不尽魏塘纱"之语,与松江地方的棉布业齐名。⑤ 此外,砖瓦业也闻名远近各地,其业始于万历年间。

---

① 正德《嘉善县志》卷一《建置》,正德十二年刻本;嘉靖《嘉兴府图记》卷二《邦制一》,嘉靖二十八年刊本;民国《嘉善县志》(残稿)卷二《乡镇》,1948年8月稿本。
② [明]钱福:《钱太史鹤滩稿》卷五《嘉善县水利成功碑记》,万历三十六年刻本,载《四库全书存目丛书》集部第46册,齐鲁书社1997年影印版,第201页。
③ 弘治《嘉兴府志》卷十四《嘉善县》、卷十六《诗文》。
④ [明]徐弘祖著,朱惠荣校注:《徐霞客游记校注·浙游日记》,云南人民出版社1985年版,第114—119页。
⑤ 弘治《嘉兴府志》卷十四《嘉善县》;万历《嘉善县志》卷五《食货志·物产》;光绪《重修嘉善县志》卷十二《食货志四·物产》。

县内的千家窑镇建有许多窑墩,那里的制窑业在全国相当著名。到民国时期,从业的还有五百余户,窑墩共七百二十余座;窑业也由千家窑推广至上甸庙、下甸庙、洪家滩、天凝庄、范泾等地,为嘉善县东、西、北三区农民的一大副业。①

由于嘉善地势南部偏高,水网分布密集于东、西、北三区,水运交通极为便利,特别是沟通东西南北的河港水路十分发达。在总计不过205里的县境内,有3湖、29荡、4漾、24塘、6河、5溪、39泾、68港、12湾、65浜、8滩、5潭、4井泉。西北方面的水流多汇集到县北约20里的西塘镇(即斜塘镇,又名平川)。② 该镇居民稠密,商业繁盛,镇上店铺有两三百家。在县西北约20里的天凝镇,也是一个地势平坦、河流交错的地方。其北部多湖荡,河港如网,船只往来如织。③ 而县南之地,地势较西北为高,河湖相对较少,以陆路交通为便。处明末社会变乱时期,盗匪便极易在县境的西北水网地带萌生。如徐霞客所说的那样,水乡市镇之间的舟船往来,已有"戒于萑苇"的提防意识,会选择相对安全的水网节点驻泊。④

水港要害地方,向来是盗贼渊薮、出没路径。⑤ 在嘉兴、湖州二府接壤之地,湖州若发生盗患,嘉兴仅能震恐,难于援手。因为在水多之处,盗贼逃脱隐藏十分容易。明末天启二年(1622),湖州地

---

① 《嘉善的窑业》《我县的特产》,载民国《嘉善县地方性教材》,民国二十六年嘉善县政府教育科编。
② 正德《嘉善县志》卷一《山川》,正德十二年刻本;康熙《嘉善县志》卷二《区域志下·沿革》,康熙十六年刻本;民国《嘉善县志》(残稿)卷二《乡镇》。
③ 参民国《嘉善县地方性教材》,民国二十六年嘉善县政府教育科编。
④ [明]徐弘祖著,朱惠荣校注:《徐霞客游记校注·浙游日记》,第118页。
⑤ [明]陈龙正:《几亭续文录》卷二《复李谦庵父母六》。

方发生的叶朗生盗乱,曾使整个嘉兴府等地人心惶惶。叶朗生等人为首的变乱,声势十分浩大,"招艘数千",啸聚于太湖,后又转至嘉兴南湖等地聚众行劫。在天启七年(1627)八月间,叶朗生因被同党出首而遭捕获。① 崇祯年间的嘉善大盗薛二寿,不但行盗,而且强占民妻,"赌博酗横,诸恶毕臻",十分嚣张。② 捕盗缉寇,已成为当时的最重要之事。

嘉善乡宦陈龙正指出:"当今大机宜、大利害,惟在寇横民穷!"③将盗寇横行之祸与民众贫困之忧并提。在给知县李陈玉的信中,陈龙正从县域生活的角度出发,表达了其忧虑所在:"大抵敝邑(指嘉善县)未愁外寇,专忧内变。"④而乡间寇盗"行劫无虚日,至有一日之间劫数家、劫数舟者",官方不敢收护,失主又不敢鸣官。陈龙正专门向大乡绅钱士升写信,指出治安混乱的原因,还在于这些盗寇与衙门捕役"相为表里,久益鸱张",使民生时刻处于不安之中。⑤

而盗匪的类型又与地理环境有着极为密切的关系。由于嘉善地势南高北卑,故境内北多水盗,南多陆盗。相比而言,水盗之患甚于陆盗。如万历时设于嘉兴府城内的巡检衙门,原在魏塘,"止可御东南盐盗之往来,其直北数十里苏、松四县交界之地,势难遥

---

① [明]李日华:《建郡城各处水口总栅议》,载崇祯《嘉兴县志》卷二十三《遗文五》,崇祯十年刻本。滨岛敦俊将明末的叶朗生之乱定性为白莲教案,参其著《明代江南農村社会の研究》,東京大学出版会1982版,第592—614页。
② [明]陈龙正:《几亭续文录》卷二《复李谦庵父母六》。
③ [明]陈龙正:《几亭续文录》卷二《复袁槐湄老师》。
④ [明]陈龙正:《几亭续文录》卷二《致李谦庵父母二》。
⑤ [明]陈龙正:《几亭续文录》卷二《寄塞庵阁老二》。

控"。① 这四县(吴江县、青浦县、嘉善县、秀水县)交界之地,即为嘉善县的西北诸地,北来盐盗较多。原因在于嘉兴、湖州之间易通舟楫,往往出现走贩私盐的情况。贩盗私盐已被视作次于太湖水患的大害。② 至清末,这种盗贩私盐的情况依然存在。③

可见,嘉善县的周边地带,是盗匪丛生之所。如县城西门外的三店地方,"弃乎秀水、嘉善之间",处于两县交接地带,这里的盗贼十分猖獗,已到了"白昼劫客舟,毫无顾忌"的地步。失主们报诉至嘉善县,而盗贼已遁至附近的秀水县,"隔属不能关";上告之秀水县,则"秀水从无失事,不代理嘉善被劫之民"。三店是嘉善县城到嘉兴府城的必经之路,秀水人很少去嘉善,因此遭劫的多为嘉善县客商士民。这种状况在崇祯年间已有十多年,表明了盗患的昌炽。④

由于北方战事紧张和地方变乱丛生,官府屡调"客兵",使百姓畏兵甚于畏寇,从而使盗贼愈多,难于扑灭。在正德以前,地方流民与流贼被区分成两类,"流贼劫焚,民间应者尚寡"。但在崇祯时,则"流民与流贼合矣"。盗贼所至,民众有大半"相率而入贼"。而且,一些大盗团伙每到一个地方,常常挑取壮勇的人,在其身上刺青,使其欲逃不得,反正无门,只好从贼,又使新贼日增、旧贼难散,更难遽灭。⑤

---

① [明]章士雅:《夜防议》,载万历《嘉善县志》卷二《建置志·公署》。
② [明]陈子龙等选辑:《明经世文编》卷一八二《桂文襄公奏议四·浙江图序》。
③ 光绪《嘉兴府志》卷三十四《风俗》,光绪四年鸳湖书院刻本。
④ [明]陈龙正:《几亭续文录》卷二《致巡嘉道叶香城公祖》。
⑤ [明]陈龙正:《几亭续文录》卷五《奴寇策(崇祯丁丑会试第四问奉委拟程未用)》。

入清之后,经过长期的战乱,嘉善地方的盗贼祸患仍存前朝遗影,附近各地的情况也是如此。一则顺治年间的《浙江巡按》残件,就是一个很好的说明:当时盗患大多仍发生在水网密布之地,商民被劫的从银子、衣衫、绸缎、皮箱到雕漆银碗、数珠、铜脚炉等皆有。顺治四年(1647)发生的嘉善县民朱庆之幼女被劫奸宿勒银、陈玄等人的银米菜籽遭抢等案,都是由盗匪团伙进行的。盗匪们在风声吃紧时,还以"投诚"为护身符,这样也更便于勾连其他大盗。如盗匪姜龙,原在嘉兴府做皮匠,看到投诚后的盗贼"大有气焰",在其母舅王应龙的劝告下,也到杭州去投诚。回家后住在七里店地方,与当地大盗钱蕻皮勾结在一起。因此,在当时社会,"劫非一家,盗非一案"的情况是相当普遍的。①

乾隆年间,嘉兴县的新丰镇,地连海盐、平湖、嘉善三县之界,当地居民都以花布为业,有专门的收卖布庄。依照旧习,在每年春夏,乡民于五更时分携布去集市交易;若至秋冬,赶集愈早,布庄也提前至半夜开张。这种灯火交易使得各地水陆巷栅很难依时启闭。因缘水陆交通之便利,趁机穿窬掏摸之事就容易产生,以致"夜市之害,民累莫鸣"。嘉善县的枫泾镇也是"夤夜交易",使奸良莫辨。后几经严禁,窃盗仍不能息,官方最终以立碑警示,以期禁绝。② 在传统节日活动期间,也需要注意防范盗贼。例如,吴江县的黎里镇,地接嘉善县北境,那里最重中秋节,届时娱乐活动极多,

---

① 《浙江巡按》(残件),载《明清史料》(己编第二本),台北"中研院"历史语言研究所 1957 年刊行本。
② 《奉宪永禁夜市点火交易碑》,乾隆三十一年(1766)十月十六日新丰镇众布庄公立。碑文录于梅元鼎纂:《新丰镇志略初稿》第十五章"六碑石",浙江图书馆藏民国三十四年油印本,第 67—68 页。

又有各处买卖营生者充塞街道,人员往来杂沓,良莠不齐,地方政府因此要求当地居民在八月十四至十六日期间的夜晚加意防饬门户。①

然而,行政边界的存在,无形中造成了地方消弭盗窃的一重障碍。地方官府的捕役往往以边界为说辞,推脱责任,因此在民间,这种行为就属"庇纵",可与"盗贼横行"并为里阊之害。如石门县的棉花盗案半年未破,便是这方面的一个明证。地方官如果平日不留心这方面的工作,甚至视为无甚紧要,往往会酿成大案。②

三 地方防御和基层治理

对于盗患匪祸,中央与地方都采取了种种相应的措施。明初并无专官负责捕盗工作,在地方上添设捕盗通判、州判和主簿等官,是弘治以后的事。弘治以降,关于捕盗的各种法规禁律日渐详密。在嘉靖三十四年(1555),朝廷就已下令,浙江等地与南直隶等主官及其各级下属,凡是遇有盗贼发生,一方面要设法缉捕,另一方面还要悬示赏格,除曾经杀人、放火、奸淫妇女者,真正强贼不能宽贷外,其他盗犯可以从轻发落。在万历四年(1576)间朝廷还规定,地方上不论发生打劫官府,还是抢夺民商等较大的盗案,都必须奏报朝廷;一般是一月一报,地方太远则"季终类报",年终都要"类报",地方上要严督官兵加紧缉拿。兵备要以"诘戎弭盗"为专

---

① [清]徐达源纂:《黎里志》卷四《风俗》,嘉庆十年吴江徐氏孚远堂刻本。
② [清]钱泳:《履园丛话》丛话二十四《杂记下》"治贼"条,中华书局1979年版,第643页。石门县原称崇德县,清初改名,在嘉兴府西,地接湖州府。

职,"今后但系该管地方失事,俱要一体论罚"。①

明代还有一些针对盗匪的特殊法令,即盗匪被捕获后,在额上要刺字,并发回原籍"收充警迹"。所谓"警迹",即须戴狗皮帽,每月朔、望到所司查点,每天晚上还要由地方伙夫负责看视;这些被刺字的盗贼,居住的门上要立一块"小绰楔",高约三尺,上写"窃盗之家"。② 对盗贼过犯人等的惩戒可谓严厉。

此外,社会上的各种弭盗之议更是层出不穷,但大旨都是相似的,皆有利于基层治理。总体而言,民间乡里组织是比较严密的,可以对盗匪或变乱产生积极的防御效果。

1. 保甲

乡村居民都习惯集中聚于一定地域,比屋而居,烟火相接,形成一个个大而密集的村落。依明代之制,乡村组织的基本形式是里甲制。每里有110户,设里长10人,由当中丁粮多的10户充当,其余100户则分为10甲,每甲10户。每甲每年轮甲首一人管理一甲的事务。③ 明代后期直至清代,这种行政组织渐为保甲制度所替代,里甲成了专管赋役征发的基层组织,保甲组织的职责则在乡里社会秩序维护和治安管理。但基层社会仍是以乡统里之制。乡

---

① 《大明会典》卷一百三十六《兵部十九·巡捕》,万历间刻本。
② 更有意思的是,这些盗贼出入家中,都须匍匐经过这块"小绰楔";凡遇儒学行乡饮酒礼时,看视人员就让其长跪阶下,宴会结束才可放回。参[明]徐复祚编次:《花当阁丛谈》卷一"娼盗"条,借月山房汇抄本。
③ 《明史》卷七十七《食货志一》。

长、里正、里长、甲首等乡里头目体现了国家政策的具体实施,与乡民的日常生活息息相关。① 他们的职责包括催征赋税、监督劳作、圈派徭役等,维护治安、循禁盗贼更是其要务。所以明人常说,"闾阎被劫,止因保伍不严;保伍若严,盗无着迹之处"。②

在明代中后期,保甲只是作为一些地方官维护地方治安而推行的一种地区性组织制度。嘉靖二十七年(1548),嘉兴府地区就着力推行过保甲法。不论城市乡村,每十家编为一甲,即为一牌,不立牌头;每家值勤十天;在每家门上悬牌,以便互相稽查。甲内若有不法分子,"使改不从,送官究治"。互不举报的,则十家连坐。每家都备有锐利器械,无事时"鸣金巡夜",有警则要急鸣为号,使邻保响应,合力擒拿盗贼。当时海盐知县樊维城还刊刻了《约保全书》,措施更详,强调"以约统保,以保统党,以党统甲,以甲统户"的基本要求,并置立牌面,凡有"不公不法之事",可以互相察举。③

至清初,保甲法才得以在全国着力推行,其编排原则与明代相仿。在实际编组保甲的过程中,也有灵活变通的情况。它体现了"出入相友,守望相助"的功用。顺治六年(1649),因地方上"土贼"肆虐,政府作了严格规定:"其窝藏之家处斩,左右邻知情不举及十家长不行举察者,概不姑宥。"④康熙九年(1670)又颁布了《上

---

① 雷家宏:《中国古代的乡里生活》,商务印书馆国际有限公司(北京)1997年版,第10、14—15页。
② [明]王方麓:《槜李记》,丛书集成初编据"盐邑志林"排印本,第1—5页。
③ [明]樊维城:《讲乡约条约》,载康熙《嘉兴府志》卷十八《诗文·公移条议》,康熙二十年序刻本。
④ 《清世祖实录》卷四十五"顺治六年七月癸未"条。

谕十六条》,其中第十五条规定:"联保甲,以弭盗贼。"①保甲制度成了"弭盗逃""严奸宄"的最佳办法。②

乡里自保与防卫在明清时期形成了比较完备和严密的体系,来防范、缉捕乡村中的盗匪。相伴推行的连坐制度,规定一家为盗,十家公举,若有容隐,连坐治之,显然更为严苛。遇到盗贼、逃人、奸宄、窃发事件,乡民要立即报告甲长。若有一家隐匿,其邻右九家、甲长、总甲不及时首告,也要一并治罪。这种治安防卫措施,有利于及时发现和制止任何微小的不轨行为。③

在配合保甲制度推行的过程中,乡约起了重要的作用。在传统的村落中,一般都有固定的宣讲乡约之所,定期教化民众,以防微杜渐,救灾恤民。如嘉善与吴江两县交界的泗洲寺地方,就是一个传统的宣讲乡约之地。④

至于不适度的集会、观戏、烧香、赌博等活动,都隐含着不安定因素。乡民若群离家门,集会观剧,夜深不归,就给盗贼创造了可

---

① 《康熙会典》卷五十四《礼部·仪制司》"乡约"条。
② [清]法式善:《陶庐杂录》卷六,中华书局1959年版,第200页。
③ 雷家宏:《中国古代的乡里生活》,第14—16、85、101—102页。
④ [明]丁宾:《丁清惠公遗集》卷八《书牍·与晏玄洲明府》,崇祯间刻本,载《四库禁毁书丛刊》集部第44册,北京出版社1997年影印版,第305页。晏玄洲,吏部郎中,曾任吴江知县。(参[明]陈子龙著:《安雅堂稿》卷五《吏部郎中黄岗晏玄洲先生寿序》,载《陈子龙文集》,华东师范大学出版社1988年影印本,第130页)泗洲寺建于唐景龙二年,宋代开禧年间重建,明末寺周都是民居,人称"西寺湾"。详参[明]叶绍袁:《湖隐外史》"祠祀"条,载[明]叶绍袁原编:《午梦堂集》,冀勤辑校,中华书局1998年版,第1042页。又据[清]蔡丙圻纂:《黎里续志》(光绪二十五年禊湖书院刻本)卷二《汛地》,泗洲寺属吴江县芦墟镇。[清]柳树芳纂:《分湖小识》(道光二十七年胜谿草堂柳氏刻本)卷一《古迹六·寺观》"野庙"附,则表明泗洲寺原为泗洲教寺,坐落于芦墟兵字圩。

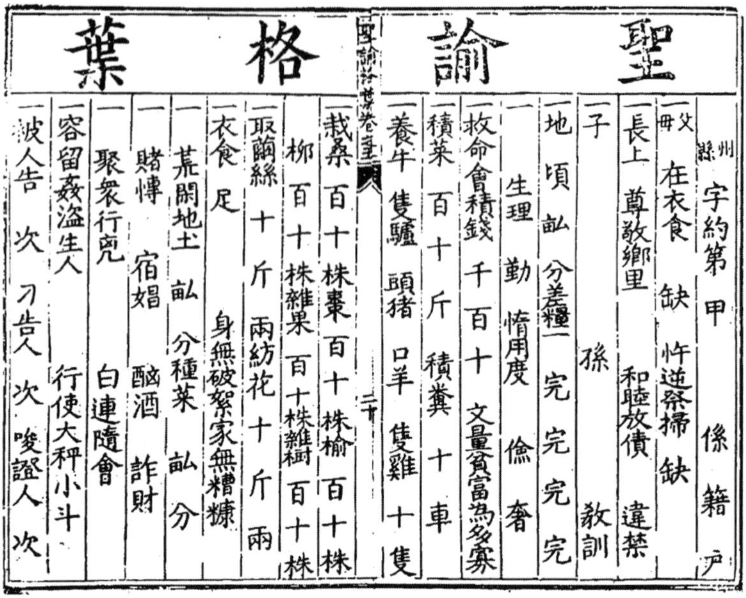
聖諭格葉

聖諭格葉卷之 二十

州縣 宇約第 甲 係 籍 戶
一父母 在衣食 缺 忤逆祭掃 缺
一長上 尊敬鄉里 和睦放債 違禁
一子 孫 教訓
一地 頃 畝 分差糧 完 完 完 完
一生理 勤 惰用度 儉 奢
一救命會積錢 千 百 十 文量貧富為多寡
一積菜 百 十 斤 積糞 十 車
一養牛 隻驢 頭猪 口羊 隻雞 十 隻
一栽桑 百 十 株棗 百 十 株榆 百 十 株
柳 百 十 株雜果 百 十 株雜樹 百 十 株
一取繭絲 十 斤 兩紡花 十 斤 兩
一衣食 足 身無破絮家無糟糠
一荒閑地土 畝 分種菜 畝 分
一賭博 宿娼 酗酒 詐財
一聚衆行兇 白蓮隨會
一容留姦盜生人 行使大秤小斗
一被人告 次 刁告人 次 唆訟人 次

图 8.1　用于乡约宣讲的“圣谕格叶”

乘之机。① 又如前文言及的新丰镇花布夜市，极易引发窃盗，而且积弊已经很深。因此，地方政府都采取了相应的措施，甚至立碑以示严禁。乾隆三十一年(1766)十月十六日，将水陆联通的新丰镇与海盐县的新行镇、平湖县的新埭镇、嘉善县的枫泾镇及嘉兴县的白马堰、钟埭、余贤埭各镇，“一体勒石严禁”，无论牙行庄铺，都须在天明才可交易，“划一开张”。同时规定，在五更以前如有栅夫擅自开启水路栅门、铺户经纪违禁进行贸易，即将地保、栅夫严究查

① 雷家宏:《中国古代的乡里生活》,第 104 页。

办,如有保邻容隐,也一并重惩。①

2. 水栅与堰坝

水栅是江南地区常见的水利设施。② 明人将其与堰坝并列,称"甃石筑土为坝,列木通水为栅",设置的主要目的是防范"盐盗"。出于这个原因,水栅往往都由巡司负责。起初,水栅的建置因出于地方乡村"自卫"的需要,或出于地方政府讲求防备的需求,设置的地方都非险要地带。嘉靖年间,海寇肆虐横行,水栅的设置大大增加。在倭乱平息后,这种水上防护设施出现了荒废,而且常被地方豪强擅自占为"江湖之利"。当然,地方也可以借此钳制"逋逃"、勾摄违法逃亡人员,所以保存到后世的水栅仍有很多。③ 这种水栅防

---

① 乾隆《奉宪永禁夜市点火交易碑》,乾隆三十一年(1766)十月十六日新丰镇众布庄公立;碑文录于梅元鼎纂《新丰镇志略初稿》第十五章"六碑石",浙江图书馆藏民国三十四年油印本,第67—68页。

② 嘉善人袁黄认为,水栅的目的是"排木障水":在河岸较深地方,田在高处,水不能及,就在河中置栅遏水,使之旁出,下溉田地,做法较为简单,即在河中竖桩,桩上枕以"伏牛",擗以枒木,并用石块垒建;水栅建设由附近籍此可以获利的田家,每年"量力均办"。参[明]袁黄:《了凡杂著·劝农书》,万历三十三年建阳余氏刻本,载《北京图书馆古籍珍本丛刊》第80册,书目文献出版社1988年影印版,第597页。

③ [明]沈㴉:《吴江水考》卷二《水栅考》,天津图书馆藏清乾隆五年沈守义刻本。

卫设施,在政区边界曾起过很大的作用。①

从自然环境的角度看,嘉善县地方南边稍高,北边极低。县境内"一望皆水泽,支河干派,湖荡连接,芦苇蒹葭,旷野无际,轻舟小舫,倏往忽来,鼓浪乘风,瞬息万里"。因此舟船商贾遭受掳掠之事不断发生,政府只好严行禁戢,树立栅坝,不许夜行。② 堰坝作为水栅建设的基础,其作用主要在于水利防护。但是在某些情况下,它体现了明显的防盗功用。晚至清代顺治五年(1648),湖州地方的盗患刚刚平息,而寇贼余党还未尽除。这一年又多雨,嘉善地方低湿地带的圩田遭到了毁灭性的打击。在知县刘肃之的领导下,开始大修圩岸,以便于农耕,同时广筑堰坝"以杜寇盗"。③

在各处河道关隘设立水口总栅,则是防盗的一大重要措施。根据水源特点,其源"必自大水分来,分多必合下流",然后又归于大水,"而去大水者为湖、为荡、为蒲、为漾",渺茫千百余里。这些地方显然是盗匪啸聚出没之渊薮。嘉靖时就有人提出,"禾郡之防盗,不当防之于陆,而当防之于水"。若各水口有栅栏,即使盗贼能

---

① 川胜守曾从地方防卫的角度,全面梳理了江南地区的水栅与巡检司的关系问题,尽管着眼点在于市镇发展中水栅的功用,但与本章的考察较为接近。明清时期的江南市镇一般都没有城郭,设置木栅或关坝作为安全防卫设施,比较简单。由于水域面积的比重在江南地区占据了绝对优势,运河、市河以及其他河流的桥洞往往设有水栅,有些市镇在其外围也有此设施。如盛泽镇在东、西、南、北四栅外,另有东南栅、西北栅,共计6栅;枫泾镇设有7栅。水栅的管理主要由巡检司负责,明末以后,巡检司的功能有所削弱,水栅的维护和管理便逐渐纳入了的市镇自治机能中。详参(日)川勝守:《明清江南市鎮社会史研究——空間と社会形成の歴史学》,汲古書院1999年版,第544—571页。
② [明]章士雅:《夜防议》,载万历《嘉善县志》卷二《建置志·公署》。
③ 光绪《重修嘉善县志》卷二《区域志二·水利》,光绪二十年刊、民国七年重印本。

入一口,要出入别口之栅也非易事。盗匪一旦陷于栅围之中,就很容易被生擒。过去,只不过是在城市桥梁之下横木一根,圈围不过一尺,长短不过二丈,上面虽有锁链,也不坚固;看守的栅夫是从下户贫民中选任的,只能"阻遏里中往来",而经过的小船常常成为其索要的对象。遇上大盗强贼,这些设施是不堪应付的。因此,曾官太仆寺少卿的嘉兴人李日华,就提出了"总栅"的应对方案:在嘉兴府境的四周有小水接连大水的地方,其两边密密钉上桩木四五层,桩木必须牢固;栅栏中间开口作门一扇或两扇,以便通船往来。官船或运艘因船身较大,栅门可特别开大;其余的只许容一船通过。栅栏上用铁链锁住,于晨昏时启闭。同时挑选附近殷实人家,编定工食,在栅之左右置造官房,由督检居住,以便看守水口。在总栅以内的各处桥梁依旧安置横木,按时启闭。即使有大盗斩栅而入,看栅之人力不能敌的,也可从陆路奔入第二层内栅,叫集乡民御盗。这道防护当时号称"重门之险"。嘉兴府境内的水栅,总计有20多处,大栅也有七八处,如嘉善县东北的淀山湖栅,桐乡、秀水二县的辟柴栅,石门县的语溪等栅,嘉兴府城的杉青栅,等等。在每年冬季水位低浅时,由捕官逐一验看各地水栅,有损坏的即行修补。[①]

在万历以前,嘉善县于主要渡口桥梁都设有木栅,由当地塘长协同附近总甲,轮流调拨伙夫,负责早晚启闭,其功用自然在"御寇安民"。水栅在魏塘镇共有4座,斜塘镇(即西塘镇)有3座,风泾镇(即枫泾镇,今属上海市)有2座。有朽坏的,年年要加以修葺。

[①] [明]李日华:《建郡城各处水口总栅议》,载崇祯《嘉兴县志》卷二十三《遗文五》,崇祯十年刻本。

万历时,县境村落之中有桥梁356座,水栅坍塌废圮,大多已不存在。因此,水乡舟楫可以"宵行达旦,蹉徒出没,肆无阻遏"。由于各镇都设置了常平仓以积贮粮食,故建立水栅以防盗窃发生,则势在必行。①

至清代康熙年间,仍以"盗案"为首务,嘉善县等地"当湖汭之际,奸宄出没,有非临时所能备者"。因此明后期以水栅防盗的方法,仍被沿袭下来,并又仿效石门县的"结甲之法",推行各处。②

3. 乡兵

在推行保甲、水栅诸法防盗的同时,还有乡里民兵守御地方的重要措施。③

乡兵,在宋代即已产生,与禁兵、厢兵、蕃兵并称。乡兵没有具体的驻扎营地,只是依时团结训练,以为防范之法,也不得擅自调动。到明代,"军民异籍,民力农养兵,兵守戍卫农",与过去颇有不同。从正统末年始,地方上开始招募民壮,由官方率领操练,随时

---

① [明]章士雅:《置栅议》,载光绪《嘉兴府志》卷八十三《艺文二》。
② 康熙《嘉兴府志》卷十四《官师》附"兵政"。
③ 这些措施是明清时期地方上较为重要的防御手段,如在明末"海盗"郑芝龙威胁闽、浙海上时,御史戴柏论防御诸事,特别指出"要地宜防""奸民宜绝""私船宜禁""保甲宜申""乡兵宜练"等。参[明]谈迁:《国榷》卷八十九"思宗崇祯元年五月癸酉"条,中华书局1958年版,第5437页。

等候调用,即产生了"民壮"这种地方武装。① 此后,地方上又作民壮增额:"百里,里五名;五百里,里四名;七八百里,里二名。小不减至百,大不增逾千。"民壮也有了"快手""会手""打手"等名称。从弘治年间始,又称"机快"。至正德年间又出现了"精兵",大致上是按县之大小抽选,县大则从"机快"中选骁勇的十余名,县小则选八九名,故有此称。此后就出现了乡兵。当时政府认为,民壮制度存在很多弊端,但练乡兵却有十大益处:一是"额有饷不烦更派";二是"衣甲器械素所具备";三是"类多土著无乡井思";四是"力能为役,此家不贫不敢为非";五是"郡邑役顿减,肃清易治";六是"身就吾乡市,白捕无所容";七是"操宿不得虚";八是"应捕即其徒为之练习,使盗益惧";九是"大家巨族无所私之";十是"践更不敢取利,入伍亦损将领所需"。乡兵由此普遍兴起。在嘉善地方,政府规定所练乡兵的额数为三百名,是当时在嘉兴府境内除嘉兴县之外最多的。②

嘉靖三十三年(1554),地方上曾因倭寇变乱,每里捡选乡兵五名加强防卫,后只捡一名,寇乱平定之后就裁去了。崇祯七年(1634)又开始招练乡兵,挨门报点,挑得壮勇二百六十名,并订立

---

① 佐伯富曾详细考察过明清时代的民壮,对民壮的起源、职务、配置、统辖、衙役化等问题作了深入探讨。他认为民壮的产生是在正德年间。参其著《中国史研究》第一,同朋舍,昭和四十四年(1969年)五月初版、五十三年五月再版本,第616—661页。徐仁范则指出了土木之变后民壮在全国的产生,其一个主要职责是缉捕盗贼。参其文《土木の変勤王兵——義勇と民壮中心として》,《東洋学報》2000年第82卷第1号。
② [明]文德翼:《练乡兵议》,载光绪《嘉兴府志》卷八十三《艺文二》。文德翼,江西九江人,崇祯进士,曾为嘉兴推官,察吏精明,长于折狱,著述甚多。参乾隆《浙江通志》卷一百五十《名宦》,乾隆元年重修本。

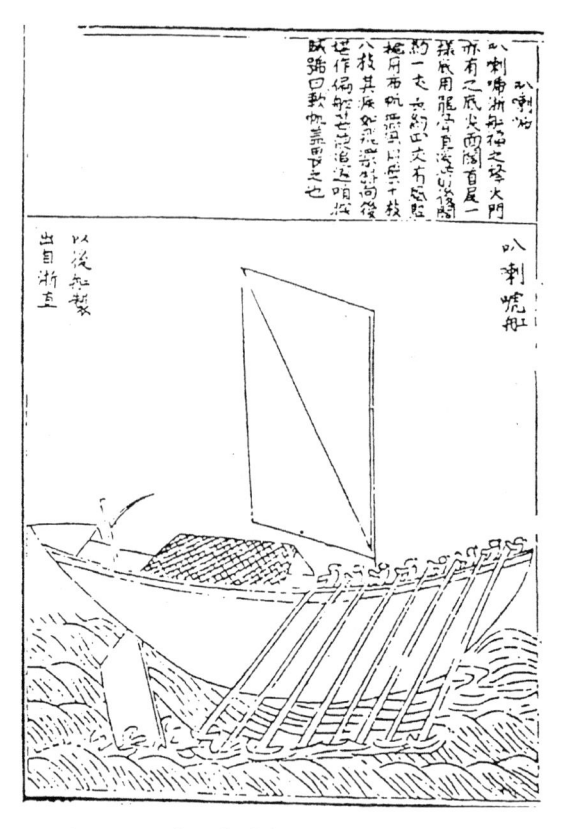

图 8.2 江南巡检兵船之一——"叭喇唬船"

了团练条款。十四年(1641)更定了乡兵名额,为二百零四名。十七年(1644),以乡绅徐石麟、钱继登为正、副首领,在保伍中拣练乡兵。① 挑选合适的乡民充实捕盗力量,本属良策,但由于乡兵之役较为繁重,许多人提出愿意纳盐,希望免去巡役之苦。② 所以在崇

---

① 光绪《重修嘉善县志》卷十三《武备志·兵防》附"乡兵"。
② [明]陈龙正:《几亭续文录》卷二《复李谦庵父母六》。

第八章　明末清初江南的地方防护与社会

祯末年,有人就提出练兵必须"安民"。①

另外,杭、嘉、湖三府地区因河港四通,盐盗的活动较为猖獗。政府对此采取了相应的措施。如在嘉兴地方,嘉靖时期曾设有水兵叭喇唬船共有 14 只,配备民壮兵 200 余名,专门在里河一带巡缉盐盗。② 苏州府的常熟等地,设置乡兵(也称民兵)主要用于防缉海上盗贩。③

4. 巡检

除乡兵之外,地方上的军事力量尚有巡检④,特别是水上巡检兵船,如上文言及的叭喇唬船就是其中的一种。

明洪武时期规定,凡冲要去处,都要求设立巡检司,捡点弓兵应役。宣德初年,嘉兴府设置了八个巡检司,每司派置专门官员进行管理。在嘉善县的称魏塘巡检司,以内地弓兵三十名为属下,专门巡缉境内盗贼。到万历十四年(1586),已裁革至二十名。最后于崇祯初年全部裁去了巡检及弓兵。入清后,又重设了弓兵二十名,后以八名"改充军健"。乾隆五年(1740)嘉善县主簿移驻县东

---

① 实际上在崇祯末年,政府为抚平全国的动乱所采取增兵、调兵的措施,也使江南百姓对增兵担心"加派"、对调兵害怕"骚扰"。参[明]卢泾才:《上史大司马南都切计十策》,载[明]冯梦龙编:《甲申纪事》卷十一,上海古籍出版社 1993 年影印本。
② [明]王方麓:《槜李记》,丛书集成初编"盐邑志林"排印本,第 1—5 页。
③ 嘉靖《常熟县志》卷三《兵卫志》,嘉靖间刻本。
④ 巡检设置的目的,主要是盘诘奸细、查问逃亡、缉捕盗贼、关防诈伪,使村落居民全无骚扰,军民商贩得以自在通行,而盗贼奸徒不敢公然往来。参[明]吕坤:《实政录》卷一《明职·巡检之职》,万历二十六年赵文炳刻本,载《续修四库全书》史部第 753 册,上海古籍出版社 2002 年影印版,第 207 页。

433

的枫泾镇,又派拨了弓兵四名,应役县丞也派拨了四名,其余四名弓兵则由县司调配,负责巡逻等事。①

在嘉善县西北境与吴江县共邻的汾湖,专门设有一个巡检司,衙署设在吴江县的芦墟镇;乾隆初年移驻至镇西的黎里镇,也与嘉善县境毗邻,衙署移驻至作字圩的民居;光绪时转至染字圩内众善堂旁。该巡检主缉所辖黎里、芦墟、北库、莘塔、黄溪、平望、新杭里诸市镇共860圩的盗贼问题,"盘诘奸伪,率徭役弓兵,警备不虞"。② 巡检衙署从市镇移驻村落,不但加强了乡村的防卫力量,也巩固了县境周边地区的治安。

万历时期,嘉善县设有水上巡船6只,但河港漾洄繁复,相去多有三四十里不等,自然防御难周,所以又添增兵船6只。各船兵械,即于守城的民壮内取办,所增加的工食摊派至汛地。兵船在各交通要害之所进行防守,遇有缉获的盗贼赃物,就量行充赏,"如或失事,责有所归"。旧船都需经常性的维护修理,以便长久使用。巡检衙门原在县治东城外,其职能的具体运作十分不便。万历二十四年(1596)嘉善知县章士雅将巡检司迁到县西二里的演武场东,以便在南境"巡盐捕盗"。但北境离县治较远,那里北界吴江、东邻华亭、西接秀水,相互距离各有几十里,是"盐盗"频繁出没的要路,地方政府难于控制,亟须增设巡检一员,驻于斜塘镇之北,专缉北来盗贼,以期"防御密而道路清"。③

此外,还设有巡警铺,在县城(即魏塘镇)有十二所,枫泾镇有

---

① 光绪《重修嘉善县志》卷十三《武备志·兵防》。
② [清]蔡丙圻纂:《黎里续志》卷二《官舍》,光绪二十五年禊湖书院刻本。
③ 万历《嘉善县志》卷二《建置志·公署》及附录[明]章士雅《夜防议》。

三所,斜塘镇有四所,每铺驻总甲一人;在乡村则每里驻总甲一人,管理地方巡警火盗等事。①

明末,又在各地紧要的水栅口泊有兵船一艘,"临期放炮发哨",以声援水栅防护。②

因此,乡兵、巡检、兵船等组织的防盗武装力量,与府县佐贰官(主簿、县丞、典史等)分驻境内各关键地区加以专门管制,可以将盗患降至最低程度。有的地方还将专管水利的水利通判分派到水口要隘地方,协助防盗和捕盗。③

5. 弭盗言论

弭盗安民的种种措施和制度,都与地方官员及士绅等人的弭盗言论与策议有相当关联。在嘉善县,一直流行这样一句谚语:"盗无脚,窃不着,乡里有穿窬,巨室遭劫寇。"④说明了乡村邻里谨防盗寇的重要性以及对于保富的重要意义。

明人文德翼认为:"今之治盗,立法不为不峻矣,莫不曰保甲,莫不曰连坐。"但保甲、连坐颇有弊端,他提出了弭盗三策:"一曰治

---

① 万历《嘉善县志》卷五《食货志·赋税》。
② [明]李日华:《建郡城各处水口总栅议》,载崇祯《嘉兴县志》卷二十三《遗文五》,崇祯十年刻本。
③ 这种情况以湖州府地区为典型。但其他地方也有很多类似的例子,如杭州府仁和县北面的唐棲镇(即唐栖镇),就处在湖、杭二府的边境,是一个水陆要道,也是四方贸易汇聚之所,许多盗贼经常沿着便捷的水路于昏夜行劫,过往行人对此十分恐慌。嘉靖四十年杭州府水利通判即被调驻于此,除分管水利外,主要工作仍在缉捕盗贼。参[清]王同:《唐棲志》卷十八《事纪·纪衙署》,光绪十六年刻本。
④ [明]陈龙正:《几亭全书》卷十二《学言详记九·治道下》,康熙云书阁刻本。

地,二曰治窝,三曰治捕。然治地不如治窝,治窝不如治捕。"最关键的仍在"治捕",而且认为盗贼定由地区交接处产生,这种情形又可分为水、陆二种。①

万历时嘉善知县章士雅在其撰写的《夜防议》中指出,由于水港紧要地方盗贼特多,需选择捕盗中有心计的人,授以计谋方略;再从壮民中挑选二三十个膂力过人、技艺超群的,扮成普通渔民百姓,可以出其不意,擒获盗贼。只要俘获一二艘盗船,余党便会自行溃散。②与"夜防"之策相类似的,是后来平湖人、康熙九年(1670)进士、曾任嘉定知县的陆陇其(1630—1692)所提的"禁止夜行"。陆氏认为,盗案一般多发生于夜间,士民百姓只要"日出而行,未晚而息",那些盗匪多无从下手。故要求所辖地方"沿途汛兵,日将落,无许人行水路,无许舟行乡地;歇店,日未出,无容客走驰驱";水栅晨开暮闭,如有行人昏夜被截,就要追究开栅人的责任,"治以通贼之罪"③,从而加强治安,保障民众的利益不受侵害。

对于嘉善地方利病,有着长期乡居生活经验的嘉善乡宦陈龙正自然十分清楚。他在给知县李陈玉的信中,明确指出嘉善县内变之患大于外寇,因此,备警防御当以"固结民心为第一义";其次,要清查饭店及各寺院,使其不得容留方外杂人;第三,是访查核实"屠狗之家",使"吊狗掏摸一切诸小盗"无所藏身;第四,是编定乞丐头目,使强壮的乞丐不得"逞雄攘臂";最后,除这些人群之外,就是真正的穷民,一旦有变,官方一定要"劝募米谷,各有饔飧",使其

---

① [明]文德翼:《弭盗贼议》,载光绪《嘉兴府志》卷八十三《艺文二》。
② [明]章士雅:《夜防议》,载万历《嘉善县志》卷二《建置志·公署》。
③ [清]陆陇其:《三鱼堂集》外集卷五《申请公移·禁止夜行示》,康熙间刻本。

心安定，不思作乱。所有这些措施的关键，其实是推行王守仁所提出的"十家牌"法。关于地方守御，"全在人与器"。所谓"人"，即先必须挑选壮民以补充地方治安力量；所谓"器"，除府库旧有的器械之外，再配备新制火药铳器之类，约需二百余两白银，加强防御力量。① 至于其中较易忽视的寺僧控制问题，陈龙正也有较为详细的说明："迎名僧讲经，易伤风教；迎名僧住持，易酿盗贼"；强寇往往会借寺院作为匿身处，如果这种情况发生在城市，则更为可虑。②

陈龙正多次重申，"乡邑利病，大都所重在弭盗安民"。因嘉善县及其周边地区盗匪的严重，陈龙正在给昆山人、巡嘉道叶香城（叶重华，崇祯元年[1628]进士）的信中，予以特别强调，并提出其弭盗之策："惟拔麾下一二忠良精巧之人，嘱令默访积窝并其渠魁，置之重辟，余则听令自新。严设十家牌法，互相保举，庶几盗贼可息，民生可安。"③

陈龙正认为，加强地方的治安力量，捕盗缉匪，是"目前最要之事"，其他诸事"无逾于此"。④ 然而朝班大臣，对于当时最为严重的盗匪之祸，却大多不以为意。⑤ 他在给史可法的信中又重申："固境内之人心，清外来之奸细，足以御寇矣。搜所部之奇才，因敌人之间谍，足以荡寇矣。清奸之要，惟我民既固，彼自无所容。而因间之妙，则又必先得奇才，然后可委而用之。"⑥这当然已是提升至

---

① [明]陈龙正：《几亭续文录》卷二《致李谦庵父母二》。
② [明]陈龙正：《几亭外书》卷四《乡邦利弊考》"遏僧弭盗"条，崇祯四年序刻本。
③ [明]陈龙正：《几亭续文录》卷二《致巡嘉道叶香城公祖》。
④ [明]陈龙正：《几亭续文录》卷二《复李谦庵父母六》。
⑤ [明]陈龙正：《几亭续文录》卷二《复袁槐湄老师》。
⑥ [明]陈龙正：《几亭续文录》卷二《致史道邻抚台二》。

整个国家层面的危机应对论说,关键要先有合适的御盗寇之人才。在他回复吕大器(号东川,崇祯元年进士)商讨人才问题的信中,认为崇祯年间的嘉湖参政蔡懋德(号云怡,昆山人,万历四十七年[1619]进士)即是其中典范。蔡氏"公清持法,丕变士风",曾被誉为"十三省第一宗师",在任不久,即计擒宿盗巨魁屠丑,除却十余年的积患。①

在给钱士升的信中,陈龙正感叹道:"流警日南,甚为家乡忧。"当今家国天下,应"同安共危",只有垦荒可以救民穷,只有举荐人才可以弭盗寇。要申明祖制"永不起科"四字,使盐商大贾自行"开洫、筑室、募人、给粮",不需政府董率,也不费官钱,而荒田皆可成熟土,流寇皆成良民,可谓一举两得。对于县境内外之寇盗,需与邻县互通声气,共同屏拒。他进一步强调道:"大抵消弭祸乱,只在选任贤能。天下安而江南在其中矣,江南安而乡邑在其中矣,乡邑安而身家在其中矣。"②由于盗警不断,只有"和境内之心,可防境外之变",只有勉力推行"十家牌"法③,才可以严防坚守。

陈龙正甚至认为,地方上广建社仓,一方面可以救济百姓,另一方面还可为弭盗服务,非但可弭本境之盗,也可清邻近地区的盗贼。④ 这主要是从防止灾难期间饥民变为盗贼的角度出发,来说明建设社仓之意义的。

对于乡里防护及基层治理,明末清初的桐乡人张履祥提出,变

---

① [明]陈龙正:《几亭续文录》卷二《致吕东川铨部一》。
② [明]陈龙正:《几亭续文录》卷二《寄塞庵阁老二》。
③ [明]陈龙正:《几亭续文录》卷二《与徐尊园武陵》。
④ [清]俞森:《荒政丛书》卷八《常平仓考》,文渊阁四库全书本。

十家为百家,可以施行于城市,若在乡村,则可使村与村相联结,有畸零散户,将之就附于人烟众多之村,而不限以家数,达到"迁徙往来必有验,士农工商必有业,启闭巡警必有时"的目的,从而使暴民不作、流亡不生、邻保相救、盗贼寝息。①

康熙年间的嘉兴知府袁国梓盛称李日华的"水口总栅议",认为其防患于未然,"实功于今日",但又说:"近世有备盗之法,无弭盗之法;能弭则无盗,能备则虽有盗而无患。其法虽殊,其意则一也。"提出了"弭盗莫如德化"的看法。② 以长于治盗闻名的浙江巡抚李卫则认为,官府所辖地方"不禁妓,不擒樗蒲,不扰酒坊茶肆",此法不妥,妓院、茶肆等地方都是获取盗贼踪迹的重要线索,禁之则盗难掩踪迹。③ 曾任江苏布政使等职的梁章钜(1775—1849)更指出,州县官员一般都以赌博、斗殴、娼妓问题为小事,而以盗案为大事,但也有人想以大事化小事,相率趋避,显然无法"除莠安良"。所以他认为应当革除这一积习,重视捕盗。④

总之,古今治盗有利的时机,不外乎两个方面:一是"治于既炽之日",二是"治于未炽之先"。在古人看来,后者的可行性与积极性远较前者为大,意义也更为深远。所以清人法式善引陆陇其的《弭盗策》时特别强调,善于弭盗者"不于其终,于其始,不于其著,于其微"。⑤ 这是极有见地的。

---

① [清]张履祥:《杨园先生全集》卷二十《题跋书后·书徐子保甲论后》,中华书局2002年版,第606—607页。该文载光绪《嘉兴府志》卷八十三《艺文二》。
② 康熙《嘉兴府志》卷十四《官师》附"兵政"。
③ [清]吴熊光:《伊江笔录》下编,清广雅书局刻本。
④ [清]梁章钜:《退庵随笔》卷五《官常二》,清道光刻本。
⑤ [清]法式善:《陶庐杂录》卷六,中华书局1959年版,第202页。

四　社会控制的薄弱地带

明清时期江南的盗匪之乱,在全国而言并不是最严重的。本章的讨论是要说明在全国的财赋重地江南地区,政府是如何处理这些问题的,并将考察时段置于社会较为动荡的明末清初。可以发现,保甲制度、乡兵巡检、水陆安全保障设施等,都是控制乡里社会的重要系统。但值明末清初社会动荡时期,民心不稳,即便是有忧患意识的地方官员,采取种种措施和方法,都很难杜绝盗患。而盗匪之病反过来又加剧了地方社会的不安定,有时竟至"盗发之家不敢申告,邻舍比里至出私财以偿所亡"的地步。[1]

在嘉善这样一个小县,辖境与邻县交结错杂:"嘉、秀界中错有嘉善田地,是错壤原未分县之前,而疆界岂得正于既分县以后也?"[2]如嘉善县的枫泾,地接松江府的华亭,而松江府五保、六保又错杂于平湖县。[3] 这种疆界错壤所营造的特殊环境,导致了政治管理的诸多不便和制度上的许多漏洞,盗匪在这些地域层出不穷。许多制度、措施的推行也往往徒存虚名,大多不能取得良好的效果。原因在于地方官府"动至倚法扰民,无赖亡命,遂攘臂奋舌,以挠败其间",致使"有事力之家,缩首避祸",不敢任事,而保甲"徒为厉阶","盗势日昌,土田日芜,里俗日败"。[4] 像水栅设施,本是良

---

[1] [明]文德翼:《弭盗贼议》,载光绪《嘉兴府志》卷八十三《艺文二》。
[2] [明]徐必达:《勘结以靖地方疏》,康熙《嘉兴府志》卷十八《诗文·奏疏》。
[3] [明]文德翼:《弭盗贼议》,载光绪《嘉兴府志》卷八十三《艺文二》。
[4] [清]张履祥:《杨园先生全集》卷二十《题跋书后·书徐子保甲论后》,中华书局2002年版,第607页。该文载光绪《嘉兴府志》卷八十三《艺文二》。

策。对于政区交界地带或县境周边控制薄弱地区,水栅的设置有其重要意义。地跨嘉兴府桐乡与湖州府乌程两县的乌青镇,水流环绕,水之利就在鱼与盐,环镇而渔者就有数十百艘,"多相聚为盗",镇市四周所设的水栅,可以有备寇盗的功能。① 但是,由于妄派修桥桩木、私索守栅工食、掊括地方等隐弊的存在,水栅的机能常常废弛。② 另外,对于设立乡兵的举措,松江人陈子龙(1608—1647,崇祯十年[1637]进士)认为并不适合江南地区。江南虽然多盗,但散小无固定地区,而且地方百姓多散居于乡野或村落,平时"自春徂冬,无日不尽力于农",糊口尚难,根本没有余力从事乡兵之职,而且性不习兵。③

显然,明末地方政府在着力抗清的同时,又疲于应付盗匪祸乱,处在两面交困的情境中。自然灾异的影响则又进一步刺激了盗匪的产生和增剧。

王朝的更迭更使江南社会处于一种极为复杂的情形之下。一方面,政治的变化造成了上层社会的种种变换;另一方面,这种变更并未对基层社会形成多大影响。盗匪的祸乱和地方的安弭举措表明,政府即使在社会变乱时期,仍未完全丧失对基层的直接控制,统治力量渗透到了乡里社会的每一个角落,只是在管理空间上和地方的自治领域除有共同的交接外,还有一些细微的分离。当然,要对这两者各自有效的渗透空间作出具体的界定,其实是很困

---

① [明]李乐等纂修:《重修乌青镇志》卷一《河渠水利志》,万历二十九年重修刻本。
② [明]章士雅:《置栅议》,载光绪《嘉兴府志》卷八十三《艺文二》。
③ [明]陈子龙:《陈忠裕全集》卷四《江南乡兵议》,载《陈子龙文集》,华东师范大学出版社1988年影印本,第199页。

难的。从前文的论述中依然可以看出,在维护地方乡里治安的方面,两者的相交重合是较为明显的,如实行保甲制度、设立巡检和乡兵、置立水栅等。在弭盗措施的具体推行过程中,国家与地方出现了一些分异。即使仅就共同防盗而论,也如俗谚所云"国有律例,民有私约",是并不完全步调一致的。保甲之首领均为地方所出,由于种种原因,会在一些措施的具体环节中趋避政府、维护地方,有时会出现乡里盗窃发生后不敢上报,而从地方自筹资财以弥补损失的情况。① 一些地方的盗匪,或投诚,或已在押,也会通过保甲等各种地方关系随时疏通,从而得以再次逍遥于法外。吏治的腐败可以说是其中最为重要的原因。② 所以善于治盗,也就成了地方官员的一大政绩。③

行政区划的边界也是国家控制与地方治理存在分离的重要体现。④ 地方既会遵从政府,也会与邻县地界各划沟壑。因此,若在这样一个分离的交错空间,盗匪的出现便不仅仅是天灾人祸驱使下的结果了。如湖州府境的山区管辖,因地理环境的影响而一直存在种种不便,地方治安也很不健全。结果迫使朝廷在湖州府的西部山区划增新县孝丰以加强管理。⑤ 而北面与常州府相接的长

---

① [明]文德翼:《弭盗贼议》,载光绪《嘉兴府志》卷八十三《艺文二》。
② 明末华亭人陈继儒指出,要清理江南内部的盗贼,"禁赌博,禁盐贩,禁捕快之养盗"是十分重要的。参其著《白石樵真稿》尺牍卷四《答钱兵尊》,明崇祯刻本,载《四库禁毁书丛刊》集部第66册,北京出版社1997年影印版,第516页。
③ [清]袁枚:《随园文选·两江总督于清端公传》,上海大达图书供应社1934年版,第42—44页;。
④ 前揭徐必达的《勘结以靖地方疏》、文德翼的《弭盗贼议》及陈龙正的《致巡嘉道叶香城公祖》诸书信等文献中,皆可看出这种情况。
⑤ [明]王珣:《添设孝丰县疏》,载光绪《孝丰县志》卷一《方舆志·沿革》,光绪三年刊本。

兴县,也存在类似的治安问题。由于该地"地介湖山",濒临太湖,境内多为低丘山地,盗贼横行其间,"民间鸡犬不宁";邻近的安徽广德、江苏宜兴与当地的往来客商常常遭到劫掠,以致其"告讦之风,浙省号为第一"。① 在天启年间,朝廷还为地方政府擒获那里的盗贼而感到兴奋。②

很明显,国家控制的强度与范围尽管存在各种联系,但仍有一些差别,即国家的控制强度能涉及每个乡民的日常,而其生活空间或范围很多是难以触及的,乡民社会生活中的许多领域都具有一定的独立性。

由上述种种探讨,大致可以得出这样的认识,即政治中心(如县城)周围地区,是控制较好的地区;政府无法控制的区域(如太湖中心水体或西部低丘山地深处),属于政治的"边陲",控制强度几乎等同于零。而这两者之间的隙地,也就是行政地理区划交错地带或自然边界区,属于控制薄弱地带,为盗匪多发之地。③ 在国家控制区域和地方权力范围的方面也存在类似的情况,但已不是交

---

① [明]归有光:《震川先生集》别集卷九《回湖州府问长兴县土俗》,上海古籍出版社1981年版,第922页。
② [清]庄廷鑨:《明史钞略·愍皇帝本纪下》,原书残缺,上海书店1985年据商务印书馆1935年版重印本。
③ 政区边界的不安定,在社会动乱时期的表现尤其明显。如在嘉兴府西北的新塍镇,毗连吴江、震泽、太湖等地,太平天国战争后,这里枪匪出没极为频繁,而且"贩盐聚赌,诈扰时闻",使地方百姓常感不安。地方政府曾先后将主簿、县丞分防该地,以资弹压。参朱士楷纂:《新塍镇志》卷一《沿革》,民国十二年平湖绮春阁铅印本。在明清易代之际,一些拒与清廷合作的士绅都避居于这些官方管理的薄弱地带,如清初苏州抗清名士杨廷枢就曾避居吴江、嘉善两县交界的芦墟镇;还有一些亡命士绅更将太湖依托为"逋逃薮",与太湖盗匪合流。参[清]柳树芳纂:《分湖小识》卷三《人物中·流寓》,道光二十七年胜谿草堂柳氏刻本。

错分布,而是两者控制的断层,亦即分离地区,这是盗匪猖獗的空间;更兼朝代更替、社会动荡之际,盗匪祸乱情况则显得更加严重,影响到地方社会,自然是长久难安。

第九章 明清时期江南的行业生活与互济行为

江南地区最具经济实力的,是商人和兼营部分行业的城乡地主,他们与代表着知识力量的绅衿们构成了江南社会力量的中坚。本章从行业生活的角度,考察其在社会经济生活层面与国家政府间的控制与反控制,讨论内容就以商品经济的最高组织形态——行业共同体(包括公所或会馆)的变迁为中心。

一 江南行业研究的选择

明清时期的江南地区,存在多个层面的保障控制体系,如宗族、社会、行业等,形成了遍布江南的社会合作网,从而维系着明清时期乃至清末民初变迁社会的稳定。① 其中,行业社会及其地域上的自治、国家的调和与保护,显得别具特色。尤其对社会经济较为繁荣的江南地区而言,这种行业社会生活的内在自控与外在调和,体现了社会发展中经济因素起主导作用的地区的丰富内涵。它表明,一个社会发展到一定阶段,地区经济推进到一定程度,地区在社会变迁中的适应性就显得比较突出,反过来也为社会的稳定提供了有力的保障。因此,从整个社会环境来看,行业生活及其互济行为是十分重要而有意义的。

江南地区以苏州府为主的碑刻史料极为丰富,是研究明清以来行业生活及互济行为直观而可靠的资料。目前所见,相关的主要有《江苏省明清以来碑刻资料选集》[②]《明清苏州工商业碑刻集》[③]《明清以来苏州社会史碑刻集》[④]《上海碑刻资料选辑》[⑤]与《清代工商行业碑文集粹》[⑥]五种。本章的史料依据正是以这些碑刻资料为主,通过许多个案的分析,对传统社会晚期江南的行业生活及互济行为作初步的研究。

本章以行业生活最发达的苏州府为论述中心,尽管清代已将

---

① 有学者早已指出,宗族、行业和社会这三个保障系统,在江南苏州府地区已经形成了一个遍布城乡的社会合作网络,维持着明清以来变迁中苏州社会的稳定:当社会陷于急剧变动时,保障系统就会遭到破坏,但一旦平定下来,苏州人就会迅速修复它。这段概括性的论述为本章的探讨提供了重要的启示。详参唐力行、王国平主编:《明清以来苏州社会史碑刻集》,苏州大学出版社1998年版,序第1—26页。
② 江苏省博物馆编,生活·读书·新知三联书店1959年版。
③ 苏州博物馆、江苏师范学院历史系、南京大学明清史研究室合编,江苏人民出版社1981年版。
④ 唐力行、王国平主编,苏州大学出版社1998年版。
⑤ 上海图书馆图书资料室编,上海人民出版社1980年版。
⑥ 彭泽益选编,中州古籍出版社1997年版。

太仓州独立于苏州府辖区之外,且下领四县,但为讨论的方便,仍将出现于太仓州的情况归入苏州府;同时也考察了松江、嘉兴、湖州、杭州四府的大致情况,以便从地理区划上作出比较。

二 苏州府地区的行业社会保障

一般来说,在社会变动时期,其保障系统的功能会遭到扼制和破坏,但是,当社会重又恢复安定时,保障系统就可得以重新修复而发挥它的作用。

按照彭泽益的行业分类法,苏州府地区在明清时期存在布染踹业、纱缎宋锦机业、金铂银楼业、刻书业、小木业、红木作业、明瓦水木石作业、漆作业、裘皮业、酒行酱坊米业、剃头业、估衣业、烟业、猪行业等,达27种。[1] 而常熟县在明初的总共62285户中,各种行业工匠的户数就占了596;具体而言,有土工匠(49)、索匠(2)、石匠(28)、瓦匠(27)、锯匠(21)、竹匠(33)、洗白(15)、船木匠(1)、攒线匠(1)、络线匠(1)、线匠(1)、铁匠(20)、染匠(65)、裁缝(20)、挑花匠(45)、墨匠(6)、熟铜匠(15)、锡匠(5)、穿甲匠(124)、毡匠(3)、玻璃坯匠(1)、墨窑匠(3)、官帽匠(10)、银匠(6)、油漆匠(8)、铸匠(5)、熟皮匠(5)、卷胎匠(2)、纸灯匠(1)、涂金匠(2)、船匠(45)、箸篷匠(1)、刊字匠(2)、罗帛匠(1)、蒸笼匠(1)、刷印匠(1)、木桶匠(19)和戗金匠(1)。[2] 如此繁杂的匠工,为

---

[1] 参彭泽益选编:《清代工商业碑文集粹》,中州古籍出版社1997年版。
[2] 万历《常熟私志》卷三《叙户》,南京大学图书馆藏万历四十六年修传抄本。( )内数字为匠户数。

行业的经营生产提供了极为丰富的技术资源。特别是在清后期，江南地区的行业生活呈现了前所未有的兴盛景象。这里只选择与本章讨论主旨相关的部分内容。

1. 行业社会保障的表征

为了便于说明这类保障的表现形式，需要对一些主要的行业生活作分类考察。

米业

米业作为社会经济生活中的基础，其变化十分值得注意。在江南地区，米粮价格的涨跌对社会生活有着极大的影响，政府对此保持着高度的关注。在一般情况下或在社会变乱后，地方政府十分愿意给予米粮业较为稳定的保障。

限制米粮业有任何不合法度的行为，或者努力维持米业的正常经营与发展，从某种程度上讲，都是政府减少社会动乱发生可能性的必要举措。从资料上分析，这种行为的社会保障系统十分稳定而牢固。例如，苏州府长洲县曾在康熙年间下达了严禁地方斛手、脚夫擅立"陋规"以"阻市病商"的碑示，就是因为地方米市中脚夫违禁"多勒斛用，深为不法"。[①] 实际上在清初，特别是康熙朝对地方米价的重视是众所周知的。据研究，在康熙中叶就确立了粮

[①] 康熙二十一年八月《长洲县严禁山塘镇斛手脚夫擅立陋规阻市病商碑》，载《明清苏州工商业碑刻集》，江苏人民出版社 1981 年版，第 231—232 页。

价奏报制度。① 这对政府了解和控制民间的米粮交易行为,稳定社会经济生活和采取相应的措施,提供了有力依据。

而且,政府对有损米业正当利益的任何行为,会出面加以示禁,从而体现了一种合理的保障形态。清代中期的吴县地方,粮食业店铺人员都是依照国家规定"领帖开张粮食豆行",但是为粮行运货的船夫、脚夫后来每遇货物上下就"恃众霸持,勒价硬索",不许店铺自备船只装运,甚至还殴打买客。道光八年(1828),地方政府根据该业人员的禀请作了禁示,下令以后粮食豆行上下货物,可以自挑自载,或者雇人驳船,或由买主自带船只载运,绝不允许逞凶勒索,如果出现把持揽阻、有碍行市的情况,绝不宽贷。地方如有"徇纵",查出后一并予以严惩。② 不过,在道光二十二年(1842)间,吴县地方政府再次立碑示禁地方盘户脚夫滋扰米行的行为③,表明了米业经常遭到地方脚夫等人的扰害而政府不断严禁以保护米业的事实。

当然,米业人员如果违犯国家法律,或侵害了他人的正当利益,政府也会出面加以干涉,甚至诉诸法律。在常熟、昭文二县地方,有一个米业丰庆堂,在常熟县城南门外及毗连昭文县境的东门外附郭各图地区,开设有六陈米行,且"历有年所"。行中米斛出入,秉持着公平的原则。每到新谷上市前,由米业公所派专人检验

---

① 参陈春声:《市场机制与社会变迁——18世纪广东米价分析》,中山大学出版社1992年版,第278页。
② 道光八年十二月《吴县严禁船户脚夫把持阻挠粮食豆行上下货物碑》,苏州碑刻博物馆藏。
③ 道光二十二年十一月《吴县严禁盘户脚夫霸持地段滋扰米行挑送米石碑》,苏州碑刻博物馆藏。

斛具,如有铁皮宽松等情况,须校准后加盖烙印方可使用。但在光绪年间,一些行户使用无烙印的斛具,或者将引木大小互换,甚或私自撬去,从而引起整个米业的不满,要求地方政府加以制约,整顿行规。最后,根据米业同人的一致要求,地方政府同意他们采取上海地区的做法,"改换定胜",每斛只准一只,并编有字号,作为斛米的专用样式,同时要求两县地方的米牙行户及地保等人严格遵守,并勒石发往庆丰堂保存。① 晚至民国年间,吴县的豆米杂粮行业,还在为证明清代所建的同业公所的合法性及重整行业规条而努力。②

油麻业

由于苏州府所属常熟等县的滨江沿海地域较广,油麻等物料是当地造船业必需的,油麻行业因此十分兴盛。而且,造船业一般都由官府直接经营,所以油麻业所受的非法侵扰就主要来自衙门的各级官吏。

在常熟县地方,政府维持的造船业是该地区的特色行业,而油麻铺行正是为此服务的。从官方的角度看,给予该行业以一定的社会保障,完全有着行政管理上的考虑。

在明末崇祯年间,常熟县的油麻杂铺行业曾联名向地方政府提出呈词,指出该行业人员以"捭卖油麻杂货为活",常受吏胥"垂涎索诈"的问题。凡逢上司按临以及发号船修造、县府修葺衙门公

---

① 光绪二十九年六月《常熟昭文二县严禁米业行户擅用无烙之斛碑》,苏州碑刻博物馆藏。
② 民国八年十一月《(吴县)豆米杂粮业声叙公所缘由重整规条碑》,苏州碑刻博物馆藏。

所以及地方春秋祭祀交际礼节时,所有金票,都由这些吏胥"或取或借",声称是"候支官价",且"经年守候不发"。就是发银,也总被吏胥"侵唊",结果所存十无二三。因此,油麻同业人员都要求地方政府重申朝廷曾经下达过的"圣谕七款",特别是其中的"禁革铺行"一条,从而使衙门吏胥能够"永守成规";同时要求政府废除"官票"制度。在崇祯七年(1634),官方即立碑示禁,下令今后各衙门疏禀必须全按民间时价而发以现银,不得使用官票。①

王朝鼎革之后,前朝的遗制自然不能作为本朝的通例,所以许多行业需要新政府重新予以保障,以利于其在新的环境下进一步发展,油麻业也是如此。常熟县的油麻钉铁铺业,长期为政府修造战船所需材料提供货源。在清初,因屡受海防厅并县蠹借口修造战备船只的"万般扰害",就联名上告,要求对这种扰害"勒石永禁"。常熟县的申告,经苏州府上达苏松兵备兼理粮储水利、江南提刑按察使司副使及总督江南江西地方军务兼理粮饷兵部尚书兼都察院右副都御史批示认为:打造战船所需的物料,应照市价平买,绝不能"纵容衙役揹扰铺户";此前所有亏短铺户之处,悉令照数补领,并勒石禁止对铺户的扰害;而且,以后有衙役蒙混发票,再取一草一木,必按军法究治。② 直到康熙年间,官府仍在为保障此类铺户利益而努力。至于修造沙号等船所应用的麻油、铁等料物,大多为军工需用之物,官方认为应当在聚集处所"公平采买",官给

---

① 崇祯七年三月《常熟县永禁诈索麻油杂货铺行碑》,载《明清苏州工商业碑刻集》,江苏人民出版社1981年版,第193—196页。
② 顺治十六年五月《常熟县扰油麻钉铁铺户碑》,载《明清苏州工商业碑刻集》,第196—198页。

图 9.1　榨油作业

现银,"不得派累行铺"。①

另外,苏州府聚善堂的组成人员也是专门料理油麻业的。在道光二十五年(1845),司董张殿荣等公议规条,捐资在吴县朱家庄设立公所,并在元和县二十三都乡一图"置地作冢",以备埋葬之用。后因咸丰"庚申之乱"(即太平天国战争)而"星散",公所被毁。行业人员渐次回来复业,都已贫窭不堪。于是,聚善堂重新

---

① 康熙十二年五月《常熟县痛禁擅取钉铁铺户货物苦累商民碑》、康熙二十三年八月《常熟县永禁派扰油麻杂货铺户碑》,载《明清苏州工商业碑刻集》,第198—201、202—204页。

"集议循旧,捐资赁房,暂作公所",修理义冢,并在同治六年(1867)经过了地方官府的批示,通行全县"一体示谕"。同治十三年(1874),经同行业集资购屋,成立了办善所,是为了周恤同行;"凡帮伙老病,送入公所医药;设遇病故,给棺埋葬,等属领归,量给路费"。这些都被政府赞为"义举"。油麻业为避免同行业间的"争夺肇衅",经同业公议后规定相隔七十余家才可开设油坊。官方对此采取了一定的保护措施,立碑示称:"如有不肖之徒勾串匪人,阻挠滋扰,许该董事指禀拿究;地保徇纵,并惩不贷。"①地方政府对行业的保护显得十分重要,也体现了行业在地方社会稳定与发展中的意义。

皮革业与竹木业

就皮革业而言,苏州府地区的裘业楚宝堂是皮业行"抽捐货厘"而设立的,轮流办理周恤同业之事。但在咸丰"庚申之乱"苏州府城被太平军攻占时,楚宝堂司事郭悦岩遇难,由其保存的簿据票折全部遗失。同治年间,皮业同行逐渐恢复生计,"均欲议兴",即由朱恭廉、洪起文、吴文彬等人垫资在吴县购房买地,重新设立公所,"循旧抽捐济费办善"。但这毕竟是民间组织,常会受到地匪等人的阻挠,因此只好求助于地方政府,给予庇佑。苏州府即下令予以保护,并立碑以禁。②

在竹木业方面,苏州府嘉定县地方的竹业制品在明清时期已经十分出名。康熙年间,因不满差役弊蠹的侵害,县城与南翔、罗店、江湾、大场、黄渡等镇的竹行都向县里提出呈告。原因在于,由

---

① 同治十三年二月《苏州府示谕保护麻油业聚善堂善举碑》,苏州碑刻博物馆藏。
② 同治九年十二月《苏州府示谕保护裘业楚宝堂公所善举碑》,苏州碑刻博物馆藏。

图 9.2　奉宪示勒碑永禁

官府向行业征用的日用物件,一般都是发现银交易,竹业却是个例外,往往是"先用后发,要十指百",发出的价银"无一不填蠹橐";而且京口、扬州、苏州等汛防地区,修造沙船、搭厂及修衙署等,对竹行都是"朦县出票,借用不还";另外,上用线竹过去都是委托置办,现在是由这些差役弊蠹采办,多使竹业人员"倾家荡产"。嘉定县竹行每年遭此三害,终使竹业同行联合起来,强烈要求官府对这些侵害"勒石永禁"。官府表示,以后一切公务需用竹料,都由官方发给现银采买,用过之后"听官自行变价",不许抑勒行铺;如有衙役胥吏明知故犯,滋扰竹行,将依法严惩。①

布业、丝业与染织业

在所有行业中,政府对其直接经管的行业所采取的保障,较其他行业更为有力。因为这些行业直接关系到地方或中央的共同利益。

对于传统的织造行业,官方认为要有所"更新",即要"汰冗员、简偷惰,罢去侵牟,谨塞漏卮"。不过这一"更新"是与"诸僚吏商"共同商定的,由地方行政长官带头"捐俸赀",重修了苏州织造公所,并将杂设于民间的机织业"改私为公"。② 在以后的发展过程中,政府不断给予这些行业新的保障。

太平天国战争给江南地区造成破坏,织造行业同样不能幸免。在战争期间,织造公署全部被毁,不过由于政府的帮助,在同治十一年(1872)前后就完成了重建工作。主持这项工作的,都是当地最重要的官员以及省级封疆大吏。③

嘉定县盛产木棉布匹,所属娄塘一镇虽只是个弹丸之地,但地方特产木棉布匹却"倍于他镇"。以故远来客商鳞集于此,有所谓"花布马头"之称,贸易量"岁必万余",而装载船只则动以百计。商业规模这样大的布业码头,必然有专门的管理组织。从明代至清

---

① 康熙五十三年七月《嘉定县为公务需用竹料毋许抑勒竹行告示碑》,载上海博物馆图书资料室编:《上海碑刻资料选辑》,上海人民出版社1980年版,第112—113页。
② 顺治十年《重修苏州织造公署碑记》,载《明清苏州工商业碑刻集》,江苏人民出版社1981年版,第10—11页。
③ 同治十一年《重建苏织造署记》,载《明清苏州工商业碑刻集》,第33—34页。

初,都设有"埠头"一职,一向都由当地船户"挨轮充任";其费用从船用中每两扣除三分,以供"官府出入雇船之用",这已是定制。不料到顺治年间,地方上出现一班光棍"串结兵房",扰乱了这一制度,强占本应由船户充当的"埠头"一职。他们除侵扣船用之外,还以政府名义向码头上其他附属行业人员"科敛津贴"。船户与布行铺户都"畏其无赖",不敢过问,使这种侵扰行业的行为逐渐成了一个痼弊而"延作陋规"。到康熙年间,侵扰之势有增无减,居然还以"编立花名簿册"的手法,向娄塘镇上的125家牙行铺户强索银钱1两至110两不等。二十年来,共贪1900多两。这对地方社会经济无疑是一个重大损失。在康熙二十四年(1685),嘉定县地方政府终于依照码头铺户等行业人员的共同呈请,对这种行为采取了严禁措施,如果再有违犯,则"立拿重处",绝不宽恕。①

图9.3 砑布

---

① 康熙二十四年五月《嘉定县为禁光棍串通兵书扰累铺户告示碑》,载上海博物馆图书资料室编:《上海碑刻资料选辑》,上海人民出版社1980年版,第96—98页。

为保护行业的经营,从某种意义上说也是为维护地方政府的经济利益,禁止任何侵扰行业生产的行为是官方所全力支持的。

康熙年间,嘉定县地方因踹匠联合闹事,"齐行勒索",官府特地颁定了三款禁令,并刻碑于县境内大镇南翔。其主要内容是:一、包头内择老成者为坊长,管辖九户人家,如出现容留"流棍",坊长本户与其他九户"一体治罪";二、踹匠"传单鼓众"而停染歇踹,其借端科敛所到地方,坊民可以"即行指禀";三、踹匠本人的"工价平色",各字号染行都不得克扣,工价增减"悉照苏松之例"。①

这则碑文提供了几点重要的信息:在行业保护过程中,官方采取了以地域及民户为单位的保障措施,十户人家为一个单位,并从这十户中选择"老成"的一户为长,类似于里甲制或保甲制的编制方式;踹匠对染行的扰害,应当看到其性质与一般的地匪流棍等有所不同,不过从政府的角度来看,踹匠利用"传单"的方式来起到广为宣扬的目的,确实使行业与政府都感到极大的压力,因为这在其他侵扰行业生产与生活的行为中是少见的;碑文的最后一条,也让我们了解到这起扰害染行的行为,在性质上与纯粹意义上的破坏行业行为有着较大的区别,否则政府也不会迫令行业不得擅自克扣踹匠工价,平衡双方的利益;而苏、松地区存在的行业人员的统一工价标准,则表明江南地方政府存在对于行业的经营与发展的控制,有时是比较到位的。

所以到乾隆时期,嘉定县府根据南翔镇布商们要求依照苏州的样例,给发踹匠统一工价的呈请,还在为平息踹匠闹事,从工价

---

① 康熙五十四年《嘉定县为禁踹匠齐行勒索告示碑》,载上海博物馆图书资料室编:《上海碑刻资料选辑》,第 99 页。

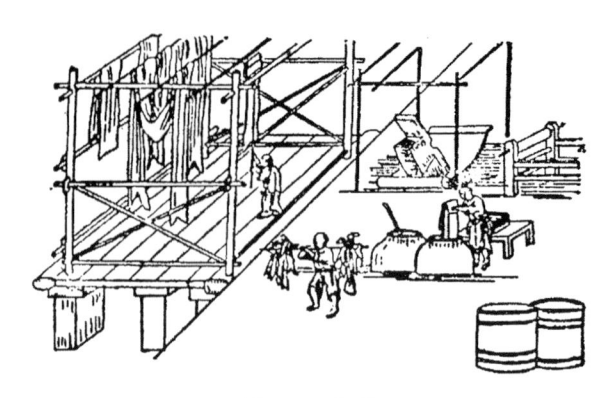

图 9.4 染坊

上努力为布行与踹匠们作调和,平衡双方的利益,最后要求行业与踹匠共同遵守这样的禁令:"踹布工价,虽多寡不一,总按布匹之长短、大小、阔狭定价,较与苏郡工价无亏。所给钱串,遵照详定之例,每银一两实给足钱八百二十文。"以后无论柴米价格如何涨落,踹匠"不许再行藉端滋事,恃众告增"。[①] 实际上这仍然是为行业的社会保障服务的。

尽管类似于踹匠对抗行业生活的行为必定还有很多,但从体现政府对于行业的社会保障的角度来分析,区分扰乱行业生活的行为的性质,并不是很必要。在这样一个前提下,可以将有损于行业正常维续的一切行为归并在一起,从而分析行业的社会保障、家族保障诸系统等问题。

---

① 乾隆四十年八月《嘉定县为禁南翔镇踹匠恃众告增规定踹匠工价钱串告示碑》,上海博物馆图书资料室编:《上海碑刻资料选辑》,上海人民出版社 1980 年版,第 99—100 页。

第九章　明清时期江南的行业生活与互济行为

其他行业的社会保障行动

由于商品经济的发达,江南地区存在许多名目繁杂的行业,但只要符合政府规范,一般都能得到相应的保障。如始创于乾隆四十五年间(1780)长洲县的成衣行业公所,在金阊北正三图地方,地段较佳。太平天国战争期间,行业遭到破坏。后来由同业人员募资建造了"轩辕宫公所",并请道士专门加以看管,一直安然无事。到光绪年间,开始受到无业游民及地匪游勇的骚扰,他们常常在公所中聚众酗酒赌博,"任意作践"。于是该行业人员以应仁发等为代表,联名向县府呈告。官方当即下达禁谕:以后如有地匪土棍以及流氓游勇到公所"作践",允许公所司董主持"指名禀县",加以严惩;地保如有容隐,查出后"并处不贷"。①

商品经济是江南社会在传统社会末期发展的重要推动力,而社会保障系统为之提供了十分必要的保护。行业与公所一样,是由绅商阶层为了共同利益而建立起来的;为进一步维护行业的利益,确保行业的稳定和正常发展,义庄、善举等辅助事业的推行则产生了极为良好的互济效果。这种社会合作与互济,成了当时江南地区重要的社会生活内容。如苏州府普济堂,是由长洲、元和、吴县三县筹资而建的慈善机构。在雍正十一年(1733)以后,院中病老日增,常存一百五十多口,而费用缺乏。它曾靠"盐宪谕商捐济"及"淮商协济",获得了一定的经费来源。而松江府的普济堂,也因经费问题,要求将以前拨给苏州府普济堂毕汉白等人名下的入官田房予以归还,并请求政府发簿劝捐。显然,如果常州府溧

---

① 光绪二十四年十二月《长洲县禁止无业游民在成衣公所寻衅滋扰碑》,苏州碑刻博物馆藏。

阳、江阴等县也像松江府一样,要求将以前拨入苏州府普济堂的田产予以归还的话,那么苏堂是根本无法维持下去的。地方政府即判松堂经费将另行查拨,而苏堂经费不足,也须议增资产,因此示知军民、士庶、董事、催甲、佃户等,将毕汉白等人名下入官的田房永归苏堂收租取息,"以充留养茕鳏之用","永遵定案毋违"。①

可见,商人参与社会慈善等事业,有着互济的需要,但从另一方面看,这使其更易获得官方的保护。

2. 王朝鼎革后行业保障的继续

上述行业之变迁,基本因一朝之间的变故而起。在王朝兴替之际,变化则更多。但可以发现,无论社会如何变更,社会经济的发展仍然是基础,政府出于对行业生活与互济作用的依赖,仍会出面禁止任何侵犯行业公共利益的行为和言论,从而体现了社会对行业生活的重视。

辛亥革命以后,民国肇造,清政府的政令示谕都已失去了法律效力。旧行业就需要重新向新政府申请保护,以新的法律制度的形式确保其行业地位和在社会中的功用。事实上,民国政府并未因朝代的更替、社会制度的变化而忽视行业生活的重要性,仍然采取了种种措施给予行业保护。如苏州府吴县的面业公所,坐落于旧长洲县境元一图宫巷中,是许大坤在清乾隆二十二年(1757)购地创建的,专门用于面业同行议事和办理赒恤等项善举;其所有契

---

① 乾隆七年十月《毕案田房遵奉督抚院宪批示永归苏堂济茕碑》,苏州碑刻博物馆藏。

据都已缴县保存,并经府、县两级"勒石有案"。其间,与同一公所的酒馆业因争执所有权问题,涉讼经年,直到大理院三审终结,判共同管理酒馆业。但入民国后,城厢各业公所的旧朝示谕均已失效,只好向新政府重新申请。民国元年(1912)吴县知事孙锡祺审理此案后,即批准所有权属面业公所,并布告立碑,以维护其正当利益。①

由此可见,社会对行业的保护并没有因改朝换代而终止,而是呈现了连续性。吴县的米粮业公所,也是通过重新向新政府获取确认,并申请保护才得以正常维持下去。② 巧木公所也是如此。它是由红木巧木业合组而成,在道光元年(1821)于憩桥巷邀工修建,也经地方政府"立案给示,勒石遵守"。但辛亥革命以后,同业四散,经常发生"外来棺椅匠攒入,紊乱行规情事"。于是,根据新政府"禀送来县,再行察夺施行"的要求,公所司事张金荣等人出面,向新政府呈送了新的行规,以便更好地维护行业利益与秩序。③

3. 家族保障系统

与社会保障系统类似的,是家族保障系统。家族保障系统往往体现为宗族亲缘或血缘组织,已在行业生活中起着越来越大的作用。由于宗族一般都拥有宗祠、族产、族规、族武装等,所以宗族

---

① 民国元年八月《吴县布告保护面业公所碑》,苏州碑刻博物馆藏。
② 民国八年十一月《(吴县)豆米杂粮业声叙公所缘由重整规条碑》,苏州碑刻博物馆藏。
③ 民国四年十二月《吴县巧木公所议定行规碑记》,载彭泽益选编:《清代工商业碑文集粹》,中州古籍出版社 1997 年版,第 126 页。

图 9.5 永禁勒石

除具有仪式单位、地缘单位、自卫单位、教育单位的性质外,还有经济和法律上的功能。① 因此,凭借宗族的强大力量,地区性的行业生活即有了很强的保障。但由于家族本身对于行业保障的直接资料所见较少,而且在许多情况下,又与一般宗族组织的社会功能混

---

① 唐力行:《商人与中国近世社会》,浙江人民出版社 1993 年版,第 73 页。

合在一起,这里的论述便显得十分单薄。①

在康、乾时期,苏州府长洲县的吴氏家族积累了大量田产,共置田一百多顷。嗣后在道光二十三年(1843),又建立了义庄,"以赡宗族,设公产义塾以仁邻里之志"。该义庄显然具有公益性质。到同治十年(1871),吴氏子孙吴文瀚撰《经理义庄公产述祖德以训子孙篇》碑文时,义庄的经营已历三十年。其间在庚申(咸丰十年,1860)变乱时,义庄遭受兵燹之灾,"所积余资米谷及器皿什物,荡然无存"。至同治年间,族人经数年便"次第修复旧规",恢复了互助保障的功能。②

显然,义庄所设的"公产义塾"等公益事业,虽然多为族人利益而设,但它毕竟发挥了社会保障功能,起到了维护地域社会内部分社会成员的生活与生产秩序的作用。

三 行业生活与互济

1. 行业的排他性与自保性

从性质上讲,行业具有较大的排他性和自保性,这是行业生活的必然产物。

在同治九年春天,苏州府长洲县以织宋锦机为业的沈友山、王承忠、孙洪、戴梅亭、吕锦山、朱沛和等人,为遭同业的曹阿传和顾

---

① 关于家族义庄的详细情况还可参见第五章、第十一章中的相关论述。
② 同治十年八月《经理义庄公产述祖德以训子孙篇》碑,苏州碑刻博物馆藏。

廷等另创行头、"借神勒捐"的问题,要求地方政府予以"究治"。到光绪四年(1878),曹阿传已身故,但有王沛等人"结党成群","喊歇停工",又要"倡捐勒索",致使同业"受累",引起行业人员的不满。以沈友山等为代表的机业人员,最终获得了官方的承认和保护:以后如在苏州府的长洲、吴县、元和等地办事,有像王沛等一样,再另设"行头行规",改立名目,"妄行派费,诈扰同业",允许机业人员"指实禀县",官方予以严办。①

创于嘉庆年间的苏州元和县光裕公所,是由专业弹词评话的人员集合成立的。但是在民国年间,有社外说书人俞鸥扬等联合社外的露天说书艺人,在恒昌湖田的复兴园等茶室,高搭台面进行弹词评话的演艺活动。这必然影响了在当地说书业处垄断地位的光裕公社的利益。民国十二年(1923),全社联请苏州警察厅给予严禁,规定"凡社外之说书人等,不准于茶室搭台说书,以昭社内外之区别"。②

又如,在苏州府元和县的徽、苏两帮烟业,也存在利益之争。后经元和县讯断,两帮在当地进行的公益事业"各归各帮办理,不准紊越派扰"。③

---

① 光绪四年十一月《长洲元和吴三县永宋锦业人等设立行头行规以及另改名目仍立公所碑记》,载彭泽益选编:《清代工商业碑文集粹》,中州古籍出版社1997年版,第112—113页。
② 同治四年五月《元和县永禁匪徒偷取小日晖桥光裕公所木料砖瓦碑》;民国十二年五月《苏州警察厅为光裕公所规定社外说书人等不准于茶室搭台说书准予保护立案碑》,载江苏省博物馆编:《江苏省明清以来碑刻资料选集》,生活·读书·新知三联书店1959年版,第328、331—332页。
③ 《元和县为徽苏两帮烟业所有善举各归各帮办理不准紊越派扰准予存案碑》,原碑在苏州吴殿直巷宣州会馆,年代不详。

前文述及的油麻业在同治年间的公议,所谓"相隔七十余家,方可开设油坊,以免争夺肇衅"①,都有着行业生活中的明显排斥性。

在苏州府的吴县,以红木作专营大小梳妆粉镜、文柜等生意的孙明友、潘洪富、匡章正等,建有公所,遵循行规,与同业议定捐资办理善举等事,并于光绪十九年(1893)经苏州府及吴县、元和、长洲三县备案,同业恪遵,并无异议。不料,一向以做红木玻璃灯架、挂镜、插镜机架为业的徐阿四、陈安玉、强老虎等,与孙明友等人的行业毫无关系,而且"既不同行,又不出捐",居然也"搀做洋镜小亭等物,在店售卖",侵犯了经营梳妆粉镜、文柜生意的孙明友等人的利益。孙明友等上告当地官府说:"窃思红木业,各做买卖,身等亦不能越做灯架,岂容徐等乱章做卖?"并认为不能越业经营是"昔时议定之规,并非觊觎生妒"。而在光绪十九年官方所给的印示中,载有议规十三条。当地政府即裁定,凡红木作各同业人员,务必遵照规章十三条:"倘有外来同业,阻挠乱规,有碍善举情事,许即指名禀县,以凭提究。"②此外,当地的水灶业因历年较远,久未整理,以致在民国六年(1917)间"城外有人违章添开",而城内的公所要划分地域界限,店多人众。该业的赵行豪、黄荣炳、宣彩文、徐文淦等人就向当地政府提出了"同业悉照旧规,只准顶替,不能添开"的要求,得到了政府的允准。③ 可见,即使是同一业行中的不同分派

---

① 同治十三年二月《苏州府示谕保护麻油业聚善堂善举碑》,苏州碑刻博物馆藏。
② 光绪二十一年四月《梳妆同业章程碑》,载彭泽益选编:《清代工商业碑文集粹》,中州古籍出版社1997年版,第124—125页。
③ 民国六年六月《吴县布告保护水灶严禁添开碑》,苏州碑刻博物馆藏。

或分工,如有越行行为,也会引起同行的不满和指责,甚至诉诸司法。行业生活的自保与排他的特性十分显著。

同样地,在外地开办公所,也存在利益冲突问题,关键在于如何能够获得当地政府的承认和保护,从而排斥其他行业对本行业生活的侵扰。同治十一年(1872),由苏州商帮的沈时丰等人发起,在上海老北门内措资筹建了珠玉业公所。然而,自建立之日起,一直受到南京帮商人的"缠讼"。光绪三十四年(1908)九月间,当地政府判定苏、京两帮商人"各立市场",并且"给示晓谕",声明苏帮将公所暂借与京帮进行贸易,"限期五年",要求京帮商人"从速措办地方,为乔迁之地";如果逾期,苏帮可以"禀道勒迁"。苏帮又凑了二万六千二百洋元,在原公所对面购得旧屋,连地一亩五分,"建设市场,专为苏州各帮珠玉业贸易之所"。上海县府在宣统元年(1909)进一步作了批示,下令该处市场"系苏州珠玉各帮筹款建设,专为该帮贸易之所,不许京帮入内摆摊"。[①]

2. 行业内部的规范和调整

当然,行业内部的生活也需要时常协调。为了规范行业生活,维护本行业及其成员的利益,行业大多定有细密的行规条约。如苏州府吴县的纱缎业,曾在雍正元年(1723)制订了一些行规条约,

---

[①] 宣统元年十一月《上海道为苏州珠玉帮新建市场禁止滋扰告示碑》,载上海博物馆图书资料室编:《上海碑刻资料选辑》,上海人民出版社1980年版,第367—368页。

并通过地方政府以法律的形式固定下来。①

作为行业生活的一个重要内容,互济是维持行业生存和发展的前提和保障。无论是对外的援助或进行某项善举,还是在本行业内推行各项福惠措施,都是出于维护本行业发展的需要。而对本行业内部规约的重整,虽多有社会变乱的因素,但主要还是出于本行业发展壮大的考虑。吴县地方豆米杂粮业公所在清代已有设置,到民国初期,因年代久远,行规已经处于废弛状态。所以,在民国八年(1919)间就重整了本行业的内部规条,并刻碑勒石要求共同遵行。规约内容还得到了地方政府的允准。②

在米业方面,江南的许多市镇以经营米业闻名,如枫桥市、长安镇、平望镇、新市镇、同里镇、皂林镇等。③ 对于这些市镇米业的保护,也是官方所重视的。以吴江县的大镇盛泽而言,其米业专门建有公所。江南是万商麇集之地,各地负贩及外省商舶往来,本来是以枫桥、无锡两地米业为最盛,平望、同里等镇则次之;至于盛泽,专重丝绸业,从事米业的不过十分之二三。从乾隆、嘉庆至道光年间,盛泽米市之盛况已经不亚于平望诸镇。但在咸丰庚申间遭受兵燹后,"疮痍未复,市镇寥寥,间有挟赀招集商舶,逐蝇头利,亦复远不逮前"。同治七年(1868)夏天,地方上有人开始聚集同业人员为长久发展之计,捐资进行重建工作,到光绪三年(1877),终

---

① 雍正元年十二月《吴县纱缎业行规条约碑》,载彭泽益选编:《清代工商业碑文集粹》,第110—111页。
② 民国八年十一月《(吴县)豆米杂粮业声叙公所缘由重整规条碑》,苏州碑刻博物馆藏。
③ 樊树志:《明清江南市镇探微》,复旦大学出版社1990年版,第243—248页。

于建成了盛泽镇的米业公所,包括了36家米业同行。① 这是行业内部的重整调适工作,属于行业本身的保障行为。

道光年间,原籍溧水等县的王有源、俞士胜、陈秉孝、钱廷荣、邵全寿、刘纪煜等人,一起在苏州府长洲县开办水灶业。后因异乡人在苏州府的帮伙较多,而染病身故及患病无力请医调治的也不少。于是,经过同业吴培基等公议,捐资设立了公所,备棺殓之费,设公共义冢,以解决上述诸问题。但有内部店伙等人勾结外匪,借端索诈,酗酒滋事,公所同仁被迫向官方申请禁革,以保护同业的公共利益。② 元和县地方的水炉公所,也存在类似的问题,都得到了官方的一体照护,以更好地维续同业人员的经营活动,维护内部秩序。③

布业方面,苏州府的布商戴志诗、李邦达等人,因同业遭受兵燹后,"孤苦无告者居多,甚至半为饿殍",在同治五年(1866)秋就集合同业公议,"各伙友愿于辛(薪)俸内,每千捐钱十文,店主人亦复照数捐助,抵充办善经费";这样积集一年,经费仍是不足,只好再行劝募,"各庄各坊交易内,每千捐钱两文",汇存于公所,"按期分给月米钱文,兼助丧葬等费";并在吴县城中街区购屋,置立了尚始公所。所有这些,都在同治八年(1869)取得了官方的认可,立碑予以示禁保护。④ 同治七年,在吴县木渎镇经理布店的陈熙鼎等商

---

① 光绪四年十月《吴江盛泽镇米业公所碑记》,苏州碑刻博物馆藏。
② 道光二十五年九月《长洲县示谕保护水炉公所碑》,苏州碑刻博物馆藏。
③ 道光二十五年九月《元和县示禁保护水炉公所碑》,苏州碑刻博物馆藏。
④ 同治八年十二月《苏州府为布业公议捐资设立尚始公所办理同业善举永禁地匪棍徒不得阻挠滋扰碑记》,载彭泽益选编:《清代工商业碑文集粹》,第106页。

人,因同业伙友大多无力经营,或年老失业,贫病难持,一遇病故,棺殓没有着落,或病故后孤寡无所依靠,衣食难周,就在该年经同业各友公议规条,创设了布业公所,"办理赒恤无力同业生养死殓各善举,公捐经费办善"。这样一直持续至光绪年间。①

苏州府的面业公所在光绪四年(1878)因隔壁经营茶叶的盗卖了公所内一条弄堂而集会商议,向县里通禀存案,官方即"给示以碑",予以保护。后因公所坍塌,要重修大殿,面业同行即公议由陆阿东负责向行友劝助,每位助以丕洋八角的包括陆阿东在内有46人(其中有一位捐助的是一元),捐助五角或三角的共计214人。公议还决定,"众友现做每日捐钱一文"。② 后在光绪二十八年(1902),因苏州府等地疫病流行,面业同行中传染得病身故的很多,公所即邀同业集议,将应办的一切同业善举认真处理,并将房屋倾圮的地方重加修葺,"所需经费仍由业等按月抽助,并不外募";公所事务由商人代表轮流经理,为防止日常工作受到地匪游勇等人的滋扰,向官方提出保护的申请,得到苏州府衙的支持,并勒碑示谕地方。③

3. 行业之间的互济合作

实际上,并非只有一个行业可以完全独断本行业的经济生活。许多行业都采取了合作的姿态,以期获得更大利益,或者是稳定

---

① 光绪八年七月《吴县示谕保护布业经义公所善举碑》,苏州碑刻博物馆藏。
② 光绪二十四年九月《面业公所捐款碑》,苏州碑刻博物馆藏。
③ 光绪二十八年十一月《苏州府示谕保护面业公所善举碑》,苏州碑刻博物馆藏。

发展。

　　行业发展到一定阶段,就会出现垄断之态,在意愿上实际想体现一种正统地位。在江南地区,许多行业排斥其他行业的介入,就存有这样的因素。如苏州府地区的金箔、银楼业,为免其他行业的觊觎之心,曾在道光年间要求官方予以保护,排斥任何有损本行业利益的"加价"等行为。当时有人倡议停收教徒三年,其煽惑散匠、羁众停工的意图,就被官府出面干预压制了下去。①

　　然而,两个行业之间,即便性质并不完全相同,仍会存在互助的情况。如在道光二十四年(1844),苏州府吴江县府出面为胡寿康等人"设局捐济绸缎同业"的善举专门立碑,以示支持与保护。当地政府要求各地保和绸缎同业以及绡绸各庄人等永远恪守:"所有职监胡寿康等经置房屋作为公局,捐厘助济绸业中失业贫苦、身后无备及异籍不能回乡,捐资助棺,酌给盘费,置地设冢等善事。"并指出,如有地匪人等借端滋扰,以及年轻尚有可为、不应周恤而妄思资助、向局混索的,允许"指名禀候拿究";地保如有徇纵,"察出并惩"。② 同年四月,邻近的湖州府乌程县,也奉苏州府移文,对胡寿康等的善举予以保护,要求乌程地方的绸庄按数扣交公局,每年刊入"征信录"造报上级,并立碑晓谕:"凡遇苏庄运贩绸匹,务按销货数目扣存汇交公局,以襄善事。"③

---

① 道光十七年七月《永禁工众倡议滋事碑》,载彭泽益选编:《清代工商业碑文集粹》,第114—115页。
② 道光二十四年二月《吴江县示禁保护胡寿康等善举碑》,苏州碑刻博物馆藏。
③ 道光二十四年四月《乌程县抄示保护胡寿康等善举事碑》,苏州碑刻博物馆藏。

四 江南其他地区行业生活的分析

通过对苏州府地区的集中分析，基本上可以呈现出整个江南地区的行业生活与互济行为。尽管苏州府地区行业的繁荣程度确实高于其他一些地区，但出于全面考察的需要，仍须对江南其他一些府区再做一番考察，从而揭示江南地区所存在的行业生活的普遍情况。在这里，将择例探讨杭州、松江、嘉兴、湖州四府的基本情况，在行业经营内容上不再作过细的划分。

1. 杭州府

杭州府的行业显然没有苏州府丰富多样，行业生产基本以纺织业、葛夏布业、锡箔业为主，当属其地域特色。

杭州的丝织业一直与苏州府齐名，地方政府同样对此采取积极的社会保障措施。仁和县是外地各路商贾前来杭州贩运绸缎纱绢的主要地区，投寓店家、经营业务都要通过牙行人员同机户"讲就价值、开定货色"，并将银两托牙人转付机户买丝，以便按照预定货样完成织纺任务。在康熙年间，地方上一些"奸徒""欲谋吞商本，借题讦告"，商人多次呈请官府示禁，但这种情况还是"旋禁旋起"。到康熙五十年（1711）六月，一批地棍冒充牙人，诓骗商人，个别机户甚至"领银花销，不交货物"，引起了商人们的强烈不满，向地方政府呈控。官府为维护丝业的正常进行和货商的合法利益，下令以后商人、牙人、机户，必须"三面公同立票交银定货"方可；牙

471

人经纪不得折扣私交,机户也不得领价花销。此令同时下达至34家商号。① 按照一般情况,政府的这种禁示在实际的丝业经营与买卖中,是不会得到完全遵行的。康熙五十五年(1716)杭州府对商牙机户等所作的再次禁示,表明在这方面的"勒石永禁"发展到一定阶段,便会成为具文,没有很大的实际效用。②

杭州府的机织业拥有庞大的机户队伍,机户的地位随着社会经济的发展日渐提高。在道光年间,个别机户为获取所谓"行首"地位,开始侵害其他机户的正当利益。他们"巧立名色,敛钱聚众,任意妄为",一些机户稍不顺从他们的意愿,"即遭倾害"。故此,机业同人愤起上呈杭州府,要求勒石永禁,以给予行业稳定的保障。杭州府也表示,从示禁开始,所有一切"行首"名目永远禁革;如有不法棍徒怙恶不悛,仍蹈覆辙,允许受害机户"控禀",将不法之徒从重治罪;地保如有徇纵,也要一并严办。③

另外,为了保证机织业的正常发展,实际上是为保护机户的正当利益,仁和县府曾禁止机匠的罢工挟制行为。按照当时绉纱业商人的呈告,当时的绉纱业被机匠们聚众把持,不但停工挟制,而且不准收受学徒,禁运客货来杭州府接济。这样的做法无异于让绉纱业坐以待毙。在此情形下,绉纱商铺也要面临倒闭的危险。绉纱商铺在钱塘县是最多的,商人们就先到那里的地方政府去呈

---

① 康熙五十年十月《杭州府仁和县告示商牙机户并禁地棍扰害碑》,载彭泽益选编:《清代工商业碑文集粹》,第187—189页。
② 康熙五十五年四月《杭州府告示商牙机店家人碑》,载彭泽益选编:《清代工商业碑文集粹》,第189—190页。
③ 道光二十五年二月《杭州府禁止机户设立行首告示》,载彭泽益选编:《清代工商业碑文集粹》,第191页。

告,同时要求仁和县下令禁止这种把持破坏行为。① 机匠对机织业极富影响力的把持垄断,会威胁到杭州府地区的正常经济生活。因此机织业同行与商人的共同要求,再次得到了政府强有力的支持。

与苏州府地区一样,杭州府的行业内部也有着共同的互济行为。这种行为主要体现在公所或会馆的建立与维护上。杭州府绸业天下闻名,绸业同行曾在嘉庆年间为行业内部互济工作建有观成堂一所,这是以后绸业会馆的前身。光绪年间,观成堂再次得到重修。入民国后,一方面继续予以修护,另一方面因洋绸业的发展,同业人数大增,每次会聚或数百人,或数千人。绸业同行决定重建绸业会馆,为行业力量的扩大及互济创造更好的条件。②

当然,由于行业的发展与外来商户的增加,必然在旧有行业系统上产生新的枝节,即不同的商户会插手同一行业,从而在同行业中形成新的纷争。杭州府地区锡箔业的商派分化,就是其中的典型例子。就锡箔分地销售的情况而言,宁、绍、台、金、衢、严、温、处八府作为东路地区,一向归宁帮贸易;而嘉、湖、苏、松、扬、镇、南京、徽州为西路地区,则归绍帮贸易;因杭州府为省城总会之区,所以宁、绍两帮可以"并相交易"。太平天国战争之后,当地关于这方面规范的碑记已经荡然无存。到光绪年间,杭州府仁和县根据锡箔业商民的共同呈请,重新集资勒石刻碑,再度确定宁、绍两帮的

---

① 光绪三十年十月《仁和县禁止机匠停工挟制告示》,载彭泽益选编:《清代工商业碑文集粹》,第193页。
② 民国三年十月《杭州重建绸业会馆记》,载彭泽益选编:《清代工商业碑文集粹》,第193—194页。

贸易规章,要求安全经营,不得借端生事。①

2. 湖州府与嘉兴府

湖州府与嘉兴府地区较为接近,行业上也有较多共同性,实际上可将这两府结合起来加以考察。

在湖州地区,最出名的是蚕桑业。明清时期浙江省的75个县中,产蚕丝的就占了58县,有30余县完全以养蚕为业。② 在太湖周边的杭州、嘉兴与湖州三府地区,蚕桑早已成为专业性的商品作物。湖州府发展成为专业化的蚕丝业发达地区,甚至取得了比传统农业生产更为重要的地位。③ 所以明人王士性特别指出,浙江十一个府中只有湖州府最富,虽然与嘉兴一样,也属水乡泽国,舟船交通发达,但是"湖多一蚕,是每年两有秋也"。④ 朱国祯认为,"农桑为国根本",是民之命脉。⑤ 实际上,赋税制度与地理条件的优越都是促成湖州地区蚕桑发达的主要因素。蚕桑业的盛行,为邻近地区丝织业的发展提供了更多的可能性,丝织业成为明清时期浙西一带甚至整个太湖周边地区人民的重要生计。⑥

丝业的发展,也使地方政府得益匪浅,对于丝业经营的保护,

---

① 光绪二十四年十月《锡箔分地销售碑》,载彭泽益选编:《清代工商业碑文集粹》,第198页。
② 《杭州市经济调查》卷六"丝绸篇",台北1971年影印1932年版本,第1页。
③ 刘石吉:《明清时代江南市镇研究》,中国社会科学出版社1987年版,第30—31页。
④ [明]王士性:《广志绎》卷四《江南诸省》,中华书局1981年版,第70页。
⑤ [明]朱国祯:《涌幢小品》卷二"蚕报"条,中华书局1959年版,第45页。
⑥ 刘石吉:《明清时代江南市镇研究》,中国社会科学出版社1987年版,第32—33页。

政府十分关注。地方上对任何破坏丝业正常进行的行为或事件,一般都会厉行禁止。在清代,织工往往会出于各种原因起来对抗行业规范,聚众停工索价的情况时有发生。例如有朱阿顺、张阿二等人"散单纠众,挨户收梭,逼令停工,勒照城内织价"之事,影响就极大。光绪年间,乌程县就曾为织工停工滋事作了谕禁,认为织工把持行市"大干例议",城乡织绸工价本身应有所差别,不能一律平等,而且向有章程规定,凡有罢工滋事等的发生,政府决不宽宥。①

会馆公所作为行业生活的最高组织机构,为同行业群体的利益共同体,有着行业内部的互济特征。像湖州府德清县小南门外的宁绍公所,与其他地区的公所一样,也是为了外来同业人员举办慈善事业、保障行业生活,特别是同乡病故需暂寄棺木于公所,同乡商人自愿帮助抬送公所安置,不用脚班。但是在太平天国战争后,出现了"脚班任意需索,稍不满意,耽延不殓,甚或抬放公所左近隙地,要挟多资,口称当官,谁敢私动"的情形。地方政府对此自然十分注意,禁止"刁顽脚班"破坏规章,额外需索费用,声称对公所的任何欺诈扰害等行为,都将遭到政府的严惩。②

在嘉兴府,对于一些政府认为不能成立的行业,是坚决予以禁止的。这体现了政府行为在行业生活秩序中的绝对权威。如嘉兴府秀水县的新城镇,河港密布,便利于乡农进镇售卖草柴;而镇上需柴人家可以随时与之交易,堪称交通两便。到嘉庆时,一些"地

---

① 光绪二十一年五月《乌程县禁止织工停工滋事碑》,载彭泽益选编:《清代工商业碑文集粹》,第195—196页。
② 光绪六年八月《德清县宁绍公所碑》,载彭泽益选编:《清代工商业碑文集粹》,第205—206页。

棍"就在镇上四栅开始设立稻草柴行,企图垄断渔利。很快,政府就下令镇上禁止经营稻草柴行,如有"不法市侩,敢再籍完季钞,邀截乡人稻柴"从中渔利的,地方百姓可以据实指名禀县进行查处。① 再如康熙年间,新丰镇上有一班专营丧葬的"土工",谋买出殡时需用的"索扛",立为行业后,凡乡村中有死葬诸事,就横行勒索,甚至纠党逞凶,地方富户百姓都不敢抗违。对此,康熙四十二年(1703)政府曾作了"土工分坊坐日索诈之禁",后来在雍正年十三年(1735)间再次立碑示明,严禁这类土工索杠行业,以期永除土工业之弊。②

对于正在经营中的行业,政府也会加以各种限制,涉及的内容是多方面的,其中最主要的一条,就是限定工价,不得随意涨跌。像嘉兴府秀水县香作业的工司,共有300多人,是地方香铺业得以维持的基本人力资源。道光以前,工司们已经对香铺逐年勒加工价,到道光年间又希图有所加价,甚至以停工相要挟。香铺业被迫求助于地方官府。官方一方面要求工司应当安分守业,不得再图增价;另一方面表示准许香铺业随时对工司的"霸勒停工"行为加以指控,官府不会宽宥。③ 在道光二十九年(1849),嘉兴府出面再次为香铺业提供了强有力的秩序保障,重申对于香作工司们的禁令,禁止他们放荡生事,"勒加工价,敛钱演戏,罢工停业",以免成

---

① 嘉庆三年九月《秀水县新城镇禁止设立稻草柴行告示》,载彭泽益选编:《清代工商业碑文集粹》,第199页。
② 雍正十三年《永除土工碑》,碑原在新丰镇黎林庙内。碑文摘自梅元鼎纂:《新丰镇志略初稿》第十五章"六碑石",浙江图书馆藏民国三十四年油印本,第66—67页。
③ 道光二十八年五月《秀水县禁香作工司不得增加工价碑》,载彭泽益选编:《清代工商业碑文集粹》,第200页。

第九章　明清时期江南的行业生活与互济行为

为"市廛之害"。①

对带有行业领导性的组织机构会馆公所,嘉兴地方政府是经常予以保护的,以维护行业的正当权益。实际上,许多会馆公所完全是在政府的许可和支持的情形下才能建立起来。乾隆年间,嘉兴府对于秀水县重建江西万寿宫会馆,曾给予勒石刻碑,保护江西商人的公共活动,并特别申明非江西商民的闲杂人员,在万寿宫"一概不容出入",所有房屋、田产都由会馆妥为稽管。②

在行业组织内部,公立的规章制度大多详细而明确,都是为了应对新形势,维护本行业的整体利益,建构行业秩序。嘉兴府桐乡县的青镇(今乌镇),在民国时期曾订有十三款有关丝绸商业的业规,要求青镇所有经营蚕丝业的,不论业务范围大小均应加入丝绸商业公会,绝对遵守公会会章及同业业规,而且每月还要缴纳会费及其他费用,不论是行庄还是丝贩,按照经营实际来进行一定比例的认纳。③ 该镇的理发业商业公会,也订出了业规草案,共有十四条。无论是店东还是伙友,都不得违背会章,都是出于整齐行业的目的。所以业规须呈请桐乡县政府核准后才予施行。④

---

① 道光二十九年闰四月《香铺作司各宜安分守业碑》,载彭泽益选编:《清代工商业碑文集粹》,第200—201页。
② 乾隆四十二年五月《重建江西万寿宫会馆碑记》,载彭泽益选编:《清代工商业碑文集粹》,第203页。
③ 《桐乡县青镇丝绸商业同业业规》,载彭泽益选编:《清代工商业碑文集粹》,第206—207页。该业规并非碑文,也未记明年月,据彭泽益的说明,暂定为民国时期。
④ 《桐乡县青镇理发业商业公会业规草案》,载彭泽益选编:《清代工商业碑文集粹》,第207—208页。该业规亦未立碑,根据彭泽益的说明,约订于民国时期。

3. 松江府

在苏、嘉、湖、杭四府中,依赖蚕桑业的行业占据着大多数。此外,苏州府占据了一定比例的棉织业,主要集中于昆山和嘉定(清代属太仓直隶州)地区。① 以棉业为主的行业占据重要地位,则在松江府。这基本上是江南各府行业的大致差异。

松江府的上海县地区,地处冲繁,各码头需用船只数量极多。政府为了加强管理,防止埠头、船牙出现"揽夺构衅"、巧立名目、勒索船头黑费等情况,设置了专人予以稽查管理,不许有人另立名目,私自索费,并革除了"帮差贴捐埠规"等恶习。官府机构中的差役如果"暗地朋充"埠头名目,必立拿重办。在光绪二十五年(1899)间,根据民间的呈请,政府下令严禁船牙经纪勒索船头"黑费",重整船行管帮埠规,并将告示刻碑,立于大东门外大码头淮扬公所。②

在清初,为保护地方行业生活的正常秩序,松江府曾与苏州府联合,一起严禁布业经纪假冒布号,以杜绝奸牙混冒以及由此导致的"各商衅端",以维护布业牙行的正常秩序。③ 这种情况的产生,是因为布业的发展,使部分商号极为兴盛,其招牌也成了一种赢利

---

① [明]归有光:《震川先生集》卷八《论三区赋役水利书》,上海古籍出版社 1981 年版,第 167 页。
② 光绪二十六年正月《松江府为禁船行管帮私收埠规告示碑》,载上海博物馆图书资料室编:《上海碑刻资料选辑》,上海人民出版社 1980 年版,第 73—75 页。
③ 顺治十六年四月《苏松两府为禁布牙假冒布号告示碑》,载上海博物馆图书资料室编:《上海碑刻资料选辑》,第 84—85 页。

资本。而苏、松两地的布业又多,难免出现冒滥。所以松江府在顺治十六年(1659)所作的禁令,并不能得到长期的奉行。政府被迫屡次示禁,并立碑刻石,希望获得一种稳定的社会经济秩序。松江府关于这方面的另一则碑文,可以说明这一点。官方重申:"为查松属系产布之区,各省镖商远涉贸易,裕课便民。而所以取信者,全在字号图记,毋许假窃混冒。历奉宪行碑禁在案。"虽然法久禁弛,但无法杜"奸徒"的违法行径及其布业字号、图记、招牌、店名的混冒,仍需要强调公示,勒石永禁。①

由于布业的昌盛,当中染坊、踹坊等相关产业也很发达,工匠对抗行业规范的举动时有发生。与嘉定县踹布匠对抗染行的活动有所不同的,是娄县地方踹布匠的"齐行"罢工行为。也许与松江地方的风气有关,踹匠在"齐行"罢工时,还发生了"倡聚抄抢"等行为。这不但对染行产生了极大的破坏,也威胁到了社会治安。康熙年间枫泾镇上发生的一次规模较大的踹匠闹事,引起了官方的极大关注。在处理过程中,除按一般法律规定的秩序作判决外,踹匠所抢一切赃物"照追给主、取领报查"。对踹匠们下达禁令后,官方特别申明:如果以后保长对布坊管理不严,要与踹匠一起"尽法责惩",参与聚抢的踹匠还会被驱逐出境。②

当然,对影响到社会安定的问题,只要与行业有关,政府自然可以出面加以干涉或整顿。

---

① 详参□□□四年五月《松江府为禁苏郡布商冒立字号招牌告示碑》,载上海博物馆图书资料室编:《上海碑刻资料选辑》,第85—88页。碑文年代不详。
② 康熙三十七年六月《娄县为禁踹匠倡聚抄抢告示碑》,载上海博物馆图书资料室编:《上海碑刻资料选辑》,第98—99页。

康熙年间，上海县府曾为仓米白粞是否照旧让百姓平价零粜等问题，进行立案查办。依照常年旧例，地方上除征收糟米及春办白粮起运外，存下的米粞都是可以由百姓按时价零粜；铺户所籴，也是按民间的成例，并没有什么"使费名目"；就是糟米出现"缺兑"，一般也在邻境采办，不会涉及铺户。但是康熙年间发生的牙行领发米粞"苛派各铺使费"等情况，全部违反了民间的约定，城乡各米业铺户为保护本铺利益联合而起的争讼，迫使政府出面，刻碑勒禁，以官方权威的姿态，不许牙行染指仓米白粞粜籴等事，由百姓平价零粜，凡有任何滋扰到米铺正常经营的行为，"一应概行禁绝"。① 也许是米行业触及社会生活的基本保障内容，稳定城乡米行的经营秩序，是政府应予更多关注的事务。上海县米行业由于受到官方的保障，业务经营比较顺利。一些与此有关的新制度，如果遭到米业同行的反对，反对的理由自然是米行的利益遭受了损害，政府需要根据米业人员的要求予以调整或禁止。以白粮而言，其中有"禄粮"一项，是要征收一定比例的糯粮，但当地不产糯米，所以也就从未"派及铺户"。但在雍正六年（1728）冬季办理漕粮时，官方开始下令由米铺代办此项粮额，到第二年冬天，分派铺户采办，使各米铺颇觉疲累。于是米铺业同行又起来申诉，松江府、苏松常镇太粮储道及江苏布政司的批示认为"粮米例应官收官兑，何得派累铺户"，以后上海县采办白糯，不得派累铺户。②

---

① 康熙五十九七月《上海县为仓米白粞听民平价零粜永禁牙行苛派米铺告示碑》，载上海博物馆图书资料室编：《上海碑刻资料选辑》，第101—104页。
② 雍正七年二月《上海县为禁办糯派累米铺告示碑》，载上海博物馆图书资料室编：《上海碑刻资料选辑》，第104—105页。

第九章 明清时期江南的行业生活与互济行为

在竹木油麻业方面,政府曾禁止行政人员以修葺府衙的名义"横取赊买"竹木油麻材料。该行业人员多属徽州商民,"冒险涉远,备尝辛苦",在松江府等地常受衙役滋扰,官方为维护行业利益、稳定市场秩序,除害兴利,勒石永禁。碑文公示中要求"禁合郡衙门,凡遇修葺,估价现银采料,不得赊取""凡遇修造船只大工,自有委官船头领银采料,不得累商""凡用松板油麻,俱现银平买,不得擅行票取,如违必究"等,得到了木业、竹铺业、油麻铺行、松杉板行及钉铺行的一致赞同。①

由于松江府地滨大江大海,许多城镇都是重要的航运码头,政府巡船较多。在顺治年间,出现了以巡盐为名的"奸徒"抢掠竹木业的行为,既影响了运输业,也影响了国课收益,地方政府当即出面严禁巡船扰害;上海县与华亭县两地的竹、木商号及闵行、新场、周浦、高桥四镇商号联合具名立碑,以期永禁巡船抢掠之害。② 为重整行业内部生活,油麻业在同治三年(1864)正月间齐集行业进行了公议,准备将桐油、苎麻两项发售时"按件抽厘",作为创立一个同业公所的基金。次年九月即建成了一个油麻公所,会落上海县大东门外二十五保七图太平弄。计有"大隆号""增大全号""胡悦来号"等42家行商共同参与了此事,为公所的成立提供了必要的经费支持。③ 在咸丰六年(1856)以前,油麻业并无行规,也没有

---

① 《松江府为禁修葺官府横取赊买竹木油麻材料告示碑》(原碑不载日期),载上海博物馆图书资料室编:《上海碑刻资料选辑》,第105—108页。
② 顺治十七年正月《松江府为严禁巡船抢掠竹木告示碑》,载上海博物馆图书资料室编:《上海碑刻资料选辑》,第108—109页。
③ 同治七年九月《油麻业同业抽厘建造公所碑》,载上海博物馆图书资料室编:《上海碑刻资料选辑》,第345—348页。

"司事"。在同治初期因"店业渐增,生意渐广,公事渐繁",必须公议公事,需要有公所来统一指导行业生活。同治时曾经制订过一份章程,但在公所成立后,章程需要有所修改,从而进一步规范同行业人员的生产与生活。在同治十年(1871),经上海县政府允准,新的章程便被制定下来。"凡出售桐油一件,加规银二分;苎麻一件,加规银一分",按月由公所人员汇收存储,公所的所有日常开支可以由此得到保障。①

康熙三十九年(1700),松江府文武衙门胥吏常常借公务之名搭厂,向沿海各哨篷厂以及演武、迎喜、祭旗等厂征需木竹芦席、彩红绸幔等物,各芦席铺、木商、绸铺等商人备受扰害,向官衙投诉。次年,松江府根据抚督提司道各宪的指示,订出14款禁厂条令,包括试院的铺设、寺观讲读圣谕、粮储盖篷、战船修造、官员按临衙署所需铺设、春秋祭祀等仪式应用篷厂、各级衙门修理应用物料等,一切应用要按规章给发现银向各铺行采买,严禁滋扰铺行商户,更不许白票赊买等,并立碑明示,以保障地方铺行的正常经营及其合法权益。②

从官方的角度来看,官府对于行业的社会保障是比较尽力的。在行业生活的很多方面,这类保障起到了较好的效果。松江府地区还为行业活动的展开提供了许多便利。就茶商而言,因当地不产茶叶,需要到浙江省去进货。在赴浙购茶前,茶行商人均需至浙

---

① 同治十年五月《上海县为油麻业遵照公议定章程加银告示碑》,载上海博物馆图书资料室编:《上海碑刻资料选辑》,第349—350页。
② 康熙四十年十月《松江府为禁铺商当官告示碑》,载上海博物馆图书资料室编:《上海碑刻资料选辑》,第119—125页。

江的北新关纳取"茶引",方可前去采买。由于一路上要经过许多关隘盘验,再回到松江府"零拆货卖",按茶商们的说法,获利其实并不很多,"极属微细"。但他们仍然要受到地方衙蠹市侩的各种盘剥,所谓"缴销残引",从而向茶商索取承行钱、差使钱、备文钱、受引钱、依议钱等,而且越征越多,使茶行受害颇深。官方认为,"松俗奸刁,借名缴引,则有十倍之费",问题可谓严重。于是在康熙十二年(1673)间,政府就公开禁止"缴销残引"等弊端,以杜绝胥棍的"勒派"而苏民困。①

道光二十三年(1843),上海县地方的水木、雕锯、石匠等行业人员,在县城内的二十五保五图得字圩三十二号,捐资共建一个"鲁国(当为"鲁班")先师新殿",作为同业人员"敬神集公办事"的公共场所。后来遭到地方无赖的勒索干扰,政府曾在同治年间采取过保护性的措施。不过这次列名要求保护的多系上海籍工匠,并没有包括江浙籍外来工匠。所以在同治七年(1868)间,官方重新为水木业的重整规条工作,颁布了新的示谕,对工价、材料等作了新的规定,要求所有该行业的人员共同遵守。② 同时颁定的,还有一份"水木业同行议定规条告示",共制定了八条规则,包括鲁班祠的税粮、水木工价、禁止同业索扰等方面,要求水木、雕锯、石作各帮工匠必须"互相遵循"。③ 这些规定实际上是为保护在上海的

---

① 康熙十一年十一月《松江府为禁奸胥市狯私勒茶商陋规告示碑》,载上海博物馆图书资料室编:《上海碑刻资料选辑》,第125—127页。
② 同治七年四月《上海县为水木业重整旧规各匠按工抽厘谕示碑》,载上海博物馆图书资料室编:《上海碑刻资料选辑》,第309—310页。
③ 同治七年四月《上海县为水木业同行议定规条告示碑》,载上海博物馆图书资料室编:《上海碑刻资料选辑》,第310—312页。

江浙籍工匠制定的,但是经刻碑立石后,却招致许多"悔议",有的甚至上控到政府衙门,要求重新确认他们的权益以及同业公会在鲁班殿的责任。在同年八月间,上海县府被迫再施保障新措施,强调同业人员要严格依照前议刊碑规条,并发给水木同业木印一颗、行单刻板一块及捐簿一本,作为行业的信物。①

对于行业之间的矛盾与冲突,政府的作用主要在于调和,制止可能发生的麻烦。乾隆十六年(1751)间,政府已经为"引课"问题作出了决断,要求松江府所属华亭、娄、上海、南汇、青浦、奉贤、金山七县按照所分定的疆界对盐进行销售,不得借苏州府长洲、元和、吴县等县通融盐酱之例,越境贩运必将侵害"引地"利益。像嘉定县的行销范围,是苏州府的长洲、元和、吴县、吴江、震泽五县及常、镇二府属县;松江府所属的华亭、奉贤、娄、金山、上海、南汇、青浦七县按照所分疆界"只许本地酱坊计缸销引",不得再与长、元、吴等县通融"行销之例"。政府在下达禁令后,于次年即刻碑勒石,以示永禁。② 不过政府对行业之间的利益冲突是存在倾向的。对行业保障的基本原则,依然在于维持行业的正常发展。在同治年间,苏州、松江等地的蜡烛业行头名目,对相关商铺常有需索行径。上海县根据上级要求,对行头的需索采取了勒石永禁的做法。上海县参照长洲县根据绍兴帮烛业商号等人的呈请而清除行头名目的措施,通告本地经营的宁帮烛业,"嗣后该业如有混称行头名目,

---

① 同治七年八月《上海县为发给水木业木印及行单刻板告示碑》,载上海博物馆图书资料室编:《上海碑刻资料选辑》,第312—313页。
② 乾隆十七年十月《松江府为所属七邑酱坊按照分定疆界计缸销引造酱货卖告示碑》,载上海博物馆图书资料室编:《上海碑刻资料选辑》,第128—130页。

向该烛业并工伙人等需索诈扰,许即指名具禀,或扭获解县,以凭究办。决不宽贷",从而为行业生活提供了有力的保障。①

五 行业生活与政府调控

鉴于常州、镇江二府的相关存世资料并不丰富,不能从整个江南地域范围加以充分的考察,故暂将本章中探讨的内容作为对江南的考察结果。

1. 地理环境和行业生活的构成

江南地区的行业生活,存在地域分异。丝绸业主要分布在杭、嘉、湖、苏四府,棉织业集中在松江府以及苏州府的昆山、嘉定(清代隶于太仓直隶州)。地理环境对这种分异起到了决定性作用。

以棉织业而论,发达地区存在于东部沿海,是因为昆山、嘉定与松江府接壤之地,地势较高,不适于大面积的水稻种植,但极宜于木棉的种植生产。明代人对此特别注意,早在周忱巡抚江南时,就为这些地方确立了一种制度。即可以用上交官布的办法代替税米,每官布一匹当米一石,以期"官无科扰,民获休息"。这一制度也深得地方百姓的称誉,所以在弘治末年这些地方已称"殷富"。②

---

① 同治七年六月《上海县为禁行头向宁帮烛业需索诈扰告示碑》,载上海博物馆图书资料室编:《上海碑刻资料选辑》,第131页。
② [明]归有光:《震川先生集》卷八《论三区赋役水利书》,上海古籍出版社1981年版,第167页。

但是在常熟等地,因地滨长江大海,官营造船业兴建颇多,专门为船业提供原料的油麻、竹木等业随之在这些地方发展起来了。

至于丝绸业、粮食业等的发展,基本上都与地理环境与农业生产的差异有着密切的联系,也是与江南地区存在的农作物生态分布格局相一致的。①

2. 国家控制与行业自治的互动

到传统社会末期的江南地区,国家与社会长期存在互动关系,即国家为社会提供了某种政治上的保障,而社会则为国家的稳定与发展作出了必要的努力和奉献。国家控制与地方自治在行业生活和互济中体现得较为明显。官方往往利用基层行政人员如地保(或称乡保)、胥吏等人来处理商人行会事务,当这些人本身出现敲诈、勒索行业的不良行为时②,他们便不再被行业视作一种保障,更高的府县级等行政官员,成了行业的投诉渠道,并以此来压制地保等人,规范、约束他们的活动。

行业在维持内部运转、平衡同业利益的同时,需要外在政治力量的支持,尤其是在社会的变动阶段。清末苏州府的吴县、长洲县和元和县的漆作业,在推行其公益事业(包括帮助贫困同行、建设义冢、代理丧葬等)、维护本行业的持续发展时,深恐受到地匪、棍

---

① 详参本书第一章"江南的生态环境及其内发展"。
② 这种情况在华北地区较为严重,江南商人地位的提高和行业公会力量的壮大,可以在一定程度上抑制地保(或乡保)们的敲诈、勒索行为。有关这方面的考察,参(日)蒲地典子:《清末華北にぉける郷保の敲詐・勒索》,《近代中国研究彙报》第19号,平成9年(1997年)3月,第1—21页。

图 9.6　雍正十二年十二月长洲、元和两县同人公立《奉各宪永禁机匠叫歇碑记》

徒、脚夫等的诈扰、破坏,最后只能向官府呈请保护。① 在改朝换代后,为获得新政府的重新确认与保护,同业公所又联名请求政府给

---

① 光绪二十年八月《吴长元三县示禁保护漆作业善举碑》,苏州碑刻博物馆藏。

示布告,以免"无知之人未悉置器与漆作分设公所,任意混杂,不守行规",以稳定行业的正常运行。①

当然,国家对地方有利于稳定和发展的事业或行为是十分推许的,会采取种种措施,甚至刻碑立石,以示佑护。在许多清末民初的碑刻资料中,可以很清楚地得出这种认识。如在苏州府从事石作业的监生吴锦山等人,都在元和、吴县和长洲境内"安分营生,从不预别事",后将他们在元和县九都四图半边街绣花弄坐南朝北的一所平屋,捐作同业议事之所,并在其间开办小学堂。所有开办经费,先由吴锦山、王仁山等捐垫五百洋元,常年用款,商议决定三县地区石作业中每做一千文生意,即提出捐钱二十文,每工再捐钱四文,"按月责成石作汇交一次,以资挹注"。但在开办伊始,房屋必须修葺,担心"该处地痞流氓藉端滋扰",不得不"上叩宪威,给示保护,以维善政"。地方政府立即刻碑公示,指出该公所附设蒙小学堂,并办理各项善举,"系为培植子弟,保卫同业起见",应予保护。②

尽管如此,行业的日常经营活动中总是会遭受各种所谓脚夫、地棍、流徒之类的"滋扰"与侵害,政府也总在屡经禁示后不厌其烦地发布着内容大致相同的各种禁谕通告。在改朝换代后,清政府为了体现其"盛朝加惠于商民,以彰宪天垂恩于万载",按照明代所定的成例,重新予以饬立新碑,表示对行业的保障不会因朝代的更替而有所不同。康熙年间,松江府的竹木商行就在这样的情况下受到政府公开保障的允诺,所谓"上禁当官,下遵永例,因明旧例,

---

① 民国十三年一月《吴县布告保护漆作业重建集德公所碑》,苏州碑刻博物馆藏。
② 光绪三十二年六月《苏州府给示保护石作业开办小学碑》,苏州碑刻博物馆藏。

叩饬新碑",更好地体现了新朝的"恤商便民"之意。① 实际上,行业互助是以限制为前提的,所以行业人员在接受互助的同时也接受了控制。②

3. 行业生活中的对抗政府行为

但是,当国家的行政人员侵犯了行业的利益,行业便会起来进行对抗。这在行业生活中也是常有的表现。如在乾隆年间,杭州等地的绸商葛金章、蒋永茂、姚源发、方恒源等,在苏州府吴县的北亨三图地方,公建了钱江会馆,作为贮货公所,并向当地政府言明不可为"当仕公馆"。但在乾隆三十九年(1774),有不少官吏都来借用居住和办公。乾隆四十年,署苏督粮厅的刘姓官员又来借馆,会馆董事有点畏势,"徇情借与"。不料该官还带来了家眷,借了房屋三十多间。许多绸商只好将货物搬出,致使"贮货无所",严重影响了行业的正常生活。更糟糕的是,在苏州府往来的省会官长较多,"一官移去,一官复来",竟是"习以为常"。于是,绸业同行便联合起向苏州府提出了抗议,最终使之下令:"嗣后如有当仕借作公馆者,许即屏绝。倘该地方与办差人役混行勒借,一经举禀,定拿究治。"③

---

① 康熙三十九年二月《江南布政司为禁竹木商行轮值当官告示碑》,载上海博物馆图书资料室编:《上海碑刻资料选辑》,第110—112页。
② 陈旭麓:《近代中国社会的新陈代谢》,上海人民出版社1992年版,第14页。
③ 乾隆四十一年十月《吴县永禁官吏占用钱江会馆碑》,载彭泽益选编:《清代工商业碑文集粹》,中州古籍出版社1997年版,第143—144页。

另外值得注意的是,作为行帮组织的牙行或牙店在其间的介入,无形中在国家与行业之间形成了另外一层特殊的力量。由于它们与官方的税收保持着密切的关系,所以往往由官方批发印信,私充的可能性较小。对行业而言,这种牙行或牙帮的存在,必然会有侵扰行业生活的危险,要求革除的呼声也是从未间断过。① 类似这样的利益冲突表现,在各地都是相当复杂的。

总之,政府与行业社会的关系长期处于比较微妙的状态。行业生活当然不能没有国家的支持,特别是当它不能完全以自己的力量来维持其正当权益或正常发展时,就需要官方以强有力的手段维护行业全体人员的利益。而当其他行业与本行业的利益有冲突时,则更需要国家的支持,以保持其正统地位。但是如果官府的行为侵犯了行业的利益,严重影响了行业的正常发展,那么,行业就会联合其他同业,甚至和不同的行业暂时进行联合,与国家进行必要的对抗。另外,本章涉及的几起踹匠闹事案例,可以视为康熙年间在江南地区布业中发生的连锁对抗活动。对照政府的禁谕,这在性质上似乎已转为地方社会与国家政府间的变乱和控制关系。如果联系清初政局未稳下的江南地方社会,盗匪案件的频繁发生,康熙初年"奏销案"的爆发,不同地区的踹匠在康熙年间不断闹事,显然不是偶然的。类似的,在太平天国战争前后及清末民初政治变动时期,行业生活的变化及相关的政府控制行为,都值得进一步思考。

---

① 秦佩珩:《明代经济史述论丛初稿》,河南人民出版社1959年版,第13—14页。

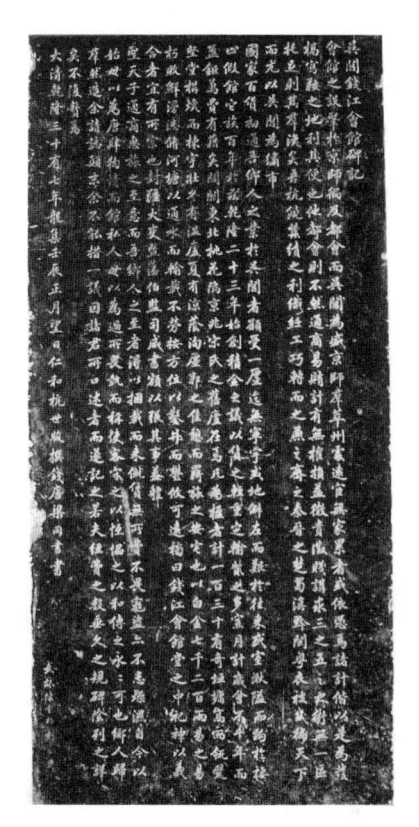

图 9.7　乾隆三十七年《吴阊钱江会馆碑记》

第十章　明清江南地区的意识形态及其政府控制

——围绕佛教寺庙与民间相关习俗信仰

在所有的社会环境变动及其相关控制行为中,社会思想意识方面的变化与控制应当属于最高层次,它触及一个社会或区域人群中最深层的精神生活内容,即其自身的信仰、秩序和内在理性。本章讨论所及的只是其中一小部分。

一　相关研究的总结

自汉唐以来,对中国民间信仰有着重大影响的,是明代前期一系列关于佛教信仰规范的产生。这主要体现在寺庙的进一步规范化和寺僧制度的严格化。关于佛教寺庙的研究,已经相当广泛。就国家正统寺庙来看,等级分明的禅、讲、教三种类型的寺庙至晚在宋代已成系统,通过对明代的考察,这种规范于朱元璋建立明朝伊始就得到了强化,相关制度陆续产生。最明显的,是僧官制度的严密与衣着服饰的限定。然而,关于禅、讲、教三类寺庙及其僧侣集团的具体研究,特别是涉及其地理分布与时代变迁的,目前尚属薄弱。①

比较而言,本章要涉及的另一个重要对象,即城隍神信仰及其祠庙,研究成果十分丰富,而且有很多关乎国家与祠神信仰诸关系的考察。由于城隍神信仰与官方统治关系相当密切,中外学者很早就展开了详细探讨。在中国,邓嗣禹在20世纪30年代的研究《城隍考》②,堪称考察城隍神信仰的开创性成果,除详细论述城隍庙在明清两代的变迁外,对城隍制度在明初产生的变化也有涉及。几乎同时,日本学者那波利贞也展开了积极的研究,并作了一些概括性的论述。③ 20世纪70年代以来,对城隍神展开全面讨论的以泽田瑞穗为代表。他的工作主要是收集和考证祠神信仰的源流,成果结集《中国民间信仰》于1982年出版。④ 美国学者华琛(James L. Watson)等,则集中论述了城隍神与天后的信仰。⑤ 此后,中村哲

---

① 严耀中对江南地区的佛教史作过一个相当全面的梳理,对佛教于民间的融入、佛教在江南的异化及寺院的经济地位等,都有细致的归纳,但未涉及这三类正统性的寺庙。参氏著:《江南佛教史》,上海人民出版社2000年版。
② 邓嗣禹:《城隍考》,《燕京大学·史学年报》1935年第2卷第2期。
③ (日)那波利贞:《支那における都市の守護神について》(上、下),《支那學》1934年第7卷第3、4期。
④ (日)泽田瑞穗:《中国民间信仰》,工作舍,1982年。
⑤ David Johnson, Andrew J. Nathan, Evelyn S. Rawski eds., *Popular Culture in Late Imperial China*, University of California Press, 1985; James L. Watson, Evelyn S. Rawski eds., *Death Ritual in Late Imperial and Modern China*, University of California Press, 1988.

夫的《从城隍神信仰看旧中国的国家与社会》[1]、早田充宏的《关于城隍神信仰的变迁》[2]，都从信仰的源流与演变层面作了讨论。就国家控制与祠神信仰关系的问题，滨岛敦俊的《明初城隍考》[3]与华琛的《神的正统化：天后在南中国地区的兴起（960—1960）》[4]阐明均较详。明清时期江南地区开发的加深和商品经济的拓展及与祠神信仰的关系，更引起了学者们的重视，代表性研究有滨岛敦俊的《明清江南城隍考》及《补考》[5]、万志英（Richard Von Glahn）的《财富的着迷：江南社会史上的五通神》[6]等。滨岛敦俊于1995年又发表了《朱元璋政权城隍改制考》一文[7]，进一步探讨了国家权力与祠神信仰的关系，说明了地方神信仰"国家化"的重要问题。郑土有与王贤森合著的《中国城隍信仰》[8]，在前人研究的基础上，对中国的城隍信仰作了一番较为系统的梳理。张泽洪于1995年发

---

[1] （日）中村哲夫：《城隍神信仰からみた舊中国の国家と社会》，载中村哲夫编：《近代中国社会史研究序说》第三章，法律文化社，1984年。
[2] （日）早田充宏：《城隍神信仰の變遷について》，《東洋の思想と宗教》第五號，1988年。
[3] （日）濱島敦俊：《明初城隍考》，载《榎博士頌壽記念・東洋史論叢》，汲古書院，1988年，第347—368页。
[4] James L. Watson, *Standardizing the Gods: The Promotion of T'ien Hou along the South China Coast*, 960—1960, in David Johnson, Andrew J. Nathan, Evelyn S. Rawski eds., *Popular Culture in Late Imperial China*, University of California Press, 1985.
[5] （日）濱島敦俊：《明清江南城隍考》，载唐代史研究会编：《中国都市の歴史的研究》，刀水書房，1988年，第347—231页；《明清江南城隍考・補考》，载唐代史研究会编：《中国の都市と農村》，汲古書院，1993年，第499—527页。
[6] Richard Von Glahn, *The Enchantment of Wealth: the God Wutong in the Social History of Jiangnan*, Harvard Journal of Asiatic Studies, 1991, 51:2, pp651—741.
[7] （日）濱島敦俊：《朱元璋政权城隍改制考》，《史学集刊》1995年第4期。
[8] 郑土有、王贤森：《中国城隍信仰》，上海三联书店，1994年版。

表了《城隍神及其信仰》一文。① 可以看到,尽管对于城隍神信仰及其相关问题的考察层面各异,但总体上是相当广泛而深入的。本章关于这方面的研究,正是在前人的基础上,讨论城隍庙及城隍信仰在江南的分布变化,着重阐明民间信仰中的政府调控行为。

由于明代是江南佛寺与民间信仰变迁最为重要的阶段,所以关于清代的考察,则着重于对佛寺具有破坏性影响的太平天国战争前后的概况。当时江南的绝大部分寺庙,都未能逃脱此次兵燹的劫难,从地域分布上看,最为崇尚"淫祠"的苏、松、嘉、湖等地,各类寺庙也大大减少。这是清代佛寺中衰的一个要因。

本章在说明明清两代江南地区佛寺概况与城隍神信仰的同时,对地理环境与社会背景作了必要的分析,并尽可能进行地域比较。在此基础上,探讨中央政府、地方政府对于民间信仰的控制形态,从而解明民间信仰控制中的政府行为是如何进行的;再以几种与佛寺有关的习俗风尚为例,来揭示民间的相关反映。时间上从明初下延至清末,以便更深入地说明纵向性的问题;而将地域限定在全国最为富庶的江南地区,当有其特别的代表性意义。

二 江南的正统寺庙

1. 佛寺变迁的背景

洪武年间的崇佛,对于以后明代历朝政治控制行为有着深远的意义。许多事例证明,洪武时期对于寺庙的重建恢复工作,不但

---

① 张泽洪:《城隍神及其信仰》,《世界宗教研究》1995 年第 1 期。

在数量上远迈前朝,而且在制度上有了许多新变化。

明初的佛教控制

就在洪武元年(1368)正月,朱元璋在南京召集了僧人大会,为各大寺院选派住持,并举办法会,为国祈福。在金陵天界寺设立了"善世院",命慧昙(1304—1371)主持,统一管理全国佛教寺院;其下分设统领、副统领、赞教、纪化等僧官,强化对全国寺庙的有效控制。① 明初的崇佛行为,可谓"至隆极重"。② 在实际过程中,政府对寺庙进行控制的一个主要方面是从寺僧着手的。从洪武五年到六年(1372—1373),为加强对寺僧数量的控制,朝廷曾采取并申严了一系列"度牒"制度。③

洪武十年(1377)五月二十一日,按照历代设置佛寺的习惯,将全国佛寺分为禅、讲、教三个等级序列,要求各寺院僧众分别专业。当时特别指明,"禅不立文字,必见性者方是本宗","讲者务明诸经旨义","教者演佛利济之法",从而做到"消一切现造之业,涤死者宿作之愆,以训世人"。④

禅,即为禅宗;讲,专为研究经典;教,即从事佛教仪式的具体工作。实际上这种区分,已表明各自地位与角色的不同,体现在寺庙上也是如此。元代已有禅、讲、律三种佛寺,明代的改革不过是

---

① 《明太祖实录》卷二十九"洪武元年正月庚子"条。
② [明]沈德符:《万历野获编》卷二十七《释道》"释教盛衰"条,中华书局1959年版,第679—680页。
③ 详参《明太祖实录》卷七十三"洪武五年十二月己亥"条、卷八十四"洪武六年八月戊子"条、卷八十六"洪武六年十二月戊戌"条。
④ [明]幻轮编:《释鉴稽古略续集》卷二,载大正新修《大藏经》第49册史传部一,(台北)佛陀教育基金会,1990年,第932页。《明太祖实录》卷一百五十"洪武十五年十一月乙酉"条。

以教寺替代律寺而已。从宗派上看,除禅外,讲,是指华严、天台、法相诸宗;教,即瑜伽教寺,从事瑜伽显密法事仪式,举办为死者追善供养、为生者祈祷求福等活动,教僧是应世俗之请求而进行法事的,所以也叫赴应僧,教寺也称赴应寺。教寺的建立,有着极为深远的意义。这不仅反映了社会各阶层对佛教的强烈兴趣,而且也是佛教深入民间,趋于世俗化的一种表现。①

经过明初几年的整合,洪武十四年(1381)朝廷就确立了僧录司制度,以代替明初的"善世院"。② 次年四月开始即正式施行这一制度。③ 为了便于管理,洪武十五年十一月朝廷对各类僧侣的服色作了细致的规定,不准随便混淆。禅僧是茶褐色常服,青条玉色袈裟;讲僧是玉色常服,深色条浅红袈裟;教僧则是皂色常服,黑条浅红袈裟。除僧录司官员袈裟为绿色及环为金饰外,其他僧官都需遵从这一制度。④

另外,在洪武十五年三月,政府下令禁止僧寺田土买卖。⑤ 这是从经济上加大控制寺庙的力度。洪武十九年(1386)下令,寺庙有田粮的要设置砧基道人进行专门管理,也是出于这一目的,而且

---

① 杜继文主编:《佛教史》,中国社会科学出版社1991年版,第510—511页。
② (日)龙池清:《明代的僧官》,《中国佛教史学》1940年第4卷第3号;(日)间野潜龙:《关于中国明代的僧官》,《大谷学报》1938年第36卷第3号。俱引自(日)镰田茂雄:《简明中国佛教史》,郑彭年译,上海译文出版社1986年版,第287—288页。
③ 《明太祖实录》卷一百四十四"洪武十五年四月辛巳"条。
④ 《明太祖实录》卷一百五十"洪武十五年十一月乙酉"条。
⑤ [明]幻轮编:《释鉴稽古略续集》卷二,载大正新修《大藏经》第49册史传部一,(台北)佛陀教育基金会,1990年,第931页。

所有差役"不许僧应"。① 砧基道人具有僧、俗的双重性质,是居于僧团与官府之间掌管差役税收的僧侣。当年,再次发布了禁止寺田买卖的命令,开设僧道衙门,规定中央僧录司的职权。

到洪武二十四年(1391),朝廷开始大规模清理佛教寺、僧。朱元璋特别强调佛教本属中国异教,现在学佛者或称"禅",或称"讲",或称"瑜伽",需要加以整顿。他说:从现在开始,尽管府州县地方寺观很多,但每个地方只能保留一所较为宽大的寺观,以容众僧居住,绝对不许杂处,"与民相混",否则就要从严治罪;亲朋故友互为容隐的,要被判以流放;如有自愿还俗的,随其便;佛经翻译已有定文的,不许随便增减词语;等等。② 当年七月,朝廷下令,地方上创立的庵堂寺观不属于"旧额"的,一概毁去。③

显然,政府对寺庙强化管理的目的,主要在于限制地方百姓在组织上与佛教所能产生的任何联系,以防止惑众滋事,成为百姓动乱的一种手段。这显然是朱元璋由早年经历所得出的深刻体认。

同样在洪武二十四年,政府还发布了"申明佛教榜册",指出:"今天下之僧,多与俗混淆,尤不如俗者甚多,是等其教而败其行,理当清其事而成其宗。令一出,禅者禅,讲者讲,瑜伽者瑜伽,各承宗派,集众为寺。有妻室愿还俗者听,愿弃离者听。"两年后又发布了新的"榜册",进一步规定:不许僧人以化缘为由,强索捐助,奔走市村;不许僧人交结官府,也禁止俗人无故进入寺院;僧人必须严

---

① [明]幻轮编:《释鉴稽古略续集》卷二,载大正新修《大藏经》第49册史传部一,第934页。
② 《明太祖实录》卷二百九"洪武二十四年六月丁巳"条。
③ 《明太祖实录》卷二百一十"洪武二十四年七月丙戌"条。

格按条例规定:"或居山泽,或守常住,或游诸方,不干于民,不妄入市村,官民欲求僧以听经,岂不难哉,如此,则善者慕之,诣所在焚香礼请,岂不高明者也"。可见,僧人从事俗务的任何活动,政府是有严格限制的,特别对于聚敛财富、干预政事,更是不能容许。后来在洪武二十七年(1394),为了防止僧俗混淆,发布了僧寺的严格管制令,禁止俗人进入寺院,同时禁止僧侣和世俗生活接触,但是教僧是不能不和俗人接触的,所以对教僧实行了与禅僧、讲僧不同的管制方式。① 洪武二十四年的这次变革,对江南地区的寺庙影响较大。

洪武以后佛教控制行为的变迁

在洪武以后,有关佛教方面的政策措施,尽管在历朝都有一定程度的变更,但大都得到了延续。

建文四年(1402)十一月,由礼部负责清理佛教,凡历代以来如汉、晋、唐、宋、金、元到明代洪武十五年(1382)以前寺庙有"名额"者,不必归并,其有新创的,一概归并如旧。② 但到永乐五年(1407)正月,直隶及浙江诸府军民子弟,私自披剃为僧,并赴京冒请度牒者达1800多人。③ 五月份,明成祖朱棣在向近侍问话时,即指出了这一问题。朱棣说:"闻近俗之弊,严于事佛而简于事其先。"④所以到九月,就出现了苏州府嘉定县僧会司要求增加寺庙僧员、准许愿为僧者可令披剃发给度牒的奏请遭到拒绝的情况。⑤

---

① (日)镰田茂雄:《简明中国佛教史》,第287页。
② 《明太宗实录》卷十四"洪武三十五年十一月"条。洪武三十五年,实为建文四年。
③ 《明太宗实录》卷六十三"永乐五年正月辛未"条。
④ 《明太宗实录》卷六十七"永乐五年五月癸酉"条。
⑤ 《明太宗实录》卷七十一"永乐五年九月庚午"条。

永乐十六年(1418),朝廷的一次改制十分值得重视。当年十月,朱棣认为天下僧道大多不通经典,却私自簪剃,实是败辱教门,即下令礼部定下通制:今后愿为僧、道者,府不过四十人,州不过三十人,县不过二十人;限年十四以上、二十以下,而且父母允准,方可陈告有司,并由邻里担保,然后才可投入寺观;从师受业五年后,熟习各种佛经,可以赴僧录司、道录司考试,通过者封以法号,发给度牒,否则就罢还为民;如果是童子而且父母并非出自情愿,以及尚有祖父母、父母并无其他子孙可资侍养的,一律不许;有年三十、四十以上,先曾出家而还俗,及亡命黥刺者,也不许出家,如果是寺观住持不加检查予以容留的,要一并治罪。①

朝廷发布的这一规制,在一段时期内产生了约束作用。但如其他严苛的律例一样,这一规制施行的结果,并非所有地区都是相仿的。最为富庶的江南,就是一个在社会秩序空间上较为复杂的地区,在这里,不难发现许多违犯规制的例子。从明代的笔记小说记录中及近代以来的田野调查,都可以得到佐证。所以,违犯规制情况发展到一定时期,即超过了朝廷所能容忍的限度,会出现旧制重申或新制颁定的情况。

但是,洪武年间的许多措施,对于后世一直有着深远的影响。永乐间出现的定制,体现了洪武的遗意,对于后世的影响实际上也不小。其间,为时不长的建文朝曾下令限制僧、道田地:"人无过十亩,余以均给平民。"②这与洪武年间政府对于寺院财产的控制举措是相一致的。于"靖难之役"后当上皇帝的朱棣,则取消了这一限

---

① 《明太宗实录》卷二百五"永乐十六年十月癸卯"条。
② 《明史》卷一百五十《虞谦传》。

制。为了表示他真正继承朱元璋遗训的态度,在永乐五年二月间曾特别下诏:"着落礼部知道,重新出榜晓喻,该行脚僧道,持斋受戒,恁他结坛说法,有人阻当,发口外为民。"①

从官方对于佛教控制的重视程度,反过来也可透视当时社会对于佛教的崇扬现象,表明在佛、道并存的时代,道教无法与佛教抗衡的事实。在正德元年六月,一些政府要员特别指出当时必须遵循永乐间的秩序旧例:军民僧道常服禁用纻丝、绫罗、纱锦、彩绣;同时,禁革有违礼制的丧事,如有违犯,丧主、亲宾、僧道人等各治以罪;天下寺观庵庙除旧额外,不许私创,不许饰以金碧,违例者也要治罪,寺庙拆毁入官。② 这明显是为订立僧、俗规范,严禁火葬等事,整顿寺庙制度而提出的,也透露出民间在这些方面已超出官方规制所能容许的限度,迫使官府直接出面干涉民间崇佛活动。而且僧人规模庞大,不耕不织,"赋役不加",也给国家造成了负担。军民匠灶私剃而隐藏于寺观的,数量亦极为可观。在公私之财用于僧、道已有过半的情境下,地方上要求予以"禁约"。③

清代对于寺庙的管理

尽管清王朝是少数民族入居中原,但对佛教的扶持与保护仍相当用力。清代较有作为的康熙、雍正与乾隆,都很重视佛教。在嘉庆以后,由于国势日衰,各地寺庙有明显的衰败之象。

清代对于僧寺的管理,在制度上沿袭了前明旧制:凡寺观庵

---

① [明]幻轮编:《释鉴稽古略续集》卷二,载大正新修《大藏经》第49册《史传部一》,第941页。
② 《明武宗实录》卷十四"正德元年六月辛酉"条。
③ [明]郑晓:《今言》卷二,中华书局1984年版,第78页。

院,除先年额设的之外,不许私自创增,否则,"杖一百,僧、道还俗,发边远充军,尼僧、女冠入官为奴",而且地基材料要没收入官。如果僧人不经度牒而私自簪剃的,要杖八十。家长、寺观住持及受业师与此有关的,要一并治罪,"入籍当差"。①

清代的僧官制度,仍基本沿袭明制。② 对于俗人的出家作过一些限制和规定,也只是为了防止无业游民坐食为僧罢了。当然,清代佛教随着国力衰弱,寺院荒废日甚,加上战争的破坏,在晚清已处于相当不振的状态。太平天国战争更使寺庙遭到严重破坏,佛教似乎处于奄奄一息的状态,后经杨仁山居士等人的积极活动,终于获得了积极维续。③

从佛寺的盛衰"虽关气运,而人事亦与有功"的现象④,可以透视出寺庙兴废与社会、政治等多种因素的密切关系。

2. 寺庙的功能

对寺庙作功能性分析,有助于说明官方在寺庙控制中的作用程度及其原因。一般而言,除却寺庙本身在佛教义理宣扬方面的作用之外,还可以从政治、经济、信息传布三个层面加以考察。

明清两代中央政府对于寺庙的政治教化作用是十分重视的。寺庙可以为国家作祈祷、颂赞歌,而且官方能参与寺庙活动,达到

---

① 《大清律例》卷八《户律·户役》"私创庵院及私度僧道",载刘海年、杨一凡总主编:《中国珍稀法律典籍集成》丙编第一册,科学出版社 1994 年版,第 151 页。
② 光绪《大清会典》卷三十六《礼部·僧官道官》,光绪间刊本。
③ (日)镰田茂雄:《简明中国佛教史》,第 293—294 页。
④ [清]梁章钜:《浪迹续谈》卷一"尼庵"条,中华书局 1981 年版,第 374 页。

第十章 明清江南地区的意识形态及其政府控制

"佐教化""益国治"的目的。佛教中的厌世、出世教义和顺从的命定思想,也有利于政府对于民间的思想控制。对下层民众而言,他们的生活往往会因水旱等灾害的发生和兵燹、匪乱的滋扰,变得很不稳定,个体生命显得十分脆弱。他们对于佛寺的崇信,主要在于祈年祷雨、问药求签等,因而"瞻庙宇之崇宏,礼庄严之法相"。① 中上社会阶层的人们,衣食相对丰足,需要长期能够维持这种状况,更需要精神思想上的慰藉。寺庙的存在,就为这些人的崇佛活动提供了极佳的场所。

值得注意的是,佛教史上的许多僧人,多将佛教修行与王道教化、修身治国紧密联系在一起,所谓"百家之乡,十人持五戒,则十人淳谨矣;千室之邑,百人修十善,则百人和厚矣。传此风训,以遍寓内,编户千万,则仁人百万矣"②。对于官方统治来说,这种思想意识上的教化实在很有积极意义。从理想者的视野出发,如果家家都像这样,那么可以称得上是"民无不治"。③

因此,从历史上寺庙功能与政治统治两者的关系来看,佛寺的发展多依赖政府的支持;政府对于地方的控制,也有得益于寺庙政治性功能的地方。禅、讲、教这三种正统寺庙的存在,能体现这两方面的关系。而且凡有功德于百姓者,死后往往可入寺庙享祀,以崇"报功"。④ 对有利于国家的一些重要寺庙,屡获重建。明代在这方面的工作是比较突出的。洪武时期的寺庙控制,可谓十分严

---

① [清]李光庭:《乡言解颐》卷二《地部》"寺观"条,中华书局1982年版,第24—26页。
② [梁]僧祐撰:《弘明集》卷十一《何令尚之答宋文皇帝赞扬佛教故事》,载大正新修《大藏经》第52册,(台北)佛陀教育基金会,1990年,第71页。
③ [唐]道宣撰:《广弘明集》卷十《辨惑篇》第二之六,上海古籍出版社1991年版。
④ 成化《湖州府志》卷十一《祠祀》,成化十一年刊、弘治间补刊本。

密。当时有所谓归并"丛林"的举措①,但无非是将一些得到国家重视的寺庙再度予以稳固地位,以利于其发展。绝大部分寺庙也在那时改额、归并、升降等,其中大部分禅、讲或教寺,都在洪武年间得到确认。洪武二十四年(1391),江南地区的许多寺庙得到了升迁,或为禅寺,或为讲寺,或为教寺。②

有些寺庙屡经兴废,有些则在废毁后便没有再度兴起,从某种角度看,官方在其中的重视程度得到了体现。但是,民间自发组织的重建工作,如果未获官府允准,便体现了某种对抗的性质。国家常常会将这类寺庙列入"私创",否认其正统性,在编修地方志时也会遭到排斥。康熙时嘉兴府知府袁国梓认为当地寺庙太过繁盛,在主修《嘉兴府志》时,完全剔除了私创庵观,认为"无益于世"③,便是一个很好的例证。

实际上在地方社会中,普通寺庙的经济意义是不明显的,因为它本身没有太多田产。而那些国家扶持的梵林巨刹,往往占有大量的土地,有时甚至会因田地赋税纠纷与世俗社会产生极大的冲突。④ 前文论及的明代对于寺庙田产的控制问题,表明了国家对于寺庙经济能力的重视。

---

① 所谓"丛林",都是洪武二十四年清理佛教时归并诸小庵院而成。其归并者,到三十五年全部下令复旧。有久盛于"丛林"的,在后世方志体系中仍被附于"丛林"。另参正德《松江府志》卷十八《寺观上》,正德七年刊本。
② 详参成化《重修毗陵志》、康熙《常州府志》、成化《湖州府志》、同治《湖州府志》、万历《嘉兴府志》、光绪《嘉兴府志》、正德《松江府志》、光绪《松江府续志》、洪武《苏州府志》、同治《苏州府志》等方志中的相关内容。
③ 康熙《嘉兴府志》卷七《祠祀》附"寺观",康熙二十年序刻本。
④ 冯贤亮:《明代江南的争田问题》,《中国社会经济史研究》2000年第4期。

需要说明的是,寺庙的信息传布功能应当较前两种功能为强。很多资料表明,寺庙是宣扬官方思想的重要场所。如在明代后期江南著名的争田事件中,地方政府的会勘都是在城隍庙或其他重要寺庙中进行。① 地方的"均田均里"工作,也是在这样的寺庙中展开的。② 政府十分乐于将公告张贴于寺庙中,因为那里既是一个地方社会的信仰中心,也是一个信息交流的中心。

从文学史的角度讲,戏曲是随小说的发展而另起的一种具有市民性质的文艺形式。在北宋,戏曲还主要是一些以歌舞讲唱为主的转踏、大曲、诸宫调和接近于戏剧的傀儡戏、影戏和杂剧等。到了南宋,就出现了较为完备的戏剧形式,即南戏。事实上,戏曲到了元代才进入鼎盛阶段,当时的杂剧在中国文学史及戏曲史上的地位之高也是众所周知的。到了明清时期,戏曲又有了更为广泛的发展。但是,戏曲的产生与发展,如同小说的产生与发展一样,始终受到佛教的深刻影响。佛教中的许多故事,被引入戏剧,极大地丰富了戏剧的题材。如著名的"唐玄奘西天取经"故事,往往被编成戏剧,金院本有《唐三藏》,元杂剧有《唐三藏西天取经》《西游记杂剧》。明代的杂剧与传奇也多有取自佛教的,如《双林坐化》《哪吒三变》《观世音修行香山记》《观世音鱼篮记》等。③

另外,在明清时期江南各地的寺庙活动中,庙会的展开和寺庙演戏的进行,必定会使寺庙成为一时的思想宣扬与信息传布中心。作为地方寺庙中地位崇隆的城隍庙,往往会在仪门上加建楼台,以

---

① 崇祯《嘉兴县志》卷九《食货志·土田》,崇祯十年刻本。
② [明]李日华:《味水轩日记》卷二至卷六,上海远东出版社1996年版,第98—429页。
③ 赖永海:《中国佛教文化论》,中国青年出版社1999年4月版,第312—313页。

备演剧娱神之用。① 今天江南地区的县城隍庙,甚至镇城隍庙还能发现这种残存。② 每一种庙会活动,特别是大型的神像抬游活动,会引起几个村落甚至几县结合的大聚会,所经之处,在地方引起不小的波动。当然,由于江南神灵信仰体系的复杂性,每一种神灵会在地域上形成一个相对稳定的信仰圈。

3. 正统佛寺祠庙的代表性分析

正统寺庙的兴革,是随时代的不同而有变化的。明代的佛教,总的说来不如隋唐时那样兴盛。但比较元代来看,却又有所超迈。如寺院僧尼的数量就远比元代为众。③ 佛教宗派中最流行的是禅宗和净土宗,特别是明代的高僧,大部分都属禅宗,而且活动地区以江南为多。上海地区的禅宗就很活跃,佛教寺庙在明代就新增了120多所。从清初到1840年前,全国佛教的发展呈现了衰落的趋势。④

太平天国战争期间,江南是主要的战场,苏州、常州、镇江、杭州、嘉兴、湖州诸地受害可以说是最深最久。⑤ 到同治三年(1864),

---

① [清]叶梦珠:《阅世编》卷三《建设》,上海古籍出版社1981年版,第66页。
② 2000年春作者随同滨岛敦俊先生考察湖州、苏州、嘉兴诸地寺庙情况,无论是在实见中,还是口碑采取过程中,都能获得这些信息。寺庙演剧活动,是极受基层百姓的欢迎的。可惜的是,由于各种原因,许多城隍庙中的戏台都已废弛,而残存的也因民间集资不足,一年演剧不过一到两回,有的甚至完全没有。
③ [明]于慎行:《谷山笔麈》卷十七《释道》,中华书局1984年版,第199—200页。
④ 参阮仁泽、高振农主编:《上海宗教史》,上海人民出版社1992年版,第119—151页。
⑤ 刘石吉:《明清时代江南市镇研究》,中国社会科学出版社1987版,第74—75页。

第十章　明清江南地区的意识形态及其政府控制

上海人毛祥麟仍对饱受战患后的残破保留着极深的印象,其称:"自沪至昆,炊烟缕缕,时起颓垣破屋中,而自昆至苏境,转荒落。金阊门外,瓦砾盈途,城内亦鲜完善。虎丘则一塔幸存,余皆土阜。由是而无锡,而常州,而丹阳,蔓草荒烟,所在一律……余若奔牛、吕城、新丰诸镇,向称繁庶,今则一望平芜,杳无人迹。偶见一二乡人,类皆骨立声嘶,奄奄垂毙。"①浙江全省在战后田地久荒,"各市镇悉成焦土",而且远近乡村"人烟寥落,连阡累陌,一片荆榛"。② 所以当时人指出,浙江省"肃清之后,流亡复业者几于十不存一"。③ 杭、嘉、湖地区的情况显得更为严重,像湖州府北部的长兴县,在战乱之后,"民物凋丧",人口损失严重,所谓"列于册者,孑遗之民仅十之三",而田赋之收入仅存十分之四,城墙、桥梁、庙宇、官廨等加以修复的也只有十分之三,"颓废者犹十之七焉"。④ 在苏州地区,神佛塑像都是"处处残毁",寺庙中的戏台、殿屋等自然难逃被焚的厄运。⑤ 江南地区的寺庙遭受了一场毁灭性的打击,有些寺庙就此永远堙废,有些虽有重建,但规模远不如前。如苏州府的常熟县地区,各庙香火极差,原因就在于战争期间各寺的神佛塑像不是被毁坏,就是被搬走。⑥ 即如佛寺极盛的金陵地区,城南原

---

① [清]毛祥麟:《墨余录》卷2"甲子冬闱赴金陵书见"条,上海古籍出版社1985年版,第18页。
② [清]戴槃:《严陵记略》(不分卷)"定严属垦荒章程并招棚民开垦记"条,同治七年刻本。
③ 同治《长兴县志》卷首,周学浚《序》,同治十三年修、光绪十八年增补刊本。
④ 同治《长兴县志》卷首,长兴知县恽思赞《序》(光绪元年)。
⑤ [清]潘锺瑞:《苏台麋鹿记》卷上,同治十三年撰、光绪十年香禅精舍集本。
⑥ [清]柯悟迟:《漏网喁鱼集》,中华书局1959年版,第51页;[清]陆筠:《海角续编》,中华书局1959年版,第125页。

有的"四百八十寺",在清时仍有几十所,但在太平天国战争后便"无复孑遗",所以当时人就感叹这次对于寺庙的劫难是"千年所罕也"。① 江南地区在多次遭受变乱后,"人民凋瘵"。经过二十多年的休养生息,社会经济渐见繁盛,杭州、湖州二府地区的外来客居民占了总人口的十分之三。② 而同治年间的重建复兴,给江南地区的寺庙发展再次带来了繁荣。

禅、讲、教寺的分布与变化

江南的佛寺历代变动较大。因佛教信仰的深入,民间或祈年祷雨,或问药求签,往往要在佛寺中进行。③ 载于国家正式志书中的僧户数,远远高于道户或儒户。如在常熟县地区,早在洪武四年(1371),正规的僧户数已有110户,而道户与儒户都只有4户。④ 寺庙数量也在增加。

以在占据正统地位的禅、讲、教三种寺庙而言,其在江南的发展、分布与变化因地区而有不同。参见表10.1。

---

① [清]欧阳兆熊、金安清撰:《水窗春呓》卷下"金陵胜地"条,中华书局1984年版,第47—48页。
② [清]吴庆坻:《蕉廊脞录》卷一"光绪十五年浙省编查户口"条,中华书局1990年版,第8—9页。
③ [清]李光庭:《乡言解颐》卷二《地部》"寺观"条,中华书局1982年版,第24—26页。
④ 万历《常熟私志》卷三《叙户》,万历四十六年修,南京大学图书馆藏传抄稿本。

表 10.1　明清江南禅、讲、教寺变化　　单位：所

类别\时期		洪武	成化	正德	万历	康熙	嘉庆	同治	光绪
松江府	禅寺	—	13	—	—	18	—	—	12
	讲寺	—	—	5	—	11	—	—	6
	教寺	—	—	5	—	18	—	—	12
苏州府	禅寺	9	—	—	—	—	—	31	17
	讲寺	—	—	—	—	—	—	12	12
	教寺	3	—	—	—	—	—	38	35
常州府	禅寺	—	25	—	—	25	—	—	—
	讲寺	—	4	—	—	4	—	—	—
	教寺	—	22	—	—	20	—	—	—
嘉兴府	禅寺	—	—	—	13	10	—	—	23
	讲寺	—	—	—	7	9	—	—	16
	教寺	—	—	—	23	22	—	—	21
湖州府	禅寺	—	44	—	20	—	—	34	—
	讲寺	—	7	—	6	—	—	5	—
	教寺	—	61	—	33	—	—	49	—

资料来源：正德《松江府志》卷十八《寺观上》、卷十九《寺观下》，嘉庆《松江府志》卷七十四《名迹志·寺观》，光绪《松江府志》卷三十八《古迹志·寺观》；洪武《苏州府志》卷四十五《寺观》，同治《苏州府志》卷三十九至四十四《寺观一》至《寺观六》；成化《重修毗陵志》卷二十八《寺观一》、卷二十九《寺观二》，康熙《常州府志》卷十八《寺观》；万历《嘉兴府志》卷四《寺观》，康熙《嘉兴府志》卷七《祠祀》附"寺观"，光绪《嘉兴府志》卷十八《寺观一》、卷十九《寺观二》；成化《湖州府志》卷十二《寺观》，万历《湖州府志》卷四《陵庙》，同治《湖州府志》卷二十七《舆地略·寺观上》、卷二十八《舆地略·寺观下》。

说明:同治《湖州府志》所载寺庙全部未注明类别,这里参考成化《湖州府志》所载收录统计。

表格统计必定有不完全的地方,因为有些方志的统计本身就有残缺,或缺载,或字迹多漫灭不清。但大致情况,还是能够通过这些数量统计,得以反映出来。

禅寺在寺庙系统中处于上层的地位,极受国家的扶持;讲寺的作用虽然很大,但宣讲的教义太深,与下层社会有所脱离,在社会变化(主要是战争)后,恢复起来比较困难;而教寺因与民众生活最为接近,备受基层社会的崇信,因此它的发展最快,在数量上也最多。而且江南西部地区的寺庙之盛,要高于东部地区。嘉兴知府袁国梓就指出:"浙俗奉二氏之教,甚于他省。故珠林贝几遍乡曲,而学校则鞠为茂草矣。"①

另外,明清易代所发生的变更,并没有对寺庙产生太多的破坏,这三类寺庙在各地区的发展还是较为平稳的,突变的产生,主要出现在咸丰年间。绝大部分寺庙经太平天国兵燹之扰后,都被焚毁或废弃。虽此后复经重建工作,不少寺庙再也没有恢复过来,有的虽经恢复,但规制与影响已远不如前。

城隍改制与城隍信仰

倘说以禅、讲、教为代表的各种寺庙的变化中,蕴含的政府行为因素还不明显的话,那么从城隍庙的变迁中,则可以得到更为明

---

① 康熙《嘉兴府志》卷七《祠祀》附"寺观",康熙二十年序刻本。

第十章 明清江南地区的意识形态及其政府控制

确的认识。①

作为都市守护神,城隍神信仰的历史性变革发生在明初,确立了官方的正统性地位。② 明朝建立伊始,礼制方面的许多调整是最

---

① 关于江南地区城隍庙的研究,滨岛敦俊的工作是最显著的,对明清时期的城隍问题做了精细的探讨。参(日)濱島敦俊:《明清江南城隍考》,载唐代史研究会编:《中国都市の歴史的研究》,刀水書房,1988年,第347—231页;《明初城隍考》,载《榎博士頌壽記念・東洋史論叢》,汲古書院,1988年,第347—368页;《明清江南城隍考・補考》,载唐代史研究会编:《中国の都市と農村》,汲古書院,1993年,第499—527页。本章的讨论,主要在于说明城隍神信仰的一般情况,并考察其在江南地区的时间与空间差异,从而指出政府行为于民间的城隍神信仰中所发生的作用程度。

② 滨岛敦俊指出,城隍神是中国民间极具普遍性的都市守护神。南北朝时期出现的城隍神信仰,完全是由民间自发产生的。关于这一点,中村哲夫考证得更为清楚。据说在南朝梁末,城隍信仰在长江中游乃至汉水流域,因筑城技术的南传,结合了当地土俗的人格神信仰,并作为城市的军事性守护神逐渐形成。到元代,伴随着城隍神信仰的地域扩展,其性质也产生了变化,即"带上了以各城市为中心的一定区域的守护神这种特征",并且也可看到国家对于这些城隍神普遍进行封爵的行为,但只是个别神、庙才拥有国家权力赋予的祀典,天下通制的城隍制度在元代还未出现。参(日)濱島敦俊、(中)顾希佳:《浙江省蕭山県小城隍廟調查報告——城隍廟覚書(1)》,《大阪大学文学部紀要》,第39卷,1999年3月,第47—74页;(日)中村哲夫:《城隍神信仰からみた舊中国の国家と社会》,载中村哲夫编:《近代中国社会史研究序説》第三章,法律文化社,1984年;(日)濱島敦俊:《明清江南城隍考》,载唐代史研究会编:《中国都市の歴史的研究》,刀水書房,1988年,第347—231页。

511

引人注目的。洪武二年(1369)正月,朝廷即下诏"封京都及天下城隍神"。① 洪武三年六月,改定了岳镇、海渎、城隍的神号。朱元璋指出:"夫礼所以明神人、正名分,不可以僭差。今宜依古定制,凡岳镇、海渎并去其前代所封名号,止以山水本名称其神。郡县城隍神号,一体改正,历代忠臣烈士亦依当时初封,以为实号,后世溢美之称,皆宜革去。……庶几神人之际,名正言顺,于礼为当,用称朕以礼事神之意。"至于无功于民的天下神祠、不够资格进入祀典的,即为"淫祠",地方不得致祭,从而在礼仪达成所谓"明则有礼乐,幽则有鬼神"的正统秩序。② 由此,出现了与传统的人格神不同的非人格神的城隍神。③ 与此同时发生的改制,就是废除封爵、破坏偶像等,颁布了"禁淫祠"的基本要求,"违者罪之"。④ 从本质上讲,朱元璋对城隍神地位的奠定,是为了增强王朝统治的权威。朱元璋曾与宋濂说过:"朕立城隍神,使人知畏,人有所畏,则不敢妄

---

① 参《明太祖实录》卷三十八"洪武二年正月丙申朔"条。根据滨岛敦俊的考察,此次所定制度有四个方面值得注意:首先这是历史上第一次产生了城隍制度,将城隍祭祀作为一种完整的制度第一次展示在国家的祭祀体系中;其次,城隍神的制度化,是将现世秩序的"礼乐"相应地搬到冥土的"鬼神"上,城隍神不再是单一都市保护神,而是包括周围农村在内的一定区域的守护神或管理者;第三,虽然继承了前代各地原有的城隍神,而且也采取了封爵的形式,但人格神的性质仍未改变;最后,将城隍神设定为首都应天府(1)、开封、临濠、太平、和州、滁州(2)、府(3)、州(4)、县(5)五类等级,一方面使城隍神与行政级别相对应,另一方面(2)类的介入又不致形成单纯的序列化。参(日)滨岛敦俊:《朱元璋政权城隍改制考》,《史学集刊》1995年第4期。
② 《明太祖实录》卷五十三"洪武三年六月癸亥"条。
③ (日)滨岛敦俊:《朱元璋政权城隍改制考》,《史学集刊》1995年第4期。
④ 《明太祖实录》卷五十三"洪武三年六月甲子"条。

图 10.1　城隍神像

为。"①其目的再明显不过。

按照明初以来的法制,只准县级及以上的都市建筑城隍庙,但实际上从晚明以来,县级以下的市镇,大多存在城隍庙,其中有的还被称作"小城隍庙"。关于小城隍庙的由来,滨岛敦俊认为,在洪武三年的改制——破坏偶像、废止称号时,苏州府常熟县的民间,已有私自保存历史较为悠久的城隍庙神像的行为,这在以后就被称作"小城隍庙"。一般在县城以外建有城隍庙的聚落,往往是某种商业市场中心地(如市镇)。县城隍在法律上被视作以县城为核心的全县管理者,而中心地聚落中的寺庙,对于周围一定范围内的

---

① ［明］余继登:《典故纪闻》卷三,中华书局1981年版,第47页。

513

乡村而言,常常自比为城隍庙。① 从全国范围而言,朝廷要求各府州县俱立城隍神庙,江南地区"严奉尤谨","开堂皇崇,寝阁羽卫,舃奕若大府然",并布置池、馆、台、榭以娱神。②

在制度上,清代的城隍庙也分首都、府、县三级,但有些地方存在特殊的城隍群体。如在苏州府城内,在苏州府、吴县、长洲县与元和县的城隍庙之上,还有巡抚都城隍庙(在泗洲桥北)、布政财帛司城隍庙(在歌薰桥北)、粮巡道城隍庙(即总管堂,在草桥北);长洲县城隍还兼"七省漕运都城隍",也就是漕运总督的城隍。此外,当地的赤兰相王庙,又兼苏州的"织造都城隍"。③

因此,在天下—皇帝—都城隍与知府—城隍之间,产生了和省—巡抚、省—分巡道相对应的各系列官僚的城隍。这些神作为行政区域的守护神或管理者,更具有"冥界的专门官僚"的性质,应当是洪武三年改制观念的结果。

洪武年间的城隍改制,使道教系统的城隍庙在历史上第一次被纳入国家祭祀体系,并形成天下通制。这是在道、儒对立的情况下产生的,在观念上一直维持到了清末。④ 而且官吏谒见城隍从明初开始几乎已成定制,"到任须知册,以祀神为第一事"。官员莅任时,衙吏必以这份"须知册"先行送呈。⑤ 另外值得注意的是,本来

---

① (日)濱島敦俊、(中)顾希佳:《浙江省蕭山县小城隍廟調查報告——城隍廟覚書(1)》,《大阪大学文学部紀要》第39卷,1999年3月,第47—74页。
② 乾隆四十九年八月《新建上海城隍庙西园湖心亭记碑》(陆锡熊撰),载上海博物馆图书资料室编:《上海碑刻资料选辑》,上海人民出版社1980年版,第22页。
③ [清]顾震涛:《吴门表隐》卷三,江苏古籍出版社1999年版,第23—35页。
④ (日)滨岛敦俊:《朱元璋政权城隍改制考》,《史学集刊》1995年第4期。
⑤ [明]朱国祯:《涌幢小品》卷十九"祀神第一"条,中华书局1959年版,第431页。

县以上才有的城隍庙,在明末清初以后,于基层聚落中出现城隍庙,即"镇城隍"。这是伴随江南地区商业化和都市化的过程而产生的。① 在江南地区,普遍存在着一种"解钱粮"的宗教生活习惯,即由各土地庙将从村里各家征收上来的钱粮纳至镇城隍庙中。镇城隍的发展,与这种村庙和镇城隍庙的"解钱粮"关系的形成有着密切的联系。可以说,明后期江南农村经历了商业化、都市化的社会经济变动后,在宗教上的重要反应,就是镇城隍的出现。②

就城隍信仰生活的层面来看,国家祀典中最先并无城隍庙,但吴越地区一直存在这种城隍信仰,地方风俗是"水旱疾疫必祷焉"。宋代欧阳修曾指出,当时天下尽管普遍出现城隍神,但是将其信仰列入县级祀典却很少。范文甫向程颐问及到官三日例当"谒庙"以及城隍情况时,程氏答道:"城隍不与土地之神,社稷而已。"城隍的正统性早已得到了确认。到洪武元年诏封天下城隍神时,在应天府的可称"帝",在开封、临濠、太平府、和州、滁州的称"王",在一般府、州、县的则有"公""侯""伯"不同的封号。洪武三年,诏定岳镇、海渎都要依据山水本称,城隍神也都改题本主,称作"某处城隍之神"。次年,特敕府县里社各设"无祀鬼神坛",以城隍神主祭,"鉴察善恶"。不久朝廷又下令新规,新官赴任必先"谒神与誓",以期"阴阳表里,以安下民"。实际上,这些都出于朱元璋的主张。由此,对于城隍神的重视得到天下奉行。③ 明末清初的太仓人吴伟业

---

① (日)濱島敦俊:《明清江南城隍考》,载唐代史研究会编:《中国都市の歴史的研究》,刀水書房1988年版,第347—231页。
② (日)濱島敦俊:《明清江南城隍考·補考》,载唐代史研究会编:《中国の都市と農村》,汲古書院1993年版,第499—527页。
③ [明]叶盛:《水东日记》卷三十"城隍神"条,中华书局1980年版,第296—297页。

就说,在太仓州尚未建置的明初,当地已存在城隍祠(属于昆山县),后来独立出太仓城隍,"抟土肖像,犹存初制",是当地官民"祈水旱,禳疾病"的中心场域,且灵验事例烜赫;城隍一祀,可谓甚合古之社祭,其功用在于"域民保境"。[1]

民间崇祀城隍的活动,内容丰富而广泛,苏州地方就有所谓"保福""拔状""许愿""暗犯""犯人香"等祈愿行为,特别是府城隍庙(俗称"大庙"),香火远盛他庙。[2] 城隍神的灵验故事也很丰富,是使得该神信仰普及的一大因素。如元末明初河北大名人秦景荣(裕伯)因世乱而避居上海时,寓于东乡长寿寺,死后被朱元璋封为"上海县城隍神",据说十分灵验。据说顺治十年(1653)秋天海寇侵犯县城时,城隍神显灵保护了当地,"民惑神再生之惠,二百年来香火极盛"[3]。青浦县的城隍神,与上海县城隍神的性质类似,是明人沈恩死后所封,据说也很灵验。传说有人曾侮慢城隍,很快就遭到了报应。陈其元任青浦知县时,遇水旱灾情时,到城隍庙中祈祷后皆有灵验。所以,当地人常常聚资修理沈恩墓,"至今不废"。[4] 城隍神的灵验,在许多人的心目中都被神化了,有人甚至相信,元旦那天第一个进城隍庙焚香的定会获得福报。事实上也有极为巧合的例子:常熟县曾有个善卜的贫民王有德十分虔诚,妻子

---

[1] [清]吴伟业:《吴梅村全集》卷三十九《文集十七·重修太仓州城隍庙碑记》,上海古籍出版社1990年版,第837—838页。
[2] [清]顾禄:《清嘉录》卷三《三月》"犯人香"条,江苏古籍出版社1986年版,第68—69页。
[3] [清]陈其元:《庸闲斋笔记》卷二"上海县城隍神之灵应"条,中华书局1989年版,第40—41页。
[4] [清]陈其元:《庸闲斋笔记》卷三"青浦城隍神之灵异"条,第60—61页。

提供了五文香烛钱的支持,他天未明就赶至城隍庙拜神,得到了神灵的佑护,后来其孙王俞竟中了崇祯十六年(1643)进士,其曾孙王澧又与之同榜。① 这样的故事,颇具典型性②,也可以说明城隍神信仰的普遍以及城隍庙广建的部分原因。

当然,民间城隍神的原身是多种多样的。江南除上述地区城隍神外,著名的还有汉代的纪信、彭越、萧何、张骞、灌婴等。其中纪信庙,在乡间都称"都城隍庙",地位不低。依照国家典制,凡御灾捍患、有功德于百姓者,都可归入国家祀典。如苏州府,清代的城隍神屡有变更,先是汤斌,然后依次变为陈宏谋、吴坛继、顾光旭,到道光时则变作了陈鹤。至于神灵的灵验故事,则屡有可述者。③ 于此亦可见官方对于祠神的奉立与崇祀,是随形势变化而有不同。

对于府、县城隍祠神,基本都有庙宇建置,以司香火,都是重门复道,殿宇轩昂,规制可谓堂皇。上海县城隍庙还在仪门之上建楼,以备演剧娱神之用。村镇社庙仿照府、县规制,也有楼门、寝殿等建筑,但总不如府、县城隍庙的规模宏远。④ 尽管国家典制规定城隍神是府县城池的保护神,非乡村所宜祀,然而江南的乡村地区所建的城隍庙数量,往往多于府县城市,如吴江县的黎里镇,其所

---

① [清]王应奎:《柳南随笔》卷一,中华书局1983年版,第15页。
② 其实,类似的故事还很多。如见诸明代嘉兴府地方无名氏的一则记录,可以推知这种元旦诣城隍庙行香的习俗是很普遍的。参[明]无名氏:《鸳渚志余·雪窗谈异》帙上"观灯录"条,中华书局1997年版,第20—22页。
③ [清]钱泳:《履园丛话》丛话十五《鬼神》"城隍"条,中华书局1979年版,第400—402页。
④ [清]叶梦珠:《阅世编》卷三《建设》,上海古籍出版社1981年版,第66页。

辖镇市乡都范围内,共有11所城隍庙。①

对于城隍神庙的维护或重建,官方都比较关注。嘉靖年间的倭患,对江南地区的影响较大,寺庙亦曾遭到破坏。上海县的城隍庙,就在万历年间得到了重建。② 对于城隍庙中的其他设施建筑,只要对官府权威没有什么大碍,都能得到官方的直接支持。乾隆年间,即在上海城区隍庙西园新建湖心亭,以作地方百姓娱神之所,也满足了县民"喜其宽深亢爽,足欢乐神"的需求。③ 作为庙会活动的高潮性内容,演戏娱神是必不可少的。江南几乎所有的城隍庙内都搭建有戏台。上海县城隍庙的戏台,在道光十六年(1836)再次得到重建,地方士绅民众对此事极为关心,募捐时都十分踊跃。④ 而城隍庙会的盛况,也不是其他寺庙可比的。1820年英文版的《上海导游手册》,描述了城隍庙会的兴隆:在节日里要想穿过庙那是困难的。祈祷的人群在神像前燃烧着香烛。巨大的炉子里发出的热力逼迫人赶快退出,那代表银锭的纸钱正在炉子里燃烧。⑤

---

① 光绪《黎里续志》卷二《祠庙》,光绪二十五年禊湖书院刻本。
② 万历三十年十月《上海县重建城隍庙记碑》,载上海博物馆图书资料室编:《上海碑刻资料选辑》,上海人民出版社1980年版,第9—10页。
③ 乾隆四十九年八月《新建上海城隍庙西园湖心亭记碑》(陆锡熊撰),载上海博物馆图书资料室编:《上海碑刻资料选辑》,第22页。
④ 道光十七年四月《重建上海县城隍神庙戏台碑》,载上海博物馆图书资料室编:《上海碑刻资料选辑》,第28—32页。
⑤ 阮仁泽、高振农主编:《上海宗教史》,上海人民出版社1992年版,绪论第8页。

三 江南的民间信仰

1. 民间信仰的盛行

自佛教传入中国后,造寺、写经、供佛、饭僧、看经、念佛等行为,在士绅们看来都属"靡费之事",却日新月盛,都是谄佛之人为求"福利"而出现的贪心惑志行为所推动的,所以凡是"其力稍可为者",无不争先为之。士绅群体对此信仰不太在意,虽不深谙佛教,但认为"其言无足信"。① 而基层社会对于佛教的倡拜,并未因士绅们的轻蔑或反对而加以停止。可以说,地方上凡遇神诞,"不惜靡费财力"。② 在明清时期,江南地区的佛寺大盛便是一个明证。

在富庶的江南地区,风俗奢华远非其他地区可比。具体事例,可以苏州府地区为典范。明代杭州人张瀚曾说,苏州人"聪慧好古",又善操海内"上下进退之权",故苏人以为雅者,则四方随而雅之;如果认为俗者,四方则随而俗之。而且江南地区虽然赋税沉重,但是商品经济发达,"工商贾人之利又居农之十七",所以"赋重不见民贫",有余力追求奢华的生活方式,像用片竹寸石制成的精细玩物,"动辄千文百缗","得者竞赛,咸不论钱",几成"物妖",引领了其他地区的风气追求。③ 表现在寺庙营建与崇佛形式上,自然

---

① [明]李诩:《戒庵老人漫笔》卷六"辟世俗释道"条,中华书局1982年版,第240—242页。
② 光绪《无锡金匮县志》卷三十《风俗》,光绪七年刊本。
③ [明]王士性:《广志绎》卷二《两都》,中华书局1981年版,第32—33页。

也会起到表率作用。所谓"相沿为风,相染成俗"。①

明代王穉登曾对苏州等地的民间信仰作过一个扼要的概括:"吴风淫靡,喜讹尚怪,轻人道而重鬼神,舍医药而崇巫觋,毁宗庙而建淫祠,黜祖祢而尊野厉。"②还有人指出,崇祀巫鬼已到了"人病不服药,听巫赛神,费出不赀,虽至破家"而甘心无悔的地步。③ 尊事佛、道二教,甚至"倾赀以为费,葬以燔弃"。④ 这些都是江南地区在民间信仰生活中的普遍现象。

除一般寺庙的神灵信仰外,江南乡贤祠的信仰在乾隆年间堪称泛滥。⑤ 乡贤祠的兴起,说明了这样一种情况:民间信仰上对于某一神灵的兴趣,往往会使寺庙祠神从萧条走向兴盛。这种转变可以说是带有根本性的,体现了民间信仰群体在寺庙崇尚上的生命力。很多人认为,寺观盛衰常有气运之数,而人事之功有时显得更大。载于清嘉、道时期梁章钜(1775—1849,曾任江苏布政使等职)笔下的一则有关尼庵观音显灵的故事,也能很好地说明这一点:"余官江苏时,往来丹徒河干甚屡,习见一尼庵,颇冷落,近年过之,则门户崭新,香火甚盛,相距不过十余年耳。偶因夜泊,与庵旁一老翁诘其颠末,翁年逾七十矣,慨然曰:'凡寺观之盛衰,虽关气运,而人事亦与有功焉。此庵初不振,一日遇都天庙会,甚热闹,庵前赶会之船不少,有美妇趁船到此登岸,一足误陷污泥,急行入庵,

---

① [明]张瀚:《松窗梦语》卷七《风俗纪》,中华书局 1985 年版,第 138 页。
② [明]王穉登:《吴社编》,宝颜堂秘笈本。
③ [明]撰人不详:《云间杂志》卷上,奇晋斋丛书本。
④ 嘉靖《常熟县志》卷四《风俗志》,嘉靖间刻本。
⑤ [清]王应奎:《柳南随笔》卷六,中华书局 1983 年版,第 116 页。

众目皆睹,而舟子忽哗言妇给船钱一百,乃是冥资,急入庵理论,则庵中并无此妇,方与庵尼诘论,舟子忽见座上大士像一足遍染污泥,乃大惊悟,伏地叩首,即将冥资焚于炉中,于是阗塞入庵聚观者,无不合声诵佛,信为大士显灵。……此事近来知者渐多,而庵之灵感如旧,其气运尚未衰也。'"①

图 10.2　城隍、土地诸神祇像

江南的民间祠祀极为兴盛,很多被官方斥为"淫祠",原因可能

---

① [清]梁章钜:《浪迹续谈》卷七"尼庵"条,中华书局1981年版,第374页。

还在于地方豪右常常借此举行赛会、祷神祈雨等活动,对官方的正常施政有所影响或阻碍。如湖州府归安县萧总管祠,就是其中的代表,被认定是"淫祠",却得到了地方豪右的支持。① 但如仅就崇祀的神灵而言,一般在一座寺庙中往往会供奉多个神灵,有鬼、仙、神、佛等。本来这些神灵都各有专祠,发展到清代,"僧道、贪饕香愿,将血食诸神,杂塑庙中",统称作"佛",当然还有是否"好佛"的区分之说,②但都体现了民间信仰中多种神灵体系并存的情况。在江南地区民间祠神体系的考察中,这种情况是普遍存在的。如江苏省吴江县周庄镇北金家荡村的七老爷庙(即金总管庙),除金氏七兄弟被作为庙中正祠外,还有一些诸如观音之类的神像,也被同时供奉在这个小庙中,香火很盛;而且在每年十月,当地村民都会醵钱演戏,场面十分壮观,庙前小河及河对岸的农田都遍布附近各乡村赶来观剧的村民,很多都是开船而来,所以庙前那条小小的河道被挤得无法通行。不过,这种行为完全出自民间,因经费不足而无法开展演戏活动也是很经常的事。③ 再如昆山县地区的朝神活动,显得十分兴盛。在那里,四月的"里社"活动是其民间祠神的主要载体,一般举行于农历四月十五日前后三日,届时乡、城之神都要到山王庙,抬神人员健步如飞,以争前为尚,俗称"朝山王"。④

实际上,许多祠庙中的神灵在当地并无本源,或与其他神灵并无任何关系,就是在地域上也丝毫不涉一足。但声名远播的神灵,

---

① [明]董斯张:《吴兴备志》卷二十九"瓀徵第二十四之三",文渊阁四库全书本。
② [清]王有光:《吴下谚联》卷三"好佛住后殿"条,中华书局1982年版,第93页。
③ 该情况是作者于2000年3月实地考察所得。
④ [清]龚炜:《巢林笔谈续编》卷上"梦绿袍神",中华书局1981年版,第190页。

其显灵故事常在信仰者中被神化,只要假托伪说,便可凭空在异地建立神灵祠庙。在地方史志中,可以发现许多这样的事例,即使当时已无祠庙,但它的影子在祀典中还是能找到的,在官方的视域中,都需要予以必要的整顿。① 像杭州府,崇鬼尚神的习俗是非常出名的。在那里,民间对于每个庙中之神,必定撰其姓名,"尊以官爵"。而在庙里经理日常事务的,都是所谓里中好事之人,被称为"庙鬼"。②

总而言之,明清时期江南地方的民间结社、庙会活动十分兴盛,其中又以苏州府地区为最,每到暮春时节,堪称"举国若狂"。会首与绅耆们齐集神庙中,公议民间敛资事宜,用于娱神演剧的彩衣置办等,务求鲜艳。活动期间的搬演故事杂剧,更是翻新出奇,"争奢斗富"。③

2. 城隍及相关诸神信仰的地区性

有关城隍及相诸神信仰在江南地区的广泛和祠祀的普遍,这里仅作一个概要的论述。

一般而言,在城隍庙神活动时节,厉坛是城隍神像必须抬到的地方,每年清明、中元、下元三节,都是如此。厉坛已经成为实际上的城隍行宫。④ 而且在此期间,往往会有赛会活动。由于江南地方

---

① [清]梁章钜:《浪迹续谈》卷二"淫祠"条,中华书局1981年版,第280页。
② [清]陈其元:《庸闲斋笔记》卷八"庙鬼慢神"条,中华书局1989年版,第178页。
③ [清]吴炽昌:《客窗闲话》卷八"汤文正"条,光绪元年味经堂刻本。
④ 嘉庆《重修扬州府志》卷六十《风俗·报赛》,嘉庆十五年刊本。

信巫祝、崇鬼神的习俗,在民间有着广泛而深入的基础,所以每当报赛之期,"必极巡游之盛",整齐执事,对对成行,而且"装束官弁,翩翩连骑",都是穷侈而极观,甚至分作两社以争胜,"致一国若狂"。① 根据清代的政区划分,对城隍及相关诸神信仰行为可以从地域上作一个初步的说明。

府州县地方的信仰行为

在松江府地方,每年农历三月"清明节"节前三天,郡牒城隍神按期到达厉坛,仗卫整肃,地方百姓要执香花拥导,活动往往进行到夜间,再以华灯迎归,参与人数前后多达数万。七月望、十月朔的活动也是这样举行的。② 上海县的情况与此完全相同,把清明节与七月望、十月朔这三次相同活动并称"三巡会",活动地点主要在厉坛、龙华寺,届时市集十分拥挤而热闹。三月二十三日是"天后"诞辰,县城东门外广搭灯棚,遍悬灯彩,到二十八日才移进城中,称作"城隍夫人诞"。这种日夜游灯的活动,要维持十天左右。不过在四月"立夏日",还要进新麦给城隍神,择取麦穗,磨粉后粘成蚕状,叫作"麦蚕"。③ 在明初,华亭县每年在这三次活动期间,按照旧例要用鼓乐迎送城隍神主像出郊坛,祭无祀鬼魂钱鹤皋等。到出会那天,旗灯华丽,幡皆珠穿,鼓乐烟火不计其数。这种习俗相沿颇久。七月盂兰盆会在清初就已称"中元"节,很多地方百姓一早即到府城隍庙及卫城隍庙进香。④ 娄县与此完全相同。那里的

---

① [清]龚炜:《巢林笔谈》卷二"赛会奇观"条,中华书局1981年版,第34—35页。
② 崇祯《松江府志》卷七《风俗》,崇祯三年刻本;嘉庆《松江府志》卷五《风俗》,嘉庆二十二年刊本。
③ 同治《上海县志》卷一《疆域·风俗》,同治十一年刊本。
④ 光绪《重修华亭县志》卷二十三《杂志上·风俗》,光绪四年刊本。

三月二十六日,还有抬东岳庙神像出巡的活动,到二十八日还庙结束,"导从极盛"。① 川沙地区也有"三巡会"活动。另外在八月中秋,还要用斗香酬愿。县庙以及东岳庙、观音堂、施相公庙表现尤为兴盛。到清末还有焚香达旦、游人杂沓的景象,确实可与元宵节相比。② 奉贤县的情况与此完全一样。③ 靠近浙江的金山县,在清明节、七月十五、十月一日照样也有迎城隍神至县厉坛的活动。三月二十八日还有"钱幡会",祠奉岳神,"鼓乐骑盖,送神上庙"。④ 青浦县的"三巡会",一直到光绪年间还在举办。⑤ 在三月、九月祠神活动期间还有"玄帝胜会""佛会""杨老爷会",百姓扮演神灵,"穷极诞谩",商贾由之市利十倍;另外,六月初九还有一次城隍神社的活动。⑥

东部的太仓州地区,乡俗也是极信鬼神,往往多淫祀。迎神赛会,都是由民间自发敛钱举办。由此导致的男女聚观、拥塞街衢,遭到了地方政府的强烈反对。⑦ 嘉定县到民国年间,当地乡村男女一直十分崇信释、道二教,但在城厢,信众则以妇女居多。他们所表示的信仰方法:一称"烧香",每逢朔、望或神佛诞辰,备好香烛、纸锭入寺庙膜拜,普通老妪显得尤其虔诚;另外每逢三月十九、四月初八、九月十九等日,往往要在社庙诵经,有焚纸扎之船者,谓之

---

① 乾隆《娄县志》卷十《祠祀志》,乾隆五十三年刻本。
② 光绪《川沙厅志》卷一《风俗·岁时》,光绪五年刻本。
③ 光绪《重修奉贤县志》卷六《祠祀志·坛庙》,光绪四年刊本。
④ 乾隆《金山县志》卷十七《风俗》,乾隆十六年刊、民国十八年重印本。
⑤ 光绪《青浦县志》卷二《疆域下·岁时》,光绪五年刻本。
⑥ 民国《青浦县续志》卷二《疆域下·风俗》,民国二十三年刻本。
⑦ 民国《太仓州志》卷三《风土》,民国八年刊本。

图 10.3　民间元宵节庆活动场景

"化莲船",又称"做佛会";每年还醵资雇船赴杭州拜佛,俗称"朝山进香"。一称"吃斋",与前者不同的是,男子很少参加此类活动。二月二十九日为观音诞日,所以从二月朔开始持斋至这一天,称作"观音素"。① 在三月清明节,崇明县的县官按例也要主持祭祀厉坛,并要抬迎城隍神像。其间的民俗活动,有涂面饰鬼卒扮故事、乡遇银铛饰重囚,还有挂肉灯、悬臂炉等,被政府视作"恶剧"。不过,在民国时已很少见这种活动了。在二十八日的东岳帝诞日,城

---

① 民国《嘉定县续志》卷五《风俗》,民国十九年铅印本。

隍神要诣贺,俗称"朝王"。①

苏州府城的祠神活动,主要在虎丘进行。三月清明节,府县都要参与此项活动。到春夏之交,乡村流行赛会,间做优戏,称作"春台"。这种迎神赛会活动,在苏州地区是极为普遍的。② 在清明节期间,府、县官都要到虎丘厉坛主祭无祀孤魂,府、县城隍神及十乡土谷诸神。七月望"中元节"与十月朔"下元节",游侠、贵介、妖姬、艳妓驾画舫,徜徉于斟酌桥一带,如鱼尾之相接,号称"打招"。③ 由于这是官方主持的祠神活动,其合法性自然不会引起怀疑,也不会招致官吏们的反对与禁除。昆山县还有一种习俗,即亲友生病时,都要到城隍庙祷告,称"保状"。在正月初三日,无论贫富贵贱,都要去城隍庙,称"谒庙"。④ 在四月十五日有规模盛大的"山神诞日",要将城隍、总管、土地诸神像都抬到山神庙进行朝拜,活动从半夜开始,到天亮才结束。光绪年间,这种活动还要提前一晚作预期演习,届时"喧哄竟日"。舆夫们趋走如飞,以至神像倾毁都不能顾及。地方政府曾申禁这种活动,终不能止。到六七月间,还有"土地神会"。从乾隆朝以来又出现了"城隍神会",仪卫壮丽,远近前来观看的人充塞道路。另外在顺治年间,当地百姓创为阴司上纳钱粮的说法,自夏到秋,各抬乡都土地神置于会首家,号称"征钱粮"。每户人家要交"阡张"一束以及纸帛,一起抬神像到城隍庙汇纳(后来改至清真观),都以敛钱名目,称作"解钱粮会"。其

---

① 民国《崇明县志》卷四《风俗》,民国十三年修、十九年刊本。
② 同治《苏州府志》卷三《风俗》,同治间修、光绪八年江苏书局刻本。
③ 光绪《吴县志》卷五十二上《风俗一》,民国二十二年铅字本。
④ 嘉靖《昆山县志》卷一《风俗》,嘉靖间刻本。

他如东岳、关帝、城隍、金总管、张仙、五路、通达司、三元帝君、龚贞老官人、周孝子等会,更是不胜枚举。①

图 10.4　清代的关帝祠庙

在常州府无锡、金匮等地方,四月十五日是"府城隍诞",要举行诸神赛会以庆祝。十六日是"谢酒会",堪称诸会之冠,原因在于由北塘商贾集资出钱,经费充裕,举办较为容易。府庙建于明末甲

---

① 光绪《昆新两县续修合志》卷一《风俗》,光绪六年刊本。

申年间,从北塘到城中的灯彩堪称最盛。府城隍神爵称"嘉应侯",无锡、金匮地方则称"西汉王"。金匮县的"城隍诞"是在九月十九日,届时诸神也要举行赛会往贺。① 再如宜兴县地区,则于四月下旬有"城隍会"活动,仪从极盛。活动期间,士女云集,也可算是盛会。② 江阴地方于三月清明节,照例举行城隍神赛会,并进行登山活动,旌旗舆卫,观赏者填塞街衢。③ 地方政府认为,这种迎神赛会掀起的民众活动,简直是"举国若狂"。④

湖州府乌程县等地,在五月十五有所谓"府城隍会"。⑤ 德清县到民国年间,还有城隍会的活动。活动中饰有"三班六房",装扮齐楚故事,以及抬阁皆十分盛行。每于夏初举行,后来就停办了,只有九月初在城隍庙举行的香市还跟过去一样。⑥ 当然在活动期间,还要将城隍神像抬出巡游四方。这些都是江南地区相当普遍的祠神行为。

嘉兴府于四月四日一直存在"城隍会"的习俗,当时常有人醵钱作迎神赛会,表演戏剧。⑦ 清明节照例要奉城隍神诣厉坛,百姓执香花作拥导。七月十五、十月一日的情况也是如此。到光绪年间,四月四日还有"城隍诞辰"活动,应该就是传统的"城隍会",地

---

① [清]黄印:《锡金识小录》卷一《备参上·补订节序》,乾隆十七年修、光绪二十二年刊本。
② 嘉庆《宜兴县旧志》卷一《风俗》,嘉庆二年刊本。
③ 道光《江阴县志》卷九《风俗·岁时》,道光二十年刊本。
④ 康熙《常州府志》卷九《风俗》,康熙三十四年刊本。
⑤ 光绪《归安县志》卷十二《舆地略十二·风俗》,光绪八年刻本。
⑥ 民国《德清县新志》卷二《舆地志二·风俗》,民国十二年修、二十一年铅印本。
⑦ 万历《嘉兴府志》卷一《风俗》,万历二十八年刊本;崇祯《嘉兴县志》卷十五《政事志·里俗》,崇祯十年刻本。

方上要备齐牲醴以作"庙献"。① 另外,在杭、嘉两府交接的海宁县,当地百姓在四月十一日都要斋戒入祀城隍神,并用鼓吹导迎,到厉坛后才可返回。②

乡村祠神活动概观

不可否认,与县城大镇相比,乡村的祠神规模就要显得逊色多了,但在内容上则体现出了多样性。如上海县的法华乡,在清明节除有与大城镇类似的祠神活动外,在七月望、十月朔、夏至、冬至都有此类活动。当地的翠竹庵、三泾庵要抬城隍神像到乡厉坛,赈恤"无祀孤魂"。乡厉坛始建于洪武十五年(1382),按里甲制的编排是每里一所。民国时期,各乡、图城隍逢节亦有"祭坛会",应当是其遗制。事实上民国时的乡厉坛,也就是各乡的义冢罢了。从民间社、会的活动,可以反映祠神的盛行情况。如乡民经常在秋季成群召集,举行猛将社、土地社、关帝社、城隍社等的祭拜,热闹非凡。另外,信奉鬼神,有疾病就延请女巫施法,先祈祷而后医药的情况,则是相当普遍的行为。③

作为乡间小镇,蒲谿(七宝)也是如此。在三月清明节、七月十五及十月初一日,南北镇人要奉城隍神诣坛设祭。此外,在八月十五前后,当地百姓还存在踏月往南北城隍庙看"待神"戏、听音乐等习俗。④

---

① 光绪《嘉兴府志》卷三十四《风俗》,光绪四年鸳湖书院刻本。
② 康熙《海宁县志》卷二《方域志·风俗》,康熙十四年刊本。
③ [清]王钟纂,胡人凤续纂:《法华乡志》卷二《岁时》,民国十一年铅印本。
④ [清]顾传金辑:《蒲谿小志》卷一《风俗》,上海市文物保管委员会编:《上海史料丛编》,1961年铅印,第15—16页。

第十章 明清江南地区的意识形态及其政府控制

金山县的张堰镇地方,在十月一日有所谓"十月朝"的活动,与清明、中元均属"鬼节"。届时,家家都要祭先祖。而且,大多数人还要到城隍神庙进香,外来乡民经过当地,往往会参与这些活动,"水陆橹声,人迹逦迤相接",相当热闹。春间还有迎神赛会,如城隍(保障一方)、莽将(俗称"猛将",能驱蝗)、照天侯(掌鄞都府出入死生)、施相公(医疮患)、牛郎(治牛)等神,村落中都立庙祀之。乡民患病要请巫觋,并陈设酒食,俗称"献菩萨";到庙里酬神的,则称"上庙"。①

同样的,好巫信鬼,节日迎奉城隍的活动,在章练镇地方也体现了普遍性的特征。② 朱泾镇人朱栋所撰的《村巫行》,能深刻反映乡村社会中的好巫信鬼之俗以及对于巫的绝对虔诚之态:"巫风独盛江之南,我生江国俗最谙。一人有病一家破,一家有病人人贪。金谓参苓独茹苦,何如酒肉同分甘。而况延医药有误,椒糈要神乞呵护。求神先要求村巫,一求村巫病即苏。"除与其他地方相同的祠神祀先活动外,在镇区上、下塘的"赌赛神会",显得别具特色。每值清明、中元、十月朔日祭坛之期,地方上流行在手指般粗的铁柱上扎小孩童,并抬高伸出楼檐,"装点故事,悉用珠玉珍宝,穷极工巧"。但在抬出前一日,秘不示人。当时有谚云"忙做忙,莫忘朱泾赛城隍",由此可以想见其俗盛行的大概。不过在民国年间,经过地方政府十余年的努力,这种习俗已遭禁除。③ 但是,习俗

---

① 姚裕廉,范炳垣纂:《重辑张堰志》卷一《志区域·风俗》,民国九年金山姚氏松韵草堂铅印本。
② [清]高如圭原纂,万以增修纂:《章练小志》卷三《风俗》,民国七年铅印本。
③ [清]朱栋:《朱泾志》卷一《疆域志·风俗》,民国五年铅印本。

图 10.5　民间神庙演戏

不断演替,只经十多年的禁革,未必会真正消失。很多祠神行为都是民间性的,官方未必知晓,甚或蒙混装做不知的情况也是常有的。在湖州、苏州等地民间祠神行为的实地考察中,都能发现这种情况。

太仓州沿海的茜泾地方,乡民于三月清明节也要请城隍神祭厉坛;二十八日,是"岳帝诞辰",村民先期募化黄钱,择定四月上旬

第十章　明清江南地区的意识形态及其政府控制

图 10.6　江南乡村演剧场景

解纳("解黄钱"),抬迎神像前往朝拜,有人就饰作旗仗队员,并备具马匹,或者黜面妆为丧神、猎户,还要鸣锣奏乐。地方政府认为这些活动"苛敛靡费",堪称"恶习"。① 此外,璜泾地区在三月清

---

① [清]倪大临纂,陶炳曾补辑:《茜泾记略》"风俗"条,乾隆三十七年修、同治九年增补抄本。

明,也有抬村神祭义冢的习俗。①

苏州的黄埭镇也有"三巡会"。当地习俗,在四月间要举行赛"城隍会",时间长达三日,也称"解天饷",而且每年都要举行。其第一天在本镇市街巡行,称"演会"。第二天就到管山解东岳饷,为"正会"。该日乡民导从之盛、仪仗之丰,实非他乡所能比。有许愿作囚徒者,枷锁锒铛,赭衣被体,如朱彝尊所形容的"桁杨充罪隶,箫鼓导神牌"。当时还要专门选取貌美孩儿,装束鲜艳,跨马前行,称"马太保";又有扮戏踏高跷的,其状不一。第三天就到琳桥完成"末会",俗称"神望外婆家",到则一年平安,田地丰盛,否则就是不吉了。②

周庄镇地方,地处苏州边缘,与松江、嘉兴两府邻接,其俗带有混合的成分。除"三巡会"外,三月二十八日是"天齐王诞辰",在东岳庙旁要演戏三日,近乡民众停止农作,前来游玩,俗称"长工生日"。各乡村从入春伊始还要挨次演春台戏,几无虚日,被地方政府称为"迎神赛会则乐趋,醵钱演剧则不吝"。③ 盛泽镇在三月清明节,有东、西两城隍神、两社庙神赛会,各往厉坛主祭无祀孤魂。④ 在元和县的唯亭镇,八月朔日也有城隍会。⑤ 相城地区在三

---

① [清]赵曜:《璜泾志略》"流习"条,抄本。作者赵曜,据志书内容,似为乾、嘉间人。
② 朱福熙等修,程锦熙纂:《黄埭志》卷二《风俗》,上海图书馆藏民国十一年石印本。黄埭,清代属长洲县。
③ [清]陶煦:《周庄镇志》卷四《风俗》,光绪八年元和陶氏仪一堂刻本。
④ [清]仲廷机纂,仲虎腾续纂:《盛湖志》卷三《风俗》,民国十四年乌程周庆云覆刻吴江仲氏本。
⑤ [清]沈藻采:《元和唯亭志》卷三《风俗》,道光间修、民国二十三年元和沈三益堂铅印本。

第十章 明清江南地区的意识形态及其政府控制

月清明节,要载着土地神像巡行水乡,以争先为胜,称"草头会""摇水会"。① 吴江黎里镇地方在八月十五日中秋节举行的"太平神会",规模很大:先于十一日奉城隍及随粮王、土地诸神游巡至村庙中,所谓"宿山";十二日排列执事人员,由水道绕着市河至罗汉寺、东岳庙两处公馆,称"接佛";十三日就开始设筵演剧;十四、十五、十六三天昼夜出会,地方百姓各设香案,张灯结彩,富家大室更是陈设古董以互相炫耀;到十六日,诸神会至东栅,司会者备好船只,由市河载回庙中,叫作"游河上殿",夜间还请出诸神夫人,为"夫人会",同是有妆花活动。清人撰《踏灯词》描绘道:"纷纷红粉杂香烟,齐拜夫人彩轿前。一点诚心有如月,绝怜花样拣新鲜。"妇女们则沿街执香,摩肩接踵,笙歌载道,灯月交辉,彻晓乃罢。黎里地方百姓别无靡费,只有此项费资甚大。在活动期间,又有各处买卖营生的,拥塞街道,往来杂沓,良莠不一。所以,地方政府要求在这三天三夜中,百姓门户都要加意防范。② 在平望镇,从正月十四至十六日,要在昭灵侯庙(俗称城隍庙)挂灯演戏。在平望所辖二十四坊中,每坊居民负责庙务一年,称"当坊",二十四年轮满一转。每当庙会时节,各出书画古董陈列于庙前,以供人员赏玩。如果各坊悬灯,则要迎神巡行各坊。在震泽县界,只有七坊负责此事。四月八日,当地相传是"城隍神诞辰",各坊都要拜祝演剧,称"太平会",僧尼庵院则设"浴佛会"。八月二日是所谓"城隍夫人诞辰",各坊拜祝者如祝城隍一般。十四日至十六日中秋节时期,城隍、刘王两

---

① 陶惟坁修,施兆麟纂:《相城小志》卷三《风俗》,民国十九年上艺斋活字本。
② [清]徐达源:《黎里志》卷四《风俗》,嘉庆十年吴江徐氏孚远堂刻本。

庙都要悬灯,举行热闹的活动,就像正月里一样。①

图 10.7 民间娱神赛会

关于抬神主出巡的风俗,今天很多地方都保留下来了,湖州乡村地区保留的恐怕是较多的。那里庙会的神主分为两种,一是"坐公",一是"行公"。"行公"是必须抬出去的,而"坐公"置于本庙不动。以长兴县后漾乡霞城村(童庄殿自然村)李王庙为例,在举行庙会时,庙中要举办酒宴,并将李王神像抬于轿上出巡,整个路程有三五十里,环绕好几个村子,一天之内是无法抬回本庙的,所以

---

① [清]翁广平:《平望志》卷十二《节序》,光绪十三年吴江黄兆柽重刻本。

神像与游人都要在外夜宿;如果遇河无桥,临河地方就会有人组织搭浮船,以便通行。按照风俗,抬老爷是不可以走回头路的,必须兜满一圈。这种大规模的活动,必然吸引附近宜兴、广德等地的百姓前来参加,进香崇拜。所以,这样的抬神出巡行为,就要涉及上百个村的地域。显然,地方政府对这种祠神行为是不太认可的,因为它有碍官方的正统论,所以屡加禁止。但是,民间对祠神行为的复兴行动,一直没有停止过。①

四 江南的葬俗

在传统社会,对丧礼是相当重视的。葬仪则以土葬为主流,不过费用极高,民间多有互相攀比的现象。早在北宋初期,廉价的火葬就渐渐取代了土葬,成为民间贫民的葬式主流。但在中国古代,这种方式是与传统礼教相悖的。②

这种由佛教思想影响而来的葬俗,在江南地区一直受到官绅阶层的排斥。南宋的许多官员就强烈反对这种葬法:"方今火葬之惨,日益炽盛,事关风化,理宜禁止。"由于火葬已经得到了民间的普遍认可,所以要强制禁绝是十分困难的。也有官员提出了缓和

---

① 该情况是作者于1998年8月和2000年3月两次考察湖州长兴县后漾乡霞城村所得。
② 火葬属于佛教习惯,官方本来就不大提倡。它在江南地区流行,具体始于何时,尚不可得知。不过可以肯定的是,宋代的火葬已经十分流行。在北宋初年,政府曾发布了一道敕令:近来在开封以外的地方及其他地区开始出现了焚烧死者尸体的做法,必须加以禁止,除非因为尸体必须远途运送(习惯上要将死者归葬故土),或者死者是佛门弟子和外国人,可以不论。参(法)谢和耐:《蒙元入侵前夜的中国日常生活》,刘东译,江苏人民出版社1995年版,第130页。

的建议:"既葬埋未有处所,而行火化之禁,恐非人情所安。欲乞除豪富士族申严禁止外,贫下之民并客旅远方之人,若有死亡,姑从其便。"①当时丧葬还用僧道威仪,颇为盛行,这种形式在今天多有遗存。明代杭州人田艺蘅言及北方丧葬用僧乐时云:"宋开宝三年(970),诏开封府禁止士庶之家丧葬不得用僧道威仪前引,此崇正道、厚风俗之大端也。又,太平兴国六年(981),诏禁送葬不得用乐,庶人不得用方相魌头,皆良法也。"②由宋至元,火葬依然十分流行。这种流行与人们的佛教信仰有一定的关系,火葬行为在民间相当盛行,即使是在首都"汗八里"(今北京)也有固定的火葬场所。③

在明代,与北方地区相比,江南的火葬风气显得更盛。当时人就说:"吴越之民多火葬,西北之民多葬平地。"④这种葬俗在万历年间达到鼎盛:"丧死则用僧道作道场,送葬则用僧道为引导。不惟愚民之家,虽仕宦亦有为之者。"如果有人予以讥煸,则称:"我固知其非礼,奈此先人遗命,不敢违也。"⑤

早在明初,朝廷就已经下令严禁火葬。洪武三年(1370),朱元璋指出:"古者圣王治天下,有掩骼埋胔之令,推恩及于朽骨。近世

---

① 《宋史》卷一百二十五《礼志》。
② [明]田艺蘅:《留青日札》卷二十七"丧葬用僧乐"条,上海古籍出版社1985年影印万历己酉刻本,第877—878页。
③ (意)马可·波罗口述,鲁思梯谦笔录:《马可·波罗游记》,陈开俊等译,福建科学技术出版社1981年版,第160页。
④ [明]谢肇淛:《五杂俎》卷六《人部二》,(台北)伟文图书出版社有限公司1977年印行,第149页。
⑤ [明]田艺蘅:《留青日札》卷二十七"丧葬用僧乐"条,上海古籍出版社1985年影印万历己酉刻本,第877页。

狃于胡俗,死者或以火焚之,而投其骨于水。孝子慈孙于心何忍。伤恩败俗,莫此为甚。其禁止之。若贫无地者,所在官司择宽闲地为义冢,俾之葬埋。或有宦游远方不能归葬者,官给力费以归之。"①尽管如此,地方火葬之风依然盛行,且多是假托出于先人临终遗命。实际上民间对于火葬的心态,从根本上看还有"火化成佛"的因素。北方山西太原地区曾有一名工匠就极喜佛事,后因火灾时还安然端坐火中,"传呼成佛"。②

作为国家典制的权威记录,《大明律·礼律》有严禁火葬的明文:凡是有丧人家,必须依照国家礼制安葬;如果惑于风水及托故停柩在家、经年暴露不葬的,杖八十;其遵从尊长遗言,将尸烧化及弃置水中者,杖一百,卑幼并减二等;若亡殁远方,子孙不能归丧而火化的,听从其便。③ 这实际上是保持了洪武三年朱元璋谕旨的基本内容。④

据考古发现,清初皇室成员也盛行火葬。顺治帝的火化,除了火葬属塞外女真习俗这个因素外,还与他本人崇佛有关。⑤ 但在清代法律中,保持了与大明律相同的内容,严禁火葬,八旗、蒙古丧葬"概不许火化";而且民间在丧期间,不许聚集演戏,以及扮演杂剧

---

① 《明太祖实录》卷五十三"洪武三年六月辛巳"条,所载内容较《明史》为多。《明史》卷六十《礼志十四》内容是抄缀《实录》内容而成,不过时间写作"洪武五年",今从《实录》改。
② [明]李中馥:《原李耳载》卷下"火化成佛"条,中华书局1987年版,第152页。
③ 《大明律直解所载明律》卷第十二《礼律·丧葬》,载刘海年、杨一凡总主编:《中国珍稀法律典籍集成》乙编第一册,科学出版社1994年版,第511页。
④ 《明太祖实录》卷五十三"洪武三年六月辛巳"条。
⑤ 陈垣:《陈垣学术论文集》第一集,中华书局1980年版,第500、530、539页。

等类,否则官民都要一律治罪。① 江南地区的很多士绅也都反对丧事用佛或杂演小剧,认为"吴俗淫靡,莫此为甚",应该随时劝惩。② 实际上,清代对于江南地区的火葬控制是十分用力的,也采取了许多措施,地方官员多以"捐镪置地为己任",增广"福田",以期消弭江南盛行的"火化水沦之风"。③ 晚至同治年间,政府还在不断饬谕禁止火葬,要求对违令的人按律治罪。④

然而,基层百姓与社会上层的行为存在相当的差距。以江南地区而言,其火葬习俗具有普遍趋同的特征,尽管在个别细节上仍存在微小的差异。

1. 松江府

松江府地区的风俗普遍是喜作佛事,丧葬极信风水。⑤ 一般来讲,"喜作佛事"多指丧葬行为。当地人还"好学僧道",以致在同治末年几乎因"左道"酿成大狱。⑥ 而且火葬十分流行,"习以成

---

① 《大清律例》卷十八《礼律·仪制》"丧葬"条,载刘海年、杨一凡总主编:《中国珍稀法律典籍集成》丙编第一册,科学出版社1994年版,第247—248页。
② [清]柳树芳:《分湖小识》卷六《别录下·风俗》,道光二十七年胜谿草堂柳氏刻本。
③ 《募劝掩瘗痊骼》,载《顺康朝督抚司道府州县谕示》,伦敦英国图书馆东方部藏抄本(编次OR7391)。转引自王庆成编著:《稀见清世史料并考释》,武汉出版社1998年版,第282—283页。
④ 参冯尔康、常建华:《清人社会生活》,天津人民出版社1990年版,第256页。
⑤ 嘉庆《松江府志》卷五《风俗》,嘉庆二十二年刊本。
⑥ 光绪《松江府志》卷四十《拾遗志》,光绪九年刊本。

风"。①

浦东的川沙地方在过去丧事不用腥,但到民国时期,富厚之家开丧期间已出现了在隔晚请客用半腥的现象。普通百姓逢丧也要做功德,延僧道"设享""做早七"。这种习俗,在江南各地其实都是一样的。在横沙乡地方,遇人病故,还要竖起高达三四丈的幡杆,直到死者第三天入殓为止,称为"热木",实际是"入木"的谐音而已。② 奉贤县的情况也差不多,士夫之家必用僧道。③

松江府北部的青浦县,祭祀方面虽然崇尚"省简",但凶事又都从俗,"繁费颇多"。入殓、出殡及下葬必用僧道。④ 地方上尚鬼祟神的习俗氛围十分浓厚。在蒸里地方,在人死后三年内,每逢清明、夏至、七月望、十月朔、冬至及周年,都要请僧、道诵经礼忏。特别是那些村妪,极为信从此事,"出钱趋之若鹜"。⑤

在蒲谿(七宝)地方,乡村百姓举行入殓、出殡及下葬仪式时必用鼓吹、炮手和僧道,就是富家大室也往往如此。官府认为,这是"余费浮于正费",应当予以改正。从总体上说,蒲谿地方"俗信巫鬼,重淫祀"⑥,呈现了江南乡村社会普遍的信仰实态。

明清时期属于江、浙两省共辖的枫泾镇,在丧葬习俗上,初丧

---

① [明]李绍文:《云间杂识》卷二,民国二十四年冬上海瑞华印务局影印黄氏家藏旧本。
② 民国《川沙县志》卷十四《方俗志·川沙风俗漫谈》,民国二十五年铅印本。
③ 光绪《重修奉贤县志》卷十九《风土志》,光绪四年刻本。
④ 光绪《重修青浦县志》卷十九《风土志》,光绪四年刊本。
⑤ [清]叶世熊:《蒸里志略》卷二《疆域志·风俗》,宣统二年青浦叶桐叔铅印本。
⑥ [清]顾传金辑:《蒲谿小志》卷一《风俗》,上海市文物保管委员会编:《上海史料丛编》,1961年铅印,第13页。

要延僧尼诵经,称"伴灵";嗣后延僧道作佛事,或二三日,或至终七者,称"伴灵经"。①

2. 太仓州

太仓州地区丧葬的礼仪,崇尚简省,受风水的蛊惑或因经济贫困不能举办的,往往过期不葬。这种行为自然与清代《会典》《通礼》的规制大相违背。② 嘉定县的紫堤村,于丧葬之具也颇为省简,但乡邻亲族饮馔之费及释、道经忏的费用,往往浮于"正项"。官方认为这是"不知本"。在嘉庆年间,这种习俗与"串戏""淫祠"都遭到了官方与乡绅的共同反对,要求永禁。③

沿江滨海的宝山地方,到光绪年间还有"偷葬"的行为。这种葬俗在宝山显得较为特别,因当地土多沙质,下葬时往往列棺圩岸,几年以后再行检骨入甕,用棺板作为器具,说是可以"辟邪"。另外,民间延请僧、道做功德,士大夫家往往参与其间。④ 月浦地方,无论贫富,丧礼也是普用僧、道,大体是十室而九。至于七天祭期中,更有血湖、受生、寄库种种名目,荒诞不经,却称"功德",或者因虔信风水而停棺不葬。⑤

---

① [清]曹相骏纂,许光埔增纂:《枫泾镇志》卷一《区域志·风俗》,光绪十七年铅印本。
② 民国《太仓州志》卷三《风土》,民国八年刊本。
③ [清]汪永安原纂,侯承庆续纂,沈葵增补:《增修紫堤村志》卷二《风俗》,上海市文物保管委员会编:《上海史料丛编》,1961年铅印本,第59—62页。
④ 民国《宝山县续志》卷五《礼俗志·风俗》,民国二十年铅印本。
⑤ [清]张人镜、陈观圻等辑:《月浦志》卷九《风俗志》,光绪十四年稿本。

崇明县是长江入海处的一个巨大沙洲,那里的丧俗除延僧道做仪式外,还要具仪仗舆送城隍神(当地习俗认为,城隍神主掌勾摄新死鬼魂诸事),称作"送魂"。这种习俗入民国后,仍无大的变更。①

3. 苏州府

从松江到苏州,地方都较为富庶,火葬习俗却很流行。从方志记载的角度观察,这些地区的火葬记录也是很多的。这完全可以表明,地方政府对此种习俗的反对态度在方志体系中,显得十分突出。民间丧葬信从风水,这是很正常的,而且由来又十分久远。所以短时内政府要有所改变,自然十分困难。在常熟、昭文地区,葬地最为密集的地方是虞山,山上新、旧坟冢相当多,所以再要在这里找到一块好葬地已很困难。在过去,贫穷人家往往只好火化,到清末这种风习就减少了。但贫穷人家还常在田塍营葬,后来因年深柩朽,就用瓦坛改埋骸骨。②

在吴江县,择地营葬极信堪舆之术,还有多年不能安葬的现象。而且,无力之家往往"率从火厝"。至于做佛事,兼用道士,官府曾屡次禁谕而不能制止。③震泽县地方也是如此。在清代,还兼用道士侍从葬仪。贫窘之家中火葬风习依然很流行。④

---

① 民国《崇明县志》卷四《风俗》,民国十三年修、十九年刊本。
② 光绪《常昭合志稿》卷六《风俗志》,光绪三十年活字本。
③ 乾隆《吴江县志》卷三十八《礼仪》,乾隆十二年修、石印重印本。
④ 乾隆《震泽县志》卷二十五《礼仪》,光绪十九年吴郡徐元圃刻本。

盛泽镇地方的一般人家葬礼也是没有定期,乡间无力之家大率火化。嘉庆间,地方上有人设立了善堂,施以巨瓮经办掩埋,这种火化风气才得以稍息。① 黎里镇地方,凡遇新丧,或至戚,或本家,多延请僧尼在尸床前礼忏,名叫"记念"。葬地也必经选择,极信堪舆家言。乡人无力经办正常丧事的,就从火厝。地方政府认为这是最为"惨目"的事。里中好善之士就发起添设了"掩埋局",专司葬埋之事,使这种风气在一定程度上得到了抑制。② 震泽镇地方的丧葬,也是多无定期。有信风水之说的,甚至数十年不葬。乡居无力之家,则率从火化。嘉庆初期,当地也有人布施巨瓮,以作掩埋之用,使火化之风得以稍微改变。③

4. 常州府

常州府的无锡、金匮地方,在丧葬方面"不师古而繁于俗礼",特别注重僧道礼忏诵经,"七虞内无虚日"。一次殡葬的费用,有时可使数户中等资产人家破产。迷信风水而延期不葬的则更多了。④

江阴地方的丧事喜用音乐,而"庸庶之家"都崇尚佛教,故而跪拜奠献很少有符合儒家礼仪的。⑤

---

① [清]仲廷机纂,仲虎腾续纂:《盛湖志》卷三《风俗》,民国十四年乌程周庆云覆刻吴江仲氏本。
② [清]徐达源:《黎里志》卷四《风俗》,嘉庆十年吴江徐氏孚远堂刻本。
③ [清]纪磊、沈眉寿:《震泽镇志》卷二《风俗》,道光二十四年刊本。
④ 光绪《无锡金匮县志》卷三十《风俗》,光绪七年刊本。
⑤ 嘉靖《江阴县志》卷三《风俗记》,嘉靖二十七年刻本;光绪《江阴县志》卷九《风俗·通尚》,光绪四年刊本。

显然,丧葬用佛与其他地区的情形基本相同,且极信堪舆家言。但在火葬方面,表现似不如其他府突出,至少在方志体系中(如康熙三十四年[1695]刊的《常州府志》、光绪五年[1879]刊的《武进阳湖县志》等),都无这方面内容的明显记载。也许是官府在该地区的控制力度比其他地区要强,也许是地理环境因素的影响。总之,火葬行为在这一带并不普遍。

5. 嘉兴府

在嘉兴府,葬礼方面采取火葬最多的是窭户。士大夫家也有因风水之说而迁延葬期的。另外,当地土膏而民勤,"尺寸之地必耕",家室不殷实的很难拥有理想的葬地,而且又不想加入"义葬",所以只好按照佛教习惯进行火葬。官府屡示而不悛,不得不承认"俗之难化如此"。① 像秀水县,就很流行堪舆家言,人死多以"薪葬"(即火葬)。②

嘉善县在进行祭礼时,还有寺僧送经疏(上面书写祖先表字曰某某公)的过程。举办丧事时,阴阳、土作等费,恣意索取,富者尚能满其意,但贫者就感到困苦不堪了。不过在清末,火葬之风因官府的力行禁革,已大为减弱。不过乡民惑于风水、富家没有找到满意的葬地,会暂寄庵寺;至于贫民停棺不葬的风习,虽经历届官府

---

① 崇祯《嘉兴县志》卷十五《政事志·里俗》,崇祯十年刻本;光绪《嘉兴府志》卷三十四《风俗》,光绪四年鸳湖书院刻本。
② 万历《秀水县志》卷一《舆地志·风俗》,万历二十四年修、民国十四年铅字重刊本。

惩劝,一直无法停息。① 在石门、桐乡地区,还专门延请僧道帮助尸体火化,认为火葬可使魂魄升天。巨室大家甚至极信风水,停棺不葬更是常有的事。火化行为在乡间相当流行,特别贫困人家为节省土地,更倾向于火葬。② 平湖县地区在举行祭礼时,也有寺僧给印经疏,写上祖宗姓名后加以焚化的习俗。③ 海盐地区则是"火葬成风",即便政府设了义冢这类针对贫民的公共墓地,也不能减却这种风气。④

西南与嘉兴府紧邻的海宁县,在举行丧礼时,有其特别的地方,像袁花镇民,要将死者之衣冠装置轿舆中,鼓乐铙钹,鸣锣开道,到城隍社庙拈香,称"参庙"。这种习俗沿至民国,一直很盛行,被地方政府斥为陋俗。在丧事期间,也喜用佛道声乐。贫穷人家则火葬成风,官置义冢成为虚设。另外,当地葬俗还讲究"灰格葬法"。⑤

6. 湖州府

湖州府的地理环境,包括了从西部丘陵地形向东部水乡平原

---

① 光绪《重修嘉善县志》卷八《典秩志下·风俗》。
② 光绪《石门县志》卷十一《杂类志·风俗》,光绪五年刻本;光绪《桐乡县志》卷二《疆域志下·风俗》、卷四《建置志中·善会》,光绪十三年刊本。
③ 光绪《平湖县志》卷二《地理下·风俗》,光绪十二年刊本。
④ 光绪《海盐县志》卷四《舆地考·县治》附"漏泽园"、卷八《舆地考·风土》,光绪三年蔚文书院刻本。
⑤ 民国《海宁州志稿》卷四十《杂志·风俗》,光绪二十二年修、民国十一年续修铅印本。

的过渡形态。这里"酷信风水"①,丧事用佛道与火葬行为都十分盛行。

湖州府附郭县乌程地方,丧葬极喜用佛事,从七月十五至除服,都要延僧尼道士,其费不赀,谓之"超度"。贫家不能办理葬仪者,潜为经营就窆,就是所谓"偷丧"。当然还存在火葬的习俗以及惑于风水之说而数十年停棺不葬的,被官绅们斥为"非人子也"。② 同为附郭县的归安地方,初丧时流行"作乐暖尸",葬时则"焚尸揭骨"。政府将这种行为斥作"乡愚渎富"所行之恶习。③

武康县的士夫之家,丧事多不从佛教,但乡民大多喜欢火化。官府屡次予以示禁,未能尽革。④ 另外下葬时,一般都要遍邀亲戚族党,丧家具以酒肴相待;这样的丧事,贫家根本做不到,所以绝不会去通知亲友,"潜自经营,蓦然就窆"。有时或为风水思想所误,迁延至数十年不葬的,最后往往付诸火化。⑤

德清县地方的营葬,仅用砖砌,称"浮厝"。几年后,在清明、冬至前破棺检骨,置于瓮中,这是一向被政府痛斥为恶习的"揭骨"。其他如火葬、水葬等,当地也很流行。⑥

长兴县开吊出殡,也喜用鼓乐,伴做佛事。贫穷人家多行火

---

① 光绪《乌程县志》卷二十八《风俗》,光绪七年刻本。
② 崇祯《乌程县志》卷四《风俗》,崇祯十年刻本;乾隆《乌程县志》卷十三《风俗》,乾隆十一年刻本。
③ 光绪《归安县志》卷十二《舆地略十二·风俗》,光绪八年刻本。
④ 嘉靖《武康县志》卷三《风俗志》,嘉靖间刻本。
⑤ 道光《武康县志》卷五《地域志·风俗》,道光九年刊本。
⑥ 民国《德清县新志》卷二《舆地志二·风俗》,民国十二年修、二十一年铅印本。

葬。富贵人家则"溺形象家言",甚至有终身不葬其亲者。①

安吉县地方有些特别,丧礼于衣衾、棺椁费用方面比较俭约,但仍崇尚僧道办理丧事。当时人称湖州府的习俗,大抵崇信僧道,然未有如安吉地方在费用上这么用心,昼夜都用道场的费用大概在十余两,贫家往往鬻产以办。②

乡村地方的丧俗,因地域的不同而有所差异,也与各地的生存环境和社会发展程度相关。在菱湖镇地区,丧事必须遍告亲友,由此送葬者从四方会聚到丧主家,再敦请地方上的"达尊"主祀后土、题神主。这种做法,当然不是指贫穷人家而言,他们的选择多为"偷葬",或者惑于风水言说,停棺不葬达数十年。③ 南浔镇也是如此,葬无定期,相信堪舆之说,且多用"偷柩"法,亲友会葬者少。也有将灵柩火化,拾其骸骨贮于瓮中埋葬;或者等尸体腐烂后再检其骨殖置于瓮中,这种行为称作"揭生骨"。其中当然有贪图风水而历久不葬的。④ 双林镇地方的贫穷人家,"偷葬"之风更为严重,火葬习俗十分流行。在家属死日,即就用土墼厝棺于桑地,或一二年,或十数年,等棺木朽烂,在清明或冬至前一日举火焚化,检骨殖贮于坛中。有时甚至因僵尸未烂,火灼筋骨时身体还会产生跳动,也有揭生骨不用火焚的情况。地方政府对此多次严禁也无济于事。在大多数情况下,这既非无力营葬,也非过分相信风水所致,主要是"植桑惜地",将有限的土地用于植桑以获取经济收益,所以

---

① 嘉庆《长兴县志》卷十三《风俗》,嘉庆十年刻本。
② 同治《安吉县志》卷七《风俗》,同治十二年刊本。
③ [清]孙志熊纂:《菱湖镇志》卷十《风俗》,光绪十九年临安孙氏刻本。
④ [清]汪曰桢:《南浔镇志》卷二十三《风俗》,咸丰间修、同治二年刻本。

乡间"浮厝骨墩"弥望皆是。①

乌青镇(今乌镇)地方,地界嘉兴、湖州二府。在葬俗上,有着与上述乡镇共同的特征。官方指出,按照国家法律："从祖父遗言而烧化者,杖一百;若非祖父遗言而烧化者,当引《刑律》'发冢'条内子孙于祖父母、父母坟墓熏狐狸烧及其尸各'绞'之律。"如果不幸亲人殁于远方,暂时不能归葬,只好火化归乡,可以听其便。否则,就要按律从重治罪。到民国年间,乌青镇地方停柩不葬者很多,火葬之风尽管有所减弱,但乡村之中仍有埋骨入瓮之举。②

从整个杭、嘉、湖地区来看,火葬之风是具有普遍性的,僧寺肯定能够从中获取利益。③ 官方的禁约,在后来时常成为具文。这也是整个江南地区的共同现象。另外,太湖湖区(包括湖中诸山岛)中的居民,其风俗也与周边地区相似,在丧礼上也多喜佛事、尚女尼等,而且择地营葬多信堪舆家言。④

五 民间思想意识的国家控制

1. 民间信仰的控制

明清两代中央政府对于佛教等信仰的控制,一直较为严苛,往

---

① [清]蔡蓉升纂,蔡蒙等续纂:《双林镇志》卷十五《风俗》,上海商务印书馆民国六年铅印本。
② 卢学溥修,朱辛彝等纂:《乌青镇志》卷十九《风俗》,民国二十五年刻蓝印本。
③ 同治《湖州府志》卷二十九《舆地略·风俗》,同治十三年刊本。
④ [清]翁澍:《具区志》卷七《风俗》,康熙湘云阁刻本。

往将不合国家规制的祠庙予以禁止或取缔。对地方政府来说,国家认可的祀神都必须维持与保护,但对民间惑于巫觋之说的祀神,如"野五圣"之类,则须列入淫祀而加以摒弃。

官方认为,对淫祠首当禁止的主要原因,还在于妇女们极喜入寺烧香,有伤风化。① 从明洪武三年(1370)正式下令禁毁淫祠②,至正德、嘉靖年间即出现了政府批判淫祠的高潮。当时先在昆山县、后在常熟县任知县的杨子器和其他一些官员,都曾对淫祠进行了彻底的禁毁。③ 当然一些家族在管理其内在秩序的同时,也在家族的生活规范中,明确要求族人禁绝佛事和淫祀。④

清代中央政府也曾努力禁止民间擅造寺观和神祠,雍正十三年(1735)的一则谕旨即云:"凡民间有立愿广大,特欲兴造者,必由督抚题明,方准营建。"⑤很多地方官还将五通神斥为百姓的祸源。"五通"又称"五圣",或曰"五显",传说明初是由朱元璋颁定,并命江南百姓立一尺五的小庙祠祀的,俗称"五圣祠"。但后来日渐繁衍,甚至树头、花前、鸡埘、猪圈,"小有萎夭,辄曰'五圣为祸'"。苏州上方山属最为盛行之地,当地百姓痴信若狂,娱神赛会热闹非

---

① 就现在的考察情况来看,江南妇女入寺焚香祈愿的习俗依然十分盛行。在寺庙神灵信仰群中,妇女对于各种神灵及其生辰、传说故事等是最熟悉的。当然,此类信仰及相关祠神活动,无论在过去,还是在今天,一般都不会上升为政府行为。大概只有国家颁定并得到地方政府倡行的,才能做到这一点。
② 《明太祖实录》卷五十三"洪武三年六月甲子"条。
③ (日)滨岛敦俊:《近世江南金总管考》,载唐力行主编:《家庭·社区·大众心态变迁国际学术研讨会论文集》,黄山书社1999年版,第441—458页。
④ 明弘治十七年已修成的华亭宋氏家族的《宋氏家要部》就有很多这方面的内容。参[明]宋诩:《宋氏家要部》卷二《治家之要》"绝佛事""禁淫祀"条,明刻本。
⑤ [清]赵慎畛:《榆巢杂识》上卷"禁擅造寺观"条,中华书局2001年版,第35页。

凡,据说一日之费可达数百两。① 湖州地方的"淫祀"最信五圣,乡民都认为五圣喜好矮屋,高广不过三四尺,或者塑像,或者画像,凡委巷空园及屋檐之上、大树之下,都予建祀。其他还有金元六总、七总管信仰,乡居都奉其为财神,建庙尸祝,每月初二、十六日的祭拜仪式与五圣相同,俗称"拜利市"。② 江宁巡抚都御史汤斌上疏朝廷,要求将江南五通、五显、刘猛将或五方贤圣等淫祠毁去。③ 终于,在康熙二十五年(1686)间,江南地区出现了一次以省、府为首的禁毁淫祠运动。这次禁毁就是在汤斌的倡导下进行的,影响极大。除将苏州上方山所祀神像投诸水火外,还下令其他各府县"悉行焚毁",并奏请朝廷予以永禁。④

这次禁毁运动使当时风俗为之一变。⑤ 汤斌"日以正人心为先务",在努力斥毁江南五通等淫祠的同时,还严禁妇女入庙烧香,不准民间刊刻"淫词艳曲"。这些都堪称"移风易俗,正本清源之道"。⑥ 汤斌的做法,极为称合朝廷的意图,到康熙二十六年,朝廷即根据给事中刘楷的条奏,下令禁止淫词、小说,对"败坏风俗、蛊惑人心"的僧道邪教也一并禁革。具体工作则由直隶及各省巡抚亲自负责,如有违犯的即按律治罪,"该管官不行察出隐匿者,照例

---

① [清]钮琇:《觚賸》卷一《吴觚上》"奏毁淫祠"条,康熙临野堂刻本。
② 光绪《乌程县志》卷二十八《风俗》,光绪七年刻本。
③ [清]王士禛:《池北偶谈》卷四《谈故四》"毁淫祠"条,中华书局1982年版,第79页。
④ 康熙《常州府志》卷九《风俗》,康熙三十四年刻本。
⑤ [清]王士禛:《池北偶谈》卷四《谈故四》"毁淫祠"条,第79页。
⑥ [清]吴熊光:《伊江笔录》上编,清广雅书局刻本。

议处"。①

图 10.8　民间演剧酿乱

2. 正统信仰秩序的营造

有趣的是,汤斌本人死后,国家为表彰他在移风易俗方面的贡献,将其列为地方城隍神加以崇祀。② 可见,政府在禁毁淫祠时,还在有意无意之间营造国家的正神,以期与民间的祠神或"淫祠"相

---

① 《清圣祖仁皇帝圣训》卷二十五《严法纪》,文渊阁四库全书本。
② [清]钱泳:《履园丛话》丛话十五《鬼神》"城隍"条,中华书局1979年版,第400页。

抗衡。韩森曾从政府赐额、赐号的角度,对南宋时期湖州地区的民间信仰作了专门研究。她指出了官府对于民间信仰的兴趣如何产生的问题,着重论述地区开发、经济发展对于民间宗教的影响。①

图 10.9　政府对民间会社组织的取缔

研究转折时代的变化,能进一步说明江南地区国家政治与基层社会的关系。就城隍神信仰来说,继明代将城隍神纳入国家祭

---

① （美）韩森(Valerie Hansen):《变迁之神:南宋时期的民间信仰》,包伟民译,浙江人民出版社 1999 年版。

祀体系后,清代也先后将关帝①、刘猛将、文昌帝纳入国家的正统祭祀范围。这些神灵除反映"国家化"的特征外,更体现出清代政府欲将地方神祇"儒家化"的意图。五通神的禁毁,是清初打击通俗文化的一个典型案例。由于五通或五显等祠神活动已经危及政府控制的乡里统治秩序,明代有些地方官就曾想毁去五通神,但未成功。② 汤斌的主持禁毁五通神的成功,彰显了清初国家政权的强制力度。显然,政府行为在民间信仰中的介入程度,与国家控制力的弱强变迁有着紧密的关联。小岛毅曾对淫祠作过专门研究,也从国家祭祀延展到官方对祠神信仰的态度问题。尽管他的研究是以闽中南的兴化府、泉州府为主要对象,但其主旨及探讨的问题具有普遍意义。对照江南地区,不难发现这些问题的本质是相似的。③

但是历史也表明,政府要想在短期内消除民间长久盛行的祠神行为是不可能的,民间的祠神复兴运动常在政府禁毁伊始就已经开始了。像明代政府在江阴县采取的禁毁淫祠活动,并未取得很大的成效,应予禁毁的淫祠(包括文昌祠、三官庙、五圣祠、徐偃王庙、关将军庙、沈总管祠、彭王庙、蒋王庙、李太尉庙等)实际上只毁了十分之二三。④ 以文昌神而言,据清代曾任青浦知县的陈其元

---

① 许地山认为,关帝的被尊崇到明代才达到极盛,清初因各处用武,关于关帝显灵的故事更多,朝廷即把他尊为武圣。参其著《扶箕迷信的研究》,商务印书馆1999年版,第27页。
② 蒋竹山:《宋至清代的国家与祠神信仰研究的回顾与讨论》,《新史学》1997年第8卷第2期。
③ (日)小岛毅:《正祠と淫祠——福建の地方志における記述と論理》,《東洋文化研究所紀要》第114册,1991年,第87—123页。
④ 正德《江阴县志》卷十一《异端·淫祠》,正德十五年刊本。

图 10.10　清代道士驱蝗

考证,早在明朝弘治年间,朝廷即有拆毁文昌庙的命令,后在清康熙、雍正年间被作为淫祀加以禁止,到晚清一下子又流行起来,遍祀天下,"隆重几与文庙等"。实际上,约在嘉庆六年(1801)文昌已经被国家列入正统祀典中了。① 所以,围绕于民间信仰中的一个关键问题,就是国家如何加以控制的问题。民间信仰中的许多祠神,经过一段时期的发展,可以变为国家许可的正神,但无论是民间盛

---

① [清]陈其元:《庸闲斋笔记》卷六"文昌为淫祀"条,中华书局1989年版,第149—150页。

行的"淫祠",还是国家认可的正祠,在一定程度上都有损于国家的正统秩序。明人不仅指出"尼僧道姑,有伤风化",而且强调"僧道盛者,王道之衰也"①,道破了历朝政府忧心的问题。中央政府只有加大控制的力度,才能充分保持国家的统治权威。

3. 对民众控制的争夺

佛教影响民间传统习俗,除岁时节俗中的相关信仰外,最显著的方面,就是丧事用佛礼与火葬流行,但历代政府更倾向于对火葬的大力抵制,因为这种习俗与传统国家的儒家精神及其秩序体系是相悖的。火葬本身蕴含信仰意识,但从社会经济发展的角度分析,应当还有更为现实的原因。在江南地区,人口多,赋税重,土地资源尤显珍贵,政府与民间对田地的控制与争夺达到了极为细微的地步;而且,民间很早就已经开始了向自然界争地的进程(与水争地),许多荡、滩,甚至还在水下但有可能在将来变成滩涂或陆地的"田地",都已被抢先占取,这在沿湖河港一带表现得更为明显。这也表明了人多地狭和赋税沉重给江南社会带来的压力,体现在丧葬习俗上,就是火葬的盛行。

杭、嘉、湖地区的乡民多种桑养蚕,土葬显然会影响土地利用与经济作物的种植,因此乡民都会选择中元、冬至两节前后举行火葬。地方政府屡次严行申禁,并责令乡村绅耆地役分段查访、劝

---

① [明]余继登:《典故纪闻》卷十七,中华书局1981年版,第303页。

谕，都无济于事。① 火葬当然是一种节约用地的好方法，对于家计贫窘的下层百姓而言，这无疑是省钱且节约用地的上策。但在官方或一些谨守儒家伦理观念的士绅们看来，这不仅是习俗的问题，而且是思想意识上的敌对做法。② 明末嘉善乡宦陈龙正认为，火葬是"习俗已成，恬不知痛"，必须予以严禁，否则丧家与土工都要按律治罪，总甲邻里知而不报的连坐。③ 可以表明，明清两代政府对火葬都是持禁革态度的。

除此之外，清代更加强了在思想文化方面的控制。众所周知，历史上文字狱的顶峰，出现于乾隆时期。但从清初伊始，政府即加强了在意识形态各层面的严格控制。社会生活中出现的所谓"淫书""淫戏"和"禁毁小说"等，都是以官方颁定的形式出现的。民众文化中的戏曲、小说、演剧赛会等，都在严禁之列。清代律法规定："凡乐人搬做杂剧戏文，不许装扮历代帝王后妃及先圣先贤、忠臣烈士神像，违者，杖一百。官民之家，容令装扮者，与同罪。其神仙道扮及义夫、节妇、孝子、顺孙劝人为善者，不在禁限。"在具体"条例"中又说："城市乡村，如有当街搭台悬灯，唱演夜戏者，将为首之人，照违制律，杖一百，枷号一个月。不行查拿之地方保甲，照不应事重律，杖八十。不实力奉行之文武各官，交部议处。若乡保

---

① [清]钱宝廉：《请旨严禁火葬疏》，载光绪《重修嘉善县志》卷三十一《艺文志二·奏疏》。
② 从明代中叶开始，丧事用佛、丧礼奢化与火化风习一直遭到士绅们的强烈反对，为了对丧俗违礼行为进行扼制，士绅们组织了家族、乡约以及丧葬会社予以改革。参何淑宜：《以礼化俗——晚明士绅的丧俗改革思想及其实践》，《新史学》2000年第10卷第3期，第49—100页。
③ [明]陈龙正：《几亭外书》卷四《乡邦利弊考》"禁焚尸"条，崇祯四年序本。

人等,有借端勒索者,照索诈例治罪。"①而在江南乡村市镇,民间演剧已蔚然成风,对官方来说,这种演剧又与"抗租"斗争不无关系。18世纪的湖州府乌青镇,在当时任乌青镇督捕官的董世宁所编的方志中,就有这样的细致描述,揭示了乡民生活与生产活动中为了利益争夺而借用演剧聚拢人心,对抗税收压力:"近来佃农奸顽,将田中稻谷先时砻舂,或趁新贵粜,或投典贱质,妄希贸易以博利。甚且不安分以图事,又或于春夏时告贷富室,谓之'生米',或有地方商客投牙放米,谓之'行帐',独租米迁延日月,藉口岁歉收薄,冬尽以砻头秕谷约略半偿……其赁田以耕之佃户,向时人尚谨愿,除实租外,视丰歉为盈缩。年来奸滑成风,顺成之岁,且图短少,小涉旱涝,动辄连圩结甲,私议纳数,或演剧以齐众心,或立券以为信约。倘有溢额者,黠者遂群噪其家,责以抗众,不则阴中以祸。是国家旱潦为忧,而奸细反因以为利也。惩兹此风,则公、私并受其福矣。"②在春社赛神时节的"结甲抗租",在江南乡间当是常见的现象。③ 相田洋对民间演剧和民众运动的研究,也充分说明了这一点。④ 因此将寺庙与民间信仰置于这样的背景下分析,才能得出具有广泛意义的认识。

总而言之,在江南地区,政府控制与民间习俗、思想文化的维

---

① 《大清律例》卷三十四《刑律·杂犯》"搬做杂剧"条,载杨一凡、刘海年主编:《中国珍稀法律典籍集成》丙编第一册,科学出版社1994年版,第437页。
② [清]董世宁:《乌青镇志》卷二《农桑》,乾隆间修、民国七年铅印本。
③ [清]蔡蓉升纂,蔡蒙等续纂:《双林镇志》卷十五《风俗》,上海商务印书馆民国六年铅印本。
④ (日)相田洋:《清代における演劇と民衆運動》,《木村正雄先生退官記念·東洋史論集》,開明堂1976年版,第389—410页。

续时常处于对立状态。如果说有统一,也基本是在政府意志与民间意愿相吻合的前提下才能形成。而民间宗教信仰与国家正统礼教出现的对抗,最终不过是两者为争夺地方民众而采取的一种控制行为,也是对民间信仰外在秩序管理的一种控制方式。

第十一章 结论:区域社会的环境变动及其控制模式

若从唐代计起,江南地区已经历了一千年的漫长历史,在环境、社会两方面亦经历了无数变革。但呈现于历代人们眼前的,依然是那种持续发展的兴盛之势。其他一些在历史上辉煌一时的经济区,如关中地区,华北平原,以及战乱波及较少的成都平原,其发展速度与繁荣程度,无论是单个区域,还是整体的综合水平,都很难与江南地区相颉颃。而对于江南长期繁荣稳定的基本原因的索解,已散见于前此各章多角度的探讨,本章则是在这方面作一个概括性的总结,揭示明清江南社会发展的基本样态。

一 江南地区的环境变动与社会控制关系

作为一个特定的区域,江南在明清时期的环境变化,无论是自然,还是社会,都是比较复杂的。

就本书讨论所限,可以看到明清时期中央政府、地方政府和民间的互动关系以及控制行为呈现了种种差异。这种差异主要发生于不同时期、不同地区和不同的控制层面。就政府控制的层面来看,中央与地方的控制行为在本书讨论的基层系统、疆界管理与田粮问题、灾荒与社会反应、水利防护、城防建设、弭盗举措、行业生活规范、佛寺及民间信仰控制等关键性的专题讨论中,都得到了细致说明。特别是在基层系统、疆界错壤、弭盗治安方面,政府力量对地方社会的全面渗透可谓一览无遗。但在其他方面,士绅、宗族、商人、地主等不同力量则体现了相当的作用和影响。江南社会经济的发达,已给这种社会力量的崛起和强大创造了重要条件。可以说,在明清时期的江南地区,社会力量的强大和影响力之巨,是非常有代表性的。

因此,明清时期江南地区社会控制的构成,从某种程度上讲,就是这些力量的构成。这种构成的变化,对整个控制行为起着重大影响。

通过本书对环境变动各个方面的考察,可以看出江南地区确实存在不同层面的控制薄弱环节,这不仅是指由本书讨论的盗匪之乱或争田事件等问题所引出的控制薄弱地带(主要指行政方面),而且还包括各种防护或控制系统(如水利防护、灾荒应变、民间信仰控制等)的薄弱环节。这些环节,实际上是在地理环境基础上形成的诸种失控或控制极弱的空间。就民间信仰的外在秩序而言,非直隶地区的政府控制程度,一般弱于直隶地区。所以,如果单从一种控制层面来看,必然会存在难以周全的地方,具体情况又受地理环境的影响,就形成了区域控制程度的实际差异。在江南这个以太湖流域为主体的空间内,这个差异是与各种河湖水体形态相联系的,结合政区边界、州县行政等问题,使社会控制的地域出现了种种不同的薄弱形态。

但是,江南地区在经过种种变动后(包括大灾和战争的影响),仍能很快恢复并持续发展,便是一个值得思考的重要问题。而且常态环境下的社会控制与变动环境状态下的社会控制,是有所不同的。一般而言,常态环境下的控制行为以政府力量为主,官方的声音比较突出,但在变动状态下,往往需要更多地借助社会力量的介入,社会环境才能更稳定。

在这方面,本书已通过多角度多侧面的考察,揭示了这样一个事实,即江南地区尽管存在种种性质不同的控制薄弱地带,但由于并存的是各种不同的防护或控制系统,因此就可以对各自环节或系统中的薄弱之处互相弥补,使之趋于完整,并随时间、空间的变化,经过中央、地方、民间三个层面的共同努力调整,可使整个控制系统得到持续修补和完善。这是江南地区历经变革,始终能够持续发展的重要原因。所以探讨其中发生的各种关系及调控行为,是一项极富意义的课题。

二 明清时期江南环境的变动

本书探讨的中心,大而言之,就是环境与社会。环境与社会的关系究竟呈现出怎样的一种基本形态,在历史的发展过程中又会产生怎样的变化,已付诸全文各部分的具体探讨。在此,仅通过几

第十一章　结论:区域社会的环境变动及其控制模式

个历史阶段的考察,对这种关系作出适当的归纳,并补充说明一些前述各章中言犹未尽或尚未涉及的内容。

1. 明代以来江南地区的内变迁

在江南地区的发展过程中,农业生产毫无疑问是整个经济繁荣与社会稳定的根本。可以说,农业本身就构成了一个国家的基础,并且规定和确立了这个国家的统治形式;农业是用来满足民众需要的财富的来源,它的发展或衰落必然取决于统治的形式。① 明初鼓励农业生产政策的推行,为以后江南社会经济的发展创造了良好的社会政治背景。

对于人口的控制与赋税的征取,是国家生活中的重要内容,有着十分严密的制度规范。北京大学图书馆所藏宋刻明印的岳珂《桯史》一书纸背的明代嘉兴县赋役供单残件,为了解那时江南地区的赋役与黄册实施情况,提供了制度性的说明。下面所录,即其中的一段:②

　　一户王阿寿今男阿昌　　民籍
　　　　旧管
　　　　　人丁计家田妇五口

---

① (法)弗郎斯瓦·魁奈(Francois Quesnay):《中华帝国的专制制度》,谈敏译,商务印书馆1992年版,第123页。
② 参孔繁敏:《明代赋役供单与黄册残件辑考》上、下,分别载《文献》1992年第4期、1993年第1期。

　　　　男子三口
　　　　妇女二口
　　事产
　　　　官民田地七分二毫
　　　　　夏税
　　　　　　　麦正耗一升五合五勺
　　　　　　　丝二分六厘二毫
　　　　　　　绵二分五厘
　　　　　　　秋粮米正耗六升六合六勺
　　　　　官田二分二毫
　　　　　　　夏税丝一厘二毫
　　　　　　　秋粮米正耗六升六合六勺
　　　　　民地五分
　　　　　　　麦正耗一升五合五勺
　　　　　　　丝二分五厘
　　　　　　　绵二分五厘
　　房屋一间
　　船一只
　　开除人口正除妇女大一口祖母陈可员于成化十二年病故
　　　事产转除民一本图一则地三分于成化十六年卖与本都四册徐顺为业
　　　　　麦每亩科正麦三升每斗带耗三合五勺共麦九合三勺

第十一章 结论:区域社会的环境变动及其控制模式

<blockquote>丝每亩科丝五分该丝一分五厘</blockquote>

但是,明代中后期赋役制度实施中存在的各种问题,在很大程度上构成了社会经济的种种弊端,并于晚明充分暴露。土地的变相集中,不能说与此无关。

早在明代初期,大量占有土地的地主阶层的崛起,就很明显,很多地主本身就属士绅阶层。这是在研究明初江南社会环境变动与政府控制时,应该予以重视的。按照郑克晟的说法,江南地主可分成两部分:一是指苏、松、嘉、湖地区的地主及其所属的士人、官吏;一是指东南沿海地区兼营私人海上贸易的地主。他们都在洪武时期受到政府的迫害,屡遭打击。明初的江南地主与朱明王朝格格不入,与元朝一向对他们的"宽疏"政策有着密切的关系。从永乐迁都北京后,江南地主与中央政府之间的矛盾时有发生,有时表现得十分激烈。[①] 矛盾集中的焦点,往往在于国家与地方的利益分配不均。这是贯穿于传统社会后期环境变动与政治调控方面的一条主要线索。

从明代中期出现土地集中的严重态势,也不是偶然的。作为占夺土地的形式之一,平谷或平米的斗争十分突出。嘉靖年间的湖州府安吉地方百姓还团结起来,围攻大族,抢夺田产。在万历以后,这类社会问题已经异常严重,充满了危机感,其主要表现仍在人口控制与土地争夺两个方面。[②] 明末清初昆山人顾炎武对此深

[①] 郑克晟:《明初的江南地主与朱明政权》,载南开大学历史系中国古代史教研室编:《中国古代地主阶级研究论集》,南开大学出版社1984年版,第183—201页。
[②] 秦佩珩:《明代经济史述论丛初稿》,河南人民出版社1959年,第38页。

有感触,他说:"予少时见山野之氓,有白首不见官长,安于畎亩,不至城中者。洎于末造,役繁讼多,终岁之功,半在官府,而小民有'家有二顷田,头枕衙门眠'之谚。"表现了他对官民关系的紧张与赋役沉重的深深忧虑。① 尽管有明一代江南赋税奇重,"一县可敌江北一大郡","破家身亡者往往有之",但是,闾阎尚未困敝的原因,还在于当地人能竭尽山海田泽之利,"无微不析"。②

实际上,役重的问题,一直令世人深忧。苏、松、常、嘉、湖五府地区,担负国家额定的军漕与民漕。民间最为繁重的赋役,当属北运漕粮,"走三千里外,转二十一万四千八百石之粟"。③ 仅此一役,便使许多富户为之倾家荡产。除官吏们的横征私敛外,一些居乡的士绅也多倚势恃强,上下相护,"视细民为弱肉",使百姓无所控诉。④

松江人陈子龙在崇祯朝的最后一年,还向南京新成立的弘光朝廷上奏,指出"海内之役,以江南为最重",且役法久弊,民众重困不堪,出现了"官多庸墨,吏缘为奸,百弊横生,十室九尽"的困弊之态。他提出四个方面的建议,以期消除役法之弊。一是征求细布,已是松江地方"第一重役",承充者即使是万金之家也已无法承受,官民两困,可以征解折色,由官府招商平买;至于粗布征解,本为输

---

① [清]顾炎武著,黄汝诚集释:《日知录集释》卷十二"人聚"条,岳麓书社1994年版,第446页。
② [明]谢肇淛:《五杂俎》卷三《地部一》,(台北)伟文图书出版社有限公司1977年版,第65页。
③ [明]陈继儒:《晚香堂集》卷五《松董漕方公旦心遗爱碑记》,明崇祯刻本,载《四库禁毁书丛刊》集部第66册,北京出版社1997年影印版,第619—620页。
④ [清]赵翼:《廿二史劄记》卷三十四《明史》"明乡官虐民之害"条,商务印书馆1958年重印本,第720—722页。

送边防之需用,但常年拖欠,已成"弊薮",也应改折,以助国需。二是北运,堪称最为困苦之役,白粮北运因北京的陷落,已转输南京,官运与民运差别不大,可由漕运带输,"最为直捷"。三是轻粮,包括军储、济农、风汛、行粮等名目,由乡区核定收成情况决定漕粮加耗有无,结果弊端丛生,可以均派乡区轻粮额数,使衙门胥吏也不能乘机作弊。四是塘长:大役破家者已不可计数,而里长小役也往往破家的原因,一是苦于征比之无法,二是苦于塘长之多费,毕竟里长要兼任塘长,是出于水利工作的需要,"率本里之人,利本里之田",但实际上并非本里兼本地之塘长,而是"极东、极南之里长,派极西、极北之地方",必定会出现"竭民力以营私家"的问题,出现水利开浚取讨空名旷银的情况,结果是"吏胥薮利无限而里长靡不困穷",故需要官方统一水利工作,均派县域内的里长,每图(里)派征经费不许超过8两,超过8两的即属渔取派数,并请当地士大夫合力监督,不许候缺官钻营包揽,最后责成相关部门验收,从而使"东南之水日修而里长之困穷可救"。①

总体而论,嘉靖到万历朝仍属明代较为富足的时期,所谓"海内殷富,家给人足"。② 从元末江南巨富沈万三好广辟田宅、富累金玉至此时,世人争以求富为务,生活饰物更是争奇斗巧。③ 松江府

---

① [明]陈子龙:《兵垣奏议》"臣郡役法久弊疏"条,载《陈子龙文集》,华东师范大学出版社1988年影印本,第151—155页。
② 嘉庆《嘉兴县志》卷十二《赋役》,嘉庆六年刻本。
③ [明]黄省曾:《吴风录》(一卷),百陵学山本。

地方在正德以后即"自俭入奢",士大夫们普遍"好侈宫室"。① 上海县已号称"小苏州",其富庶之态几近江南地区最富的苏、杭,风俗自然尚奢。② 万历末年海宁县人许敦俅就曾对这种社会生活的变化有过细致生动的描述,他通过对日常生活用物的古今对比,有力地说明了贫富差距的加大和江南民众日益奢华的生活风气。他自述道:"我甲子年入泮学中,朋友皆纱布白布襥,间有一二富公子,则穿色衣。今皆色衣,目中已无白布之衣矣。"读书人都爱穿色衣的这类风尚,堪为代表。③ 然而,嘉靖年间的倭乱,对江南社会所造成的冲击还是很大的。如一直没有城墙卫护的上海地方,在嘉靖七年(1528)等时期,屡遭寇扰,被倭寇劫烧的士商百姓民居不下百余家。倭寇乘潮来去,劫掠城市"如取囊中",实是无城可依之故。④ 在嘉靖三十三年(1554),嘉兴城外无数人家遭到倭寇的蹂躏,仅存余烬。⑤ 而昆山地区的乡村百姓,在此期间被杀的约有千人,大多数被迫流离迁徙,所在村落为之一空。⑥ 在万历以后,由于各方面因素的共同影响,江南地区又出现了很多大的变化。崇祯年间暴发的水旱灾害,更给江南地区带来了致命的影响。由此诱

---

① [明]陈继儒:《白石樵真稿》卷二《松江志小序》"风俗"条、卷三《励斋方公祠堂记》,明崇祯刻本,载《四库禁毁书丛刊》集部第66册,北京出版社1997年影印版,第43、64页
② [明]陆楫:《蒹葭堂稿》卷六《杂著》,嘉靖四十五年陆郯刻本。
③ [明]许敦俅:《敬所笔记》"纪世变",嘉兴祝廷锡民国十年手抄本,载陈学文著:《中国封建社会晚期的商品经济》,湖南人民出版社1989年版,第318—322页:"附录"。
④ [明]顾从礼:《奏请筑城疏略》,载崇祯《松江府志》卷十九《城池》,崇祯三年刻本。
⑤ 崇祯《嘉兴县志》卷二《建置志·城池》,崇祯十年刻本。
⑥ [明]归有光:《震川先生集》卷三《备倭事略》,上海古籍出版社1981年版,第72页。

第十一章 结论:区域社会的环境变动及其控制模式

发的一系列社会暴乱事件,更使江南地区处于十分动荡的境地。在生活富庶的苏州、松江二府地区,都发生了规模很大的抢米事件。当时人称,崇祯十二年(1639)虽然年成较丰,但"米贵而钱贱,小民始不聊生"。次年由于灾害的降临,在四月份即暴发了席卷苏州城的抢米事件。① 崇祯十四年(1641),松江府地方的米价因为旱情达到了三两一石,从而诱发了打毁官家房屋、市民罢市等事件。② 同时,地方百姓大多依靠棉织业为生,由于棉布价格的下跌,生活更见困难。直到明末清初之际,松江府地区棉织业与南北贸易的不振,还在影响着当地人民的生活。在上海县,"甲申以后,因南北间阻,布商不行,棉花百斤一担不过值钱二千文,准银五、六钱而已"。直到顺治三、四年(1646—1647)随着抗清活动的消弭,棉花价格开始抬升。③

明代后期江南地方的佃农、奴仆、棚民等争取土地的反抗活动,已经构成了农民斗争的另一种系统。隆庆、万历以后,江南各地发生着各种民众反抗活动,较早的有松江反徐阶斗争、苏州反凌宦斗争,此后有湖州的民抄董宦事件、昆山的反周玄暐斗争、松江的反董其昌斗争。直到崇祯初年,昆山地方还发生了反顾秉谦的斗争。这种反抗活动在江南地区从未停止过。④ 从崇祯十年(1637)开始,太仓、宝山、上海、南翔、大场、昆山、嘉定、常熟、金坛、溧阳、宜兴、武进、石门等地,以奴仆反抗地主为主的民间抗争活

---

① [明]徐树丕:《识小录》卷二"庚辰民变"条,涵芬楼秘笈本。
② 光绪《重修华亭县志》卷二十四《杂志》,光绪四年刊本。
③ [清]叶梦珠:《阅世编》卷七《食货四》《食货五》,上海古籍出版社1981年版,第156—157页。
④ 傅衣凌:《明代江南市民经济试探》,上海人民出版社1957年版,第118—119页。

动,可谓此起彼伏。①

例如在宝山县地区,曾经主仆名分颇为严明的状态,就在明末王朝鼎革之际发生了极大的改变,奴仆们"乘乱谋叛",从吴淞江东的瞿氏家开始蔓延至吴淞江西的祝家库,千百成群,"焚庐劫契,烟销蔽天"。这些奴仆"臧厮踞坐,家主供馔,稍有难色,按地予杖",难怪在后来地方士绅的记载中将此斥为"大肆其毒"。很多奴仆还与邻县"势豪"互相联合以欺"故主",像沙溪朱氏家族的奴仆,"一再谋叛,久而始定"。时人惊呼这是"千年未有之变"。而且,在清雍正二年(1724)正式立宝山县后,境内这种情况得到暂时停息,但在官方看来仍是"不可不防其渐耳"。②

从崇祯末直到清初,这种"奴变"发生于江南的大部分地区③,在康熙初年才得以逐渐平息下去。④ 有学者提出,晚明江南地区出现的地方变革与城市社会冲突,是新兴的城市意识的一种体现,而这种意识,正是在城镇中占主导地位的绅士们与普通民众相联系的关键;流行于城镇中的对抗行为,是各种变乱因子的综合,其促进要素则是贫民被排斥于公共权力之外,而士绅要将其在政治上

---

① 傅衣凌:《明清封建土地所有制论纲》,上海人民出版社1992年版,第114—125页。
② 乾隆《宝山县志》卷一《地里志·风俗》,乾隆十一年刻本;光绪《宝山县志》卷十四《志余·风俗》,光绪八年学海书院藏板。
③ 傅衣凌:《明末南方的"佃变"、"奴变"》,《历史研究》1975年第5期;(日)西村かずよ:《明末清初の奴僕について》,载(日)小野和子编:《明清时代の政治と社会》,京都大学人文科学研究所,昭和五十八年(1983)三月,第233—275页。
④ 谢国桢:《明末农民大起义在江南的影响——"削鼻班"和"乌龙会"》,载氏著《明末清初的学风》,人民出版社1982年版,第249页。

第十一章　结论:区域社会的环境变动及其控制模式

有所作为的愿望与他们的纳税负担联系在一起。①

同时,晚明到清代大规模密集农业的扩展,为人们谋生提供了较多的渠道。而规模庞大的国内贸易以及由政府控制而利润极高的对外贸易与新兴的工业,也为人们创造了更多的就业机会。由于农业生产在明清时期比较发达,棉布业与蚕丝业也得到了长足进展。这一现象曾引起很多学者对"资本主义"在江南地区的萌芽问题的浓厚兴趣,当然也会涉及一个对所有研究中国史的人来说都十分重要的问题,即由内部因素还是外部因素引起传统经济组织的应付能力方面变化的问题。② 长江流域因拥有其他地区无法比拟的江、湖、运河系统,一个巨大的商业区已经构成。从十六世纪前期以来,自欧洲与日本不断流入的白银,进一步刺激了该地区经济的发展。有人甚至认为,东南地区虽不能代表整个中国,但当其被纳入世界规模的商业革命时,它的影响就会远播于中国内地。③

在传统意识形态中,佛教的导入,深刻地影响着江南地区的生活与习俗。在明清两代,它因与道教合流,经常酿成剧烈的宗教叛乱和农民起义。直到今天,它在民间仍然保持着巨大的影响

---

① Richard Von Glahn, *Municipal Reform and Urban Social Conflict in Late Ming Jiangnan*, Journal of Asian Studies, May 91, Vol.50 Issue 2.
② (美)李明珠:《中国近代蚕丝业及外销(1842—1937)》,徐秀丽译,上海社会科学院出版社1996年版,第44—45页。
③ (美)何炳棣:《1368—1953中国人口研究》,葛剑雄译,上海古籍出版社1989年版,第194—195页。

力。① 这应该是江南地区内部变迁的一个重要方面。

江南正是面临着这样一种社会环境的大变化,经济与政治因素在其间又起着主导作用。当人们还来不及顺应时代的迅速发展时,偶发性或者是周期性的自然灾变的介入,顿时使整个江南地区出现了前所未有的变动局面。但这种极具复杂性的变动,给整个江南社会造成许多机会,当然也有灾难。如果说是机会,那就是政府与地方社会在处理这些变化时所采取的措施与方法,为以后社会的发展提供了较多的选择。而灾难的来临,往往是暂时的,有时甚至转瞬即逝。所以处理自然与社会变化导致的灾难,将使一个地区能够聚合起来,以地域为范围,形成单股或多股并存的力量,来防范或适应这种变化。地理环境只是为这种应变状态营造了一个背景空间,人的活动则体现了更为丰富的内容。对这些活动,确切地说,就是整个社会的反应、控制与影响加以剖析,便会使整个历史地理背景及其发展的研究变得十分生动。

2. 明清易代之际江南的社会政治环境

16—17世纪的中国,在政治、经济、社会及思想文化诸方面都在产生着巨变。包筠雅(Cynthia J. Brokaw)认为,正是政府的腐败、商业经济的迅猛发展、农村中旧的等级关系的瓦解、对正统理学的

---

① (日)三石善余:《传统中国的内发性发展》,余项科译,中央编译出版社1999年版,第7页。

第十一章 结论:区域社会的环境变动及其控制模式

普遍怀疑,使明清之际既面临着巨大的机遇,又充满着极大的不安。①

对于大多数中下层人民来讲,面对清兵南下引起的社会变乱,如果挺身而出,"未有不受其害者",所以可选择的"止有趋避一法"。② 但也要看到,在明末因整个王朝的变乱,地方上响应李自成等人的反抗活动,仍然十分频繁。这一时期对江南震动最大的,莫过于崇祯帝的死讯南传。

据说在崇祯十七年(1644)三月十九日李自成攻破北京后,崇祯帝即自缢于煤山。由于适逢战乱,这一消息通过大运河传递至长江以北城市如皋时,已是四月十五日了。③ 明末清初文人冒襄描述了这一消息对南方地区所产生的震动:"甲申三月十九日之变,余邑清和望后,始闻的耗。邑之司命者甚懦,豺虎狰狞踞城内,声言焚劫。郡中又有兴平兵四溃之警。同里绅衿大户,一时鸟兽骇散,咸去江南。"④ 到长江以南地区确知北京方面的消息时,已晚至四月底五月初。⑤ 像隐居嘉善县胥五区乡间的乡绅陈龙正,就是在五月初一日才正式获知京师陷落的确信,感觉"天翻地覆""摧心欲

---

① (美)包筠雅(Cynthia J. Brokaw):《功过格:明清社会的道德秩序》,浙江人民出版社1999年版,序论第1页。
② [清]曾羽王:《乙酉笔记》,旧抄本,载上海人民出版社编:《清代日记汇抄》,上海人民出版社1982年版,第6页。
③ (日)岸本美绪:《崇祯十七年的江南社会与关于北京的信息》,《清史研究》1999年第2期。
④ [清]冒襄:《影梅庵忆语》,载《美化文学名著丛刊》,上海书店1982年据国学整理社1936年版复印本,第15页。
⑤ (日)岸本美绪:《崇祯十七年的江南社会与关于北京的信息》,《清史研究》1999年第2期。

绝",认为崇祯朝是"有君无臣,死党误国"。① "甲申之变"对于长久处于安逸生活中的江南士绅而言,堪称"天崩地裂,悲愤莫喻"。② 在归有光曾孙归庄(1613—1673)的记述中,将甲申之变视为"万古痛心事",喻作天地崩陷、日月湮沦③;对一些"漫抛亡国恨"、闲坐画船饮宴、纵观竞渡游戏的士绅,则更有着无比的痛恨。④ 江南许多士绅都公开表示反对附从李自成,更反对顺从清朝,对北方已降清的官员士绅进行了严厉的声讨,甚至将这种败坏"忠孝之风"的人斥为"家人小畜"。⑤

忠于明室正统的士大夫们,为大明的覆亡痛泣了三日。当时人称"醉梦不醒人事"的弘光帝在南京登极后,才使变乱中的江南人心稍微安定。在弘光帝所下的诏书中,据说有一句"与民更始"。地方上于是讹传,凡是奴仆之辈,可以"尽行更易,不得复奉故主"。这给江南地方的"奴变"制造了政治背景。松江地方闹得最凶,由海上到闵行、周浦、行头、下沙、一团以及华亭诸镇,奴仆千百成群,"沿家索契",结果奴杀其主者无数。清兵南下后,地方上又遍起

---

① [明]陈龙正:《几亭全书》"附录"卷二《陈祠部公家传》。
② [明]冯梦龙编:《甲申纪事·叙》,上海古籍出版社1993年影印本。
③ [明]归庄:《归庄集》卷一《诗词·除夕七十韵》,中华书局1962年版,第35—36页。
④ 参明末娄江人陆世仪的诗《五月四日得先帝后惨报确信四海同仇若丧考妣诘朝乡绅有楼船广筵纵观竞渡者愤而刺之》,载[明]冯梦龙编:《甲申纪事》卷十三,上海古籍出版社1993年影印本。《甲申纪事》书内涉及触讳的词语,在清初都被挖去,陆世仪的这首诗题就有此痕迹。
⑤ 参当时苏州府诸生袁良弼等撰:《公讨降贼伪项煜、宋学显、钱位坤、汤有庆檄》、常熟县士民撰:《常熟县讨叛公檄》、苏州士绅撰:《移讨嵩逆檄》、金坛县诸生撰:《公讨降贼诸臣义莫大于君臣、罪莫滔于叛逆》、嘉兴府绅衿:《公讨伪户政府司务檄》等,载[明]冯梦龙编:《甲申纪事》卷八,上海古籍出版社1993年影印本。

第十一章 结论:区域社会的环境变动及其控制模式

"乡兵",公报私仇的情况不一而足,杀人如同草芥。① 但随着清兵南下,弘光朝骤然瓦解,仍使江南士绅措手不及,许多人就奋起抗清。如崇祯十六年(1643)进士、吴江县人吴日生(即吴易)与举人孙兆奎同入太湖,组织义军进行抵抗。② 江南完全陷入了动荡不安之中。

嘉兴府地区是南京、镇江、常州、苏州顺着大运河通往浙江的交通要道。清军进占南京后,即分兵追击南逃的明军。六月初五日路经苏州,初九日就到了嘉兴,知府钟鼎臣献城投降,一些居民争贴"顺民"二字以迎。当清军入占杭州后,就派降将前明总兵陈梧驻守嘉兴,宣布清兵已下令不杀、不淫妇女、不掠货、从俗不剃发。但到闰六月初五日却下达了"剃发令",民情激愤,数千人拥到陈梧衙署,提出抗议。陈梧等人开始反正,斩杀了新任的秀水知县胡之臣,据城起义。嘉兴所属的嘉善、海盐、平湖等县也纷纷起兵响应。嘉善地方还杀了清廷新任命的县令吴佩。③

很明显,这时的国家权力基本上处于一种空白期。尽管地方上有一些官吏与乡绅,一直为维持社会的稳定而努力,消弭太湖周边地区猖獗的盗匪之乱,是他们的主要工作之一。但是,岸本美绪从信息与社会状况的关系,揭示了当时江南社会生活中,国家这一机制在其间所发挥的作用还是微乎其微,明王朝崩溃的流言四播

---

① [清]曾羽王:《乙酉笔记》,旧抄本,载上海人民出版社编:《清代日记汇抄》,上海人民出版社1982年版,第16—18页。
② 顾诚:《南明史》,中国青年出版社1997年版,第229—233页。
③ 陈生玺:《明清易代史独见》,中州古籍出版社1991年版,第179页。

所产生的社会秩序混乱景象,已经十分严重。① 许多士绅在北京陷落后,"缟素不食",绝意仕进,对已入居北京的清政权采取消极对抗的姿态,有的隐居乡间,有的还想联络一些"健儿侠客"之流,作为南明王室的"勤王之备"。② 因此,这一时期的社会环境变化已无法得到控制,加上明末以来的自然灾变,整个江南社会真正陷于一种阽危状态。长期生活于江南优裕环境的文人们,也感到了末世社会变乱的危险。③

鼎革之际的战乱及其导致的社会动荡,给江南地区造成了深重的灾难。就政治军事而言,有所谓"江阴保卫战""嘉定三屠"等。清初政府为了隔断内陆地区与沿海的郑成功等反清力量的联系,一方面下达了严苛的"迁海令",强迫江苏、浙江、福建等地沿海居民内迁,"严禁人迹至海澨",甚至"片板不容入海洋"④;另一方面,则将大量军队屯驻于江南重要的城镇,加强对反抗势力的防范。

3. 清代前期的江南地区

清朝建立统治伊始,就下达了严苛的"剃发令"。这是从衣冠服饰的层面对明朝制度所做的一个较大的改革。江南士绅百姓的

---

① (日)岸本美绪:《崇祯十七年的江南社会与关于北京的信息》,《清史研究》1999年第2期。
② 参[清]孙静庵:《明遗民录》卷三《张履祥》《陈瑚》,第1、4—5页;卷四十《徐孚远》,第6—7页,上海新中华图书馆民国元年版。
③ 明末清初人吴伟业记录了他对清军南下所有的痛苦感受。参[清]吴伟业:《吴梅村全集》卷一《诗前集一·避乱六首》,上海古籍出版社1990年版,第7—10页。
④ [清]叶梦珠:《阅世编》卷一《田产二》,上海古籍出版社1981年版,第24页。

所有对抗行为,都在"一人不剃发全家斩,一家不剃全村斩"的高压政策下,无一能够实现。① 不愿剃发的士绅,都难逃官府与亲友邻里的控制。如叶舒瓒,原是明末嘉兴府学生,因不肯剃发被官府关押,其伯父叶世彦以50石粟将其赎回,乘他喝醉酒后将其剃了发。② 昆山人归庄在清军南下之际,也曾参加过反对剃发的活动,但遭到亲友的劝阻。他的《断发》诗就言及此事:"亲朋姑息爱,逼我从胡俗。一旦持剪刀,剪我头半秃。发乃父母生,毁伤贻大辱。弃华而从夷,我罪今莫赎。"不过,在明清之际知识人的思想意识中,华、夷之辨可谓清晰,对以夷代华是不能认同的,态度决绝,"华人变为夷,苟活不如死"。即使他被迫剃发了,仍期待隐忍偷生只是暂时的,有朝一日能反清复明,"一洗终身耻"。③

为了对抗清政权的强制行为,有的地方组织了军事武装。在"剃发令"下达至江南地区后,据说福山副总兵鲁之屿首先倡拒,由此头缠白布的"乡兵"四起,对抗清朝的统治举措。④ 在嘉定县,不愿剃发的士绅百姓组成了"义兵",欲谋举事;举人王霖汝及弟楫汝所召集的也有七百人之多,号称"王家庄兵";监纪知县支益,在石冈地方起兵,约有千人,称"石冈兵";南翔镇地方的大族也招募了两千人起事,号称"南翔兵"。嗣后,娄塘、罗店、外冈先后起来对抗

---

① 冯尔康、常建华:《清人社会生活》,天津人民出版社1990年版,第170—180页。
② [清]柳树芳:《分湖小识》卷二《人物上·隐逸》,道光二十七年胜谿草堂柳氏刻本。
③ [明]归庄:《归庄集》卷一《诗词·断发二首》,中华书局1962年版,第44—45页。
④ [明]南园啸客:《平吴事略》,载中国历史研究社编:《虎口余生记》,上海书店1982年印行,第109—118页。

剃发。①

在江南沦陷后,个别官员对所辖地方尚未剃发的百姓还采取了保密的态度,当然这样做的目的也是免其因执行"剃发令"不力而获罪。清初的昭文县就出现了这样的事例:个别村落因未知有剃发之制而长期未剃,被外来小商贩发现,举报到了县衙。知县一面对其款以酒食,一面连夜派人到这个村里去剃发。次日再审前案,并到村里当场看验时,小商贩看到的已非昨日景象。此事不但保住了知县的乌纱帽,也使这个村落的百姓免受戕害。②但这样在不知剃发的情况下,很多人仍难逃劫运。如明末无锡人华凤超,以部郎家居,国变后闭门不出有七年之久,后在其侄儿婚宴上现身,依然鬓发宛然,即被人告发,终受惨刑而死。③

从顺治十二年(1655)开始到康熙元年(1662)发生的奏销案,对江南地区的影响同样也是巨大的。本来,江南钱粮累年拖欠,自明代以来是"习为故常"的事,乡绅拖欠之多,连县官也莫可如何。顺治十七年(1660)朝廷颁定这样的条例:凡绅衿欠八九分者,革去名色,枷两个月,责四十板,仍追未完钱粮;即至三四分以下,亦责二十板,革去名色,但可免枷号。江南地方乡绅士夫对此十分不满。次年冬天,官府以嘉定县乡绅生员拖欠国家粮额,兵备道即"擒拿"了数十人以儆效尤,锁于尊经阁中。这件事使地方倍受震骇。十八年原来也要照常规进行追索欠额,但顺治帝于当年驾崩,

---

① [清]钱大昕:《潜研堂文集》卷二十二《记侯黄两忠节公事》,上海商务印书馆1936年版,第315—319页。
② [清]吴熊光:《伊江笔录》下编,清广雅书局刻本。
③ [清]李介:《天香阁随笔》卷一,清伍氏刻粤雅堂丛书本,页二十二。

第十一章 结论:区域社会的环境变动及其控制模式

地方暂得幸免。不料康熙帝登极后,以康熙元年视为顺治十八年,不到一月时间,即严令仍要催纳顺治十七年奏销钱粮,地方上顿时紧张起来。胆小怕事的,很快就在正月内完清,但大多数坚持对抗。这些人的拖欠数占了总数的十分之八。七月间,朝廷再次下达正式文件,凡是二月份以后输纳钱粮的所有士绅要"概行革职"。这次共奏销去苏、松、常、镇四府及溧阳一县进士、举人、贡监生员共计 13500 多人,衙役人等 250 余人受到惩办。奏销案的发生,使当时"人皆胆落",对江南地区士绅的打击是很大的。此后"新旧白银,完足无余",使人不敢再有非分之望,赋税秩序得到了强化。①

与奏销案发生的同一年内,又发生了"江南第一巨案"。康熙元年三月份,"湖州府南浔镇朱(庄)姓者",据说家有几万之富,只养一子,少年聪慧,因擅修明史事,全部牵连处死。此案累及浙江、直隶二省地区富宦名家约二十户,现任宪司官员都被削籍。在此案中,被处以死刑的达百人,妇女们都被发配满洲,从而构成世间罕闻的大狱。② 这就是史书所云的"庄廷鑨刊刻明史案"。③ 它与发生于康熙五十年、五十一年(1711—1712)间的戴名世《南山集》

---

① 《清圣祖实录》卷三,"顺治十八年七月初三日"条;[清]曾羽王:《乙酉笔记》,旧抄本,载上海人民出版社编:《清代日记汇抄》,上海人民出版社 1982 年版,第 11、24—25 页;[清]叶梦珠:《阅世编》卷六《赋税》,上海古籍出版社 1981 年版,第 137 页。
② [清]姚廷遴:《历年记》卷二《历年记中》,稿本,载上海人民出版社编:《清代日记汇抄》,上海人民出版社 1982 年版,第 84 页;另参《清世祖实录》卷八十八"顺治十二年乙未"条、卷一百十七"顺治十五年戊戌"条;《清圣祖实录》卷三"顺治十八年辛丑"条。
③ 庄氏史案是有清一代文字大狱,罹祸者达七十余人,死者还被剖棺戮尸。参民国二十五年七月张元济跋《明史钞略》,载[清]庄廷鑨:《明史钞略》,上海书店 1985 年据商务印馆 1935 年版重印本。

案,并称"江浙两大狱"。①

不过,就明清两代的文字狱来看,洪武、永乐两朝是控制较为严苛的时代;清初进一步加强了这方面的控制,乾隆时期文字狱的发展已达历史上文字狱的顶峰。仅据邓之诚的不完全统计,清代发生过88起较大的文字狱中,顺治朝有2起,康熙朝2起,雍正朝4起,其余皆属乾隆朝。② 这类影响较大的文字狱,有学者则统计为96起。③ 对于民间宗教与习俗信仰,明清两代政府在江南地区的控制力虽未及文字狱那般严苛,但还是十分有力的,政府控制在民间意识形态中表现得比较充分。

在康熙三年(1664)间,为防备郑成功、郑经的明室遗军而驻于苏州的大军准备撤走。苏州城外以及乡居士民,"虑其经过留连",早已预想了"周匝之计",很多人甚至准备"携家而避"。地方官员则强烈要求百姓不要逃避,要求已逃的迅速回家安业。④ 出现于清初的这次清军调防,给江南地区造成了不少影响,不过留在人们心里的短暂不安很快就过去了。在整个康熙时期,江南社会还不能说十分平静,行业生活方面的波动、太湖周边不同政区间的控制薄弱环节频发的盗匪之乱、自然灾害与米粮贸易不稳给人们日常生活带来的影响等,都时有发生。

综观有清一代,康熙元年(1662)至乾隆六十年(1795)仍属清

---

① [清]戴名世:《戴名世集》附录四"传记资料",王树民编校,中华书局1986年版,第475—476页。
② 邓之诚:《中华二千年史》卷五中(第一分册)"清代文字狱简表",中华书局1983年版,第113—139页。
③ 金性尧:《清代笔祸录》,香港中华书局1989年版,简表第312—323页。
④ 王庆成编著:《稀见清世史料并考释》,武汉出版社1998年版,第225页。

第十一章 结论:区域社会的环境变动及其控制模式

代的全盛时期,中央政府对明代给江南造成较大影响的许多例规作了大幅度的调整。在康熙六年(1667)间,经过朝廷批准,松江府在知府张羽明、华亭知县李复兴的领率下,仿照嘉兴、湖州等地的做法,将原来的北运白粮改为官收官解,细布改官买官解,漕粮改官收官兑,总催白银改为自封投柜,总甲、分催、公正、图书、塘长、排年等项徭役也一并被革除,"废旧日之区图,革前日之陋习,免诸项之苦役,禁额外之科派,任从民便,归并当差"。① 而且以禁革里书为目的的"顺庄法"在乡村社会的推行,早在雍正五年(1727)的浙江地区就已经开始了。浙江地方的田赋混淆、粮多积欠等就多由基层里书的舞弊而来,但实质上也是"户名不清,图分隔别"而使里书易于从中作奸,致官民赔累。② 顺庄滚催法的实行,是政府希望从基层体系的控制层面,解决保甲之弊、里书之弊、吏蠹需索之弊、重耗之弊、纸张之费等问题,永除粮长、现年、户首、单头名色,保障国家的催征,要求将禁约条款刻碑立石,使官民永远遵守。倘有基层里书舞弊,向乡民索诈者,被告发都会被"处死"。③ 这在江南地区一时成了通行的规条,府、州、县按照要求遵照执行,各地刻石立碑。④ 另外,"摊丁入地"制度的推行,则确定了民间"富民为贫民出身赋,贫民为富民供耕作"。清人认为,这在输纳赋税方面

---

① [清]姚廷遴:《历年记》卷五"记事拾遗",稿本,载上海人民出版社编:《清代日记汇抄》,上海人民出版社1982年版,第163—164页。
② 光绪《嘉兴县志》卷十一《赋役下》,光绪二十四年刻本。
③ 雍正九年十一月湖州府《奉行顺庄条议》,载同治《安吉县志》卷五《赋役》,同治十二年刊本。
④ 嘉庆《嘉兴县志》卷十二《赋役》,嘉庆六年刻本。

"两利相资,益昭简便"。① 在社会风习方面,雍正年间对所谓"明之暴政"所作的变革十分值得重视。例如,在雍正元年(1723),下令浙江的"惰民"除籍为民;雍正八年(1730),又削除了苏州府常熟、昭文二县的丐籍,因其籍业基本与"惰民"相同。② 这些举措,对整顿江南的社会风气必然会产生重要的影响。

乾隆帝在位的六十年中,江南地区很少出现大水大旱,而且中央政府"日以民事为重",慎择官吏,地方开始颇有起色,所以有清人所谓"百姓充实,丁粮鲜逋欠"的景象。③ 但另一方面,由于制度上的原因,有些社会问题一直存在,而且相当严重。户部曾讨论过山西巡抚黄徽允的上奏,专门强调:江南赋额较其他地区独重,百姓久受其累,漕、白二粮与岁供绢布尤称其累。④ 苏、松、太等地区的浮粮问题,从明代开始直至清中期,一直没有真正解决,积困达数百年。虽然有地方行政要员,如韩世琦、马祐、慕天颜、汤斌等人多次上疏,但格于廷议,都没有得到处理。晚至同治初期,朝廷特别下令恩减赋额,苏、松、太减三分之一,常、镇、杭、嘉、湖减十分之一,却是为了加快解决对太平天国的战争问题。⑤

当然,从清初以来,农民的抗租、抗粮与平仓、抢米行为仍时有

---

① [清]张培仁:《静娱亭笔记》卷一"明代苛敛之重",清刻本。
② [清]王庆云:《石渠余纪》卷三《纪丁额》"除籍为民"条,北京古籍出版社1985年版,第110页。
③ [清]欧阳兆熊、金安清:《水窗春呓》卷下"国初爱民"条,中华书局1984年版,第33页。
④ 《清世祖实录》卷十八"顺治二年闰六月十一日"条。
⑤ [清]陈其元:《庸闲斋笔记》卷六"江苏督抚请减苏松太浮粮疏"条,中华书局1989年版,第140—141页;[清]秦荣光:《上海县竹枝词》二十《浮粮》、二十一《减赋》,上海古籍出版社1989年版,第86—88页。

发生,然而正是这些对抗行为,对社会经济的发展起到了重大的推进作用。①

4. 自然灾变、战争、瘟疫等对社会各层面的影响

从明代后期开始,自然灾害不断。尤其是明末江南地区的大灾荒,几乎都能在崇祯朝的每一年中看到。明末水旱大灾的频繁降临,使整个王朝几乎到了崩溃的边缘。邓海伦(Helen Dunstan)通过对伴随这些自然灾害而来的饥荒和瘟疫的细致分析,认为整个南直隶与浙江北部地区的人口因此大约减少40%。②

从明末转入清初这一时期,江南受尽灾变之害的同时,也备尝鼎革之苦。清军荡平江南之际,"杀人如草"。在松江府地方,这种行为并不减于嘉定、扬州地区。据时人曾羽王的亲历,他从黄浦江以东的周浦镇到新浦镇,转至下沙地方后,见行人"无不带刀"③,以作防卫,形势非常紧张。

松江府城在江南地区可能算是狭小的(实际上很多府县城的规模都不及一些大市镇),"不及吴郡之三",但其东西南北四境十分繁华,"非官家栉比,即商贾杂居",市物陈列,几乎"无一隙地"。所以当时人称,所谓"锦绣江南"也不过如此。但在清军南下后,便

---

① 参傅衣凌:《明清封建土地所有制论纲》,上海人民出版社1992年版,第131—140、169页。
② Helen Dunstan, *The Late Ming Epidemics*: *A Preliminary Survey*, Ch'ing‐Shih Wen't, i3:1-59,1975.
③ [清]曾羽王:《乙酉笔记》,旧抄本,载上海人民出版社编:《清代日记汇抄》,上海人民出版社1982年版,第8页。

遭残毁,昔日的繁华顿减十分之七。①

在王朝鼎革之初,国家钱粮虽缓于征纳,但地方米豆价格早已昂于昔日。富室大户忙于购买田宅,"庄行田有至十两之外者",田价大涨。就是靠海的白沙乡地方(属青村),每亩也要六七两。② 很明显,这是经过明末大灾以后地方社会生活中一直存在的凋敝状态。

清初江南地方的水旱灾害仍然较多。康熙元年(1662)春天,35岁的上海人姚廷遴看到,因旧年大小熟全荒,米价开始暴涨,饥民四处流离就食。上海知县组织人手在广福寺、积善寺两地施粥,每天只施两次,民生可谓"惨极"。在"明史案"发生后不到五个月,江南开始流行疫疠,"十家九病",民间"献神化纸,并送鬼神者满路"。康熙二年春天,气候显得有些反常,几十天都在下雨,到夏天却很凉快。九月间,松江府地方又大起疫病,"连村合户俱病倒,家家献神送鬼,甚多奇异"。③ 除府城之外,从浦西起直到浦东,疫病流传"家至户及",且"无一得脱",由此导致棺铺业的兴盛。棺铺店的上门客户非常多,制棺工匠更是忙得"夜不成寐"。棺椁自然供不应求,所以有人死后六七日还不能买到棺材下葬,可谓"惨绝"。④

康熙八年(1669)可能是较为安定的一年,因为这一年中农业生产方面十分稳定,收成也不错。松江府地方十月内有"花捉",棉

---

① [清]曾羽王:《乙酉笔记》,第14页。
② [清]曾羽王:《乙酉笔记》,第12页。
③ [清]姚廷遴:《历年记》卷二《历年记中》,稿本,载上海人民出版社编:《清代日记汇抄》,上海人民出版社1982年版,第84—85页。
④ [清]曾羽王:《乙酉笔记》,第12—13页。

花价格极贱;豆好的每亩可产两担,价格也只有五钱五分;米价是七钱一担。十一月朝廷修造完毕乾清宫,由是大赦天下,连康熙元年、二年和三年的钱粮也在被赦之内。① 就在康熙帝在位的前半期,出现了一次全国性的物价下跌。②

清代前期恢复社会生产的一些措施,为江南在王朝变更后的再度兴盛奠定了基础。康熙曾亲下江南,看到这个久负盛名的全国财赋重地后,认为"市镇通衢似觉充盈,其乡村之饶、人情之朴,不及北方,皆因粉饰奢华所致"。③ 实际上康熙看到的情况,恰恰说明了江南地区社会生产的发达,所谓奢华粉饰,只能表明当地生活的富足状态。

雍正年间的最大恩典,莫过于"摊丁入地"。人头税的取消使隐匿人口大为减少,加上新滋生的人丁,都为江南的发展提供了一个巨大的劳力市场。新的《赋役全书》,根据雍正十二年(1734)的标准重新颁定。④ 至少在乾隆初年,朝廷已下令免去"里间之科派",包括历年逋赋、耗羡、漕项、芦课、学租等,以及河滩淤地之征、江夫河篷之费、长江鱼租场灶、折价钱粮。⑤

在清人的很多记述中,康、雍、乾三朝被誉为"盛世"。在人口不断增长与土地不断集中之态的矛盾尚未达到顶点时,这时的社

---

① [清]姚廷遴:《历年记》卷二《历年记中》,第99页。
② (日)岸本美绪:《康熙年间的谷贱问题》,载刘俊文主编:《日本中青年学者论中国史·宋元明清卷》,上海古籍出版社1995年版,第493—538页;(日)岸本美绪:《清代中国の物價と經濟變動》,研文出版,1997年,第239—288页。
③ 乾隆《江南通志》首卷二之一《圣祖仁皇帝诏谕》,乾隆二年重修本。
④ 《清会典事例》卷一百七十七《户部二六·田赋》,光绪二十五年石印、中华书局1991年影印本。
⑤ [清]范璨:《江南通志序》(乾隆元年),载乾隆《江南通志》,乾隆二年重修本。

会状况仍可以称为稳定,其间还会出现暂时的繁荣,国家控制力在此际也是较为有效的。明初至万历时期、清初到清中期的两大时段,整体上都属社会相对繁荣稳定的时期,有学者还从民间抗租的角度出发,认为这段时期是相对"镇静化"的。①

事实上,所谓康雍乾盛世时期,不过是一个"国富民穷"的时代。即使是江南地区,下层百姓的生活并不是十分富足,社会财富集中于少数人手中,地方官府往往不肯真正讲求赋役问题,为乡邦利弊、子孙利益考虑。这种状况类似于晚明江南社会经济繁荣背景下基层民众生活的实态。归有光就曾指出:"世以江南为富,而不知其民实贫也。"②陈继儒也认为,"东南华其外而枯其中",是与民力凋敝、士绅好广田宅、豪右封钉扛抬、庸者因循苟且等因素有关。③ 江南的一些县状似繁华,但元气索然槁矣。如青浦县,是从华亭、上海这两个大县中割取"壤之最下下者"置为县的,本原瘠弱不强,又受国家重赋征取,十分疲累。④ 政府的杂税一直比较沉重,时人对此有"户派门摊,官催后保督有团。毁屋得缙上州府"的深刻描绘。⑤ 有些盛产蚕丝的富庶地区,大多如清初海宁人查慎行所说的"将丝换钱索官串",乡民为此衣食往往不敷所需。所谓"官

---

① (日)滨岛敦俊:《明代江南農村社會の研究》,東京大学出版会1982年版,第637页。
② [明]归有光:《震川先生集》卷十一《送昆山县令朱侯序》,上海古籍出版社1981年版,第254—255页。
③ [明]陈继儒:《白石樵真稿》尺牍卷四《答钱兵尊》,明崇祯刻本,载《四库禁毁书丛刊》集部第66册,北京出版社1997年影印版,第515页。
④ [明]陈继儒:《晚香堂集》卷五《青浦令贺公景瞻去思碑记》,明崇祯刻本,载《四库禁毁书丛刊》集部第66册,北京出版社1997年影印版,第621页。
⑤ [清]陈维崧:《南乡子·江南杂咏》,载周韶九选注:《陈维崧选集·词选》,上海古籍出版社1994年版,第1页。

串",是指官仓征收百姓缴纳的实物后所开的收据。查慎行对下层百姓的养蚕生计有过较好的描画:"去年收丝利倍三,村中家家贫养蚕。蚕多桑少叶腾贵,千钱一筐卖未甘……蚕娘一月不梳头,懒惰却输辛苦好。东家采得茧如脂,缫向檐前索索吹。西家茧头薄于纸,一样蚕桑两样丝。将丝换钱索官串,无者价昂有者贱。贫家衣食天所悭,别许居奇营巧宦。"①乾隆初期,在江南地区最为富足的苏州府,因户口的增加、米价的不断抬升,也出现了"生计日益艰且窘"的景象。②

嘉庆、道光以后,整个社会环境再次产生了急剧的变化。可以说,那时有两个因素削弱了朝廷对江南的控制力:一是这里仍为中央政府直接控制并不最强的地区,二是受到对外贸易和对外联系的扰乱性影响较为长久。③ 先是鸦片战争,后是太平天国战争,对江南地区产生了极大的影响。对于这两种不同性质的祸乱,已有大量研究进行了讨论。

太平天国战争对江南社会环境的影响问题,本书中已经多有论及,其对长江中下游地区造成的严重破坏,史籍所载甚明。这种破坏性影响在以后很多年里,一直深留于人们的心中。如在常州无锡等地,早在咸丰十年(1860)太平军到来后,居民流离,村屋皆

---

① [清]查慎行:《养蚕行》,载聂世美选注:《查慎行选集·诗选》,上海古籍出版社1998年版,第94页。
② 乾隆《长洲县志》卷十一《风俗》,乾隆十八年刊本。
③ (美)费正清(John K. Fairbank)、赖肖尔(Edwin O. Reischauer):《中国:传统与变革》,陈仲丹等译,江苏人民出版社1996年版,第292页。

墟。① 在浙江地区,战争期间为兵匪所杀、为饥寒所杀、为疾疫所杀者,不计其数。地方上出现了一些歌谣,描述的正是战后江南社会的凄凉景象。其中一首《猪换妇》称:"朝作牧猪奴,暮作牧猪奴。冀得牧猪妇,贩猪过桐庐。睦州妇人贱于肉,一妇价廉一斗粟。牧猪奴,牵猪入市廛,一猪卖钱十数千。将猪卖钱钱买妇,中妇少妇载满船,蓬头垢面清泪涟。"②整个江南地区在太平军到来之前,已处于极为不安的境地。常熟、太仓、嘉定、上海等地,或在加紧修固城墙,或作搬迁的准备。③ 实际上,地方政府对于太平军的袭击几乎无能为力④,地方防卫和秩序维护几乎都落到了中小地主和部分绅士身上。⑤ 对于那时的情况,嘉兴府嘉善县人赵氏的一份日记,为揭示太平军于庚申年(1860)占领江南地区四五个月时间内太平军、清军、地方政府、民间社会、土匪势力、地主士绅等的各种情态及关系,提供了实态描述:在太平军占领县城后,沿城房屋已烧尽,城墙坍的地方则用百姓棺箱及衣箱装土修补;西门外焚烧殆尽,从西门进城看守极严。太平军很快要求县域内二十乡区百姓砻米交租,业户取租办赋,展开了必要的经济控制。⑥

---

① [清]王抱承纂,萧焕梁续纂:《无锡开化乡志》卷下《灾祥》,民国五年侯学愈活字本。
② [清]陈其元:《庸闲斋笔记》卷六"浙乱后乐府",中华书局1989年版,第251页。
③ [清]柯悟迟:《漏网喁鱼集》,中华书局1959年版,第36页。
④ (法)史式徽:《江南传教史》第一卷,天主教上海教区史料译写组译,上海译文出版社1983年版,第272页。
⑤ 详参(日)稻田清一:《清末江南一乡村地主生活空间的范围与结构》,《中国历史地理论丛》1996年第2期;[清]吴大澂:《吴清卿太史日记》,李则纲氏藏抄本;[清]潘钟瑞:《苏台麋鹿记》,同治十三年撰、光绪十年香禅精舍集本。
⑥ [清]赵氏:《赵氏洪杨日记》,传抄本,载王庆成编著:《稀见清世史料并考释》,武汉出版社1998年版,第411—444页。

三 社会控制形态的若干分析

由于江南内部的环境变动情况存在较大的差异,社会层面的控制相应也有很多不同。仅从中央政府、地方政府、民间三个层面的表现来看,主要涉及防护与调适方面的控制行为,内容十分丰富,大致划分成如下几种类型。

1. 户籍制度、米价奏报与地方防护的确立

中央政府对于民间生活最有力的直接控制,首先应当是户籍制度与米价奏报制度的确立。这两种制度直接关系社会生活中最基本的内容。根据文献资料分析,明代初年对于户籍制度的管理是相当有效的。

崇祯《嘉兴县志》收录了杭州府儒学训导林春华(嘉兴籍人)家所藏先世户帖一份,显示了明初户籍制度的严密性。朱元璋曾在洪武三年(1370)命户部编查天下户口,颁布了一份极为口语化的诏令:①

户部洪武三年十一月二十六日钦奉圣旨:
说与户部官知道:如今天下太平了也,止是户口不明白俚。教中书省置天下户口的勘合文簿户帖,你每户部家出榜,

---

① 崇祯《嘉兴县志》卷九《食货志·户口》,崇祯十年刻本。

> 支教那有司官将他所管的应有百姓都教入官,附名字,写着他家人口多少,写得真着,与那百姓一个户帖,上用半印勘合,都取勘来了。我这大军如今不出征了,都教去各州县里下着绕地里去,点户比勘合,比着的便是好百姓,比不着的便拿来做军,比到其间有司官吏隐瞒了的,将那有司官吏处斩,百姓每自躲避了的,依律要了罪过,拿来做军。钦此。

这份诏令的相同内容,也可以在其他一些文献中看到。但现存流传下来的明代户帖,却为数极少,其中有三份恰与嘉兴府有关。①

户帖的具体内容,可以表明江南地区至少在洪武十四年(1381)全国编造黄册以前,就已经处在政府的有效管辖之下了。其中嘉兴县的一份民籍户帖如下式:②

> 一户林荣一,嘉兴府嘉兴县零宿乡二十三都宿字圩民户,计家五口。
> 男子二口:
> 成丁一口,本身,年三十九岁。
> 不成丁一口,男阿寿,年五岁。
> 妇女三口:妻章一娘,年四十岁;女阿换,年十二岁;次女阿周,年八岁。

---

① 分别参见崇祯《嘉兴县志》卷九《食货志·户口》;[清]盛枫:《嘉禾征献录》卷三十二《按察司副使·卜大同》,上海图书馆藏稿本;(美)何炳棣:《1368—1953中国人口研究》,第6—7页。
② 崇祯《嘉兴县志》卷九《食货志·户口》。

第十一章 结论:区域社会的环境变动及其控制模式

事产:屋,一间一披;田,自己民田;地,六亩三分五毫。
右户帖付民户林荣一收执,准此。
洪武四年　月　日
(半印)　□字壹佰玖拾号

洪武时期户籍制度的严密,也为研究明初人口史或移民史提供了比较可信的依据。可惜的是,明代中期以降,这种户籍制度开始荒疏,因为黄册制度与鱼鳞图制已经出现了崩坏的情形。正是由于这些因素,地方社会控制的难度大大加强了。明代中后期出现的田赋、徭役等方面的许多问题,与此有着直接的关系。

清代前期惩于前明弊病,在户籍方面作了较大的调整,最显著的自然是"摊丁入地"措施的实行,隐漏人口由此大为减少,人口开始大幅度增长。与此同时,朝廷建立了严格的地方粮价奏报制度,以增强粮食安全。

尽管清代建立的地方粮价奏报制度,主要是出于行政和财政两方面的考虑①,但是,也应该看到,这种制度的建立,十分有利于中央政府了解和控制地方米粮价格的变化。所谓谷价贵贱,"民食攸关"②,粮价奏报制度在康熙中叶的确立,为社会秩序的维护提供

---

① 陈春声:《市场机制与社会变迁——18世纪广东米价分析》,中山大学出版社1992年版,第278页。
② 刘锦藻:《清朝续文献通考》卷五十六《市籴一》,考8108上,上海商务印书馆1937年版。

了重要基础。① 中央政府可以通过全国性的调剂,来稳定江南的米价变化,采取措施较多的是从湖广、江西调米入江南,从而平抑米价;而在江南内部,则采取了严禁富豪囤积米粮等有力措施。② 江南地区在全国范围内的重要性以及商品经济的活跃,当然是不言而喻的,不同状态下米粮价格的波动,必然触及社会生活中最根本的内容。所以,这种制度在经济的层面上,为政府强化对江南社会生活中的控制行为,提供了有力依据。可以说,有清一代对社会经济最有力的控制,是国家通过官僚机器来实现的。③

在地方社会中,政府直接控制的表现,当以地方防护和秩序巩固为最明显。嘉靖年间大规模倭乱的发生,促使江南地区所有的城市都进行了全面的整修工作,加固城防。朝廷对此表示了高度的关注,所以巡抚、巡按、知府、知县等地方行政官员都不得不亲自主持城防工作,江南地区的大部分城市由此获得了巩固和扩展,为有效控制倭乱起了重要作用。④

乡兵、巡检与保甲制度的建立,也是为加强地方防护、巩固王朝统治服务的。⑤ 中央政府在这方面几乎不遗余力,还多次向地方直接下达示谕,"申严弭盗之方"并"饬讳盗之弊",希望安定秩序,

---

① 陈春声:《市场机制与社会变迁——18世纪广东米价分析》,第278页。从江南要员李煦定期向中央汇报的奏折中,可以看出这种奏报制度是如何实施的,详参故宫博物院档案部编:《李煦奏折》,中华书局1976年版。
② 《清圣祖实录》卷二百三十八"康熙四十八年七月十日"条
③ (美)何炳棣:《1368—1953中国人口研究》,第203页。
④ 详参本书第七章"晚明江南城市重建及其防护体系的构成"。
⑤ 参本书第八章"明末清初江南的地方防护与社会"。

稳定民生。① 政府甚至将盗源扩及民风中的陋习赌博,认为"赌穷为盗,势所必至",因此要"严禁赌博以弭盗源"。② 但事实是,这种盗案并不会危及整个社会的稳定,隐藏于政区控制薄弱地带中的盗薮,才是真正的祸患,因为地方上一有变乱产生,这些地方就成了政府的心病。江南士绅往往将这些地方的社会安定置于首要地位,要求政府加强防御力量,稳定社会控制。例如,处于杭州、湖州两府交界的唐栖(棲)镇,一直是控制极为薄弱的地方,清初当地士绅认为仅有水兵设置不足以弹压,要求调拨水师弁员兵丁充实地方防护,由新设正、副千把总两名统领防护事务。乾隆年间出现的几次饥荒使盗患频生,地方士民更加感受到加强防护的重要性,在修建驻防衙署等方面都踊跃捐资。③

2. 政区调整

在政区方面,明代宣德年间对江南地区最大的影响,莫过于增县改革的出现。嘉兴府因此形成了区划的基本格局,属县达到七个,清代对此并未再作大的改动。今天嘉兴市地区的县级区划,与明清两代的政区状况实际上没有太多的差别,主要的县级政区在明代就已经定型了。弘治年间出现的政区调整,也是值得重视的,

---

① 《禁讳盗》,伦敦英国图书馆东方部藏抄本(编次 OR7391)。转引自王庆成编著:《稀见清世史料并考释》,武汉出版社 1998 年版,第 287—288 页。
② 《禁赌博示》,伦敦英国图书馆东方部藏抄本(编次 OR7391)。转引自王庆成编著:《稀见清世史料并考释》,第 291 页。
③ [清]王同纂:《唐棲志》卷十八《事纪·纪衙署》,光绪十六年刻本。

因为江南地方的一些州、县是在这时出现的,如湖州府的孝丰县、苏州府的太仓州(当时并非直隶)等,便是典型。其他一些县的增设,零星出现于正德、成化、嘉靖等时期。清代前期对于县级政区调整的幅度显得很大,江南地区的松江、苏州、常州等府新增了为数可观的县级政区;在时间上,主要集中雍正二年(1724)间。① 新设政区的出现,极大地改变了江南地区的社会政治环境。

就调整的原因来看,中央与地方的共同理由主要是人多、地广、赋繁。当然,在江南西部的低丘平原采取此类改革,可能还会更多地侧重于治安等方面的考虑。

对于地方而言,县级政区过大,固然会有管理不便、治安难靖等麻烦,但是从经济的角度考虑,地方并不是很想增县。因为中央一般会根据县数的多寡从中征取相应额度的赋税,府辖县数的增多,为中央征收县域单位的赋税以及征派徭役提供了更多的借口,何况江南本来就是全国最发达、最繁荣的地区。所以一些巡抚地方的中央官与一些江南地方官员出于不同目的的增县要求,无一遭到朝廷的拒绝。嘉兴县在明代宣德五年(1430)间一分为三,太仓州到清代升为直隶并领辖四县,太湖厅与靖湖厅的相继增设,等等,都是中央和地方共同促成的。

大府(县)划小,既增强了政府控制单个政区的能力,也可望提高区域内的行政事务效率。这是应该看到的有利方面。但应注意的是,由于县级政区的增多,原本同属一县的政区划开后,发展到一定阶段,疆界错壤、赋税徭役方面的分割,行政管辖上的推脱等

---

① 详参本书第二章"江南行政区划的变迁"。

积弊,造成了江南地区一些长久难以消弭的社会问题。明代中后期全面爆发的争田事件、抗租运动与清代的抗粮风暴等,大多与此有关。①

3. 乡约规范

乡约是规范地方社会生活与秩序的一种重要形式。所谓乡约,应当是在乡村中为了一个共同目标(包括御敌保乡、扬善惩恶、广教化、厚风俗等),依照地缘或血缘关系联合起来的民众组织。②

作为民间的规范性活动,乡约的起源甚早,宋代由于理学的昌盛,乡约的实施已经十分风行。最为著名的,便是陕西蓝田的"吕氏乡约",它成了后世地方乡绅行使乡约的典范。③ 明初曾建立了较为严密的里甲制度,但在明代中后期随着黄册、鱼鳞册的控制效能弱化,里甲制的功用得不到有效的发挥。④ 官方设立的乡村教化体系也在趋于崩坏,实际效用比较有限。为了改善这种状况,一些地方官员与乡绅开始提出并推行较为完善的乡约教化体系,丘濬、吕坤与王阳明等就是其中的代表,他们的言说其实颇具理想化色彩。嘉靖年间,礼部下令全国推行乡约,不过是对王阳明所提乡约

---

① 滨岛敦俊曾对均田均役等方面引起抗租抗税的民众斗争作过详细考察。参氏著《明代江南農村社会の研究》第三部"明末清初の改革と民眾闘争",東京大学出版会1982年版。
② 陈柯云:《略论明清徽州的乡约》,《中国史研究》1990年第4期。
③ 陈宝良:《中国的社与会》,浙江人民出版社1996年版,第156—157页。
④ 详参本书第三章"明清时期江南的基层系统"与第四章"明代江南的疆界错壤问题及其影响"。

制的一个修改。① 这可能是在嘉靖八年(1529)兵部侍郎王廷相的要求"寓保甲以弭盗、寓乡约以敦俗"上奏后,朝廷才颁布的重要决定。② 在苏州府长洲县的乡村地区,为了申明乡约以敦风化,达致"敦本尚贤之政",还专门刻碑立石,定期由正、副约长备造文册查考,或善或恶,都要登记在簿册上,帮助官府更好地整顿社会秩序,辅助地方行政。③ 根据当时推行的情况来看,乡约主要涉及这几方面的内容:德业相别,过失相规,礼俗相交,患难相恤等。④ 这种乡约制度的编设,基本参照了原存的村社或原本具有里社特征的乡、图、甲⑤,体现了很强的地域性。

明代中期以后,是乡约的发达期,不但乡约数量增多,而且其形态也比较活跃。⑥ 如湖州府曾在南浔镇南门与西市各建一个乡约所,镇所辖的乡都还建有五个乡约所,皆在嘉靖年间由知县钱学主持筹建。湖州知府陈幼学与知县要定期到这些地方举行乡约活动,当时活动的主要场所是广惠宫。⑦ 直至明代晚期,江南地方的一些官员们在卸职还乡后,还在为乡约规范而努力。著名乡宦、嘉善县人丁宾,早年于句容县任上时,即以朝廷颁定的乡约规定及王阳明所立的保甲法于当地"着实奉行";在天启元年(1621)告老还

---

① 陈宝良:《中国的社与会》,第157—158页。
② 《明世宗实录》卷九十九,"嘉靖八年三月甲辰"条。
③ 嘉靖五年二月《长洲县九都二十图里社碑》,苏州碑刻博物馆藏。
④ [明]叶春及:《惠安政书》政书九"乡约篇",福建人民出版社1987版,第328—342页。
⑤ 陈宝良:《中国的社与会》,第159—160页。
⑥ 朱鸿林:《从沙堤乡约谈明代乡约研究问题》,《中国社会历史评论》2000年第二卷,第25—34页。
⑦ [清]汪曰桢纂:《南浔镇志》卷二《公署》,咸丰间修、同治二年刻本;[清]范来庚纂:《南浔镇志》卷五《典礼志·饮射》,民国二十五年铅印《南林丛刊》本。

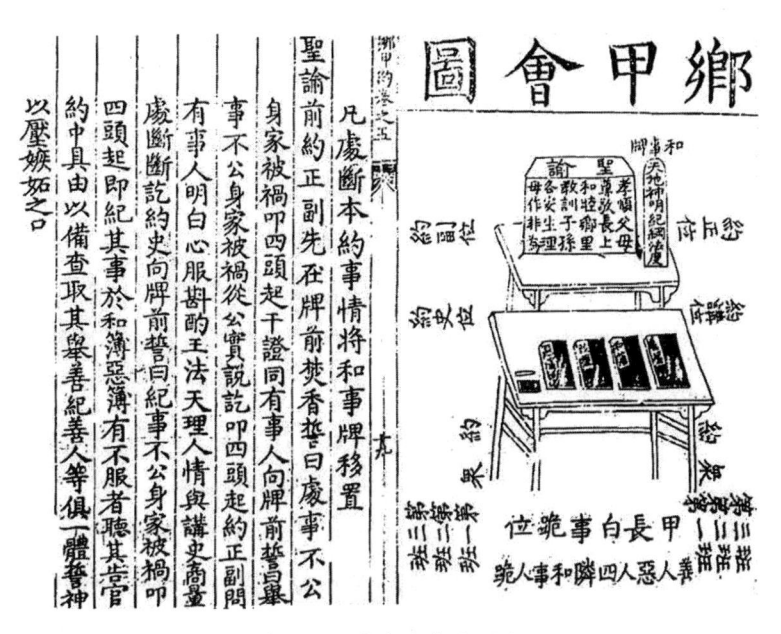

第十一章 结论:区域社会的环境变动及其控制模式

图 11.1 明代的乡约仪式

乡后,仍以地方休戚为己任,对"乡约、保甲在在留心"。明末社会的动荡,为白莲教在江南地区的盛行创造了机缘,加上天灾不断,更是"人情惶惶"。在吴江、嘉善两县交界地方,一直存在一个乡约所,设于泗洲寺。这里盗贼出没频繁,"罪犯互相躲避",国家法规显得难于施行,讲求乡约就成了一件十分必要的事。丁宾就在这里演讲乡约,并会同吴江、嘉善两县知县,"将《圣谕》'孝顺父母'六款高声讲解",希望远近士民听闻,从而"感发良心,去邪归正";同时申明保甲法,使两县穷民"有所警惕,不敢纵意为非"。① 从明

---

① [明]丁宾:《丁清惠公遗集》卷八《书牍·与晏玄洲明府》,崇祯间刻本,载《四库禁毁书丛刊》集部第 44 册,北京出版社 1997 年影印版,第 305 页。

代中后期政府与士绅都努力施行乡约的行为来看,这实际上是要在乡村社建立儒家的礼教秩序。①

清初以来的乡约教化,顺治九年(1652)依然宣扬朱元璋所提出的"六谕"(清人写作:孝顺父母,恭敬长上,和睦乡里,教训子孙,各安生理,毋作非为),顺治十八年(1661)进一步要求基层社会公举乡约正、副(六十以上经告给衣顶,行履无过、德业素著生员,或者素有德望的六七十岁以上军民)每月朔、望宣讲乡约。到康熙六年(1667)颁定新的《上谕十六条》、雍正二年(1724)颁发更生动详细的万字《圣谕广训》,极大地强化了乡约教化体系与宣传力度,在民间固定的讲约所举行每月朔、望两次的宣讲活动。②

当然,乡约可与一些宗族的族规并行,成为官府施政的理想辅助工具,为维护社会秩序和王朝统治服务。因为它与族规中的很多规定如禁赌博、禁盗窃、禁止不务正业与游手好闲、禁止斗殴和争讼等,在目的与功能方面有着极大的相似性。③

4. 地方精英们的作用

在上述许多控制行为中,实际上掺和了很多非官方的成分,家族、乡绅、民间自治力量等,大多可以归入这方面的内容。

萧公权通过对19世纪中国乡村的细致分析,指出在清代政府

---

① 何淑宜:《明代士绅与通俗文化——以丧葬礼俗为例的考察》,台湾师范大学历史研究所2000年印行,第213页。
② 光绪《嘉兴县志》卷十《乡约》,光绪二十四年刻本。
③ 详参李文治、江太新:《中国宗法宗族制和族田义庄》,社会科学文献出版社2000年版,第88—89、141—151页。

第十一章 结论:区域社会的环境变动及其控制模式

努力通过意识形态来维持对民众的控制的过程中,"乡约"的推行起到了特殊的作用,因为就乡约领导层的约正、约副而言,其人选往往是耆民、乡绅等地方精英。而且这种乡村意识形态的教化,一直可以上溯到 1076 年。① 这是国家在传统法律之外,另一种借由民间领袖来加强社会控制的重要方式。

在江南的城镇乡村,散布着精英阶层的各成员,以及他们的预备队伍,维持着乡村的稳定发展。一个典型的事例,是湖州府德清县新市镇地主王升寄给在平凉任知县的儿子王轸的书信偶然被朱元璋看到,受到了朱的高度赞赏。王升在信中谈及自己正承担着里长、甲长、佥选弓兵等正杂徭役,并进而教育作为知县的儿子要勤读经书、熟读大明律法,为官要清俭为本。此事受到表彰的原因,正是明初国家需要像王升这样的中层阶级安于服役,为国家作贡献。另一事例,是 15 世纪时上海浦东洋泾的陆氏,居于农村,从事农业经营,且身负粮长之役,但仍精心培养子弟,希望他们中间能出现向士大夫阶层梯进的机会。②

以士绅为代表的地方精英,在东南地区地位的崛起与稳定,体现在社会控制方面当然是十分明显的。可以说,知县在地方上的权力一直较重,能够与之抗衡的只有乡绅。③ 在处理许多地方事务方面,知县们的为政之道首先是"不得罪于巨室"。"读书敦品之士"正是官府需要依靠的人群,以便更好地治理百姓,要"爱之重

---

① Hsiao Kung-chuan, *Rural China : Imperial Control in the Nineteenth Century*, University of Washington Press, Seattle, 1960, pp184、197—201.
② 参(日)滨岛敦俊:《"民望"から"鄉紳"へ——十六・七世纪江南の士大夫》,《大阪大学大学院文学研究科紀要》第 41 卷,平成十三年(2001)三月,第 27—62 页。
③ 邓之诚:《中华二千年史》卷五上,中华书局 1983 年版,第 173—174 页。

之",对于"乡之有无盗贼,民居作何生业,风俗是否淳漓"等问题的应对,也要靠他们汇报、建议。① 这是明代中后期以来,官吏及士绅都已深知的一个事实。

嘉靖七年(1528)到太仓州任知州的陈璜就说,凡地方兴革等大事,必招集"儒绅耆彦"商议。② 除了中央和地方士绅,官吏最不顾忌的只有小民,因为得罪小民后还可施"弥缝之术"。③ 所以著名绅士刘宗周(万历二十九年[1601]进士)指出,在江南这个冠盖辐辏之地,"无一事无绅衿孝廉把持,无一时无绅衿嘱托"。④

在灾荒时期,士绅富室还成了官员们维持地方安定的最大依靠。嘉靖五年丙戌(1526)进士、后任御史等职的松江人冯恩,卸职后,出资买入瘠田,雇佣贫民耕种;广赡同族;遇大饥疫,则煮粥剂药,"全活甚众"。⑤ 嘉兴府桐乡人李乐,于隆庆二年(1568)中进士,曾任给事中、尚宝司卿等职,为官以耿介闻,闲居桐乡期间,嘉兴士绅仍对他十分敬惮。⑥ 万历十六年(1588)大灾期间,他在桐乡县青镇与乌程县乌镇一带主持赈济,发动典铺商人义捐白米共一百八十石,自己也与亲友义输米粮三石。同时他曾向知县提议,要

---

① [清]王凤生:《学治体行录》卷上《绅士》,道光四年刻本。
② [明]陈璜:《太仓州大东门闸记》(嘉靖十年),载[明]张国维:《吴中水利全书》卷二十五,文渊阁四库全书本。
③ [明]谢肇淛:《五杂俎》卷十三《事部一》,(台北)伟文图书出版社有限公司1977年印行,第348页。
④ 吴晗:《明代的新仕宦阶级,社会的政治的文化的关系及其生活》,中国社会科学院历史研究所明史研究室编:《明史研究论丛》第五辑,江苏古籍出版社1991年版,第1—68页。
⑤ [明]范濂:《云间据目抄》卷一《纪人物》"冯恩"条,民国十七年间奉贤褚氏重刊本。
⑥ 乾隆《浙江通志》卷一百九十《人物·介节九上》,乾隆元年重修本。

第十一章 结论:区域社会的环境变动及其控制模式

严禁因年荒桑叶价高而迫使百姓将蚕种扔弃的行为,既免杀蚕命而伤天地之和,也可以保护春蚕的正常育养,维持乡民生计。①

明末士绅在地方已是"威权赫奕",普通寒士一旦中举即能改换门庭,轻松干预地方公事,出则乘坐大轿,前面还有扇盖引导,相当威风。② 退官返乡后,他们仍颇具话语权威,甚至"居间请托,估计占夺"。③ 有些隐逸之士在地方上也颇具声望,如明末华亭人陈继儒,在大灾期间直接向地方政府上书,要求对百姓推行宽舒政策,获得允准,"得宽逋租之半,东南民困少苏"。松江知府方岳贡屡次对他"特行征聘",礼遇有加,陈继儒都固辞不就。④

清代江南士绅的影响力虽然不及晚明,但社会地位依然较高。如青浦县的熊其光中进士后,曾任户部主事。熊在 1849 年告假还乡,当地正发大水,知县却侵蚀公款白银达 1 万余两,致使许多饥民死亡。熊其光即上书呈告,这名知县因此被撤职查办。⑤ 有的乡绅还与地方官员因公共事务的控制问题发生争端。如道光年间盛泽镇的王鲲,是个候选吏目,其父王楠博学嗜古,曾受知县之托办理赈灾诸事。道光年间吴江地方发生大水灾,知县力图将赈灾事务委托王楠办理,遭到王鲲的反对。王鲲即上书给知县的上司,结果这位上司采纳了王鲲的意见,设立三个救济处,发放大米三个

---

① [明]李乐:《见闻杂记》卷三、卷九,上海古籍出版社 1986 年影印万历间刻本,第 314—315、740 页。
② [清]顾公燮:《消夏闲记摘抄》卷上"明季绅衿之横"条,涵芬楼秘笈本。
③ [清]郑瑄:《昨非庵日纂》三集卷九"惜福"条,明崇祯刻本。
④ [清]邹漪:《启祯野乘》卷十四《徵君陈公继儒》,明崇祯十七年柳围草堂刻、北京图书馆藏康熙五年重修本。
⑤ 光绪《松江府续志》卷二十四《古今人传·熊其光》,光绪九年刊本。

601

月,"饥民赖之"。① 地方官员即使为政十分勤奋,在主持水利等诸多公共工程时,往往应接不暇,"必藉绅士襄理"。②

但是地方官员如果与士绅们的意见不合,或损及其利益时,在施政方面会受到较大的压力。③ 大概只有海瑞能够厉行对士绅的惩罚。④ 在王朝衰微时期,江南地方官员们面临着治安、赋税、刑狱等问题,几乎是"无官不难"。在陈继儒看来,其中又以协理漕赋、刑狱、钱谷的"理官"为最难。⑤ 或如陈子龙所指出的,明代地方官负担颇为沉重,主要在于征赋急、讼狱繁、迎遏多这三大原因。⑥ 在这种情况下,更要处理好与地方士绅们的各种利害关系。毕竟许多士绅在地方上推动的有益于社会控制的各种活动,如乐善好施、立族约、拓义田、建义塾、严家训、设粥糜赈饥、筑城堡御寇等⑦,都是政府官员们很难周理或触及的事务。⑧

---

① 同治《苏州府志》卷一百七《人物三十四·吴江县》,同治间修、光绪八年江苏书局刻本。
② 光绪《嘉定县志》卷七《水利志下·浚法》,光绪六年重修、尊经阁藏版。
③ 《明史》卷二二四《严清传》。
④ 冯梦龙曾云:海瑞巡抚江南时为华亭公(徐阶)处分田宅,奉行者稍过,遂致不堪;缙绅咸为华亭解纷,都对海瑞说"圣人不为已甚",海瑞即绝然道:"诸公岂不知海瑞非圣人耶?"缙绅悉股栗而退。参[明]冯梦龙:《古今谭概》卷二十五《寒语部》,明刻本。
⑤ [明]陈继儒:《白石樵真稿》卷四《徐公硕庵德政碑记(代)》,第95—96页。
⑥ [明]陈子龙:《陈忠裕全集》卷三《策·问古者天下几郡县兼城数十里事无不周裕今日百里一治称烦不理何故》,载《陈子龙文集》,华东师范大学出版社1988年影印本,第118页。
⑦ [明]陈继儒:《白石樵真稿》卷六《寿大参赐谷王公八十序》,第116页。
⑧ 如在嘉定县地区,一遇灾荒,当地秦氏、黄氏等一些大族多有善举,倡捐救赈都很积极,使官员们在"不烦劝募"的情势下,度过这些极易产生社会动乱的危险时期。参光绪《嘉定县志》卷八《风土志·风俗》,光绪六年重修、尊经阁藏版。

第十一章 结论:区域社会的环境变动及其控制模式

士绅们在很大程度上承担了在今天看来应由官吏承接的许多责任,包括地方上的许多公共工程,大多是由他们负责完成的。① 如在明末,江南地方社会出现的不安,不但让一般基层百姓深为担忧,也让地方士绅们颇存顾虑。一些极利于稳定社会生活的善会善堂,首先在江南地区出现,就是由士绅阶层推动的。② 而且,很多村庄和小市镇都没有正式的政府组织,那里的基层管理和秩序维护,就完全落到了士绅们的身上。清代政府对这方面的关注基本上在治安和税收,因此其所采取的监视、威胁等手段来加强社会控制,往往是低效率的。③ 这就更需要士绅们介入基层社会的领导,为政府的社会控制服务。

正是因为士绅们在地方官员心中所具有的重要性,故而由他们组成的居于领导地位的社会集团所受到的是不同于平民百姓的待遇;但另一方面,地方官员在倚重他们处理地方事务的同时,仍时刻注意这些人带给政府威胁或危害的可能性。④ 有学者还通过流行于16—17世纪江南地区的劝善"功过格",分析了乡绅阶层对于地方社会中的重大问题和社会巨变的反应,指出晚明中央政权的腐败低效、不断增长的商业化过程对农村土地关系和商人地位

---

① (美)费正清(John K. Fairbank)、赖肖尔(Edwin O. Reischauer):《中国:传统与变革》,陈仲丹等译,江苏人民出版社1996年版,第192页。
② 参梁其姿:《施善与教化:明清的慈善组织》,(台北)联经出版事业公司1997年版,第68页。
③ (美)吉尔伯特·罗兹曼(Gilbert Rozman)主编:《中国的现代化》,国家社会科学基金"比较现代化"课题组译,江苏人民出版社1998年版,第107—110页。
④ 张仲礼:《中国绅士——关于其在19世纪中国社会中作用的研究》,李荣昌译,上海社会科学院出版社1991年版,第30页。

变化的影响。①

官吏们对于社会上出现的许多非法行为,往往取袖手的态度,有时非但不敢过问,反而还会参与其间。所以,吏治的崩坏为地方精英们的崛起并赢得较多的权威性提供了机会。而咸丰年间太平天国战争引起的社会震荡,更为士绅的作用发挥创造了有利条件。当时有人就说:"自寇乱以来,地方公事,官不能离绅士而有为。"②许多资料表明,在整个社会濒临失控的时期,地方官员、举人、生员以及一些城乡地主等,为维持传统的政治格局和社会秩序,起到了极大的作用。③ 而且,地方士绅们对于行政事务的介入,在很大程度上超越了行政区划的限制,他们的很多行为不再拘泥于本地的公益活动或地方自治等事务,作为地方领袖,已经开始向外扩展。

从晚清到民国,中国社会进入了一个前所未有的大变动时期。其变动中的一个主要趋势,就是商人开始取代士绅而成为地方社会的主导性阶层。④ 这与明代以来长期的社会经济发展导致的商

---

① (美)包筠雅(Cynthia J. Brokaw):《功过格:明清社会的道德秩序》,杜正贞、张林译,浙江人民出版社1999年版。
② [清]胡林翼:《麻城县禀陈各局绅筹办捐输情形批》,载《胡文忠公全集》第四册,世界书局1936年版,第1757页。
③ 详参[清]吴大澂:《吴清卿太史日记》(李则纲氏藏抄本)、[清]顾汝钰编:《海虞寇乱志》(北京图书馆藏常熟县图书馆传抄本)、[清]冯氏撰:《花溪日记》(原燕京大学图书馆藏抄本)等有关太平天国军队入据江浙地区前后地方应对的记述。
④ 郑振满:《晚清至民国的乡镇商人与地方政局——以莆田县涵江镇为例》,《中国社会历史评论》2000年第二卷,第85—95页。

品经济繁荣,有着必然的联系。从明初商人生活所受的严格限制①,发展到整个社会开始给予他们极大的关注和重视,是一个很大的变化。在明中叶以后,商人又成了一个富有而且极具影响力的社会阶层,政府在对他们采取控制、限制政策的同时,更须重视他们的社会作用。②

行会作为一个地缘性与业缘性很强的经济组织,是以商人为核心的,也在这一时期得到了较大的发展,在社会生活方面起着很大的作用。在社会经济都很发达的江南地区,行会是城市中一种主要的社会组织,即以工商行业为基本纽带而形成的买卖人与手工业者的互助组织。其名称,往往是以"会馆""公所"的形式出现的。③

5. 家族的自治保障与地域慈善事业的发展

弗里德曼(Maurice Freedman)倾向于将中国社区的家族与房支等视作一种组织形态和社会控制方式。他从社会人类学的角度,详细考察了中国东南乡村社会的宗族形态,认为强宗大族不仅依靠宗族成员的共同力量,也要依赖拥有官衔的宗族成员,因为他们保持着与县衙和更高级官府之间的联系,经常将小的村落和聚

---

① 这一点可以从明初政府对商贾服制的严格限定得到明确的反映。参[明]田艺蘅:《留青日札》卷二十二"我朝服制"条,上海古籍出版社 1985 年影印万历己酉刻本,第 745—746 页。
② 陈大康:《明代的商贾与世风》,上海文艺出版社 1996 年版,第 14、122 页
③ 陈旭麓:《近代中国社会的新陈代谢》,上海人民出版社 1992 年版,第 13—14 页。

落置于他们的保护之下。而且东南地区大部分的可耕地,都由宗族和宗族的裂变群体共同耕种。① 由此,他们可以向社会获取更多的地位和权力。而且,家族自治和保障对江南地区的社会调控曾起过积极的作用。它所倡行的赈灾、社会救济与生活保障等活动,是地方政府在社会变乱时期的主要依靠之一。

一些有势力的家族,对其内部的规范和调整行为,有助于官府管理地方基层事务。例如,华亭的宋氏家族,曾专门订立"治家之要"等家规或家范,细化族内成员的思想教育,譬如要"守国法""慎家教""毋纵肆""防火盗""禁淫祀""绝佛事""清官府赋役等务""明籍册钱谷等数""周穷恤匮""抑强扶弱"等等②,对官方的施政都极有利。

通过潘光旦对明清嘉兴府地区著姓望族的研究,可以明了世家大族在地方上作用之巨的基本原因,除了科举的成功,还有血缘连接的广泛以及社会网络的强大。更为重要的是,大族中的代表人物,往往参与社会与公共政治活动,集体会议政事。如晚明江南地区著名的复社,据吴翿(扶九)所辑名单为2240人,嘉兴府籍的就占了140人。③ 而且,从明末出现的同族合并现象,多是以县域为范围的,但晚清以来的这种同族合并,甚至有超越县界的重大倾向。另外,居于县城的同族人员中多有科举致仕的,往往构成一个

---

① (英)莫里斯·弗里德曼(Maurice Freedman):《中国东南的宗族组织》,刘晓春译,上海人民出版社2000年版,第94—98页。
② [明]宋诩:《宋氏家要部》卷二《治家之要》,明刻本。
③ 潘光旦:《明清两代嘉兴的望族》,上海商务印书馆1937年版,第97页。

第十一章 结论:区域社会的环境变动及其控制模式

集团或阶层,进一步形成了连地方政府都无法轻视的社会势力。① 像这样的大族建构的族产或义庄,自然会成为家族自治保障的重要基础。

事实上,家族救济与保障的地域范围是相当广泛的,这显然与有些世家大族持有数量巨大的义庄不无关系。尽管官绅地主们置立族田义庄(包括义田、祭田或祠田、族学田等)的主要目的,是用经济手段来延缓宗族宗法制的松懈②,但在很大程度上为地域社会的稳定发展提供了保障作用,也体现了其在社会控制中的应有地位。

江南地区从晚明以来,为应对"政教不修,人情涣散"的世态,地方士绅早已开始广设义庄、明谱系,"重宗崇实,不矜耀于富贵,不遗弃于贫贱",使其家族孝德"久而不衰",家风不至于"随世以变"。③ 家族的盛衰隆替,确实系乎族人之德业,族田或义庄建设即是其中重要的表现,是家族"久而不衰"的生活基础。④ 在江南,较有代表性而影响较大的义庄,是苏州的潘氏"松鳞义庄"和彭氏"谊庄"。山名弘史曾对这两大义庄在特殊历史阶段的社会功能作过详细考察。⑤ 这里仅举"松鳞义庄"为例予以说明。表11.1直观地

---

① (日)上田信:《地域与宗族——浙江省山区》,载刘俊文主编:《日本中青年学者论中国史·宋元明清卷》,上海古籍出版社1995年版,第572—611页。
② 李文治、江太新:《中国宗法宗族制和族田义庄》,社会科学文献出版社2000年版,第71—72页。
③ [清]张履祥:《杨园先生全集》卷十六《序·沈氏族谱序(丁未)》,第480—481页。
④ [清]张履祥:《杨园先生全集》卷十六《序·祠田经始录序(丁未)》,第482页。
⑤ (日)山名弘史:《清末江南の義莊について》,《東洋學報》1980年第62卷第1、2號。

显示了"松鳞义庄"在清代后期的设立与发展。其具体运作的内容，主要体现在潘氏族谱所载的"松鳞庄规条"。[①] 实际上很多家族的义庄规条有着极大的相似性。

表 11.1　清代后期"松鳞义庄"的规模变化

时期	银田增加数		来源
	田(亩)	银(两)	
道光十一年,设立	1000	50000	潘氏第 32 世遵祁、希甫寄付
道光十八年至二十六年	998	—	义庄购置
道光二十六年	16	—	潘氏第 28 世贡湖公冕之祭田
咸丰四年	200	—	"留余堂"读书田
同治三年	—	2000	潘氏第 32 世霨寄付
同治五年	200	—	潘氏第 32 世霨寄付
道光二十七年至光绪十年	782	—	义庄购置

资料来源与说明:本表根据(日)山名弘史:《清末江南の義莊について》(《東洋學報》第 62 卷第 1、2 號,1980 年,第 99—131 頁)附表二编制。

江南地区的许多府县都散布着义庄(田),可以说,这种状况是与江南社会经济的全面发展相吻合的。清代义庄(田)的发展,似乎比明代为强,因为明代的一些义庄规模并不大,数量上更是无法

[①] 道光十二年《大阜潘氏支谱》卷二十"松鳞庄规条"。

与清代相比。

就清代存在的义庄(田)的始创年代来看,绝大多数都是在清代才出现的。如苏州府的常熟、昭文地区,就是一个显例。(参表11.2)那里的许多义庄,都在清代建立并得到政府的"题旌"。其中,在道光以后由政府备案的67所义庄中,53所全部是在光绪年间建立的。此外,还有6所是未经政府备案开报的。个别义庄,并非本地人所创。如张氏义庄,是湖州南浔人张文照、张宝善父子为了照顾张氏家族中的贫支,在常熟买田千余亩,义庄设于丰乐桥下,在光绪二十年(1894)得到了官方题旌。[①]

表11.2 清代常熟、昭文地区的义庄规模与分布

义庄名称	处所	创建时代	创建者	义田数(亩)
卫氏义庄	钓渚渡卫家塘	康熙年间	卫肇吉	1596
杨氏敦本义庄	田庄镇	乾隆五十四年	杨继祖	3312
临海屈氏义庄	南门外莲墩浜	嘉庆十五年	屈成霖	1300
归氏义庄	城内文昌巷	嘉庆十五年	归景沩	1000
王氏义庄	东张墅	道光九年	王文澜	1200
俞氏义庄	南门外石逊步桥	道光十四年	俞廷柏	1300
龚氏义庄	东唐墅	道光十四年	龚骏	1000
董氏义庄	归市西街	道光十八年	董廷栋	1200
萧氏义庄	西乡	道光二十年	萧安福	500
庞氏裕后义庄	塘桥镇街西	道光二十一年	庞德煇	739

[①] 光绪《重修常昭合志稿》卷十七《善举志》,光绪三十年活字本。

续表

义庄名称	处所	创建时代	创建者	义田数(亩)
黄氏义庄	大墅桥	道光二十二年	黄浩	500
姚氏义庄	西门外	道光二十二年	姚文墉	若干亩
邹氏义庄	陈埭桥	道光二十三年	邹沛霖	3070
周氏义庄	西徐市	道光二十四年	周浩	510
庞氏永裕义庄	塘桥镇街东	道光二十五年	庞榕	862

资料来源：光绪《重修常昭合志稿》卷十七《善举志》，光绪三十年(1904)活字本。

说明：创建年份大多取官方题旌的时间；道光以后73个家族义庄从略；义田数取统计总数。

各种义庄(义田)的存在，对救助本族及相关地域内的民众生活，起了积极的作用。这点恐怕是官方不能做到的。有人甚至认为，江南农村经历明清之际的社会动荡后仍然可以保持基本的稳定，与义庄、义田的大量存在有着密切关系：经济条件较为富裕的宗族领导的诸如救济等活动，使民间的社会生活呈现一定的有序性，地方秩序因此得到改善。①

而从明末以来即存于江南广大地区的善会组织，则构成了民间救济的成熟形态。如以社会福利为目的结社——同善会，自万

---

① 钱杭、承载：《十七世纪江南社会生活》，浙江人民出版社1996年版，第108页。

第十一章 结论:区域社会的环境变动及其控制模式

历到崇祯年间,全国就有十几所,曾展开过大量的救济活动。① 这种以济贫为主要目的的善会组织,都是由当时的地方精英们所促成,而不再是由政府主办。②

仅以江南的同善会为例,它创于无锡的高攀龙、常州的钱一本(启新),而具体措施则详于其高攀龙的学生、嘉善人陈龙正。此类善会都是在儒家精英们的多方筹划中逐渐发展起来的。同善会的主要工作,就是在善会同仁的集体努力下,救助贫困,且事易办、惠甚均,是"儒者仁民之一端"。只要是怀恻隐之心的人,都乐于参与其中,是仁人君子与"流俗之人"都可参与的善举,从而达到儒者"推万物一体之怀而乐于为善"的价值追求。③ 当然,善会还有辅助乡约的教化功能。陈龙正在明末举办同善会活动时就向乡民们指出:"今日来此听讲,不论种田、做生意与衙门中人,但点醒了这心,回去俱要立定个决不害人的主意,常常在怀,一生决保安稳受用。……庶几人人各守本分,共成一县风俗。官府讲乡约,有劝有戒,都是此意。今日只当朋友们闲坐闲谈,又说得家怀,听得亲切些。所讲的道理故事,都是《五伦书》与《孝顺事实》《为善阴骘》上的。缘这三部书是永乐、宣德年间颁行天下,与《圣谕六言》一般意

---

① 夫马进对江南同善会及其他善会组织有过十分细致的研究。参(日)夫馬進:《善会善堂の出発》,载(日)小野和子编:《明清时代の政治と社会》,京都大学人文科学研究所,昭和五十八年(1983)三月,第189—232页;《同善会小史》,《史林》1982年第65卷第4号。
② 梁其姿:《施善与教化:明清的慈善组织》,(台北)联经出版事业公司1997年出版,第58页。
③ [明]归庄:《归庄集》卷三《序·同善会约序》,中华书局1962年版,第176—177页。

思。这会(即同善会)只当是讲乡约的帮手。"①这在一定程度上,能起到与乡约类似的社会秩序整顿的功效。

江南地区还存在大量的类似于同善会功能的掩骸会、育婴堂、放生会(或称放生社)、养济院等善会组织与团体。

例如,在嘉兴梅里镇(王店)地方,许多慈善组织广布于乡村社会。具体而言,有允安会(创于乾隆二十六年[1761])、埋胔会(创于乾隆二十八年[1763])、惜字会(创于乾隆三十八年[1773])、吉贞会(创于乾隆四十七年[1782])、扶老会(创于嘉庆十三年[1808])、恤嫠会(创于道光二年[1822])、广慈会义冢(创于道光十六年[1836])、仁济堂(创于同治十年[1871])等,都由民间自发创办。②

在吴江县的黎里镇地方,也有很多善堂、义渡和义庄,如众善堂设在染字圩,留婴堂在作字圩,育婴堂在染字圩,月湾义渡在月湾漾南濒使字圩,周氏义庄在染字圩,等等。③

仁和县的乡村慈善组织同样很兴盛,如在唐栖镇,旧的留婴所坐落于水南庙后西河埭,新建的则在水南庙东十一都八图,舍棺会在镇之东里和西里,新安义所在大善寺西,等等。④

可见,所有这些慈善组织已深入乡村社会,而且大多产生于清代中期以后,表明清代江南乡村的民间慈善事业要较明代繁荣而

---

① [明]陈龙正:《几亭全书》卷二十四《政书·乡筹二·同善会讲语》,康熙云书阁刻本。
② [清]杨谦纂、李富孙补辑,余楘续补:《梅里志》卷七《蠲恤》,光绪三年仁济堂刻本。
③ [清]蔡丙圻:《黎里续志》卷二《善堂》,光绪二十五年禊湖书院刻本。
④ [清]王同纂:《唐栖志》卷十八《事纪·纪恤政》,光绪十六年刻本。

广泛。

清代善会善堂的活动,已经不像晚明的同善会那样基本以城市为中心,而是渗透于乡村市镇社会的自治团体。从这个意义上讲,这种慈善组织便不仅是以社会福利为宗旨,而且已经完全介入了地域社会的各个领域,属于地方社会自身的问题了。① 直到清代晚期,善会组织还在发挥着作用。如嘉善县地区,在太平天国的军队即将到来之际,同善会还在"编号旗",为地方社会的防护,配合官府进行着积极的工作。②

6. 社会控制的成熟形态

江南地区各种社会构成的存在,为国家实施控制既造成了某种"障碍",也提供了支援。由于行业组织、家族系统、民间会社等团体具有很强的独立性、地域性、排他性,所以在处理与国家利益有冲突的问题时,有时很难真正得以有效协调。当然,作为传统社会的基本组织,家族、宗族等所起的作用,有时连国家行政组织都不能比拟,可以说是"中央集权君主专制主义官僚政治的基石"。③ 因此,也可以将这些民间全面兴起的社会保障或控制活动,视作社会控制的成熟形态。

思想意识形态应当存在于社会经济生活之上,国家对此的控

---

① (日)夫馬進:《善会善堂の出発》,第189—232页。
② [清]赵氏:《赵氏洪杨日记》,传抄本,载王庆成编著:《稀见清世史料并考释》,武汉出版社1998年版,第411—444页。
③ 陈旭麓:《近代中国社会的新陈代谢》,上海人民出版社1992年版,第11页。

制一直十分用力。

在明代晚期,江南的结社之风已经比较盛行,继东林书院的频繁活动之后,应社、复社、几社相继活跃于崇祯年间,因应了时势的动荡。参与结社活动的,除一些相当知名的文人士大夫外,还有很多官吏。当明清易代之际,这些人积极参与抗清活动,如几社的创建人夏完淳、陈子龙等,都殉难于清兵南下后的抵抗运动。顺治六年(1649),由几社分化出来的同声社、慎交社的活动中心,从松江转移到了苏州。这两个社与江浙各地的文社在苏州虎丘联合举行大会,近千名文人参与此次盛会,赋诗论文,以文会的形式,表达了对故明的哀思,也表达了对清朝的不满。① 所以就在顺治六年,朝廷下令禁止这类结社活动,加强对文人们的思想控制。② 这是中央政府为加强其统治的权威而采取的必要措施。在这方面,最突出的事例应当是文字狱。文字狱完全是从思想意识的层面,对任何有悖统治权威的言行进行的残酷控制和惩戒。即以民间广为流行的所谓淫词小说而言,官方控制也很有力。例如对《水浒传》的禁毁,首先就是因其"诲盗",而所谓"盗",在传统社会是绝对要严禁的。大规模禁毁淫词小说,发生于道光年间,主要地区就在江浙。③

当然,对意识形态问题的处理,明清两代还有较为温和的表现。例如,明代设置申明亭的主要目的之一,是要保证朝廷的申文能够在乡村社会中得以充分宣扬。当然,它的另一个重要意图,是

---

① 参冯尔康、常建华:《清人社会生活》,天津人民出版社1990年版,第63—67页。
② 《清世祖实录》卷一百三十一"顺治十七年正月辛巳"条。
③ 李梦生:《中国禁毁小说百话》,上海古籍出版社1994年版,前言第21页。

第十一章 结论:区域社会的环境变动及其控制模式

图 11.2 民社活动

要利用申明亭和乡村里老一起处理最基本的"乡党部民词讼"。① 洪武二年(1369)始建的申明亭,规定在县城之外,每保各设一所。② 上述制度的部分内容,被清代维持下来,因为清代的律例基本上都是参照明代的成例,没有作过太大的改革。由此可见,明清两代王朝统治都是由上而下垂直性地渗透到了基层社会的每

---

① 《皇明条法事类纂》卷四十四《刑部类·拆毁申明亭》,载刘海年、杨一凡总主编:《中国珍稀法律典籍集成》乙编第五册,科学出版社1994年版,第757—758页。
② 万历《上海县志》卷五《公署》,万历间刻本。

615

一个角落。

尽管明清时期江南基层社会体现在习俗信仰等方面的意识形态十分繁荣,但为统治者努力遵奉的传统儒学道统礼教,早已在历史上形成了"一尊的格局"①,地方想要在这些方面作大的调整,几乎是不可能的,除非中央政府认为某种信仰能为国家的思想控制树立权威性。实际上这是民间宗教与国家正统礼教争夺下层民众的一种控制行为。从地理环境的角度分析,政府的控制行为能在很大程度上体现于民间的风俗文化生活中,而且在不同的地域空间有着控制程度的差异表现。在明清时代,无论是中央还是地方,都为寺庙管理与民间祠神信仰活动的正统性付出了极大的努力,在很多情况下,这种努力并不会因为朝代变更或者战争等破坏性因素的干扰而有所改变。这是十分重要的一种控制形式,也是思想控制的高端表现。

四　江南地区的社会控制与发展模式

从江南出发的思考与讨论,其实与森正夫、岸本美绪、滨岛敦俊等学者强调的地域社会论的方法或理念是相契合的。虽然着眼于地域、地方,或地区,但"国家论"时刻在场。从地域社会的角度,可以使各个历史事象的具体讨论变得充实起来,也不会缺乏国家论的视野。强调关注"地方",并不意味着放弃对于国家层面的秩序统合的关注。国家并非全然外在于"地方",而往往与"权力"一

---

① 陈旭麓:《近代中国社会的新陈代谢》,上海人民出版社1992年版,第15页。

第十一章 结论:区域社会的环境变动及其控制模式

起随着地方社会不断再生。所谓"地方",正是"权力"不断生成的源泉,如同相交叠的同心圆,被统合于更广泛的秩序网络,最终会归于国家秩序的大圆。①

在社会控制的诸种形态中,很大一部分可以视为地方防护和秩序整顿工作,这种工作有时有预先性,有时则表现出迟滞性。最典型的例子,莫过于弭盗与防灾。而水旱灾害的到来,往往无法预计,对城乡社会所产生的破坏性影响自然很大。为了从最大程度上减少发生社会动乱的可能,及时地救赈城乡饥民显得十分必要。地方政府在组织实施的救荒工作中,经常体现出与乡绅地主密切配合的姿态。② 由于在饥荒发生期或发生后,社会经济必然处于凋敝状态,所以米粮运输及其价格的控制是中央与地方都要重视的大问题。

从地理空间的角度来看,江南内部其实存在各种层面的分异。如果说江南的中心水域太湖及行政区划边界是政府控制最显薄弱的空间,那么低洼平原区与西部的低丘山地之间,也体现了明显的差异。地理环境对于社会控制力的强、弱影响,在这方面显得比较突出。中央政府对于地方的控制,在地域上也有区别,对直隶地区的重视程度,往往是普通省、府地区不能比的。

虽然政区边界常常处于控制弱化的状态,但地方政府为加强这方面的控制,仍在不断努力,将县丞、主簿、典史、巡检司等县级行政人员遥驻于县境边缘的主要市镇与水陆交通要点,而且据不

---

① (日)山田贤:《東アジア:中国:明・清(一九九四年の歴史学界:回顧と展望)》,《史学杂志》第 104 卷第 5 號,山川出版社 1995 年版,第 857—867 页。
② 参本书第五章"明末江南的大灾荒与社会应变"对于这方面的考察。

617

同时期的实际情势,会作出新的调整。① 像枫泾镇,位于江苏、浙江两省的分界处,镇区与镇郊乡村都被两个初级政区兼摄:在嘉兴府嘉善县东北境的属于奉贤乡,设有嘉善主簿管理;在松江府娄县西南境的,属枫泾乡,由松江的巡检管辖。② 但在动乱时期,政区边界控制的薄弱,会在无形中构成对行政中心地域的强大威胁。

所以,对社会控制影响较大的还在于社会环境。江南与华南等地存在的一个重要差异,是江南并不存在十分强大的宗族社会形态,不能纯粹地认为江南的乡村社会是由村落或者宗族及其他某种特定的组织所构成,而是各阶层的人们从本身的特殊条件或利益出发,为保障诸多团体间的协调工作而建构的共同体。③ 如果将江南地区比拟成一个生态系统,那么这个系统一旦受到了严重的压力,政府、士绅、农民之间利益上的矛盾便会不可避免地暴露出来。④ 在这样的情势下,社会环境的各种因素会产生连锁反应,甚至出现恶化,整个社会可能陷入失控状态,最显著的表现,主要仍在政区管理层面。

从时间上看,社会对于环境的调适态度,其实存在消极性和滞

---

① 太田出专门研究了江南三角洲地区的佐杂"分防"问题。所谓"分防",就是将在县城(行政都市)中担任职务的佐杂官吏移驻到农村社会中迅速形成的市镇中去,明中期以后这种情况显得越来越明显。参(日)太田出:《清代江南三角洲地区的佐杂"分防"初探》,《中国社会历史评论》2000年第二卷,第105—116页。
② [清]曹相骏纂,徐光墉增纂:《重辑枫泾小志》卷一《沿革》,光绪十七年铅印本。
③ 稻田清一对于晚清吴江县一个乡居地主的细致研究,表明历来所认为的中国社会是以村落、宗族或某种特定的组织为基层单位,并像细胞一样有机地结合而成的看法,是需重新认识的。参(日)稻田清一:《清末江南一乡村地主生活空间的范围与结构》,《中国历史地理论丛》1996年第2期。
④ (美)黄宗智:《长江三角洲小农家庭与乡村发展》,中华书局1992年版,第37页。

后性。以大水大旱的发生为例,社会往往处于被动状态,调适工作的发生,必定是在灾间或灾后,而灾后的调适又占了大多数。可是,这种工作恰恰是地方社会控制中的主流。如果从社会层面作出一个界定,那么可以有三个方面的控制程序,即中央政府、地方政府和民间社会。实际上民间社会力量的构成,是比较复杂的。没有社会资本与经济力量的普通百姓在其间的地位,实际上并不具有重要意义,士绅阶层的角色表现则最具关键性——他们拥有一定量的财产和比较高端的社会地位,有些还是退职的官吏,或举、监、生员,并以宦途经历而构成了庞大的社会活动群,对地方政府的施政有着极为重要的影响力。[1] 而最具经济力量的城乡地主和部分商人,凭借强大的经济实力,增加了政府对他们的倚重程度。特别是一些规模较大的社会公共工程(如水利、城防、海塘等方面的建设)和灾荒严重期的救赈工作(平粜、散粮、施粥等),往往需要他们的支持或者"义助"。他们和部分士绅构成了江南地方社会发展的砥柱。

明清两代,许多官吏、士绅就已十分注意保护江南地区富户的利益(当然官绅中的绝大部分在地方上也可纳入富户或富室的范

---

[1] 从明清以来,士绅们已经在经常性地处理中国社会中最重要方面的事务;许多活动在官方看来都是士绅们效力桑梓的公益事业,但在实际中已在影响着国家社会经济生活中至关重要的内容。虽然士绅的成分较为复杂,可以包容地主、退职官吏、举监生员等,但他们在很大程度集中了所在地区的全部经济与文化力量,官方对其的依赖性,随着社会的发展,越来越增强了。张忠礼关于中国绅士的两项研究《中国绅士——关于其在19世纪中国社会中作用的研究》(上海社会科学院出版社1991年版)和《中国绅士的收入——〈中国绅士〉续篇》(上海社会科学院出版社2001年版),就展示了士绅阶层在中国社会发展中的强大力量,尽管他所论述的时段基本以十九世纪为限。

围),认为自明初以来富户对于江南地区在赋税征取、社会稳定、济养穷困等方面有着相当重要的作用。明末嘉善人钱士升,曾官至礼部尚书兼东阁大学士。他在崇祯九年(1636),曾强烈反对一名武生所提"括江南富户报名输官,行首实籍没之法"的建议,认为这是"乱本";即便在灾荒时期,"保富"也是传统荒政的十二条重要举措之一。① 富室是江南社会安稳的支柱。钱士升指出:江南"士民富家数亩以对,大率以百计者十之六七,以千计者十之三四,以万计者千百中一二尔。江南如此,他省可知……凡富家必有庄田,有庄田必有佃户,佃户力田完租,以便富家办纳粮税,而因收其余以养八口。至于穑事方兴,青黄不接之际,则富家出母钱以贷之。而商贾之拥厚资者,亦以质库应民之急。且富家之用物也,宏凡养生、送死、宾客、游观之费,百工力役皆仰给焉。则是富家者,固穷民衣食之源也。不宁惟是,地方水旱,则有司檄令出钱储粟、平价均粜,以济饥荒,一遇寇警,则令集庄客、缮器械以助城守捍御之用。即今日因粮输饷,富家居多……故富家者,非独小民倚命,亦国家元气所关也。"② 富户当然是国家征赋的主要依靠,即如明代苏、松、常、嘉、湖五府北运白粮,都由地方佥选家境较为殷实的粮长负责运输。但由于北运京师除路途遥远,还受层层盘剥,许多粮长为此破产。嘉善县乡绅陈龙正即提出可由乡绅充任北运工作,不查报大户,从而"安富以保贫",保障贫、富双方共同的利益,使富

---

① 光绪《重修嘉善县志》卷十九《人物志一·名宦》;《明史》卷二百五十一《钱龙锡传》。
② [明]钱士升:《赐余堂集》卷一《看详章奏纠参李琎疏》,乾隆四年钱佳刻本,载《四库禁毁书丛刊》集部第 10 册,北京出版社 1997 年影印版,第 437—438 页。

第十一章　结论:区域社会的环境变动及其控制模式

民不苦于供应,贫民由之获得更多的依赖。① 丁宾曾就均甲均役的实施,给嘉善知县蔡培自写信,指出一个县域社会中如果富户较多,那么小民就不会受困;反之,富室荡然,则小民不会受福。② 譬如松江地方,既有低洼的水稻种植区,也有高阜沙壤地带的植棉区,更有滨海的渔盐区,贫富不均的情况较为严重,而城郭小民非依托富豪大家则不能自立。③ 尤其在灾荒年岁,国家的救赈相当有限,小民更需仰赖富室的救助。如在乾隆五十年(1785)间,嘉兴等地出现大旱,导致秋粮歉收,次年饥民大增,都聚向富家索食。嘉兴知县就在普明寺、梅里镇(今王店镇)两处地方的粥厂主持赈济工作④,缓解了饥荒危机。

因此,如何处理地方政府与基层社会在调控工作中发生的种种问题,将给整个社会于环境变动情况下的控制带来决定性的影响。⑤ 嘉靖年间的倭乱给江南地区的主要影响,是促使中央、地方、民间三方面力量在城市防护工作中有了较好的联合,为了共同利

---

① [明]陈龙正:《几亭外书》卷四《乡邦利弊考》"北运""乡绅充北运""勿查报大户"条,崇祯四年序刻本。
② [明]丁宾:《丁清惠公遗集》卷八《书牍·复蔡培自父母》,明崇祯刻本,载《四库禁毁书丛刊》集部第44册,北京出版社1997年影印版,第309页。
③ [明]陈子龙:《安雅堂稿》卷四《赠上海令王侯政绩序》,载《陈子龙文集》,华东师范大学出版社1988年影印本,第122页。
④ [清]杨谦纂,李富孙补辑、余楙续补:《梅里志》卷七《蠲恤》,光绪三年仁济堂刻本。
⑤ 以清初实行的"摊丁入地"而言,如果摊诸无田地的富户,那么富户的佃民必将期其完纳粮额,并不合理,需要重作调整,否则不但赋无所出,而且还会引起下层贫民的反抗。参[清]袁枚:《随园文选·记富察中丞四事》,上海大达图书供应社1934年版,第61—64页。

621

益,尽力防止倭乱扩散,而且在修城经费分配和劳力支度上,"官三民二"和"军三民七"的分派相当明确。① 这三方面力量的具体联合,在水利防护、灾害应变等方面,也可看到相似的情况。尽管在民间信仰等意识形态方面,政府控制的力度体现得十分强大,但如果没有地方士绅的有力配合,这种控制便很难维续下去。清代后期,朝廷企图修补行政集权,使协调和控制的有效性有所丧失。② 但江南的持续繁荣,揭示了整个社会发展过程中,一个特殊区域的内在协调与有效控制的重要性。

事实上,可以将一个区域从变动到稳定的过程定为一个周期。除政治、经济方面的变动外,水利失控、灾害发生、战争影响、盗匪变乱、民众抗争等各种问题的产生,可以为政府组织(或是以士绅为主导)再次调整和聚合社会各阶层力量提供机会。所以新的调控之后,会出现又一个平静繁荣期,这时的控制也最有效,整个社会经济仍能得以持续发展。

因此,尽管在传统中国社会中,政治力量总是强于经济,国家权威总是高于地方,但在处理各种环境变化问题时,国家最终仍要借助地方的力量,为其控制系统服务。本书通过对于环境变动与社会控制多侧面、多角度的论析,揭示了这样一个事实,即在明清时期最为繁荣稳定的江南地区,国家、地方政府、基层社会三方面的力量常常能够较好地协调,以应付常态和变态下的环境,实施区域社会的较好控制,并促使区域经济的稳定和持续发展。这既是

---

① 详参本书第七章"晚明江南城市重建及其防护体系的构成"。
② (美)吉尔伯特·罗兹曼(Gilbert Rozman)主编:《中国的现代化》,第594—597页。

第十一章 结论:区域社会的环境变动及其控制模式

本书所要提出的一个区域社会协调、控制、发展的理论模式,也是一种较为成熟的社会控制模式。①

---

① 关于"成熟的社会控制模式"的提法,援引了"成熟的行为控制概念",详参(荷)盖伊尔(R. Felix Geyer)、佐文(Johannes Van der Zouwen)编:《社会控制论》,黎鸣等译,华夏出版社1989年版,第164—165页。

附录一 史料与史学：明清江南研究的几个面向

一、历史地理学视域下的"江南"

大概从20世纪50年代起，江南研究逐渐跃入了中国重要学者的视野。① 在那时，研究江南主要是为了探讨资本主义萌芽等问题的需要，也因为在这个讨论地域内，可资利用的传世文献中，支撑上述问题的资料基础相当丰满，关注的时段主要就在明清时期。到90年代末期，海内外的江南研究成果，不仅远超对于中国其他地域的研究，而且讨论的深度与广度，也是其他区域的历史研究无法比拟的。所以有人说，海内外许多学者在近一百年间对江南作出了大量的研究，成果之多与水平之高完全超出了学术界对于其

---

① 至于时段更宽的研究综述，可参陈忠平、唐力行主编：《江南区域史论著目录（1900—2000）》，北京图书馆出版社2007年版。

他地区的研究①,这是有充足理由的。

但是,对于江南的地域范围问题,常常因不同学者的论题所需,而随意设定,并没有统一的认识。例如,王家范在其早期关于江南市镇结构及其历史价值的研究中,认为至迟在明代,苏松常、杭嘉湖地区就已是一个有着内在经济联系和共同点的区域整体,官方文书和私人著述中往往也将五府乃至七府并称。因此,最早的江南经济区(严格地说是长江三角洲经济区)事实上已经初步形成,而且这个经济区当时是以苏、杭为中心城市(苏州是中心的中心),构成了都会、府县城、乡镇、村市等多级层次的市场网络。作为第一本明清江南市镇的研究专著,刘石吉的《明清时代江南市镇研究》指出,江南是指长江以南属于江苏省的江宁、镇江、常州、苏州、松江和太仓直隶州,以及浙江的杭州、嘉兴、湖州三府地区。洪焕椿与罗仑主编的《长江三角洲地区社会经济史研究》的江南定义,主要是指长江三角洲地区,在明清时期即为苏、松、常、镇、杭、嘉、湖七府地区,是以太湖流域为中心的三角地区。樊树志的明清江南市镇研究,所论仅涉苏、松、杭、嘉、湖五府,但统计市镇分布的附表,则广及应天、苏州、松江、常州、镇江、杭州、嘉兴、湖州、宁波、绍兴、金华、太平、宁国、池州、徽州诸地,涵盖了今天江、浙、沪、皖四省。徐新吾等人对江南土布史的研究,基本上以松江府为中心,旁及常州、苏州、嘉兴、杭州、宁波各府的部分地区,长江以北手工业在近代以来比较发达的南通,在供销方面与江南地区有着密不

---

① 龙登高:《中国传统市场成熟形态的探讨——江南地区市场研究的学术史回顾》,《中国史研究动态》1998第10期。

可分的联系,所以被纳入江南的范围。范金民对江南丝绸、商业史的研究,则较明确,即北界长江,南临杭州湾,东濒大海,太湖镶嵌其中,基本上就是一个长江三角洲,包括今天的南京、镇江、常州、无锡、苏州、上海、嘉兴、湖州和杭州,面积达4万多平方公里。陈学文的《明清时期杭嘉湖市镇史研究》和《明清时期太湖流域的商品经济与市场网络》,明确表示其讨论的是"狭义的江南地区"或"太湖流域",范围当以苏、松、常、杭、嘉、湖六府为最合理。此后的江南研究中,蒋兆成、包伟民等人所设的地域,均未超出上述地区。周振鹤、李伯重又分别对"江南"的历史沿革、"江南"的地域界定,作了较为系统的论述。①

21世纪的最初几年,这个问题又引起了人们的关注,并涉及许多学科领域,包括地理学、文学、史学、经济学、语言学等。譬如,中国科学院地理研究所主编的《国家地理》杂志,还专辟一期,从不同的学科视野,论析不同的江南空间。在不同的"江南"外延下,其共同的内涵都是太湖平原。特别应指出的是,由于经济的繁荣,江南的吴语地位上升,江淮官话受到歧视,受这样的心理因素影响,不但扬州不被视为江南,也连累镇江被当作江北了。② 有人很早就说过,镇江虽然在民国时期作过江苏的省会,是长江下游的第一个码头,但其"风味"与苏州、无锡有很大的不同,是"江南的边疆"。③ 这倒十分符合明清时期中国人日常视野下的江南,也是经

---

① 有关江南地区的历史变革及国内外的一些主流观点,可参本书绪论。
② 《中国国家地理》"江南专辑",2007年第3辑。
③ 周邵:《春来忆江南》(1938年1月),载氏著《葑溪寻梦》,古吴轩出版社1999年版,第179页。

济意义上的"江南",经常被转指传统的浙西、吴或三吴地区。

相对而言,明清时期"浙西"的范围十分清楚,就是杭州、嘉兴、湖州三府,从未有争议。在明代人的意象中,苏州、松江、常州都是"三吴"地区。① 与今天讲的"苏南"大致吻合。不过,范围更广的说法,曾有"吴中"一词。据嘉靖年间人们的看法,"吴中"包括了环太湖周边的苏州、松江、常州、镇江、杭州、嘉兴、湖州,十分明确。② 这个概念,在明清两代成为人们的一般认识。所以康熙年间刊行的《吴中开江书》,仍以太湖为中心,包括了传说不一的"三江"地区。③

从元代开始的官修地理志中,"江南"一词还有被用于行政区划的。明代,苏州与松江、常州三府属于国家划定的"南直隶"。但在清前期所谓"江南",主要指的是今天江苏、安徽两省地区。苏、松、常三个府不过是正式的"江南省"的一部分。而且,无论是官方还是民间,这三个府往往并称,尤以苏松并称为常。清代雍正二年(1724)以后,从苏州府新析出的太仓直隶州成为一个与府平级的行政区,由此,"苏松太"作为新词沿用至清末。

明代已经将苏、松、常、嘉、湖五府列入了"江南"经常性的表述对象④,因为这些地区的经济发展已在全国获得了独一无二的地位,且备受国家倚重。嘉靖年间的嘉兴府海盐县人郑晓,也是以这

---

① [明]伍余福:《三吴水利论》,嘉靖吴郡袁氏嘉趣堂刻《金声玉振集》本。
② [明]不著撰者:《吴中水利通志》,北京图书馆藏明嘉靖三年锡山安国铜活字本。
③ 详参[清]顾士琏等辑:《吴中开江书(三种)》(康熙七年刻本),特别是其中《娄江志》卷下所收的明代万历年间王在晋撰《娄江诸水利说》篇。
④ 赋税征收问题的讨论往往将此五府并称。参[清]查继佐:《罪惟录》"志"部卷十四《漕志》,浙江古籍出版社1986年版,第769页。

些地区来论述江南的。① 所以后来有人建议,在最为富庶的苏南浙西地区设立专门的行政区,并置督抚专治,称作"江南腹心"。② 明清笔记、文集、小说中的江南,一般就是指这一地区。作为国家财赋重地的"江南",在归有光(1507—1571)看来,就是南直隶的苏、松、常与浙西的杭、嘉、湖这六府地区。③ 清代学者进一步指出,苏、松、常、镇"合于浙西则未有异者",有很强的统一性。④ 有的甚至表示,杭、嘉、湖、苏、松、常、镇七府就是所谓"江南"。⑤ 晚至民国时期,在"江苏水利协会"自办的杂志中,有一幅"太湖流域大势图",地理上是茅山、天目山系以西、长江以南的三角地带,完全等同于民国政府与民间时常讨论的"江南水道大势"之地。⑥

尽管江南的范围设定有如许复杂性,江南的核心也仿佛常常被限定在太湖平原地区,但既然是研究历史,就需要了解不同时代人们的认知与判定,需要从所论时代的场景出发,从时人的感觉和认识的角度来讨论这个"江南",而不是简单地以现代的学术理念背景作一个框定。

---

① [明]郑晓:《今言》卷三,中华书局1984年版,第139页。
② [明]卢泾才:《上史大司马东南权议四策》,载[明]冯梦龙编:《甲申纪事》卷十一,上海古籍出版社1993年版。
③ [明]归有光:《震川先生集》卷八《遗王都御史书(代)》,上海古籍出版社1981年版,第165页。
④ [清]全祖望:《鲒埼亭集外编》卷四十九《浙西分地录》,上海涵芬楼影印姚江借树山房刊本。
⑤ [清]东鲁古狂生:《醉醒石》第八回"假虎威古玩流殃、奋鹰击书生仗义",上海古籍出版社1992年版,第68页。
⑥ 详参无锡人胡雨人编的《江浙水利联合会审查员对于太湖局水利工程计划大纲实地调查报告书函》(民间铅印本)所附"江南水道大势图"及其相关图注。

二、兴盛的市镇史研究

在以往的江南区域史研究中,尽管成果包罗万象,但占绝大多数的,都是论述市镇与地方社会经济的(包括士绅及其与地方社会的关系)。对其即使作一番哪怕是较为简单的学术史清理,也未必能够游刃有余。这一方面是因为涉及江南研究的学术积累太过深厚,个人研究的触及面一般都是按需而求,并不全面;另一方面,对海外相关的学术成果与动态进展把握,或因语言的障碍,或因客观条件与个人能力的局限,还不能说都已巨细无遗。

市镇经济史的研究,推展到20世纪末,已臻极致,佳作迭现。不少研究都十分关注中国的城市化与城乡关系问题,甚至包括晚近的现代化进程。

20世纪30年代,加藤繁已经注意到了前近代中国社会经济发展过程中的都市形态问题,在市镇史研究方面作出了一些开创性的研究。① 五六十年代以来,欧美学者也开始讨论中国历史上的城镇化问题。施坚雅在这方面的工作相当突出,以区域体系和中心地理论,着力于探讨中国历史上的城镇化过程,在学术界产生了极大的影响。② 不久,由他主编的《中华帝国晚期的城市》一书出版

---

① 加藤繁的研究成果结集于《中国经济史考证》(吴杰译,商务印书馆1973年版,共三卷)。此后还有曾我部静雄的《唐宋以前的草市》(《东亚经济研究》第16卷第4期)、周藤吉之的《宋代乡村中小都市的发展》(《史学杂志》第59卷第9期)等。

② G. William Skinner, *Marketing and Social Structure of Rural China*(中国农村的市场与社会结构),连载于Journal of Asian Studies(vol24.1—3,1964~1965);史建云、徐秀丽译中文本,中国社会科学出版社1998年版。

了。该书系统地从中国城市的历史发展、空间体系视野下的城市、清代中国城市的社会结构三大方面进行了论述,仍然贯穿了施坚雅提倡的区域体系的研究方法。①

中国本土的学者,从50年代以来就展开了关于江南市镇等方面的深入研究,代表性的,主要有傅衣凌、傅宗文、刘石吉、王家范、陈学文、樊树志、蒋兆成、陈忠平、包伟民、王卫平等人的相关成果。在日本,森正夫等人从历史学与地理学相结合的视野,对江南市镇作了一些个案考察。川胜守则从社会史的新视野,进一步拓展了市镇研究的领域。② 韩国吴金成的长篇研究论文,着重强调了江南城市社会的多样化。③

总体而言,关于明清市镇的研究,尤其是关涉江南地区市镇的研究,基本上在20世纪最后十年内达到了巅峰,事实上此后的研究也少有热潮。④ 我们看到,在这些宏富的研究成果中,大多数强调的是乡村"都市化"问题,这主要是指农村人口转变为城市人口和农村土地转变为城市土地的过程。都市化的水平以城市人口占全国总人口的比重为标志。有学者曾认为中国历史上的城市少,数量不多,还谈不上都市化的过程。⑤ 其实这只是一个方面,另一方面应该明确的是,江南的乡镇地区自明清以来基本上是被动地

---

① G. William Skinner ed., *The City in Late Imperial China*, Stanford University Press, 1977;中文译本中华书局2001年版。
② 详参本书绪论。
③ (韩)吴金成:《明清时期的江南社会:以城市发展为中心》,载《中国江南社会与中韩文化交流》,杭州出版社1997年版。
④ 较有代表的成果是任放的《明清长江中游市镇经济研究》,武汉大学出版社2003年版。
⑤ 马正林编著:《中国城市历史地理》,山东教育出版社1998年版,第15—16页。

纳入城市化过程,即乡镇人口被迫转入城市谋生、乡村土地被动地化为城市用地的过程。

费孝通曾指出,小城镇是城乡的纽带,是城乡发展的必要环节,又是一个调节城乡人口的蓄水库。① 赵冈根据相关资料,比较了日本、英国和中国的城市人口统计,将三个国家的城市都按人口分类,达到2000—10000人的是小城及市镇,10000人以上是大中型城市,从而说明中国与日本、英国的情况迥然不同,即中国不足一半的都市人口在大中型城市,其余则散居于小城及市镇中。② 刘石吉在最近的回顾与展望中,深刻地指出,"小城镇"基本上是一个经济的范畴,也是历史与社会的范畴,它依赖于城市,尤其依赖于乡村,在性质上介于城市与乡村之间:把城乡两个不同的区域连接成一个完整而相对独立的区域;既是城市之尾,又是乡村之首;是城市在乡村的延伸,又是乡村中的雏形城市。亦城亦乡,可以说是中国小城镇的本质特征。它反映在社会结构上,是农村的政治、经济、文化、教育、科学技术、信息的中心,具有多方面的功能综合体,又有大量的亦工亦农的劳动者。简单而言,小城镇具有双重性:一旦小城镇与城市结合,即具有城市的属性;若与乡村结合,则具有乡村的属性。③ 这些论述,体现了对市镇定性较为审慎的态度。李伯重在前人研究的基础上,认为可以用最普遍意义上的"城市"概

---

① 费孝通:《社会学的探索》,天津人民出版社1984年版,第237页。
② 赵冈:《中国城市发展史论文集》,(台北)联经出版事业公司1995年版,第140—141页。
③ 详参刘石吉:《小城镇大问题:江南市镇研究的回顾与展望》,1998年9月杭州"中国东南区域史国际研讨会"宣读论文;后在2003年11月湖州"中国江南市镇国际学术研讨会"之同名宣读论文中又作了补充。

念,来界定市镇是否属于城市,其中有两条标准:一是与单个农村相比,城市的居民人数较多;二是城市中居民的"非农业化"程度较高。他认为,这个定义虽较笼统,但十分适用于城乡、工农之间无明确界线的明清江南地区,也就是说,根据这个标准或定义,明清江南大多数市镇当然应为城市地区。比如,对于江南地区最重要的苏州地区,那里的市镇就有"充分的理由""定位为城市地区",从而也就可以进行"城市"类型的分划。①

日本学者指出,"城市"一词的语源,出自中国;而中国城市的概念,则出现于战国。到宋元时代,时人的意象中,已认定只有"大邑"才具备城市的资格。②刘石吉还借用了许瓦茨对"充分成长的城市"所下的定义,来分析江南市镇,认为在清代,江南许多专业性市镇具有明显的中央性机能与城市生活形态,已经很接近"现代"的都市了。③实际上,他对这些市镇是否可以判定为城市,仍然是比较谨慎的,并没有完全同意清代高度发展的这些江南市镇就应当都属于城市的范畴。再如,在樊树志对于市镇的系统研究中,尽管高度称颂明清江南市镇的繁荣,但仍小心地指出,它们不过是"城乡间的中介和过渡地带"。④

---

① 李伯重:《工业发展与城市变化:明中叶至清叶的苏州》,载氏著《多视角看江南经济史(1250—1840)》,生活·读书·新知三联书店2003年版,第377—446页。
② 马正林编著:《中国城市历史地理》,山东教育出版社1998年版,第20—21页。
③ 参刘石吉:《明清时代江南市镇研究》,中国社会科学出版社1987年版,特别是第三篇"明清时代江南市镇之数量分析"。
④ 樊树志:《明清江南市镇探微》,复旦大学出版社1990年版,第5页。

三、城乡历史关系的史料与判定

如何看待市镇的属性,是在市镇史研究基础上,进一步推动江南其他层面研究的一个重要出发点。① 王家范强调指出,对现实生活的感受以及来自生活的社会阅历和经验性的观察能力,可以在研究者们选择与解读相关史料的过程中,对一些问题的认识起到至关重要的作用。有的研究者因生活经历的某种局限,有价值的史料会在眼皮底下悄然溜走,有些则被明显放大,失误时或有之。② 更不可取的,是简单地以今天的学科背景(大多数是来自西方的理论认识)与主观臆断,来对明清时期江南城乡生活作判断,甚至无视当时民众的生活情境与心态感受。繁荣发展的市镇的地位属性该作如何判定,需要我们慎读史料,对历史作较为准确的还原。

明清江南史料甚多,如何从不同时代的史料中获取时人对于城乡关系的实际判断,可以也有必要重新检择地方史料,特别是那些府州县乡镇志,基本由政府组织、城乡学究编纂,从中反映的"城市"概念和市镇定位,应该引起我们的重视,因为这些表达可以代表当时人的权威认识和一般感觉。就明清时期而言,仍然只有那些成为州县治所的,才具有城市的资格,即便是在繁荣富庶的江南

---

① 这方面相关的学术史评述,可参范毅军的《明清江南市场聚落史研究的回顾与展望》(《新史学》1998年第9卷第3期)、吴滔的《明清江南市镇与农村关系史研究概说》(《中国农史》2005年第2期)、冯贤亮的《明清时期中国的城乡关系》(《华东师范大学学报(哲社版)》2005年第3期)。
② 王家范:《生活是治史者的教科书》,《人民日报》2004年2月14日第6版。

地区,亦不例外。

明代江南市镇大量勃兴,商品经济颇为发达,与宋代以军事功能为主的"镇"大不同。这些市镇广布于乡村地区,除极少数镇发展成了州县治地外,绝大多数与村落的契合程度极高,并相互依托发展。但是,那些成为府州县治地所在的"城市",与乡村镇市一直保持着十分清楚的界线。

明代人抄录南宋文天祥向宋朝皇帝的一份上书中,曾论及地方防卫的分合问题,有一句"乡村无以通于镇市,镇市无以通于城郭"①,对"乡村""镇市""城郭"三者的区分相当明晰。尽管明代的镇市与宋代的镇市本质上多有不同,但这样的区分之态,延至清代依然不变。哪怕是政府布告的张贴,也有意识地将府州县与"乡村市镇"作严格的区分。② "乡村市镇"作为一个习称、一个具有很强统一性的概念③,在文献中屡见不鲜。譬如嘉定县人朱珽,世居守信乡蒲华里。昆山人归有光说他"寄傲草野间,不至城市者二十余年"。④ 这个"城市"当然是指嘉定县城,而非附近的任何一个市镇。明末的钱谦益论及当时的地方防卫时,这样说道:"江南之守在乡镇,不在城;在水战,不在陆战。"⑤很明显地将城市与乡镇作了

---

① [明]杨士奇等撰:《历代名臣奏议》卷一百一《经国》,文渊阁四库全书本。
② [明]张内蕴、周大韶撰:《三吴水考》卷十三《水移考上·巡按直隶监察御史林条约》,文渊阁四库全书本。
③ 《明会典》卷一百二十一《兵部十一·驿传三》,弘治十五年修、正德四年重校,文渊阁四库全书本。
④ [明]归有光:《震川先生集》卷十九《朱隐君墓志铭》,上海古籍出版社1981年版,第462页。
⑤ [明]钱谦益:《牧斋初学集》卷六十五《南京刑部尚书沈公神道碑铭》,上海涵芬楼影印崇祯十六年刊本。

区分。

明代中后期江南市镇极其繁荣,出现了许多超级大镇。在湖州,"归安之双林、菱湖、琏市,乌程之乌镇、南浔,所环人烟小者数千家,大者万家,即其所聚,当亦不下中州郡县之饶者"。① 其中,超级大镇乌青镇就由乌镇与青镇构成,号称江南第一大镇。② 界域范围已有超迈湖州、嘉兴二府城之势,自然要比桐乡或乌程县城来得庞大,所谓颇具"府城气象"。③ 南浔镇直到民国年间,还有"湖州整个城,不及南浔半个镇"的俗谚④,反映出一个江南大镇的鼎盛之态。在金山县,最重要的朱泾镇,烟火稠密、商贾辐辏,也是"有城市气象"。⑤ 尽管文献中有许多这样的描述,将市镇与府县城市作攀比,但其中反映了时人并未直接将这些大镇认同为城市的态度,也是明显的。一些研究者将这些大镇甚至其他乡村小镇断然判为城市,从而展开一些研究,是不符合历史实际的。⑥

较明代而言,清代前期江南市镇的经济与生活依然持续繁荣,许多方面都超过了明代。但城市与乡镇的区别一直很明确。

在康熙年间江宁巡抚汤斌的"抚吴告谕"中,有一条规定:"将本城内外及乡区村镇大约二百家以上者,设社学一处。"对城市、乡

---

① [明]胡宗宪:《筹海图编》卷十二《经略二·筑城堡》,文渊阁四库全书本。
② 两镇之间有溪水相隔。溪东为青镇,属桐乡县;溪西为乌镇,属乌程县。清时已概称乌镇。参[清]陆以湉:《冷庐杂识》卷一,"乌镇"条,中华书局1984年版,第5页。
③ [明]施儒:《请分立县治疏》(嘉靖十七年十一月),载[清]董世宁纂:《乌青镇志》卷三《建置》,乾隆间修、民国七年铅印本。
④ 刘大钧:《吴兴农村经济》,(上海)中国经济统计研究所1939年版,第122页。
⑤ 乾隆《金山县志》卷一《疆域志·镇市》,民国十八年重印乾隆十六年刊本。
⑥ 冯贤亮:《明清时期中国的城乡关系》,《华东师范大学学报(哲社版)》2005年第3期。

镇的区分十分清楚。① 再如，康熙年间嘉定县庠生周鼎调，自述经历称国变时，其妻弃家事佛，居于漳浦，他"尚居在城故宅"。② 这个"城"当然是指嘉定县城。嘉定知县陆陇其曾指出：嘉定为滨海大邑，土高乏水，民多逐末，"以故城居者少，而富商巨室散处市镇，武断暴横，相沿成俗"。③ 因此，所谓"城居"或"在城"的"城"，绝不可能是市镇。在乾隆元年（1736），朝廷下达的一道有关积贮平粜的法令中，这样讲道："至于乡村市镇，离城窎远，将仓谷运往，酌量乡户多少，以定粜谷之数。"④这条史料，更是市镇与一般所言"城市"无涉的明证。

类似上述的文献资料，还有很多。为了揭示时人对于城乡的区分意识、重新认识当时人们对于"城市"和市镇不同的认同态度和感觉，仍有必要胪陈不同侧面的史料，作进一步说明。

在太仓浏河镇之北、濒海的茜泾镇地方，因土地瘠薄，金木土石之工绝少，更以河道久淤，远商裹足，乾隆年间已有人指出：这个"一巷之市，惟乡民而已"，与村落无异；民风多有差别，"自西、南、北三门进城，本分人居多"，而"自东门进城者"，因经常强赊强卖，动辄打架，所以被目为"海蛮"或"海贼"。东方靠海，与新塘、七丫口一带的居民都是贩盐贩米之徒。当地镇志中还指出：这些东乡人"入市必集酒肆，醉必寻殴"，而"在城巨族，日益衰落"。这个

---

① 同治《苏州府志》卷三《风俗》，同治间修、光绪八年江苏书局刻本。
② ［清］周鼎调撰：《嘉定周氏宗谱》（不分卷）"周氏族谱传"，康熙间著者手定原稿本。
③ ［清］陆陇其：《三鱼堂文集·外集》附录《清故文林郎四川道监察御史陆先生行状》，文渊阁四库全书本。
④ 《钦定大清会典则例》卷五十四《户部·蠲恤二》，文渊阁四库全书本。

"市"当指茜泾,"城"却非茜泾,而是太仓州城。① 同样在太仓州城北、近常熟县的璜泾地方,在清代前期还只是一个小村,但居民已达二千户,"边海而室,多农少儒士"。当地民风有二:"自镇而南至于城",民性柔弱而知耻;自镇而东,民性剽悍而怀急。② 镇中人口多为农户,与村落差别不大,与太仓州这样的"城"差别实在太远。

在道光年间编撰的《苏州府志》中,有这样的记录:"江南烟户业田多,而聚居城郭者什之四五,聚居市镇者什之三四,散处乡村者什之一二。"③这条史料可以反映出清代中期甚至包括后期,知识阶层为代表的士民们对于城市和乡村的区分认识。市镇已被作为介于两者之间的过渡,而乡村并未包括市镇,这与其他地方志的写法有些不同,自然也不能因此将市镇遽然呼为城市。

即便在民国时期,江南地区的发展出现了一些有别于以往的景象,"近代化"或"现代化"的理论框架时或被置于研究者的论题中。但是,民国时期人们对于城市和乡村的描述,事实上依然保持了以前的传统说法。如对于乡村都图方位坐落的说明,即便是本属一个小镇的地域,仍要写明与所属县城的远近距离。如清代属于长洲县十一都四图、民国划入吴县十一都三图的黄埭镇,标明了"离城三十四里";其他十一都的一图"离城二十八里"、二图"离城二十九里"。这个城,显然就不是黄埭镇。到民国时,撰写镇志的

---

① [清]倪大临纂,陶炳曾补辑:《茜泾记略》(不分卷)"风俗""殉难"条,乾隆三十七年纂,同治九年增补抄本。
② [清]赵曜:《璜泾志略》(不分卷)"流习"条,稿本。原文作"自城而北至于邑",稿本中已改;这里本属常熟境,清属太仓州,故原文有此记录。
③ [清]赵锡孝:《徭役议》,载道光《苏州府志》卷十《田赋三·徭役》,道光四年刻本。

"乡贤",仍视黄埭镇为"乡区"。① 再如,无锡县的泰伯、梅里二乡,至少在唐宋时代就已存在,到明清时期,出现了许多归并分析运动,乡名改变的较多。梅里乡就在明代万历年间并入了泰伯乡。以乡统镇或镇属乡级以下的格局,在清末依然如此。如泰伯乡下领的"乡镇"就有坊桥镇,与"漕湖""青墩"等村并列。原来的梅里乡领有东亭镇、梅村镇。这种情况在其他乡也是一样的。② 民国时人对于"乡村"的考述,往往将市镇列入。如嘉兴的新塍镇、陡门镇等,俱属此列。③

文献中常将市镇之四周村落地方,称为"四乡",这是一个市镇赖以成长和繁荣的根本,有时也叫"乡脚"。

例如,苏州府郊的木渎镇上的麻业市场"麻市",曾依靠"四乡"的支持而达到极盛。④ 张泽镇,民廛稠密,"四乡农民聚族而居者,所在皆是"。⑤ 信义乡,北临至和塘,为苏州、昆山往来孔道。民间风俗,类昆者什七,类苏者什三。"居乡日用,向较居城少俭。"⑥咸丰时期因太平天国战争的影响,府城士绅多避乱"居乡"的"乡"⑦,不会包括府州县城市。

在民国年间编定的《吴县志》中,明确地讲道:"乡领都,都领

---

① 朱福熙修,程锦熙纂:《黄埭志》卷一《都图》、卷二《物产》,民国十一年苏州振新书社石印本。
② [清]吴熙编辑:《泰伯梅里志》卷一《地理》,光绪二十三年刻本。
③ 严一萍:《新塍新志》卷二"丙 分乡概略·乡村考",民国三十七年铅印本。
④ 张郁文编:《木渎小志》卷五《物产》,民国十年苏州华兴印书局铅印本。
⑤ [清]封作梅补辑:《张泽志》卷二《疆域志·村庄》,松江博物馆藏抄本。
⑥ [清]赵诒翼:《信义志稿》卷二十《志事·物产》,宣统三年修,抄本。
⑦ 张郁文编:《木渎小志》卷六《杂志》,民国十年苏州华兴印书局铅印本。

图,图领镇、领村。"①这是着眼于基层系统的说法,由地方政府组织撰写,有浓郁的官方色彩,代表了政府的认识。

乡、都、图等基层体系设置的目的,本来就是要"正经界、均井田",市镇均散处所在区域的都图系统之中,便于县域行政与社会控制。

例如,清代元和县的唯亭镇,从上塘东市驷马桥到中市的季泾桥,属于"中十九都四十七图";自季泾桥直到西市王店桥,则属于"半十九都九图";下塘东市到德庙桥,再到西市归家港及上塘的王店桥,西到护门泾桥属于"半十九都五十七图"。② 镇志编撰者在"风俗"一节之首,指出当地风俗虽"离城稍远",但是"视郡志所载不无异同"。虽然人烟稠密,"比屋万家",却仍未被视作城市。③ 它们与村落的契合程度实在太过紧密。就民间信仰中崇祀的各种寺庙来说,所谓"乡村必有庙",所祀之中就有"总管"。④ 这个乡村当是县以下、包括市镇在内的广泛地区。

所以,在当时人的心目中,镇都被默认为乡,并不具备城的资格。两者界限是十分明确的。例如,清代的常熟、昭文县的四大镇之一唐市,在纂修镇志时,编撰者们认为:"吾乡隶居海虞,距县城东南三十里,旧名尤泾市;嗣后民廛渐稠,商船通济,自唐氏

---

① 民国《吴县志》卷二十一上《乡镇一》,民国二十二年铅字本。
② [清]沈藻采:《元和唯亭志》卷一《都图》,民国二十三年元和沈三益堂铅印本。
③ [清]沈藻采:《元和唯亭志》卷三《风俗》。
④ [清]蔡蓉升纂,蔡蒙等续纂:《双林镇志》卷十五《风俗》,上海商务印书馆民国六年铅印本。

始。"① 吴江县的同里镇,归属"范隅下乡"。② 同里镇的人们在讲述风俗时,指出婚俗"与城中同","里中迎娶必经太平、吉利二桥";丧事吊祭,"城中必择单日,里中不拘单双"。③ 这个"城"是吴江县城,同里镇绝不会自认为"城"。

至于城乡社会中的阶层分化,更能清晰地体现城镇乡村之间的内在界限。滨岛敦俊认为,16世纪以后以市镇为核心所形成的区域社会,即"乡脚"的世界,是一个由商人及生员层掌控的社会。④ 潘光旦和费孝通曾经分析了915个清朝贡生、举人和进士的出身。从他们的地域分布上看,52.5%出自城市,41.16%出身乡村,另有6.34%出自介于城乡之间的市镇。⑤ 士绅与农民的区别,最后通过分化为城里人和乡下人的趋向被更加显著地表示出来。有趣的是,在吴江方言中,一直保留着传统分层模式的表达,将所有人分成三类话语:"城里人"、"街上人"(镇上人)、"乡下人"。⑥

对于有功名的"乡居"地主来说,其生活范围不仅局限于一个村镇之中,对其住所以外的世界也高度关注。⑦ 上海因有外国势

---

① [清]张邦镇:《校订〈唐市志〉求撰序文小引》,载[清]倪赐纂、苏双翔补纂:《唐市志》卷之上"小引",乾隆五十七年原纂、道光十四年补纂,抄本。
② [清]阎登云修、周之桢纂:《同里志》卷一《舆地志上·乡都》,嘉庆十三年序、民国六年叶嘉棣铅印本。
③ [清]阎登云修、周之桢纂:《同里志》卷六《典制志·风俗》。
④ (日)滨岛敦俊:《農村社会——覚書》,载(日)森正夫等编:《明清时代史の基本问题》,汲古书院1997年版,第155—180页。
⑤ 潘光旦、费孝通:《科举与社会流动》,《社会科学》1947年第1期。
⑥ 费孝通:《小城镇 大问题》,载氏著《费孝通论小城镇建设》,群言出版社2000年,第18页。
⑦ (日)稻田清一:《清末江南一乡村地主生活空间的范围与结构》,《中国历史地理论丛》1996年第2期。

力,在太平天国战争期间,一下子成了周边城乡官绅的避难地。吴江地主柳兆薰在同治元年(1862)七月,举家离开祖居的大胜港村,避居上海,成了名副其实的"城居"地主。① 柳氏的事例,鲜明地体现了一个江南乡村地主从乡居、镇居再到城居的转变过程。②《申报》中曾说,清末一些豪绅巨室,更是"皆在城中,无有居乡者"。③ 这个"乡"自然是县城之外的广大农村地区,包括市镇。

柳亚子曾指出:"我叔父和金爷,他们都去过上海,见过大场面,觉得要做一点事业,还得到都会中去,至少是在市镇上住,生活也可以舒服一些,热闹一些,乡村淳朴的空气,再也不能够吸引少年子弟的灵魂了。"④柳亚子的这个回忆,表明都市化在江南的发展迟至清末民初,才达到了一个较为快速的进程,民众的认识由此逐渐改变。因此,动态地分析和理解传统中国的城市与乡村,仍是十分必要的。

四、比较研究与全球视野

作为当下中国史研究中的一大热点,江南区域史的研究,是整体中国史的一个部分,某种意义上就是国家史的体现,不仅系统深

---

① [清]柳兆薰:《柳兆薰日记》,载《中华文史论丛》增刊"太平天国史料专辑",上海古籍出版社1979年版,第99—386页。
② 具体研究参(日)稻田清一的《清末江南一乡村地主生活空间的范围与结构》(《中国历史地理论丛》1996年第2期)、洪璞的《乡居·镇居·城居——清末民国江南地主日常活动社会和空间范围的变迁》(《中国历地理论丛》2002年第4期)。
③ 《申报》,光绪九年八月初七日。
④ 柳亚子:《五十七年》,《柳亚子文集》(自传·年谱·日记),上海人民出版社1986年,第99页。

入,而且一直受到海外学者的关注。虽然这样的江南中心观还是有局限的,但江南社会经济史研究形成的认识和解释,在一定程度上可以成为全国性历史叙述的主体内容,而江南之外不断兴起的区域研究,大大丰富了我们对于中国历史的理解。像区域社会的比较研究,就引发了许多学者的兴趣。① 通过比较,可以更加深刻地认识江南地区的独特性与代表性,这不仅是因为江南的经济发展程度较高,"城市化"或者城市发展自成完整的体系②,而且在很多地方,与其他区域差别显著。③ 从更为宽泛的"江南"地区而言,内部的苏州、杭州、扬州、上海的差异已然明显。④

在社会生活方面,传统研究中都将江南作为一个共同体,对其内部的文化生活、民俗习惯、衣食住行等,作了全面系统的考察。⑤ 与中国的其他地方相比,江南是一个令人向往的地方:"士大夫之仕于朝与游宦于其地者,率目之为乐土";百姓只知努力耕作以供赋税,到老死都不知有兵争、战斗、死亡、危殆之忧。⑥

---

① 徐茂明:《江南士绅与江南社会(1368—1911)》唐力行《序》,商务印书馆 2004 年版,第 5—9 页;唐力行、徐茂明:《明清以来徽州与苏州社会保障的比较研究》,载王卫平主编:《明清时期江南社会史研究》,群言出版社 2006 年版,第 249—272 页。
② (美)施坚雅编:《中华帝国晚期的城市》,中华书局 2001 年版,第 242 页。
③ 详参李孝悌主编:《中国的城市生活》,(台北)联经出版事业公司 2005 年版。
④ 详参 Linda Cooke Johnson ed., *Cities of Jiangnan in Late Imperial China*, State University of New York Press, 1993.
⑤ 例如,钱杭与承载的《十七世纪江南社会生活》(浙江人民出版社 1996 年版)、王鸿泰的《流动与互动——由明清间城市生活的特性探测公众场域的开展》(台湾大学历史学研究所,1998 年)、熊月之与熊秉真主编的《明清以来江南社会与文化论集》(上海社会科学院出版社 2004 年版)、陈江的《明代中后期的江南社会与社会生活》(上海社会科学院出版社 2006 年版)等。
⑥ [明]沈爚:《石联遗稿》卷四《别郡公唐岩先生叙》,明万历间刻本。

江南地区之所以能在人们的认识中建构起诸多统一性的基础,主要出于其内部生产方式、生活习俗、生活环境等具有统一性的认识。这里是鱼米之乡,也是丝绸之府。栽桑养蚕比粮食生产在农家经营中占据了更多的比重。例如,湖州府在明清时期几乎已是尺寸之堤必种桑树,富家大户因田地辽阔,广种桑麻,桑麻收入甚高。当时人就说苏州、嘉兴的城乡民众,大多以纺织为生。而松江、太仓等地区的致富依靠,主要是元代以来兴盛的棉织业。松江的棉布与嘉善的棉纱,成了全国闻名的地方特产。所以,从万历年间起,民间一直流传着"买不尽松江布,收不尽魏塘纱"的俗谚。① 所以,尽管有重税繁役的压迫,但民间竭山海之利,所谓"人之射利,无微不析",生活上依然很好过活。② 风俗好尚中,有三大方面的代表,即斗马吊牌、吃河豚鱼、敬畏五通神。③ 娱乐、演戏往往成为许多下层民众的谋生依托。④ 王士性也讲过,一个地方一旦发展为休闲胜地,那么"细民所藉为利,日不止千金",即使官方欲行禁革,移风易俗,那些渔者、舟者、戏者、市者、酤者等都要失业,反而会引起社会的不安定。他举的例子,是杭州西湖的休闲娱乐业。⑤ 在巡抚陈宏谋治理苏州时,曾禁止妇女入市烧香,结果"三春游屐寥寥,舆夫、舟子、肩挑之辈无以为生,物议哗然",最后被迫弛

---

① 冯贤亮:《明清江南地区的环境变动与社会控制》,上海人民出版社2002年版,第43—48页。
② [明]谢肇淛:《五杂俎》卷三《地部一》,(台北)伟文图书出版社有限公司1977年版,第65页。
③ [清]王士禛:《分甘余话》卷一"马吊牌"条,中华书局1989年版,第21—22页。
④ [明]何良俊:《四友斋丛说》卷十三《史九》,中华书局1959年版,第109—110页。
⑤ [明]王士性:《广志绎》卷四《江南诸省》,中华书局1981年版,第69页。

禁。① 从明代以来,江南奢侈之俗,无论是大的城市,还是偏僻的小村落,都有增无减。如苏州等地的生活风尚"日骛新异",趋时的人们"竭蹶勉应",堪称伤财之大蠹。② 奢风的流行,已经使许多生计贫寒的人家都已"耻穿布素"。③ 本来朴素无华的妇女头饰,以银器为主,后来都追求镂金点翠,竞夸新巧,不惜工费;衣服方面更是如此,湖绉、杭线为寻常衣料,"金绣错采,名色不一",所谓"奢靡暴殄,贫家不免"。④ 康熙曾下江南,看到这个久负盛名的全国财赋重地后,认为"市镇通衢似觉充盈,其乡村之饶、人情之朴,不及北方,皆因粉饰奢华所致"。⑤

但是,这些无数共性遮蔽下的,也是无数的个性差异。这在重新认识江南和进行比较研究中不应漠视。

在明清时期一些士绅的文字记述中,江南的富是一个事实,而江南民众的贫也是一个事实。归有光早就指出:"世以江南为富,而不知其民实贫也。"⑥松江著名绅士陈继儒分析认为:"东南华其外而枯其中",是与民力凋敝、士绅好广田宅、豪右封钉扛抬、庸者

---

① [清]顾公燮:《消夏闲记摘抄》卷上"抚藩禁烧香、演剧"条,涵芬楼秘笈本。
② [清]龚炜:《巢林笔谈》卷六"叶寿承至老冠服一式"条,中华书局1981年版,第149页。
③ [清]龚炜:《巢林笔谈》卷五"吴俗奢靡日甚"条,第113页。
④ [清]蔡蓉升纂,蔡蒙等续纂:《双林镇志》卷十五《风俗》,上海商务印馆民国六年铅印本。
⑤ 乾隆《江南通志》首卷二之一《圣祖仁皇帝诏谕》,乾隆二年重修本。
⑥ [明]归有光:《震川先生集》卷十一《送昆山县令朱侯序》,上海古籍出版社1981年版,第254页。

因循苟且等因素有关。① 江南的一些县状似繁华,如青浦县,但它是从华亭、上海这两个大县中割取"壤之最下下者"置为县的,原本瘠弱不强,又受国家重赋征取,民间十分疲累,元气索然枯槁。②

从整个江南地区来看,山地并不多,平原陆地较少,而以河湖等水体居多。如明代吴县人杨循吉(1456—1544)所论,江南的环境差异,可以"三山六水一分之田"作概括。③ 因此,以河湖为基本生存环境条件的乡村,民众的生产与生活多据水源条件的优劣展开。

例如在吴江与嘉善两县接壤的分湖地区,傍湖之民以农为业,其在湖之东境者耕种尤勤。传统的大宗生产早已形成了"蚕桑区""稻作区"和"稻棉区"的分异,而大田劳作、家庭副业、集市贸易、外出经商、岁时节俗、民间信仰,既有着共同点,更有着许多迥异之处,原因都与太湖周边平原低乡的地理环境差异有关。具体而言,有从西部山地延续下来的低丘,也有东部以"冈身"为界线的"东乡""西乡"或高乡、低乡的分域,更有滨海沙地独特的生活环境。在这些差异本属细小的区域内,民众的生活体现了多样化,并不是共同无差别的。④

---

① [明]陈继儒:《白石樵真稿》尺牍卷四《答钱兵尊》,明崇祯刻本,载《四库禁毁书丛刊》集部第66册,北京出版社1997年影印版,第515页。
② [明]陈继儒:《晚香堂集》卷五《青浦令贺公景瞻去思碑记》,明崇祯刻本,载《四库禁毁书丛刊》集部第66册,北京出版社1997年影印版,第621页。
③ [明]杨循吉:《明礼曹郎杨君自撰生圹碑》,载[明]钱谷编:《吴都文粹续集》卷四十三,文渊阁四库全书本。
④ 冯贤亮:《明清江南乡村民众的生活与地区差异》,《中国历史地理论丛》2003年第4期。

今天松江的天马山地区,"西北诸乡"多种木棉,很少养蚕。低乡地区遇大水,村民习惯用竹子制成"稻签","浮驾水面,用以承稻";南乡地区稻田高而平,"斫稻晒谷功易成";北乡地区是所谓"稻田水㳽㳽",人们苦无干地。① 松江府境内的植棉纺织情况存在明显差异,大体而言,东乡种木棉者居十之三,俗称"花地";西乡土性不宜棉而女红擅针黹,故以织布为恒业。② 嘉兴府地区的嘉兴县,地势高亢而怕旱,秀水县土地卑下而惧水潦,嘉善县内部地势是南高北低,存在"旱则南乡困、潦则北乡悲"的环境差异。③ 在湖州地区,环境差异导致生活、风俗的不同,表现则更为深刻。大概而言,湖州可以划分成西南、东北二部:西南地区道路崎岖,多山岭,可称山乡;东北则地势平坦,多河流,可谓水乡。因山乡、水乡的差异,民性也有强弱之风。大抵山乡民性稍强,有好斗风,且勤劳、富进取性,但山地贫瘠,谋生艰难。水乡则民性温和,文雅华丽,生活既易,耽于安逸柔弱,仅能各安其业。民国年间的学者认为:"物产之厚薄,于民生至有关系。"所以蚕桑大利只能在水乡,也就是在湖州的东北部地区。④ 就德清县而言,县域内的生态条件差异就较大:西北部多山,山多沙石,近山田地瘠薄,缺水灌溉,每年需要罱泥培植;而东南部多水,近水田地皆黏埴,经常要追加豆饼等肥料,否则都不可能有好的收成。⑤

---

① [清]周厚地:《干山志》卷三《土产》《风俗》,松江博物馆藏抄本。
② [清]周凤池纂,蔡自申续纂:《金泽小志》卷一《风俗》,乾隆间纂、道光十一年续纂,上海图书馆藏抄本。
③ [明]陈龙正《几亭全书》卷二十三《政书·乡筹·治人治法》,康熙云书阁刻本。
④ 刘大钧:《吴兴农村经济》,第126页。
⑤ 民国《德清县新志》卷四《农桑》,民国十二年修、二十一年铅印本。

江南只是中国的一个蕞尔之区,江南区域研究也只是整个中国历史研究的一个小部分。区域史研究的贡献,一方面在于是总体史的一个重要组成部分,另一方面是可以通过地方史的构建来展示大历史的背景与发展脉络。区域内部的任何差异,在比较研究者看来,本来就不能被轻易忽视。但在区域外部的比较分析时,往往会漠视这一点,有时就有可能以局部史料分析掩盖整体历史的差异。譬如,有效利用土地环境发展"生态农业",充分利用废物,变废为宝,甚至增产高产等做法,在江南文献中的样例主要局限于明代常州府江阴县人李诩的笔记故事、明末清初嘉兴府桐乡县人张履祥的文集、清代中期松江人姜皋的农书中,实际情况依然是个别人的努力或理想设计。① 这些个案资料之间,既存在鲜明差异,更不能代表整个江南乡村地区的普遍行为。因为明清时期那些对资源的浪费,为追求高额利润而罔顾环境保护的做法,以及土地肥瘠不均与天灾不断给农业生活与生产时常带来的窘困等,在文献中也是屡见不鲜的。

　　许多研究中,某些史料的匮乏,造成我们对于史实还原的不可能,而暂时采取了估计性的量化研究,但是,如果他人与后世研究以此为据,再扩展到其他的研究或比较,那结果是比较危险的。

　　无论是理论探讨,还是整体历史评价,都不应跳脱史料的说明。史学问题的解释,应该建立在有说服力的史料基础之上。饶济凡曾比较了清末中国与日本德川幕府末期的城市发展状况,运

---

① [明]李诩:《戒庵老人漫笔》卷四"谈参传"条,中华书局1982年版,第153—154页;[清]张履祥著,陈恒力校释,王达参订:《补农书校释》,农业出版社1983年版;[清]姜皋:《浦泖农咨》,上海图书馆藏道光十四年刻本。

用城市空间网络学说,指出城市间的交通不便而使信息和商品交流多有困难,城市化的指数相对偏低。① 这样的论说若置于江南地区,与实际情况会多有不合,比较的结果会出现偏颇。孔飞力从清代乾隆年间江南石门、苏州、胥口镇的传奇故事分析开始,展现出乾隆盛世时期出现的妖术恐慌与社会政治,体现了作者宏大的学术视野。② 但新发现的史料中,也可以获知康熙、雍正年间有关"叫魂"的事例早已屡发,并不是乾隆年间才有的特例。③

当弗兰克的《白银资本》进入江南研究同行的视野时,"全球化"或"全球视野"一下子成了研究者的热门话题,晚明以来的江南,仿佛可以代表中国成为1400—1800年世界经济体系的中心。④ 同样的情况,也可在《大分流》出版后的中国学界看到。⑤ 但不同的是,人们对此书所持的异议,似乎更多一些。黄宗智在提出批评的同时,就受到来自《大分流》作者彭慕兰的挑战。⑥

彭慕兰是美国的"世界史"学者,全球视野固不待言,但在许多具体问题的研究上,大多需要汲取他人的成果,以完成相关比较研究。当然,此书引发的"问题意识"成为我们考量自身研究的首要

---

① Gilbert Rozman, *Urban Networks in Ch'ing and Tokugawa Japan*, Princeton, Princeton University Press, 1973.
② Philip A. Kuhn, *Soulstealers: The Chinese Sorcery Scare of 1768*, Harvard University Press, 1990;中文译本《叫魂:1768年中国妖术大恐慌》,上海三联书店1999年版。
③ 王振忠:《从新发现的徽州文书看"叫魂"事件》,《复旦学报》2005年第2期。
④ (德)安德列·贡德·弗兰克:《白银资本——重视经济全球化中的东方》,刘北成译,中央编译出版社2000年版。
⑤ (美)彭慕兰:《大分流——欧洲、中国及现代世界经济的发展》,史建云译,江苏人民出版社2003年版。
⑥ (美)彭慕兰:《世界经济史中的近世江南:比较与综合观察》,《历史研究》2003年第4期。

主题。王家范指出,《大分流》的论辩,主要集中在17—18世纪英格兰的经济发展水平并没有高出明清江南的"证伪"方面,其实中国史研究方面也有类似的例子,只不过没有像《大分流》那样,强烈地把这些实例与社会理论的质疑联系起来;晚清到民国的经济,虽然无法与同期西欧相比,但也并非如《大分流》所断言,它深陷"斯密动力"峡谷不得动弹;经济"长期停滞论"不仅不适用于明清之前,更不适用于近现代。①

至于将江南从整个中国中抽样出来,与代表英国本体的英格兰作比较,存在比较是否合理的问题,也存在西方中心论在欧美研究者中并未真正被摒弃的问题。不过需要注意的,仍是那些"问题意识"并引导出新见解的研究基础,特别是社会经济史领域中有关人口与土地数据、农业生产水平、城乡工业的发展程度、社会生活水准与消费问题等的研究成果,本身还有待进一步研究论证。

比较研究者,有时还很需要有个人的专题研究和深度分析,方才得心应手。就中国内部而论,跨地域的比较研究,已受到了学者们的较大关注,尤其是16世纪以来苏州、徽州的区域互动与江南社会的变迁问题。② 而华北、华中(主要是江南)与华南的区域性分析与比照,其实已经开始了。就佛教信仰的传统来说,江南地区"文化大一统"的意味更为明显,这与华南、西南的民间仪式系统产生了鲜明的对比。大致到20世纪末,有关地方社会结构的分析

---

① 王家范:《中国社会经济史面临的挑战——回应〈大分流〉的"问题意识"》,《史林》2004年第4期。
② 唐力行等:《苏州与徽州——16—20世纪两地互动与社会变迁的比较研究》,商务印书馆2007年版。

中,特别重视士绅精英们的地位、作用的研究。张仲礼、何炳棣、费正清、费孝通、檀上宽、森正夫、滨岛敦俊、重田德、吴金成等人的丰富、深入、细致的考论,堪为代表。而酒井忠夫、重田德等人所云的"乡绅论",是把乡绅统治理解为国家通过某种组织功能来控制农民的一种形式,并以此来诠解国家与社会之间的关系。因之,寺田隆信指出,"乡绅"作为明末时期的用语,是具有生员、监生、举人、进士等身份乃至资格,居住在乡里的人的总称,并表示,这样广义的概念规定,关系到了对明清时代中国社会的基本理解。① 滨岛敦俊曾频繁地于珠江三角洲、长江三角洲做过大量细致深入的田野调查与文献研究②,尤于长三角用力甚勤,成绩卓著。③ 他又曾关注明清华北的士人社会,并与华中(长三角)、华南(珠三角)作动态的比较分析,重新审视传统中国地方社会结构与发展脉络。他通过仔细研读明末华北大名府浚县知县张肯堂的判牍材料,结合自身前期学术积累,从士绅社会、地域宗族形态的比较出发,深刻地指出,乡绅研究依然是判定某一特定区域中社会阶层、社会主导不同特质的重要指标,认为华南是宗族性的乡绅社会、江南是非宗族性的乡绅社会、华北是非宗族性的庶民社会。④ 这一重视县域社会层面的具体论断,意义深刻,极具创新性。

---

① 冯贤亮:《传统时代江南的中层社会与乡村控制》,《学术季刊》2002年第2期。
② 初期的成果结集正式出版的有(日)濱島敦俊、片山剛、髙橋正编:《華中・南デルタ農村実地調査報告書》,《大阪大学文学部紀要》第34卷,1994年。
③ 代表著作有《明代江南農村社会の研究》(東京大学出版会,1982年)、《總管信仰——近世江南農村社会と民間宗教》(研文出版,2001年)等。
④ 滨岛敦俊的这些认识,基于其以往的实证研究、田野考察,以及最新研究《明末华北地区地方士人的存在形态》一文(2006年,未刊稿)。

因此,"宏大"的历史叙事,其出发点首先仍是对史料的深入解读,其次才可顾及在前者基础上得出的理论认识,何况是国与国、地区与地区甚至全球范围这样的宏阔比较研究。现在的江南研究依然方兴未艾,论著堪称高产,但其中难免重复雷同者。不过,最令人遗憾的,还是对前人、海外同行研究的不熟悉,问题意识建立的基础多有薄弱,史料的占有与正确解读有待进一步加强。前修未密,后出转精。这本应是所有研究领域应该出现的现象。在这样的基础之上,理论概括与历史的准确书写才有望逐步达成。

(本文原载《学术月刊》2008年第1期)

附录二 从寺庙到乡约局：明清江南的思想教化

一、引言

乡约是传统社会中用于思想教化的重要形式。学界关于乡约本身的研究成果可谓宏富。研究内容涉及乡约的理论思想、制度设计、社会实践以及在明清时期的表现与变化等。① 乡约从宋代起源，在明代得到了切实的发展，既是乡村社会中重要的秩序维护组织②，也是民众生活中需要循守的"乡规民约"③，更是地方社会防

---

① 相关归纳与评述，参杨开道：《中国乡约制度》，山东省乡村服务人员训练处1937年印行本；牛铭实：《中国历代乡约》，中国社会出版社2005年版；董建辉：《明清乡约：理论演进与实践发展》，厦门大学山版社2008年版；冯贤亮：《明清江南的州县行政与地方社会研究》，上海古籍出版社2015年版，第195—202页。
② 陈柯云：《略论明清徽州的乡约》，《中国史研究》1990年第4期。
③ 谢长法：《乡约及其社会教化》，《史学集刊》1996年第3期。

范危难的必备意识及思想训导。

明代嘉靖时期的海盐知县樊维城,曾刊刻了《约保全书》,强调"以约统保,以保统党,以党统甲,以甲统户"的基本要求,并置立保甲牌面,凡有"不公不法之事",可以互相察举,系统表达了明代官绅阶层对于乡约在社会治理中的角色与作用的看法。① 在当时人看来,乡约的推行与保甲制度的结合,可望达到这样理想的目的:"良民分理于下,有司总理于上,提纲挈领,政教易行,日考月稽,奸弊自革"。② 在清代,曾任嘉定知县的陆陇其(1630—1692),十分重视城乡社会中保甲责任网下的弭盗工作,也认为保甲应与乡约并举,只有力行此二法,地方治安才可能有成效。他向城乡百姓的通告中,要求乡约、保长"倡导乡民稽查匪类",否则将受到官方的惩罚。③

当然,更多的学者,是将乡约归为中国古代乡治理论与实践中的一项重要内容。乡约之民办与官办并存,综合性和专门性并举,与社学、保甲融合,从而建构以乡约为中心的乡治体系,推动宗约、士约、乡兵约、会约的兴盛与发展等。④ 在乡村控制中,治安的维持往往是最关键的,也是官府施政和赋税催征的重要基础。历代对于乡村治安,有着极为细密的措施和基层建制。如"老人"之制,目

---

① [明]樊维城:《讲乡约条约》,载康熙《嘉兴府志》卷十八《诗文·公移条议》,康熙二十年序刻本,页18a—18b。
② [明]吕坤:《实政录》卷五《乡甲约卷之二》,万历二十六年赵文炳刻本,载《续修四库全书》史部第753册,上海古籍出版社2002年影印版,第367页。
③ [清]陆陇其:《三鱼堂集》外集卷五《申请公移·乡约保甲示》,康熙间刻本,载《清代诗文集汇编》第117册,上海古籍出版社2010年影印版,第577页。
④ 曹国庆:《明代乡约推行的特点》,《中国文化》1997年春之卷,总第15期,第17—23页。

的即为主持乡间的"风俗词讼"。所以,"乡约"的施行,实际上是从精神体系上重构了民间生活,也是将传统的"乡党道德"思想教谕化和民间化。① 从功能的角度看,乡约除具有一定的行政职能外,还具有司法职能,承担着调处民间纠纷、调查取证和勾摄人犯等任务,原因在于明清时期民间的争讼纷繁,里老制渐衰和吏役、讼师把持词讼等问题已经比较严重②,需要重建社会秩序、加强行政控制。由于清代也是乡约实践的发达期,不少研究将乡约的推行和相关效能,与国家催科的完成与地方社会的行政执行能力并提,部分夸大了乡约的行政职能。

至于本文关心的问题,是明清时期江南地区乡约的实践表现,以及自上而下的乡约网络体系,主要在乡约活动空间与寺庙的结合以及清代后期经历巨大社会动荡后地方重建乡约机制这两个关键侧面。

二、乡约活动的社会空间

在江南的乡镇中,曾有固定的宣讲乡约之所,定期教化乡民,以防微杜渐、救灾恤民。乡约作为规范地方社会的一种重要形式,一般会依地缘或血缘关系联合或组织。③ 就明代而言,无论是从全

---

① 有关"乡党"思想的历史考察,参(日)清水盛光:《中國鄉村社會論》第二篇"鄉黨道德思想と教化の法",岩波書店昭和二十六年(1952)版。
② 段自成:《明清乡约的司法职能及其产生原因》,《史学集刊》1999年第2期。
③ 陈柯云:《略论明清徽州的乡约》,《中国史研究》1990年第4期。

国性的分区考察来看①,还是从历时性的分析来说②,嘉靖朝是整个明代乡约活动的昌盛时期。不但乡约数量增多,而且其形态也比较活跃③,形成了基层社会中乡约治理的统治特色。因此可以说,以地方官为主导的乡约活动,在与保甲制度结合后,直到清代,成为覆盖所有地区的"国家制度"。④

在明代中后期,随着黄册、鱼鳞册的趋于崩坏,里甲制的功用并未得到有效的发挥。官方设立的乡村教化体系,也在趋于崩溃。为了改变这种状况,一些地方官员与乡绅开始提出并推行较为完善的乡约制度,丘濬、吕坤与王阳明等是其中的代表。嘉靖年间,礼部下令全国推行乡约,不过是对王阳明所提乡约制的一个修改。⑤ 这可能是在嘉靖八年(1529)兵部侍郎王廷相要求"寓保甲以弭盗,寓乡约以敦俗"的上奏后,朝廷才采取的重要决定。⑥

在苏州府长洲县的乡村地区,为了申明乡约,以达"敦本尚贤之政",还专门刻碑立石,希望村民们长久地在乡约的教化规范之下,定期由正、副约长备造文册查考,以敦风化。⑦

---

① 常建华:《乡约的推行与明朝对基层社会的治理》,《明清论丛》第四辑,紫禁城出版社2003年版,第1—36页。
② 王崇峻:《维风导俗——明代中晚期的社会变迁与乡约制度》,(台北)文史哲出版社2002年版,第126页。
③ 朱鸿林:《从沙堤乡约谈明代乡约研究问题》,《中国社会历史评论》2000年第2卷,第25—34页。
④ (日)寺田浩明:《明清时期法秩序中"约"的性质》,载(日)滋贺秀三、寺田浩明等著:《明清时期的民事审判与民间契约》,法律出版社1998年版,第154页。
⑤ 参陈宝良:《中国的社与会》,浙江人民出版社1996年版,第157—158页。
⑥ 《明世宗实录》卷九十九"嘉靖八年三月甲辰"条。
⑦ 《长洲县九都二十图里社碑》(嘉靖五年二月),载王国平、唐力行主编:《明清以来苏州社会史碑刻集》,苏州大学出版社1998年版,第674页。

乡约活动的空间,重点就在乡村社会。根据明清时期推行的情况来看,乡约的编设,基本参照了原存的村社或原本具有里社特征的乡、图、甲①,体现了很强的地域特性。它与行政性的里甲或保甲编制都是按地缘结合的,与依照血缘结合的村落组织相比,根本上是一种改造。这种乡约编设与里甲或保甲一样,可以视作"行政的集团"②,对于村落习惯有着深刻的影响。

村落习惯中建构的乡规民约,具有很强的地域认同性,是传统法文化的组成部分,关键内容就在劝导人心向善,广教化而厚风俗。这与乡约的要求,基本吻合。正如隆庆六年(1572)《文堂乡约家法》中所说:"乡约大意,惟以劝善习礼为重。"明末安徽休宁人金声在谈及乡约时强调说:"力行乡约,崇务教化。"而村落习惯法中,都有这方面的许多规定,如教化、秩序、生产、公益、互助等,与乡约的思想都是一致的。③

至于乡约的实践效能,不同地区之间当然是有差异的。有学者指出,乡约的实践,实际上也是对传统自然村落的聚族而居"协同"性的提倡,对其"封锁"性是一种打击。④ 因为在很多情况下,乡约的推行是跨政区的。

清代学者在修撰《明史》时,特别注意到了官绅阶层对于乡约实践的积极性,并对一些典型事例作了较多的记录。例如,永乐二

---

① 陈宝良:《中国的社与会》,第159—160页。
② (日)福武直:《中國農村社會の構造》,东京大雅堂昭和二十一年(1946)刊,第112页。
③ 参罗昶瑞溪:《中国村落习惯法内容初探》,《法商研究-中南政法学院学报》1997年第1期。
④ 有关中国传统自然村的"协同"与"封锁"性的论述,参(日)清水盛光:《支那社會の研究》,东京岩波书店昭和十四年(1939)刊行,第236—259页。

年（1404）进士、曾任潮州知府等职的王源，在地方上刻行"吕氏乡约"过程中，挑选一些民众代表担任约正、约副、约士，"讲肄其中"，并经常带领部下董率其事①；永乐十三年（1415）进士、曾任浙江布政使等职的孙原贞，在组织民间编户过程中，除督课农桑外，专门主持建立社学、乡约和义仓，加意维持地方治安和民众的生产②；成化二年（1466）状元、曾任翰林院修撰等职的江西永丰人罗伦，在乡居时期，大力倡行乡约，也为后世所尊崇③；嘉靖三十八年（1559）进士、曾任刑部尚书等职的魏时亮，根据明代中期的实际危难情形，指出地方官员要在劝农桑、清徭赋、重乡约、严保甲四个方面特别予以重视④；吕柟、刘观等著名绅士，都以践行"吕氏乡约"为要务，在地方上拥有很高的声望。⑤

嘉靖五年（1526）官方所立的《长洲县九都二十图里社碑》，是向乡村社会推进乡约活动的一个有力声明。具体工作由苏州府长洲县衙负责，要求乡村地方"遵照洪武礼制"，每里建立乡约所，从嘉靖五年二月起，每遇春、秋二祀，由里长负责祭祀当地的"五土五谷之神"，同时定期在每月初一举行乡约活动，以劝善惩恶。⑥

在嘉靖三十二年（1553）进士罗汝芳所著的《近溪罗先生乡约全书》中，载有嘉靖四十二年（1563）三月经抚按两院批准的《宁国

---

① 《明史》卷二百八十一《王源传》。
② 《明史》卷一百七十二《孙原贞传》。
③ 《明史》卷一百七十九《罗伦传》。
④ 《明史》卷二百二十一《魏时亮传》。
⑤ 《明史》卷二百八十二《吕柟传》《刘观传》。
⑥ 《长洲县九都二十图里社碑》（嘉靖五年二月），载王国平、唐力行主编：《明清以来苏州社会史碑刻集》，苏州大学出版社1998年版，第674页。

府乡约训语》,其中要求"木铎老人每月六次于申明等亭宣读'圣谕',城中各门、乡下各村,俱择宽广寺观为约所,设立'圣谕'牌案,令老人振铎宣读以经警众听"。①

就地方社会而言,有很多士人积极投身于这样的教化工作。像太仓名士陈瑚,在明亡后绝意仕进,隐居于昆山蔚村,专事乡村教化的工作,常在每年元夕前后于村中的尉迟公庙召集村人,听他宣讲孔、孟的"孝悌""力田""为善"等村规乡约,并且指出这是"圣谕"的道理。② 在他给太仓"讲院"立碑时所作的"记"中,乡约在地方绅民心目中的地位和重要性,得到了比较明确的揭示:③

> 今年夏,侍御马公按吾州,日讨国人而申儆之曰:"予奉朝廷之威命,来巡尔邦,察吏安民,使者之职也。虽然,教化弗兴,风俗未醇,吾耻之尔,其修乡约、明孝弟、联保甲,以为从善之良民,其毋干大法,以自取戾。"于是,州之直塘镇诸生相帅以讲院勒碑请。

重视乡约工作与保甲制度,以期达致兴教化、醇风俗的社会风貌,应该是陈瑚等人的理想。差相同时,清初隐居于桐乡县杨园村的理学名士张履祥,乘地方上"葬社"这种社会公共救助事业收到

---

① 周振鹤:《〈圣谕〉、〈圣谕广训〉及其相关的文化现象》,《中华文史论丛》第六十六辑,上海古籍出版社2001年版,第262—335页。
② [清]陈瑚:《蔚村三约》,载向燕南等编注:《劝孝——仁者的回报、俗约——教化的基础》,中央民族大学出版社1996年版,第242—244页。
③ [清]陈瑚:《碓庵文稿》卷十五《讲院碑记》,康熙毛氏汲古阁刻本,载《四库禁毁书丛刊》集部第184册,北京出版社1997年影印版,第392页。

良好效果之际,准备约同一二十人推行"吕氏乡约","庶几有所遵守,后来不至大段决裂",同时准备与一些乡绅们"相为鼓倡",推进乡约教化。①

不过,如清代乾隆年间无锡人黄卬指出的那样,乡约活动推行日久后,会出现令人失望的结果:

> 近岁以来,县奉上台命所饬行者有三:乡约,十家牌,社仓。乡约之法,每乡举生员一人为约正,举耆老二人为约副,于村镇庙坛宽阔处设台置案。约副宣《圣谕广训》一条毕,约正以俗语演说讲解,举行三四次。后上官不复催督,遂止。然当其升讲时,举止羞缩,语言謇涩,观听者辄指目姗笑,使数行之,益供戏玩,毫无裨于风教也。②

黄卬在《锡金识小录》中的这段记述,清晰地表明了彼时无锡地方推行乡约的具体情况,揭示了村镇庙坛对于乡约施行的空间支持,更说明了寺庙在乡村社会中久已形成的中心性及其世俗功能。官方选择寺庙作为乡约所,是自然地契合了寺庙可供空间与信仰的双重意义。但就实际施行的效果而言,倘若没有了上级官府的强力催督,则很容易流于形式,无益于风教了。

---

① [清]张履祥:《杨园先生全集》卷三《书二·答吴仲永三(癸巳)》,陈祖武点校,中华书局2002年版,第44—45页。
② [清]黄卬:《锡金识小录》卷一《备参上》,乾隆十七年修、光绪二十二年刊本。

三、乡约所与城乡寺庙的结合

乡约所与寺庙的结合状态,是乡约宣讲中比较重要的现象,也是比较普遍的存在。明清地方州县往往要求乡镇地方选择庙宇中宽敞适中之地,设立乡约所,作为乡约宣讲的中心场域。而且,仪式性很强的乡约活动,确实很适合在寺庙中展开。清水盛光很早就指出:根据"吕氏乡约"的要求,凡逢庆吊活动,每家由家长一人与同约者一起前去,其书辞问候也是如此,如果家长有故或与所庆吊者不相识,由"其次者当之"。这种规范,完全与佛寺中遵行的思想信仰、道德修省的要求相一致,而且斋会、诵经、写经、俗讲援助与共同修养、互助、亲睦,都有着思想上的密切联系。①

明清两代江南的社会经济颇为发达,寺庙兴盛,几乎每个村落都有形制不等、神明各异的大小寺庙。官方在加强寺庙管理的同时,对其辅助政治的教化作用十分重视。寺庙可以为国家作祈祷、颂赞歌,而且官府能参与寺庙活动,达到"佐教化""益国治"的目的。因此,对有利于国家的一些重要寺庙,官府屡次重建。明代在这方面的工作是最突出的,洪武时期就有所谓归并"丛林"的举措,绝大部分寺庙在那时改额、归并、升降等。至于寺庙的信息传布功能,更是得到了官方与民间的广泛认同,很多资料表明,寺庙是官方意愿宣达的重要空间。②

---

① (日)清水盛光:《中國鄉村社會論》,第 341、349 页。
② 冯贤亮:《明清江南地区的环境变动与社会控制》,上海人民出版社 2002 年版,第 403—460 页。

当然,江南士绅对于乡镇中建造的寺庙,有着不同的看法。有的认为"乡镇寺庙之建,徒劳民力,徒费民财",觉得可以一提的,则是"标奇名胜,亦足壮一镇之观瞻"。① 但是,这些并未让官方放弃以寺庙为驻所的乡约建设。

嘉靖朝以来官方的公告中,多次强调了乡约所的建设要以寺庙为依托,并以此为中心展开定期的活动。苏州等地就根据巡抚的通告,统一要求各地乡镇都要设立乡约所,而且只能选择庙宇中宽敞适中之地建立。譬如,唯亭镇的乡约所就设在延福寺,公举硕行士民为约正、约副,进行相关的组织活动。② 嘉兴府与松江府共辖的枫泾镇的两个乡约所,一在西南区张泾汇,一在镇北的高阳里,在前者废弃后,后者也改设至城隍庙了。③ 苏州府城以东五十里的甪直(亦称甫里或六直)镇的乡约所,就设在通明道院、山君堂,同样是公举硕行士民为约正、约副。朔、望两日学师到镇后,督率绅衿耆老辈宣讲《圣谕》,民众到场观听。④

再如,湖州府曾在府城南门与西市各建一个乡约所,在南浔等乡镇还建有五个乡约所,皆设于嘉靖年间。湖州知府及其所辖知县要定期到这些地方举行乡约活动,显示了官方的重视程度。⑤ 知府陈幼学还经常到南浔镇的广惠宫参与举办乡约活动。⑥ 这些乡

---

① [清]顾传金:《七宝镇志》卷二《寺庙》,上海图书馆藏传抄本。
② [清]沈藻采:《元和唯亭志》卷七《乡约》,民国二十三年元和沈三益堂铅印本。
③ [清]程兼善:《续修枫泾小志》卷二《建置》,宣统三年铅印本。
④ [清]彭方周:《吴郡甫里志》卷四《官署》,乾隆三十年刻本。
⑤ [清]汪曰桢:《南浔镇志》卷二《公署》,咸丰间修、同治二年刻本;[清]范来庚:《南浔镇志》卷五《典礼志·饮射》,民国二十五年铅印《南林丛刊》本。
⑥ 周庆云:《南浔志》卷三《学校》,民国十一年刻本。

约所,是洪武时期兴建的社学教育系统废弃后,地方教化工作的核心所在。巧合的是,这些废弃的社学正是乡约所设置所在。湖州府城外的五个社学分别在旧馆、后林、马要、乌镇、南浔。在董说(1620—1686)撰写《南浔社学记》的时代,城内与城外的社学都已废弃,成了乡约所的设立点。不过,城内两处乡约所也废弃了,移驻铁佛寺;旧馆等五个乡约所设立点,也都在各自的寺观中。所以董说戏谑地说道:"以余观今日之事,虽谓社学在各乡寺观可也。"①清代重建乡约后,具体活动仍是在寺庙中进行,强化乡村的思想教化。②

江南地方的官绅们,大多比较重视乡约的教化意义。嘉靖五年(1526),长洲知县根据巡抚的要求,下令所属乡镇,选择庙宇中宽敞适中之地设立乡约所。③ 嘉靖八年(1529),官府要求村落社会以社区为单位,选举社首、社正,负责宣讲《圣谕》,推动教化工作,如遇抗拒不遵的,重则告官,轻则罚米。嘉靖二十七年(1548),海盐地方强力推进保甲法,知县樊维城要求以十家为一甲,三十家为一党,一百家为一保,每个甲、党、保各选正、副首领一名,结合乡约宣讲体系,从制度保障与思想教化两个层面,加强社会控制,维护王朝统治。④

隆庆五年(1571)进士、嘉善人丁宾,早期于句容知县任上时,

---

① [明]董说:《南浔社学记》,载周庆云纂:《南浔志》卷十四《寺庙三》,民国十一年刻本。
② 周庆云:《南浔志》卷三《学校》,民国十一年刻本。
③ [清]沈藻采:《元和唯亭志》卷七《乡约》,民国二十三年元和沈三益堂铅印本。
④ [明]樊维城:《讲乡约条约》,载康熙《嘉兴府志》卷十八《诗文·公移条议》,页17b—18b。

即以朝廷颁定的乡约规定及王阳明所立的保甲法于当地"着实奉行";天启元年(1621)丁宾告老还乡后,仍以地方休戚为己任,"乡约、保甲在在留心"。明末社会的动荡,为白莲教在江南地区的盛行创造了机缘,加上天灾不断,更是"人情惶惶"。在吴江、嘉善两县交界地方,一直存在一个乡约所,就设于当地著名的泗洲寺。但这里盗贼出没频繁,"罪犯互相躲避",国家法规显得难于施行,地方并不安宁,讲求乡约就成了一件十分必要的事。泗州寺在寺庙等级上属于"教寺",是国家的正统寺庙。丁宾就在这里主持宣讲乡约,并会同吴江、嘉善两县知县,将朱元璋的《圣谕》六条高声讲解,希望远近士民听闻,从而"感发良心,去邪归正";同时申明保甲法,使嘉善、吴江两县民众"有所警惕,不敢纵意为非"。①

就明代而言,申明乡约和保甲制度,是士绅群体和官府的共同体认,被认作社会生活中"善风俗""防奸盗"的最佳方法。州县的行政工作本来就以教化风俗为首,"乡约实行,自无奸凶",如果地方上仍存奸凶,就是乡约并未得到切实推行的结果;官方如果真的能将教养思想寓于乡约、保甲工作之中,那么地方词讼自完、差粮自完、簿书不期省而自省。② 这是明代官绅们的理想。

至于官方要求的乡约定期活动,一般都会安排在寺庙、"公馆"、"大家厅房"等可容百人左右的处所,从广泛的层面来看,仍是在明代里甲制度管理的社区空间中展开。具体的乡约活动样式,

---

① [明]丁宾:《丁清惠公遗集》卷八《书牍·与晏玄洲明府》,崇祯间刻本,载《四库禁毁书丛刊》集部第44册,北京出版社1997年影印版,第305页;冯贤亮:《明清江南的正统寺庙、民间信仰与政府控制》,《江苏社会科学》2002年第3期。
② [明]吕坤:《实政录》卷五《乡甲约卷之一》,万历二十六年赵文炳刻本,载《续修四库全书》史部第753册,上海古籍出版社2002年影印版,第359页。

就如吕坤所说:

> 上面立"圣谕"木牌一面,傍设约正、约副、约讲、约史四坐,将约众分左右二班。如所在宽敞,作板凳数条,约众论齿序坐亦可。每月初二、十六日一竿时候取齐,击鼓三声。约中择少年读书者四人为约赞,唱排班,班齐,鞠躬,拜,兴,拜,兴,拜,兴,拜,兴,拜,兴,三叩头,平身,分班对揖,平身;唱正、副、讲史就坐;唱甲长出班言事,十甲长出,向牌跪举曰:本甲某人某日行某善,某人见证,举毕,分立于班前,为善与证人出,向牌跪;约正、副问明,约史即照口词记于"善簿",毕,为善者叩四头起;十甲长复出,北向,跪举曰:本甲某人某日为某恶事,某人见证,举毕,分立于班前,为恶与证人出,向牌跪,约正、副问明,约史即照口词记于"恶簿",为恶者叩四头,起。约正、副先将本甲善、恶事劝戒一番,约史、讲又将本甲善、恶事劝戒一番,毕;约讲讲"劝善"一条、讲"律演"一条,毕;画左右二扇卯簿,毕;其有事不到者,甲中代之给假,卯簿写一"假"字,但不许连给三假;至日应举善、恶者,亦不许给假,毕。总揖《圣谕》而退。①

这种活动,在礼仪上显得过于烦琐,对于乡村下层民众来说,显然不太合适。他们需要的是用最简明易懂的言行来演乡约。因此,这种颇为理想化的乡约活动,实际上是不可能维持长久的。

---

① [明]吕坤:《实政录》卷五《乡甲约卷之二》,第361—362页。

另外需要特别指出的是康熙年间的常熟知县杨振藻。他力行讲约之政,将乡约实践活动推广到乡村地区:"乡隅遥远,小民未及周知,爰择神宫佛宇,凡六十四所,按八卦以定八方,每所各颁锋书,编列某所某号,悬额以垂永久。"近海的双凤地区(后来属太仓州),因而也有了乡约之设,何家市三元堂就是属于当时编列的"艮字号"乡约所。①

在杨振藻设计的八卦划分法下,常熟县境内的乡约所,全设在所谓"神宫佛宇"。以这个设于何家市三元堂的乡约所而言,就位于八卦东北方的"艮"字号。"艮"字号下的八个乡约所,具体位置如下:②

> 香堂周孝子庙,在二十五都,离县一十里。
> 双林禅院,在二十五都六图,离县十五里。
> 邵庄庵,在二十一都十一图,离县二十五里。
> 寿圣庵,在二十一都塘坊桥,离县三十六里。
> 李墓三官堂,在二十八都一图,离县五十里。
> 最胜庵,在三十一都老吴市,离县六十里。
> 何市三元堂,在三十八都,离县七十里。
> 桑林庵,在三十一都张家市,离县七十五里。

杨知县的乡约建设活动,应该与其道教思想多有联系。他将常熟县域,依照八卦定出空间区划,即西北乾号、正北坎号、东北艮

---

① [清]佚名:《双凤乡·乡约所》,抄本。
② 康熙《常熟县志》卷三《官署》,康熙二十六年刻本。

号、正东震号、东南巽号、正南离号、西南坤号、正西兑号,每号设8个乡约所,共计64处,从而建构出与寺庙结合的乡约所的八卦空间分布形态。① 这在明清基层社会的乡约活动中,是比较独特的。②

一般的讲约所,都不存在这样的分布建构,而是与城乡散布的寺庙结合。像嘉兴县的乡约所,本来在东津亭北灵光庵,是明代地方士民每月朔、望演讲乡约的中心地。清代雍正以降地方宣讲《圣谕广训》的集中点,遍布城乡,在分布空间上有了较大拓展。③ 同治十二年(1873),在浙江巡抚杨昌浚的统一要求下,嘉兴府知府宗源瀚拟订了新的宣讲章程,下令府属各县选择城乡那些"乡评无玷者"作为讲约公所。与附郭嘉兴县相关的主要有8个,具体位置如下:④

府城隍庙、南堰地藏庵、东栅杨庙、凤桥吼桥庙、新篁六恕庵、新丰妙峰寺、钟埭圆通寺、王店社庙。

除府城外,凤桥、新篁、新丰、钟埭与王店都是县域内的重要市镇。

乡约所与寺庙空间的结合,到后世已是一种普遍的方式。其理由如清人所解释的,是所谓无知小民,对于神明有着莫大的敬畏之心,在寺庙庵观场所演讲乡约,就不仅仅是出于地方开阔方便活

---

① 杨开道:《中国乡约制度》,山东省乡村服务人员训练处1937年印行本,第313—314页。
② 冯贤亮:《明清江南的州县行政与地方社会研究》,第209页。
③ 嘉庆《嘉兴县志》卷十《乡约》,嘉庆六年刻本。
④ 光绪《嘉兴县志》卷十《乡约》,光绪二十四年刻本。

动的原因,而更多地是可以利用神明设教了。①

四、乡约局的组织与活动

与明代相仿,清代的乡约组织有下辖保甲和按保设置两种形式。在这两种情况下,乡约对保甲具有领导作用。有人认为,实行乡约领导保甲体制的目的,主要是满足乡绅地主参与乡政的要求,防止保甲组织的弊端,加强对民众的思想统治。但在施行过程中,由于乡约的教化职能逐渐弱化,乡约执事的地位降低,并成为害民之役,这一体制后来在许多地方逐渐被乡约与保甲互不统属的体制取代。②

尽管如此,清朝的官绅们仍反复强调乡约的重要性,并努力使之产生真正的教化影响力。特别是从雍正二年(1724)以后,强化了地方乡约宣讲活动,以雍正提出的《圣谕广训》为核心,以求使乡约教化内容家喻户晓;地方上的乡约所,要选择"老成者"一人充当约正,"朴实谨守者"三四人作为"值月",定期负责举办乡约。③ 同治时期的嘉兴府嘉兴县,由县府、县学、分防佐贰官轮流督讲,给予讲生一定的薪水以及乡约组织人员的舟船交通费。光绪时期,知县赵惟崳比较注意各乡约所讲生人员的缺额问题,进行及时补充,

---

① [清]郑经编:《江阴现行乡约》"乡约条款式",同治六年江阴乡约局刊本,页110a—110b。
② 段自成:《略论清代乡约领导保甲的体制》,《郑州大学学报(哲学社会科学版)》1998年第4期。
③ 嘉庆《嘉兴县志》卷十《乡约》。

充实宣讲力量。①

在常州府江阴县,那里的县政工作,在当时颇具代表性。从咸丰时期开始,以知县为首,曾掀起过比较大规模的思想教化运动。就在太平天国战争爆发的第一年,江阴县衙按照上级官府的要求,已经向地方上发布告示,强调乡约教化工作:②

> 宣讲圣谕,化导民风。绅耆士庶,一体遵从。
> 下消沴气,上格苍穹。能知礼义,自靖兵戎。
> 里仁俗美,人寿年丰。穷乡僻壤,地殊情同。
> 更望师长,训教儿童。现开讲局,先设城中。
> 选董举行,日久奖功。为此示谕,各宜省躬。

江阴县府力行乡约,要求无论在城在乡,都要认真学习清代帝王们的《圣谕》,在讲乡约的过程中,结合太平天国战争的实际,对城乡绅士百姓进行全面彻底的宣传教育。除了在乡镇地方设立"乡约局"外,在江阴等县城还设有乡约总局,作为这项重要工作的组织领导,自上而下,建设乡约的宣讲组织体系。

次年,工部都水司主事缪骏、训导陈荣桂、孝廉夏廷荣、前任绩溪县学教谕杨希镛、副贡生潘欲仕、生员申廷锐等地方绅衿,根据上级要求,在江阴、无锡等县一起行动,从城市向乡村大力渗透,催

---

① 光绪《嘉兴县志》卷十《乡约》。
② [清]郑经编:《江阴现行乡约》"江阴县正堂陈示"(咸丰五年五月初一日),页44a。

办乡约,"广教化而正人心"。①

号称江阴县内首镇的青旸,积极行动,由设于镇上的乡约局同人发起,拟定了系列规条,推动宣讲活动。具体内容包括经费宜节省、讲生宜选习、宣讲宜持久、劝善宜勤为、经理宜竭力、平日宜讲学、劝捐宜报销、讼事宜疏绝、课赋宜早完、采访宜确实、善举宜酌行、邻镇宜掖讲、念佛宜勿提、矜奇宜勿效等,既遵从上级官府的宣讲要求,也期望乡镇地方恪守教化,以垂久远。②

乡镇地方推进乡约工作的理由,其实也比较简单,如咸丰七年(1857)江阴知县何焕组指出的那样,在城因设有官署,化导易行,观感较捷,而"穷乡僻壤"完全不同,是所谓"理乱莫闻,颛蒙莫启",所以在乡约工作中,乡重乎城;但无论城乡,时间长久、惰习相沿,就会徒存乡约之名,而无乡约之实。咸丰朝时期从上到下重振乡约的工作,实际上是有其实际效果的,地方官府更有着许多积极的表现,以县城中所设的乡约局为中心,以乡镇地方分设的乡约局为辅助,教化可以切实地覆盖整个县域社会。③

在江南各地兴复乡约的大背景下,常熟、昭文两县也联合发出公文,除继续强化城市生活中乡约教化的工作外,将重点转向乡村社会,"除于昭邑城隍庙另行设局,延请董事,分赴各乡宣讲";并准备于咸丰八年二月十九日再设乡约局,酌议活动规条,主要内容

---

① [清]郑经编:《江阴现行乡约》"为遵行乡约叩恩催办事"(咸丰六年四月十六日),页45a—46a。
② [清]郑经编:《江阴现行乡约》"江阴青旸乡约局规条"(咸丰七年八月),页120a—123b。
③ [清]郑经编:《江阴现行乡约》"乡约总局说"(咸丰七年十月朔日),页124a—126a。

如下：

（1）城厢宣讲八处，周而复始；（2）康熙年间设定的八卦区划的64处乡约所，至此需要复设的将予重新振兴，已经坍毁的由当地妥善处置；（3）乡约局是总管乡村乡约事务，随同常熟、昭文两县及儒学官员巡行演讲乡约，乡约局董事选择"廉明老成"之人担任；（4）开设乡约局与赴乡宣讲所需船只供应经费，由"善人"及乡村社会筹措，节约使用；（5）乡约局聘请司事一人，以便四乡董事来城市接洽、办理相关事务；（6）乡约局之银钱出入账目，每月末抄录开支细目三份，一份贴于街道，一份贴于局中，一份焚化，以示神人共信；（7）乡约局设立劝善、惩恶二簿，凡有孝子、悌弟、节妇等事迹，以及滩簧、私宰、赌窝等事，乡董都要记录并报送县城总局，总局核查记录，禀报县衙办理；（8）乡约局董事每逢五十期活动结束即到局汇议查核，并仿照明代高攀龙乡约会讲办法，摘录演讲"四书"中一章，将劝勉之意，用克己工夫阐发一番，贴于乡约局旁。①

在具体的乡村教化活动中，难免出现"不法之徒"冒充衙门差役，以宣讲为名，在乡间肆行勒索。这在官府与乡约局领导层看来，是非常严重的事情，会影响乡约宣讲的实际效果。江阴乡约局董事、举人郑经等人即向官方申明，他们都是按照官府的要求宣讲乡约，所到乡村地方，舟车饭食，自行筹备，即使出现地方邀请的情况，主办方都会准备好供应，不会出现向乡村摊派、勒索等事。②

当然也因太平天国战事的逼近，江南地方乡约活动已经很难

---

① ［清］郑经编：《江阴现行乡约》"为出示晓谕事"（咸丰八年二月十七日），页55a—56b。
② ［清］郑经编：《江阴现行乡约》"为谕禁事"（咸丰八年三月初八），页57a。

坚持。地方"保卫"跃居最为重要的地位,而"保卫"之方莫先于团练。但在郑经等人看来,"团其身,必先团其心;练其力,必先练其气",心、气问题显得更为关键,需要乡约教化,希望从省府层面到州县一级,进一步"宣讲乡约","毋视为具文",并将他们在江阴地方的实践情况向省府汇报,从而推广他们的经验,按期实行,"以兴文教而佐武功"。这一举动,得到两江总督的认可,江苏各地官府被要求仿照江阴县的办法举行乡约。①

咸丰八年的战争局势已然十分紧张,在江苏省府的高度重视下,江南各地兴起了建设乡约局、推广乡约的热潮。其中,江阴县的乡约活动具有示范意义。

在江阴之后设立乡约局的,是常熟、昭文两县,其后江苏各地次第举行。松江府地方,在户部主事姚光发、翰林院庶吉士胡履吉、候选内阁中书韩应陞、候选同知韩申锡、刑部主事韩宗文、候选训导汤翼、光禄寺卿唐模、孝廉程开旸、试用训导朱启對、岁贡生沈振家、廪生席元章、附贡生张尔耆、生员尹祖洛、监生叶达等人的呈请下,在松江城西关外陈忠愍公祠内,设立乡约总局,专门负责宣讲事宜,也是各乡董事来城会讲之所。同时,在他们看来,既然约以乡名,更要重视乡讲,由城厢推及四乡村镇,访求端方人士,负责各地宣讲活动,期望有益于世道人心。松江府地方要求各乡地保人等配合乡约活动,严禁一切干扰活动。乡约的宣讲,就在正人心、厚风俗,符合时势的要求,更应和了官方希望地方秩序稳定的

---

① [清]郑经编:《江阴现行乡约》"为谕禁事"(咸丰八年五月初四),页60a—61a。

愿望。①

当然,与明代一样,清代乡约活动的公共空间,依然选择在寺庙之中,而且宣讲活动的次序先后十分清晰。江阴县知县强调了这样的安排:②

> 宣讲公所,向来东则乘愿庵、南则十方庵、西则长乐庵、北则天后宫,须于两月始行周到。今增设两期,则四厢一月可周。其城内广福寺、城隍庙二处,于岁初、岁杪举行一次。

城乡教化中的重要一环,还在基层教育。根据当时的要求,各地塾师照例要按规定加强教化工作。下面这份"塾师谕单式",是当时强调"训蒙"读物、规范塾师工作与童生思想教育的一个样本:③

> 仰听事某某,即赍谕单,并训蒙各书,协同乡约镇董刻赴后,闻各镇传谕保甲,查明保内书塾几处,按塾分给馆师,务令细心讲解,启迪童蒙,毋得虚应故事。该听事仍将发给书塾处所,并馆师姓名,开列清单,呈候查核,毋迟,速速。
>
> 计开:
>
> 小学、元宰必读书、日记故事、学堂讲话、续千家诗、续神

---

① [清]郑经编:《江阴现行乡约》"为推广乡约以正人心而厚风俗事"(咸丰八年七月初二),页67a—68a。
② [清]郑经编:《江阴现行乡约》"示谕事"(咸丰十年十月),页82a。
③ [清]郑经编:《江阴现行乡约》"塾师谕单式",页101a。

673

童诗。

咸丰至同治时期,乡约局推展的相关活动,虽然因战乱影响遭受中断,诸乡约局董事风流云散。① 但在战后重建的过程中,除思想教化、舆论宣传之外,主要侧重于积善、赈济、扶危等具体工作层面,切实应和了当时战争结束前后的社会危急情势,为地方秩序的维护、官方统治的重建服务。

例如,江阴"乡约局"成员董江北,在同治三年(1864)九月,写了一篇《普济江南难民说》的文稿,代表乡约局同人,向县境内的民众进行宣传劝善活动,其核心意义当然在"善"的倡扬以及秩序维护的问题。他说:②

> 为善之难,莫难于今日。完善之地,既迫捐输,岂遑推解;残破之余,不能自顾,何暇谋人?为善之易,莫易于今日。救一二人命,可保子富孙贤;出十百千文,能得状元宰相。……江南兵戈虽靖,休养维艰。田之得耕者无多,民之失所者遍是。痛哀鸿之满目,触道殣而伤心!

当时正是战争之后,满目疮痍。官府十分希望人们有钱出钱、有力出力,重振时局。江南不少地方,出现了兴办慈善事业的高潮,当然都是在官府的宣传策动之下,或救济贫困,或收养弃婴,或

---

① [清]郑经编:《江阴现行乡约》"跋"(同治六年十月),页171a。
② [清]郑经编:《江阴现行乡约》"普济江南难民说"(同治三年九月),页162a。

填埋无主尸骸,或发起义冢组织,等等。① 这些都有利于王朝统治的稳定。

到同治六年(1867),江阴乡约局即专门刊印了以郑经为首编辑的《江阴现行乡约》,堪为清代后期在经历巨大的社会震荡后,重建秩序、恢复教化的地方代表。

《江阴现行乡约》的具体内容,包括宋代《蓝田吕氏乡约》,明代王阳明的《南赣乡约》、高攀龙的《同善会式》、常州恽氏的《续证人社约诫》、《常熟县志》中记录的《乡约所考》《乡约集征》以及江苏江阴、常熟、松江等地乡约活动的相关文件。

与江阴"乡约局"相类的,在江南地区还有不少。其中,常熟县的"乡约总局",值得特别注意。常熟县宣讲乡约的新定条规,与其他地方比较相似,都是要求"选举公正绅董,捐集经费,专办化导事宜,以作四乡表率"。乡约总局要聘请"公正诚笃"之士,一般以2人或4人为约正,负责各乡的乡约工作,会同各乡图董,振兴乡约,并按图制区划,轮流会讲;同时,每乡还有乡约长1人,主持本乡乡约活动。这样,乡约之责就从官吏群体转移到地方绅董手中,并有组织地深入到各乡村。②

至于乡约会讲者的待遇,可以同治六年嘉定人、秀才王汝润(卒于同治七年)的例子来说明。在王汝润被知县聘请专讲《圣谕》后,每年的薪膳资为16两。该年六月十一日起,官府要求他每天

---

① 冯贤亮:《坟茔义冢:明清江南的民众生活与环境保护》,《中国社会历史评论》第七卷,天津古籍出版社2006年版,第161—184页。
② 杨开道:《中国乡约制度》,第314页。

在县衙前讲。七月初十以后停讲,只逢初一、十五在县城西门外开讲。①

同治时期,国家对乡约宣讲体系是比较重视的。丁日昌在巡抚任上时,对其管辖的江苏地方厉行乡约,在同治七年即指示各地官员每月要向他汇报半月一次的乡约宣讲情况,并以之为标准,对官员们进行考绩。② 同治十二年(1873),贵州人李春龢担任桐乡这个"剧县"的知县,为复兴久废的乡约,挑选了一批生员充任各城镇的宣讲生,定期于每月朔、望两日宣讲《圣谕》,并捐廉给以月俸,在此后形成定制。③ 上海县附近的七宝镇地方,在太平天国战争平复后,重建乡约活动。但时隔不久,乡约活动就被废弃了。但乡约所的匾额,曾长期悬于法华寺山门,后来被转藏到育婴堂中。④ 乡约的实行,如清人所谓"惟贤令长是赖",否则就是一纸空文⑤,完全背离乡约宣讲的初衷,只是奉行故事而已。乡约实行的具体工作多由"里老啬夫"承担,他们在地方民众中并不具有什么声望,更使乡约陷于"言者不谆谆,听者俱藐藐"的状态。⑥ 所以,乡约教化如果得不到县级官府的诚心着力推动,会"徒成虚文",乡约组织中的

---

① [清]王汝润:《馥芬居日记》,旧抄本,载上海人民出版社编:《清代日记汇抄》,上海人民出版社 1982 年版,第 199 页。
② Hsiao Kung‐chuan, *Rural China*: *Imperial Control in the Nineteenth Century*, Seattle: University of Washington Press, 1960, p.186、193。
③ 光绪《嘉兴府志》卷四十三《名宦二·桐乡县》,光绪四年鸳湖书院刻本,页 79a。
④ [清]王锺撰,胡人凤续辑:《法华乡志》卷二《风俗》,民国十一年铅印本。
⑤ 康熙《常熟县志》卷三《官署》。
⑥ [清]诸世器:《蒉溪志》卷四,民国二十八年朱启甲、蒋正逵铅印本,载《中国地方志集成·乡镇志专辑》第 8 册,上海书店 1992 年影印版,第 284 页。

约正、约副等人反而成为"民害",这是官方应该存有的警醒意识。①

五、余论

明代的乡约,对后世影响极大。乡约中向百姓宣讲的日常训条,如四字六言的朱元璋《圣谕》:"孝顺父母,尊敬长上,和睦乡党,教训子孙,各安生理,毋作非为……"也是清代"圣谕"的根本所在。早期民间乡约教化有依凭社学展开的现象,后者在发展过程中,与乡约一样,不断地兴替。但从整个历史时期来看,乡村教化在朱明王朝遍及乡村的每个角落,这是此前没有的现象。② 而且地方官绅们很注意乡约的实效,就像金坛人王樵在万历时所作的《金坛县保甲乡约记》中指出的那样,明初以来的"致治",就是因践行乡约而成,而用乡约来加强乡民的结合以及推进教化工作,仍然需要借助民间传统组织的资源。③ 晚明以来的乡村思想教化,突出了以寺庙为中心的乡约实践,对乡村社会秩序的控制有着多方面的积极作用。例如,丧事用佛、丧礼奢化与火化习俗,一直遭到官绅们的强烈反对,为了对丧俗违礼行为进行扼制,士绅们组织了家族、乡约以及丧葬会社予以改革。④ 乡约在其间扮演了重要角色。

清代康熙帝在位期间,影响乡村教化较为深远的事,就是提出

---

① [清]郑经编:《江阴现行乡约·乡约集征》,页32a。
② (日)和田清:《中国史概说》,商务印书馆1964年版,第165页。
③ 常建华:《乡约的推行与明朝对基层社会的治理》,《明清论丛》第四辑,紫禁城出版社2003年版,第1—36页。
④ 何淑宜:《以礼化俗——晚明士绅的丧俗改革思想及其实践》,《新史学》第10卷第3期,2000年。

了所谓《康熙皇帝圣谕》，在雍正二年（1724）二月间正式颁行民间。但在此前，民间的"乡约所"，已经展开积极行动。如清初长洲县的甪直镇地方，有比较稳定的乡约所编设，康熙二十六年（1687），镇上还专请县里的行政长官、教谕、教授、训导等人，于农作之隙，来甪直督讲《圣谕》十六条。乾隆十七年（1752），在县丞移驻甪直镇后，更要求在每月朔、望日传集"乡耆"，于乡约所宣讲"圣谕"。至于全国乡村遍设乡约所，则是雍正七年（1729）以后的事。①

需要注意的是，清代的乡约，虽然仍以州县城市中心，但在县域社会内按照一定的空间分划，在乡镇一级的市场中心，开始分设乡约局机构，在城市的乡约总局之领导下，安排乡约宣讲队伍，推展思想教化等活动。相关工作在咸丰朝以降变得更为突出，形成了自上而下非常严密的乡约宣讲网络。

萧公权指出，从宋代以来，国家努力通过意识形态来维持民众控制的过程中，"乡约"的推行起到了特殊的作用，因为就乡约领导层约正、约副而言，其人选往往就是耆民、乡绅等地方精英。② 在基层生活中，很多地方长期依靠"父权的自治"为核心的家族主义式的控制模式，构成了地方自治的重要一环。③ 家族的自治保障和相关"家范""家规""家训"的制定与训教，也很有利于乡约的推行。一些有势力的家族，对其内部的规范和调整行为，更加有助于官府管理地方基层事务。华亭的宋氏家族，曾专门订立"治家之要"等

---

① ［清］康熙：《圣谕广训》，载"近代中国史料丛刊"续编第七辑；［清］佚名：《甪里志·公署》，抄本。
② Hsiao Kung-chuan, *Rural China: Imperial Control in the Nineteenth Century*, University of Washington Press, Seattle, 1960, pp184, 197—201.
③ （日）橘樸：《支那社會研究》，東京日本評論社昭和十六年（1941）版，第452页。

家规或家范,细化族内成员的思想教育,譬如要"守国法""慎家教""毋纵肆""防火盗""禁淫祀""绝佛事""清官府赋役等务""明籍册钱谷等数""周穷恤匮""抑强扶弱"等等。① 这些规范与要求,与乡约教化的思想是完全契合的。因此,乡约可与一些宗族的族规并行,成为地方政府施政的辅助工具,为维护社会秩序服务。②

　　普通的地方士人,也多有积极投身乡约活动的。像"品学兼优、见义敢为"的长洲贡生徐沂,曾为维护地方民众利益,在康熙年间汤斌巡抚江南、推进教化过程中,被官方委以重任,担任周庄镇乡约所的约正,每月朔、望宣讲,据说听者为之动容。③ 在昆山菉溪地方(即菉葭,今陆家浜),公正而有德望的士人,往往会被选择为乡约正,既符合上级官府的要求,也深孚百姓之望。④ 许多乡村地方"精英",希望能有机会晋升至官宦阶层,对家族子弟的培养和训谕,与乡约的主旨十分相近。而且乡间纯朴的民众对于官宦豪室,一直存在某种敬畏心态,对具有一定的官府关系、经常在乡村施行义举、恩沾已己的"乡绅",更怀"崇拜"之情。⑤ 明末嘉善乡宦陈龙正在地方上就非常具有影响力,且十分重视乡约工作,曾辑集了王守仁(阳明)的《阳明先生乡约法》《阳明先生保甲法》;将乡约与义田等列为家族的大事,从而希望为维持地方社会秩序、赈救贫寒民

---

① [明]宋诩:《宋氏家要部》卷二《治家之要》,明刻本。
② 参李文治、江太新:《中国宗法宗族制和族田义庄》,社会科学文献出版社2000年版,第88—89、141—151页。
③ [清]陶煦辑:《周庄镇志》卷四《人物》,光绪八年元和陶氏仪一堂刻本。
④ [清]诸世器纂:《菉溪志》卷四,民国二十八年朱启甲、蒋正逵铅印本,载《中国地方志集成·乡镇志专辑》第8册,上海书店1992年影印本,第284页。
⑤ (日)橘樸:《支那社會研究》,第467页。

众发挥重要作用。① 同时,他又积极参与和领导了江南地区的"同善会"活动,认为"官府讲乡约,有劝有戒……这会(即同善会)只当是讲乡约的帮手"。在明末王朝阽危之际,他仍然于地方上定期主持"同善会",发表了 51 次"讲语",影响较大。② 乡村的耆老、里长等基层首领、乡绅地主和居于城镇村落的退职官吏,都成了官府推行乡约的帮助。正是他们在乡间的威望和"领袖"地位,带动了更多的民众参与乡约活动中来。从这个层面上讲,较单纯地由政府官员出面组织,二者相结合显然要有效得多。士绅们在区域社会内,实际上被更多地鼓励担负对于村落道德秩序维护的责任,如"里邻口角,公道解纷""村众逞凶,危言喝止""公举节孝""扶持风化"等。③ 乡约活动的组织者和责任者的构成,主要就从这些人中检选。官方以道德说教的方式,教育社会精英和平民百姓,加强社会控制,巩固社会秩序。④

透过明清时期江南的乡约活动,不仅可以进一步思考晚明以来中国社会的变革与基层社会的因应表现,而且更需注意到传统时代地方社会政治参与的广泛性,但其根本,仍是为王朝统治及其合法性服务的。

(本文原载《吉林大学社会科学学报》2022 年第 3 期)

---

① [明]陈龙正:《几亭续文录》卷二《致汪瀞源父母》,崇祯间刻本。
② 冯贤亮:《陈龙正:晚明士绅社会生活的一个侧面》,《浙江学刊》2001 年第 6 期。
③ (美)包筠雅:《功过格——明清社会的道德秩序》,浙江人民出版社 1999 年版,第 216 页。
④ (美)王国斌:《转变的中国——历史变迁与欧洲经验的局限》:江苏人民出版社 1998 年版,第 103 页。

附录三 "国家元气":明清时期的富户阶层论述与地方社会[①]

一、引言

对于传统时代富户、富民、富室、富家地主等地方有力阶层的研究,曾经被批判之论笼罩的状况,现在已有了较大改观。[②] 在很多方面,富庶阶层拥有相对优越的社会经济地位,而且这一地位的形成不免于城乡社会利益上的层层获取与敲夺的质疑,但他们对社会的贡献,即使在明清两代,上层社会至下层民众有着不同的看

[①] 本文系拙作《明清江南的富民阶层及其社会影响》(《中国社会经济史研究》2003年第1期)的后续研究与思考,曾提交南开大学主办的"中古帝制与地主经济高端论坛"(2019年11月)交流,得到李治安、赵轶峰、林文勋等先生的鼓励与指教,并吸收了会议期间相关学者的有益建议,特此致谢!

[②] 孙立群:《建国以来关于封建地主阶级研究的综述(1949—1983年6月)》,载南开大学历史系中国古代史教研室编:《中国古代地主阶级研究论集》,南开大学出版社1984年版,第296—333页。

法。对富户阶层在明清两代的地位和力量,以及社会反应等的考察,都可以清晰地发现这一点。①

富户的构成与地方的社会结构有着颇为密切的联系。在一般对于城乡社会结构的论述中,富户属于中、下层(主要是富裕的民户和普通的小地主)②,数量较为可观,尤其是在江南地区,他们的力量堪与国家财力相抗衡。傅衣凌很早就指出,在一定的历史条件下,造就了江南地区社会经济的繁荣与生活的富足,特别是从宋室南渡之后,到元代末期,不仅富户的经济实力富可敌国,而且数量上也相当惊人。③ 有学者提出的"富民社会"说,表示富民阶层成为社会经济关系和阶级关系的核心,是认识社会结构及其变迁的关键。④ 虽然,明清社会并不能在本质上被视为"富民社会",但这样的思考与讨论是有其积极意义的。

在明代初期,由于土地集中的发展,元代以来江南地主不断增长的经济实力与社会声望,迫使朝廷采取了强制性措施,将他们迁向新都南京,或者更远的地方,从而希望对江南地区的大土地所有制有所遏制。据《明实录》所载,洪武三十年(1397)四月在户部上

---

① 冯贤亮:《明清江南的富民阶层及其社会影响》,《中国社会经济史研究》2003年第1期;最近的研究,可参刘磊:《清前期江南地区"富民"阶层研究》(云南师范大学硕士学位论文,2013年6月)、张小雅:《明清时期山东富民阶层生活研究》(山东师范大学硕士学位论文,2019年5月),等。
② 经君健:《清代社会的贱民等级》,浙江人民出版社1993年版,第3—49页。
③ 傅衣凌:《明代江南富户经济的分析》,载氏著《明代江南市民经济试探》,上海人民出版社1957年版,第24页。
④ 参林文勋:《唐宋时期财富力量的崛起与社会变革》(《转变与定型:宋代社会文化史学术研讨会论文集》,台湾大学,2000年10月)、《中国古代"富民"阶层研究》(云南大学出版社2008年版)、《宋元明清的"富民"阶层与社会结构》(《思想战线》2014年第6期)。

附录三 "国家元气":明清时期的富户阶层论述与地方社会

报"富民籍名"前,朱元璋曾对户部尚书郁新、吏部侍郎张迪等人言:"人有恒产,斯有恒心。今天下富民,生长田里之间,周知民事,其间岂无才能可用者?其稽诸户籍,列名以闻。朕将选用焉。"户部讨论后的举措是:"云南、两广、四川不取,今稽籍得浙江等九布政司、直隶应天十八府州田赢七顷者,万四千三百四十一户。"朱元璋表示对于这一庞大的有力阶层,要"藏于印绶监,以次召至,量才用之"。① 至于朱元璋是否全部召见并且予以选用这些"富民",史事所录并不明确。而且移徙"富民"的举措,对于大土地所有的遏制,也只能是暂时的。② 因为在整个明代,土地集中之势一直十分严重。

像常州府无锡县东亭地方的华氏家族,"田跨三州",每年收租即可达48万石之巨。华氏家族从洪武初年发展到清初,虽然经历了战乱的影响,但仍有废宅及五大墓,大量子孙延续了华家血脉。又如,苏州府齐门外的钱檗,也是"田跨三州",每年收租更多,有97万石。③ 湖州府乌程县人董份(1510—1595),凭借其早年的政治势力,大量兼并土地以聚积财富。他的田产散布于浙江及南直隶地区。曾以"铁御史"名震海内的冯恩(1491—1571)退居乡里后,积产达到了3万亩之多。不过这些与徐阶聚敛的24万亩之数相比,

---

① 《明太祖实录》卷二百五十二"洪武三十年四月癸巳"条。
② (美)何炳棣:《1368—1953中国人口研究》,葛剑雄译,上海古籍出版社1989年版,第215页。
③ [清]钱泳:《登楼杂记》,转引自洪焕椿编:《明清苏州农村经济资料》,江苏古籍出版社1988年版,第87页。

683

就差远了。① 此外，一些寒士一旦身登仕籍，"一切大姓富室，尽寄其门，出平日力役之费，以供本宦薪水之资"。② 这些情形可以表明，"富室"等有力之家，往往与政治权势有着多方面的联系，其地位多有保障。

当然，从经营、生产方面来说，富户的致富方式是多样化的。其中，从事经济产业，是其致富的一种主要方式。在明清时期的江南地区，栽桑养蚕比粮食生产在农家经营中占据了更重要的位置。富家大户因田地广阔，大多广种桑麻，桑麻收益优于粮食收入。③ 嘉兴府地方的近镇村坊，乡民就以种桑养蚕为主，以织绸为业。④ 如王江泾镇地方，丝业极为发达，"其丝衣被天下，大贾鹜集"。⑤ 杭嘉湖地区最大的致富依靠之一，在于丝织或纺织业。嘉靖十四年（1535）进士、杭州府仁和县人张瀚（1510—1593）就曾指出："大都东南之利，莫大于罗绮绢纻，而三吴为最。即余先世，亦以机杼起，而今三吴之以机杼致富者尤众。"⑥这类情形，就如隆庆二年（1568）进士于慎行（1545—1607）所谓，士大夫家"多以纺绩求

---

① 赵佶：《试论明代后期权势之家与中央及地方政治间的关系：董份与湖州之变》，《中国社会历史评论》2000年第2卷，第96—104页。
② [清]赵宏文：《请均赋役以收民心疏》，载[清]贺长龄、魏源等编：《清经世文编》卷二十九《户政四·赋役一》，中华书局1992年影印本。
③ 同治《湖州府志》卷三十《舆地略·蚕桑上》、卷三十一《舆地略·蚕桑下》，同治十三年刊本。
④ [明]天然痴叟：《石点头》卷四《瞿凤奴情愆死盖》，上海古籍出版社1957年版，第92页。
⑤ [清]谈迁：《北游录·纪程》，中华书局1960年版，第2页。
⑥ [明]张瀚：《松窗梦语》卷四《商贾纪》，中华书局1985年版，第85页。

利"。①

在没有大的战乱和灾害的影响下,江南地方呈现于人们眼前的都是人物阜蕃、百姓生活十分安逸的美好景象,被无数士大夫目为人间"乐土"。② 少有战乱的江南地区,民众生活的富裕与奢侈都同时产生了。从元末明初传说中的江南巨富沈万三好广辟田宅、富累金玉,至明代中后期,世人争以求富为务,生活饰物更是争奇斗巧。③ 一如万历年间的王士性所分析的浙江杭、嘉、湖地区风俗,地方皆尚繁华,人性纤巧,"雅文物,喜饰鞶帨";巨室大豪很多,就是其家僮,数量往往在千百左右,"鲜衣怒马,非市井小民之利"。④

由于江南的发展与繁荣形态较诸中国其他地区要丰富得多,能更多地显现出帝制农商社会的特质⑤,故本文的论述,即以江南(以太湖平原为主)为中心,从地方社会的视域出发,观察王朝统治进程中的富户阶层(据论述情形,文中也使用"富民""富家"或"富室"等称谓)表现。

二、概念与分类

至于达到什么样的标准,才够得上"富户""富民""富室"或

---

① [明]于慎行:《谷山笔麈》卷四《相鉴》,中华书局1984年版,第39页。
② [明]沈爚:《石联遗稿》卷四《别郡公唐岩先生叙》,明万历间刻本。
③ [明]黄省曾:《吴风录》,百陵学山本。
④ [明]王士性:《广志绎》卷四《江南诸省》,中华书局1981年版,第67页。
⑤ 葛金芳:《农商社会的过去、现在和未来——宋以降(11—20世纪)江南区域社会变迁研究》,《安徽师范大学学报》2009年第5期。

"富家"地主之谓,其实并没有明确的定义,在明清史籍中能反映的概念,一直相当模糊。郑学檬虽然表示这样的地主富室可以有大、中、小之分,而且中小地主具有较大的不稳定性,但也没有提出一个大、中、小划分的具体标准,特别是在土地的拥有量方面。① 毕竟明清时期知识人笔下对于"富"的概念缺乏计量性的表达,如此便导致世人对于富贵论述的笼统性和模糊性。

这里不妨提一下万历四十四年(1616)状元、嘉善人、大学士钱士升于崇祯九年(1636)的一个初步论说。

钱士升提出,江南士民中能够得上"富家"之谓的,起码应该拥有百亩以上的良田:以百亩计算的"富家"的比例,在整个"富家"阶层中占得最多,达到了十分之六七;而所拥有的良田能以千亩计算的,占到十分之三四;只有少部分"富家",所占有的田亩才以万亩计算,比例占了十分之一二。② 倘若要以大、中、小的方式划分,钱士升所提江南的例子,或许可以作为一个标准(当然只能局限于江南地区,并不能真的推广至中国其他地区,每个地区或不同的地理环境中,田亩的市场价值与产出价值都是不同的)。

如果依钱士升的划分标准,社会上大部分的"富家"所拥有的土地,基本能以百亩计算,田产数量并不惊人。洪武晚期浙江等九布政司、直隶应天十八府州籍录的富民田产超过七顷的,不过14341户。③ 也就是说,在当时的衡量标准中,田产达到7顷或以

---

① 郑学檬:《论中国封建社会中小地主的历史地位》,《厦门大学学报》1979年第1期。
② [明]钱士升:《赐余堂集》卷一《看详章奏纠参李玭疏》,乾隆四年钱佳刻本,载《四库禁毁书丛刊》集部第10册,北京出版社1997年影印版,第437—438页。
③ 《明太祖实录》卷二百五十二"洪武三十年四月癸巳"条。

上,肯定会被洪武政权认同为富民或富家。同时,"富家"既然拥有庄田,自然会招雇佃户。由此产生的佃户与富家的关系,就是钱士升所谓"佃户力田完租,以便富家办纳粮税"。① 在贫雇农与"富家"的责任分派中,"富家"的社会地位与影响是具有关键意义的。

还需要指出的是,在现实生活中,并非拥有一定量的土地,就能称"富",还需要考虑到生产经营状况、国家赋税压力、王朝政治以及天灾人祸等影响因素。

在人稠地狭的江南地区,土地资源本来就很珍贵。明代中期田价很高,很多田产中介因此从买、卖双方都能获得很高的居间费,"甚至鸡鸣而起,密室成交",民间俗称"黄昏正是夺田时"。② 每亩据说曾高达白银五十余两到一百两不等。不过在崇祯年间,水旱灾害的打击使"年谷屡荒",每亩值银不过一二两,较差的田地还被无偿转送,百姓多有"以无田为幸"的心理。③

直到清初实行"摊丁入地"时,时人还担心,如果摊诸并无直接经营田地的富户,那么富户的佃民必将期其完纳粮额,并不合理,需要重作调整,否则不但赋无所出,而且还会引起下层贫民的反抗。④

在城乡地区,这样的"富户",有着多样化的称呼。无论有无身份,那些"大家""巨室""富豪""富室""大户""豪强""豪民"甚至所谓"世家"等,从田产的拥有量而言,都堪称"富户"。而从政治地

---

① [明]钱士升:《赐余堂集》卷一《看详章奏纠参李琎疏》,第437—438页。
② [清]顾公燮:《消夏闲记摘抄》卷下"前明田价"条,涵芬楼秘笈本。
③ [清]钱泳:《履园丛话》丛话一旧闻"田价"条,中华书局1979年版,第27页。
④ [清]袁枚:《随园文选·记富察中丞四事》,上海大达图书供应社1934年版,第61—64页。

位划分,如李文治所论,富民地主其实可以有身份性贵族、官绅地主和非身份性庶民地主的区别,虽然都属于富家,但享有的政治特权是不同的。①

倘要对更为广泛的富家地主作一个分类,可以分出平民地主(中小地主)、学校地主、宗族地主、善堂地主、寺院地主、商人地主、官员绅衿地主以及皇室地主等,到清代,已发展成为政治上极其成熟的阶层。②

当然,有能力长期城居的地主富家,当属整个地主阶层中的上层,大多是大、中地主,有的还有功名,甚至拥有官僚身份。毕竟城居的开销较大,经济实力非雄厚者,很难较好地适应城市生活与消费。③ 而地主阶级中的中、上层,主要是依靠政治途径形成的,如明代后期谢肇淛所谓"仕官富室",占取的田产,大多靠政治特权。④ 而且这个阶层因为政治关系(主要是身份限定),是有饱和度的。因此,更多的是依赖土地经营或经商而致富。尽管社会处境大为改善,但从社会分层角度来看,仍处于庶民阶层之中,最多只能列入下层地主富室的范围,散处于广大乡村社会。⑤ 傅衣凌认为,在经济相对发达的江南地区,一般所论的富民,可以分成地主

---

① 李文治:《地主经济制与中国封建社会长期延续问题论纲》,《中国史研究》1983年第1期。
② 冯尔康:《清代地主阶级述论》,载南开大学历史系中国古代史教研室编:《中国古代地主阶级研究论集》,南开大学出版社1984年版,第256—283、293页。
③ 冯尔康:《清代地主阶级述论》,第247—248页。
④ 刘泽华:《论封建地主产生与再生道路及其生态特点》,载南开大学历史系中国古代史教研室编:《中国古代地主阶级研究论集》,南开大学出版社1984年版,第18页。
⑤ 赵轶峰:《明清帝制农商社会研究:初编》,科学出版社2017年版,第169页。

型、商人型、产业家型三类。① 后来学者的分法,也不出这三类。②

三、富室的样态及其影响

归有光曾指出,一个稳定而有序的生活环境,对于孕育地方富户,其实十分重要。明代的社会经济在洪熙至弘治年间,六七十年间,国家已进入了所谓"休明之运","天下承平,累世熙洽"。这样的社会环境,对于乡村民众力于本业的生活十分有利,"安其里居,富厚生殖"的生活状态也完全是可期的。③ 文徵明就介绍过,常州府靖江县朱习之家族之所以能够"世以高赀长雄其乡,每多义举",主要是依靠本富,即农业经营致富。④ 在这样的情境下,就是小小的市镇,也往往盘踞着数量不少的富户巨室,而且到明代中后期,江南富室的财力,能和宗藩相匹敌。⑤

另外,那时人们应该已经注意转变农业经营方式、扩大农业生产上的收益。这似乎是一种新的农业生产形态。经典的例子,就是常州府江阴县人李诩(1505—1593)在其晚年笔记中所写的一个农民如何致富的事迹:

---

① 傅衣凌:《明代江南富户经济的分析》,第30—48页。
② 刘俊珂:《明代江南富民阶层的形成与救荒赈灾关系考论》,《贵州师范学院学报》2014年第30卷第11期。
③ [明]归有光:《震川先生集》卷二十《蒋原献墓志铭》,上海籍出版社1981年版,第494页。
④ [明]文徵明:《文徵明集》补辑卷三十二《古沙朱君墓碣铭》,周道振辑校,上海古籍出版社1987年版,第1571—1572页。
⑤ 傅衣凌:《明代江南富户经济的分析》,第29页。

> 谈参者,吴人也,家故起农。参生有心算,居湖乡,田多洼芜,乡之民逃农而渔,田之弃弗辟者以万计。参薄其直收之,佣饥者,给之粟,凿其最洼者池焉,周为高塍,可备防泄,辟而耕之,岁之入视平壤三倍。池以百计,皆畜鱼,池之上为梁为舍,皆畜豕,谓豕凉处,而鱼食豕下,皆易肥也。塍之平阜植果属,其污泽植菰属,可畦植蔬属,皆以千计。鸟凫昆虫之属悉罗取,法而售之,亦以千计。室中置数十瓯,日以其分投之,若某瓯鱼入,某瓯果入,盈乃发之,月发者数焉。视田之入,复三倍。①

这个谈参,就是常熟人谭晓,在家排行第三。他生活俭朴,平时吃饭就煮一个蛋下饭,在蛋壳上开一个小口,每次用筷子挖一小点,吃完饭将小口封好,下次再吃,"三饭乃尽"。他的生产经营活动,其实与今天的生态农业无异。依赖这样的经营,谈参积累了不少财富,在嘉靖倭乱时期,还献白银万两作为修固常熟县城的费用,受到政府的表彰。②

湖州归安的茅氏,在茅坤(官至中宪大夫)以科名起家后,兄弟三人都善于筹划、精于稼穑,所谓"治生有法,桑田畜养所出,恒有余饶",各以多财雄踞乡邑,"广田畴,丰栋宇,多僮仆"是归家的生活样态;他们的后人仍能够继而守成,更致富裕,科名依然不绝。③

---

① [明]李诩:《戒庵老人漫笔》卷四"谈参传"条,中华书局1982年版,第153—154页。
② 同治《苏州府志》卷四《城池》记载,倭乱时期,常熟县令王鈇在嘉靖三十二年负责重筑城防,有位富民谭晓就义输4万两白银帮助筑城。这个谭晓,就是谈参。
③ [清]张履祥:《杨园先生全集》卷三十八《近鉴》,陈祖武点校,中华书局2002年版,第1036页。

附录三 "国家元气":明清时期的富户阶层论述与地方社会

出身松江望族的董含(董其昌的从曾孙),在其晚年笔记《三冈识略》中强调过,经历明清交替特别是在"奏销案"后,他们家的生活与明末相较有了很大落差,但他强调"自少懒散,不善治生",特别是彻底放弃仕途以后,"家贫累重,不无忧生之嗟"。① 董含虽然不善经营生计,但"家贫""忧生"之说,并不全部合乎事实。因为在康熙三十四年(1695)七月地方上遭遇罕见的大风灾后,已经从松江城退隐乡间的他,曾说"予薄田二顷,连遭荒歉,今木棉、豆花尽行脱落,何其厄乎!"②如果在正常年景,这二顷薄田绝对可以支撑起他在乡间比较像样的生活。所以按钱士升的标准,董含一家其实属于江南"富家"比例中的十分六七那一类,小富之家,实力尚可。

按一般的看法,这些基层社会中的殷实大户,是有能力承担地方上非常重要的粮长之役的。倘能长期承担此役,多被地方认作"大家巨室"。③ 这类"大家巨室"承担粮长、里长或甲长之职任,也是明代洪武时期对于基层社会管理的理想制度设计。而且,地方百姓都怕到城市见官府(怕与官府纠结而产生更多的负累),有事就委托粮长出面办理,所以乡村百姓"有终身不识城市者"。但到明代中后期,百姓与官府纠结不断,问题频生,所谓"十九在官,十一在家;身无完衣,腹无饱食,贫困日甚",国家逋赋日积,有"岁以万计"之说。即使缙绅之家,衙门胥吏也是日夕候于门前,征租索

---

① [清]董含:《三冈识略》卷七"记梦"条,第728页。
② [清]董含:《三冈续识略》"风变"条,第790页。
③ [明]丁元荐:《西山日记》卷下"日课",康熙二十八年先醒斋刻本,载《续修四库全书》子部杂家类第1172册,上海古籍出版社2002年影印版,第370—371页。

钱。所面对"差役沓至"的困扰,与庶民之家是一样的。①

出身于嘉兴望族的崇祯元年(1628)进士曹勳(1589—1655)则指出,在其曾祖父曹钥时代,早已因重役,从祖居地松江干巷徙居嘉善了。② 而所谓重役,在松江华亭地方包括布解、北运、收兑、收银等,③曹家在乡间可能承担过类似这样的解户或粮长的名色,而不堪重负,有倾家之危。

曹家经历的生活,可以反映出明初以来地方上的有力之家,曾经努力为王朝服务,系制度上设定的乡间代理人,到后来尽力摆脱这种职役,到嘉靖年间出现普遍逃避徭役的过程。

晚明嘉善县城东南胥五区(当地的乡以区为名)中最具影响力的陈氏家族(以万历十四年[1586]进士陈于王及其子崇祯七年[1634]进士陈龙正为代表),对族人内部的生活与管理,以及这个乡区的秩序维护,都曾有较好的规划。陈龙正的始祖陈惠,相传是从临安(杭州)迁居嘉善的。传至龙正的高祖陈芬、曾祖陈曇、祖父陈卿时代,家族已较具规范,且代有隐德。在父亲陈于王进入仕途后,祖父陈卿即获赠礼部郎中的荣衔,他在家乡遇到凶荒年岁时,常能倾力赈济族党,保持区域生活的基本安定。地方上非常感念陈家荒岁贷米完全不要求偿还的恩德,为此称颂陈家的善举将使

---

① [明]何良俊:《四友斋丛说》卷十三《史九》,中华书局1959年版,第109—110页。
② [清]曹鉴咸续修,曹焕、曹焜校刊:《曹氏族谱》卷六《泰宇公行略》,乾隆三十年序刻本,页17a。
③ [清]曹家驹:《说梦》,道光八年醉沤居士抄本,载《四库未收书辑刊》第10辑第12册,北京出版社2000年影印版,第251页。

子孙昌荣。①

按陈龙正的自述,陈家在乡间拥有五顷"义田",他认为应按照官府的常规要求,在十年之内,佥派粮长两名,但陈家属于官户,可以优免。陈龙正认为优免掉的那些赋役,就要转嫁到其他民众身上,"义亦非安"。他决定在义田籽粒中,每年粜银十九两三钱七分纳官,在崇祯十四年(1641)大造黄册后,陈氏义庄其实也列入《赋役全书》,照例起征由帖。十年之中,陈氏义庄已纳银一百九十三两七钱,足当两名粮长之费用。至于义租五百余石,除每年办粮约用米二百四十石、纳抵役银约用三十石、祭扫燕飨约用二十石、饶免租户限米十余石、给管庄人户饭米五石外,还净余约二百石。每年义庄收益在开销后的剩余,都会存贮起来,准备全荒年份为籴粮完公、折价助私之用,而随时修葺祠堂、坟屋以及建造或扩建义学仓房,也要取给于此。② 据前文所述钱士升的划分标准,陈家如果还有其他的地产,总计最多够得上中等的"富家"。

另一方面,如何炳棣指出的,有闲阶级的生活方式与没有实行长子继承而使家产稀薄化③,在地方富家而言,也是常见的。在清代雍正七年(1729),曹庭栋(曹勋的曾孙)的继祖母黄太夫人过世后,只遗下了膳田三百亩及衣饰金珠等财产。庭栋曾特别记载当

---

① [明]高攀龙:《明孝廉卉闻陈公墓志铭》(天启六年),见[明]陈山毓:《陈靖质居士集》,载《四库禁毁书丛刊》集部第14册,北京出版社1997年影印版,第555页;[明]陈龙正:《几亭全书》"附录"卷一《陈祠部公家传》,康熙云书阁刻本,载《四库禁毁书丛刊》集部第12册,北京出版社1997年影印版,第701页。
② [明]陈龙正:《几亭全书》卷二十一《政书·家载上·明发斋偶记》,第141—142页。
③ (美)何炳棣:《明清社会史论》,徐泓译注,(台北)联经出版事业公司2014年版,第203页。

时族人为如何分割这些遗产,在家族中出现的意见分歧。① 当然也有可能曹家的产业早在分家过程中就已经稀薄化,规模相当有限,对曹氏家庭来说不值一提。一个有趣的事例,是在乾隆十三年(1748)夏秋间出现的米价高涨,使贫困民户的生活出现了危机,人心惶惶。作为地方上的精英人物,比一般庶民家境为佳的曹庭栋,觉得不能坐视不理,在无法从家中取资的情况下,征得母亲同意,通过典、贷来购米,推行平粜工作。在该年冬天,已经74岁的庭栋母亲提出,祖业300亩田与庭栋父亲添置的100亩田,析分给庭栋等人,要求以"量入为出"四字作为持家之法。② 庭栋晚年也自陈"负郭有田,粗给衣食"。③ 这些都可说明其家业并不庞大,属于财产一般的下等"富家"。

倘从财富的消散角度而言,富室的生活样态及其对于习俗的引导性影响,在城乡社会中都是应被注意的方面。

苏州府的常熟县等地,到天顺、成化之际,百姓日益富庶,风俗"崇侈尚靡";在嘉靖年间,地方上更是"崇栋宇、丰庖厨、溺歌舞、嫁娶丧葬任情而逾礼"。④ 吴江县黎里镇地方在八月十五日常年举办"太平神会",规模很大,乡村百姓在此前后举行了盛大的仪式,特别是富家大室,更是陈设古董以互相炫耀。清人特别指出,黎里地方别无靡费,只有此项活动费资甚大。⑤

---

① [清]曹庭栋:《永宇溪庄识略》卷六《识阅历》,乾隆三十年刻、增修本,载《四库未收书辑刊》第10辑第21册,北京出版社2000年影印版,第404页。
② [清]曹庭栋:《永宇溪庄识略》卷六《识阅历》,第406页。
③ [清]曹庭栋:《永宇溪庄识略》卷三《识杂文》,第383页。
④ 嘉靖《常熟县志》卷四《风俗志》,嘉靖间刻本。
⑤ [清]徐达源纂:《黎里志》卷四《风俗》,嘉庆十年吴江徐氏孚远堂刻本。

在松江府,生活日用到晚明已极尚工巧。万历时期当地人范濂就曾指出,在他年轻时细木家具如书桌、禅椅之类"曾不一见",民间所用只是银杏金漆方桌,但当有人从苏州购来几件细木家具后,很快导致了松江日用家具的变革;从隆庆、万历以来,"虽奴隶、快甲之家,皆用细器",而"徽之小木匠争列肆于郡治中,即嫁妆杂器,俱属之矣";那些富庶之家又开始追求更高级的家具制品,凡是床、厨、几、桌之类,都用花梨、瘿木、乌木、相思木与黄杨木做成,"极其贵巧,功费万钱"。① 居室的奢华还体现在门庭的营造上。明末清初上海人叶梦珠描述了当地居室大门样式的流变,认为皆始于"世家",后及于"士类",甚至开始流行于"医卜胥吏之家",都趋于奢华。② 这些社会生活样态的变迁中,可以让人明晰地注意到富家在当中的角色表现和影响。

四、"保富"的论说

在明初,江南的富民地主集团,当然是承袭元代的系统而来,来源甚久,聚族而居,势力强大。③ 富民农商秩序在朱元璋时期确实遭受了破坏,也对江南以富民大地主为核心的经济结构造成较大影响。④ 但从明代中期以来社会论述的观察来看,富民阶层仍是构成社会安稳的重要支柱,而"保富"的论说比较普遍。

---

① [明]范濂:《云间据目抄》卷二《记风俗》,民国十七年间奉贤褚氏重刊本。
② [清]叶梦珠:《阅世编》卷三《建设》,上海古籍出版社 1981 年版,第 82 页。
③ 郑克晟:《明初的江南地主与朱明政权》,载南开大学历史系中国古代史教研室编:《中国古代地主阶级研究论集》,南开大学出版社 1984 年版,第 183 页。
④ 李治安:《元至明前期的江南政策与社会发展》,《历史研究》2016 年第 1 期。

不但地主富豪,而且还有缙绅之家,都曾被笼统地视为"巨室"。这个阶层中,大多是那些"齐民之首"或者"绅士",为"一邑之望"①,很多在江南属于"著姓望族"②。

地方上的这些"大家巨室",被视为"一方元气",是"国运"的基础。③"理学名臣"丘濬(1421—1495)很早就指出,富家巨室,"小民之所依赖";这些富者,"非独小民赖之,而国家亦将赖焉"。④ 国家有"大事",基本也是"藉力于富民"。⑤

在南京人顾起元(1565—1628)的记述中,录有知府王元简的一段话,指出在海瑞巡抚江南时期,过度倾向贫民,以致刁讦四起,富户破亡者较多,可谓"大非"。他又说:"邑有富民,小户依以衣食者必伙,时值水旱,劝借赈贷,须此辈以济缓急","富家"并不是"豪恶闵不畏法者",倘若官府太过摧剥"富民",那么"富者必贫,阖百千万室而皆赤贫,岂能长保"。顾起元认为,这些都是"深思远虑",不是浅见者可比的。⑥

袁黄也指出,在县域行政工作中,救助贫民当然是维护社会稳定的重要工作,但不应太过滋扰"富民";"小民"向"富室"这样的

---

① 雍正《钦颁州县事宜》"待绅士"条,同治七年江苏书局刊本。
② 详参吴仁安:《明清时期上海地区的著姓望族》,上海人民出版社1997年版;《明清江南望族与社会经济文化》,上海人民出版社2001年版。
③ [明]丁元荐:《西山日记》卷下《日课》,康熙二十八年先醒斋刻本,载《续修四库全书》子部杂家类1172册,上海古籍出版社2002年影印版,第370—371页。
④ [明]丘濬:《大学衍义补》卷十三《治国平天下之要·固邦本·总论固本之道》,文渊阁四库全书本。
⑤ 《明神宗实录》卷四百九十一"万历四十年正月丙午"条。
⑥ [明]顾起元:《客座赘语》卷五"三宜恤"条,中华书局1987年版,第163页。

有力人家借谷的利息,官方也不应压得太低,要适当保护富民的利益。①

到崇祯时期,王朝统治阽危,财政疲困,有一名武生李琎向朝廷题请搜括江南富户,抄没他们的家产来充盈国库。他夸张地形容江南那些"缙绅豪右"之家,田产的拥有量是"大者千百万,中者百十万,以万计者不能枚举"。大学士钱士升对李琎的意见表示强烈反对。当时已拟旨将李琎移交刑部审问,但崇祯帝并不同意,与温体仁改为从轻拟罪。钱士升说:"此乱本也,当以去就争之。"他宁可丢官罢职,也要一争。②

崇祯九年(1636)四月初三日,钱士升奋然上疏,认为像李琎这样的"小人"进言,与兴乱无异,必须杜绝这类摇动人心、包藏祸心的"横议",以使"人心定而乱萌消"。他以经济生活较为繁荣、社会问题也较复杂的江南地区为例,强调了富家或富室对于地方和国家的意义:③

> 就江南论之,士民富家数亩以对,大率以百计者十之六七,以千计者十之三四,以万计者千百一二尔。江南如此,他省可知。而乃动称千万百万,即敌国之富不应至此,何诞妄也! 且所恶于富家者,为其兼并小民、鱼肉乡里尔。然郡邑之有富家,亦小民之利也。何以明之? 凡富家必有庄田,有庄田

---

① [明]袁黄:《了凡杂著·宝坻政书》,万历三十三年建阳余氏刻本,载《北京图书馆古籍珍本丛刊》第80册,书目文献出版社1988年影印版,第765、838页。
② [明]钱士升:《赐余堂集》,陆奎勳"序"第399页。
③ [明]钱士升:《赐余堂集》卷一《看详章奏纠参李琎疏》,第437—438页。

697

必有佃户,佃户力田完租,以便富家办纳粮税,而因收其余以养人口。至于穑事方兴,青黄不接之际,则富家出母钱以贷之。而商贾之拥厚赀者,亦以质库应民之急。且富家之用物也,宏凡养生、送死、宾客、游观之费,百工力役皆仰给焉。则是富家者,固穷民衣食之源也。不宁惟是,地方水旱,则有司檄令出钱储粟、平价均粜,以济饥荒,一遇寇警,则令集庄客、缮器械以助城守捍御之用。即今日因粮输饷,富家居多,而颍州士民李栩、韦谦以家丁一千,协力捍贼,事尤较著。故富家者,非独小民倚命,亦国家元气所关也。

在钱士升等人看来,"郡邑之有富家,亦小民之利",是国家元气所关。这种意见,代表了整个社会中主流阶层的基本认识。或者就像陈龙正为维护地方社会稳定、避免政府过多盘剥时所说的,要"安富以保贫",使富民既不苦于为国家供应,而贫民能获得更多的依赖。①

这些论说背后呈现的社会实态,确实也是普遍的。

与上海、青浦相接壤的嘉定县紫堤村的望族代表秦渭,在地方堪称"富家""巨室"。在嘉定县民困于输运、很多大户诡寄运役的时候,这位太学例贡生秦渭"独无所谓,悉系本户而汇之一所,乡之百役,皆一家任之","为赋长数十年",平时凡是关乎民间利害以及

---

① [明]陈龙正:《几亭外书》卷四《乡邦利弊考》"勿查报大户"条,崇祯四年序刻本。

时政得失之事,官府"悉就参议"。①

苏州秀才顾公燮认为,居官之要虽在安顿穷人,但是"尤宜保全富户",就地方社会而言,"富户"是贫民的依靠。② 对"巨室"富家,州县官更要"交以道,接以礼",不要轻易得罪,不可以权势相压。③ 陈龙正曾表示,很多巨室还是有"公心"的。他说:

> 巨室有公心,为政果持身无缺,行事合宜,彼自不敢不听。若我未能实有实无诸已,或处之过激,则我固有罪焉。故曰"不得罪于巨室"。君子自反而已矣,非畏巨室之敢于我抗也。④

王夫之(1619—1692)也强调过"大贾"的意义,认为"大贾富民者,国之司命也"。⑤ 康熙时期,朝廷还说"地方多殷实之家,是最好事"。⑥ 切实的感受,多如唐甄(1630—1704)所论,"富室空虚,中产沦亡",那么"穷民无所为赖"了。⑦

---

① [清]汪永安:《紫堤小志》卷二《人物》,上海博物馆藏康熙五十七年稿本,载上海市地方志办公室编:《上海乡镇旧志丛书》第13册,上海社会科学院出版社2006年版,第42页;[清]汪永安原纂,侯承庆续纂、沈葵增补:《紫堤村志》卷五《人物》,康熙五十七年修、咸丰六年增修,上海图书馆藏传抄本。
② [清]顾公燮:《丹午笔记》"居官之要"条,江苏古籍出版社1999年版,第151页。
③ [清]王凤生:《学治体行录》卷上《绅士》,道光四年刻本。
④ [明]陈龙正:《几亭外书》卷一《随处学问·不得罪于巨室》,崇祯四年序刻本。
⑤ [清]王夫之:《黄书》"大正"条,同治四年湘乡曾氏金陵节署刻船山遗书本,载《续修四库全书》子部945册,上海古籍出版社2002年影印版,第547页。
⑥ 《清圣祖实录》卷二百六十六"康熙五十四年十一月辛丑"条。
⑦ [清]唐甄:《潜书》下篇上《富民》,中华书局1963年版,第107页。

安徽泾县人包世臣（1775—1855）还提出了"本末皆富"的思想，提倡粮食种植与商业经营并重，并希望政府能在19世纪后半期更多地依赖商人富室的力量。①

魏源（1794—1857）明确表示反对国家过度征发富民。他从《周官》中所论的保富之义出发，这样申说道：

> 诚以富民一方之元气，公家有大征发、大徒役皆倚赖焉，大兵燹、大饥馑皆仰给焉。彼贪人为政也，专朘富民，富民渐罄，复朘中户，中户复然，遂致邑井成墟。故土无富户则国贫，土无中户则国危，至下户流亡而国非其国矣。

魏源强调的"土无富户则国贫，土无中户则国危"的思想，契合明清时期士民论说富户或富家的主流看法。当然，魏源最终要强调的，其实就是"使人不敢顾家业，则国必亡"这样一种认识。②

在清朝由盛而衰的时代，魏源等人主张"富民"与"便民""利国"一样，都是重要的价值追求，"便民"是"利国"的基础，而"便民"的核心内容就是"富民"。③ 当然，"保富"的基本言说，在本质上与以往时代相比并无太大的不同。④

---

① （美）罗威廉：《言利：包世臣与19世纪的改革》，许存键译，社会科学文献出版社2019年版，第17页。
② ［清］魏源：《魏源集·默觚下·治篇十四》，中华书局1976年版，第72页。
③ 周中之：《魏源的经济伦理思想及其评价》，《船山学刊》2017年第6期，第84—85页。
④ 林文勋：《中国古代的"保富论"》，《历史教学》2006年第12期，第13—21页。

五、明清变迁与富户的社会表现

明清两代政府在推行一些"保富"政策的同时,还有限制富户某些活动的具体措施,并不是单纯地任由富户干预乡村和城镇的管理事务。① 但无论是贫富差距造成的危机舆论,还是贫富之间并非绝对对立甚至可以相互之间存在流动性的实际,如何加强对富户阶层的利用,作为地方官府施政、管理社会的支持和依靠,仍是不同时期的重要议题。②

清朝统一后,自明代发展而来的"缙绅地主",由于改朝换代失去了政治特权,尤其是东南地区,由于种种原因而受新朝的裁抑而明显地式微凌替。曾拥田四万五千亩的故明缙绅后裔、松江人顾威明,最终是因"逋赋"被官府迫害而亡。③

《清实录》也记录了清初的江南(江苏、安徽)、浙江等处官府,对富户多有勒迫,顺治年间地方官府还巧立机户等名目,"由富家承充"④,加剧了富户的压力。

而在普通乡村地区,富户厚实的根基在清初鼎革以来,更遭受较多的冲击,在考察清代地方社会变革进程中,这是应予注意的一

---

① 光绪《重修嘉善县志》卷十九《人物志一·名宦》;《明史》卷二百五十一《钱龙锡传》。
② [明]陈龙正:《几亭外书》卷四《乡邦利弊考》"乡绅充北运""勿查报大户"条,崇祯四年序刻本。
③ 来新夏:《关于清代前期地主阶级结构的变化问题》,载南开大学历史系中国古代史教研室编:《中国古代地主阶级研究论集》,南开大学出版社1984年版,第208页。
④ 《清世祖实录》卷五十四"顺治八年闰二月十二日"条。

个方面。

就太湖下泄排水干道吴淞江以南比较具有一体性的地域环境（清人以纪王、诸翟、高桥三地为主提出了一个"淞南"的概念）而言,这里其实并没有孕育众多大户的土壤。而有限的大户,基本是以晚明诸翟的侯峒曾家族为代表。但在家族崛起后,就移居嘉定城中,使乡村富实的根基在形式上有淡化之态。然而侯家还保留了乡村的生活空间,至少故宅、宗祠、祖墓依然存在,利于侯家在城居与乡居之间移动。明清交替与侯家的抗清活动带来的毁灭性打击,使诸翟这个最具权势的大户在清初彻底衰败。① 在清初,这里确实已如时人所述,进入了"村小民贫,无土豪把持"的平淡状态。②

淞南地方在明代因大户较多而有所谓"风气厚实"的形态,到清代已迥然不同。当地人秦立曾比较道:③

> 往时风气厚实,地多大户,田园广饶,蓄积久远,往往传至累世而不衰。今则大户绝少,纵有富室,不再传而破败随之。盖往时之富,率由本富,非因鱼肉小民而然,又能敦本务实,不事汰侈,崇尚诗礼,教训子孙,子弟醇谨朴厚、保世宜家,故能久而不衰。今之富者,多由盘剥小民,以苛刻汰侈为事,子弟气习从而加甚,宜其败之不旋踵也。

---

① 冯贤亮:《从豪族、大户到无赖:清代"淞南"乡镇的生活世界与秩序》,《社会科学》2018年第2期。
② [清]汪永安:《紫堤小志》卷上《坟墓》《风俗》,康熙五十七年稿本,载《上海乡镇旧志丛书》第13册,上海社会科学院出版社2006年标点本,第17、29页。
③ [清]秦立:《淞南志》卷二《风俗》,嘉庆十年秦鉴刻本,载《上海乡镇旧志丛书》第13册,上海社会科学院出版社2006年标点本,第15—16页。

附录三 "国家元气":明清时期的富户阶层论述与地方社会

敦本务实的富室大户,基本是由"本富"即农业经营而来,而到清代,新兴的富者靠盘剥起家为多,真正能富而好善的大户比较有限,在清代淞南文献记载中找到的,主要是纪王镇的曹氏家族。曹家在境况较好的时代,对于乡间饥荒有过捐谷赈贫的善举,让乡民十分感念。而且也有人(即曹仰田)愿意代充大役,使家室不厚的人户暂时得以保全。①

另一方面,秦立没有论及的,就是这些大户从往时以来,需要承担乡间必要的赋役工作,而从中产生的经济压力与政治负担,会持续消耗他们的实力,使他们萎缩减少,甚至彻底衰败。

这个阶层的力量在乡间的衰退,会引起不少社会问题。而新兴的富室,可能就像秦立所讲的那样,漠视亲族情谊,唯知利己。在这种地方秩序或"风气"变化的比较中,世变之感应该随处可见。如秦立指出的:"往时民风愿悫,耕织而外无他外骛,亲情族谊犹能敦笃,有无缓急,患难相扶,今则惟知利己,不顾情谊,漠视患难,绝不引手,甚而反为构斗又下石焉者,比比也,盖俗之渝甚矣。"②

就明清鼎革以来的淞南生活世界而言,既无明显存在的强有力的绅士阶层,也无占据主流的社会组织。清初这个荒区穷乡为反对不公正的折漕问题,都靠基层粮区的纳粮代理者(也是乡间徭役的承担者)联合起来,抵制县署中的粮书与地方"豪奴"的作弊劣

---

① [清]朱谨:《曹氏四世合传》,载[清]曹蒙:《纪王镇志》卷四《杂志·艺文》,上海市文物管理委员会藏稿本,载《上海乡镇旧志丛书》第13册,上海社会科学院出版社2006年标点本,第49—50页。
② [清]秦立:《淞南志》卷二《风俗》,嘉庆十年秦鉴刻本,载《上海乡镇旧志丛书》第13册,上海社会科学院出版社2006年标点本,第16页。

行。他们互称"粮友"或"役友",设法筹措诉讼经费,极力向各级官府控诉鸣冤,坚持将已成定案的被他区转嫁来的赋税清理出去。① 这在长期被认为社会力量强大的江南地区来说,确实是比较平淡而特殊的生活地域。

虽然如清代雍正帝表示的那样,各地富户多由祖父积累或个人努力经营成就,是"国家之良民"②。但是,如果富家的生产经营严重影响国家的利益,或者已在民间引起广泛的敌意,那他们的称谓往往会变成"豪强奸宄"或"奸豪",与"贪暴官吏""奸猾胥吏"一样,遭致严厉的批评。③

譬如田产"跨州邑""连闾里"的豪室官僚,要加强对土地的占有或侵夺,地主富户要设法将本应自己承担的赋役推到别人身上,以及部分乡村基层胥吏等要减轻或脱免赋役,往往都需从变更黄册或鱼鳞册的登载入手。当时这样的田赋之弊,就以江南为甚,"里胥飞走,烦琐难革"。④ 嘉靖六年(1527),嘉靖帝在一份诏书中明确指出了这一弊陋:奸豪、富民与大户拥有很多土地,但通过"贿嘱"官吏、里书,"虚捏名字、花分诡寄",将一人之田分作数户,"规避"重差;又有将田地隐寄于"乡宦、势要之家",假称典卖,虚立文券,多方作弊,使"小民"困苦不堪。⑤

---

① [清]陈瞻甫:《控复荒区折漕各图贴费议单》(顺治九年十月),载[清]汪永安原纂,侯承庆续纂,沈葵增补:《紫堤村志》卷一《田赋》,康熙五十七年修、咸丰六年增修本。
② 《清世宗实录》卷七十九"雍正七年三月戊申"条。
③ [明]顾鼎臣:《顾文康公文草》卷二《处抚臣、振盐法、靖畿辅疏》,第309—310页。
④ [明]张瀚:《松窗梦语》卷四《三农纪》,中华书局1985年版,第71、75页。
⑤ [明]傅凤翔编纂:《皇明诏令》卷二十嘉靖六年二月十三日"宽恤诏",嘉靖二十七年补刻本。

附录三 "国家元气":明清时期的富户阶层论述与地方社会

至于在水乡极重视的水利层面,阻碍水利或侵夺水利的行径,往往会与地方"奸豪""豪民"相联系。根据地方的观察与官府的认定,富户的侵占对水利等公共事业的破坏,负有重要责任。① 明人杨溥尖锐地指出,土豪大户的侵占问题在江南地区十分严重,以致地方水利设施保存完好的,不过"十中之一"。②

再如在苏州府首县长洲,康熙四十七年(1708)间就曾发生恶棍侵占湖面的事情,引起官府的关注。次年底官方即发布了一项禁令,勒碑刻石,要求永禁城乡势豪以各种方式私占湖面、妨碍正常的民生。碑文最后指出:③

> 嗣后如有豪强在湖栽种菱芡、签簖截流、索诈渔户、捞草船只,害民妨农者,或经察出,或被告发,定行立拿解究,按"光棍"律惩处。

长洲县发生的事情,并不是孤立的现象。清代的经世学家更指出:"占田不已,进而占水,豪民之为一方蠹,何其酷也!"地方官们多是外来人,对实际情形,又不太清楚,使这类情形更为普遍化。④ 清初苏州地方的一些"有田之家",多贮米谷,待价格上涨后

---

① [明]沈㪸:《吴江水考》卷五《水议考下》,清乾隆五年沈守义刻本。
② [明]陈子龙等选辑:《明经世文编》卷二七《杨文定公奏疏·预备仓奏》,中华书局1962年影印本。
③ 康熙四十八年十一月《长洲县严禁豪强霸占湖荡索诈渔户碑》,载苏州博物馆、江苏师范学院历史系、南京大学明清史研究室合编:《明清苏州工商业碑刻集》,江苏人民出版社1981年版,第285—286页。
④ [清]赵振业:《吴江占田私议》,载[清]贺长龄、魏源等编:《清经世文编》卷三十八《户政十三·农政下》。

705

出粜,称作"栈囤",因此被政府视为"地方之蠹",要予严禁。① 所以民间出现"贫民富民,多不相得,富者欺贫,贫者忌富"的表达②,"富者"在民间因而遭致广泛的敌意,亦属正常。

六、结语

在秦汉以后,文献中时常可见的"富民"与"农商"二词,已引起学界的特别注目。这两个词,可以说是与帝制国家的"编户齐民"、赋役和"重本抑末"等牧民政策密切相关。特别是"富民",自唐代中期以降,成了迅速发展起来的重要社会阶层。③ 比较而言,也应当是一个拥有财富与良好文化教育的新的社会阶层。④ 特别是到明清时期,尽管社会基本类型与自秦汉时代开始的帝制体系一脉相承。但至晚于明代中期,中国社会已持续展现出新的形态面貌,以商品经济繁荣为突出表征的新经济社会趋势,席卷了社会的各个层面。⑤

尽管如此,社会主流阶层还是希望人口密集的东南地区,因"耕垦无田,仕进无路"而最后成为所谓"末富""奸富",应尽量回

---

① 《清高宗实录》卷一百八十九"乾隆八年四月己酉"条。
② [清]魏禧:《救荒策》,载[清]贺长龄、魏源等编:《清经世文编》卷四十一《户政十六·荒政一》。
③ 李治安:《多维度诠释中国古代史——以富民、农商与南北整合为重点》,载赵轶峰、彭卫、李振宏主编:《中国古代史研究的国际视野》,中国社会科学出版社2019年版,第25页。
④ 林文勋:《中国古代"富民社会"的形成及其历史地位》,《中国经济史研究》2006年第2期。
⑤ 赵轶峰:《明清帝制农商社会研究:初编》,科学出版社2017年版,前言第x—xiv页。

到"本富",仍以农桑经营致富为主,从而达到徐光启所希望的"民力日纾,民俗日厚,生息日广,财用日宽"而恢复唐尧虞舜三代之旧观。① 本富为上、末富为次的观念,当时仍是普遍的。②

从耕织原是本业的主流思想来看,明清地主阶级的组织经济活动,仍以巩固自然经济为主,且主张乡居,反对城居。③ 而对想望天下太平的王朝统治者而言,"上不以富民为功"或"为治者不以富民为功",是根本不可能达成目标。④ 同时仍要注意的,如魏源所论,传统时代士大夫与百姓在义利观上应有不同的要求,但魏源对百姓的利益追求作过较大的辩护,认可百姓参与农、工、商的经济活动而逐利得财。⑤ 当然从全国性的政治语境与制度安排中考量,富户阶层的能动作用基本在"地方",相对于帝制悠久的王朝国家,明显处于被控制与调配的地位。或者如傅衣凌所论,富户经济的形成及其发展,"必然的受着封建经济规律的支配"。⑥

而且,如北村敬直、古岛和雄等对于西嶋定生所提"不充分的"地主制乃至农民阶层分化问题的讨论,都触及"封建制"的发展以及解体问题,否定了"富农化方向"趋势,而强调了"地主寄生化的特征"。但明代中叶以后农村手工业生产的商品化发展,确实使佃

---

① [明]徐光启撰,石声汉校注:《农政全书校注》卷九《农事·开垦下》,上海古籍出版社1979年版,第211页。
② [明]焦竑:《焦氏澹园集》卷二十五《刘处士传》,万历三十四年刻本,载《续修四库全书》集部第1364册,上海古籍出版社2002年影印版,第289页。
③ 傅衣凌:《明清封建土地所有制论纲》,上海人民出版社1992年版,第45页。
④ [清]唐甄:《潜书》下篇上《考功》,中华书局1963年版,第111页。
⑤ 周中之:《魏源的经济伦理思想及其评价》,《船山学刊》2017年第6期。
⑥ 傅衣凌:《明代江南富户经济的分析》,第51页。

户的独立再生产成为可能。① 农商社会的特色更为明显,其中,富户的存在形态特别值得关注,这有益于探明王朝国家的统治体制以及社会结构。

  这些都是在考察国家制度施行及其社会应对、地域社会结构与历史演进、帝制中国后期社会秩序运作时,尤宜注意的内容。了解这些内容对我们更好地把握不同时代的社会特质,清晰地揭示社会结构与王朝统治的影响等议题,以及了解如何炳棣有关传统中国常是个多元阶级的社会、社会阶层中从未只有统治与被统治者两个极化的阶层的论述②,都极具意义。

(本文原载《社会科学》2020 年第 8 期)

---

① (日)鹤见尚弘:《中国明清社会经济研究》,姜镇庆等译,学苑出版社 1989 年版,第 247—248、252 页。
② (美)何炳棣:《明清社会史论》,第 22—23 页。

修订版后记

本书是我的博士学位论文,初稿完成于2000年秋天,后由上海人民出版社出版于2002年春天。2022年深秋,承广西师范大学出版社刘隆进先生的好意,决定予以修订重版。经过责编梁嗣辰的精心编校,终于形成了修订版。

距离初版,本书已历二十载。期间学界出现了与本书研究主旨相关的大量论著,无论是史料的开拓,还是理论的归纳,都是我那时的研究条件无法企及的。但从问题思考与专题研究而论,作为二十年前的一项工作,本书还有一定的价值。在我个人而言,这不仅是最初从事学术研究的一个重要起点,而且是我尝试学术工作的阶段性反映,敝帚仍需自珍。

1996年我从复旦大学历史系本科毕业后,即入复旦大学中国历史地理研究所,在先师邹逸麟先生的指导下,开始了五年硕博连读的学习和研究。

作为学术训练,邹先生让我参与国家历史地图集之北魏郦道元时代滹沱河水系等的复原及绘图工作,并赠我线装版的《王氏

(先谦)合校水经注》,作为史料考证的基础。对于我的论文工作,邹先生的设想,是研究华北地区的乡村市镇社会,讨论那时已经热闹的城乡关系问题,并希望在可能的前提下,与江南的市镇社会史作一个比较。所以在1998年之前,我一直安心于华北平原的历史地理资料的搜集和专题文章的撰写,积累了不少资料。但在当时,令我感到为难的,是宋代以后到民国年间,我需要的华北城乡地区的史料并不充分,甚至在有些时段存在缺载的情况。

1998年夏天,我参加了日本大阪大学滨岛敦俊先生组织的江南乡村社会调查,重点在湖州地区,调查内容包括水利、民间信仰、市场流通、乡村聚落等许多方面的内容。他知晓我的家乡在明末有位绅士陈龙正非常有名,而且留下了一部《几亭全书》,史料价值很高。他建议我可以这个作为出发点,研究江南。

在2000年春天,我又陪同滨岛先生进行江南乡村社会调查。此次调查从湖州开始,一直来到了苏州市吴江县和嘉兴市嘉善县地区。滨岛先生特地提出到昔日费孝通先生作过农村调查的开弦弓村(即著名的"江村")进行走访。就我个人所识,这样一个较为现代化的村落,在中国并不多,当然其中的历史遗迹自然湮没得也最快。费孝通先生在其名著《江村经济》中所提及的"北庙""西庙",已残破不堪,规模稍大的"北庙"还有刚刚被火焚过的残痕(2014年冬天与滨岛先生再度踏访这里时,"北庙"已经称"东永宁庵",纳入当地宗教管理系统,修建得比较堂皇可观了)。我在给这些残庙拍录照片的同时,切身地感受到地区差异在社会控制形态上的不同,这也是我在本书中探讨江南民间信仰与其内在秩序等问题时的最初认识。早在四十年前,滨岛先生就已注意到江南地区的"金总管"信仰问题,他在1998年于苏州大学举办的一次中国社会史研讨会上提交的论文《近世江南金总管考》,就是专门讨论这一问题的。金总管信仰流布江南很多地区,但其最初可靠的传说,起源于嘉善县西塘镇的"七老爷"。当我陪滨岛先生至西塘镇造访七老爷庙时,滨岛先生十分激动。

2000年5月,在陪同爱媛大学藤田胜久教授前往苏州等地考察时,我的博士论文工作才开始未久。藤田先生专长秦汉史与水利史研究,在长三角地区的考察较为宽泛,从上海开始,经苏州、南京、杭州、绍兴,直至余姚河姆渡,我也借机领略了这些地区大量的乡邦文物和出土故址。

我的研究生阶段并不长久,学习也比较杂乱,但邹先生对我学术兴趣的不断转移,采取了宽容的态度,使我有了更多的自由,研究方向很快转到了江南,并且有些盲目地认为,作为一个江南人,研究江南,在感觉上要比华北好得多,而且能延续大学时代的若干兴趣。邹先生平时工作比较繁忙,陆续发表的文章使我注意到他也比较关注长三角、江南,也频繁地使用水利、环境、市镇、生态、人文、政治等这些关键词,我觉得他比较有兴趣的课题,就在讨论人地关系、江南以及长三角发展等课题的思考与论述。邹先生同意我研究明清江南后,还送我与江南研究相关的重要参考书。比如刘石吉老师的名著《明清时代江南市镇研究》,就是他送我的(后来刘老师来复旦,帮我签了名)。这都使我十分感激!

众所周知,江南地区历史文献积累丰厚,海内外已有的相关研究,都会涉及我自认为"发现"性的认识或想法,让我深觉为难。经过近两年的辗转摸索,我将博士论文主题最终确定为"环境变动与社会控制",不但得到邹先生的认可,后来也得到了以王家范教授为首的论文答辩委员会的肯定,对我显然是一个极大的鼓励。

论文的撰写,涉及一些专门的学术史和大量的资料采择,在基本谈不上信息化的时代,难度还是存在的,但我尽可能在目力所及的范围内,搜取代表性的史料,毕竟同质性的论据实在太多了,没有必要全部引用。历史地理研究所当时在职的各位老师,从我入所学习以来,则以不同的方式,给我以关心和指导。

在论文撰写的最后阶段,我十分幸运地申请到了2000年上海市哲学社会科学"九五"规划青年课题的基金资助,为论文的顺利完成创造了良好条件。

论文完成后,曾呈请南开大学的冯尔康教授、清华大学的李伯重教授、北京大学的李孝聪教授、南京大学的范金民教授、华东师范大学的王家范教授、上海师范大学的唐力行教授和苏智良教授、复旦大学历史系的樊树志教授以及中国历史地理研究所的张修桂教授、葛剑雄教授、曹树基教授、王振忠教授等审阅,他们向我提出了很多富有建设性的意见和许多鼓励。

2001年春天,我到位于绍兴路的上海人民出版社拜访朱金元先生。朱先生只是看了我博士论文稿的目录,即慨允论文稿纳入其负责的"学术创新"系列出版。对我这个晚辈后学,这无疑是一种奖掖提携,对我的学术成长提供了巨大助力,让我一直深怀感激!责任编辑吴书勇兄恰好是我大学时代的同窗好友,对我的研究长期比较关心,对这部书稿做了细致的校读,提出了很多重要的意见,为其顺利出版付出了很多辛劳。出版定稿中,对第五章与第十章中的一些繁琐考证作了很多删节和调整;增加了第七章,这是

修订版后记

以前论文答辩前无暇完成的部分。邹先生为此书写了一个长序,既有鼓励,也有期望。

在高校正式从事教学与科研工作后,我从早期关心的环境史、水利史、灾害史等领域,逐渐转向社会生活史、士绅社会史、家族文化史以及明清交替史等方面的研究,对博士论文中的一些论说与史料运用,有了新的想法或不同的思考,都已呈现于后来陆续发表的论著中了。博士论文工作期间的其他所想所得,有的早已付诸实践,有的交由我指导的研究生去探讨,有的还没有完成或发表。

在修订过程中,本书尽量保持与初版一致。正文除了讹误订正与一些必要的修改(主要是引文与注释规范的统一——如张履祥的《杨园先生全集》,原来我抄录的是乾隆刻本,2002年正好出版了陈祖武先生的点校本,为保持与附录中引文的前后一致性,此次修订统一使用了点校本)以及不少注释中长段的引述资料放置于正文表述中外,没有做大的更动。同时,删掉了一些现代地图以及书后的"主要参考文献"目录,增加了三个附录,即三篇专题论文,包括《史料与史学:明清江南研究的几个面向》《从寺庙到乡约局:明清江南的思想教化》《"国家元气":明清时期的富户阶层论述与地方社会》,都保留了发表前的原作面貌,可以充实与本书密切相关的概念、思想与人群的论说。

江南研究中,不仅有经济繁华、政治文明、人群活动的讨论,而且还有生活文化的忆述。江南小镇市河中曾经的乌篷船,村落中已然淡去的烟火味,苏州老街黄昏中偶然听到的评弹小调,夏日乡间晚睡中成片的稻田蛙鸣,以及冬季午梦堂残墙内蜡梅暗送的清香,春天烟雨笼罩下田埂边散落的油菜花,都有令人醉卧江南、忘却惆怅的美好。将个人踏足的生活世界,变成钟爱的历史研究空间,已历多年。

岁月长悠悠,良辰却无多。当年指导我研究江南的邹逸麟先生、张修桂先生,以及因为参加我的博士学位论文答辩而相识且邀我到华东师范大学历史系工作的王家范先生,都已故去,我再也得不到他们温和的批评、热情的鼓励与诚挚的期望,何其哀哉!

值修订再版之际,补缀数语,权为后记。

冯贤亮

2025 年 3 月 12 日于上海

大学问，广西师范大学出版社学术图书出版品牌，以"始于问而终于明"为理念，以"守望学术的视界"为宗旨，致力于以文史哲为主体的学术图书出版，倡导以问题意识为核心，弘扬学术情怀与人文精神。品牌名取自王阳明的作品《〈大学〉问》，亦以展现学术研究与大学出版社的初心使命。我们希望：以学术出版推进学术研究，关怀历史与现实；以营销宣传推广学术研究，沟通中国与世界。

截至目前，大学问品牌已推出《现代中国的形成（1600—1949）》《中华帝国晚期的性、法律与社会》等100余种图书，涵盖思想、文化、历史、政治、法学、社会、经济等人文社会科学领域的学术作品，力图在普及大众的同时，保证其文化内蕴。

"大学问"品牌书目

大学问·学术名家作品系列

朱孝远　《学史之道》
朱孝远　《宗教改革与德国近代化道路》
池田知久　《问道:〈老子〉思想细读》
赵冬梅　《大宋之变,1063—1086》
黄宗智　《中国的新型正义体系:实践与理论》
黄宗智　《中国的新型小农经济:实践与理论》
黄宗智　《中国的新型非正规经济:实践与理论》
夏明方　《文明的"双相":灾害与历史的缠绕》
王向远　《宏观比较文学19讲》
张闻玉　《铜器历日研究》
张闻玉　《西周王年论稿》
谢天佑　《专制主义统治下的臣民心理》
王向远　《比较文学系谱学》
王向远　《比较文学构造论》
刘彦君　廖奔　《中外戏剧史（第三版）》
干春松　《儒学的近代转型》
王瑞来　《士人走向民间:宋元变革与社会转型》
罗家祥　《朋党之争与北宋政治》

萧　瀚　《熙丰残照:北宋中期的改革》

大学问·国文名师课系列
龚鹏程　《文心雕龙讲记》
张闻玉　《古代天文历法讲座》
刘　强　《四书通讲》
刘　强　《论语新识》
王兆鹏　《唐宋词小讲》
徐晋如　《国文课:中国文脉十五讲》
胡大雷　《岁月忽已晚:古诗十九首里的东汉世情》
龚　斌　《魏晋清谈史》

大学问·明清以来文史研究系列
周绚隆　《易代:侯岐曾和他的亲友们(修订本)》
巫仁恕　《劫后"天堂":抗战沦陷后的苏州城市生活》
台静农　《亡明讲史》
张艺曦　《结社的艺术:16—18世纪东亚世界的文人社集》
何冠彪　《生与死:明季士大夫的抉择》
李孝悌　《恋恋红尘:明清江南的城市、欲望和生活》
李孝悌　《琐言赘语:明清以来的文化、城市与启蒙》
孙竞昊　《经营地方:明清时期济宁的士绅与社会》
范金民　《明清江南商业的发展》
方志远　《明代国家权力结构及运行机制》
严志雄　《钱谦益的诗文、生命与身后名》
严志雄　《钱谦益〈病榻消寒杂咏〉论释》
全汉昇　《明清经济史讲稿》
陈宝良　《清承明制:明清国家治理与社会变迁》
冯贤亮　《明清江南的环境变动与社会控制》

大学问·哲思系列
罗伯特·S.韦斯特曼　《哥白尼问题:占星预言、怀疑主义与天体秩序》
罗伯特·斯特恩　《黑格尔的〈精神现象学〉》
A. D. 史密斯　《胡塞尔与〈笛卡尔式的沉思〉》

约翰·利皮特 《克尔凯郭尔的〈恐惧与颤栗〉》
迈克尔·莫里斯 《维特根斯坦与〈逻辑哲学论〉》
M.麦金 《维特根斯坦的〈哲学研究〉》
G·哈特费尔德 《笛卡尔的〈第一哲学的沉思〉》
罗杰·F.库克 《后电影视觉：运动影像媒介与观众的共同进化》
苏珊·沃尔夫 《生活中的意义》
王 浩 《从数学到哲学》
布鲁诺·拉图尔 尼古拉·张 《栖居于大地之上》
何 涛 《西方认识论史》
罗伯特·凯恩 《当代自由意志导论》
维克多·库马尔 里奇蒙·坎贝尔 《超越猿类：人类道德心理进化史》
许 煜 《在机器的边界思考》

大学问·名人传记与思想系列
孙德鹏 《乡下人：沈从文与近代中国(1902—1947)》
黄克武 《笔醒山河：中国近代启蒙人严复》
黄克武 《文字奇功：梁启超与中国学术思想的现代诠释》
王 锐 《革命儒生：章太炎传》
保罗·约翰逊 《苏格拉底：我们的同时代人》
方志远 《何处不归鸿：苏轼传》
章开沅 《凡人琐事：我的回忆》
区志坚 《昌明国粹：柳诒徵及其弟子之学术》

大学问·实践社会科学系列
胡宗绮 《意欲何为：清代以来刑事法律中的意图谱系》
黄宗智 《实践社会科学研究指南》
黄宗智 《国家与社会的二元合一》
黄宗智 《华北的小农经济与社会变迁》
黄宗智 《长江三角洲的小农家庭与乡村发展》
白德瑞 《爪牙：清代县衙的书吏与差役》
赵刘洋 《妇女、家庭与法律实践：清代以来的法律社会史》
李怀印 《现代中国的形成(1600—1949)》
苏成捷 《中华帝国晚期的性、法律与社会》

黄宗智　《实践社会科学的方法、理论与前瞻》
黄宗智　周黎安　《黄宗智对话周黎安：实践社会科学》
黄宗智　《实践与理论：中国社会经济史与法律史研究》
黄宗智　《经验与理论：中国社会经济与法律的实践历史研究》
黄宗智　《清代的法律、社会与文化：民法的表达与实践》
黄宗智　《法典、习俗与司法实践：清代与民国的比较》
黄宗智　《过去和现在：中国民事法律实践的探索》
黄宗智　《超越左右：实践历史与中国农村的发展》
白　凯　《中国的妇女与财产（960—1949）》
陈美凤　《法庭上的妇女：晚清民国的婚姻与一夫一妻制》

大学问·法律史系列
田　雷　《继往以为序章：中国宪法的制度展开》
北鬼三郎　《大清宪法案》
寺田浩明　《清代传统法秩序》
蔡　斐　《1903：上海苏报案与清末司法转型》
秦　涛　《洞穴公案：中华法系的思想实验》
柯　岚　《命若朝霜：〈红楼梦〉里的法律、社会与女性》

大学问·桂子山史学丛书
张固也　《先秦诸子与简帛研究》
田　彤　《生产关系、社会结构与阶级：民国时期劳资关系研究》
承红磊　《"社会"的发现：晚清民初"社会"概念研究》
宋亦箫　《古史中的神话：夏商周祖先神话溯源》

大学问·中国女性史研究系列
游鉴明　《运动场内外：近代江南的女子体育（1895—1937）》

其他重点单品
郑荣华　《城市的兴衰：基于经济、社会、制度的逻辑》
郑荣华　《经济的兴衰：基于地缘经济、城市增长、产业转型的研究》
拉里·西登托普　《发明个体：人在古典时代与中世纪的地位》
玛吉·伯格等　《慢教授》

菲利普·范·帕里斯等 《全民基本收入:实现自由社会与健全经济的方案》
王　锐 《中国现代思想史十讲》
王　锐 《韶响难追:近代的思想、学术与社会》
简·赫斯菲尔德 《十扇窗:伟大的诗歌如何改变世界》
屈小玲 《晚清西南社会与近代变迁:法国人来华考察笔记研究(1892—1910)》
徐鼎鼎 《春秋时期齐、卫、晋、秦交通路线考论》
苏俊林 《身份与秩序:走马楼吴简中的孙吴基层社会》
周玉波 《庶民之声:近现代民歌与社会文化嬗递》
蔡万进等 《里耶秦简编年考证(第一卷)》
张　城 《文明与革命:中国道路的内生性逻辑》
洪朝辉 《适度经济学导论》
李竞恒 《爱有差等:先秦儒家与华夏制度文明的构建》
傅　正 《从东方到中亚—19世纪的英俄"冷战"(1821—1907)》
俞　江 《〈周官〉与周制:东亚早期的疆域国家》
马嘉鸿 《批判的武器:罗莎·卢森堡与同时代思想者的论争》
李怀印 《中国的现代化:1850年以来的历史轨迹》
葛希芝 《中国"马达":"小资本主义"一千年(960—1949)》